Gabriele Schmid

Der Eichstätter Hofbaumeister Jakob Engel (1632 - 1714)

Ein Beitrag zur süddeutschen Baugeschichte nach dem Dreißigjährigen Krieg

AV-Verlag

CIP-Kurztitelaufnahme der deutschen Bibliothek

Schmid, Gabriele:
Der Eichstätter Hofbaumeister Jakob Engel (1632 - 1714): e. Beitr. zur süddt. Baugeschichte nach d. Dreissigjährigen Krieg / Gabriele Schmid.
- Augsburg: AV-Verlag, 1987.
ISBN 3-925274-10-3

AV-Verlag, Augsburg 1987
Herstellung: Druckladen Augsburg

Verlagsanschrift:
AV-Verlag
Rosengasse 11
8900 Augsburg

ISBN 3-925274-10-3

INHALTSVERZEICHNIS

Vorwort

Die vorliegende Arbeit ist im wesentlichen das Ergebnis umfangreichen Quellenstudiums. Daher möchte ich an erster Stelle allen auf Seite 234 genannten Archiven für ihre ebenso tatkräftige wie freundliche Unterstützung meinen Dank aussprechen, besonders Dr. Karl-Engelhardt Klaar und den Mitarbeiterinnen und Mitarbeitern des Staatsarchivs Nürnberg sowie den Mitarbeiterinnen des Diözesanarchivs Eichstätt, vor allen aber dessen Leiter Brun Appel, der meine Arbeit engagiert förderte und mir den Weg zu den Archivalien ebnete. - Auch der Universitätsbibliothek Eichstätt möchte ich für die gute Zusammenarbeit danken.

Mein besonderer Dank gilt Prof. Andreas Bauch (†) und Dr. Hans Hutter, die mich zu dieser Dissertation über Jakob Engel anregten, Prof. Alexander Perrig, der sie betreute, ebenso dem Korreferenten, Prof. Peter Zazoff. Meinen Eltern danke ich für ihre Unterstützung, ohne die ich dieses Unternehmen nicht hätte durchführen können. Des weiteren danke ich dem Bischöflichen Ordinariat Eichstätt und dem Landratsamt Eichstätt, die sich freundlicherweise an den Druckkosten beteiligt haben.

MANN SOLL NIEMAHLS NICHTS GLAUBEN,
WAS NIT GESCHRIBEN STEHET!

Fürstbischof Johann Anton I.
zum Hofkammerprotokoll vom 15. Juli 1707

I. EINFÜHRUNG

1. Vorbemerkungen über Graubündner Baumeister im allgemeinen und Jakob Engel im besonderen

Wanderarbeiter unterschiedlicher Provenienz, vor allem aber aus den nördlichen und südlichen Randgebieten der Alpen, haben vom ausgehenden 15. bis in die zweite Hälfte des 18. Jahrhunderts hinein das Bauwesen und die Architektur in weiten Teilen Europas mitgestaltet und geprägt.[1] Unter ihnen befanden sich zwei große "welsche" Gruppen, die italienischen Meister aus dem Val d'Intelvi zwischen Luganer und Comer See und die italienischsprachigen Graubündner Meister. Diese stammten fast ausnahmslos aus dem an der Grenze zum Tessin gelegenen Val Mesolcina oder, deutsch, Misox. Ihre Heimatorte liegen nur wenige Kilometer voneinander entfernt. Verdabbio, Santa Maria di Calanca, Grono, Roveredo und San Vittore mit dem Weiler Monticello - von Nord nach Süd - sind die wichtigsten. Die Misoxer Wandermeister waren zum größten Teil Maurer, es gab unter ihnen aber auch Kistler, Maler, Stukkatoren und Steinmetzen. Einigen von ihnen gelang der Aufstieg vom ausführenden Handwerker zum entwerfenden Architekten.

Als Zentrum des Handwerks gilt Roveredo; der am 8. April 1713 ausgestellte "Lehrn Brieff für Johannes Rigalia"[2] beweist jedenfalls für diese Zeit die Existenz einer roveredanischen Korporation.[3] Daß dieses Dokument in Deutsch verfaßt worden ist, legt darüber hinaus den Gedanken nahe, daß die Ausbildung bereits im Hinblick auf eine Beschäftigung im deutschsprachigen Ausland erfolgte. Tatsächlich waren diese Gebiete, vor allem Österreich und Süddeutschland, die bevorzugten Ziele der Misoxer.[4] Und die Bauherren dort zogen sie den einheimischen Handwerkern vor, da sie ganz offensichtlich dank italienischer Einflüsse über die besseren Techniken verfügten (laut Zendralli kamen die ersten nachweisbaren italienischen "magistri" Ende des 15. Jahrhunderts ins Tessin und Misox[5]).

Die Misoxer Auswanderung läßt sich über die Quellen bis in die Mitte des 16. Jahrhunderts zurückverfolgen.[6] Ihren Höhepunkt erreichte sie im 17. Jahrhundert, insbesondere nach dem Dreißigjährigen Krieg, in dessen Folge Schlösser, Klöster und ganze Ortschaften in Schutt und Asche gelegt worden waren und so viele Menschen ihr Leben verloren hatten, daß der Wiederaufbau zu einem großen Teil von ausländischen Kräften geleistet werden mußte. In dieser Zeit stieg die Zahl derjenigen Misoxer, die sich nicht nur während der Bausaison an ihren Wirkungsstätten aufhielten, um im Winter in ihre Heimat zurückzukehren,[7] sondern sich dort, wo sie Arbeit gefunden hatten, als Bürger ansässig machten, heirateten oder ihre Familien nachholten.[8] Oft paßten sie ihre Namen dem Deutschen an oder übertrugen sie, so daß zum Beispiel Ganzera zu Ganser, Tella zu Deller, Canta zu Sänger oder Angelini zu Engel wurde. Eine solche Assimilierung und der Verlust ihrer anfänglichen künstlerischen und technischen Überlegenheit gegenüber den einheimischen Handwerkern (die natürlich mit der Zeit von ihnen gelernt hatten) führten im Verein mit einem allgemeinen Rückgang der Bautätigkeit schließlich dazu, daß die Misoxer Baumeister als solche im Laufe des 18. Jahrhunderts praktisch von der Bildfläche verschwanden.

In der kunstgeschichtlichen Literatur wurden die Graubündner zum erstenmal 1896 erwähnt. In seiner Arbeit über "Kunst und Kultur in Oberschwaben im Barock- und Rokokozeitalter" schrieb Bertold Pfeiffer: "Das Auftreten von Graubündner Meistern in Süddeutschland im 17. Jahrhundert ist eine merkwürdige Erscheinung; niemand hat bisher auf ihre Landsmannschaft und Zusammengehörigkeit aufmerksam gemacht."[9] Der Autor grenzt bereits ihre Heimat auf das Val Mesolcina mit dem Hauptort Roveredo richtig ein. Cornelius Gurlitt erwähnt die Misoxer erstmals 1902 im Rahmen einer allgemeinen Kunstgeschichte.[10] Umfangreiche Gesamtdarstellungen wurden ihnen mit den beiden (im Zusammenhang mit der Literatur zu Jakob Engel näher behandelten) Werken von Arnoldo Marcelliano Zendralli zuteil, die 1930 und 1958 erschienen sind.[11] Zur Barockzeit in Franken tätige welsche Künstler stellt Ernst Eichhorn in seinem 1959 veröffentlichten Aufsatz zusammenfassend vor.[12] Adolf Reinle behandelt in seinem Aufsatz von 1973 unter dem Titel "Die architekturgeschichtliche Stellung der Graubündner Barockbaumeister" vor allem deren Leistung auf dem Gebiet des Sakralbaus.[13] Monographisch erfaßt sind bisher Enrico Zuccalli[14], Hans Alberthal[15] und Giovanni Antonio Viscardi[16]. Eine Dissertation über Gabriel de Gabrieli, der in der Nachfolge Jakob Engels, jedoch aus der höheren Position eines Baudirektors und Hofkammerrats das Eichstätter Bauwesen leitete, befindet sich in Arbeit.[17]

Von der speziell auf die Misoxer Meister oder einzelne ihrer Vertreter gerichteten Literatur einmal abgesehen, findet diese Gruppe in der Kunstgeschichtsschreibung wenig Beachtung und Anerkennung. Reinle formuliert es so: "Von der - man kann wohl sagen weltweiten - Begeisterung für den süddeutschen Barock ist für sie wenig abgefallen; denn die Leistungen des 17. Jahrhunderts und insbesondere die der Italiener und Graubündner stehen heute im Schatten der glanzvollen Bauwerke süddeutscher Meister des 18. Jahrhunderts."[18]

Die vorliegende Arbeit versucht, Leben und Werk des aus dem Val Mesolcina stammenden Eichstätter Hofbaumeisters Jakob Engel in Form einer Monographie umfassend darzustellen. Eine eigens auf diesen Baumeister ausgerichtete Forschung hat es in der Vergangenheit nicht gegeben.

Eingang in die kunsthistorisch relevante Literatur fand Engel mit der Inventarisierung der Kunstdenkmäler von Bayern. Dabei wurde er erstmalig 1909 als "'Hochfürstlicher

Baumeister' Jakob Engl von Eichstätt" in Verbindung mit dem in den Jahren 1701 und 1702 erfolgten Umbau der Hofkirche Neumarkt genannt.[19]

Diese Erwähnung bescherte ihm einen - allerdings recht knappen - Eintrag im Künstlerlexikon von Thieme/Becker.[20]

Ein interessantes Detail lieferte Richard Paulus, der Engel in seiner Zuccalli-Monographie von 1912 als Gutachter beim Schleißheimer Schloßbau nachwies.[21]

Der 1924 erschienene Inventarband der Kunstdenkmäler von Eichstätt enthält bereits einige Angaben aus Engels privatem Bereich, die sämtlich den Matrikeln der Eichstätter Marienpfarrei entnommen sind.[22] Bei der Behandlung von Engels Bauwerken konnte Felix Mader, der Autor des Bandes, auf Quellenmaterial fast gar nicht zurückgreifen. Mit dem wenigen, was vorhanden war (zu Heilig-Geist-Kirche/-Spital und Residenz), und der Feststellung stilistischer Merkmale in Verbindung mit gesicherten Daten (meist aus Wappeninschriften) nahm er seine Zuschreibungen vor, ohne damit allerdings eine architekturgeschichtliche Einordnung und Würdigung Engels zu verbinden. Lediglich die Ausführungen über die Residenz enthalten eine kritische Passage.[23]

Mit seinem 1930 erschienenen Buch über Graubündner Baumeister und Stukkatoren hatte Arnoldo Marcelliano Zendralli den Versuch unternommen, Namen und Werke dieser Handwerker und Künstler überhaupt erst einmal zusammenzustellen und so eine Vorstellung davon zu vermitteln, welch große Bedeutung ihnen für die Entwicklung der barocken Architektur in Deutschland zukommt. Dazu zog er die einschlägige Literatur heran und wertete zusätzlich die lokalen Quellen aus. Im Falle Jakob Engels führte das aber nur dazu, das von Mader ermittelte Geburtsjahr zu korrigieren und einen Vorfahren nachzuweisen, der ebenfalls ein "mastro" war.[24]

1932 veröffentlichte Hans Reinhardt im "Anzeiger für schweizerische Altertumskunde" einen Aufsatz, der Jakob Engel als planenden Architekten des gesamten Arlesheimer Dombezirks präsentiert.[25] (Tatsächlich ist jedoch der Anteil Engels an dieser Anlage eher bescheiden; für die Domplanung kommt er gar nicht in Frage.[26])

Auf Anregung Reinhardts schrieb Pierre Pobé 1939 seine Dissertation über den Arlesheimer Dom, die zwei Jahre später gedruckt wurde. Hinsichtlich Jakob Engels begnügte sich der Autor mit den Angaben, die er in den Kunstdenkmälerbänden von Stadt und Bezirksamt Eichstätt fand.[27]

Einen Beitrag zu Jakob Engel lieferte Franz Xaver Buchner, auch wenn seine in zwei Bänden 1937 und 1938 erschienene Publikation als historisch-statistische Beschreibung des Bistums Eichstätt in keiner Weise kunsthistorisch motiviert ist. Sie enthält aber eine Fülle von Baudaten und Namen am Bau von Kirchen und Pfarrgebäuden beteiligter Architekten und Meister, soweit sie aus den von Buchner gesichteten Dokumenten (darunter Pfarrakten, in denen sich zum Teil Kostenvoranschläge, Baurechnungen und Rechnungsbelege befinden) hervorgehen. Ein Manko stellt allerdings der oft oberflächliche Umgang Buchners mit dem Quellenmaterial dar.[28]

Für den Lokalbereich Eichstätt sind die Miszellen von Theodor Neuhofer zu nennen, vor allem seine "Beiträge zur Kunstgeschichte" in den Sammelblättern des Historischen Vereins Eichstätt.[29] Neuhofer stellt darin die bereits bekannten Fakten zusammen und ergänzt sie durch Ergebnisse seines ausgiebigen Quellenstudiums. Dabei wird der kunsthistorische Kontext jedoch nur gestreift.

1958 erschien eine Neuausgabe der Arbeit von Zendralli in italienischer Sprache,[30] die im Vergleich zur etwa 30 Jahre älteren Fassung sehr viel mehr Informationen - auch über Jakob Engel - bietet. Da der Autor infolge einer schweren

Krankheit nicht mehr imstande gewesen war, die Schlußkorrektur selbst durchzuführen, enthält diese Ausgabe jedoch noch etliche Fehler und ist deshalb mit etwas Vorsicht zu genießen.

Relativ ausführlich wird Jakob Engel 1959 von Erich Herzog in der "Neuen Deutschen Biographie" behandelt.[31] Die ein Jahr vorher erschienene Arbeit von Zendralli ist in dem Beitrag nicht mehr berücksichtigt worden.

Nur der Vollständigkeit halber sei hier der Aufsatz von Rinaldo Boldini erwähnt, 1970 veröffentlicht unter dem Titel "Misoxer Architekten und Baumeister in nordischen Ländern". Zwar schildert der Autor, selbst Misoxer, das Wirken seiner Landsleute mit großem persönlichem Engagement (und widmet sich dabei auch Jakob Engel), an der Verläßlichkeit seiner Angaben hapert es aber.[32]

Adolf Reinle versucht in seinem Aufsatz "Zur architekturgeschichtlichen Stellung der Graubündner Barockbaumeister" von 1973 vor allem anhand der Kirchenbauten, stilistische Eigenarten und Gemeinsamkeiten dieser Gruppe festzustellen und sie so gegenüber anderen alpenländischen Schulen (etwa der Vorarlberger) kunsthistorisch zu profilieren. Jakob Engel tritt hier allerdings nur im Zusammenhang mit dem Arlesheimer Dom in Erscheinung.[33]

Als vermeintlicher planender Architekt des Arlesheimer Dombezirks genießt Jakob Engel wohl seine größte Popularität. In dieser Eigenschaft ist er wenigstens in die Schweizer Fachliteratur eingegangen.[34] In Handbüchern über Barockkunst im allgemeinen[35] oder deutsche Barockarchitektur im besonderen[36] sucht man seinen Namen dagegen vergeblich. (Gurlitt erwähnt zwar ein Hauptwerk Engels, die Eichstätter Residenz, gibt als Architekten jedoch Gabrieli an:[37] Dieser hatte die Anlage mit dem Bau des Südflügels vollendet, sich dabei aber ganz an den von Engel errichteten Westflügel gehalten.) In

Abhandlungen, die sich speziell mit süddeutschem Barock befassen,[38] oder in Kunstreiseführern[39] wird Engel als Hofbaumeister des Bischofs von Eichstätt im Zusammenhang mit seinen Bauten häufiger erwähnt.

Arbeiten des 18. und 19. Jahrhunderts, die Kunst und Geschichte Eichstätts zum Thema haben,[40] nennen Baumeister so gut wie gar nicht. Der Wiederaufbau wird als Leistung der Bauherren, in erster Linie also der Fürstbischöfe, gewürdigt: "Unter seiner (Marquards) rastlosen Fürsorge erhob sich auf den Trümmern der alten Stadt eine neue, schönere, und wie ein Phönix stieg Eichstätt verjüngt aus der Asche seiner Brandstätten hervor."[41]

Erst in entsprechenden Publikationen dieses Jahrhunderts findet man das Verdienst der Architekten und der am Bau beteiligten Kunsthandwerker in stärkerem Maße berücksichtigt.[42] Jakob Engel steht hier allerdings immer im Schatten seiner Nachfolger, Gabriel de Gabrieli und Mauritio Pedetti.

Die Quellenlage stellt im vorliegenden Fall ein besonderes Problem dar, weil ein großer Teil der Archivalien, die Persönlichkeit und Werk wohl hätten erhellen können, infolge der Säkularisation vernichtet wurde oder verschollen ist. Dazu gehören in großem Maße Bauakten, Rechnungsbücher, vor allem aber auch die Protokolle der Eichstätter Hofkammer[43] aus der Zeit vor 1700. Diese Behörde war für die Finanzen zuständig und griff mit dieser Kompetenz in Engels Aufgabenbereich ein. Wieviel Material hier verlorengegangen ist, zeigen die vier noch vorhandenen Protokollbände deutlich. Sie decken jedoch nur eine kurze Zeitspanne ab, und es darf nicht übersehen werden, daß, auf den Zeitraum bezogen, mehr als das Zehnfache an Material nicht mehr existiert. Die überkommenen Informationen sind daher nicht oder nur bedingt relativierbar oder übertragbar auf größere Zusammenhänge und verlieren insofern an Wert.

Was von Jakob Engel selbst schriftlich überliefert ist, betrifft die materielle Seite seiner Arbeit: Es handelt sich dabei vorwiegend um Kostenvoranschläge, Rechnungen und Quittungen.[44] Die wenigen erhaltenen Zeichnungen und Risse[45] stehen in der Mehrzahl in Zusammenhang mit Projekten, die nicht oder nicht in dieser Form ausgeführt wurden.[46] (Es hat den Anschein, als existierten sie nur deshalb noch, während sie bei Realisierung des betreffenden Bauvorhabens in jeder Beziehung verarbeitet worden wären.)

Ausgiebige archivalische Studien haben dennoch einiges über Jakob Engel zutage gefördert. Die benutzten Quellen (fast ausnahmslos handschriftlich) werden am Schluß gesondert aufgeführt. Es sind so viele, daß es nicht sinnvoll wäre, sie im einzelnen vorzustellen, ganz davon abgesehen, daß ein großer Teil von ihnen nur kleinste Mosaiksteinchen zum Gesamtbild beigetragen hat. Aufgeführt seien hier deshalb nur die wichtigsten:

Die Pfarrakten des Diözesanarchivs Eichstätt[47] enthalten eine Vielzahl von Belegen - u.a. in Form von Briefen, Kostenvoranschlägen, Handwerker"zetteln" (Rechnungen, auf denen oft auch die Bezahlung quittiert wurde), manchmal auch Rissen - zur Baugeschichte der Kirchen und Pfarrgebäude, ohne diese jedoch kontinuierlich zu dokumentieren. Obwohl in Quantität und Qualität von Fall zu Fall ganz unterschiedlich, bildet dieser Bestand die wichtigste Quelle für die vorliegende Arbeit, zumal sich darin auch fast alle von Jakob Engel überlieferten Autographen und Risse befinden.

Die Protokolle des Eichstätter Domkapitels[48] sind für den in Frage kommenden Zeitraum beinahe lückenlos erhalten (es fehlen nur die Jahrgänge 1663, 1664 und 1714). Sie vermitteln deshalb ein ziemlich vollständiges Bild von der Vielfalt der Aufgaben, zu denen Engel, vor allem als Gutachter, vom Domkapitel herangezogen wurde. Ihr dokumentarischer Wert leidet allerdings etwas darunter, daß manche Projekte wortreich initiiert werden, um dann, wenigstens auf Protokollebene, sang- und klanglos wieder zu verschwinden.

Von den Protokollen der Eichstätter Hofkammer war eingangs schon die Rede. Aus Engels Zeit existieren leider nur noch die Jahrgänge 1701, 1702, 1704 und der Band Mai bis August 1707.[49] Ihren besonderen Wert für diese Arbeit erhalten die Protokolle einmal durch ihre ausführliche Behandlung der einzelnen Projekte, zum andern dadurch, daß sie wenigstens eine leise Ahnung von Jakob Engel als Person vermitteln. (Er trat vor der Hofkammer auch selbst auf, während seine Äußerungen dem Domkapitel immer nur referiert wurden.) In dieser Hinsicht aufschlußreich sind manchmal auch die Bemerkungen des Fürstbischofs, der über die Beschlüsse der Hofkammer in cabinetto entschied[50] und die Protokolle gelegentlich mit einem Kommentar versah.[51]

Einige persönliche Daten liefern die Pfarrbücher.[52] Die Tauf-, Heirats- und Sterbematrikeln der ehemaligen Marienpfarrei sind von Beginn des 17. Jahrhunderts an vollständig überliefert, die der kleineren Walburgispfarrei, soweit es die Zeit nach dem Dreißigjährigen Krieg betrifft, seit 1693.[53]

Abschließend seien noch die Kastenamtsrechnungen von Arberg-Ornbau erwähnt, die im Gegensatz zu denen anderer Ämter beinahe komplett erhalten sind.[54] Durch sie wird ein wichtiger Aufgabenbereich Engels faßbar, nämlich die Visitation der fürstbischöflichen Gebäude im Hochstift. Da mit ihrer Hilfe auch Beginn und Ende dieser Tätigkeit in etwa bestimmt werden können, erlauben sie darüber hinaus Rückschlüsse auf seine berufliche Laufbahn.

2. Vorbemerkungen über die Zerstörung Eichstätts im Dreißigjährigen Krieg, den Wiederaufbau der Stadt und die Situation im Bauhandwerk

Der Dreißigjährige Krieg hatte für Eichstätt katastrophale Folgen. Mehrere Male wurde die Stadt in den Jahren 1633 und 1634 von schwedischen Überfällen und Brandschatzungen heimgesucht. Am schlimmsten traf es sie, als nach fünftägiger Plünderung am Morgen des 12. Februar 1634 der Befehl gegeben wurde, die ganze Stadt anzuzünden. In einem "Extract aus dem Kriegsregister 1624-1634" heißt es dazu: "... in welchem erbermlichen brand 444 häuser, 7 kirchen, 2 clöster (...), 5 thomherrnhöffe (...) und das spittel ist alles verbrynnt worden".[55] Etwa 4/5 des Häuserbestands wurde damals zerstört. Auch im Hochstift hatte der Krieg schwerste Schäden zur Folge gehabt. Ein großer Teil der Bevölkerung war ums Leben gekommen: "... und ist gewiß in dem ganzen Land nicht der 10. Mann mehr vorhanden", wie es in einem für den Dompropst von Eichstätt, Bernhard von Gemmingen, bestimmten Bericht vom 24. März 1634 zu lesen ist.[56] 1650, zwei Jahre nach dem Westfälischen Frieden, waren endlich auch die Eichstätter Gebiete befriedet, und der Bischof konnte seinen Untertanen bekanntgeben, daß der Krieg vorbei sei.

Was sich nach dem großen Brand von 1634 bis zu dem Tag der Friedensverkündigung in Eichstätt auf dem Bausektor getan hat, dürfte über notwendigste Sofortmaßnahmen nicht hinausgegangen sein. Die Überlebenden hatten sich, wo nicht in den wenigen verschont gebliebenen Häusern, in den Ruinen eingerichtet. Diese Situation veranschaulicht ein Eintrag im Sitzungsprotokoll des Eichstätter Domkapitels vom 22. Dezember 1655: Auf seine Bitte hin ist "dem Planckh Zimmermaistern ain Wohnung in dem Biberbach: Hoff, da er sich darin uffzuhalten getrauet, vergunnt worden".[57] (Die Rede ist von einem im Krieg zerstörten Domherrnhof.)

Die ersten Baumaßnahmen des Bischofs galten der Sicherung seiner weltlichen und geistlichen Positionen: Die kaum beschädigte Willibaldsburg wurde fortifikatorisch ausgebaut und mit neuen Bastionen versehen, die Jesuitenkirche, deren Dach und Gewölbe eingestürzt waren, repariert und das zerstörte Jesuitenkollegium wiedererrichtet. Als der Jesuitenpater Daniel Papebroch im September 1660 Eichstätt besuchte, notierte er in sein Reisetagebuch:"Nachmittags gingen wir aus, die übrigen Kirchen (Anm.: nach der Jesuitenkirche) zu besichtigen; denn sonst sieht man nämlich überall mehr den Scheiterhaufen einer Stadt als eine Stadt."[58]

Dieser Eindruck schwand nur langsam. Während einzelne Gebäude wie Domdekanei, Dompropstei oder Rathaus und einige Domherrnhöfe Ende der 70er Jahre wiederhergestellt oder neu erbaut worden waren, lag ein großer Teil der Bürgerhäuser noch in Schutt und Asche. Um den Wiederaufbau der Stadt zu fördern, gewährte Fürstbischof Marquard II. Schenk von Kastell (1636-1685) Bauwilligen Steuererleichterungen und andere Vorteile, die er, "damit nun ins künfftig alles Disputat und darbey vorvallende Zweifel vermitten bleiben",[59] am 17. Juli 1677 in einem Dekret manifestierte.[60] Er legte fest, "daß die ienige, welche in Unsere Residenz Statt Eychstett oder auch dennen Vorstätten rechtschaffene, ansehnliche dreygädige Heüser auferbauen und, wo selbige auff dennen Gassen in das Gesicht khommen, völlig von Steinen auff fiehren, uff zehen Jahr aller sowohl hochfürstlicher Lands: als burgerlichen Steüern wie auch der Contributionen und Kriegsanlagen oder Monatgeltern, darmit sonst andere Heüser pflegen belegt zu werden, befreyet, auch da benebens mit Einquartierungen nit beschwärt werden sollen".[61] Wer dagegen zwei- oder gar nur einstöckig bauen wollte, erhielt entsprechend weniger, nämsechs beziehungsweise vier Jahre Steuerfreiheit. Sämtliche Vergünstigungen galten von Baubeginn an und nicht erst "ab tempore der Cammin angefangen zu rauchen".[62]

Das Dekret Marquards blieb nicht das letzte seiner Art. So wurden am 12. Februar 1685 demjenigen, der eine der öden Brandstätten am Marktplatz, "welche allen hin- und herreisenten frembden Leuthen im Gesicht ligen thuen", dreistökkig wiederaufbaute, sogar zwanzig steuerfreie Jahre zugebilligt.[63] Am 12. Juni 1685 verfügte Bischof Johann Euchar Schenk von Kastell (1685-1697) fünfzehn bis zwanzig "Frey-Jahr" und das nötige Bauholz gratis für alle, die nicht nur dreistöckige, sondern auch mit Ziegeln statt der traditionellen Kalkplatten (die fortan in der Stadt nicht mehr zugelassen werden sollten) gedeckte Häuser in und außerhalb der Stadt bauten.[64] Im übrigen blieb es aber bei den schon von Marquard erstellten Richtlinien, die von seinem Nachfolger per Dekret vom 3. Januar 1687 noch einmal in allen Punkten bekräftigt wurden.[65] Bischof Johann Martin von Eyb (1697-1704) schließlich verdoppelte mit Beschluß vom 6. März 1699 noch die Anzahl der steuerfreien Jahre.[66] Entsprechende Verordnungen sind vom nächsten Bischof, Johann Anton I. Knebel von Katzenellenbogen (1705-1725), zwar nicht überliefert, doch wurde auch noch unter seiner Regierung der Aufbau öder Brandstätten besonders gefördert.[67]

Der Wiederaufbau Eichstätts nach dem Dreißigjährigen Krieg lag, was die praktische Seite der Ausführung betraf, weitgehend in den Händen welscher Maurer,[68] sowohl qualitativ als auch quantitativ. Die in diesem Fall einmal gute Quellenlage erlaubt eine solche Feststellung: Am 15. Juli 1661 begründete Bischof Marquard das Handwerk der Maurer, Steinmetzen und Zimmerleute, in dem die Meister aus Eichstätt und den umliegenden Ämtern zusammengeschlossen waren, und gab ihm eine Ordnung. Sie ist ebenso überliefert[69] wie das Mitgliedsbuch des Handwerks[70], das alle Neuzugänge bis 1865 verzeichnet und am Anfang eine Liste derjenigen enthält, die bei der Gründung als Meister aufgenommen worden waren.[71] Danach gab es zu diesem Zeitpunkt in Eichstätt 24 Maurermeister, von denen in der Liste zehn als welsch bezeichnet sind. Unter den übrigen befanden sich aber noch wenigstens drei weitere Graubündner, darunter "Jacob Engl, hochfürstlicher Schanz und Mauerermeister alhie".[72]

Nicht einmal die Hälfte der Eichstätter Maurermeister im Jahre 1661 waren also Einheimische. Sie hatten den Welschen gegenüber keinen leichten Stand. Die Errichtung des Handwerks war auf ihr Betreiben hin geschehen, wie es in der Satzung einleitend heißt, da sie "bißhero khein ordentlich uffgerichte Handtwerckhs Zunfft, Saz: unndt Ordtnung gehabt unndt sich dannenhero allerhandt Irrungen, Stimplereyen unndt Widerwillen allein zwischen ihnen denen Maurern unndt Zimmerleüth[73] selbsten eraignet, sonder auch diß verursacht, daß sye von anderen umbligendten benachbarten unndt Handtwerckhs Genossen unndt sogar auch von außlendtischen welschen Maurern, die würckhliche Zunfften, Saz: unndt Ordtnungen haben, verächtlich gehalten, ihnen auch in mehrerley Weeg Einhalt unndt Schmelerung an ihrer Nahrung zuegefüegt wordten".[74]

Zendralli irrt also, wenn er aus einer die Situation in Passau 1587 betreffenden Quelle verallgemeinernd folgert, der Erfolg welscher Maurer sei zu einem guten Teil darin begründet gewesen, daß sie gerade nicht organisiert, somit nicht an vereinbarte Arbeitszeiten gebunden waren und "dalle stelle alle stelle" im Einsatz sein konnten.[75] In der betreffenden Quelle wird über die "Wälschen" lobend berichtet, daß sie "vielmals bei Mondschein zwei und mehr Stunden vor tags sich zur Arbeit schicken und bis zur Nacht derselben abwarten", während es sich die "Hiesigen" offenbar leisten konnten, "auf die Feierstund solches Augenmerk (zu) haben, daß sie beim ersten Glockenstreich Kelle und Hammer beiseite legen und nach Hause trachten". - Um die Mitte des 17. Jahrhunderts präsentiert sich die Lage in Eichstätt jedenfalls völlig anders.

Mochte die neue Regelung für die einheimischen Maurer hinsichtlich ihrer Existenzsicherung auch einen Schritt nach vorn bedeutet haben - die Graubündner blieben ihnen gegenüber weiterhin privilegiert. Die "allhie dermahlen in zimblicher Anzahl anweßendte fremdte unndt welsche Maurer" erklärten sich zwar bereit, dem neugegründeten Handwerk beizutreten, dies jedoch nur "mit gewißen Conditionibus".[76] So wurde zum Beispiel festgelegt, daß einer der beiden Maurermeister, die zusammen mit einem Zimmermann und einem Steinmetzen dem Handwerk vorstanden, ein welscher sein mußte. Diese sogenannten Vier- oder Kerzenmeister vertraten das Handwerk bei offiziellen Anlässen, verwalteten die Finanzen, nahmen die Meisterprüfungen ab u.a.[77] Sie entzündeten die Handwerkskerzen, die von den jeweils jüngsten Meistern an Fronleichnam und bei den wöchentlichen Donnerstagsprozessionen, die in der Marienkirche stattfanden, getragen wurden. Von dieser wohl wegen des Verlusts an Zeit (und Geld) als solcher gewerteten "Beschwerth" des Kerzentragens waren die welschen Meister ausdrücklich befreit.[78] Den bedeutendsten Vorteil zogen sie aus Punkt 12 der Handwerksordnung, der die Zahl der angenommenen Lehrjungen regelte, da diese "nit allezeit zue bekhommen": Während sich die einheimischen Meister mit einem Lehrling zufriedengeben mußten und erst, wenn dessen Lehrzeit zur Hälfte vorbei war, den nächsten einstellen durften, wurde den welschen Maurern zugestanden, "zue ihren führendten Haubtgepäuen sovil Lehrjungen, als vil deren sye vonnöthen, anzuenehmmen unndt zue lehrnen".[79] Dieser Passus stellt auch heraus, daß die großen und bedeutenden Bauvorhaben unstrittig Sache der Graubündner waren, die Deutschen somit auch bei der Auftragsvergabe das Nachsehen hatten.

Am 11. April 1699 wurde eine revidierte Fassung der Handwerksordnung für Maurer, Steinmetzen und Zimmerleute verabschiedet, die sich von der vorigen vor allem darin unterschied, daß sämtliche Privilegien der Welschen ersatzlos gestrichen worden waren.[80] Inwieweit damit allerdings eine Nivellierung erreicht wurde, bleibt dahingestellt. Vor allem die schon länger ansässigen Graubündner wie die Deller,

Säckler oder Ganser, die sich mit ihren Handwerksbetrieben in und um Eichstätt inzwischen fest etabliert hatten, dürften durch die neue Regelung kaum Schaden erlitten haben.

Als Leiter des Hofbauamtes war Jakob Engel zumindest in der Lage, dafür zu sorgen, daß seine Landsleute nicht zu kurz kamen. Beim Umbau der Stiftskirche St. Emmeram in Spalt, der in den Jahren 1698 bis 1700 vorgenommen wurde, waren sämtliche Maurer und auch einige der Handlanger Welsche. Ihre Namen findet man auch in den Rechnungsbelegen für die kurz vorher erfolgten Baumaßnahmen an den Kirchen Wettstetten, Echenzell, Hitzhofen und Pettenhofen wieder.[81] Sie wurden offensichtlich von Engel direkt verpflichtet; die erwähnten Rechnungsbelege sind Lohnlisten, die er selbst ausgefertigt hatte. (Soweit die überlieferten Dokumente ein richtiges Bild vermitteln, herrschte jedoch überwiegend die Praxis vor, für ein bestimmtes Projekt mit einem Meister eine Pauschale auszuhandeln und ihm dann alles weitere einschließlich der Anstellung und Bezahlung der Bauarbeiter zu überlassen.[82])

Eine zumindest recht eigenwillig anmutende Personalpolitik Engels belegt das Hofkammerprotokoll vom 21. April 1701:[83] Darin wird berichtet, man habe (vielleicht im Zusammenhang mit dem Bau von Heilig-Geist-Kirche und -Spital) Hans Schönauer[84] durch Dekrete vom 12. und 31. März 1699 als Palier angenommen, "daß er sowohl der liederlich unnd saumbsal: unnd unverständtigen Arbeitheren, dann schlechten Maurens halber vermittels genauer, auch emsiger Inspection das hochfürst: Interesse bestens beobachten solle". Schönauer hätte sich jedoch "bey denen dermahlen durch den M: Jacob angenohmmenen Arbeithern, deren in allem 10, worunder 5 Schwäger unnd 4 Gebrüeder, in dem wol keiner dem andren zuwider sein noch sonnsten was thuen ... würdt" dazu nicht in der Lage gesehen. (Die Herren der Hofkammer reagierten gelassen: Man hielt die Angelegenheit "vor so uneben nit" und beschloß lediglich, Jakob Engel anweisen zu lassen, Maßnahmen zur

Besserung der Situation zu treffen.)

In Eichstätt blieb das italienische Element in der Architektur auch dann noch beherrschend, als andernorts längst französische Vorbilder wirksam geworden waren: Nach Jakob Engel wurde mit Gabriel de Gabrieli 1714 wieder ein Graubündner Leiter des Hofbauamtes;[85] er starb 1747. Die Position blieb vakant, bis sie 1750 von dem Italiener Mauritio Pedetti übernommen wurde,[86] der sie bis zu seinem Tode 1799 innehatte. Pedetti war der letzte Baudirektor des Hochstifts.

II. BIOGRAPHISCHER TEIL

1. Monticello

Die Matrikeln von San Vittore verzeichnen unter dem Datum vom 15. September 1632 die Taufe von "Jacomo figliolo di Domenico Angelini et Angelica sua consorte".[87] Jacomo Angelini oder, wie er sich dann in Eichstätt nannte, Jakob Engel hatte noch wenigstens einen Bruder, Carlo, mit dem er später einige Male zusammenarbeitete. Die Familie war in Monticello ansässig, einem San Vittore angeschlossenen Weiler. Dort erscheint der Name Angelini, auch in den Versionen Angelino, d'Angelin, d'Angerino, "des öfteren in den Akten", wie Zendralli festgestellt hat; 1641 wird erstmals ein "mastro", Jacomino de Angelino da Monticello, erwähnt.[88] Zendralli berichtet von einem Rechnungsbuch, das Jacomino gehörte. Daraus geht hervor, daß er zwei Brüder, Rigo und Giovanni, hatte und daß der Vater mit Vornamen Angelo hieß. 1665 erbte Jacomino von Domenico, dem Vater Jakob Engels, "la summa de lire 155:5" und hielt dies in seinem Rechnungsbuch fest. Zendralli gibt noch an, daß besagter Jacomino vor 1669 starb.[89]

Da über ihn nichts weiter bekannt ist, läßt sich nicht beurteilen, ob er neben Jakob Engel als Spender des Kelches in Betracht kommt, der sich noch heute in der Kapelle Santa Maria della neve in Monticello befindet.[90] Es handelt sich dabei um eine Augsburger Arbeit aus vergoldetem Silber, 22,7 cm hoch, mit sechspaßförmigem Fuß und Balusternodus. Der Überfang aus Akanthuslaub an der Kupa bildet das einzige ornamentale Dekor. Die Inschrift unter dem Fuß lautet "An^{o} 1666 M^{ro} Jacom. Angelin de Monticello".

Die Annahme, es sei Jakob Engel gewesen, der hier seinem Heimatort ein Geschenk gemacht habe, wird durch die Herkunft aus dem Eichstätt nahen Augsburg nicht ausreichend gestützt, weil die Produkte dortiger Goldschmiede zur fraglichen Zeit auch ein beliebter Exportartikel waren. Doch hätte der Stand seiner beruflichen Laufbahn im Jahre 1666 eine solche Gabe gleichsam als Zeichen seines Erfolges im Ausland durchaus gerechtfertigt. In diesem Jahr nämlich stand die erste bischöfliche Unternehmung, mit der Jakob Engel in Verbindung gebracht werden kann, kurz vor ihrem Abschluß: die Sicherung der Willibaldsburg durch den Bau neuer Bastionen.

2. Eichstätt: berufliche Sphäre

Engels Tätigkeit als Festungsbaumeister in fürstbischöflichem Dienst, über die bisher noch gar nichts bekannt war, läßt sich mehrfach belegen. So steht er in der Liste derer, die bei Gründung des Handwerks der Maurer, Steinmetzen und Zimmerleute am 15. Juli 1661 als Meister aufgenommen worden waren, mit der Bezeichnung "hochfürstlicher Schanz und Mauerermeister alhie".[91] (Auf das Datum bezogen, handelt es sich hier um die erste Nachricht über Jakob Engel nach dem Taufeintrag.[92] Die Liste wurde jedoch, wie schon erwähnt - siehe Anm. 71 -, nicht vor 1667 geschrieben.) Die nächste Erwähnung Engels datiert vom 19. Februar 1662: "Jacobus Engl solutus Schanzmeister zu Hoff" war an diesem Tag Pate bei der Taufe von Johann Jakob, Sohn des Bartholomäus Schrell, "Steinmetz in der Schanz zue Hoff".[93] In den Rechnungen des Kastenamtes Dollnstein für das Jahr 1669 ist, soweit bekannt, zum letztenmal von Jakob Engel als fürstlichem Schanzmeister die Rede.[94]

Dieser Titel besagt, daß Engel als Sachverständiger die fürstbischöflichen Belange auf dem Gebiet des Festungsbaus vertrat; in dieser Funktion leitete er demnach den Bau der Bastionen spätestens von 1661 an, möglicherweise auch schon vorher. In den Protokollen des Domkapitels vom 23. September

1659 heißt es, "Ihr fürst: G(naden)" wollten "dero Paumeister" zur Begutachtung eines Bauplatzes abordnen.[95] Es ist nicht auszuschließen, daß hier bereits von Jakob Engel die Rede ist.

Von wem die Bastionen der Willibaldsburg geplant, wann sie ins Werk gesetzt wurden und ob Jakob Engel an diesen Phasen schon Anteil hatte, sind Fragen, die offenbleiben müssen. Dokumente gibt es dazu nicht mehr. Für den Hauptteil der neuen Befestigung, die Bastionen unterhalb des Gemmingenbaus, sind Wappeninschriften mit Jahreszahlen überliefert, die wenigstens das Datum der Fertigstellung ungefähr bezeichnen.

Dieser Teil der Anlage besteht aus zwei nach Norden beziehungsweise Westen ausgerichteten, leicht spitzwinkligen Eckbastionen, die durch eine Kurtine verbunden sind. Davor ein großer lünettenförmiger Ravelin in der Hauptachse des Schlosses. An der Nordbastion befindet sich noch heute das Wappen des Bauherrn mit der Inschrift: EST TEMPUS PACIS ET TEMPUS BELLI. MARQUARDUS II. D. G. EPS PRINCEPS EYSTETTENSIS HOC BELLONAE OPUS STRUXIT ANNO M.DC.LX.[96] Die westliche Bastion dürfte etwa um die gleiche Zeit, also um 1660, fertiggestellt worden sein, denn nur gemeinsam bilden beide Bastionen eine sinnvolle fortifikatorische Maßnahme. In strategischer Hinsicht unverständlich wäre es auch gewesen, hätte man die Anlage mit dem Bau der Lünette begonnen, wie es in der Literatur heißt.[97] Die dort zugrunde gelegte Jahreszahl 1658, die sich in der Wappeninschrift an der Lünette befunden haben soll, geht offenbar auf einen Übertragungsfehler von Julius Sax zurück, bei dem ein X der römischen Zahl auf der Strecke blieb.[98] Heute befindet sich das Wappen nicht mehr an Ort und Stelle, doch wird seine Inschrift von einem Autor des 18. Jahrhunderts in folgendem Wortlaut wiedergegeben: MARQUARDUS II. SUAE ET POSTERIORUM PRINCIPUM SECURITATI PROSPICIENS HOC TERNUM PROPUGNACULUM EXTRUI FECIT ANNO M.DC.LXVIII - 1668 also.[99] Nicht zuletzt besagt auch die Formulierung "hoc ternum propugnaculum extrui fecit", daß ein dreifaches Verteidigungswerk errichtet worden sei und nicht erst werden solle.

Die beeindruckende Wirkung, die von dieser Befestigungsanlage - vor allem auch in Verbindung mit der Elias-Holl-Fassade des Gemmingenbaus, der sie optisch als Sockel dient - einmal ausgegangen sein muß, ist heute am Objekt selbst nicht mehr erfahrbar. Die Bastionen versinken beinahe in dem Grüngürtel, der in den letzten Jahrzehnten um die Burg erwachsen ist, und selbst wenn sie, etwa infolge des Waldsterbens, einmal ihre frühere Dominanz wiedererlangt haben sollten, blieben immer noch die Beeinträchtigungen, die dem darüberliegenden Gemmingenbau im 19. Jahrhundert zugefügt wurden, als man den Mitteltrakt um ein Stockwerk und die beiden Türme jeweils um das Obergeschoß sowie die bekrönende Zwiebel reduzierte, was aus der einst hochgestreckten Fassade ein etwas merkwürdig proportioniertes Breitformat machte. Eine Vorstellung vom früheren Zustand wird nur noch durch Veduten vermittelt, etwa durch die Tuschzeichnung von Mauritio Pedetti (1751)[100] oder das Stadtbild von Michael Franz im Rittersaal des Schlosses Hirschberg (1766)[101].

Im August 1666 ließ Bischof Marquard das Domkapitel wissen, er habe vor, den Dom "in etwas" zu "reformiren". Sobald seine Werkleute mit dem "Schloßbau" (Bastionen) fertig seien, wolle er den Lettner abbrechen lassen und dann sehen, wie man weiter verfahren könne.[102] Das Domkapitel war damit einverstanden. Später änderte der Bischof seine Meinung: Mit einer bloßen Renovation sei dem Dom nicht geholfen, deshalb beabsichtige er, "das Haubtwerckh anzuegreiffen und was Rechts pauen zue lassen, sinthemalen angezogenen Paumaisters (Jakob Engel, siehe Anm. 103) Vorschlag nach solliches uber 40.000 fl nit khossten werdte", wie es im Protokoll der Domkapitelsitzung vom 8. März 1667 heißt, in der das Vorhaben zur Sprache kam.[103] Von bischöflicher Seite waren bereits alle Anstalten zum Bau getroffen worden, und Jakob Engel hätte eigentlich noch in derselben Woche mit den Arbeiten am Chorgewölbe beginnen sollen, doch das Domkapitel, obwohl nicht einmal darum gebeten, sich an den Kosten zu beteiligen, konnte sich zu einer sofortigen Zustimmung nicht entschließen. Es führte statt dessen eine ganze Reihe von Gründen ins Feld, die es geboten erschienen ließen, eine Entscheidung auf das nächste Peremptorium[104] zu verschieben.[105] Der Bischof reagierte darauf sehr verärgert, das Domkapitel beeilte sich zu versichern, es sei grundsätzlich dem gemachten Vorschlag gar nicht abgeneigt;[106] dann kam aber das Thema beim nächsten Peremptorium im Juli 1667 gar nicht mehr auf die Tagesordnung, da dem Bischof nun die Zeiten zu unsicher waren und er mit solch einem Bau lieber noch warten wollte.[107] Im Januar 1669 waren Ihro Fürstliche Gnaden zwar "noch immer in Gedanckhen, wie der Thumb möge in einen rechten Formb gebracht werden",[108] doch schließlich und endlich blieb alles beim alten.

Damit hatte sich nicht nur ein Plan des Bischofs zerschlagen, sondern Jakob Engel war auch um seinen mit Abstand größten Sakralbau gekommen. Führt man sich vor Augen, daß die Barockisierung der Stiftskirche St. Emmeram in Spalt 1698-1700 etwa 6400 Gulden (ohne Innenausstattung), der Neubau der Pfarrkirche St. Walburg in Beilngries 1693-1695 etwa 5200 Gulden (unter Beibehaltung des romanischen Turms), der Neubau von Heilig-Geist-Kirche und -Spital in Eichstätt 1699-1701 etwa 12000 Gulden gekostet hatte - um nur die umfangreichsten Arbeiten Engels auf diesem Gebiet zu nennen - und man für 1000 Gulden ein ansehnliches Bürgerhaus hinstellen konnte, bekommt man ungefähr eine Vorstellung von der Größenordnung dieses Projekts einer barocken Umgestaltung des Doms, deren Kosten auf 40000 Gulden veranschlagt worden waren (unter solchen Voranschlägen zu bleiben war auch schon damals nicht üblich).

Wenn auch Jakob Engel seinem Bischof und sich selbst dieses Denkmal nicht setzen konnte - und der Dom, sicher nicht zum Bedauern der Nachwelt, seine vorwiegend gotische Form behalten hat -, bleibt doch festzustellen, daß Engel hier vom Bischof erneut mit einem Projekt allererster Klasse und Größenordnung betraut worden war.

Dieser Umstand ist auch deshalb bedeutungsvoll, da er sich für Zuschreibungen nutzen läßt, die über Quellen und Stilvergleiche nicht oder nicht ausreichend belegt werden können. Das ist z.B. der Fall bei den bischöflich geförderten Restaurationswerken der frühen 60er Jahre. In diese Zeit fallen die ersten über Provisorien hinausgehenden Maßnahmen zum Wiederaufbau des Klosters St. Walburg und des Dominikanerklosters in Eichstätt, mit denen Engel auf diese Weise in Verbindung gebracht werden kann. Für die Wiederherstellung von Jesuitenkirche und -kolleg wird zwar der Jesuitenfrater Oswald Kaiser namhaft gemacht, "ein tüchtiger Kunstschreiner, der aber auch im Bauwesen sehr erfahren war", wie Joseph Braun schreibt,[109] doch wird man sicher bei speziellen technischen Problemen, etwa ob die Pfeiler das neue Kirchengewölbe würden tragen können, den "fürstlichen Baumeister" zumindest als Gutachter herangezogen haben.

Als von Jakob Engel 1661 das erstemal in Eichstätter Quellen die Rede ist, stand er als fürstlicher Schanz- und Maurermeister innerhalb seines Handwerks an führender Stelle. Wie lange er damals schon in Eichstätt war, ist nicht abzusehen; möglicherweise besteht ein Zusammenhang mit dem Tod des Hofbaumeisters Peter Fuchs 1656.[110] Das Hofbaumeisteramt blieb danach zwar lange unbesetzt, doch übernahm Engel nach und nach die Aufgaben, die damit verbunden waren. Dazu gehörten u.a. die ein- bis zweimal jährlich stattfindenden Visitationen der bischöflichen Gebäude (Schlösser, Amtshäuser etc.) im Hochstift. Über das Ergebnis erstattete Engel vor der Hofkammer Bericht, wo seine Ausführungen protokolliert und dem Bischof zugeleitet wurden.[111] Waren Baumaßnahmen beschlossen, lag auch die Organisation der Durchführung - Arbeitsvergabe, Kontrolle, Bezahlung - in Händen des vom Bischof dazu delegierten Bauverständigen.

Nach dem Tod von Peter Fuchs hatte zunächst der Hofbauschreiber Gottfried Wehrn[112] die Visitationen übernommen. Die Kastenrechnungen des Amts Arberg-Ornbau[113] erwähnen ihn in dieser Mission in den Jahren 1659 bis 1663. Die Jahrgänge 1664 bis 1666 enthalten keine diesbezüglichen Einträge. (Es handelt sich dabei meist um Ausgaben in der Rubrik "Zehrung", die natürlich nicht anfielen, wenn sich der Betreffende in in einem anderen Amt beköstigen ließ.) Spätestens von 1667 an visitierte Jakob Engel die bischöflichen Gebäude, zunächst noch in Begleitung des Hofbauschreibers.[114] Auch 1668 war dies noch der Fall. Aus den Rechnungsbänden der Jahre 1669 bis 1671 geht über Visitationen nichts hervor. Danach ist immer nur von Jakob Engel allein die Rede. Einer anderen Quelle nach haben Gottfried Wehrn und Jakob Engel noch 1671 gemeinsam die Schäden an der Stadtbefestigung von Beilngries besichtigt und einen Kostenvoranschlag darüber verfaßt,[115] so daß wohl davon auszugehen ist, daß Engel die Visitationen von 1672 an allein durchführte.

Mit Reisen verbunden waren für ihn auch eine Reihe von kirchlichen Bauten (womit hier neben Kirchen auch Pfarrhäuser und -stadel sowie Schul- und Mesnerhäuser gemeint sind) im Hochstift, die unter seiner Leitung ausgeführt wurden. An der allgemeinen Auftragslage gemessen, handelte es sich dabei meistens um größere Aufgaben, z.B. den Wiederaufbau der Pfarrhöfe Mörnsheim und Gelbelsee und, vor allem, des Klosters Marienburg bei Abenberg, das 1675 mitsamt der Kirche abgebrannt war. Über die Auftragsvergabe hatte der Bischof zu entscheiden, die Organisation auf Verwaltungsebene oblag dem Generalvikar als Vertreter des Geistlichen Rats[116]. Jakob Engel trat hier nicht nur als leitender Bauverständiger auf, sondern auch als "Unternehmer", der die Ausführung mit eigenen Leuten übernahm. Für den Bau der

Klosterkirche Marienburg wurden ihm über die Maurerarbeiten hinaus auch alle Steinmetzen- und Steinbrecherarbeiten übertragen.[117]

Jakob Engel war von Beginn seiner Eichstätter Zeit an immer und in erster Linie der Baumeister des Bischofs. Daran läßt das überlieferte Material keinen Zweifel. Daneben gab es aber noch andere Auftraggeber, auch außerhalb der Hochstiftsgrenzen.

Für den Neubau des Schlosses der Grafen von Oettingen-Spielberg lieferte Engel im März 1680 mehrere Risse und erhielt dafür 36 Gulden Rekompens.[118] Gebaut wurde dann jedoch nach Plänen des württembergischen Baumeisters Mathias Weiß, der über die besseren Beziehungen verfügt haben soll.[119] Den Bau des Turms der Wallfahrtskirche St. Salvator im kurbayerischen Bettbrunn führte Engel 1681/1682 nach eigenen Plänen aus. In die Schweiz führte ihn der Auftrag des Basler Domkapitels, sich der ins Stocken geratenen Arbeiten beim Bau des Arlesheimer Dombezirks anzunehmen.

Nicht alle Aufträge waren bedeutend: So ist im Rechnungsbuch Pfingsten 1665/1666 des Klosters St. Walburg ein Betrag von 45 Gulden ausgewiesen, den "Maur Maister Jacob" im Zusammenhang mit dem neu erbauten Bad bekommen hatte.[120] 1668 erhielt "M. Jacob Engel Maurer" 7 Gulden für Arbeiten in der Küche des Pfarrhofs Obereichstätt.[121] Unter den Handwerkerrechnungen des Willibaldschors befindet sich eine vom 13. Mai 1669 datierte, von Jakob Engel eigenhändig ausgestellte Rechnung über 5 Gulden 30 Kreuzer für Arbeiten in "Herrn Fabers Losament" (der Wohnung des Kanonikers Johann Faber), die von zwei seiner Gesellen und einem Jungen geleistet worden waren.[122] Bei solchen Aufträgen dürfte Jakob Engel kaum selbst Hand angelegt haben, sondern, wie es sich im letztgenannten Fall zeigt, als Führer eines Baugeschäfts aufgetreten sein.

Seine Tätigkeit als Sachverständiger machen die Protokolle des Eichstätter Domkapitels anschaulich. Meistens ging es darum, "mit Zueziehung M. Jacobs einen Augenschein einnehmen und einen Überschlag verfassen" zu lassen, wenn größere Reparaturen oder gar Neubauten anstanden. Ferner war Engel beauftragt, zusammen mit dem Kaminkehrer zweimal jährlich die Feuerstätten in allen Domherrnhöfen und domkapitlischen Pfründhäusern zu kontrollieren.[123] Ob zur Klärung des delikaten Problems, warum die "s.v. Cloace" in der domkapitlischen Apotheke schon wieder geräumt werden müsse,[124] oder der Frage, welcher der beiden Domherren für die eingefallene Gartenmauer zwischen den benachbarten Grundstücken aufzukommen hätte,[125] ob man nicht einen Ofen in der unteren Sakristei installieren könne[126] oder ob die in Pfünz befindlichen, noch nicht gebrannten Werke des entlassenen "Pildthauers von Anspach" (über die sonst weiter nichts mitgeteilt wird) Schaden leiden könnten[127] - in allen diesen Fällen berief man Jakob Engel als Experten und Gutachter.

Die Domkapitelprotokolle gehen leider selten ins Detail. Oft hat es mit dem Vermerk, es sei "gehorsambist" Bericht erstattet worden, schon sein Bewenden. Doch reichen die Einträge völlig aus, um die Feststellung treffen zu können, daß es immer Jakob Engel war, der gerufen wurde, wenn es im Bereich des Bauwesens um ein fachkundiges Urteil ging.

Obwohl nie der Eindruck entsteht, Engels führende Position auf dem Bausektor sei in irgendeiner Weise gefährdet, muß er doch auch Mißerfolge verbuchen, 1678 gleich in zwei Fällen:

In einem Brief vom 23. Juni 1678 an Generalvikar Raphael Heugel berichtet die Priorin des Klosters Marienburg bei Abenberg über den Stand des Wiederaufbaus ihrer Kirche. Die Arbeiten waren im Mai des Vorjahres begonnen worden und entwickelten sich in vorgesehenem Tempo, doch hatte sich bereits ein Gewölbe gesenkt, und die Priorin mißtraute den

Maßnahmen, die Engel dagegen ergriffen hatte. Bischof Marquard, an den Heugel den Brief weitergeleitet hatte, teilte ihre Bedenken und reichte dem Generalvikar das Schreiben mit dem Vermerk zurück, man möge sich an einen Bauverständigen aus Nürnberg oder einem anderen Ort wenden und die Sache von ihm begutachten lassen, "weylen M: Jacoben Refarcitiones nit allzeitt Bestandt finden".[128]

Gleichzeitig mit der Klosterkirche und wie diese nach Plänen und unter der Leitung Engels[129] wurde der 1676 ebenfalls durch ein Feuer zerstörte Pfarrhof von Mörnsheim wiederaufgebaut, ein Unternehmen, das von ständigen Querelen begleitet war. Der Pfarrer beschwerte sich in mehreren Briefen an den Generalvikar über Mangel an Geld und Material, schlechten Fortgang der Bauarbeiten und unfähige Handwerker.[130] Bei einer Inspektion des mittlerweile bezugsfertigen Pfarrhofs durch den Generalvikar und den Kammermeistereiverwalter im Juni 1678 wurden verschiedene Baufehler festgestellt, ferner wurde beanstandet, daß die Maurerarbeiten von Jakob Engel zu hoch veranschlagt worden waren.[131] Der Bischof entschied, Engel müsse die Baufehler auf eigene Kosten wieder beseitigen, während die Bezahlung der Maurerarbeiten nach Gutdünken des Generalvikars "etwas decourtiert" werden könne,[132] und bestätigte somit die Vorwürfe.

Als wenig später, im November 1678, Pfarrhof und -stadel in Gelbelsee abgebrannt waren, wies der Bischof den Generalvikar an, die Kosten für einen Neubau schätzen zu lassen, und fügte hinzu: "M. Jacob kan hierzue gebraucht werden."[133] Ob in dieser knappen Formulierung noch Ungnade mitschwingt und in Mörnsheim vielleicht nicht nur Engels Geldbeutel, sondern auch sein Renommee gelitten hat, bleibt offen.

Jedenfalls wurde er weiterhin bevorzugt vom Bischof beschäftigt, schließlich offiziell zum Hofbaumeister ernannt. Da kein Bestallungsdekret oder irgendein anderes diesbezügliches Dokument erhalten ist, läßt sich das Datum seiner Ernennung nur eingrenzen. Anhaltspunkte bieten dafür hauptsächlich Engels Signaturen: Am 4. Juni 1682 quittierte er einen Betrag von 3 Gulden, 15 Kreuzer für den Wiederaufbau einer eingefallenen Mauer bei der Frauenkapelle in der Eichstätter Westenvorstadt.[134] Dieses Dokument ist das letzte von ihm erhaltene, das er - wie alle vorherigen auch - mit "Jacob Engel Maurer Maister" unterschrieb. Das nächste überlieferte Autograph, ein Kostenvoranschlag über die Reparatur der Filialkirche Rupertsbuch vom 12. Dezember 1683, verfaßte er bereits als "Jacob Engel hoff Pau Maister".[135] Seine Autographen tragen von nun an keine andere Unterschrift mehr als diese. In einem Brief vom 4. April 1683 an den Hofkammerpräsidenten nannte ihn der Bischof "unser(en) Hofpaumaister",[136] während er vorher nur die Bezeichnungen "Maurermeister" oder "Meister Jakob" für ihn verwendet hatte.[137] Jakob Engels Ernennung zum Hofbaumeister erfolgte demnach in der Zeit vom 4. Juni 1682 bis, wahrscheinlich, zum 4. April 1683, ganz sicher aber bis Ende 1683.

Ein unmittelbarer Anlaß für die Ernennung läßt sich nicht feststellen, eine Folge davon dürfte aber wohl die Verfügung Marquards vom 1. September 1684 gewesen sein, mit der Jakob Engel das Privileg auf alle künftigen Kirchen- und Pfarrhofbauten sowie die größeren Reparaturen an solchen Gebäuden erteilt wurde.[138] Was dies in der Praxis bedeutete, da Engel ja auch vorher schon die wichtigen Aufträge in diesem Bereich erhalten hatte, ist nicht aufklärbar.

Große Veränderungen scheinen sich durch das Hofbaumeisteramt für Engel nicht ergeben zu haben (es sei denn, die Quellen vermitteln hier ein ganz falsches Bild). Zeugnisse seiner neuen Stellung sind aber sicher Schriftstücke wie der "Zettel" vom 26. September 1684, auf dem er die erforderlichen Schreinerarbeiten für die Kirche in Rupertsbuch aufgelistet, das Ergebnis seiner Verhandlung mit dem Schreiner festgehalten und über die Bezahlung, die in Raten erfolgte, Buch geführt hat.[139] Das gleiche gilt für die am 23. August 1688 ausgestellte Bescheinigung über zum Pietenfelder Kirchenbau geliefertes Material aus der fürstbischöflichen Ziegelhütte.[140] Ohne Erlaubnis seines Dienstherrn durfte Engel für andere Auftraggeber nun nicht mehr tätig werden, doch diese zu bekommen war anscheinend keine besondere Schwierigkeit: Er wurde nach wie vor häufig vom Domkapitel beschäftigt und führte auch Aufträge von privater Seite aus.

Der Eindruck, daß die Aufgaben des Hofbaumeisters im Vergleich zu denen des für den Bischof tätigen Maurermeisters Jakob Engel nicht wesentlich voneinander abwichen, wird durch eine Dienstvorschrift bestätigt, die allerdings aus einer Zeit stammt, da sich seine Laufbahn schon ihrem Ende zuneigt. Das Dokument ist Bestandteil einer Reihe von "Instructionen" an fürstbischöfliche Beamte, darunter auch den Bauschreiber[141], die in den Jahren 1708 bis 1710 niedergelegt wurden. Zwar trägt weder die Anweisung an Jakob Engel noch die an den Bauschreiber ein Datum, doch lassen sich beide, da die Instruktionen nacheinander von einer Hand geschrieben und zum Teil datiert sind, in den Zeitraum Ende August 1709 bis Ende April 1710 einordnen. Die Dienstvorschrift "eines Hofpaumeister Jacob Engels" hat folgenden Wortlaut:

1mo Es hat zwar ein Hof Paumeister, ohne Ausnamb, seines Vermögens dahin zu trachten unnd sich threulich zu bearbeithen, daß Ihro Hochfürst(liche): Gn(aden): und dero Hoch Stüffts Nuzen und Frommen am besten befördert und hingegen all Schaden und Nachtheil verhüethet und abgewendt werde, in sonnderheit aber

2do Solle der Hof Paumeister, wan ein neuer Pau oder nur ein Reparations werckh vorhanden, sein pflichtmessiges Guetachten dergestalten abgeben, wie er vermeint, daß solcher Pau am vernünfftigsten zu bewerckstelligen sein möchte, und hat derselbe

3^tio^ Seines Vermögens dahin geflissen abzusehen, daß man ihn in denen über haubts Accorden nit vervortheilt und von denen, (die) umb das Taglohn arbeithen, die einnemmente Taglohns Gelter gleichwohlen verdienet werden.

4to Solle der Paumeister weder mit Maurern, Zimmerleuthen, Hafnern, Schlossern, Glasern, Steinmezen oder andern brauchenten Arbeiths leuthen einig Geding zu seinem Privat Nuzen machen, gar nichts bey denenselben participieren oder auch annemmen, sonndern sich mit seinem Soldt vergnügen und allezeit dergestalten bezeigen, wie ihme sein Gewissen und Pflicht die Anweisung geben.

5to Ist zwar zu keinem unnöthigen Gepäu einzurathen, iedoch allezeit dahin zu sechen, daß denen grosen Paumänglen durch zeitige, noch wenig kostente Reparation vorgebogen werde.

6to Hat der Hofpaumeister, wie es bey Sr: Hochfürst: Gn: Eisen hammer und Ziegel hüthen zugehe und ob man darbey recht hause, fleissige Obsicht zu tragen, auch daran zu sein, daß an behörigen Orthen immer etwas Vorrhat an Paugezeug vorhanden bleibe. Sollte aber er einigen Fehler und etwan gar vermerckhen, daß ein oder ander Orths einige Eigennuzigkheit verüebt und herrschaft: Pauzeugs Vorrhat gar zu Privat Gepäuen appliciert würde, solle es förderlich höcherer Orthen angezeigt werden, wie dan er Hofpaumeister dergleichen Vorrhats Designation immer bey sich haben und

7mo Insonnderheit erinnern solle, da er vermerckhte, daß Sr: Hochfürst: Gn: Gehülz und Först nit gebührent menagiert und insonnderheit das Pauholz benachtheiliget wurde.

8uo Obgleich die Beambte befelcht, uf alle Paumängel acht zu haben und dergleichen erfündente unverzüglich nacher Hof zu berichten, solle doch der Hofpaumeister seine Sachen dergestalten anstöllen, daß iedes Iahrs wenigst einmahl alle und iede herrschaft: Häuser und Gepäue /:warunder auch die Rhathäuser und Stattmauren, welche Ihr Hochfürst: Gn: zu reparieren pflegen, verstandten:/ von ihme Paumeister besichtiget und darüber die Gebühr underthänigst referiert werde.

9no Solle der selbe sich ohne special g(nä)d(ig)ste Erlaubnus keiner anderen Privat gepäuen undernemmen und

10mo die zu seiner Subscription komment Zetl nit anderst underschreiben, er befünde dan, daß die specificierte Sachen und Arbeithen würckhlich beschrieben und gelifert worden, auch darbey kein Excess mit underlauffe, sonndern die Praetension der Billichkheit gemess seye.

Schließlich hat sich ein Hofpaum(eiste)r aidtlich zu obligieren, bey niemandt als Sr: Hochfürst: G: oder dero nachgesezten Richter, Obrigkheit und Rhäte Recht zue suechen und zu nemmen, auch deren Erkhandtnus und Beschaiden sich lediglich und ohne einig ferners Beschwehren zu submittieren, ausser in Sachen, die ihrer Arth nach gleich erster Instanz anderwerths anhängig gemacht werden möchten.

Dahingegen haben Se: Hochfürst: Gnaden ihme Hofbaumeistern vor ein iährliche Besoldung 300 fl (Anm. 142) assignieren lassen und noch darzu bewilliget, daß der selbe, wan er hier ist, die Kost zu Hof, nemblichen Mittag und Nachtmahl sambt 3/4 Bier und 3/4 Wein iedes mahln, geniessen, da er aber in Dienstes Geschäfften verreiset, von Hof aus berithen gemacht, das Pferdt von Ihro Hochfürst: G: verpflegt werden, ihme Paum(eiste)r aber vor ein Mittagmahl 20 kr und vor ein Nachtmahl 24 kr passieren sollen mit der Permission, daß er wol Lehr Jungen annemmen möge, deme aber von Sr: Hochfürst: Gn: nichts zu reichen, ausser was derselbe mit Arbeith verdienen wurde. (Anm. 143)

Diese Dienstvorschriften stammen aus einer Zeit, zu der Jakob Engel weit in den Siebzigern war, und es überrascht, wieviel ihm noch zugemutet wurde. Allein die Visitationen, die vor allem in die Ämter des oberen Stifts mit Tagesreisen zu Pferd verbunden waren, müssen eine große Anstrengung für ihn bedeutet haben. Lediglich in den Vorschriften für den Bauschreiber findet sich eine Anordnung, mit der - notgedrungen - Rücksicht auf Engels körperliche Verfassung genommen wird: Alle Berichte, Überschläge und Bauanleitungen, die er sonst selbst ausgefertigt hatte, sollen nun vom Bauschreiber niedergeschrieben und von Engel nur noch signiert werden, "umb willen der Hofpaumeister Jacob Engel obhabenten seines hochen Alters wegen mit der Feder nit recht mehr forthkommen kan".[144]

Kritik an seiner Arbeit, wie sie gelegentlich in den Hofkammerprotokollen (die ja nur aus seiner späten Zeit überliefert sind) zum Ausdruck kommt, läßt auch eher auf eine, vielleicht altersbedingte, Überforderung schließen, während Zweifel an seiner fachlichen Kompetenz nicht geäußert wurden. Im Sommer 1702 wurde er zusammen mit seinem Bruder Karl sogar als Gutachter zum Schleißheimer Schloßbau berufen:

Dort hatte sich in der Nacht zum 8. Juli ein Unglück ereignet, bei dem ein Teil des noch nicht fertiggestellten Vestibüls wieder eingestürzt war. Da der Architekt, Enrico Zuccalli, jede Schuld daran von sich wies, wurde eine Kommission von Bauverständigen berufen. Die Baurechnung von 1702 weist in der Rubrik "Ausgab auf Deputata, Zöhrung, Cosst: und Rüttgelt" u.a. folgenden Posten aus: "Auf Churfürst: gdisten Special befelch denen anher berueffenen zween Aichstettischen Paumaistern Jacob und Carlo Angelini unnd dem Caspar Zuccali von Andlholzen Zöhrung, Fuehrlohn unnd Recompens behendiget 192 fl 27 kr."[145] Die Experten stellten nicht nur als Ursache für den Einsturz, sondern am gesamten Bau eine große Anzahl technischer Fehler fest, die in einem Bericht über ihr Gutachten vom 29. Juli 1702 erfaßt sind.[146] (Zuccalli wurde dann aber gar nicht zur Verantwortung gezogen, "seytemahlen er ... khein Maurmaister, sondern die Profession eines obern Architecten fiheret, welchem vornemblich die Inspection gebühret", wie es in dem Bericht heißt.[147])

Jakob Engels Berufung nach Schleißheim spricht sicher für sein gutes Renommee als Sachverständiger. Es war auch eine andere Ebene, auf der die Kritik an ihm lag. Häufig wurden Beschwerden über den schlechten Fortgang an der Residenz, dem "alten Hof", laut. "Ihro Hochfürst: Gnaden" beklagten sich im Juli 1701 darüber, "daß Sie hörren müssen, zum Theill auch selber gesechen heten, daß bey dem alten Hofpau mit der Arbeit so schlecht hergehe undt hierauf niemandt die Aufsicht habe, ob fleissig gearbeithet werde, dahingegen Sie wol erfahren, wie vil Zetul Sie alle Wochen bezahlen müssen ..."[148] In diesem Fall klappte es also mit der Bauaufsicht nicht, in einem anderen offenbar nicht mit der Organisation: Im April 1701 waren Schäden an der Brücke bei Großenried im oberen Stift gemeldet worden und Engel angewiesen, sich der Sache anzunehmen.[149] Zwei Monate später erinnerte der Kastner von Herrieden an die baufällige Brücke, und Engel wurde "nebst Gebung eines ernstlichen Verweis" erneut beauftragt, sich darum zu kümmern.[150]

Ein Jahr später hätte er beinahe sein Amt verloren. Im Juli 1702 wandte sich nämlich Gabriel de Gabrieli an das Domkapitel mit der Bitte "umb gnedige Recommendation ahn Ihro Hochfürst: Gnaden, das er die Expectanz uff das Paumaister Ambt erhalten möge".[151] Gabrieli wählte den Weg über das Domkapitel, da er dort schon bekannt war: Er hatte, gemeinsam mit Jakob Engel, im Juni 1699 als Sachverständiger an einer Besichtigung des Eichstätter Doms teilgenommen und dabei verschiedene Vorschläge zur Verbesserung des Chors gemacht, die von einer baulichen Erweiterung bis zu einer bloßen Säuberung in Verbindung mit einem neuen Anstrich reichten.[152] (Das Domkapitel entschied sich für die aufwendigste Maßnahme, erhielt aber nicht die Zustimmung des Fürstbischofs.[153]) Auch in anderen Fällen mußte das Domkapitel schon mit Gabrieli zusammengearbeitet haben, denn als seine Bewerbung in der Hofkammerratssitzung vom 15. September 1702 (Engels 70. Geburtstag) erörtert (und einhellig begrüßt) wurde, verwies man darauf, daß "ohne dem von Einem Hochwürdtigen Thumb Capitl allhier Petent öffters recomendiert wordten" sei. Ferner sei Gabrieli "in seiner Profession sehr renomiert, auch ein gueter practicierter Paumeister höchstens vonnöthen".[154]

Trotz der positiven Reaktion kam es dann aber doch nicht zu einem Wechsel im Baumeisteramt. Allerdings blieb Gabrieli mit Eichstätt in Verbindung. Im Amt Arberg-Ornbau, das von Eichstätt beinahe 60 km entfernt liegt, von Ansbach, wo er Hofbaumeister war, jedoch nur etwa 20 km, besichtigte Gabrieli 1706 verschiedene Baufälligkeiten.[155] Dies geschah sicher zur Entlastung Engels; als sich im folgenden Jahr abzeichnete, daß Gabrieli für diese Aufgabe wegen eigener größerer Bauvorhaben nicht unbedingt mehr zur Verfügung stehen würde, schlug die Hofkammer vor, "ob nicht dem alten Paumaister Jacob Engl der Stattmaister alhier Hannß[156] adiungiert werden wolte".[157] Der Fürstbischof lehnte dies aber ab: "So lang der Maister Jacob allein raisen kann, so ist der andere nit nöthig."[158]

Den Kastenamtsrechnungen von Arberg-Ornbau zufolge unternahm Jakob Engel die Visitationsreisen in den Jahren 1708 und 1709 noch allein.[159] Aus dem Rechnungsband für 1710 geht diesbezüglich nichts hervor. 1711 heißt es: "denn 30. April haben beedte Hoffpaumaister zu Eystett Jacob Engel unnd Benedict Ettel[160], welche bey denn hiesig: hochfürst: Gepäuen die Baufälligkheiten besichtiget, bey Adam Ottinger Tafernwürth allhier sag Zetuls Nr. 25 verzöhrt 2 fl 13 kr."[161] (Dies ist zugleich die letzte Nachricht, die über Engel in seiner Eigenschaft als Hofbaumeister überliefert ist.)

Daß Benedikt Ettl noch im Juni 1712 als Vizebaumeister bezeichnet wurde,[162] kann, aber muß nicht bedeuten, daß Engel zu dieser Zeit noch im Amt war. Möglicherweise hatte man Ettl - in Anbetracht der Tatsache, daß Gabrieli auf die Hofbaumeisterstelle spekulierte - von vornherein nur für die Position des Vizebaumeisters vorgesehen. Er behielt sie auch die ersten Jahre unter Gabrieli, der am 25. April 1714, etwa ein halbes Jahr vor Engels Tod, zum neuen Hofbaumeister bestellt wurde[163].

3. Eichstätt: private Sphäre

Die frühesten Nachrichten aus dem Privatleben Jakob Engels finden sich in den Taufmatrikeln der Marienkirche und weisen ihn insbesondere als Freund der Graubündner Maurer Albrecht Rotella[164] und Hans Biba[165] aus, deren Kindern er Taufpate war.[166] Ob auch der Steinmetz Bartholomäus Schrell, für dessen Sohn Engel am 19. Februar 1662 in Eichstätt seine erste Patenschaft übernahm,[167] aus Graubünden stammte, ließ sich nicht klären.

Diese Ehen waren alle mit Kindern reich gesegnet, so daß Engels Name recht häufig in der Rubrik "Patrinus" erscheint.

Er selbst blieb zunächst ledig, was offenbar den Pfarrer dazu bewog, im Taufeintrag vom 27. Oktober 1665 dem Namen des Paten "Jacobus Engel" ein etwas unwillig anmutendes "ut supera solutus adhuc" (sinngemäß: immer noch ledig) hinzuzufügen.[168] Es vergingen dennoch einige Jahre, bis Engel am 10. November 1671 Anna, die Tochter des (zu diesem Zeitpunkt bereits verstorbenen) Augsburger Boten Jakob Mayer, heiratete.[169] Einer der Trauzeugen war der Bauschreiber Gottfried Wehrn. (Als dessen Tochter im März des folgenden Jahres ein uneheliches Kind zur Welt brachte, übernahm "Anna Englin Maurerin" die Patenschaft.[170])

Nachdem am 12. Februar 1685 das Dekret erlassen worden war, mit dem der Wiederaufbau der Häuser am Markt durch Bewilligung von zwanzig steuerfreien Jahren gefördert werden sollte,[171] bewarb sich Jakob Engel um die "fodere Prandtstatt", die an der Stirnseite des Häuserblocks zwischen Vorderer und Hinterer Marktgasse (heute Gabrielistraße und Marktgasse) lag und sich durch eine den Marktplatz beherrschende Lage auszeichnete.[172] Wo Engel damals wohnte, ist nicht festzustellen - das Domkapitel bevorzugte ihn gegenüber dem am selben Bauplatz interessierten welschen Kramer Jakob Brentan laut Sitzungsprotokoll vom 2. März 1685 jedenfalls, "damit er sich hier anseze".[173] Dem "Extract aus dem Hoffcammerraths Prothocoll" vom 21. März 1685 nach zu schließen, hatte Engel vor, das Haus zusammen mit dem Nadler Simon Fromb zu bauen, denn es heißt dort, die Brandstatt sei "Hoffpau Maister Engel undt Simon Fromb Nadler alhier zu erpauen verdungen".[174] Aus diesem Gemeinschaftsprojekt zog Engel sich zurück, nachdem am 3. April 1685 seine Frau gestorben war[175]. Drei Tage später wurde per Hofkammerratsbeschluß endgültig Simon Fromb - vor Jakob Brentan, der sich offenbar weiterhin darum bemüht hatte - die Brandstatt zugewiesen und Jakob Engel die fürstbischöfliche Erlaubnis erteilt, dorthin "ein schön 3 gädiges Hauss" zu bauen.[176]

Ein Jahr später, am 10. Juni 1686, heiratete Engel in zweiter Ehe Maria Walburga Heugel, Witwe des Hofrats Johann Baptist Heugel und Schwägerin des Generalvikars.[177] Im April 1688 wurde eine Tochter, Jakob Engels einziges Kind, geboren und auf den Namen Anna Maria Angelika getauft.[178] Patin war Anna Barbara, die Frau des Bildhauers Christian Handschuher, der bei der Eheschließung Zeuge gewesen war und auch beruflich des öfteren mit Jakob Engel zu tun hatte. Verbindungen bestanden auch zu den Familien des Buchbinders Sebastian Hutstock, des Kanzlisten Johann Baptist Bock und des "Operarius" (Tagelöhner, Handwerker) Hans Einbichler, bei deren Kindern Jakob Engel oder seine Frau, später auch die Tochter die Patenschaften übernahmen.[179]

Jakob Engel wurde nie Eichstätter Bürger, sondern blieb immer Angehöriger des Hofes. So ist es wohl zu erklären, daß er im Steuerbuch der Stadt nicht als Hofbau- oder Maurermeister veranlagt wird.[180] Vertreten ist er dort jedoch in der Gruppe der Kramer - 1697 mit einem Betrag von 150 Gulden und je 140 Gulden in den Jahren 1698 bis 1700.[181] (Für 1701 ist nichts mehr verzeichnet; weiter reichen die Einträge nicht.) Da Engel ja vermutlich gar nicht steuerpflichtig war und es darüber hinaus schwer vorstellbar ist, daß er sich nebenbei als Kramer betätigte, darf man wohl annehmen, daß sein Name hier stellvertretend für den seiner Frau steht. Es ist auch sonst immer nur Walburga, die im Zusammenhang mit diesem Geschäft genannt wird: In den Rechnungsbüchern des Klosters Rebdorf (die nur unvollständig erhalten sind) sind in den Jahren 1689 bis 1700 mehrere Zahlungen für Stoffe an sie vermerkt,[182] ebenso in den Rechnungen des Willibaldschorstiftes von 1690.[183] Es hat sich sogar noch ein Autograph von Walburga Engel erhalten, ein "Zettel" über 2 Gulden, 38 Kreuzer, die sie dem Willibaldschorstift für Stoff "zue Handt Deecheren" in Rechnung stellte.[184]

Es scheint durchaus möglich, daß sie das Kramergeschäft mit in die Ehe brachte, ebenso das Haus in der Hinteren Marktgasse (heute Marktplatz 10), mit dem Jakob Engel im Steuerbuch von 1696 aufgeführt ist: "H: Jacob Engl Hoff und Maurmaister, 1 Haus und Hoffel, dabei ein Cramladten, 425 fl."[185]

Walburga Engel starb am 25. Mai 1701.[186]

Im Oktober 1709 heiratete Angelika Engel den Kammerdiener und Goldschmied Gottfried Oberdick.[187] Pate ihres ersten Kindes, einer Tochter, die am 9. März 1711 auf den Namen Anna Maria Franziska getauft wurde, war "Dms Jacobus Engel".[188] Er wurde noch zweimal, im April 1712 und im Juli 1714, Großvater.[189]

Am 30. November 1714 starb "Jacobus Engl hochfürstl: Baumaister".[190]

4. Exkurs: Karl Engel

Die frühesten Nachrichten über Karl Engel[191], den Bruder Jakobs, beziehen sich auf seine Tätigkeit in München: Den Baurechnungen der Theatinerkirche zufolge wurde "einem Khüstlergesellen Carlo Angelini"[192], deme der Paumaister das Model zu der Khürchen zu machen khommen lassen" vom 1. Februar 1666 bis zum 4. August 1668 ein Wochenlohn von jeweils 1 Gulden, 30 Kreuzer gezahlt. Leider geht aus dieser Quelle weder hervor, woher Karl Engel damals kam, noch was zu seiner Berufung geführt hatte. Die Tatsache, daß der "Paumaister", Agostino Barelli, aus Bologna kam, reicht allein noch nicht aus, um auch einen Aufenthalt Karl Engels dort als gesichert zu betrachten.[193] Zu entnehmen ist dem Eintrag dagegen, daß Karl Engel das "Kistler"-, also das Kunstschreinerhandwerk, erlernt hatte[194] und, da er in München noch als Geselle arbeitete, wohl erheblich jünger war als sein Bruder Jakob.[195]

1675 erhielt Karl Engel, der inzwischen die Meisterprüfung gemacht hatte, vom Kloster St. Walburg in Eichstätt den Auftrag für das "Visier" der neuen Seitenaltäre.[196] Im Herbst 1676 wurden "Herrn Caroly Engel wegen der neyen Altär Abriss verehrt 5 fl".[197] Altäre sowie das Portal entwarf er auch für die Pfarrkirche Mariä Himmelfahrt in Berching und erhielt dafür laut Baurechnung von 1684/85 "ein Discretion uff 3 fl".[198] Solche Aufträge entsprachen ganz seiner Ausbildung als Schreiner; es ist anzunehmen, daß er auf diesem Gebiet noch sehr viel mehr geleistet hat, doch ist nichts weiter belegt.

Alle übrigen Dokumente, in denen Karl Engel erwähnt wird, stehen in Zusammenhang mit seiner Tätigkeit als Baumeister. In dieser Funktion unterstützte er Jakob Engel mehrere Jahre hindurch bei der Leitung seiner Bauten. So sehen die vertraglichen Vereinbarungen über den Bau der Klosterkirche Marienburg vor, daß das Kloster während dieser Zeit eine Person mittags und abends zu beköstigen habe, "es möchte H: Jacob selbsten, sein H: Brueder oder iemandt anderer aus deren Anweisung sein".[199] Auch die Verabredung, die Jakob Engel im Mai 1681 mit dem Basler Domkapitel wegen des Arlesheimer Dombezirks traf, sah vor, daß er sich durch seinen Bruder vertreten lassen konnte.[200]

Karl Engel arbeitete aber nicht nur mit Jakob zusammen: Die Baurechnungen des öttingen-spielbergischen Schlosses (für das auch Jakob Engel Risse geliefert hatte, die aber nicht zur Ausführung kamen) weisen ihn von 1679 an als Bauleiter aus.[201] Gleichzeitig mit diesem betreute er den Bau der Kirche in Ornbau, der nach Plänen seines Bruders in den Jahren 1680 und 1681 erfolgte,[202] und den Wiederaufbau des Klosters Marienburg, der, gleichfalls nach Plänen Jakob Engels, im Sommer 1679 begonnen wurde, nachdem im Herbst des Vorjahres die Kirche fertiggestellt worden war.[203]

Lobend äußerte sich die Priorin von Marienburg über Karl Engel in einem Schreiben an den Fürstbischof vom 17. Juni 1680:[204] "gedachter Herr Carl" hatte, diesmal auf fürstbischöflichem Grund und Boden, erneut eine Quelle gefunden, nachdem die Stadt Abenberg den von ihm zuvor "uff dem Galgenberg ... mit angewendter sonderer Mühe und Kunst erfundtenen neyen Röhr brunen" für sich beansprucht hatte. Bei der Suche nach dieser ersten Wasserstelle sei "H: Carl von meniglich bey dessen Grabung mit zimblich schimpflichen Wortten, als ob er hirdurch dem Closter vergebliche Uncösten verursachen und ein wider die Natur lauffentes Werckh, in diesem hochen Berg ein Wasser zue erzwingen, angreiffen thete, bedatlet (getadelt) wordten". Die Priorin bat den Fürstbischof, die Stadt Abenberg anzuweisen, Karl Engel "wegen seiner müchesommen Khunst und in ohnvermuether Erfindung dises Wassers angewendten Fleiß" ein Honorar zu zahlen, worauf ihm 50 Reichstaler zugesprochen wurden[205].

So gut, wie sich das Verhältnis zwischen Klosterleitung und Baumeister hier darstellt, blieb es nicht. Möglicherweise lag es daran, daß am 18. August 1682 eine neue Priorin[206] und am 6. Dezember 1683 ein neuer Beichtvater[207] ihr Amt angetreten hatten, jedenfalls kam es, als der Bau schon fast fertiggestellt war, zu Auseinandersetzungen, die damit endeten, daß Karl Engel seinen Abschied nahm.

Am 10. Dezember 1683 hatte sich die Priorin schriftlich beim Generalvikar darüber beschwert, daß Karl Engel den Bau der neuen Wasserleitung "neben einer wohl gemachten Recompens" auf 400 Gulden veranschlagt habe, und den Verdacht geäußert, er wolle sich auf Kosten des Klosters bereichern.[208] Die Antwort des Generalvikars ist nicht überliefert, doch erhielt Karl Engel von der Priorin nicht die Erlaubnis, seinem Voranschlag gemäß zu bauen. Damit nämlich, aber auch mit seinem Befremden über das Verhalten des Beichtvaters, der "die Clausur nit halten und sonsten gar zu freye anlassen thue", begründete er seinen Weggang aus Marienburg und verlangte gleichzeitig noch 300 Gulden "für sein Recompens".[209] Die bekam er jedoch nicht: Er mußte sich mit der Hälfte zufriedengeben.[210]

Beim Umbau der Pfarrkirche Mariä Himmelfahrt in Berching 1684/85 (siehe oben) arbeitete Karl Engel, soweit bekannt, das vorerst letzte Mal mit seinem Bruder zusammen. Er scheint dann Eichstätt verlassen zu haben und in die Deutschordensresidenz Ellingen gezogen zu sein. 1693 wurde er jedenfalls von dort nach Öttingen berufen, wie aus den öttingenspielbergischen Rentkammerrechnungen 1693 zu ersehen ist, um einen neuen Kamin in die Schloßküche zu bauen.[211] Leider existieren aus der Zeit vor 1698 keine Rechnungsbände der Ballei Franken mehr, die möglicherweise einen längeren Aufenthalt Karl Engels in Ellingen hätten belegen können. In den Jahrgängen 1698 bis 1701 jedenfalls wird er genannt.[212] Danach war er vom 1. Mai 1698 bis zum 1. Mai 1700 sowie vom 12. November 1700 bis zum 1. Mai 1701, "wo mit er seinen Abschiedt genommen", für den Deutschen Orden tätig und erhielt pro Quartal 50 Gulden.

Ein letztes Mal urkundlich erwähnt wird Karl Engel 1702 im Zusammenhang mit dem Schleißheimer Schloßbau, zu dem er und Jakob als Gutachter bestellt worden waren.[213]

Die schlechte Quellenlage erlaubt es nicht, ein auch nur annähernd befriedigendes Bild von Karl Engels beruflicher Tätigkeit zu gewinnen. Das betrifft hier ganz besonders den Anteil, den er, zeitweise wenigstens, am Werk Jakob Engels hatte. - Über sein Privatleben gibt es keinerlei Informationen, abgesehen von einem Taufeintrag des Jahres 1676, in dem "D. Joannes Carolus Engl italus" als Pate eines unehelich geborenen Kindes genannt wird.[214]

III. ASPEKTE DES WERKS

1. Die Arbeitsbedingungen

Jakob Engels Arbeit wurde geprägt von Bedingungen, die zum einen in der Besonderheit seiner beruflichen Position begründet waren, zum andern in den damaligen allgemeinen politischen und wirtschaftlichen Verhältnissen: Er war, wie im vorigen ausgeführt, als fürstbischöflicher Hofbaumeister ebenso wie im Dienst anderer Auftraggeber von vielerlei Verpflichtungen in Anspruch genommen und zuständig für ein großes Gebiet. Sein Schaffen fiel zudem in eine Nachkriegszeit, eine Zeit also, in der außergewöhnlich viel gebaut werden mußte, die Geldmittel aber knapp waren.

Zwar war der Dreißigjährige Krieg vorbei, doch herrschte deshalb noch keineswegs Frieden: Machtpolitische Auseinanandersetzungen wie z.B. die Kriege Ludwigs XIV. gegen die spanischen Niederlande (1667/68) und zur Eroberung der Pfalz (1688-97), vor allem aber der Spanische Erbfolgekrieg (1701-14) drohten sich zeitweise auch zu einer Gefahr für das Hochstift Eichstätt zu entwickeln. Es war nichts Außergewöhnliches, wenn in solchen Krisenzeiten Bauvorhaben wiedereingestellt oder gar nicht erst in Angriff genommen wurden.

So verschob der Bischof das Projekt einer barocken Umgestaltung des Doms, von der in anderem Zusammenhang schon die Rede war (S. 20 ff.), im August 1667, "dieweilen ... die Conclusa auf dem Reichstag zimblich contrar stehen und mann mehrers einen Krieg zu besorgen".[215] Noch im Januar zögerte man "wegen des befahrendten Niderländtischen Kriegs",[216] und das Vorhaben zerschlug sich schließlich.

Die durch den Spanischen Erbfolgekrieg entstandenen "üblen Coniuncturen" hatten zur Folge, daß die Bauarbeiten an der

Eichstätter Residenz "pro hic et nunc gänzlichen eingestället" wurden. Dabei nahm man bewußt in Kauf, daß die in der "Höche" bereits eingesetzten steinernen Fensterstöcke in einem sehr kalten Winter zerspringen könnten.[217]

Jakob Engel bekam die Begleiterscheinungen der unruhigen politischen Verhältnisse auch ganz unmittelbar zu spüren: Den im Februar 1676 an ihn ergangenen Auftrag, nach Abenberg zu reisen und einen Kostenvoranschlag über den Wiederaufbau der abgebrannten Kirche des Klosters Marienburg zu verfassen,[218] konnte er "wegen Unsicherheit der Strassen und marchierendten Völkhern" zunächst nicht durchführen.[219]

Manchmal waren es finanzielle Engpässe, die zur vorübergehenden Einstellung von Bauten führten. Das Eichstätter Domkapitel beschloß eine solche Maßnahme 1697 für den Pfarrstadel in Irfersdorf, "damit die Unkhosten sich nit yberhaüfften".[220] Anfang Februar 1685 hatte das Domkapitel sogar verfügt, "weilen so vill Ausgaben vorhandten, daß alle Pauleuth, so man nit höchstens vonnöthen, bey iezt khommenden Quartal Richardi[221] abgeschafft werden".[222]

Über die materiellen Voraussetzungen bei fürstbischöflichen und privaten Bauvorhaben geben die Quellen so gut wie keine Auskunft. Für den Bereich der kirchlich initiierten Bauten - Gotteshäuser, Pfarrgebäude, Schul- und Mesnerhäuser -, der besser dokumentiert ist, lassen sich dagegen aus dem überkommenen Material Rückschlüsse ziehen.

Anlaß zum Bau einer Kirche, eines Pfarrhofs etc. gab in der Regel erst die unumgängliche Notwendigkeit, das heißt, das betreffende Gebäude mußte durch ein Feuer zerstört worden oder so baufällig geworden sein, daß sein Einsturz nur mehr eine Frage der Zeit war. Doch zogen selbst diese Voraussetzungen nicht immer auch Baumaßnahmen nach sich. So wurde der "ruinose" Zustand des Wettstettener Kirchturms dem Generalvikar im März 1680 gemeldet,[223] ohne daß daraufhin etwas geschah. Im Januar 1682 stürzte der Turm zusammen - ein Ereignis, mit dem man offensichtlich schon gerechnet hatte, denn als der Generalvikar dem Bischof davon Mitteilung machte, setzte er hinzu: "... die Glockhen aber hab ich wenig Wochen zuvor salvieren und aus dem Thurn nehmmen lassen."[224]

Ein Kostenvoranschlag war bald erstellt. Er ist nicht mehr erhalten, doch geht aus dem Domkapitelprotokoll vom 18. März 1682 hervor, daß er sich auf den relativ hohen Betrag von 1500 Gulden belief.[225] Erst 1684 erfolgte der Wiederaufbau, vermutlich dem Voranschlag gemäß, denn mit aufgemauertem Achteck, Kuppel, Laterne und Zwiebel entspricht das Werk der aufwendigsten Lösung, die Jakob Engel für Kirchtürme anbot.

Warum es in diesem Fall mit der Wiederherstellung des Turms so lange gedauert hat, geht aus den Akten nicht hervor. Denkbar wäre, daß wegen zahlreicher anderer Bauten, die zwischen 1680 und 1684 ausgeführt wurden - darunter der Um- und Erweiterungsbau der Pfarrkirche in Ornbau (1680), der Neubau des Schulhauses in Mörnsheim (1680), die Neugestaltung des Sappenfelder Kirchturms (1681) und der Neubau der Pfarrgebäude in Gelbelsee (1682 ff.) - die finanzielle Kapazität der Kirche zeitweilig erschöpft war. Zudem dürfte der Wiederaufbau des im Dezember 1681 ausgebrannten Südflügels der Eichstätter Willibaldsburg[226] ein großes Potential an Arbeitskraft und Baumaterial gebunden haben.

Häufig verzögerten sich notwendige Baumaßnahmen auch deshalb, weil die "Dezimatoren", das heißt diejenigen, die an den betreffenden Orten den Großzehent ganz oder zum Teil genossen und von daher zu einer Kostenbeteiligung verpflichtet waren, einen angemessenen "Konkurrenzbeitrag" verweigerten. (Dezimatoren konnten z.B. Landesherren sein, Klöster oder das Domkapitel.) Etliche Pfarrakten des Diözesanarchivs Eichstätt sind voll von Korrespondenz zwischen Kirchenverwaltung und Dezimatoren, die nicht willens oder zum gegebenen Zeitpunkt angeblich nicht in der Lage waren, den ihnen zugedachten Anteil an den Baukosten zu übernehmen. Ein Beispiel für viele stellt in dieser Hinsicht der Wiederaufbau des Kirchturms von Fünfstetten dar:

Im November 1677 war dieses Bauwerk von einem Blitz getroffen und dabei "hochst ruiniert" worden.[227] Zur Reparatur des Turms ist umfangreiches Quellenmaterial erhalten, das aber fast nur die Auseinandersetzung mit den Dezimatoren, dem Grafen von Öttingen und dem Deutschen Orden, über deren Anteil an der Finanzierung betrifft. Neben einigen Briefen der Gemeinde, in denen von Mal zu Mal heftiger auf eine Reparatur des einsturzgefährdeten Turms gedrängt wird, enthält die Akte auch zwei Kostenvoranschläge von Jakob Engel.

Der frühere vom August 1680 sieht eine Wiederherstellung des alten Zustands mit vier Giebeln und einem Spitzdach vor und beläuft sich auf 439 Gulden, 50 Kreuzer ohne das nötige Bauholz. Im Januar 1682 reichte Engel - zusammen mit einem darin erwähnten, heute nicht mehr erhaltenen Riß - einen neuen Überschlag ein, der vorsieht, die Giebel abzutragen, aber nicht wieder aufzubauen, sondern den Turm mit einem Gesims und einem spitzen Dach abzuschließen.[228]

Dies bedeutete über die Instandsetzung hinaus zugleich eine Modernisierung. Die Kosten dafür lagen mit 364 Gulden, 10 Kreuzern zuzüglich etwa 50 Gulden "wegen deren benetigen Fuhren und andere Unkhosten" sogar noch unter dem älteren Voranschlag, doch bot Engel in einem Nachsatz noch zwei Varianten an, für die er gegebenenfalls die Risse nachliefern würde, wie er schrieb: Achtseitig aufgemauert und mit einer welschen Kuppel versehen, käme der Turm auf etwa 900 Gulden, "mit zwey Kupel" (und wohl einer Laterne dazwischen) direkt auf dem vierseitigen alten Grund auf etwa 500 Gulden.[229]

Erst gegen Ende des Jahres 1682 waren die Voraussetzungen so weit erfüllt, daß der Generalvikar dem Fürstbischof mitteilen konnte, der Bau werde im kommenden Frühjahr vonstatten gehen und mit dem Abtragen des Turms sei der Anfang bereits gemacht worden. Allerdings sollte auch noch einmal eine Besichtigung erfolgen und erneut ein Kostenvoranschlag verfaßt werden.[230] Darüber sowie über die weitere Entwicklung dieser Unternehmung ist nichts mehr überliefert. In seiner heutigen Form kommt das Bauwerk Jakob Engels 900-Gulden-Alternative vom Januar 1682 nahe: Der alte Turm wurde mit einem Gesims abgesetzt, darüber erhebt sich ein gemauertes Oktogon mit einer Zwiebel. (Die Zwiebel ist extrem flach und geht vermutlich nicht mehr auf Engels Entwurf zurück.[231])

Mehr als fünf Jahre lagen also zwischen Blitzeinschlag und Reparaturbeginn, weil man sich über die Finanzierung nicht einigen konnte. Die Auseinandersetzung darum schlug sich in zahlreichen Briefen nieder, von denen ein großer Teil noch heute existiert. In diesen Schriftstücken geht es nur ums Geld, während die Gestaltung des Baus nicht einmal unter finanziellem Aspekt diskutiert wird. Dennoch wurde keineswegs die billigste Variante des Kostenvoranschlags realisiert, wie man es unter solchen Umständen eigentlich hätte erwarten können, sondern, im Gegenteil, die kostspieligste.

So verfuhr man nicht immer, doch lassen sich mühelos Parallelen finden: Die Kirche des Klosters Marienburg bei Abenberg und die Pfarrkirche von Stirn, die beide nach einem Brand neu gebaut werden mußten, sowie die Kirche in Pietenfeld, wo Reparatur und Erweiterung beinahe einem Neubau gleichkamen, wurden gewölbt, obwohl auch die billigere Möglichkeit eines Tabulats, das heißt einer flachen Holzdecke, zur Wahl stand;[232] das Langhaus der Wettstettener Kirche wurde entsprechend der aufwendigsten der drei von Engel angebotenen Alternativen umgebaut.[233]

Selbst die "Sparmodelle" in den Kostenvoranschlägen zielten noch darauf ab, unumgängliche Instandsetzungsmaßnahmen soweit wie möglich mit einer Verbesserung des Erscheinungsbildes der betreffenden Bauten zu verbinden: 1692 entwarf Jakob Engel zur Wiederherstellung des baufälligen (und im Langhaus zudem als "unfurmblich" empfundenen) Gotteshauses von Untermässing drei Pläne, die sich auf Beträge von 1612 Gulden, 2200 Gulden und, "zu Ersparung der Uncösten", 900 Gulden belaufen.[234] Während die beiden teureren Varianten eine Wölbung des Langhauses bedeuteten und mit Umbauten unterschiedlichen Ausmaßes verbunden gewesen wären, ging der letzte Vorschlag dahin, die Kirche in ihrem alten Mauerwerk zu belassen und nur Dachstuhl und Tabulat zu erneuern. Der besseren optischen Wirkung wegen sollten gleich große Fenster eingesetzt, Tabulat und Empore weiß gestrichen und die Kirche innen und außen neu verputzt werden. "Dise wöhre die geringste Spese, dannoch sauber stehen", bemerkte Engel in seinem nicht immer tadellosen Deutsch dazu. (Von seinen Voranschlägen wurde in diesem Fall keiner realisiert.)

Die Beispiele zeigen, daß selbst bei finanziell angespannter Lage ein Bau nicht nur nach rein rationellen Gesichtspunkten durchgeführt wurde, sondern auch die ästhetische Qualität eine wichtige Rolle spielte. Doch über die Forderungen, die in dieser Hinsicht an Jakob Engel gestellt wurden, geben die Quellen keine konkreten Auskünfte, da sie sich eben vorrangig auf die materielle Problematik beziehen. Wird doch einmal die Ausführung angesprochen, geschieht das auf eine sehr pauschale Weise:

Jakob Engel habe "pflichtmessig dahin zu trachten, daß etwas Rechts, Saubers und Bestandthafftes verferttiget werden thue"[235] oder "etwas Rechtes und Wehrhafftes"[236] gebaut werde - so oder ähnlich lauten die Anweisungen von seiten des Bischofs im Zusammenhang mit bestimmten Projekten. Entsprechend heißt es im einzigen Passus seiner Dienstvorschriften, der die Ausführung von Bauten betrifft, Engel habe sich darum zu kümmern, wie eine Reparatur oder ein Neubau "am vernünfftigsten zu bewerckstelligen sein möchte".[237]

Allgemein gehalten sind auch die wenigen überlieferten kritischen Äußerungen, die von Zeitgenossen Engels zu einzelnen seiner Werke abgegeben wurden. So schrieb der Pfarrer von Ornbau 1679 in einem Brief, mit dem er den Fürstbischof um finanzielle Unterstützung bei der bevorstehenden Renovierung der Kirche bat, dem von Engel gelieferten "Modellrüß" nach könne "die Kirch nit allein für die Notturfft etlichermassen restaurirt, sondern auch in eine feinere Architectur gebracht werden". Sie wäre "uff selbige Manier nit allein diser Statt, sondern dem ganzen obern Hochstüfft sehr anständtig".[238] Nach Beendigung der Bauarbeiten würdigte der Generalvikar das Ergebnis, ohne sich dabei allerdings auf den Baumeister zu beziehen: "Die vast vom Fundament neü erpaute Kirche zu Ornpau ist wohl ein schönes Werckh und aller darauf verwendter Cossten nuzlich und immerwehrendt ruehmlich angewendtet, und stehet in alles fertig und in seiner proportionierten Perfection[239] ..."[240] Auch für Engels Pläne zum Umbau der Stiftskirche St. Emmeram in Spalt fand der Generalvikar lobende Worte: Es werde "ein sehr maiestett: und solches Werckh zue sehen khomen, dergleichen in dem ganzen Hochstifft nit vil oder gar keines anzutreffen were".[241]

Nicht eben differenzierter nehmen sich die Bemerkungen aus, die von Jakob Engel selbst zu einigen seiner Entwürfe bekannt sind. Sie betreffen in der Regel die beabsichtigte Wirkung seiner Vorschläge, insbesondere der von ihm favorisierten Varianten, und dienten dazu, den Auftraggeber entsprechend zu beeinflussen. Das Vokabular, dessen Engel sich dabei bediente, ist nicht gerade fachspezifisch zu nennen, und nie bezieht er sich auf Vorbilder aus der Kunsttheorie oder -praxis.

Seinen Vorschlag, den Kirchturm von Rupertsbuch nach der Reparatur zu verputzen, das Fachwerk zu verblenden, oben herum ein Gesims zu führen und die "Eckh" (Kanten) mit Ortsteinen einzufassen, begleitete er mit den Worten: "Disem nach wirdt bemelte Thurn schehener undt bösser Ausehen be-khomen, als wan volig aufgemaurt."[242] Zur teuersten Umbauvariante für das Langhaus in Wettstetten schrieb er: "Wan ein oder der andere einreden solt, bedunckht mich, der erste Anschlag, wan schon mehr cosst zu gewölben, wer(d)e das Besste, Schöne: unnd Bestendigiste sein ..."[243]

Zum Wiederaufbau der Eichstätter Spitalkirche zum Heiligen Geist stellte Engel 1698 vier Entwürfe zur Auswahl, die er im einzelnen kommentierte (siehe Dok. 4).[244] (Die von ihm erwähnten Risse dazu sind nicht mehr erhalten.) Deutlich gab er zu erkennen, woran ihm selbst am meisten lag. Die dritte Lösung, bei der im Unterschied zu den beiden ersten (denen er keine bestimmten Vorzüge beimaß) die ursprüngliche östliche Orientierung der Kirche aufgegeben und der Altar "gegen Mitag" gestellt werden sollte, habe, so schrieb er, den Vorteil, daß der Blick von draußen direkt auf den Altar fallen würde und man "dardurch grössere Andacht bey den Vorbey gehendte erwechen törffte". Diese Eigenschaft zeichnete auch seinen vierten, realisierten Vorschlag aus. Hierbei sollte die Kirche ebenfalls nach Süden gerichtet werden. "Ins Creiz gebaut", werde sie darüber hinaus höher und weiter und fasse "noch halb so vil Leüth ... als die oberen (Varianten)". Die Kranken könnten von ihrer Stube im angrenzenden Spital aus auf die Altäre sehen, der Bau würde "auch inenen undt ausen maiestet: in Gewölben undt Architectur, auch Comoditet zu der Musich undt Oratorien für die Friembter (Pfründner)".

Erwägungen funktionaler Art standen also im Vordergrund, wenn zugunsten bestimmter Lösungen argumentiert wurde. Auf der anderen Seite wurde, wie im vorigen dargestellt, oft mit mehr Aufwand gebaut, als unbedingt nötig gewesen wäre, das heißt, man legte Wert auf repräsentative Wirkung und muß deshalb die Frage der Gestaltung wichtig genommen haben.
Um so mehr verwundert es, daß darüber in den Quellen fast nichts zu finden ist. Vorausgesetzt, die Ebene, auf der solche Fragen erörtert wurden, ist dokumentarisch nicht völlig gelöscht, bleibt beinahe nur die Möglichkeit, daß über das

ästhetische Moment im Bauwesen, soweit es den Zuständigkeitsbereich Jakob Engels betraf, ein Konsens bestand und deshalb kein Wort mehr darüber verloren zu werden brauchte.

Eine solche Annahme wird gestützt durch die noch erhaltenen Bauten Engels. Sie repräsentieren ein Werk, dessen Eigenheit sich zu einem großen Teil in der Verwendung von Stereotypen manifestiert: Ein halbes Jahrhundert lang, im Dienst vornehmlich der vier Eichstätter Bischöfe, die in diesem Zeitraum regierten, aber auch anderer Bauherren, operierte Engel - offensichtlich zu aller Zufriedenheit - mit einem gleichbleibenden und dabei nicht einmal vielfältigen Formenvokabular. Wie aus einem Baukasten scheint er je nach Art und Umfang des Projekts die passenden Teile ausgewählt und zusammengesetzt zu haben.

2. Die Sakralbauten: Jakob Engels Arbeitsweise und ihre Vorteile in der Baupraxis

Bei den Sakralbauten manifestiert sich Jakob Engels Methode am augenfälligsten in den Turmabschlüssen und Dachreitern, auch wenn diese, Wind und Wetter in besonderem Maße ausgesetzt und entsprechend reparaturanfällig, nicht in jedem Fall noch über die ursprünglichen Details verfügen. Von der einfachen Pyramide, wie sie zum Beispiel der Turm der kleinen Filialkirche Hausen bei Greding (Abb.1) aufweist, einmal abgesehen, arbeitete Engel mit drei Modellen, die sich aus der unterschiedlichen Kombination gleicher oder ähnlicher Einzelformen ergeben und im folgenden als erstes, zweites und drittes Schema vorgestellt werden.

Dem ersten Schema nach erhielt ein Turm von quadratischem oder annähernd quadratischem Grundriß (die Untergeschosse stammen meistens noch von mittelalterlichen Vorgängerbauten) eine Bedachung aus Pyramidenstumpf (alternativ abgeflachter Kuppel), vierseitiger Laterne und Pyramide (alternativ vierkantiger Zwiebel). Für alle sich daraus ergebenden Möglichkeiten existieren noch Beispiele:

Die Kombination Kuppel/Laterne/Zwiebel findet sich in Buchenhüll (Abb.2); Kuppel/Laterne/Pyramide in Wolkertshofen (Abb.4), Stirn und Pietenfeld (Abb.3); Pyramidenstumpf/Laterne/Zwiebel in Österberg (Abb.5) und Pfalzpaint (Abb.6). Ein Turmabschluß aus Pyramidenstumpf/Laterne/Pyramide, wie ihn die Kirchtürme von Seuversholz (Abb.8) und Preith[245] haben, ist auch auf einer Zeichnung Engels überliefert, einem unausgeführt gebliebenen Umbauentwurf für die Kirche in Österberg (Abb.7, vgl. Abb.5). Er zeigt, daß die Laterne durch Basis, Säule, Kapitell, Fries und Gebälk entsprechende Zonen gegliedert werden sollte.

An eine Lösung nach diesem sogenannten ersten Schema dürfte Engel gedacht haben, als er in seinem Kostenvoranschlag für den Kirchturmbau Fünfstetten[246] von der Möglichkeit sprach, "mit zwey Kupel gleich in die Füerung" zu bauen. Beinahe doppelt so hoch, nämlich auf 900 statt 500 Gulden, wurde die später auch realisierte Alternative[247] veranschlagt, nach der der Turm "mit einen welschen Cupel in die 8 Eckht" geschlossen werden sollte.

Für dieses zweite Schema, Oktogon (beziehungsweise vierseitiger Aufbau mit breit abgefasten Kanten) mit welscher Kuppel auf rechteckigem Unterbau, stellt der Kirchturm von Fünfstetten allerdings kein gutes Beispiel dar, denn die Zwiebel weist offensichtlich nicht mehr die von Engel vorgesehene Form auf.[248] Anders verhält es sich dagegen mit den Kirchtürmen von Denkendorf (Abb.10) und Hofstetten, deren heutige Erscheinung wohl im großen und ganzen dem Originalzustand entspricht, auch wenn, vor allem bei letzterem, Details verlorengingen.

Das Oktogon des Kirchturms von Hofstetten dürfte nämlich am oberen Rand einmal von einem Fries geschmückt worden sein (heute ist nur noch ein Gesims unterhalb der Zwiebel erhalten), wie es in Denkendorf der Fall und auch auf der Entwurfszeichnung Engels für die Sappenfelder Kirche (Abb.9) deutlich erkennbar ist. Während das Obergeschoß der Kirchtürme von Hofstetten und Denkendorf nur je eine kleine Schallöffnung auf den parallel zu den Untergeschoßmauern verlaufenden Seiten hat, weist das Oktogon des projektierten Sappenfelder Turms über einer Sockelzone an jeder Seite ein großes Fenster auf. Es entspricht so im Aufbau den Laternen der ersten Gruppe.

Engels Zeichnung verrät auch mehr als die Bauten selbst, wie eng das zweite Schema seiner Turmabschlüsse formal mit den Dach- und Giebelreitern verwandt ist, die er, den erhaltenen Exemplaren nach zu urteilen, meist als achtseitige Laterne mit Zwiebelkuppel gestaltete.

Beispiele dafür stellen der Dachreiter auf dem Konventbau des Klosters St. Walburg in Eichstätt sowie der auf dem Komplex Spital und Kirche St. Magdalena in Greding (Abb.12) dar. Einen Giebelreiter in gleicher Form weist die Kirche des ehemaligen Klosters Marienstein bei Eichstätt (Abb.11) auf. Hier wird das Oktogon durch große Schallöffnungen mit darüberliegenden Ochsenaugen gegliedert. Daß letztere einmal durch ein Gesims nach unten hin abgesetzt waren, somit also in einer Frieszone lagen, zeigt eine im Inventarband abgebildete Zeichnung.[249] Der Giebelreiter der Klosterkirche Marienburg bei Abenberg hat heute nicht mehr seine ursprüngliche Form. Wie ein Kirchenmodell verrät, das die Stadtpatronin Stilla auf einem in der Kirche befindlichen Denkmal von 1680[250] in Händen hält (Abb.13), bestand aber auch er einmal aus Oktogon und Zwiebel.

Eine Ausnahme bildete offenbar der Giebelreiter auf der Heilig-Geist-Kirche in Eichstätt (der heutige stammt aus dem Jahre 1834[251]): Das Stadtbild von Pedetti vom Ende des 18. Jahrhunderts[252] läßt darauf schließen, daß er über einem - möglicherweise achtseitigen - gemauerten Unterbau mit Kuppel, Laterne und Zwiebel schloß. Er würde damit dem sogenannten dritten Schema entsprechen, nach dem Engel seine Kirchtürme entwarf. Beispiele dafür finden sich heute noch in Bettbrunn (Abb.14), Buxheim (Abb.15), Wettstetten (Abb.16) und Adelschlag (Abb.17): Über einem quadratischen mittelalterlichen Unterbau erhebt sich ein achtseitiges Geschoß, das mit Kuppel, achtseitiger Laterne und Zwiebel bedacht ist. Es wird nur in Adelschlag durch ein echtes Oktogon gebildet; in den anderen Fällen handelt es sich um im Grunde vierseitige Aufbauten mit breit abgefasten, durch Lisenen akzentuierten Kanten. Die Lisenen sind in Bettbrunn und Buxheim erhalten, in Wettstetten nicht mehr, haben aber auch dort, einem älteren Foto nach,[253] einmal existiert. Die Türme von Bettbrunn und Buxheim lassen an Oktogon und Laterne die bei Engel, wie im vorigen festgestellt, übliche Gliederung erkennen. In Wettstetten besteht sie nur noch rudimentär, und in Adelschlag sind bis auf das Gesims unter der Kuppel alle dort möglicherweise einmal vorhanden gewesenen Details verschwunden (so daß der Turm recht massig und unkonturiert erscheint).

Vorbilder für seine Kirchtürme und Dachreiter scheint Engel in nächster Umgebung, das heißt in Eichstätt selbst, gefunden zu haben. Die Kombination Oktogon mit Zwiebel auf vierseitigem Grund könnte zum Beispiel direkt auf den im frühen 17. Jahrhundert errichteten Gemmingenbau der Willibaldsburg zurückgehen, dessen Ecktürme aus den gleichen Grundformen zusammengesetzt waren. Ältere Ansichten, die den ursprünglichen Zustand zeigen,[254] machen die formale Verwandtschaft deutlich. - Unverkennbar auch ist immer noch die Ähnlichkeit des Turms der 1617 begonnenen Schutzengel- und ehemaligen Jesuitenkirche mit Engels sogenanntem dritten Schema, obwohl die hochbeinige Laterne und deren flaches Kuppeldach heute etwas davon abweichen. Sie entsprachen ihm in ihrem ursprünglichen Zustand jedoch weitgehend, wie eine Vedute von 1768 (Abb.20)[255] erkennen läßt. Das Oktogon weist nach wie vor Details auf, die dann auch Engel verwendete: kantenbetonende Lisenen und am oberen Rand einen Fries mit Ochsenaugen.

An der Schutzengelkirche orientiert sind offensichtlich auch Engels Entwürfe für Kirchenfassaden, wie ein Vergleich mit der Eichstätter Heilig-Geist-Kirche (Abb.18) nahelegt:

Beide Fassaden werden im Untergeschoß zu den Seiten hin durch je zwei toskanische Pilaster auf einer Sockelzone gegliedert. Im Mittelfeld befindet sich das Portal[256], darüber ein hohes rundbogig schließendes Fenster, das bei der Schutzengelkirche in das Gebälk einschneidet, bei der Heilig-Geist-Kirche dagegen auf der Höhe endet, wo die Pilasterkapitelle beginnen. In beiden Fällen wird die Position der Pilaster von der Innenarchitektur der Gebäude bestimmt: Da es sich bei der Schutzengelkirche um einen Wandpfeilerbau handelt, stehen die Pilaster sehr dicht beieinander, während an der Fassade der Heilig-Geist-Kirche, einer rechteckigen Anlage, deren Innenraum durch Einbauten kreuzförmige Gestalt erhält, zwischen ihnen an jeder Seite Raum für Figurennischen bleibt[257].

Die Giebel beider Kirchen, jeweils durch ein Gesims deutlich gegen das Untergeschoß abgesetzt, zeigen den gleichen geschweiften Kontur über einer Attika und werden mit einem flachen Dreieck geschlossen.[258] (Der heutige trapezförmige Schluß des Giebels der Heilig-Geist-Kirche geht ebenso wie der Dachreiter auf die Umgestaltungsmaßnahmen von 1834 zurück.[259]) Übereinstimmend auch das beinahe auf dem Gesims liegende querovale Fenster in Fortsetzung der Achse Portal—Fenster des Untergeschosses. Abweichend vom älteren Bau mit seiner horizontalen Bänderung und den symmetrisch angeordneten Wandöffnungen, gliederte Engel den Giebel seiner Kirche noch einmal komplett in toskanischer Ordnung durch. (Der flache risalitartige Vorsprung in der Mitte dürfte ebenfalls auf die Umgestaltung von 1834 zurückgehen.)

"Sozusagen kopiert", wie Pobé meint,[260] hatte Engel die Fassade der Schutzengelkirche also nicht. Vielmehr diente sie ihm, so scheint es, als Grundlage für ein Schema, das er nicht nur auf die Gestaltung der Heilig-Geist-Kirche anwandte. Fotos der 1910 abgebrochenen und durch einen Neubau ersetzten Stadtpfarrkirche St. Walburg in Beilngries (Abb.19) zeigen, daß Engel die Fassade dieser 1693 bis 1695 errichteten Kirche bereits ganz ähnlich gegliedert hatte wie die der fünf Jahre jüngeren Heilig-Geist-Kirche. Mit dem Triglyphenfries an Portal und Außenseiten hatte er hier sogar noch ein weiteres Detail von der Schutzengelkirche übernommen.

Sakralbauten mit gegliederter Fassade sind in Engels Werk selten. Außer den beiden vorgenannten können ihm, mit einiger Wahrscheinlichkeit trotz fehlender Quellen, nur noch zwei Vertreter dieses Typus zugeschrieben werden, nämlich die Wallfahrtskapelle Heiligenblut bei Spalt und die Jakobskapelle in Eichstätt. Beide existieren schon lange nicht mehr, doch ist ihr Äußeres in Abbildungen überliefert.

Die Fassade der 1689 errichteten Spalter Kapelle wurde, wie es ein Stich von 1706 zeigt,[261] im Untergeschoß durch vier Pilaster gegliedert. Über dem Portal in der Mittelachse befand sich ein Fenster. Untergeschoß und Giebel trennte ein Gesims. Insoweit entsprach der Aufbau den vorigen Beispielen. Der Giebel dagegen hatte nicht deren geschweifte Form; seine Fläche war, soweit die Abbildung dies erkennen läßt, nur durch Ochsenaugen belebt. (Engel hatte wohl für diesen relativ kleinen Bau das von der Schutzengelkirche übernommene Gliederungsmuster vereinfacht.)

Nur je einen toskanischen Pilaster an der linken und rechten Außenkante der Fassade weist die Eichstätter Jakobskapelle auf (Abb.20, am rechten Bildrand), die 1668 an Stelle eines im Dreißigjährigen Krieg zerstörten Vorgängerbaus errichtet worden war. Über dem schlichten Rundbogenportal befindet sich ein querovales Fenster, darüber ein Fries, möglicherweise mit Triglyphen. Die Fassade schließt mit einem geschweiften Giebel. - Auch in diesem Fall könnte Engel auf Grund der geringen Ausmaße des Baus von seinem Fassadenschema abgewichen sein; es wäre aber auch denkbar, daß er seinen Entwurf direkt auf die der Jakobskapelle benachbarte Schutzengelkirche bezogen hatte.

Langhausbauten ohne gegliederte Hauptfassade sind in Engels Werk am häufigsten. In der Regel handelt es sich dabei um kleinere Pfarrkirchen, oft auf den Fundamenten der Vorgängerbauten errichtet, möglichst auch unter Einbeziehung noch gut erhaltener Mauerteile, um Kosten zu sparen.

Hinsichtlich ihres äußeren Erscheinungsbildes läßt sich lediglich feststellen, daß Engel stets Wert legte auf eine klare Proportionierung, die er in erster Linie durch die regelmäßige Anordnung gleich großer Fenster mit breiten Rundbogen erreichte. Wie die Fassaden sonst noch gegliedert waren, lassen die Bauten heute nicht mehr erkennen (die meisten tragen nur noch einen Einheitsverputz). Vermutlich wiesen sie einmal ähnliche Dekorationselemente auf wie die Kirchen in Österberg und Sappenfeld auf Engels Entwurfszeichnungen (Abb.7 und 9) oder die Klosterkirche Marienburg, deren Originalzustand auf dem Stilla-Denkmal von 1680 überliefert ist (Abb.13): Das Langhaus der kleinen Sappenfelder Kirche wollte Engel seiner Zeichnung nach lediglich durch Sockel, Gesims und einfache Fensterumrahmungen akzentuieren, während in Österberg zusätzlich Gebäudekanten und Portal mit Ortsteinen eingefaßt werden sollten. Das Modell der Klosterkirche zeigt eine ebenfalls sehr schlichte Gliederung mit Lisenen.

Die einfache Fassadengestaltung findet in der Behandlung der Innenräume ihre Entsprechung.

Im Grundriß sind Engels Kirchen rechteckig und, in den meisten Fällen wenigstens, geostet. Diese Orientierung ergibt sich dabei gewöhnlich aus der Lage des Vorgängerbaus. Engel und seinen Auftraggebern jedenfalls scheint es auf eine Ostung weniger angekommen zu sein als auf eine formal befriedigende Lösung. Beispiele dafür geben die Eichstätter Heilig-Geist-Kirche, die nach Süden orientiert wurde, weil nur so eine optimale Nutzung der bestehenden Platzverhältnisse möglich war,[262] und Engels unausgeführt gebliebene Entwürfe für die Reparatur der Pfarrkirche von Untermässing:

Daß Langhaus und Chorturm der Pfarrkirche keine gemeinsame Mittelachse besaßen, war Engel sicher ein Dorn im Auge. Er konstatierte in seinem Kostenvoranschlag nicht nur ganz erhebliche Schäden am Turm, sondern hielt es auch für gegeben, das Langhaus zu "reformieren", "weil, wie in dem Grund ris zu sehen, ein Seütten gegen Mitag dem Thurn oder Chor nach breitter ist undt unfurmblich".[263] Eine Möglichkeit, diesen Mißstand zu beheben, bestand darin, unter Beibehaltung des alten Grundrisses die Öffnung zum Turm so weit zu verschließen, daß nur noch ein schmaler Durchgang in der Mitte der Ostwand übriggeblieben wäre, und einen neuen Chor an der Westseite anzubauen (Abb.21). Einen anderen Weg zur Symmetrie eröffnete der zweite und, da weniger alte Bausubstanz verwertet werden konnte, teurere Plan (er wurde auf 2200, der erste auf 1614 Gulden veranschlagt): Danach wäre der Chor im Ostturm verblieben und die Südwand des Langhauses entsprechend weit zur Mitte eingezogen worden; den dadurch verlorenen Raum sollte ein zusätzliches Joch nach Westen ersetzen (Abb.22).

Auch die beiden gemeinsam mit den Reparaturvorschlägen für die Kirche in Untermässing eingereichten Entwürfe zur Instandsetzung der vom Einfallen bedrohten Kirche in Öning beinhalteten, den Grundriß in eine symmetrische Form zu bringen.[264]

Die Innenräume sind bei Engels kleineren Kirchen oft mit einer Flachdecke versehen, die im einfachsten Fall, wie ursprünglich in Hausen, aus Holz besteht, aber auch stuckiert sein kann. Dafür wären die Filialkirche von Pfalzpaint und die Grabkirche St. Magdalena in Greding zu nennen. Wie alle dekorativen Elemente an Engels Bauten sind auch hier die Stukkaturen schlicht: In Greding wird die Decke durch große, symmetrisch angeordnete Rahmenformen gegliedert. Die hier außerdem vorgenommene Profilierung buchstäblich aller Ecken und Kanten mit Stuck bedeutet allerdings schon eine relativ aufwendige Ausschmückung.

Gegenüber den flachgedeckten nehmen die gewölbten Sakralbauten in Engels Werk den größeren Raum ein. Obwohl sich in dieser Gruppe sowohl einfache Landkirchen wie die von Stirn oder Pietenfeld als auch stattlichere Gotteshäuser wie St. Emmeram in Spalt oder die Eichstätter Heilig-Geist-Kirche befinden, kommt Engel wieder mit wenigen Grundelementen aus, die jedoch vielseitig sind und den unterschiedlichen Anforderungen gerecht zu werden vermögen: Neben den auch bei den flachgedeckten Kirchen anzutreffenden Rundbogenfenstern sind dies vor allem toskanische Pfeiler und Pilaster sowie flache oder halbrunde Tonnen, in die Stichkappen einschneiden oder sich mit ihnen zu Kreuzgewölben verbinden. Die Gewölbe ruhen auf Pilastern oder ganzen mit der Wand verbundenen Pfeilern, so daß diese Bauten am ehesten dem Wandpfeilertypus zugerechnet werden können, auch wenn, in Abweichung von dessen Definition, der Raum zwischen den Pfeilern für Kapellen nicht tief genug ist.

Während die Innenräume der Pfarrkirchen von Stirn, Pietenfeld (Abb.23) und Abenberg (Abb.24) in Erinnerung rufen, daß Engel angehalten war, "etwas Rechts, Saubers und Bestandthafftes"[265] zu verfertigen, zeigen die Kirche des Klosters Marienburg (Abb.26-28) und die Eichstätter Heilig-Geist-Kirche (Abb.29-30), daß er mit den von ihm eingesetzten Mitteln sehr wohl auch zu originellen Lösungen gelangen konnte.

Die Klosterkirche ist ein kleiner Bau, den Engel 1677 auf den Fundamenten des zwei Jahre zuvor von einem Feuer zerstörten Vorgängerbaus errichtete. Einzig der ein Joch tiefe, halbrund geschlossene Chor hatte den Brand überstanden. Er wurde belassen, jedoch bis etwa Langhaushöhe aufgemauert. Das Langhaus selbst hat zwei Joche, die mit Tonnen und Stichkappen überwölbt sind. Sie schließen sich in der Mittelachse zu Kreuzgewölben und finden ihre Fortsetzung im Gewölbe des Chors.

Das westliche Eingangsjoch wird im wesentlichen von der Nonnenempore eingenommen. Für den eigentlichenlichen Kirchenraum verbleibt somit nur ein Joch, das, wie der Grundriß (Abb.26) zeigt, kürzer ist als das des Chors und doppelt so breit wie lang. Diese Größenverhältnisse wirken sich aber nicht ungünstig aus, denn die Wirkung des Raums wird wesentlich mitbeeinflußt vom Chor. Er ist zwar dem Langhaus gegenüber erhöht und zudem durch einen Gurtbogen davon geschieden (Abb.27), bildet aber wegen seiner Helligkeit und etwa gleichen Gewölbehöhe optisch mit ihm eine Einheit.

Wie sorgfältig Engel im Detail vorging, zeigt sich an der Wandgliederung (Abb.26 und 27): Die Fenster schließen mit einem Segmentbogen, der um denselben Punkt geschlagen ist wie der Stirnbogen unterhalb des Gewölbes und die Tonne selbst. Der Punkt befindet sich jeweils in der Mitte der Fensterquersprossen, die wiederum mit den Pilasterkapitellen auf einer Linie liegen. (Auf die gleiche Weise konstruierte Engel auch die "inwendige Seütten" des Wettstettener Langhauses, wie auf dem noch von seiner Hand erhaltenen Riß zu sehen ist: Abb.25.)

Etwa zwanzig Jahre nach Fertigstellung der Klosterkirche entstanden im Dezember 1698 die Pläne für die Heilig-Geist-Kirche in Eichstätt. Wie aus seinen Kommentaren dazu hervorgeht (siehe Dok.4), stellten die begrenzten Platzverhältnisse bei diesem Projekt ein besonderes Problem dar. Engel löste es, indem er in Eckeinbauten die Treppe zur Empore ebenso unterbrachte wie, zu beiden Seiten des Chors, Sakristeiräume und darüberliegende zweistöckige Pfründneroratorien (letztere sind durch Gänge hinter dem Hochaltar untereinander und mit dem westlich sich anschließenden Spital verbunden).

Der Kirchenraum erhielt durch die Einbauten kreuzförmige Gestalt. Eingangsjoch, "Vierung" und der zwei Joche umfassende Chor sind, wie auch die beiden "Seitenarme", durch Gurt- und Scheidbögen in Pilasterbreite voneinander abgesetzt und mit Tonnen überwölbt, in die Stichkappen weit einschneiden. Da die Grate durch Rahmenstuck akzentuiert werden, wirken die Stichkappen größer, als sie tatsächlich sind, und es entsteht, insbesondere in der "Vierung", der Eindruck, es handle sich hier um Kreuzgewölbe. Die Hauptachse wird jedoch, und das ist auch im Grundriß (Abb.29) deutlich zu erkennen, von einer Tonne überwölbt, die den Raum als Langhaus ausweist. Die Klassifizierung Zentralbau über griechischem Kreuz (für das der Chor, streng genommen, auch ein Joch zuviel hat), wie sie schon vorgenommen wurde,[266] ist deshalb unzutreffend.

Auf ein Detail sei noch hingewiesen: Während Engel die Gewölbe seiner Sakralbauten sonst immer direkt über den Pfeiler- und Pilasterkapitellen ansetzte, stattete er in Abweichung davon die Pilaster der Heilig-Geist-Kirche zusätzlich mit Fries und Gebälk entsprechenden Elementen aus. Auf diese Weise überbrückte er das Wandfeld zwischen den Oratorien und gab außerdem den unteren Oratorienöffnungen innerhalb der Wandgliederung einen festen Platz (Abb.29).

Neben den einschiffigen Bauten bilden die Hofkirche in Neumarkt und St. Emmeram in Spalt als Vertreter des "basilikalen Schemas" nicht etwa Besonderheiten innerhalb des Gesamtwerks, sondern es handelt sich hier um ältere dreischiffige

Bauten, die unter Engels Leitung tiefgreifenden Umbaumaßnahmen unterzogen worden waren.

In Neumarkt hatte bereits 1615 eine Baukommission empfohlen, das Mittelschiff der Hofkirche zu erhöhen und es mit einer "sauberen gefirnisten Decke" statt des "gewölbten Tafelwerks" zu schließen.[267] Seinerzeit waren diese Vorschläge, die vor allem darauf abzielten, das proportionale Mißverhältnis zwischen dem Mittelschiff und den erst nachträglich angebauten Seitenschiffen zu beseitigen, nicht realisiert worden. Man griff sie aber offensichtlich wieder auf, als gegen Ende des 17. Jahrhunderts nicht nur "das hülzene Pogen-Gewölb viller Orthen zermottert", sondern die Kirche insgesamt so ruinös war,[268] daß bauliche Maßnahmen sich ohnehin nicht mehr vermeiden ließen.

Das Mittelschiff (Abb.32) wurde also erhöht, erhielt Fenster im Obergaden ("so ehe disem nit gewesen") und eine Kassettendecke; außerdem wurden die Pfeiler "von Grund aus mit gezogenen Sümsen beygelegt, dise und die gewölbte Pögen in schön gleiche Form gericht", wie es in der Baurechnung einleitend heißt.[269] An Engel erinnert in diesem Raum eigentlich nur die Gestalt der Pfeiler und Fenster. Dagegen kommt in den Seitenschiffen (Abb.31) wieder das bei ihm gewohnte Formenvokabular - neben toskanischen Pfeilern und Rundbogenfenstern durch Gurtbögen unterteilte Kreuzgewölbe - zum Einsatz.

Die gedrungenen Pfeiler, die breiten Rundbogen von Arkade und Obergadenfenstern, die massige, ungegliederte Arkadenmauer und die schwere Kassettendecke verleihen dem Mittelschiff einen beinahe romanischen Charakter sowie eine große Geschlossenheit. Die gewölbten Seitenschiffe scheinen daneben ein Eigenleben zu führen und gar nicht so recht dazuzugehören. Das Ganze wirkt wie eine anorganische Verbindung, bedingt wohl durch die Notwendigkeit, neben alter Bausubstanz auch weitreichende Auftraggeberwünsche zu berücksichtigen.

Beim Umbau der ehemaligen oberen Stiftskirche und heutigen Pfarrkirche St. Emmeram in Spalt dagegen scheint Engel mehr freie Hand gehabt zu haben. Zunächst hatte man dort wohl einen Neubau der im wesentlichen noch aus dem 12. und 13. Jahrhundert stammenden Kirche vorgesehen. Jedenfalls lieferte Engel 1694 wenigstens zwei "Abriss zue dem künfftigen Kürchenpau", von denen der teurere auf 10000 Gulden veranschlagt wurde.[270] Statt dessen kam es dann aber nur zu größeren Umbaumaßnahmen, die von 1698 bis 1700 dauerten und etwa 6400 Gulden kosteten.[271]

Vom alten Bau blieben die Türme mit der dazwischenliegenden Westfassade erhalten sowie der Chor und Teile der Mittelschiffmauern.[272] Abgebrochen und neu errichtet wurden die Seitenschiffe mit ihren vorgezogenen Pfeilern und den Seitenkapellen (Abb.36). Das Hochschiff erhielt neue Fenster. Da die Kirche heute keinen Verputz mehr aufweist, kann man die Eingriffe in die alte Bausubstanz gut erkennen (Abb.33 und 34), besonders an der Westfassade, wo ein gotisches Fenster zugemauert wurde. (Die dort ebenfalls gut sichtbare Erhöhung des romanischen Giebels geht allerdings schon auf das Jahr 1574 zurück.[273])

Das Langhaus von St. Emmeram hat fünf Joche und ist in allen drei Schiffen mit Tonnen und Stichkappen kreuzgewölbt (Abb. 35 und 36). Die Mittelschiffgewölbe ruhen auf hohen, den Arkadenpfeilern vorgelegten Pilastern mit toskanischen Kapitellen; sie setzen sich, unterbrochen von einem Gurtbogen, in gleicher Höhe und Breite in den beiden Jochen des Chors fort. In den Seitenschiffen (Abb.38) werden die Gewölbe von Gurtbogen unterteilt und setzen über Kämpfergesimsen an, die auf der einen Seite die Wand-, auf der anderen die Arkadenpfeiler sowie deren zu den Seiten gerichtete Vorlagen umlaufen. Die Fenster haben hier querovale Form, im Obergaden des Mittelschiffs schließen sie rundbogig. Stuckiertes Gurten- oder Rahmenwerk, wie es besonders die Heilig-Geist-Kirche in Eichstätt aufweist, kommt nicht vor.

Es wurde bereits bemerkt, daß Engels Formenvokabular unterschiedlichen Anforderungen bezüglich Größe und Aufwendigkeit gerecht werden konnte. Doch gerade für die Umgestaltung von St. Emmeram, einer Kirche, die auf Grund ihrer Größe, vor allem der Längenausdehnung, und ihrer basilikalen Form eigentlich aus dem Rahmen des Gesamtwerks fällt, erwies es sich als besonders gut geeignet: Die Halbkreis- und Segmentformen von Arkaden, Gurtbögen, Fenstern und Gewölben durchsetzen die drei Kirchenschiffe und fügen sie zu einer tektonischen Einheit. Im Mittelschiff sorgen die hochgelegenen, unverstellten Fenster für kräftige Hell-Dunkel-Kontraste zwischen Stichkappen und Tonne (Abb.37). Nirgends sonst bei Engel wird das Gewölbe so stark modelliert und als dekoratives Element betont wie hier. In der Sequenz der Joche und unterstützt durch die Lichtführung, verbindet es sich mit den schlichten toskanischen Pilastern zu einem Gebilde, das sicher von Jakob Engel und seinen Zeitgenossen das Prädikat "majestätisch" erhalten hat.

Das Arbeiten mit stereotypen Formen dürfte es Engel sehr erleichtert haben, sämtlichen Anforderungen, die sich aus seiner Position als führender Bauverständiger für Stadt und Hochstift Eichstätt ergaben, gerecht zu werden. Seine vielen verschiedenen Aufgaben, die zum Teil mit zeitraubenden Reisen verbunden waren, aber auch die Notwendigkeit, Quantität und Qualität der Bauvorhaben mit der begrenzten finanziellen Kapazität der Auftraggeber in Einklang zu bringen, erforderten eine perfekte Organisation.

Die Beschränkung auf ein bestimmtes Formenvokabular bot dabei ähnliche Vorteile wie in neuerer Zeit der - natürlich auf ganz anderen technischen Voraussetzungen beruhende - Einsatz normierter Bauteile: Bei der Planung brauchte nicht mehr die Gestaltung der einzelnen Formen geleistet zu werden, das Augenmerk konnte sich vielmehr gleich auf die Auswahl bereits geformter Teile für ein bestimmtes Projekt richten.

Die Arbeit mit bekannten Größen erleichterte sowohl die Kalkulation der Kosten als auch die Verständigung mit dem Auftraggeber, dem Engel zum Beispiel in den Kostenvoranschlägen seine Absichten ohne lange Erklärungen deutlich zu machen vermochte: So sollte der Kirchturm von Untermässing "eine Lattern und Kösselkupell" erhalten, "wie in Pietenfeldt zu sehen, aber höcher",[274] während der Kirchturm von Röckenhofen dem "Gredinger Kürchenthurn gleich formig" zu machen sei.[275] In seinem Voranschlag für den Wiederaufbau der abgebrannten Kirche und Pfarrgebäude von Stirn[276] bot Engel alternativ eine Bedachung des Turms "mit ein spützigen Taschentag (Ziegeldach) oder mit einer Cupell" an. Diese allgemeinen Angaben scheinen ausreichend gewesen zu sein, um den Adressaten - letztinstanzlich war dies hier der Fürstbischof - ins Bild zu setzen. Pläne oder Zeichnungen lagen dem Voranschlag für die Gebäude in Stirn jedenfalls nicht bei, wie Engel auf dem Dokument extra vermerkt hatte: "Pau yberschlag yber das abgepränten Gottshaus, Thurn undt Pfarrhoffs zue Stürn, wie aber eins und anderes gebauth soll werden, wirdt mit negsten der Abris erzeigen." - Die Entscheidung über die Art der Turmbedachung notierte der Generalvikar kurz auf dem Kostenvoranschlag: "NB: solle ein spiziger Thurn werden."

Ähnlich unkompliziert gestaltete sich vermutlich auch der Umgang mit den Handwerkern, bei denen es sich in der Regel um Kräfte handelte, die Engel bevorzugt mit der Ausführung von Bauvorhaben nach seinen Plänen beauftragte.[277]

Der Maurermeister Marco Sirato[278] führte zum Beispiel als Polier an der Spitze einer Gruppe welscher Maurer[279] in den Jahren 1698 bis 1700 den Umbau der Kirche St. Emmeram in Spalt durch. Als Anfang Mai 1700 mit dem gleichfalls von

Engel geplanten Umbau der Pfarrkirche im etwa 10 Kilometer entfernten Abenberg begonnen wurde, unterbrach Sirato seine Tätigkeit in Spalt und arbeitete für eine Woche, vom 8. bis 16. Mai, als Polier in Abenberg. Möglicherweise wies er dort, gleichsam als verlängerter Arm Jakob Engels, ortsansässige Handwerker ein, die dann unter der Leitung des dem Namen nach deutschen Poliers Jörg Betzinger den Bau weiterführten.[280]

Am häufigsten arbeitete Engel wohl mit dem aus Graubünden gebürtigen, in Obermässing ansässigen Maurermeister Johann Baptist Camesino[281] und dem Gredinger Zimmermeister Daniel Barsch zusammen, die beide seit Anfang der 80er Jahre des 17. Jahrhunderts in den überlieferten Bauakten nachzuweisen sind und wenige Jahre später bereits führende Positionen auf dem Gebiet des Kirchen- und Pfarrhofbaus eingenommen zu haben scheinen. Jedenfalls heißt es 1691 von Daniel Barsch, er habe "alle Heylling gepäu in dem underen Hochstüfft sehr wohl verferthiget",[282] und für das Jahr 1684 existiert ein Beleg, nach dem Barsch und Camesino im Auftrag der Kirche als Bauverständige Gotteshäuser im Amt Heideck visitiert haben.[283]

Camesino wurde gelegentlich auch als Gutachter bestellt, so 1691 vom Kloster Marienburg bei Abenberg, wo sich in der von Jakob Engel erbauten Kirche kurz nacheinander zwei Gewölbe gesenkt hatten,[284] und 1707 nach Walting zur Besichtigung der ruinösen Frauenkirche.[285] Darüber hinaus war er als planender Architekt tätig. Wie er selbst in einem Brief angibt, stammen die Risse für die Kirchen in Arberg, Kaldorf und Erlingshofen von ihm.[286] Als sein bedeutendstes Werk gilt die Wallfahrtskirche Eichelberg im Landkreis Regensburg.[287]

Bauten, die von Jakob Engel entworfen und durch Johann Baptist Camesino und Daniel Barsch ausgeführt wurden, sind unter anderen der Pfarrhof Untermässing, Kirche und Pfarrgepbäude von Stirn, die Filialkirchen Hausen und Österberg und die Stadtpfarrkirche in Beilngries. Daneben arbeitete Engel manchmal auch nur mit einem von beiden zusammen (ebenso wie auch Barsch und Camesino an Bauten beteiligt waren, mit denen Engel nichts zu tun hatte: 1711 wurde, um ein Beispiel zu nennen, von ihnen die Kirche in Haunstetten nahe Greding umgebaut, der Turm repariert und mit einer neuen Kuppel versehen[288]).

Das Bild einer regelrechten "Teamarbeit" vermittelt folgender Posten in der Rechnung über die Reparatur des Zehntstadels von Ettenstatt: "Herrn Jacob Engel Hoffpaumaister, Meister Daniel Zimmerman von Gredting und deme Maurer Meister Paptist seindt geben worden zuer Zehrung bey Verfassung des Pau yberschlags über disen Stadl 4 fl."[289]

Ein ähnliches Treffen gab es auch im Zusammenhang mit dem Bau der Stadtpfarrkirche von Beilngries. 1693, das heißt im ersten Jahr und möglicherweise sogar noch vor Beginn der bis 1695 dauernden Bauarbeiten, wurde jedenfalls von "Herr(n) Engel sambt dem Maister Babist und Daniel" bei dem Beilngrieser Gastgeber Hans Bauer eine Zeche von 4 Gulden und 16 Kreuzern gemacht.[290]

Es ist anzunehmen, daß im Verlauf solcher Zusammenkünfte (die sicher häufiger vorkamen - leider werden solche Einzelheiten in den betreffenden Quellen kaum erwähnt) Ideen von Camesino in die Planungen Engels Eingang fanden. Vor allem dürfte sich auf Camesinos Entwürfe ausgewirkt haben, daß er so oft Projekte Engels realisierte.

Das Beispiel der von Camesino gestalteten Kaldorfer Kirche (Abb.39) macht deutlich, daß es bei einem so einfachen Bau wie diesem gar nicht möglich ist, allein an Hand stilistischer Kriterien Engel oder Camesino als Baumeister zu bestimmen, wenn beide in Frage kommen: Der pyramidenförmige Turmabschluß, die Rundbogenfenster des Langhauses, der einfache Rahmenstuck im Innern und das Kreuzgewölbe im Chor sind Mittel, mit denen auch Jakob Engel in solchen Fällen arbeitete.

Bei einem vergleichsweise aufwendigen Bau wie der Pfarrkirche von Arberg (Abb.40) zeigt sich dagegen schon eher eine eigene Handschrift Camesinos. Zwar entspricht der Turm strukturell Engels sogenanntem dritten Schema - achtseitiger Aufbau über vierseitigem Grund mit einem Abschluß aus Kuppel, Laterne und Zwiebel -, doch wird schon an den ballonförmigen Kuppeln deutlich, daß hier kein Entwurf von Jakob Engel zugrunde lag. (Gänzlich unbeteiligt war Engel an dem Bau aber auch nicht: Er besichtigte ihn 1709 zweimal.[291])

3. Die Profanbauten in Beispielen

Sosehr die Quellenlage für die Sakralbauten Engels auch zu wünschen übrig läßt, so vergleichsweise üppig erscheint sie doch noch angesichts der Situation im Bereich der Profanbauten, vor allem der repräsentativen. Wappen an den Gebäuden selbst, aus deren Inschriften Baujahr und Name des Bauherrn hervorgehen, bilden hier oft die einzige Quelle.

Verhältnismäßig sicher unter solchen Bedingungen erscheint da zum Beispiel noch die Zuweisung des 1673 errichteten Eichstätter Spitaltors (Abb.41) an Engel, zumal er auf Grund seiner Eigenschaften als führender Baumeister im allgemeinen und Festungsbaumeister im besonderen für den Bau einer solchen Anlage ohnehin prädestiniert war.

1816 wurde das Spitaltor abgebrochen, doch es existieren noch Zeichnungen, auf denen sein Auf- und Grundriß überliefert sind.[292] - Der Torturm stammte noch aus älterer Zeit,[293] wie die in der Heuslerschen Sammlung überlieferte Wappeninschrift besagt, derzufolge Fürstbischof Marquard die Anlage wiederhergestellt, befestigt und errichtet hatte ("instauravit, firmavit, erexit").[294] Der beim großen Brand von 1634 beschädigte (und vermutlich zwischenzeitlich provisorisch instandgesetzte) Hauptturm erhielt 1673 eine Bedachung aus Pyramidenstumpf, achtseitiger Laterne und Zwiebelkuppel. Ihm wurde eine Barbakane vorgesetzt mit zwei Ecktürmchen, die ebenfalls mit achtseitiger Laterne und Zwiebelkuppel schlossen. Die Seiten der Laterne waren jeweils durch einfache Rahmung akzentuiert, darüber befanden sich ein umlaufender Fries mit Ochsenaugen und ein profiliertes Gesims. Für eine Planung des Spitaltors durch Engel spricht hier also nicht nur die Konstellation Ort, Zeit, Objekt und Bauherr, sondern auch das stilistische Moment.

Problematischer verhält es sich mit der Autorenfrage dagegen im Fall des Eichstätter Willibaldsbrunnens (Abb.42). Hier kann Engel nur deshalb nominiert werden, weil er 1695, als der Brunnen einem daran angebrachten Bronzewappen zufolge gebaut wurde, Hofbaumeister des Fürstbischofs Johann Euchar war, der das Projekt initiiert hatte. Es fehlt aber nicht nur jegliches Dokument aus dieser Zeit, sondern es findet sich auch kein anderes vergleichbares Objekt in Engels Gesamtwerk.

Für die vor allem in Italien verbreitete Grundrißform des Willibaldsbrunnens, Quadrat mit halbkreisförmigen Ausbuchtungen an den Seiten, gibt es nicht weit von Eichstätt entfernt berühmte ältere Beispiele in den Augsburger Brunnen von Hubert Gerhard und Adrian de Vries.[295] (Beide waren Schüler von Giovanni da Bologna, auf den diese Brunnenform zurückgehen soll.[296])

Der dreigeschossige Pfeiler in der Mitte des Eichstätter Brunnens hat in allen Teilen die gleiche Grundrißform wie das Becken, ebenso die darauf ruhende Muschelschale, die eine den heiligen Willibald, den ersten Bischof von Eichstätt, darstellende Bronzefigur trägt (diese stammt, wie auch der größte Teil des am Pfeiler befindlichen Bronzeschmucks, von der 1628 am selben Platz errichteten Vorgängeranlage[297]). Die Konsequenz in der formalen Behandlung von Becken, Pfeiler und Schale könnte, neben den äußeren Bedingungen, als weiterer Hinweis auf Engel gewertet werden. Eine zufriedenstellende Lösung der Baumeisterfrage ist jedoch nicht möglich. (Warum sollte zum Beispiel nicht auch Karl Engel in Frage kommen, der ja für das Kloster Marienburg bei Abenberg 1680 ff. nachweislich schon als Brunnenbauer tätig gewesen war.)

Schwierigkeiten anderer Art ergeben sich im Zusammenhang mit einfachen Bauten wie Pfarr- oder Schulhäusern. Ihre Ausstattungsmerkmale fallen so allgemein aus, daß sie keine Anhaltspunkte für eine Zuschreibung auf Grund stilistischer Kriterien mehr bilden.

Jakob Engels unausgeführt gebliebener Entwurf für das Schulhaus Pleinfeld (Abb.43) zeigt, daß hier sehr ökonomisch unter weitgehender Ausnutzung bestehender Mauerteile gebaut werden sollte, während sich die gestalterischen Ambitionen in der einheitlichen Durchfensterung des oberen Stockwerks unter Einbeziehung eines angrenzenden Turms erschöpfen. Daß der Schwerpunkt bei solchen Projekten mehr auf der praktischen als auf der kreativen Seite lag, demonstriert auch der Kostenvoranschlag über den Pfarrhofbau Untermässing vom 30. Oktober 1684 (Abb.44), auf dem die Grundrisse von Unter- und Obergeschoß lediglich als Marginalien neben dem Text erscheinen.

Der Pfarrhof von Untermässing (Abb.45) wurde an Stelle des im Dreißigjährigen Krieg eingeäscherten Vorgängerbaus in den Jahren 1685 bis 1687 von Grund auf neu gebaut,[298] bis auf den "Khäler, so noch guet und gewelbt ist", wie es in dem Kostenüberschlag heißt.[299] Das Haus besteht aus zwei Hauptgeschossen, Kniestock und Dachboden. Laut Voranschlag sollten die Fenster im oberen Stock Läden erhalten, ebenso im unteren, sofern man hier nicht 10 Gulden mehr aufwenden und die alternativ von Engel vorgeschlagenen Gitter ("wegen Einbrechen") anbringen wollte.

Das Dach des Pfarrhauses ist heute mit Ziegeln gedeckt, doch zeigt sein stumpfer Neigungswinkel an, daß es eigentlich für einen Belag mit Kalkplatten konstruiert worden war.[300] Das Vorkommen dieses auch als Legschiefer und Kalkschiefer bezeichneten Materials ist auf ein bestimmtes Gebiet im Süden der Fränkischen Alb begrenzt, das einen Teil des Altmühltals (mit Eichstätt) einschließt.[301] Hier und in der näheren Umgebung prägten die heute leider immer seltener werdenden Kalkplattendächer einmal das Erscheinungsbild der Ortschaften, während Ziegel- und Schindeldächer nur eine untergeordnete Rolle spielten.

Ein Dach aus Plattenkalk stellte keinen Indikator für die soziale Stellung des Hausherrn dar; es wurde ebenso für ganz einfache wie für repräsentative Gebäude, zum Beispiel das fürstbischöfliche Schloß Hofstetten oder den Ulmer Hof am Leonrodplatz in Eichstätt, verwendet. Warum Fürstbischof Johann Euchar in seinem Dekret vom 14. Juni 1685 (vgl. S.12) erklärte, die "gewohnlichen schwehren Tachsteine" innerhalb der Stadtmauern nicht mehr zulassen zu wollen, ist unklar. Vielleicht wurden sie als zu provinziell für eine bischöfliche Residenzstadt empfunden.

In seinem Kostenvoranschlag für den Pfarrhof von Untermässing nimmt Engel in ungewohnter Ausführlichkeit zum Problem der Bedachung Stellung: Der spitzere Neigungswinkel einer Ziegelkonstruktion hätte bei einem so breiten Bau wie diesem ein ungewöhnlich hohes Dach bedingt. Man könne dort, so Engel, drei Böden einrichten, die jedoch "nit vonedten sein", und es "wurdt mehr Tag (Dach-) als Maurwerckh (h)eraus scheinen". Auch sei ein solches Dach nicht schneesicher. Auf die wegen des größeren Aufwands an Material und Arbeit entstehenden zusätzlichen Kosten von 150 ("ufs wenigist") bis 200 Gulden wies Engel gleich zweimal hin, nämlich in der Kalkulation und noch einmal in seinen Schlußbemerkungen.

Demgegenüber äußerte er bezüglich eines Kalkplattendachs ganz direkt: "Ich hälts für das beste undt bestendigste, auch wöhlffele (wohlfeil?)." Als Gründe nannte er neben der längeren Lebensdauer Schneesicherheit und günstige Raumverhältnisse durch den bei dieser Dachform häufigen Kniestock, den "halben Gaden, welche(r) must wegen der Treydtböden (Getreideböden) gericht" werden.[302] - Dem Bischof, durch den üblichen Nachsatz "so alles zu dero gnedigste Beliebung beruehet" formell in der Rolle des letztlich Bestimmenden bestätigt, dürfte bei diesen Voraussetzungen kaum etwas anderes übriggeblieben sein, als sich ebenfalls für ein Kalkplattendach zu entscheiden.

Beim Bau des Pfarrhofs wurde offensichtlich der erhaltene Kostenvoranschlag mit der Grundrißskizze realisiert; jedenfalls entsprechen sich Plan und Bau, was die Lage zur Straße und die Eingangssituation betrifft. Daß Länge und Breite des heutigen Pfarrhofs sich proportional umgekehrt zueinander verhalten wie im Entwurf, dürfte weniger auf die Ungenauigkeit der Zeichnung zurückgehen (obwohl Grund- und Aufriß des oben erwähnten Pleinfelder Schulhauses auch nicht ganz exakt sind - so zeigt der projektierte Grundriß an der Giebelseite nur eine Fensteröffnung, der Aufriß dagegen zwei) als vielmehr auf nachträgliche bauliche Veränderungen. Für diese Möglichkeit spricht auch die gestörte Achsenbildung an der Straßenfront: Nur noch die beiden linken Fenster von Ober- und Untergeschoß stehen in Superposition.

Ohne den Kostenvoranschlag wäre die Zuweisung des Pfarrhofs von Untermässing an Engel nicht möglich gewesen. Zwar ist auch die Baurechnung erhalten, doch bleibt Engel darin gänzlich unerwähnt, so daß man, wäre kein weiteres Dokument überliefert, ebensogut Johann Baptist Camesino, der als ausführender Maurermeister genannt wird, den Entwurf hätte zuschreiben können.

Projekte wie das Schulhaus Pleinfeld und der Pfarrhof von Untermässing unterstanden der kirchlichen Verwaltung und können - wie es bei diesen beiden der Fall ist - in den Pfarrakten des Diözesanarchivs Eichstätt, aber zum Beispiel auch in den Protokollen des Domkapitels, sofern dieses finanziell beteiligt war, archivalische Spuren hinterlassen haben. Demgegenüber ist die Quellenlage bei den architektonisch interessanteren Repräsentationsbauten, die Engel im Auftrag des Bischofs oder einzelner Domherren durchführte, praktisch gleich Null.

Glücklicherweise läßt sich ein Hauptwerk dieser Gruppe, die fürstbischöfliche Residenz in Eichstätt, für Engel dokumentarisch belegen.[303] Auch seine Beteiligung am Bau des Spethschen Domherrnhofs in der Ostenstraße dürfte, wenn es dort auch nicht direkt ausgesprochen wird, durch einen Eintrag in den Domkapitelprotokollen erwiesen sein.[304]

Auftraggeber und das ungefähre Datum der Fertigstellung[305] gehen bei diesen Bauten oft aus Wappeninschriften hervor. Darüber hinaus fehlt es meist an jeglichem Quellenmaterial. Dennoch bereitet die Autorenfrage kaum Probleme: Engel kommt nicht nur auf Grund der äußeren Gegebenheiten (Ort, Zeit, Auftraggeber) vorrangig in Frage - die repräsentativen Bauten tragen auch so unübersehbar dieselbe Handschrift, daß von einem sicher zuzuweisenden Objekt auf die anderen geschlossen werden kann.

Methodisch ging Engel bei der Lösung der Aufgabe Repräsentationsbau so vor, wie es im Zusammenhang mit den Sakralbauten schon beschrieben worden ist: Er benutzte ein bestimmtes, nicht eben umfangreiches Formenvokabular, das, unabhängig von vorgegebenen Faktoren (Größe des Projekts, Vorhandensein älterer Bausubstanz), in jedem Fall geeignet war.

Homanns "Umgebungskarte von Eichstätt" aus dem Jahre 1730[306] zeigt am unteren Bildrand eine Vedute der Bischofsstadt, flankiert von Abbildungen zweier herrschaftlicher Gebäude, nämlich der Kanzlei und der Residenz (Abb.50). Bei letzterer handelt es sich zugleich um die älteste bekannte Einzeldarstellung eines Repräsentationsbaus von Jakob Engel. Der nach seinen Plänen entstandene Westflügel (Abb.48) erscheint darauf allerdings nur in perspektivischer Verkürzung, denn im Vordergrund steht der Südflügel, mit dem die Anlage unter Gabrielis Leitung vollendet worden war. Doch dieser hatte sich ganz an das Fassadenkonzept seines Amtsvorgängers gehalten. Lediglich beim Portal gab es Abweichungen: Engel bildete es aus Gruppen toskanischer Halbsäulen, einem verkröpften Gebälk und einem gesprengten Giebel mit dem Wappen des Fürstbischofs Johann Martin von Eyb; die Zwickel zu beiden Seiten des Torbogens tragen je ein Pflanzenornament (Abb.52). Dagegen gestaltete Gabrieli das Südportal in Anlehnung an das Palladio-Motiv.

Die drei linken Achsen des Südflügels gehören noch dem Engel-Bau an. Ein deutlich größerer Abstand zu der östlich sich anschließenden Fensterachse markiert die Baunaht (Abb. 49). Der Homann-Stich zeigt an der Südfassade unterhalb der Erdgeschoßfenster eine Reihe kleinerer Fenster, die sich tatsächlich aber nur in dem von Gabrieli errichteten Trakt befinden. (Sie dienen in dem rechts von der Durchfahrt gelegenen Teil zur Beleuchtung der Kellerräume. Links davon bilden sie als Blendfenster die formale Entsprechung; hier gibt es - wie auch im gesamten Nordflügel - keine Keller.)

Vom heutigen Zustand der Residenz weicht die Homann-Darstellung in einigen Punkten ab: Die einen Sockel bezeichnende Rustizierung im Erdgeschoß endet hier deutlich unterhalb der Fenster, während am Gebäude selbst das gesamte Untergeschoß mit Bänderrustika bemalt ist. Da ursprünglich wohl die Fenster im Erd- und zweiten Obergeschoß kleiner waren, so gibt es jedenfalls der Stich an, trat das mittlere Geschoß, dessen Fenster zudem stuckierte Umrahmungen und Verdachungen mit Segment- und Dreieckgiebeln haben, als Piano nobile stärker in Erscheinung, als dies heute der Fall ist. Ferner trugen die Erker an Südwest- und Südostecke der Dreiflügelanlage einmal Zwiebelkuppeln in der Art, wie Engel sie auch für Kirchtürme und Dachreiter verwendete; die jetzigen sind dagegen deutlich flacher.

Diese Änderungen stammen nicht erst aus jüngerer Zeit. Man kann sie bereits auf einer Lithographie von 1820 feststellen,[307] und es steht zu vermuten, daß sie im Zuge der Umgestaltung der Residenz durch Pedetti, die in mehreren Abschnitten von 1765 an erfolgte, vorgenommen wurden.[308]

Einen ähnlichen Fassadenaufbau, wie ihn die Residenz dem Homann-Stich zufolge einmal hatte, weist heute noch das ehemalige fürstbischöfliche Schloß in Greding (Abb.51) auf. Die Anlage besteht aus zwei Flügeln zu je neun Achsen, die im rechten Winkel aufeinanderstoßen. An dieser Stelle, die sonst bei Engel von einem Erker eingenommen wird, befindet sich hier ein polygonaler Turm. Die Kanten der Giebelseiten werden von Ortsteinen eingefaßt. Stuckbänder trennen die drei Geschosse und unterstreichen die horizontale Gliederung der Fassaden.

Die Sockelzone unter den Erdgeschoßfenstern ist nicht mehr besonders artikuliert, aber als leichter Vorsprung am Fuß des Turms noch wahrnehmbar. Darüber liegen die Erdgeschoßfenster, die nur einfaches Steingewände haben. Das erste Obergeschoß ist deutlich als Hauptgeschoß ausgewiesen: Hier haben die Fenster die größte Höhe und sind mit profilierten geohrten Stuckrahmen versehen; oberhalb der Einfassungen befinden sich etwa rahmenbreite friesartige Felder, darüber abwechselnd Giebel- und Segmentbogenverdachungen. Die Sohlbank wird gekennzeichnet durch ein Gesims. Darunter liegt ein Brüstungsfeld, das noch schwach eine ähnliche Gliederung erkennen läßt, wie sie der Homann-Stich für die Residenz zeigt. Konsolen als stützende Glieder von Fensterverdachungen oder Sohlbänken setzte Engel hier wie auch sonst nicht ein. - Das zweite Obergeschoß ist nur als Halbgeschoß ausgebildet. Seine Fenster haben etwa die gleiche Größe wie die des Erdgeschosses, kommen aber dank ihrer profilierten Stuckumrahmungen wirkungsvoller zur Geltung.

Über einem Gesims schließt der Bau mit einem hohen Satteldach. Es birgt drei Geschosse, wie die Anordnung der Gauben und die Gliederung der Giebelfelder nach außen hin sichtbar machen. Engel gab seinen Bauten häufig hohe Dächer (siehe zum Beispiel Abb. 56, 60, 63), trug in Greding aber außerdem einer lokalen Besonderheit Rechnung: In dieser Region wurde bis in das 19. Jahrhundert hinein Hopfen angebaut,[309] der auf den Dachböden gelagert wurde. Ein Vergleich mit älteren Gredinger Häusern (Abb.47) zeigt, wie das Giebelfeld des Schlosses (Abb.46) in Anpassung an das Ortsbild gestaltet wurde.

Die Fassadengliederung des Gredinger Schlosses wurde auch für den Eckturm beibehalten, nur das hier, dem Grundriß entsprechend, die Achsen erheblich schmaler sind. Über einem Gesims in Traufhöhe setzt sich der Turm mit einem leicht eingezogenen Geschoß fort. Eine Zwiebelkuppel bildet den Abschluß.

Am Südflügel befindet sich, über einer kleinen Freitreppe, das Portal (Abb.53). Seine Umrahmung ist in Stuck ausgeführt und besteht aus toskanischen Pilastern, Gebälk mit Triglyphenfries mit Dreieckgiebel. Ein triglyphierter Fries findet sich in Engels Werk sonst nur noch an Portal und Fassade der Pfarrkirche St. Walburg (Abb.19) im nur wenige Kilometer von Greding entfernten Beilngries. (Beide Bauten entstanden etwa zur selben Zeit: Die Kirche wurde 1695 fertiggestellt, das Schloß einer Wappeninschrift zufolge 1696.)

Dem Homann-Stich von der Eichstätter Residenz nach zu urteilen, hat das Gredinger Schloß seine ursprüngliche Form weitgehend bewahrt. Lediglich das Obergeschoß des Turms mit seinen "stehenden Ovalöffnungen in Rechteckblenden"[310] würde eine für Jakob Engel ungewöhnliche Lösung bedeuten. Das veranschaulicht ein Vergleich mit dem Konventbau des Klosters Plankstetten (Abb.55), der wie das Gredinger Schloß aus zwei Flügeln und einem Eckturm besteht. Das Turmobergeschoß verfügt hier mit einem Fries, in dem sich auf jeder Seite des Oktogons ein Ochsenauge befindet, sowie einem profilierten Gesims über Elemente, die an Engels Kirchtürmen und Dachreitern wiederholt festgestellt werden konnten. (Hier sei insbesondere auf Engels Entwurf für die Kirche in Sappenfeld, Abb.9, hingewiesen.)

Auch sonst zeigt die Fassade des Plankstettener Konventbaus vertraute Formen: kleine, einfach gerahmte Fenster im Erdgeschoß des Südflügels, die bei ansteigendem Gelände im Westflügel nur als Souterrainfenster ausgebildet sind; darüber zwei durch ein umlaufendes Band getrennte Hauptgeschosse mit wechselnden Segment- und Giebelfenstern und als Abschluß ein hohes Dach.

Das Portal des Konventbaus befindet sich am Westflügel (Abb. 54). Die Umrahmung ist in Kalkstein ausgeführt und besteht aus flachen toskanischen Pilastern und einem gesprengten Giebel mit dem Wappen des Abtes Romanus Dettinger (1694-1703).[311] Die Zwickel zu beiden Seiten des Türbogens tragen je ein Pflanzenornament. Gleich im Aufbau, doch ihrer Funktion entsprechend breiter proportioniert sind die Portale an der Durchfahrt, die sich in der Prälatur befindet.

Die Dekorationselemente am Konventbau des Klosters Plankstetten sind mit Ausnahme der Gesimse und Portalumrahmungen nur gemalt; man kann sich deshalb nicht darauf verlassen, daß sie jetzt noch ganz dem Originalzustand entsprechen. Das ungegliederte Brüstungsfeld im zweiten Obergeschoß und die gänzlich fehlende Artikulierung eines Sockels deuten jedenfalls an, daß dem nicht mehr so ist.

Einfache gerahmte Fenster im Erdgeschoß, in den beiden Obergeschossen alternierende Segment- und Giebelfenster, die in schmalerer Form auch den zwiebelbekrönten Erker an der Südwestecke gliedern, rustizierte Kanten und ein hohes Dach: Aus diesen "Bausteinen", die sämtlich auch bei den vorgenannten Objekten Verwendung gefunden haben, setzte Engel einen weiteren fürstbischöflichen Bau zusammen, der in unmittelbarer Nähe des Westflügels der Eichstätter Residenz liegt (nur durch den Westchor des Doms und einen schmalen Durchgang zum Domplatz davon getrennt), den in zeitgenössischen Dokumenten so genannten "Präsidentenhof", später Landvogtei, Vizedomamt, kaiserliches Postamt, Haus der Dom-Augusto-Stiftung (Abb.56).

Das Untergeschoß des Präsidentenhofs zeigt noch deutliche Spuren des Vorgängerbaus: Der Erker - hier ausnahmsweise über sechs- statt, wie bei Engel sonst üblich, achteckigem Grundriß - ruht auf drei profilierten Kragsteinen, deren mittlerer die monogrammatischen Buchstaben LN und die Jahreszahl 1586 trägt. Diese Zahl wiederholt sich auf einem in situ befindlichen, aber als solchem nicht mehr erkennbaren Scheitelstein "in der Mitte des grosen Bogens, wodurch die offentliche Stras gehet"[312]. Ein altes Foto (Abb.57, Ausschnitt) zeigt diese Durchfahrt noch; sie wurde 1884 zugemauert.[313]

Der nach seinen Besitzern Karl Ferdinand und Ernst von Ulm benannte Domherrnhof am Leonrodplatz (Abb.58) ist ein weiterer Bau in Eichstätt, der noch die für Engels Repräsentationsbauten typische Ausstattung trägt, wenn auch nicht mehr ganz unverfälscht. Die Erdgeschoßfenster, bei Engel gewöhnlich ja kleine Formate mit einfachem Steingewände, präsentieren sich am Ulmer Hof verhältnismäßig groß und wirken durch ihre an allen vier Ecken mit Ohren geschmückten Stuckumrahmungen etwas protzig.

In den Obergeschossen erscheinen die Rahmen gegenüber denen von Residenz und Präsidentenhof in den Konturen gleich, im

Profil dagegen komplizierter. Befunden zufolge, die beim Umbau des Gebäudes vor einigen Jahren gemacht und an der Innenhoffassade festgehalten wurden (Abb.59),[314] unterschied sich aber die Fensterdekoration des Ulmer Hofs in den Obergeschossen in nichts von der anderer vergleichbarer Werke Engels.

Der flache Neigungswinkel des Dachs und die Ochsenaugen unter seinem Gesims zeigen eine Kalkplattenkonstruktion mit Kniestock an, erstaunlich für ein Gebäude, das bisher nach der Wappeninschrift über dem Portal auf das Jahr 1688 datiert wurde,[315] denn per fürstbischöflichem Dekret vom 12. Juni 1685 war ja der Bau von Kalkplattendächern innerhalb der Stadtmauern untersagt worden (vgl. S.12). Tatsächlich jedoch hatten die Herren von Ulm den Hof nicht neu errichten, sondern allenfalls umgestalten lassen, jedenfalls, wie die Wappeninschrift besagt, modernisiert und ihm seinen Schmuck zurückgegeben ("... aedes istas instauraverunt & totas ornatiores reddiderunt"[316]), instandgesetzt worden war er bereits 1662 durch Graf Pappenheim.[317]

Dem Ulmer Hof schräg gegenüber liegt die Dompropstei (Abb. 60). Sie war an Stelle des Vorgängerbaus, der dem großen Brand von 1634 zum Opfer gefallen war, im Auftrag Bischof Marquards 1672 neu errichtet worden, wie aus einem oberhalb des Portals angebrachten Wappenstein hervorgeht.[318] Beim Wiederaufbau bezog man die Veitskapelle, die vorher neben, wenn auch in Verbindung mit der Dompropstei gestanden hatte, in den Gesamtkomplex ein; um 1770 ließ der damalige Besitzer, Dompropst und Weihbischof Heinrich von Kageneck, die Fassade in den Zustand versetzen, in dem sie sich jetzt noch befindet.[319]

Sich vorzustellen, wie die Dompropstei ursprünglich aussah, erfordert nicht allzuviel Phantasie, wenn man die Residenz, den Präsidentenhof oder den Ulmer Hof - um nur die Eichstätter Pendants zu nennen - kennt. In seinen Grundzügen ist der

Bau ohnehin nicht verändert worden: kleine Fenster im Erdgeschoß, hohe in den beiden Hauptgeschossen, ein polygonaler Erker, ein hohes Dach. Daß er tatsächlich auch weitere für Engels Bauten dieser Kategorie typische Merkmale trug, nämlich einen rustizierten Sockel, geschoßtrennende Bänder, Dreieck- und Segmentgiebel über den Fenstern und einen Fries unter dem Dachgesims, der am Erker von Ochsenaugen belebt wurde, zeigt ein schon in anderem Zusammenhang erwähnter Stich, dessen Vorlage 1768 gezeichnet wurde: Auf einer Urkunde der Marianischen Kongregation in Eichstätt befindet sich eine Abbildung von Jesuitenkirche und -kolleg, die am linken Bildrand noch einen Teil der Dompropstei, nämlich die Südwestecke des Gebäudes mit dem Erker, erfaßt (Abb.61).

Abweichend von den bisher behandelten Repräsentationsbauten Engels, trägt der Erker der Dompropstei keine "welsche Kuppel", sondern schließt sich flach mit einer schiefen 5/8-Pyramide an das Dach an. Die Umrahmung der Erdgeschoßfenster scheint hier an den oberen und unteren Ecken mit Ohren versehen gewesen zu sein. Das könnte für den im vorigen behandelten Ulmer Hof bedeuten, daß auch dort von Anfang an solche Fensterumrahmungen im Erdgeschoß bestanden haben. Es könnte aber auch bedeuten, daß sich die Dompropstei 1768 schon nicht mehr in dem von Engel vorgesehenen Zustand befand. Eine für den Eichstätter Hochstiftskalender von 1682 gestochene Vedute[320] zeigt nämlich den Erker, im Unterschied zu der Ansicht auf der Kongregationsurkunde, mit einer ausgeprägten Zwiebelkuppel bedacht. Leider ist bei diesen Abbildungen nicht zu ermessen, wie zuverlässig sie in den Details sind. Doch sei in diesem Zusammenhang darauf hingewiesen, daß auch der heute ebenfalls flachgedeckte Erker des Pappenheimer Hofs[321] auf einem Stadtbild von 1766 eine Zwiebelkuppel trägt.[322]

Vor wenigen Jahren fiel ein Eichstätter Gebäude, das als eines von wenigen den großen Brand im Februar 1634 überstanden hatte, den Interessen seiner Eigentümer zum Opfer: Der

Ulmer Hof an der Residenzstraße, benannt nach dem Domkapitular Joseph von Ulm, der ihn um 1725 besaß, wurde abgerissen und neu erbaut. Nun umgibt eine Nachbildung der alten Fassade das in großzügigem Zugeständnis an die Denkmalpflege stehengelassene Gabrieli-Portal.

Vor dem endgültigen Abbruch unterzog man den ehemaligen Domherrnhof einer gründlichen Untersuchung. Es stellte sich heraus, daß es sich bei ihm im Kern um einen Fachwerkbau aus der Zeit um 1500 handelte (schon Felix Mader hatte eine "ältere, vielleicht mittelalterliche Anlage" darin vermutet[323]), dem in der Folgezeit nacheinander verschiedene Fassaden vorgesetzt worden waren, zuletzt 1725 durch Gabrieli.[324] Rekonstruiert wurden eine Renaissancefassade von etwa 1560 sowie eine Fassade aus der Zeit "um 1670", die auf Grund ihrer Ausstattungsmerkmale - Rustizierung von Erdgeschoß und Kanten, Horizontalgliederung durch Bänder, Segment- und Giebelfenster in den Obergeschossen - Jakob Engel zugeschrieben werden kann.[325] Mehr läßt sich darüber jedoch nicht sagen. Da bis zu Joseph von Ulm die Besitzerfolge des Hofes völlig unbekannt ist, besteht auch keine Möglichkeit, über Hinweise in den Domkapitelprotokollen[326] zu einer genaueren Datierung zu gelangen.

Ob auch die beiden ebenfalls in Eichstätt gelegenen Höfe des Domkapitulars Johann Heinrich Speth von Zwiefalten die gleichen Fensterumrahmungen hatten wie die bisher vorgestellten Repräsentationsbauten Engels, ließ sich nicht feststellen. Der Hof am Domplatz, 1675 erbaut, wurde vor kurzem renoviert (Abb.62 zeigt den vorherigen Zustand); die Fenster erhielten dabei gemalte Umrahmungen, jedoch nicht in der für Engel typischen Art. Weiter zurück liegt ein Eingriff, bei dem die Erdgeschoßfenster vergrößert wurden, was der äußeren Erscheinung des Gebäudes mehr als abträglich war (ein Vergleich mit der Abbildung im 1924 erschienenen Inventarband, die den Hof noch mit kleineren Erdgeschoßfenstern zeigt,[327] sagt alles). - Von außen betrachtet, erinnert an

Engel bei diesem Bau vor allem der polygonale Eckerker, der hier - wie bei der Dompropstei - nicht oder nicht mehr mit einer Zwiebel, sondern mit einer flachen Pyramide bedacht ist.

Ein ganz ähnlicher Erker findet sich an dem etwa 15 Jahre jüngeren Spethschen Hof an der Ostenstraße (Abb.63). Auch das hohe Dach und die Fensterproportionen entsprechen bei diesem Bau den bisherigen Beispielen. Die Portalumrahmung[328] setzt sich aus flachen toskanischen Pilastern, verkröpftem Gebälk und gesprengtem Segmentgiebel zusammen; die zum Türbogen überleitenden Zwickel tragen vegetabilisches Dekor.

Die Inschrift und das Wappen im Fries weisen auf Fürstbischof Johann Anton Knebel von Katzenellenbogen hin, der hier 1710 ein Priesterseminar eröffnet hatte. Im Giebel befindet sich ein Stein mit der Angabe "Errichtet 1841"; in diesem Jahr bezogen die Barmherzigen Schwestern das Haus.[329] Ein Wappen des Erbauers Johann Heinrich Speth von Zwiefalten ist am Erkerfuß angebracht.

Das Schloß in Hofstetten (Abb.65), etwa 10 Kilometer südöstlich von Eichstätt gelegen, war nach Aussage der Wappeninschrift 1694 "aus altem Schutt und Ruinen" im Auftrag Fürstbischof Johann Euchars wiederaufgebaut worden.[330] Die Inschrift übertreibt: Wie sich im Zuge der Restaurierung des Gebäudes, die von seinem jetzigen Eigentümer seit 1978 mit großer Sorgfalt und beträchtlichem Aufwand durchgeführt wird, herausstellte, stammen die Umfassungsmauern noch ganz vom mittelalterlichen Vorgängerbau. Bei den Wiederherstellungsmaßnahmen Ende des 17. Jahrhunderts wurden neue Decken eingezogen und die Fassade durch Fenster neu gegliedert; auch das für einen Belag mit Kalkplatten konstruierte Dach und der Erker an der Südostecke (er wurde zwischenzeitlich beseitigt,[331] bei der Restaurierung aber wieder ergänzt) gehen auf diese Zeit zurück. Die Fassade schmücken gemalte Dekorationsformen, die heute, wie der Erker, rekonstruiert sind: Rustika im Erdgeschoß, mit Ortsteinen eingefaßte Kanten, geschoßtrennende Bänder, Fensterumrahmungen mit Ohren, Brüstungsfeldern und Verdachungen. (Letztere dürften nicht ganz originalgetreu ausgefallen sein: Statt übereinanderliegender Dreieckgiebel, deren Spitzen von den Gesimsbändern überschnitten werden, handelte es sich ursprünglich sicher auch hier um alternierende Dreieck- und Segmentgiebel.) Das schlichte Portal an der Westseite ist rundbogig, gefast (Abb.64).

Obwohl Schloß Hofstetten sich als ein in der Anlage mittelalterlicher Wehrbau von den übrigen Repräsentationsbauten Engels grundsätzlich unterscheidet, konnte es doch mit den gleichen Mitteln ausgestattet werden wie diese. Hierin liegt eine Parallele zu den Sakralbauten nach basilikalem Schema in Neumarkt und Spalt (siehe S.59 ff.).

4. Schlußbemerkung

Engels profane Repräsentationsbauten weisen im allgemeinen folgende gemeinsame Merkmale auf: Es handelt sich bei ihnen um meist dreigeschossige blockhafte Baukörper mit horizontal gegliederten Fassaden, abgeschlossen entweder von einem auffallend hohen Ziegeldach (Präsidentenhof, Dompropstei) oder einer flachen Kalkplattenkonstruktion (Ulmer Hof am Leonrodplatz, Schloß Hofstetten). Die Fenster der Hauptgeschosse weisen stuckierte oder gemalte Umrahmungen mit Ohren und alternierenden Segment- und Dreieckverdachungen auf, während die ebenso breiten, aber niedrigeren Untergeschoßfenster nur mit einfachem Steingewände ausgestattet sind; geschoßtrennende Bänder betonen die Waagerechte. Diese Gliederung setzt sich fort in den meist zwiebelbekrönten Eckerkern oder -türmen. - Aufgelockert werden diese flächigen und eher strengen Fassaden nur durch stärker plastische Portalumrahmungen toskanischer Ordnung, bestehend aus Pilaster- oder Säulengruppen, verkröpftem Gebälk und gesprengtem Giebel.

Besondere Aufmerksamkeit verdient der Einsatz des Erkers beziehungsweise Turms, mit dem Engel jeweils eine Ecke seiner repräsentativen Profanbauten ausstattete. Die Ausgewogenheit der sonst so regelmäßigen Fassaden wird durch diesen Zusatz gestört. Doch offensichtlich kam es Engel nicht auf die Wirkung des einzelnen Bauwerks an sich an, sondern auf seine Funktion als Teil eines Ganzen: Die Erker beziehen sich bei ihm nicht allein auf das Gebäude, dem sie angehören, sondern darüber hinaus auch auf die sich anschließenden Bauten; sie artikulieren Anfang und Abschluß einer Reihe von Häusern, fassen Nebeneinanderstehendes zu einem Komplex zusammen. Der nach Engels Plänen wiederaufgebaute Häuserblock zwischen Gabrielistraße und Marktgasse[332] kann in diesem Sinne als Idealfall angesehen werden. Seine Geschlossenheit wird durch Erker an allen vier Ecken demonstriert (auch an einer ursprünglich einheitlichen Fassadengestaltung dürfte kein Zweifel bestehen, doch präsentieren sich die einzelnen Häuser heute in unterschiedlichem Gewand).

Auffallend sind die formalen Bezüge zwischen Engels Repräsentationsbauten und dem nach Plänen Elias Holls im frühen 17. Jahrhundert errichteten Gemmingenbau der Willibaldsburg. Die Fenster zum Innenhof[333] tragen profilierte, geohrte Umrahmungen, die stark an Engels Formensprache erinnern, auch wenn hier statt Segment- und Dreieck- geschlossene und offene Dreieckgiebel wechseln; ähnlich verhält es sich mit der Portalumrahmung, die zwar anders, als bei Engel üblich, proportioniert, aber auch in der von ihm bevorzugten toskanischen Ordnung gehalten ist. Was das nach außen wirksame Erscheinungsbild der Burg betrifft,[334] sind neben der horizontalen Fassadengliederung vor allem die beiden charakteristischen Ecktürme zu nennen. Ihr Abschluß aus ursprünglich zwei oktogonalen Geschossen und Zwiebelkuppel findet sich wieder an den Eckerkern und -türmen von Engels Repräsentationsbauten.

Er findet sich auch wieder an einem fortifikatorischen Werk wie dem Eichstätter Spitaltor, und er findet sich wieder - das wurde bereits gesagt - in den Dachreitern und Türmen von Engels Sakralbauten.[335] Nimmt man die Feststellung hinzu, daß es neben der Willibaldsburg auch die Schutzengel- und damalige Jesuitenkirche war, der Jakob Engel Elemente für seine Bauten entliehen hat,[336] ergeben sich über die offenkundigen organisatorischen Vorteile einer Beschränkung auf ein eng begrenztes Formenvokabular hinaus zwei weitere Gesichtspunkte:

Zum einen waren in den reproduzierten Teilformen von Willibaldsburg und Jesuitenkirche die Fürstbischöfe als oberste weltliche und geistliche Instanzen an vielen Orten in Stadt und Hochstift Eichstätt symbolisch präsent. Zum andern trug Engel durch die an zwei architektonischen Hauptwerken Eichstätts orientierte einheitliche Gestaltung seiner Bauten einem zeitgemäßen städtebaulichen Ideal Rechnung, das die Einbindung des einzelnen Bauwerks, unabhängig von dessen Bedeutung, in übergeordnete Zusammenhänge verlangte.[337] Unter diesen beiden Aspekten, dem politischen wie dem konzeptionellen, wird auch verständlich, warum das Gesamtwerk Jakob Engels sowohl von wechselnden Bauherren (vier Bischöfen, in deren Diensten er stand, und privaten Auftraggebern wie den Domkapitularen) als auch von einer möglichen eigenen künstlerischen Entwicklung völlig unbeeinflußt blieb.

IV. ANMERKUNGEN

1 Siehe Reinle 1973, S.223 f.: In der Einleitung zu seinem Aufsatz "Die architekturgeschichtliche Stellung der Graubündner Barockbaumeister" stellt der Autor die einzelnen Gruppen unter Angabe von Herkunft sowie Ort und Zeit ihres Wirkens kurz vor und nennt weiterführende Literatur.

2 Abgedruckt bei Zendralli 1930, S.14 f., und Zendralli 1958, S.38 f.

3 Bereits vom 15. Februar 1663 datiert ein "lerno brief", den der roveredanische Gerichtsschreiber Antonio Serro in deutscher Sprache ausgefertigt hatte, wie aus einem Rechnungsbuch, das diese Dienstleistung und ihre Vergütung (27 Lire) verzeichnet, hervorgeht (Zendralli 1958, S.37 f.). Der Wortlaut dieses älteren Dokuments ist jedoch nicht bekannt.

4 Der Wirkungsbereich der Graubündner Baumeister wird bei Zendralli 1958, S.10, an Hand einer skizzierten Karte veranschaulicht.

5 Zendralli 1930, S.12.

6 Eine bei Suttner 1859, S.145, Anm.5, in anderem Zusammenhang zitierte Quelle aus dem Jahre 1569 ist der bisher früheste Beleg für eine Tätigkeit "weilischer Maurer" in Eichstätt.

7 Aus der Zeit vor dem Schwedenkrieg ist ein vom 8. November 1617 datierter Brief des damals in Eichstätter und Augsburger Diensten stehenden Graubündner Baumeisters Hans Alberthal erhalten, in dem dieser darum bittet, "das Maister Antoni Volendi 34 fl 37 kr von Inen Hailigen Pfleger bezalt würde, damit er mit seiner Gesellschaft könne heimziehen (StAN, 190 II, 203).

8 Diese Entwicklung ist auch in den Eichstätter Pfarrbüchern erkennbar: Der Geburtsort des Bräutigams wird im Heiratseintrag genannt; im übrigen wurden die "Welschen" als solche deklariert, solange sie noch nicht Bürger waren.

9 Pfeiffer 1896, S.24.

10 Gurlitt 1902, S.523 f.

11 Zendralli 1930; Zendralli 1958.

12 Eichhorn 1959.

13 Reinle 1973.

14 Paulus 1912; Heym 1984.

15 Keßler 1949.

16 Lippert 1969.

17 Rembrant Fiedler, Universität Würzburg. - Eine 1916 von Ferdinand Maria von Werden vorgelegte Dissertation über Gabrielis Tätigkeit für das Hochstift Eichstätt (Werden 1916) blieb ungedruckt.

18 Reinle 1973, S.224.

19 Hofmann/Mader 1909, S.35.

20 Thieme/Becker, Bd.10, 1914, S.551. - In anderen Künstlerlexika, so bei Füssli 1779, Lipowsky 1810, Nagler 1835 ff., Singer/Müller 1922 (6.Aufl.) oder Darmstädter 1979, ist nichts über Engel verzeichnet.

21 Paulus 1912, S.161, 276 (Anm.251).

22 Mader 1924, S.310 (Anm.2). - Der Heiratseintrag informiert über Engels Herkunft, der Sterbeeintrag über sein Alter, beide sowie Einträge, in denen er als Taufpate auftritt, über berufliche Position und "soziales Umfeld". Allerdings hat Mader, dessen Interesse ja sehr weit gespannt war, diese Pfarrbücher nicht systematisch bearbeitet und auch nicht versucht, aus den Taufmatrikeln, die Jakob Engel recht häufig als Taufpaten verzeichnen, so etwas wie einen Terminus ante quem für dessen Ankunft in Eichstätt zu gewinnen.

23 Mader 1924, S.529 f.

24 Zendralli 1930, S. 86-89.

25 Reinhardt 1932. - Reinhardts Leistung beschränkt sich im Grunde darauf, den "bekannte(n) Bawmeister zu Aystätt" als Jakob Engel identifiziert zu haben: Die Quellen, zwei Briefe, sind ihm "übermittelt" worden, und die Zuschreibung basiert auf der darin enthaltenen Information, daß der Eichstätter Baumeister einen Abriß verfaßt habe. Mag seine Schlußfolgerung, damit stehe Jakob Engel als planender Architekt des gesamten Arlesheimer Dombezirks zweifelsfrei fest, die gebotene Vorsicht vermissen lassen - als ganz und gar abwegig kann man sie auch nicht abtun. Ärgerlich ist nur, wie Reinhardt mit seiner Entdeckung umgeht: Er setzt sich mit Maders Ausführungen über Engels Bauten in einer geradezu impertinenten Weise auseinander und erklärt den Arlesheimer Dombezirk kurzerhand zum Paradigma Engelscher Architektur, mit dessen Hilfe nun der Schritt von Maders "willkürlichen Attributionen" (ein völlig unbegründeter Vorwurf) zu gesicherten Zuschreibungen möglich sei.

26 Schmid 1984.

27 Pobé 1941. - Auf S.12 führt der Autor mit Recht an, es sei nicht seine Aufgabe, die fehlende Engel-Monographie zu ersetzen. Ob es aber deshalb schon damit getan ist, alle Angaben über den vermeintlichen geistigen Vater des Arlesheimer Doms - und darüber schrieb er schließlich eine Monographie - mit einer Ausnahme aus Mader 1924 und 1928 abzuschreiben und dies dann als "Zusammenstellung aus der vorhandenen Literatur" zu deklarieren, darf wohl ebenso bezweifelt werden wie der Sinn von Betrachtungen folgender Art: In einer Liste von Zuschreibungen an Jakob Engel, die Mader auf Grund stilistischer Kriterien vorgenommen hatte, und zwar, so Pobé, "wie mir selbst nach genauer Überprüfung scheint, mit großer Berechtigung" (S.13), steht auch der Willibaldsbrunnen, dessen Grundriß, ein Quadrat mit halbkreisförmigen Ausbuchtungen an den Seiten, nach Pobé "völlig der Form der Schallöffnungen in den Türmen des Arlesheimer Doms (entspricht)" (S.13). Mit dieser Methode landet man schließlich noch vor den Türen des Baptisteriums von Florenz - womit aber nicht ausgeschlossen werden soll, daß Jakob Engel während seiner Wanderjahre (ein Kapitel, das leider ganz im dunkeln liegt) diesen Bau kennengelernt hatte.

28 Buchner 1937, 1938. - Buchner führt z.B. Kostenvoranschläge auf, als sei nach ihnen verfahren worden, während aus anderen Schriftstücken hervorgeht, daß sie gar nicht realisiert, also in jeder Beziehung ad acta gelegt worden waren (wie im Fall Pietenfeld: Buchner 1938, S.371).

29 Neuhofer 1961 ff. - Der 1974 verstorbene Theodor Neuhofer war Studiendirektor in Eichstätt und ehrenamtlicher Leiter des dortigen Stadtarchivs. Sein Forschungsinteresse galt neben der spätmittelalterlichen Stadtgeschichte Eichstätts vor allem der Kunstgeschichte von Stadt und Bistum in der Barockzeit, insbesondere deren bekanntestem Vertreter, Gabriel de Gabrieli. Neuhofer befaßte sich aber auch mit dem Leben und Werk Jakob Engels. Dem z.T. noch unveröffentlichten Material aus seinem Nachlaß, der sich heute im Diözesanarchiv Eichstätt befindet, verdankt diese Arbeit viele Anregungen und Informationen.

30 Zendralli 1958. - Im Gegensatz zu der 1930 erschienenen Arbeit enthält diese nur spärliche Quellenangaben. Es sei deshalb angemerkt, daß die neu hinzugekommenen Informationen über Jakob Engel, vor allem die den persönlichen Bereich betreffenden (zweite Eheschließung z.B.), zu einem großen Teil auf Theodor Neuhofer zurückgehen, mit dem Zendralli seit 1948 in Verbindung stand.

31 Erich Herzog: Jakob Engel, in: NDB 1953 ff., Bd.4, 1959,

S.502 f. - In der 56bändigen Allgemeinen Deutschen Biographie, 1875-1912, ist der Name Jakob Engel nicht zu finden.

32 Boldini 1970. - Der Autor erklärt z.B. den Innenhof des Klosters Rebdorf, unbestritten ein Werk Gabrielis, zur "großartigen Anlage des Giacomo Angelini" (S.209).

33 Reinle 1973, S.225, 234, 235.

34 z.B. Landolt/Seeger 1948, S.40-42; Reinle 1956, S.172 f., 288; Heyer 1969, S.54-60, 72-77, 125-134; Heyer 1981; Detjen 1982.

35 z.B. Semrau 1913; Hager 1968; Hubala 1970; Norberg-Schulz 1971; Blunt 1979.

36 z.B. Gurlitt 1889; Wackernagel 1915.

37 Gurlitt 1889, S.174.

38 z.B. Ritz 1963, S.70, 110.

39 z.B. Dehio 1925; Schomann 1971; Dehio 1979; Reclam 1983.

40 Falckenstein 1733; Strauss 1791; Lang 1815; Schlecht 1888.

41 Schlecht 1888, S.32.

42 Herb/Mader 1901; Mader 1924; Sax/Bleicher 1927; Neuhofer 1961 ff., Neuhofer/Bauch 1984.

43 Hofkammer, Hofrat und Geistlicher Rat waren zentrale Regierungsbehörden für das ganze Hochstift. Dazu das Folgende aus Hirschmann 1959, S.46 f. (Versalien nicht im Original):

Dem HOFRAT ... oblagen die Justiz- und Verwaltungsangelegenheiten. ... Gebildet wurde der Hofrat aus dem Präsidenten, dem Vizepräsidenten, 12 Hof- oder Regierungsräten und dem notwendigen Kanzleipersonal.

Die HOFKAMMER - 1651 an die Stelle der gleichzeitig aufgehobenen Rentmeisterei getreten, seit 1681 als selbständige Behörde vom Hofrat getrennt - hatte das gesamte Finanz-, Steuer- und Schuldenwesen zu besorgen. Ihre Zusammensetzung entsprach der des Hofrates. Doch gab es nur 8 Hofkammerräte, außerdem kamen noch 3 Rechnungsrevisoren hinzu.

Der GEISTLICHE RAT hatte die Leitung aller geistlichen Angelegenheiten. Neben dem Präsidenten und dem Generalvikar gehörten ihm 7 bis 8 Räte und das entsprechende Kanzleipersonal an.

Neben diesen Kollegialbehörden bildete ein GEHEIMER RAT,

zusammengesetzt aus 8 bis 10 geistlichen und 4 gelehrten weltlichen Geheimräten, ein besonderes Beratungsorgan des Bischofs. Die Spitze der gesamten Regierung endlich bildete das sog. KABINETT. Hier traf der Fürstbischof, beraten vom "dirigierenden Geheimrat", ... seine Entscheidungen über die ihm vorgetragenen Beschlüsse der Kollegialbehörden.

44 Liste der von Jakob Engel erhaltenen Autographen:

(A = Attestat über geleistete Arbeit oder geliefertes Material und/oder Zahlungsbestätigung; B = Bericht an den Fürstbischof; R = Rechnung über selbst erbrachte Leistungen und/oder Zahlungsbestätigung; Ü = Überschlag der zum Bau nötigen Mittel)

1669 Mai 13	R Maurerarbeiten, 5 fl 30 kr DAEI, p 103
(1677)	Ü Kirche des Klosters Marienburg bei Abenberg (undat. u. unsign.) DAEI, p 184,1
(1677)	dito
1678 Dez 23	Ü Pfarrhaus und -stadel Gelbelsee DAEI, PfAA Gelbelsee I,2
(1680 Aug 9)	Ü Kirchturmreparatur Fünfstetten (nur in Engels Namen, nicht von seiner Hand) DAEI, PfAA Fünfstetten I,1
(1680 Okt 23)	Ü Pfarrhaus und -stadel Gelbelsee (nur in Engels Namen, nicht von seiner Hand)
1682 Jan 29	Ü Kirchturm Fünfstetten DAEI, PfAA Fünfstetten I,1
1682 Feb 18	Ü Pfarrkirche Pietenfeld DAEI, PfAA Pietenfeld I,1
1682 Jun 4	R Maurerarbeiten, 3 fl 15 kr DAEI, ln 11
1683 Dez 12	Ü Pfarrkirche Rupertsbuch DAEI, PfAA Rupertsbuch I,1
1684 Sep 26	A Schreinerarbeiten, Kirchenbau Rupertsbuch DAEI, PfAA Rupertsbuch I,1
1684 Okt 30	Ü Pfarrhof Untermässing (mit Skizze) DAEI, PfAA Untermässing I,2
1686 Jan 11	Ü Schulhaus Pleinfeld (mit Plan) DAEI, PfAA Pleinfeld I,4
1687 Jan 8	B, Kirchturmbau Wettstetten betr. DAEI, PfAA Wettstetten I,1
1687 Nov 5	Ü Kirche und Pfarrgebäude Stirn DAEI, PfAA Stirn I,1

1687 Nov 28	Ü Pfarrkirche Pietenfeld DAEI, PfAA Pietenfeld I,1
1688 Aug 1	R Kirchturm Buxheim DAEI, ll 165
1688 Aug 1	R Turm und Friedhofsmauer Sappenfeld DAEI, ll 165
1688 Aug 23	A Kirchenbau Pietenfeld DAEI, PfAA Pietenfeld I,1
(1689)	Baurechnung Filialkirche Hausen (undat. u. unsign.) DAEI, PfAA Greding I,6
1689 Mai 18	R Besichtigung verschiedener Pfarrhöfe und Kirchen: Rittgeld und Zehrung (Dok.2) DAEI, ll 165
(1689 Mai 18)	Ü Pfarrhof und Kirche Altdorf, Kirchen Hausen, Röckenhofen, Esselberg (nur in Engels Namen, nicht von seiner Hand) DAEI, PfAA Greding I,6
(1690 Jan 15)	Ü Filialkirche Österberg (nur in Engels Namen, nicht von seiner Hand) DAEI, PfAA Obermässing I,4
1690 Aug 19	R Stirn und andere Kirchenbauten, Rittgeld DAEI, ll 165
1692	Ü Zehntstadel Ettenstatt StAN, 190 I, 141 1/2, fol.54 f.
1692 Okt 12	Ü Kirchen Untermässing, Öning, Kirchturm Röckenhofen, Pfarrhof Kipfenberg (mit Plänen) DAEI, PfAA Kipfenberg I,1
1692 Dez 6	A Fuhrlohn, Schulhausbau Möckenlohe DAEI, R 102
1692 Dez 25	A Maurerarbeiten, Kirchenbau Möckenlohe (unterschrieben von J.B. Camesino) DAEI, R 102
1692 Dez 25	dito, Schulhausbau Möckenlohe
(1692/93)	A Steinmetzarbeiten, Kapelle von Eyb/ Rink von Baldenstein im Eichstätter Dom (undat.) DAEI, n 1, Misc. IV
1693 Nov 8	A Steinmetzarbeiten, Pfarrkirche Beilngries DAEI, R 48, Nr.65
1697 Jan 3	Ü Langhaus Wettstetten (mit Skizzen) DAEI, PfAA Wettstetten I,1

1697 Jun 16	A Steinmetzarbeiten, Langhaus Wettstetten DAEI, PfAA Wettstetten I,1
1697 Dez 26	R Bemühungen bei den Kirchenbauten Wettstetten, Hitzhofen und Echenzell DAEI, PfAA Wettstetten I,1
1698 Aug 30	A Maurer- und Handlangerarbeiten, Kirchenbau Hitzhofen DAEI, bb 4
1698 Sep 21	A Maurer- und Handlangerarbeiten, Kirchenbau Pettenhofen DAEI, bb 4
1698 Nov 15	A Maurerarbeiten, Kirchenbau Hitzhofen DAEI, bb 4
1698 Dez 6	A Baumaterial, Kirchenbau Hitzhofen DAEI, bb 4
1698 Dez 23	Ü Heilig-Geist-Kirche und -Spital, Eichstätt (Dok.4) DAEI, PfAA Eichstätt Hl.Geist IV,2
(1699 Mai 31)	Ü Stadtmauer Beilngries (undat. u. unsign., Bestimmung nach einer zweiten, sprachlich gereinigten Fassung, die in Engels Namen, aber nicht von ihm selbst geschrieben wurde) StAN, 212/2, 60
1699 Nov 16	Ü Pfarrkirche Mühlhausen DAEI, PfAA Mühlhausen I,1
(1700 Sep 3)	B, Residenzbau betr. (von Engel nur mit unterschrieben) DAEI, c 6, Nr.33
1702 Jun 10	Bestellung von Bauholz für die Schlösser Arnsberg und Kipfenberg, unterschrieben mit "Hoff Pau Maister", und Empfangsbestätigung vom 5. August 1702 DAEI, a 10
(1710 Okt 4)	A Steinmetzarbeiten, Kirchenbau Pfalzpaint (von Engel nur mit unterschrieben) DAEI, PfAA Gungolding I,4

45 Liste der von Jakob Engel erhaltenen Pläne und Planskizzen:

1. Klosterkirche Marienburg: Detail Fenster, 1677
   Feder; 16,5 x 15 cm
   undat., unsign.; das Blatt liegt zwischen den Kostenvoranschlägen von 1677, nach Schriftbild von Jakob Engel
   DAEI, p 184,1

2. Filialkirche Sappenfeld: Ansicht mit projektiertem Turm, 1681 (Abb.9)
Feder, laviert; 16 x 19 cm (beschnitten)
Anlage zum Kostenvoranschlag vom 7. Januar 1681, rechts unten sign. "Jacob Engel"
DAEI, PfAA Rupertsbuch I,4

3. Pfarrhof Untermässing: Grundrisse EG und OG, 1684 (Abb.44)
Feder; je 3 x 3,5 cm
Skizzen auf Kostenvoranschlag vom 30. Oktober 1684
DAEI, PfAA Untermässing I,2

4. Schulhaus Pleinfeld: Grund- und Aufriß des projektierten, darunter des alten Gebäudes, 1686 (Abb.43)
Feder, laviert; 20,5 x 30 cm
Anlage zum Kostenvoranschlag vom 11. Januar 1686
DAEI, PfAA Pleinfeld I,4

5. Filialkirche Österberg: projektierter Aufriß und Grundriß, 1690 (Abb.7)
Feder; 17,5 x 17 cm
Anlage zum Kostenvoranschlag vom 15. Januar 1690
DAEI, PfAA Obermässing I,4

6.1 Pfarrhof Kipfenberg: projektierter Grundriß EG und OG, 1692
Feder; 31 x 39 cm (beschnitten)
am rechten Rand sign. "I. Engel"

6.2 Filialkirche Öning: Grundriß, Umbauplan unter weitgehender Beibehaltung des alten Grunds, 1692
Feder; 27,5 x 15,5 cm (beschnitten)
links unten sign. "I. Engel"

6.3 Filialkirche Öning: Grundriß, Umbauplan mit verändertem Grund, 1692
Feder; 27,5 x 16 cm (beschnitten)
rechts unten sign. "I. Engel"

6.4 Pfarrkirche Untermässing: Grundriß alter Zustand, Chor und Sakristei an der Westseite projektiert, 1692 (Abb.21)
Feder; 29,5 x 24 cm (beschnitten)
rechts unten sign. "I. Engel"

6.5 Pfarrkirche Untermässing: projektierter Grundriß und Querschnitt, 1692 (Abb.22, Grundriß)
Feder; 29,5 x 24 cm (beschnitten)
rechts unten sign. "I. Engel"
Anlagen zum Kostenvoranschlag vom 12. Oktober 1692
DAEI, PfAA Kipfenberg I,1

7.1 Pfarrkirche Wettstetten: Grundriß alter Zustand, 2 Grundrisse Umbauvarianten, 1697
Feder; je 9 x 5,5 cm
Skizzen auf Kostenvoranschlag vom 3. Januar 1697

7.2 Pfarrkirche Wettstetten: Grundriß alter Zustand, Grund- und Aufriß (Innenwand) projektierter Umbau, 1697 (Abb.25, projektierter Umbau)

Feder, laviert; 28 x 42 cm
undat., unsign.; Datierung nach 7.1, Zuweisung nach Schriftbild
DAEI, PfAA Wettstetten I,1

46 Ausnahmen: siehe Anm.45, Nr.2, 7.1/7.2, möglicherweise auch 1.

47 DAEI, PfAA ... (alphabetisch nach heutigen Pfarreien).

48 StAN, 190 II, 1112-1133; 1654-1714.

Zur Stellung des Domkapitels das Folgende aus Hirschmann 1959, S.54 f. (Versalien nicht im Original):

Eine besondere Rechtsstellung innerhalb des Hochstifts nahm das DOMKAPITEL und dessen Besitz ein. Verankert war diese Sonderstellung in den Wahlkapitulationen, mit denen der neugewählte Bischof jeweils die Rechte des Domkapitels zu bestätigen hatte. Die erste dieser Kapitulationen stammt aus dem Jahre 1259. Das Domkapitel verstand es seitdem - ebenso wie das in anderen geistlichen Fürstentümern der Fall war -, seine Rechtsstellung immer stärker auszubauen und zu sichern und seinen Einfluß auf die Regierungsgewalt so zu erweitern, daß man im 18. Jahrhundert von einer Mitregierung des Domkapitels sprechen kann. ... Während der Sedisvakanzen repräsentierte das Domkapitel überhaupt die landesherrliche Gewalt. ...

Die Zentralstelle für die Ausübung von Verwaltung und Gerichtsbarkeit über den ganzen domkapitlischen Besitz bildete das Domkapitel-Richteramt in Eichstätt. An seiner Spitze standen ein Hofrat als Syndicus, ein Richter, ein Obley, ein Obervogt, zugleich als Verwalter der Depositen, ein Kastner und ein Forstmeister. Auf dem Lande hatte das Domkapitel außerdem mehrere Kastner.

49 StAN, 190 II, 3159-3161, 3163.

50 Siehe Anm.43.

51 Siehe S.258.

52 Siehe dazu S.8 und 21.

53 Die Bücher der ehem. Marienkirche, auch Collegiata (abgekürzt Coll.) genannt, werden heute im Dompfarramt aufbewahrt. Zitiert werden die Heiratsmatrikeln als Coll.Cop(ulati), die Taufmatrikeln als Coll.Bapt(izati) und die Sterbematrikeln als Coll.Mort(ui).

Für die Matrikeln der Walburgispfarrei gilt entsprechend St.Walburg Cop. etc.

54 StAN, 225/15, 6. - Der dokumentarische Wert solcher Rechnungsbücher wurde in der Vergangenheit nicht sehr

hoch eingeschätzt. Deshalb hat man oft nur jeden 5., manchmal sogar nur jeden 10. Jahrgang archiviert (so z.B. bei den Beständen StAN, 190 II, 38-43).

55 Zitiert nach Schlecht 1889, S.90, Anm.1.

56 Bericht abgedruckt bei Buchner 1933, S.47-50.

57 StAN, 190 II, 1112; DK-Prot. 1654 Dez 22.

58 Papebroch 1660, S.81.

59 Demnach wurde speziell der Wiederaufbau von Brandstätten auch vorher schon gefördert.

60 StadtAEI, Salbuch 1696, fol.206'-208'.

61 Ebenda, fol.207' und 206'.

62 Ebenda, fol.203'.

63 Ebenda, fol.9* (* = nachträgliche Zählung einiger unfoliierter Blätter vorne im Salbuch).

64 DAEI, B 5 ad 1685.

65 StadtAEI, Salbuch 1696, fol.8* f.

66 Ebenda, fol.202'-204.

67 StAN, 190 II, 3163; HK-Prot. 1707 Mai 24.

68 Soweit bekannt - z.B. aus den Heiratsmatrikeln -, handelt es sich bei den in Eichstätt tätigen "Muratori" stets um Graubündner.

69 DAEI, Archivalien des Historischen Vereins Eichstätt, Handwerksordnung.

70 Ebenda, Meisterbuch.

71 Die Liste ist im nachhinein erstellt worden, denn einige Namen sind mit dem Zusatz "seel:" versehen, ihre Träger also zwischenzeitlich verstorben. Eine Überprüfung an Hand der Sterbematrikeln hat ergeben, daß die Aufstellung um 1667/68 erfolgt ist.

72 Bei den beiden anderen handelt es sich um Hans Millimat (DAEI, Nachlaß Neuhofer 26) und Hans Dimbler (seine Abstammung läßt sich aus der Zusammensetzung der das Handwerk repräsentierenden Gruppe der Viermeister herleiten, der immer auch ein welscher Maurer angehören mußte).

73 Die Satzung war zunächst für Maurer und Zimmerleute

formuliert worden, wurde dann aber auch auf die Steinmetzen ausgedehnt.

74 DAEI, Archivalien des Historischen Vereins Eichstätt, Handwerksordnung, fol.1 f.

75 Zendralli 1930, S.27 f.

76 DAEI, Archivalien des Historischen Vereins Eichstätt, Handwerksordnung, fol.2, 2'. - Im Staatsarchiv Nürnberg befindet sich die Konzeptfassung dieser Handwerksordnung, die ebenfalls vom 15. Juli 1661 datiert (StAN, 190 VIII, 1661 VII 15). Alle Passagen, die die welschen Maurer und ihre Sonderrechte betreffen, sind nachträglich in den Text eingefügt worden.

77 Ebenda, fol.3-5'.

78 Ebenda, fol.3'.

79 Ebenda, fol.9, 9'.

Eine entsprechende Sonderregelung galt auch für den Bamberger Baumeister Johann Leonhard Dientzenhofer:

"Dem Leonhard D. war als 'einem ausgelehrnten Maurer und Steinhauermeister wegen seiner vielen importanten Gebäuen an Hofhaltungen, Abbteyen, Klöstern, Kirchen u.A. vermög eines von gedachtem Handwerk zu Bamberg gemachten und von dem Landherrn confirmirten Schluss' erlaubt worden, 'eine Mehrzahl der Lehrjungen gebrauchen und fördern zu können'." (Weigmann 1902, S.29)

80 StAN, 190 II, 2282.

81 1697 waren laut DAEI, PfAA Wettstetten I,1, in Wettstetten und Echenzell tätig (geläufigste deutsche Version des Namens an zweiter Stelle):

Domenico Nesino/Nisin (Taglohn 30 kr)
Battista Gambin (30 kr)
Armeni Tascheta/Daschner (24 kr)
Battista Ganzera/Ganser (24 kr)
Suanesin Nesino/Nisin (20 kr)
Battista Tascheta/Daschner (26 kr)
Carlo Sirato/Schirot (26 kr)
Marx Sirato/Schirot (nur Wettstetten, 30 kr)
Georg Trina (nur Wettstetten, 24 kr)

(außer ihnen noch 3 dem Namen nach deutsche Maurer)

1698 waren laut DAEI, bb 4, in Hitzhofen und Pettenhofen tätig:

Domenico Nesino (30 kr)
Battista Gambin (30 kr)
Georg Trina (24 kr)

Giovanni Nesino (24 kr)
Nichl Trina (Handlanger, 14 kr)

(außer ihnen 2 deutsche Handlanger)

1699/1700 waren laut StAN, 225/25, 1647, in Spalt tätig:

Marx Sirato (Polier, 40 kr)
Domenico Nesino (30 kr)
Giovanni Nesino (nur 1699, 27 kr)
Pietro Fomio tito il barbaro (28 kr)
Pietro Fomio (28 kr)
Mathe Sabion (27 kr)
Battista Ganzera (nur 1699, 27 kr)
Marco Sirato (nur 1699, 27 kr)
Domenico Pangold (26/27 kr)
Carlo Sirato (nur 1699, 28 kr)
Armeni Tascheta (27 kr)
Antonio Tascheta (nur 1699, 18 kr)
Domenico Tristano (nur 1700, 20 kr)

welsche Handlanger, Mörtelrührer und Mörtelträger:

Georg Dintro (nur 1699, 16 kr)
Francesco Fomio (nur 1699, 16 kr)
Giovanni Battista Fomio (13 kr)
Francesco Sirato (13 kr)
Matias Dintro (13 kr)
Francesco Millimat (nur 1700, 18 kr)

82 Eine eingehende und dokumentarisch gut belegte Darstellung des Baubetriebs im 17. Jahrhundert, die allerdings ideologisch nicht ganz unbelastet ist (z.B. S.15: "Während sich an den Fürstenhöfen die Ausländer breit machten ..."), bietet Pest 1937, Teil I.

Zum Baubetrieb siehe auch Dokument 1.

83 StAN, 190 II, 3159; HK-Prot. 1701 Apr 1.

84 Siehe Anm.156.

85 StAN, 190 II, 422 A; Bestallungsdekret vom 25. April 1714.

86 Ebenda; Bestallungsdekret vom 14. April 1750. - Über Pedetti liegt eine Monographie vor, siehe Noll 1984.

87 Mitteilung Zendralli an Neuhofer vom 24. August 1955 (DAEI, Nachlaß Neuhofer 91).

88 Zendralli 1930, S.86.

89 Alle Angaben sind einem Brief Zendrallis, in dessen Besitz sich das Rechnungsbuch damals befand, an Neuhofer vom 11. September 1954 entnommen (DAEI, Nachlaß Neuhofer 91).

90 Poeschel 1945, S.220 (Abb.), 225.

91 DAEI, Archivalien des Historischen Vereins Eichstätt, Meisterbuch.

92 Eine Vermutung darüber, wann und wie Jakob Engel nach Eichstätt gelangte, äußerte Richard Paulus in seiner Zuccalli-Monographie (Paulus 1912, S.40; 214, Anm.42; 295, Anm. zu S.161): Der in München tätige Bologneser Architekt Agostino Barelli habe Karl, den Bruder Jakob Engels, im Frühjahr 1664 aus Bologna zu sich berufen und mit der Anfertigung des Modells für die Theatinerkirche beauftragt. Danach habe sich Karl Engel "wahrscheinlich" nach Eichstätt begeben "und folgte ihm auch sein Bruder Jakob dorthin nach".

Zwar konnte Paulus nicht wissen, daß Jakob Engel schon für die Jahre 1661/1662 in Eichstätt nachweisbar ist, doch auch sonst ist seine Hypothese nicht haltbar: Der Band der Baurechnung, auf den er sich bezieht, umfaßt den Zeitraum 7. April 1664 bis 4. April 1666. Paulus hat dies anscheinend nicht bemerkt und die Jahreszahl zugrunde gelegt, die groß auf dem Deckel steht, aber nur den Beginn des Rechnungszeitraums angibt: 1664. Dagegen läßt die chronologisch angelegte und recht detaillierte Rechnung selbst gar keinen Zweifel daran, daß Karl Engel seine Tätigkeit in München erst 1666 aufnahm. Unter dieser Jahreszahl nämlich heißt es: "So ist den 20. dito (März) einem Khüstlergesellen Carlo Angelino, deme der Paumaister das Model zu der Khürchen zu machen khommen lassen, Wocherlohn bedingt unnd yede Wochen 1 fl 30 kr unnd 7 kr vors Schlaffgelt verwilligt, auch ihme vom ersten Febr:, alda er zu arbeiten angefangen, bis uf erstberüert 20. Martii 7 Wocherlohn als wie verstanden die Wochen mit dem Schlaffgelt 1 fl 37 kr bezalt worden, thuet 11 fl 19 kr." (HStAM, KL, fasz.474, Nr.2, 1664-1666, fol. 25)

Paulus hat diese Quelle also nicht nur zeitlich falsch eingeordnet, sondern auch nicht korrekt interpretiert. Nicht, wie er angibt, seit dem 20. März 1664, sondern seit dem 1. Februar 1666 arbeitete Karl Engel am Kirchenmodell. Daß Barelli ihn aus Bologna kommen ließ (und Jakob Engel ihm von dort folgte), ist Spekulation. - Vom 2. Oktober 1666 an bekam Karl Engel "zu Hof ein Zimer und Peth"; seine Bezüge reduzierten sich dadurch um das Schlafgeld auf 1 fl 30 kr. Die Zahlungen an ihn sind regelmäßig für jede Woche verzeichnet, bis sie mit dem 4. August 1668 eingestellt werden (HStAM, KL, fasz. 474, Nr.2, 1664-1666, 1666-1668 u. 1668-1669).

93 Coll.Bapt., 1662 Feb 19.

94 StAN, 190 II, 42, Jg.1669, fol.44'.

95 StAN, 190 II, 1114; DK.-Prot. 1659 Sep 23.

96 Zitiert nach Strauss 1791, S.70.

97 Sax 1857, S.486; Sax 1860, S.10; Lochner von Hüttenbach 1912, S.27; Mader 1924, S.490, 519; Fischer 1977, S.24.

98 Sax 1957, S.486. - Soweit es sich ermitteln ließ, handelt es sich hier um die früheste falsche Angabe.

99 Strauss 1791, S.70.

100 Abb.: Mader 1924, S.488.

101 Abb.: Ebenda, S.491.

102 StAN, 190 II, 1116; DK-Prot. 1666 Aug 11:

"Schließlich wären Ihro fürst: Gnaden entschlossen, ... daß Sye die Thumbkirch in etwas wolten reformiren lassen, immitelst aber unnd damit ein Anfang gemacht werdte, seyen Sye gedacht, wann Ihre Werkleuth am Schlossbau fertig, den Letner hinwekh brechen zu lassen, damit mann umb sovil besser uf den Chor sehen unndt beobachten khönne, wie ins khünfftig weiters zu verfahren ..."

103 Ebenda; DK-Prot. 1667 Mär 8:

"Von Ihro Gnadten dem Herrn Thumbdechant ist angebracht wordten, das Ihro fürst: Gnadten gestern bey denen PP. Dominicanis Sye zuer Audienz erfordern und mit Aufgebung dero gst: Grues capitulariter vorzuetragen begehren lassen, wasmassen Sye vorhabens wären, mit dem Thumbpau gleich zu verfahren, gestalten der M. Jacob Mauermaister mit dem Gewölb auf den hohen Chor noch dise Wochen den Anfang machen unnd disen Sommer verfertigen wolte, damit man selbigen auf khünfftigen Herbst widerumb beziehen, indessen der Gottsdienst auf St. Wilibaldts Chor khundte gehalten werdten, unnd ob Sye zwar angestandten, daß allein ein Renovation oder eine rechte Haubtverenderung der Kirchen vorzuenehmen, hetten Sye doch bey Ihnen beschlossen, weilen durch die Renovation der Kirchen haubtsächlich nit geholffen, das Haubtwerckh anzuegreiffen unnd was Rechts pauen zue lassen, sinthemalen angezogenen Paumaisters Vorschlag nach solliches uber 40.000 fl nit khossten werdte, die Sye aber allein auß Ihren Mittlen herschiessen unnd die von Ihro Churfrst: Drch: in Bayrn wegen des hiebevor hergegebenen Proviants unnd Getraidts bewilligte 10.000 fl, daran 5.000 fl auf iezt ankhommendte Osstern, die übrige auf das Jahr erlegt werdten, darzue applicieren, so dann jahrlich von der Steuer, weiln ohne das dermahln khein sonderbares Gepeu vorhandten, ohngefehr 10.000 fl beytragen, ..."

104 Das Peremptorium Trium Regum Anfang Januar und das Peremptorium Jacobi Ende Juli waren die Generalsitzungen des Kapitels. Sie dauerten jeweils zwei, manchmal auch drei Tage. Da hier das Domkapitel vollzählig versammelt war, wurden die wichtigen Entscheidungen meist im Rahmen eines Peremptoriums gefällt. Darüber hinaus konnte man auf gewöhnlichen Kapitelsitzungen unliebsame Probleme erst einmal vom Tisch bekommen, indem man sie auf die nächste Hauptsitzung vertagte.

105 StAN, 190 II, 1116; DK-Prot. 1667 Mär 8, Beschluß des Domkapitels:

"Nun hat man dise Proposition zue reiffen Bedacht gezogen unnd befundten, weilen 1mo der Letner im verwichnen Peremptorium Trium Regum hinwekhzuebrechen resolvirt, daß extra Peremptorium vill weniger wegen des Haubt gepeus ein Resolution zue fassen, bevorab wenig Capitularherrn unnd sonderlich die Seniores nit bey der Stell, 2do nunmehr die Habersath unnd Veldtarbeith vor der Thir, also den Underthonen die Hölzer zue dem Gerisst, deren man gleichwoln etlich hundert vonnötten, zue führen derzeit schwer fallen unnd verhinderlich wäre: Nebendeme 3tens bey disen gefährlichen Disiuncturen noch dermalen kheines bestendigen Fridens versichert unnd 4tens ohne das vorhero zue deliberiren, wie die auf denen Altären verlegte Fundationes zue transferiren, also bey Ihro Fürst: Gnadten biß auf khünfftiges Peremptorium Jacobi umb Instandt underthenig solle angesuecht werdten ..."

106 Ebenda; DK-Prot. 1667 Mär 11.

107 Ebenda; DK-Prot. 1667 Aug 12:

"Ihro Gnadten der Herr Thumbdechant haben referirt, daß Sye am verwichnen Laurenti tag bey Ihro Fürst: Gnadten in der Audienz ... In dem ubrigen seyen Sye zwar in Gedanckhen gestandten, wegen des Thumb Paus in disem Peremptorio etwas proponiren zue lassen, dieweilen aber die Conclusa auf dem Reichstag zimblich contrar stehen und mann mehrers einen Krieg zue besorgen, wolten Sye noch etwas beywarten, ..."

108 StAN, 190 II, 1117; DK-Prot. 1669 Jan 29.

109 Braun J. 1910, S.143.

110 Peter Fuchs, dessen Herkunft ungeklärt ist, trat 1616 im Alter von etwa 20 Jahren der Eichstätter Bürgerkongregation Mariä Verkündigung bei (DAEI, Nachlaß Neuhofer 75). Als fürstlicher Baumeister und Hofschreiner erfüllte er ähnliche Aufgaben wie später Jakob Engel. So unterschrieb er 1634 die Zettel der beim Kirchenbau St. Walburg in Eichstätt beschäftigten Handwerker, einige mit dem Vermerk: "Solche obbenante Arbeit ist

gemacht worden und mihr woll wißend" (DAEI, p 137). Er verhandelte mit Handwerkern, z.B. am 6. August 1640 mit einem Zimmermann über Arbeiten bei der Willibaldsburg (DAEI, a 10), und besichtigte die Schäden an Gebäuden im Hochstift, so im Juni 1647 in Spalt, nachdem dort das Querschiff der St.-Emmerams-Kirche zusammengestürzt war (DAEI, PfAA Spalt I,1). - Peter Fuchs starb am 13. Mai 1656 im Alter von 60 Jahren (vgl. dazu Anm.190), nachdem er viele Jahre hindurch das Hofbaumeisteramt bekleidet hatte, wie es im Sterbeeintrag heißt (Coll.Mort. 1656 Mai 13).

111 StAN, 190 II, 3160; HK-Prot. 1702 Jun 23:

"Maister Jacob Engel Hofpaumeister erstattet undste Relation über die nach gdigstem Befelch in dem oberen Stüfft bey denen Hochfürst: Schlössern unndt Häussern in Augenschein genommene und befundene herrschaftliche unumbgängliche Reparationen Paumängel, unndt zwar ..." Es folgt eine Aufzählung der festgestellten Schäden und der geschätzten Kosten im einzelnen. Genannt wurden (in dieser Reihenfolge): Schloß und Pfleghaus in SANDSEE, das Zollhaus in PLEINFELD, das Kastenhaus in SPALT, die Schlösser in WERNFELS und ABENBERG, das Kastenhaus in ORNBAU, die Brücke bei GROSSENRIED, Kastenhaus, Propstei und Brauhaus in HERRIEDEN und die Schlösser WARBERG, AURACH, ARBERG, EYBBURG und CRONHEIM.

112 Siehe Anm.141.

113 StAN, 225/15, 6; 1659, fol.76', 85; 1660, fol.73, 81'; 1661, fol.86, 88'; 1662, fol.84; 1663, fol.85.

114 Ebenda; 1667, fol.90':

"Als hochfürst: Pauschreiber Gottfridt Wehrn und Paumaister Jacob Engl verstrichnen Sommer zu Besichtigung etwelcher Paumängel in das obere Stifft gdigst abgeordnet worden, haben selbige bei mir Castner am Hin und Her weeg uf 4 Mahlzeiten wie auch zu Arberg bey vorgenommener Visitation verzehrt sambt 1 fl 27 kr bezalter Anhaimbszehrung vermög Scheins 5 fl 8 kr 7 pf."

115 StAN, 212/2, 60; 1671 Apr 29.

116 Zur Organisation des Hochstifts siehe Anm.43.

117 Siehe Dokument 1.

118 Fürstl. Archiv Öttingen, Ött.-Spielbg. Schloßbaurechnungen 1679-1681, Nr.615 und 616. (Die Archivarin, Frau Dr. Elisabeth Grünenwald, war so freundlich, mir Fotokopien der betreffenden Seiten zu schicken.)

119 Neuhofer 1961 ff., Jg.61, S.50, Anm.137.

120 Klosterarchiv St. Walburg, Rechnungsbuch 38; 1666.

121 DAEI, R 3.

122 Siehe Anm.44, 1669 Mai 13.

123 StAN, 190 II, 1119; DK-Prot. 1676 Mai 15.

124 Ebenda; DK-Prot. 1679 Mär 14.

125 Ebenda, 1120; DK-Prot. 1681 Sep 5.

126 Ebenda; DK-Prot. 1680 Jan 12.

127 Ebenda, 1122; DK-Prot. 1685 Mär 20.

128 DAEI, B 48 V, fol.326'; Priorin von Marienburg an Generalvikar, 1678 Jun 23:

"Ich verneheme, und nit gar ohne Grundt, wie sich das hindere Gwelb umb ein merkliches herab gesenkhet und selbiges M: Jacob mit eisenen Schlauden widerumb gefasset hab, ob aber einen Bestandt und zukünfftig kein Gefahr darbey seye, lasse hieryber die Pauverständtige urtheylen und wehre etwa wohl eines Augenscheins bedürfftig."

Dazu der Bischof: "Weylen M: Jacoben Refarcitiones nitt allzeitt Bestandt finden /:wie zue Berchingen an selbiger Kirchen zue finden:/, als kan man etwann ex ... (1 Wort unleserlich) bene experimentatos muratores aus Nürnberg oder anderen Ortten darüber vernemmen."

129 Jakob Engel führte diesen Bau nicht mit eigenen Leuten aus, sondern hatte nur einen Maurer dahin abgestellt (vgl. Anm.130).

130 DAEI, PfAA Mörnsheim I,2; Pfarrer von Mörnsheim an Generalvikar, 1677 Sep 6:

"Die Maurer khan ich nit vil loben, sonderlich disen, welchen der Maister Jacob hinterlassen, einen Kopf, der ihn nit vill einsehen lassen, wo doch der Augenschein " (Hier bricht der Pfarrer den Satz ab, vielleicht aus Resignation oder in der Einsicht, ihn nicht beenden zu können, ohne die Pfade der christlichen Nächstenliebe zu verlassen. Es folgen die Beanstandungen im einzelnen.)

131 Ebenda; Generalvikar an Bischof, 1678 Apr 29.

132 Ebenda; Bischof an Generalvikar, 1678 Jul 8:

"..., daß ihr dem Meister Jacob Engl crafft diss ernstlich bedeuten sollet, er solle nit allein den undern und obern Camin, neben einander und mit einer Zungen aufgeführt, uf seinen eignen Costen gleichsobalden dergestalten von einander reparieren, damit der Rauch von beedten Orthen und also an ieden absonderlich durchaus gehen könne, für einß

fürs andere, weilen keines weegs Herkhommens, daß die Trämen oder Palckhen, welche in beeden Stüben alda und auf der Feyrmaur aufligendt, ganz durch das Gemäyr gehen sollen, so habt Ihr ihme Maister Jacob gleichergestalten ernstlich zu iniungieren, daß er auch dise in der Mitten, wie es sein soll, abschneiden und also reparieren solle, wie ingleichen mueß dem daselbstigen Tachwerckher nit allein remediert, sondern auch dem Maurermeister für die Maurers Arbeith der 215 fl Eurem Guethbefinden nach etwas decourtiert ... werden."

133 DAEI, B 48 V, fol.303; 1678 Nov 20.

134 Siehe Anm.44, 1682 Jun 4.

135 Siehe Anm.44, 1683 Dez 12.

136 DAEI, PfAA Kipfenberg I,3; 1683 Apr 4.

137 Im übrigen sind die Bezeichnungen, die Jakob Engel von anderen gegeben wurden, für eine nähere Bestimmung nicht tauglich, da sie in ihrer Wechselhaftigkeit keine Rückschlüsse auf eine Entwicklung zulassen. So wird er 1668 schon wohlklingend "architectus principis" genannt (Coll.Bapt. 1668 Nov 13) und noch 1690 schlicht und einfach "Maurmaister" (DAEI, R 164, fol.12').

138 DAEI, bb 4; Fürstbischof an Generalvikar, 1684 Sep 1:

"Es ist unser g(nädig)stes Verlangen und der Befelch hiermit, daß zue denen Kürchen-, Pfarrhöfen und anderen dergleichen Gebeuen und importanten Reparationen kein anderer Maurmaister mit Exclusion unnsers Hoffpaumaisters M: Jacob Engels genommen, sondern dieser alzeit primario darzue gezogen und applicirt werdten solle."

139 Siehe Anm.44, 1684 Sep 26.

140 Siehe Anm.44, 1688 Aug 23.

141 DAEI, a 25; Dienstvorschrift für den Hofbauschreiber Johann Heinrich Redner:

1. Solle er krafft seines undthgst abgelegten Juramenti fidelitatis threu-gehorsambst gewerthig sein, Sr: Hochfürst: Gn: unsers gdsten Fürsten und Herrens etc. höchstes Interesse pflichtschuldigst befördern und schaffen, Schaden wahren und wenden; alles mit bestem Eyfer und Fleiss.

2do Liget ihm gehorsambst ob, über alle bey denen

hochfürst: gefiehrten Gepäuen und Reparationen in Arbeit stehenten Persohnen, damit allerseiths vigilante und nit schläfferige Verrichtungen geschechen mögen, ein fleissige Inspection und Obsicht zu tragen, hingegen die Müessiggängige, und wer sonnsten der Arbeit nit fleissig und in dennen gehörigen Stundten abwarthen solte, nach Befundenheit mit Abziechung eines 4tel oder halben Taglohns, auch gänzlicher Abschaffung zu bestraffen; hierüber hat er

3tio wochentlich die Bezahlungs zetel threulich zu verfassen und so wol auf solich als all andere erloffene Außgaben ein ordentliches Manuale zu halten; weliche dergleiche Notation

4to Ebenfahls von allem Empfang und Verbrauch der verschidenen Pau materialien zu verstehen ist, sonnderlich was von dem Ziegler und Seegmüller /:deren Inspection gleicher massen ihme gdist anvertrauth wird:/ aller Orthen zum Gepäuen komet; warüber

5to die Hof Menath: und andere Fuehrbediente ernstlich ohne dem ermahnet werden sollen, daß künfftighin iedermahlen von ihme Pauschreibern die Anschaff Zetel fleissig abgehollet, als auch die ihnen Knechten öffters behändigte Liferungs scheinlen richtig demselben zur Einschreibung verreicht werden, damit

6to umb so richtiger von ihme iährlich über sambtliche Pau außgaben, iedoch iedes in seiner Rubrica separatim gehaltner, die pflichtmessig und schuldigste Rechnung abgelegt werden könne; dan werden

7mo zu solchem Ende sambtliche Kauff: und Handtwerckhs Leuthe nit das mindiste mehr, gleich es anvor sehr missbräuchig geschechen, weder einigem Maurer, Zimmerman, Tagwerckher oder sonnstig iemandten ohne einig von dem Hofpaumeister und ihme Pauschreibern eigenhändig underzeichnet erhaltene Anschaffung was abvolgen zu lassen haben, die auch sie umb der ervolgenten Bezahlungs willen wol aufzuhöben wissen werden, widrigenfahls dennselben wurdet under Verlurst der Wahr nichts guet zu sprechen sein, zu dem Ende man es allen Kramern wissen lassen solle.

8uo Dem vorhandtenen Werckhzeug und all sonnstig vorhandenen Vorrhat der verschidenen Pau materialien hat er Pauschreiber ehebäldtist zu übernemmen, mit Erforschung, so vil die Instrumenta und Werckh zeug betrifft, so seithero ein oder andere Iahr recenter bezahlt und gemacht worden, ob soliche auch beysamen sein, warzu auch die ienige kommen, welche von denen sächsischen Berg Knappen zuruckh gelassen worden sein, auch soliches de novo in einiges Inventarium specificierter zu bringen, damit man ersechen könne, was sich noch anwesent oder abgängig bezeuget, warüber volglichen eine geflisseniste Inquisition zu tun ist.

9no Umb willen der Hofpaumeister Jacob Engel obhabenten seines hochen Alters wegen mit der Feder nit recht mehr forthkommen kan, seindt von dem Pauschreiber uf sein des Hofpaumeisters iedesmahlen pauverständtige Anleithung alle Überschlag, Bericht und derley vorfallente schrifftliche Erinnerungen under des Hofpaumeisters verzeichneter Handtschrifft gebührent zu verfertigen. Gestalten

10. derselbe auch die Inspection und Verrechnung der im Widtmes stehenten Ziegelhüthen ebner massen zu übernemmen und die vorrhätige Paumaterialia von all und ieden Brandten ordentlichen in Einnamb und Außgab zu bringen hat, damit auch selbigen Orthes alles in gehörige guete Richtigkheit komen und darinnen erhalten werden möge.

11. Unerachtet zwar anderwerthig die Pauschreiber uf solche erloffene und all andere Paukosten, warüber sie die Rechnung fiehren, auch die Zahlungen darzuschiessen haben, so hat es doch dermahlen bey der altgebrachten Gewohnheit, umb das solche vom Hofzahlambts Cassier und dem Zimmermeister zu dato erlegt werde, sein ferners Bewenden: Disen ermelt: und all andern zur Zeit nit beyfallenten Verrichtungen ist von ihme Pauschreibern also threu gehorsambst nachzugeleben, wie er solches forderst zu Gott und seiner gdsten Herrschafft gethrauet zu verandtworthen, dahingegen schliesslichen und zwar

12. Wan in Pauambts Sachen einige Reis und Verschickhungen vorfallen wurden, wird er mit einem Pferdt wol versechen, ihme auch das gewohnliche Reis deputat ohne Abziechung des per Decretum gdst assignierten Salarii und Bestallung gdst angeschafft werden.

142 Eine Gehaltserhöhung beinhaltet dieser Betrag nicht: Bereits im "Extract aus der Cammermeisterey- und Kriegsrechnung, was die gesezt hochwürdig gnädige Herren, dan andere Herren Hoffbedienthe (darunter Jakob Engel) an Besoldung zu genüessen haben, extrahiert den 27. Marty 1697" wird der "Hoffpaumaister" mit 300 Gulden geführt (DAEI, c 6, Nr.31).

143 DAEI, a 25; Dienstvorschrift für den Hofbaumeister Jakob Engel.

144 Ebenda; Dienstvorschrift für den Hofbauschreiber, Punkt 9.

145 HStAM, HR II, fasc.18, Nr.146, fol.108'.

146 HStAM, HR 227, Nr.102/5.

147 Ebenda, o.fol. (13).

148 StAN, 190 II, 3159; HK-Prot. 1701 Jul 5.

149 Ebenda; HK-Prot. 1701 Apr 14.

150 Ebenda; HK.Prot. 1701 Jun 9.

151 StAN, 190 II, 1129; DK-Prot. 1702 Jul 28.

152 Ebenda, 1128; DK-Prot. 1699 Jun 12:

"Herr Thumb Cantor referiert, wie das bey vorgenohmenen Augenschein in dem Thumb mit Zueziehung des Paumaisters von Ohnolzbach (= Baumeister von Ansbach: Gabriel de Gabrieli) und Maister Jacob allhier dreyerley in Vorschlag kommen, unndt zwar erstlichen, das der Chor erweithert werdten kunte, welchen Modum der Ohnolzbach: Paumaister vor gar thuenlich erachtet, indeme, ob es schon was cosstbahrers, wan auch mit der Sacristey herausgefahren werden solte, es jedoch sehr wohl proportionirter herauskomen wurdte. 2do, das der Altar hineingeruckht unndt das Gätter bey denen inneren Neben Thüeren gesezt werdten solle, wie Ihro Hochfürst: (Gnaden) die gnädigste Intention füehren wollen, könne der Ohnolzbacher Paumaister nit begreiffen, indeme es ihme nicht ziehrlich zue sein gedunckhet. 3tio kunte der Thumb gelassen werdten, wie er aniezo ist, ausser das er geseubert undt ausgeweiset werdten kunte, welches jedoch auch ohne Machung eines neuen Verwurffs schlechten Bestandt haben werdte.

Wäre also der erstere Vorschlag der beste undt verträglichste, indeme die Kürch sehr proportionirt herauß komete undt geziehrt wurdte, stehe aber zue erwarthen, waß die Paumaister dem Veranlass gemess Ihro Hochfürst: Gnaden vor einen Uberschlag ubergeben undt dieselbe des Beytrags halber vor ein gnädigste Resolution abfassen werdten."

153 Ebenda; DK-Prot. 1699 Aug 4.

154 StAN, 190 II, 3160; HK-Prot. 1702 Sep 15.

155 StAN, 225/15, 6; 1706, fol.183:

"Nachdeme mann von Ambts wegen über verschaidene Paufelligkheiten zu Ornbau unnd Ahrberg einen underthenigsten Bericht erstatt, auch darmit einne Beschreibung eingeschickht, ist daryber gdgst bevohlen worden, denn hochfrst: Pau Directorem Gabrieli daryber zu führen unnd yber seinne Mainung einnen Yberschlag zu verfassen, welches mann auch gehorsambst vollzogen, ... und gleich damals gdgst bevohlen worden, mit der Arbeith zu verfahren unnd den Pau Directorem alle Pau Zetul durch seine Subscription attestieren zu lassen, ..."

156 Mit dem "Stadtbaumeister Hans" dürfte Hans Schönauer

gemeint sein. Er ist seit dem Eintrag seiner ersten Eheschließung am 4. November 1685 (Coll.Cop.), demzufolge er aus "Hürschberg in Bavaria" (wohl Irschenberg laut DAEI, Nachlaß Neuhofer 26) stammte, in Eichstätt nachweisbar. 1693 bewarb er sich als "Maurer und Ballier" um die domkapitlischen Maurerarbeiten, die ihm aber nicht überlassen wurden (StAN, 190 II, 1125; DK-Prot. 1693 Aug 28 und Sep 4), möglicherweise weil er noch kein Mitglied des Handwerks war, dem er erst 1695 beitrat (DAEI; Archivalien des Historischen Vereins Eichstätt, Meisterbuch, 1695 Feb 27). Vom Ende der 90er Jahre ist ein "Visitationsbericht von Johann Schenauer Maurmaister" erhalten, in dem die Schäden und geschätzten Reparaturkosten bei verschiedenen Kirchen verzeichnet sind (DAEI, bb 4). Damit scheint er Jakob Engel entlastet zu haben, mit dem er häufig zusammenarbeitete: Im Frühjahr 1700 fertigten beide gemeinsam einen nicht näher bezeichneten Entwurf für das Domkapitel (StAN, 190 II, 1128; DK-Prot. 1700 Mär 5), wenige Monate später wurden sie mit der Schätzung der zum Verkauf stehenden domkapitlischen Apotheke beauftragt (Ebenda; DK-Prot. 1700 Aug 27). Als Polier wurde Schönauer 1701 für den Einsturz des Gewölbes der neuerbauten Heilig-Geist-Kirche verantwortlich gemacht (DAEI, PfAA Eichstätt, Hl.-Geist IV,2; 1702 Jul 6), erhielt aber weiterhin bedeutende Aufträge von Fürstbischof und Domkapitel. Bei den Kirchenbauten in Pfalzpaint und Hofstetten war er 1701 als Polier Jakob Engels beschäftigt (DAEI, PfAA Pfalzpaint I,1 und Hofstetten I,1). Hans Schönauer starb am 9. Juni 1727 im Alter von 66 Jahren (Coll.Mort.).

157 StAN, 190 II, 3163; HK-Prot. 1707 Aug 5.

158 Ebenda.

159 StAN, 225/25, 6; 1708, fol.226'; 1709, fol.229'.

160 Benedikt Ettl wurde am 24. Mai 1684 in Benediktbeuren/Gschwend geboren. In einem Dokument vom 9. März 1705 wird er als einer von zwei "zu des Ober Architetto Zuccalli etc und des Paumeisters Viscardi Diensten vorgeschribene (hier i.S.v. schon erwähnte) Tagwerker oder Bediente" erwähnt (HStAM, HR 96, Nr.26, fol.235). Für eine Tätigkeit in München spricht auch die Tatsache, daß er dort heiratete - am 12. Februar 1714, als er schon längere Zeit in Eichstätt tätig war. Ettl blieb bis etwa 1727 als Vizebaumeister unter Gabrieli im Dienst des Eichstätter Bischofs. Größere Arbeiten aus dieser Zeit sind die beinahe einem Neubau gleichkommende Barockisierung der gotischen Dominikanerkirche in Eichstätt (1713-1715; 1918 durch ein Feuer teilweise zerstört) und der Neubau der Wallfahrtskirche Unseres Herrgotts Ruh in Oberndorf bei Donauwörth (1717). Von

1730 an wurde Ettl vom Augsburger Domkapitel beschäftigt, ab 1736 als Bauinspektor, ab 1739 als Baudirektor. Auch in Eichstätt war er noch tätig: 1746 wurden nach seinen Plänen der Kirchturm von St. Walburg und das Gästehaus des Klosters errichtet. Ettl starb vermutlich 1764 in Augsburg (Neuhofer/Bauch 1984, S.46). - Die Angaben zu Ettl stammen, wenn nicht anders vermerkt, aus DAEI, Nachlaß Neuhofer 25.

161 StAN, 225/25,6, 1711, fol.220.

162 StAN, 236/12,1; 1712 Jun 5.

163 Siehe Anm.85.

164 Dem Heiratseintrag zufolge stammte "Albertus Ubertus Rottelle murarius" aus "Grüendorff in Graubindten Ep(iscop)atus Curiensis, 10 milliaribus à Cur", das sicher identisch ist mit Verdabbio im Misoxer Tal (Coll.Cop. 1662 Jan 9).

165 Hans Biba wird in der Heiratsmatrikel als "murarius Italus ex Soxental in Graubundten" bezeichnet (Coll. Cop. 1665 Jan 13).

166 Die Familie Rotella hatte 13 Kinder; bei allen war Jakob Engel, später manchmal auch seine Frau Anna, Pate (Coll.Bapt. 1662 Apr 14, 1663 Sep 28, 1665 Okt 23, 1667 Jun 22, 1668 Sep 7 u.a.). - Das gleiche gilt für die 9 Kinder der Familie Biba (Coll.Bapt. 1665 Feb 10, 1670 Mär 15, 1672 Mai 8, 1675 Apr 20, 1677 Apr 5 u.a.).

167 Coll.Bapt. 1662 Feb 19.

168 Coll.Bapt. 1671 Okt 27.

169 Coll. Cop. 1671 Nov 10:

"Sponsalia coram me parocho.
Sponsus: honestus Jacob Engl, hochfürst: Maurmaister, deß ehrbarn Dominici Engl, Burger zue Monticello in Graubündten p(iae) m(emoriae) ehelicher Sohn.
Sponsa: pudica virgo Anna Mayrin, Johann Jacob Mayr, Augsburger Botten seel: filia.
Testes: Sebastian Vogt, Bindter, H. Jacob Hübner, Fabrickhmaister, D. Gottfried Wör, Bauschreiber."

170 Coll.Bapt. 1672 Mär 23.

171 Siehe Anm.63.

172 StAN, 190 II, 1122; DK-Prot. 1685 Mär 2:

"Jacob Brentan Burger undt Handelsman allhier supplicιert, ob ihme auf dem Markht die fodere Prandtstatt gegen Verleyhung 20 frey Jahr aufzuepauen erlaubt wurde, wolle selbige 3gädig aufmauren undt mit Ziegel deckhen, iedoch solle man zuer Hoffhaltung die betürff-tige Specerey und anders bey ihme nehmmen, ... nachdeme aber vorgebracht wordten, daß der Maister Jacob solche aufzuepauen verlange, solle selbiger wo möglich dahin persuadiert werdten, damit er sich hier anseze, iedoch daß er ein solches Haus paue, damit heunt oder morgen ein hochfrst: Offizier darinnen wohnen möge, dem Bren-tan aber solle die daranstoßende Prandtstatt angetragen werdten."

173 Ebenda.

174 DAEI, p 55,2; "Extract aus dem Hoffcammerraths Prothocoll dto 21 Marti 1685":

"Idem Statt Casten Ambts Verwalther yberschickht durch eine Specification, was uff der Brandtstatt in der forderen Marckhgassen, so der Hoffpau Maister Engel undt Simon Fromb Nadler alhier zu erpauen verdungen, vor verschiedentliche Schulden haften, auch wie sie hiebevor onerirt gewesen seye.

Conc(lusio): Es ist der underthenigste Bericht Herrn Lit. Burckhard undt Herrn Cammermaister zuzustellen, daß sie solchen durchgehen undt so dan beede Competenten uff die Hoffraths Canzley citiren, auch wegen der frey Jahr, wie sich solche verstehen, auf eines Hochwürdig regirenten Dombcapituls gnadige Ratification tractiren sollen."

175 Coll.Mort. 1685 Apr 3.

176 DAEI, p 55,2; "Extract aus dem Hoffcammerals Prothocoll de dato 6. April 1685":

"So ist in heuntiger Cameral versamblung mehrmalen wegen der uff den foderen Plaz allhier ligenter Brandtstatt einige Unterredung gepflogen undt daraufhin einhöllig concludiert worden, daß, nachdeme der Maister Jacob sich des Anerbiethens etlichmahl bedanckht, aniezso umb so viehl mehr Johan Simon Fromb Rathsburgern und Handelsmann alhier, weillen er ein nahrhafft undt auffrichtiger Mann, entgegen aber Jacob Brendan ein vortelhaffter, harter undt ohne das mit 2 Heussern uff den Marckh versechener Crammer seye, mit diesem Beding keufflich zu yberlassen were, daß er 20ig Jahr von allen Oneribus befreut, sein führentes Commercium aber versteuren undt uff der Brandstüzen ligent zuen Hoffcastenambt zinsbahre 100 fl ybernehmen, den vorhabenten Pau zu mahlen uff das bäldigist zuer Perfection bringen solle. Jedoch thuet alles uff Ihro Hochfürst: Gnaden gdtiste Ratification beruehen."

Zusatz von fürstbischöflicher Seite: "Diser Brandtstatt halber ist zu wissen, daß S: Hochfürst: Gnd: dem Hoffpaumaister Jacob Engel die gebettene Verwilligung gethan, daß derselbe gegen die von dem jungen Nadler offerirte Condition ein schön 3 gädiges Hauss dahin baue."

177 Coll.Cop. 1686 Jun 10:

"Sponsus: honestus et spectabilis D. Jacob Engl, Hochfürst: Eistedt: Bau und Maurmaister viduus.
Sponsa: nobilis et virtuosa Matrona Maria Walburga, nobilis et clarissimi Dni Joannis Baptistae Heugl J.V. Licenz: et Consilarii aulici p(iae) m(emoriae) vidua superstes.
Intronizati sunt à D. Willibaldus Kerla 10. Juni manè horâ qta dispensatis denuntiationibus in praesentia D. Joannis Georgii Brändl, registratoris, Christiani Händschuhers, Bildhauers.
Cum permissu D. Vicarii."

178 Coll.Bapt. 1688 Apr 1.

179 Coll.Bapt. 1688 Aug 19, 1689 Okt 2, 1691 Okt 23, 1692 Mai 6, 1698 Okt 19 u.a.

180 StadtAEI, Salbuch 1696, fol.186'.

181 Ebenda, fol.183.

182 StAN, 190 II, 57; 1689/90, 1693/94, 1699/1700.

183 DAEI, R 164, fol.12.

184 DAEI, R 185.

185 StadtAEI, Salbuch 1696, fol.107.

186 Coll.Mort. 1701 Mai 25.

187 Coll.Cop. 1709 Okt 8.

188 St.Walburg Bapt. 1711 Mär 9:

"Nata et baptizata est Anna Maria Francisca, strenui Dmi. Joannis Gottefridi Oberdick et Anna Maria Angelica Coniugis Filia legitima.
Patrinus fuit Dms. Jacobus Engel."

189 Am 20. April 1712 kam Raphael Karl Jakob zur Welt, am 13. Juli 1714 Johann Christoph Joseph und am 30. Oktober 1715 Anselm Ludwig Gottfried. (Alle Kinder wurden in St. Walburg getauft.) - Angelika Oberdick starb am 2. März 1729 (Coll.Mort.), ihr Mann am 1. Februar 1731 (Coll.Mort.).

190 Coll.Mort. 1714 Nov 30:

"Obiit Jacobus Engl hochfrst: Baumaister, 83 Annorum"

Engel war dem Geburtseintrag zufolge bei seinem Tod erst 82, doch ist diese Unstimmigkeit nichts Besonderes: Die Altersangaben in den Sterbematrikeln waren oft "über den Daumen gepeilt". Ein deutliches Beispiel dafür ist durch den Graubündner Martin Barbieri überliefert, dessen Tod am 14. Januar 1633 in die Bücher sowohl der Collegiata als auch St. Walburgs eingetragen wurde. Im ersten Fall heißt es "Martinus Ballierer, civis et murarius, 46 annorum", im andern "Martinus Balbürer, Baumeister des Gottshauß Walvurg, annorum 50". (Diese Angaben stammen aus DAEI, Nachlaß Neuhofer 88.)

191 Als erster erwähnt ihn Paulus 1912, S.40, 161, 214, 276, 295, im Zusammenhang mit dem Modell für die Theatinerkirche in München (siehe Anm.92) und als Gutachter beim Schleißheimer Schloßbau (siehe S.30 f.). - Einige wenige Daten über Karl Engel geben Mader 1924, S. 236; Zendralli 1930, S.89; ders. 1958, S.65. - Die bisher umfangreichste Zusammenstellung findet sich bei Neuhofer 1961 ff., Jg.61, S.49-51.

192 Daß dieser Carlo Angelini tatsächlich identisch ist mit dem Bruder Jakob Engels, muß hier, da es sich letztendlich nicht klären läßt, bei hoher Wahrscheinlichkeit (neben dem Namen stimmen auch Alter und Beruf) unterstellt werden.

193 Siehe Anm.92.

194 Eine durchaus übliche Voraussetzung für den Baumeisterberuf. Der Eichstätter Hofbaumeister Peter Fuchs kam ebenfalls aus dem Schreinerhandwerk (siehe Anm.110).

195 Zendralli konnte das Geburtsdatum Karl Engels aus den Pfarrbüchern von San Vittore, die sich, wie er schrieb, in sehr schlechtem Zustand befanden, nicht ermitteln. (Mitteilung Zendralli an Neuhofer vom 19. Dezember 1957, in: DAEI, Nachlaß Neuhofer 26.)

196 Mader 1924, S.236.

197 Klosterarchiv St. Walburg, Rechnungsbuch 47, 1676/77.

198 DAEI, PfAA Berching I,2; Baurechnung 1684/85.

199 DAEI, p 184; undat. Vertrag mit Jakob Engel (1677).

200 GLAK, 61/5079, fol.222; 1681 Mai 20.

201 Grünenwald 1962, S.54. - Die Bauarbeiten dauerten von 1679 bis 1687. Wie mir Frau Dr. Grünenwald freundlicherweise mitteilte, sind die Baurechnungen nur noch

aus den Jahren 1679 bis 1683 erhalten, so daß die Mitarbeit Karl Engels nicht für die gesamte Bauzeit gesichert ist.

202 DAEI, B 5 ad 1680.

203 DAEI, p 184; Priorin an Fürstbischof, 1679 Jun 12; Fürstbischof an Priorin, 1679 Jun 16.

204 Ebenda; Priorin an Fürstbischof, 1680 Jun 17.

205 Ebenda; Fürstbischof an Pfleger zu Wernfels und Kastner zu Spalt, 1680 Jun 25.

206 Münch 1781, S.49.

207 DAEI, p 184; Priorin an Fürstbischof, 1683 Dez 6.

208 DAEI, h 14; Priorin an Generalvikar, 1683 Dez 10:

"Euer Hochwürdten und Gnaden mues mehrers dieselbe umb gnedigen Rath oder vill mehr Anbevelchen bemüessigen, in deme sehr schwer mihr falt, der vom Hern Carl gemachter Überschlag über das bei zu tragente Wasser zu der ersten Brunnenstuben, ohne dem, daß alle Nothwendigkheit ihme darzu müessen noch beigetragen werden, stehet neben einer wohl gemachten Recompens auf 400 fl, ..."

Den 400 fl beizutragen khombt mihr nicht anderst vor, alß wan H: Carl sich durch unnser Closter begehrt zu bereichen, der woll wüssent, was vor grosse Unkhosten bei benambsten Bau, will nit sagen durch ihn, veruhrsacht sey."

209 DAEI, B 48 II, fol.424; 1684 Jan 1:

"Carl Engel Paumaister zu Marienburg klagt den iezigen P: Confessarius, daß diser die Clausur nit halten und sonsten gar zu freye anlassen thüe, auch daß die Priorin ihme den anbedingten Wasser pau weiters zu prosequieren nit verstatten wollen, dahero er sich von dar begeben, für sein Recompens aber 300 fl ansuechen thüe."

210 Ebenda, fol.429; 1684 Jan 11:

"Confessarius zu Marienburg notificiert, daß man dem Carl Maurer 150 fl bezalt und darmit dimittiert habe."

211 Fürstliches Archiv Öttingen, ött.-spielberg. Rentkammerrechnungen 1693, Nr.80:

"Als der Baumeister Angelin von Ellingen hierhero abgeholt worden, ist Zehrung hin und her uffgangen 2 fl 30 kr."

Ebenda, Nr.195:

"Dem Baumeister Carl Angelin wegen des neuen Camins in der Kuchl lt. Zetl zugestelt 46 fl 57 kr."

(Mitteilung von Frau Dr. Grünenwald, Öttingen; siehe auch Neuhofer 1961 ff., Jg.61, S.50.)

212 HStAM, Deutschorden, 2233, fol.21'; 2235, fol.19'; 2236, fol.22'. (Mitteilung von Archivdirektor Karl Puchner an Theodor Neuhofer, 22. Februar 1965, in: DAEI, Nachlaß Neuhofer 26.)

213 Siehe S.30 f.

214 Coll.Bapt. 1679 Okt 28.

215 Siehe Anm.107.

216 StAN, 190 II, 1117; DK-Prot. 1668 Jan 31.

217 StAN, 190 II, 3160; HK-Prot. 1702 Nov 17.

218 DAEI, B 48 I, fol.110; 1676 Feb 5.

219 DAEI, B 48 V, fol.240; Generalvikar an Fürstbischof, 1676 Mär 30:

"Uff erhaltenen gdgsten Befelch hab ich nit ermanglet, dem M: Jacob die Anzaig zu thun, daß er den Orth Marienburg besehen und hierauf seinen underth: Bericht erstatten solle; allein dieser Augenschein ist wegen Unsicherheit der Strassen und marchierendten Völkhern bis zu dato underblieben."

Antwort des Bischofs auf demselben Blatt:

"Solle mit Einnehmung des Augenscheins bis uf ehist verhoffende Sicherheit der Strassen inngehalten werden."

220 StAN, 190 II, 1127; DK-Prot. 1697 Aug 30.

221 Beginn 7. Februar.

222 StAN, 190 II, 1122; DK-Prot. 1685 Feb 1.

223 Neuhofer 1961 ff., Jg.61, S.74.

224 DAEI, B 48 II, fol.227; 1682 Jan 25.

225 StAN, 190 II, 1120; DK-Prot. 1682 Mär 18.

226 Das Datum dieses Brandes wurde bisher stets mit dem 17. September 1681 angegeben, und zwar auf Grund der Grabsteininschrift des fürstbischöflichen Hausmeisters Gottfried Wendel, der bei diesem Ereignis ums Leben gekommen war:

"Hier liegt begraben der edl und veste Herr Gottfried Wendel, gewester Hochfürst: Eychstätt: Haußmaister, welcher den 17. September Anno 1681 durch einen von dem Kupfer-Dach 28 Klaffter hochen Fall in dem Hochfürst: Residenz-Schloss bey alda gewester großen Brunst seinen Geist aufgeben müssen, deßen Seel Gott ein fröliche Uferstehung verleihen wolle."

Warum diese bereits in der Heuslerschen Sammlung so zitierte (DAEI, B 5 ad 1681) und noch heute gut lesbare Inschrift (der Grabstein befindet sich auf dem Eichstätter Ostenfriedhof) den Monat September angibt, ist nicht zu erklären. In den zeitgenössischen Quellen, vor allem auch in den Protokollen des Eichstätter Domkapitels, gibt es keinen Anhaltspunkt dafür, daß es im September 1681 auf der Willibaldsburg gebrannt, geschweige denn sich dort eine "große Brunst" ereignet hat. Statt dessen gibt es mehrere voneinander unabhängige Hinweise auf ein solches Unglück drei Monate später, also am 17. Dezember 1681:

Anfang 1682 wurde Jakob Engel in Arlesheim erwartet, wo er die Bauarbeiten an der Residenz des Basler Domkapitels inspizieren sollte. Am 28. Januar 1682 teilte das Domkapitel dem Basler Bischof mit, Franz Christoph Rink von Baldenstein (Kapitular in Basel und in Eichstätt) sei wenige Tage zuvor aus Eichstätt kommend in Arlesheim eingetroffen, habe aber weder Jakob Engel noch dessen Bruder mitgebracht, "weillen ihnen von ihrem Gnädigen Fürsten und Herren zue Aystätt bey hocher straff verbotten worden, von danen nit hinweg zue reißen, weillen man ihrer günst in brandt gerathner Fürstl: residentz daselbsten zue deren reparierung hoch undt ohnentbährlich vonnöthen haben" (Pobé 1941, S.108 f.).

In seiner Sitzung vom 19. Dezember 1681 befaßte sich das Eichstätter Domkapitel mit "diser laider ganz unverhofft zugestandtner schweren Feuersbrunst in der Residenz". Es wurde beschlossen, Bischof Marquard, der sich als kaiserlicher Prinzipalkommissar auf dem Reichstag in Regensburg aufhielt, durch einen Kapitularherrn (Johann Anton Knebel von Katzenellenbogen) aufsuchen zu lassen, "wellicher nit allein Ihro Hochfrst: Gnd: und dero betriebts Gemüeth coram ehender consoliren und besänfftigen, sondern auch, wie es bis auf dato abgeloffen, eine vollstendige Relation mit allen Umbständen erstatten khundte, wardurch also dann andere ungleiche Avisen und Narrata, wardurch Ihro Hochfürst: Gnaden nur mehrers gravirt, abgeschnitten wurdten" (StAN, 190 II, 1120; DK-Prot. 1681 Dez 19).

Schließlich findet sich in der Sammlung Heugel folgende auf den 17. Dezember 1681 datierte Notiz: "Heundt zwischen 3 und 4 Uhren nachmittag ist das Residenzschloss alhier in die Flammen gerathen und der schöne Kupferbau eingeescheret worden, wobey der Hausmeister und Hausknecht tod ge... (Rest unleserlich)" (DAEI, B 48 II, fol.266').

227 DAEI, PfAA Fünfstetten I,1; Schreiben an Generalvikar, 1677 Nov 8.

228 Siehe Anm.44, 1680 Aug 9.

229 Siehe Anm.44, 1682 Jan 29.

230 DAEI, PfAA Fünfstetten I,1; Generalvikar an Fürstbischof, 1682 Dez 29.

231 Im Sommer 1714 wurde die Fünfstettener Kirche erneut bei einem Gewitter schwer beschädigt. "Obschon kein Brandt entstandten", wurde die Reparatur allein des Turms auf 150 Gulden veranschlagt (DAEI, PfAA F. I,1; Schreiben an Johann Baptist Gegg, Geistl. Rat, 1714 Aug 26). - Es wäre also sehr gut möglich, daß der Kirchturm von Fünfstetten ursprünglich mit einer Zwiebel bedacht war, wie sie z.B. in Hofstetten, Denkendorf (Abb.10) oder auf Engels Entwurf für die Sappenfelder Kirche (Abb.9) zu sehen ist, nach der Beschädigung aber in etwas veränderter Form wiederhergestellt wurde.

232 Marienburg: Mit dem Schreiner David Bock war wegen der Holzdecke im April 1677 bereits ein Kontrakt zustande gekommen (DAEI, p 184; Spaltzettel mit Jakob Engel und David Bock, datierbar nach DAEI, B 48 I, fol.316'; 1677 Apr 11: "Ist mit M: David Bockh und M: Jacob wegen des zukünfftigen Kirchenpaues zu Marienburg tractiret worden"). Er wurde hinfällig, als am 1. Mai 1677 mit Engel ein neuer Vertrag geschlossen wurde, demzufolge die Kirche gewölbt werden sollte (DAEI, p 184 - siehe Dokument 1).

Stirn: Unter seinen Kostenvoranschlag vom 5. November 1687 schrieb Engel, wenn die Kirche nicht gewölbt werde, könne man "an Maurwerckh undt Ziegelsteinen wie auch an Kalg und an rauchen Steinen versparen" (siehe Anm.44, 1687 Nov 5).

Pietenfeld: Im Kostenvoranschlag heißt es abschließend: "NB: Solte aber die Kürche nit gewelbt werdten, kundt man etwan 200 fl versparen" (siehe Anm.44, 1687 Nov 28).

233 Siehe Anm.44, 1697 Jan 3.

234 Ebenda, 1692 Okt 12.

235 DAEI, PfAA Rupertsbuch I,4; Fürstbischof an Johann Jakob Rucker, Forstmeister, und Jakob Engel, Maurermeister, den Kirchturm Sappenfeld betr., 1681 Jan 14.

236 DAEI, PfAA Kipfenberg I,3; Fürstbischof an Hofkammerpräsidenten, die Reparatur des Pfarrhofs Kipfenberg betr., 1683 Apr 4.

237 Siehe S.28, Pkt.2.

238 DAEI, PfAA Ornbau I,1; Pfarrer an Fürstbischof, 1679 Nov 26.

239 Abweichend vom heutigen Sprachgebrauch wird der Begriff "Perfection" hier nicht wertend eingesetzt, sondern bedeutet lediglich, daß der Bau fertig ist.

240 DAEI, B 48 V, fol.254; undat.

241 StAN, 225/25, 1647 (Dokument 2).

242 Siehe Anm.44, 1683 Dez 12.

243 Siehe Anm.44, 1697 Jan 3.

244 Siehe Anm.44, 1698 Dez 23.

245 Abb.: Mader 1928, S.297.

246 Siehe Anm.44, 1682 Jan 29.

247 Siehe S.44.

248 Siehe Anm.231.

249 Mader 1924, S.410.

250 Gröber/Mader 1939, S.140.

251 Mader 1924, S.312.

252 Abb.: Mader 1924, S.13.

253 Abb.: Festschrift Wettstetten 1981, S.16.

254 Siehe Anm.100, 101.

255 Ansicht auf einer Kongregationsurkunde, gez. von Franz 1768, gest. von Klauber (Mader 1924, S.319), im DAEI.

256 Wie Abb.20 unzweifelhaft erkennen läßt, fehlen dem Portal der Schutzengelkirche inzwischen wesentliche Dekorationsformen: links und rechts je eine Säulengruppe, darüber ein Giebel, der auf dem Stich nur als Bogenform erscheint.

257 Abb.: Mader 1924, S.312.

258 Auf das im Giebel befindliche Wappen Fürstbischof Marquards mit der Jahreszahl 1661 gründet sich wohl die Vermutung, der Giebel sei zu dieser Zeit errichtet worden, wie es bei Keßler 1945/49, S.94, oder Bauch 1978, S.14, zu lesen ist. Das Wappen dürfte jedoch lediglich an die von Marquard veranlaßte Wiedereinwölbung des im Dreißigjährigen Krieg beschädigten Kirchenschiffs erinnern. Felder 1958, S.36, Anm.13, verweist in diesem Zusammenhang auf das Merian-Stadtbild von 1629 (Abb.: Mader 1924, S.5), auf dem der geschweifte Giebel der Schutzengelkirche gut zu erkennen ist.

259 Siehe Anm.251.

260 Pobé 1941, S.15.

261 Abb. Wallfahrtskirche Heiligenblut (nach einem Gebetszettel von 1706): Bilder aus der Heimat, hrsg. v. Heimatverein Spalt e.V. 4/1974.

262 Siehe S.47.

263 Siehe Anm.44, 1692 Okt 12.

264 Ebenda.

265 Siehe S.45.

266 Braun H. 1978, S.76 f.

267 Hofmann/Mader 1909, S.34 f.

268 Beschreibung des ruinösen Zustands der Kirche am Beginn der Baurechnung von 1702 (DAEI, R 32).

269 Ebenda.

270 Siehe Anm.241.

271 StAN, 225/25 I, 421; Fabrikrechnungen des Chorstifts S. Nicolai und Emmerami, 1700: "Ausgab bey reparirter oberen Stifft Kirchen, so 3 Jahr gedauret ... Summa summarum der dreijährigen Pau ausgab 6377 fl 32 kr."

272 Daten zur Baugeschichte aus: Gröber/Mader 1939, S.300 ff.

273 Ebenda, S.314.

274 Siehe Anm.44, 1692 Okt 12.

275 Ebenda.

276 Siehe Anm.44, 1687 Nov 5.

277 Die Namen der beteiligten Handwerksmeister sind, soweit bekannt, im Katalog mit angegeben.

278 Marco Sirato gehörte einer welschen Maurerfamilie an, deren Mitglieder in den Eichstätt nahegelegenen Ortschaften Böhmfeld und Eitensheim ansässig waren und bereits zu den Gründungsmitgliedern des Handwerks 1661 zählten (DAEI; Archivalien des Historischen Vereins Eichstätt, Meisterbuch).

279 Siehe Anm.81.

280 DAEI, v 264; Wochenzettel der Maurer und Tagelöhner beim Umbau der Pfarrkirche Abenberg.

281 Wie Engel stammte auch der 1642 geborene Johann Baptist Camesino aus Monticello di San Vittore. Der Bruder Joh. Baptists, Antonio, war durch seine Heirat mit Barbara, der Tochter eines Henricus Angelini aus Monticello, offenbar sogar mit Jakob Engels Familie verschwägert. (Dieser Ehe entstammte der künstlerisch erfolgreichste Sproß der Familie, Alberto Camesino, 1675-1756, der als kaiserlicher Hofstukkator in Wien bekannt wurde.)

Zendralli 1958, S.76 ff., dem die Angaben zur Person Camesinos entnommen sind, läßt sich über Verbindungen der Familien Angelini und Camesino nicht aus, aber es wäre wohl mehr als unwahrscheinlich, wenn es in einem so kleinen Ort wie Monticello zwei Familien mit dem Namen Angelini gegeben hätte, die nicht miteinander verwandt gewesen wären.

282 DAEI, PfAA Ornbau I,3; Schreiben an den Pfarrer von Ornbau, 1691 Mär 21.

283 DAEI, bb 7; "Designatio aller in dem Ambt Heydeckh gelegenen, zue der hochfürst: bischoff: Eychstett: Landtheyling Verwaltung allda gehörigen Gottsheußer, wie nemblichen an Haubtgepäuen als Thurn, Langhaus, Tachungen, dann Sacristeyen und Kürchhoff Mauren etc. solche sich dermahlen befinden, auff eines hochlöb: G(ene)ral Vicariats zu Eychstett ergangenen gn: Befelch de dato 9. Feb: 1684 visitiert durch mich endtsbenanthen Verwalthern in Beysein Meister Johann Baptist Camesino welschen Maurermeistern zu Obermessing, dann Meister Daniel Barst Zimmermeistern zu Gredingen, ..."

284 DAEI, B 48 III, fol.431; 1691 Apr 11: "Frau Priorin zu Marienburg berichtet, daß das mittlere Gewelb under dem Chor beginne völlig einzubrechen ..."

Ebenda, fol.438'; 1691 Mai 20: "Frau Priorin zu Mariaburg berichtet, daß das Creuz Gewelb repariret worden, engegen beginne das Gewelb in Layn Schwesstern Capellen einzufallen, bittet dahero, den M: Baptist hinauff zu schickhen."

285 DAEI, R 130; Heiling-Rechnung 1707/08 für die beiden Pfarrkirchen von Walting, St. Maria und St. Bartholomäus, zitiert nach Neuhofer 1961 ff., Jg.62, S.56:

"Indeme das Gottshauß unser lieben Frauen zu Walting ganz übel bestellt war, also zwar, daß die Mauren von einander giengen und dem Einfallen gleich sahen ..., haben (wir) den welschen Maurer Meister Paptist von Obermässingen (Giovanni Camesino) zu Rath gezogen, so uns auch die Warheit entdeckht und wie dem zu helffen den Vorschlag gethan. Ihme vor sein Mühewaltung ... geben 2.- fl."

286 DAEI, PfAA Arberg I,1; Johann Baptist Camesino an den Generalvikar, 1710 Nov 19:

"... dann von darauß (Altendorf b. Mörnsheim) 2 mahl uf Arberg ... alldorten alle Veranstaltung der Steinbrüch, Abmessung der Kirchen, Verschaffung anderer Materialien und Machung des Abriß, dann andere Nothwendigkeiten gethonn, nit weniger von Eychstett auß uf Kaldorff unnd Erlingshoven d(a)s Maaß beeder Kirchen genommen unnd den Abriß formirt ..."

287 Schnell/Steiner 1980, S.3 f.

288 DAEI, PfAA Haunstetten I,1; Baurechnung 1711.

289 StAN, 190 I, 141 1/2, fol.27; 1692 Aug 20: "Specification der Unkosten, welche bey Reparierung des Zehendt stadls zue Ettenstadt uffgeloffen Anno 1692."

290 DAEI, PfAA Beilngries I,1; Beleg Nr.60 zur Baurechnung (diese in DAEI, R 48).

291 StAN, 225/15,6, 1709, fol.229':

"Der hochfürst: Hof Pau Maister Jacob Engl hat bey einer vorgenomenen Visitation, mit welcher er auch zugleich die 2 Kürchengepäu zu Arberg und Königshofen besichtiget, in Ohrnpau verzöhrt 1 fl 23 kr.

Item hat bemelter Hof Paumaister, als er im Frühe Jahr die Paumängl visitiret, auch Sr: Hochwürden und Gnaden des H: Weihbischoffs erwartet, wie er dan des andern Tags uf Ahrberg, Königshofen und Herrieden gangen: und von daraus wieder zuruckh uf Ohrnpau khommen, also uf 2 mahl zu Ohrnpau yber Nacht geblieben, inmass: er damahls in des Castners Würthshaus lauth beygelegten Zetls verzöhret sambt einem Pferd und seinem Potten 2 fl 11 kr."

292 Zeichnungen von Jordan Maurer im Stadtbauamt Eichstätt. Abb.: Mader 1924, S.481 (Aufriß); Mager 1967, S.9 (Auf- und Grundriß). - Jordan Maurer (1758-1825) wurde 1787 Eichstätter "Hof-, Stadt- und Landbaumeister" unter

Fürstbischof Joseph Graf von Stubenberg und nach der Säkularisation "provisorischer Bauinspektor" der Leuchtenbergischen Regierung (Neuhofer/Bauch 1984, S.47).

293 Mader 1924, S.478, verweist auf eine Stadtansicht vom Ende des 15. Jahrhunderts (Abb. ebenda, S.3), die einen rechteckigen Turm etwa an der fraglichen Stelle zeigt. Ob es sich dabei tatsächlich um denselben Bau handelt, läßt sich aber nicht mit Sicherheit erkennen. Dagegen scheint eine Identität mit dem pyramidenbedachten Turm auf Merians Stich von 1627 (Abb. ebenda, S.5) gegeben.

294 DAEI, B 5 ad 1673.

295 Hubert Gerhard (1550-1620) entwarf den 1593 vollendeten Augustusbrunnen, Adrian de Vries (um 1560-1626) Merkur- und Herkulesbrunnen, die 1599 bzw. 1602 fertiggestellt waren.

296 Adolph 1943, S.66.

297 Näheres dazu: Mader 1940, S.53 f.; Appel/Dörr 1974, S.133-139; Appel 1975, S.27-29.

298 DAEI, PfAA Untermässing I,2; "Pau Rechnung yber den in annis 1685, 86 et 87 neuerbauten Pfarrhoff zue Nieder Mässing sambt and(eren) Zugehören", undat.

299 Siehe Anm.44, 1684 Okt 30. - Die im Zusammenhang mit diesem Bau nachfolgend zitierten Passagen stammen ebenfalls aus dem Kostenvoranschlag Jakob Engels.

300 Tradition und Technik des Kalkplattendachs werden ausführlich dargestellt in Ullmann 1919, der bisher einzigen wissenschaftlichen Abhandlung zu diesem Thema.

301 Ausdehnung des Plattenkalkvorkommens: siehe Ullmann 1919, Abb.2.

302 "Wan das Zimmerwerckh recht gemacht wirdt, wurdt so bis in 60 Jahr, das man nichts daran machen derffte, auch vor Einwehen der Schnehe i(e)derzeit sicher, darbey schehen (schöne) 2 Treidtböden, dan der erste wurdt in die Fürung so gros als daß Hauß wern." (Siehe Anm.299.)

303 Siehe Katalog: Eichstätt 10.

304 Siehe Katalog: Eichstätt 22.

305 Daß sich die im Wappen angegebene Zahl nicht auf das Jahr beziehen muß, in dem der Bau völlig fertiggestellt worden war, zeigen die Beispiele Heilig-Geist-Kirche, Residenz und Präsidentenhof (siehe Katalog: Eichstätt 2, 10, 12).

306 UBEI: "Eigentliche Verzeichnung der Gegend und Prospekten der Hochf. Bischöfl. Haupt- und Residentz Stadt Aichstatt", Homanns Erben, Nürnberg 1730.

307 Abb.: Mader 1924, S.521 oben.

308 Dem von Engel errichteten Westflügel wurde 1765 bis 1776 durch Erweiterung zum Innenhof hin ein neues Treppenhaus angefügt. Pläne zur Umgestaltung der Westfassade blieben unausgeführt, während die Südfassade nach 1791 durch Einsetzen eines Mittelrisalits modernisiert wurde. Der Umbau erstreckte sich auch auf die Innenräume. In vorliegendem Zusammenhang ist insbesondere auf die Einrichtung eines Spiegelsaals im 2. Obergeschoß hinzuweisen: Schon dabei dürfte eine Vergrößerung der Fenster unerläßlich gewesen sein. Die Spiegeldecke wurde, da anders die nötige Raumhöhe nicht hätte erreicht werden können, in den Dachstuhl eingeschoben. (Daten aus: Mader 1924, S.544; Noll 1984, S.142 ff.)

309 Röber 1984, S.38.

310 Mader 1929, S.110.

311 Hofmann/Mader 1908 I, S.140.

312 DAEI, B 5 ad 1694.

313 Heimgarten 1, 1920, Nr.2.

314 Conrads/Sack 1983.

315 Mader 1924, S.697.

316 Ebenda, S.698.

317 Die Besitzerfolge ist für die Eichstätter Domherrnhöfe nur fragmentarisch bekannt. Dadurch lassen sich Informationen zur Baugeschichte, wie sie z.B. in den Domkapitelprotokollen enthalten sind ("Herr von XY in seinen neuerbauten Hof ..."), manchmal nicht zuordnen.

Für den Ulmer Hof ist eine Rekonstruktion der Besitzerfolge im 17. Jahrhundert jedoch möglich: 1625 gehörte er dem Domherrn Wolfgang Blarer von Wartensee, wie eine Wappeninschrift erweist (Mader 1924, S.698). Im Dreißigjährigen Krieg brannte das Gebäude aus. Die Domkapitelprotokolle vom 10. Februar und 17. März 1662 (StAN, 190 II, 1115) erwähnen, daß der Graf zu Pappenheim den "Plorerischen Hoff" reparieren lasse. In den Rechnungen des domkapitlischen Obleiamtes (StAN, 190 II, 38) heißt es unter der Rubrik Einnahmen aus den Domherrnhöfen 1675/76 "Ihro gräffl: Gn: von Pappenheim, zuvor Herr Wolfgang Plorrer, 2 fl 1 kr 6 pf" und 1685/86 "Carl von Ulm aus dem Pappenheimb: Hoff 4 kr".

318 Mader 1924, S.619.

319 Ebenda, S.615.

320 UBEI: Ansicht der Residenzstadt Eichstätt, Kupferstich von Melchior Küsel, 1681.

321 Siehe Katalog: Eichstätt 20.

322 Stadtbild von Michael Franz im Rittersaal des Schlosses Hirschberg. - Der bei Mader 1924, S.491, abgebildete Ausschnitt zeigt den Pappenheimer Hof links neben dem Chor der (1818 abgebrochenen) Kollegiatpfarrkirche am unteren Bildrand.

323 Mader 1924, S.698.

324 Denkmalpflege 1983, S.215.

325 Abb.: Ebenda, S.218, 221.

326 Siehe Anm.317.

327 Mader 1924, S.691.

328 Abb.: Ebenda, S.695.

329 Ebenda, S.692.

330 Mader 1928, S.135: "Joannes Eucharius D.G. Episcopus Eistettensis S.R.J. Princeps has aedes ex ruderibus antiquis ac ruinis praesenti formae ac decori reddidit Ao. 1694."

331 Ebenda, S.133 (Abb.), 135.

332 Siehe Katalog: Eichstätt 25.

333 Abb.: Mader 1924, S.508.

334 Abb.: Ebenda, S.488.

335 Siehe S.51 f.

336 Ebenda.

337 Hager 1968, S.26.

V. KATALOG

mit Angaben zur Baugeschichte, schematisch nach Alphabet geordnet. Ein R vor der Jahreszahl oben bedeutet, daß es sich in dem betreffenden Fall lediglich um Reparaturen im Sinne von Instandsetzungsmaßnahmen handelte.

ABENBERG:
Kloster Marienburg mit Kirche St. Peter 1677 ff.
Abb. 13, 26-28

Am 10. September 1675 brannte das Kloster Marienburg mitsamt der Kirche ab.[01] Jakob Engel wurde im Februar 1676 vom Fürstbischof beauftragt, nach Abenberg zu reisen und einen Kostenvoranschlag über den Wiederaufbau der Kirche zu erstellen.[02] Es gab jedoch Verzögerungen (siehe S.41), so daß erst im Frühjahr 1677 mit dem Bau begonnen wurde. War man Mitte April noch davon ausgegangen, die Kirche mit einer flachen Holzdecke auszustatten, stand am 1. Mai 1677 fest, sie insgesamt zu wölben (siehe Anm.232 und Dok.1).

Die Grundsteinlegung fand am 21. Mai 1677 in Abwesenheit des Generalvikars statt, der nicht mehr hatte benachrichtigt werden können, da "der gewisse Tag oder Zeit von Herrn Jacob Maurmaistern uns nicht ehenter als die leste 2 oder 3 Tag vorhero angezaigt wordten".[03] Im Herbst 1678 war der Kirchenbau vollendet, wie die Priorin in einem Schreiben vom 12. Juni 1679 an den Generalvikar erwähnt.[04] Im selben Brief bat sie um die Erlaubnis zum Wiederaufbau des Klosters, "daß mit solchem der Anfang negstens gemacht werdten möge und wür also verschlossner in der Clausur möchten wohnen können, zue dem Endte der in die Fünff Taußendt Guld: sich erstreckhente Pauüberschlag hiemit gehorsambist beygelegt würdt".

Die Genehmigung traf umgehend ein.[05] Bis Ende 1682 hatte man - ohne Materialien - schon 7233 Gulden ausgegeben, davon 3379 Gulden an "Herrn Maurmaister und Carl Engel".[06] Mit Schreiben vom 10. November 1683 meldete die Priorin dem Generalvikar, "daß der Closter Pau mit Maurer arbeit nun mehr vollendet, auch Schlosser und andere Handtwerckhs leüth noch disen Windter ihre Arbeithen zum End bringen werden";[07] Karl Engel habe zudem einen neuen Brunnen gefunden, den er zur "Versterckhung des andern Wassers" nutzen wolle (siehe auch S.38).

Am 27. Mai 1685 erfolgte die Konsekration der Kirche durch den Eichstätter Weihbischof Franz Christoph Rink von Baldenstein.[08]

Außer den bereits Genannten - Jakob und Karl Engel sowie dem Eichstätter Schreiner David Bock (siehe Anm.232) - sind nur wenige der beteiligten Handwerker und Künstler namentlich bekannt. Die Zimmerarbeiten führte Jakob Griesbauer, Abenberg, aus.[09] Die Fassung wenigstens eines Altars besorgte der Eichstätter Maler Johann Flieger.[010] Das Bild des Hochaltars ist bezeichnet mit "Paulus Auer 1687";[011] dieser Name erscheint auch im Haushaltsbuch des Klosters 1685-1690: "Den 20. Januarii (1685) Herrn Auer Maller von Nürnberg wegen des Altar bladts Leykhauff 5 fl 15 kr."[012] Dem "Bilthauer von Aicha" wurden 1689 "für die Arbeith am Koraltar und S. Augustinus Bilt" 60 Gulden bezahlt; weitere 14 Gulden 30 Kreuzer erhielt derselbe für zwei Kruzifixe sowie ein Jesuskind und zwei Engel zum Augustinusbild, ferner 9 Gulden für ein Antoniusbild und vier Engel.[013] Die Datierung der Antoniusgruppe "um 1500" bei Gröber/Mader wäre danach zu berichtigen (das Antoniusbild wird im Inventar nicht erwähnt).[014]

01 DAEI, B 5 ad 1675.
02 DAEI, B 48 I, fol.110; 1676 Feb 5.
03 DAEI, p 184; Priorin an Generalvikar, 1677 Mai 21.

04 Ebenda; dito, 1679 Jun 12.
05 Ebenda; Fürstbischof an Priorin, 1679 Jun 16.
06 Ebenda; undat. "Verzeichnus des Portenhaus, was bis dato ausgeben wordten als Verehrungen sambt underschidtliche Hantwerckher", datierbar nach DAEI, B 48 II, fol.340, auf den 25. November 1682.
07 DAEI, B 48 II, fol.414; 1683 Nov 10.
08 DAEI, B 5 ad 1685. - StAN, 225/25, 2402; Schreiben an Dekan zu Spalt, 1685 Mai 10.
09 DAEI, p 148; undat. Spaltzettel.
010 DAEI, B 48 I, fol.514'; 1679 Jan 11.
011 Gröber/Mader 1939, S.135.
012 StAN, 225/25, 889a; "Ausgab an Verehrung und Drinckhgelt".
013 Ebenda.
014 Gröber/Mader 1939, S.141.

ABENBERG:
Pfarrhof R 1685

Im Frühjahr 1685 überschickte der Pfarrer von Abenberg dem Domkapitel einen Kostenvoranschlag zur Reparatur seines Pfarrhofs; da dieser dem Domkapitel zu kostspielig erschien und Jakob Engel außerdem vorhatte, nach Abenberg zu reisen, um "bey dem Closter Mariaburg zuezuesehen",[01] beschloß das Domkapitel, auch von ihm einen Überschlag verfassen zu lassen.[02] Engels Aufstellung, die dem Domkapitel im September 1685 vorlag, belief sich auf 77 fl 6 kr.[03]

01 StAN, 225/25, 3288; 1685 Mär 30.
02 StAN, 190 II, 1122; DK-Prot. 1685 Mär 30.
03 StAN, 225/25, 3288; 1685 Sep 28.

ABENBERG:
Pfarrkirche St. Jakob 1700

Abb. 24

Das Langhaus der Kirche sollte laut Kostenvoranschlag vom 2. März 1700 zu einer Seite hin verbreitert werden, um den Chor in die Mittelachse zu bringen, und um 6 Schuh erhöht, "damit in einer Conformität das Gewölb darauf zu stehen khomme"; vorgesehen war außerdem eine Erneuerung der oberen Teile des Turms, der eine Bedachung aus Laterne und Kuppel erhalten sollte.[01] - Die Kirchenverwaltung zahlte zum Bau 2383 fl 19 kr.[02]

Den Wochenzetteln der Maurer[03] zufolge leitete der von Spalt herübergeschickte Polier Marco Sirato (siehe S.62) die Bauarbeiten vom 8. bis 16. Mai 1700; danach übernahm diese Position Jörg Betzinger, der sie bis zum Abschluß der Arbeiten im Oktober 1700 innehatte.

01 DAEI, v 264; Bauüberschlag, unsign., 1700 Mär 2.
02 DAEI, R 2, fol.9.
03 DAEI, v 264.

ADELSCHLAG (Pfarrei Möckenlohe):
Filialkirche St. Andreas und Schulhaus 1707

Abb. 17

Die Untergeschosse des Turms stammen noch aus dem Mittelalter.[01] - Welcher Art die Baumaßnahmen an Kirche und Schulhaus 1707 waren, geht aus der gemeinsamen Baurechnung[02] nicht hervor. Da die Summe aller Ausgaben darin aber nur mit 1345 fl 30 kr angegeben wird, ist nicht anzunehmen, daß Schulhaus und Langhaus beide von Grund auf neu errichtet wurden. Der Turm erhielt einen neuen Abschluß (siehe S.51), das Langhaus (inzwischen durch einen Neubau ersetzt) wurde wahrscheinlich unter Benutzung älterer Mauerteile erweitert, das Schulhaus vielleicht neu gebaut.

Die Maurerarbeiten führte Hans Gitlos, Polier von Johann Baptist Camesino, durch (1711 waren Hans und Anton Gitlos für Camesino beim Kirchenbau in Haunstetten tätig[03]). Ferner waren beteiligt: Zimmermeister Hans Herner, Schreiner Hans Ulrich Stephan, Stukkator Jakob Eck, Maler Hans Georg Frei.[04]

01 Mader 1928, S.23.
02 DAEI, PfAA Möckenlohe I,3; Rechnung über den Kirchen- und Schulhausbau in Adelschlag 1707.
03 DAEI, PfAA Haunstetten I,1; Baurechnung 1711.
04 Siehe Anm.02.

ALTDORF:
Pfarrkirche St. Nikolaus und Pfarrhof R 1689

In einem Sammelvoranschlag, der 1689 in Engels Namen, aber nicht von ihm selbst geschrieben wurde, sind die Aufwendungen zur Reparatur der Kirchen in Hausen, Röckenhofen und Esselberg sowie Kirche und Pfarrhof von Altdorf angegeben; die geschätzten Kosten für Altdorf betrugen 55 Gulden.[01]

01 DAEI, PfAA Greding I,6; Kostenvoranschlag von Jakob Engel, 1689 Mai 18. - Siehe auch Dok.2.

ALTENDORF (Pfarrei Mörnsheim):
Wallfahrtskapelle Mariä Himmelfahrt
und Benefiziatenhaus 1709/10

Der Chor der Kirche ist mittelalterlich.[01] - In den Jahren 1709 und 1710 wurde die Kirche erweitert, das Benefiziatenhaus neu gebaut. Die Baurechnung[02] weist für die Arbeiten an beiden Gebäuden einen Gesamtbetrag von 2387 fl 52 kr 1 pf aus. - Polier war Lazarus Schenk, Zimmermeister Georg Bayer aus Schernfeld, Schreiner Paul Millebel, Altendorf, und Balthasar Bauer, Eichstätt, Stukkator Jakob Eck, wie die Baurechnung angibt.

Laut Position 17 dieser Rechnung sind für "H: Jacob Engel, als er zu Altendorff gewesen, den Bau anzuordnen", 1 fl 14 kr "an Zehrung ergangen". Dieselbe Quelle verzeichnet unter dem Datum vom 8. Juli: "H: Hoff Baumeister Engel von Eychstätt heraus komen, Zöhrung ergangen 24 kr."

In einem Schreiben an den Generalvikar vom 19. November 1710[03] zählt Johann Baptist Camesino verschiedene von ihm erbrachte Leistungen auf, darunter einen Besuch in Altendorf mit dem Auftrag, "selbigen Kirchen unnd Pfarrhoff Pauplaz zu besichtigen und Behöriges zu veranstaldten". Camesino waren vermutlich die Maurerarbeiten in Altendorf verdingt worden, die er durch seinen Polier Lazarus Schenk ausführen ließ.

01 Mader 1928, S.26.
02 DAEI, PfAA Mörnsheim I,1; Baurechnung über Kapelle und Benefiziatenhaus in Altendorf 1709 und 1710.
03 DAEI, PfAA Arberg I,1; Johann Baptist Camesino an Generalvikar, 1710 Nov 19.

ARBERG:
Pfarrhof 1691

Der Pfarrhof von Arberg wurde 1691 für 968 fl 33 kr neu erbaut.[01] Die Maurerarbeiten führte Johann Baptist Camesino durch, die Zimmerarbeiten Daniel Barsch.[02] Jakob Engel besichtigte den Bau "etlich mahl",[03] doch gibt es keinen Beleg dafür, daß er ihn auch geplant hatte. (Zum Stilproblem bei solchen Objekten: siehe S.67, 69 f.)

01 DAEI, PfAA Arberg I,3; Baurechnung 1691.
02 Ebenda; Baurechnung 1691.
03 Ebenda; Schreiben des Arberger Zimmermeisters Matthias Staudacher, 1692 Nov 19.

ARLESHEIM bei Basel:
Domherrenhöfe im Dombezirk 1681

Nachdem 1529 in Basel die Reformation eingeführt worden war, zog das Basler Domkapitel nach Freiburg im Breisgau ins Exil. Ende 1678 wurde ihm erlaubt, zurückzukehren, und mit

Beschluß vom 25. Oktober 1679 stand Arlesheim als künftige Residenz des Kapitels fest. Am 15. November 1679 kaufte der Basler Bischof dort einen Platz zur Erbauung der neuen Domkirche und der Höfe für die Domherren. Auf diesem Gelände entstand in den folgenden Jahren der Arlesheimer Dombezirk, eine nach Westen offene Platzanlage mit einem Brunnen in der Mitte; sie wird im Osten von der Domfassade beherrscht, an der Nord- und Südseite befinden sich je zwei gleich große, symmetrisch angeordnete Doppelhäuser.[01]

Als planenden, wenngleich nur sporadisch in Arlesheim anwesenden Architekten der gesamten Anlage stellte Hans Reinhardt 1932 den "Bawmeister zue Aystätt" vor und identifizierte ihn als Jakob Engel.[02] Grundlage der Zuweisung bildete ein Schreiben des Domkapitels an den Basler Bischof vom 28. Januar 1682, aus dem hervorgeht, daß Engel nicht, wie versprochen, nach Arlesheim kommen konnte, um "mit dem baw nach seiner abriß undt gethaner Vertröstung gemöß" fortzufahren. Diese Quelle läßt völlig offen, ob Engel den gesamten Bezirk einschließlich des Doms geplant hatte oder ob er nur daran beteiligt war. Reinhardts Interpretation wurde aber nicht bezweifelt (siehe S.6), und auch ein von Hans-Rudolf Heyer entdeckter Eintrag im Protokoll des Basler Domkapitels vom 16. August 1681, der Engel zu einem Zeitpunkt, als der Bau des Doms schon weitgehend abgeschlossen war (die Weihe fand am 26. Oktober 1681 statt), noch als "newen Bawmeister zu Eistätt" bezeichnete,[03] erweckte keinen Verdacht.

Auf Grund neuer Quellenfunde (siehe Anm.05-07) läßt sich nun Engels Anteil am Bau des Arlesheimer Dombezirks näher bestimmen:[04] Am 18. März 1681, ein Jahr nach Baubeginn (der Grundstein für den Dom war am 25. März 1680 gelegt worden), beschloß das Kapitel, einem Vorschlag des Basler und Eichstätter Domherrn Franz Christoph Rink von Baldenstein zu folgen und Jakob Engel nach Arlesheim zu holen, "weylen es mit der Auffsicht und alhiesiger Baumeisterei nit gar wol bestelt ist".[05] Zwei Monate später erläuterte Engel vor dem Kapitel die Fehler, welche beim Bau von Kirche und Kapitelhaus begangen worden waren, und erklärte sich bereit, den Bau "der übrigen Heuser und Gebeuen" persönlich oder vertreten durch seinen Bruder zu übernehmen.[06] Nachdem er "einen Abriß über die noch bevorstehende Gebeu" angefertigt und zugesichert hatte, "zu deren Perfection und Aufferbauung sich künfftigs gebrauchen zu lassen", kehrte er, versehen mit 50 Reichstalern "für seine Raiskösten und Discretion", nach Eichstätt zurück.[07]

Im Januar 1682 schickte Engel "2 andere Abriß weegen der H: Capitularren Heuser";[08] er selbst kam nicht mehr nach Arlesheim, ebensowenig sein Bruder Karl, denn beide durften wegen der Arbeiten am Gemmingenbau der Willibaldsburg, dessen Südflügel im Dezember 1681 völlig ausgebrannt war (siehe Anm.226), Eichstätt nicht verlassen.[09] Das Domkapitel verpflichtete daraufhin einen anderen Baumeister, den "Schulthais zu Keyzerstuhl".[010]

Für welche Gebäude Engel Risse anfertigte, geht aus den Domkapitelprotokollen nicht genau hervor. Da feststeht, daß er Pläne für Domherrenhöfe geliefert hat und das südöstlich am Platz gelegene Haus mit profilierten geohrten Fensterumrahmungen über Dekorationsformen verfügt, die Engel bevorzugt einsetzte, dürfte ihm der Entwurf für dieses Gebäude zuzuschreiben sein. Die beiden Doppelhäuser im Südwesten und Nordosten der Anlage weisen zwar keinen solchen Schmuck auf, entsprechen aber dem erstgenannten in ihrer äußeren Erscheinung und können daher ebenfalls auf Pläne Engels zurückgehen. Das nordwestliche Haus, das sich schon durch seine beiden Giebel an der Frontseite ganz erheblich von den anderen unterscheidet, schreibt Heyer dem Baumeister vom Kaiserstuhl zu.[011]

Wer den Dom, auf dessen Gestalt Engel keinen Einfluß mehr genommen haben kann, entworfen hat, ist ungewiß. Möglicherweise kommt hier der noch nicht näher bestimmte Jesuitenpater Franz in Frage, der die Bauführung anfangs innehatte und im April 1680 "fer sein gehabte Muhewaltung wegen des Residentz bau" 20 Taler erhielt.[012]

01 Geschichte und Vorgeschichte ausführlich in: Heyer 1969, S.52 ff.
02 Reinhardt 1932.
03 Heyer 1969, S.125.
04 Ausführlich in: Schmid 1984.
05 GLAK, 61/5079, fol.209; DK-Prot. 1681 Mär 18.
06 Ebenda, fol.222; DK.Prot. 1681 Mai 20.
07 Ebenda, fol.223; DK-Prot. 1681 Mai 23.
08 Ebenda, fol.258; DK-Prot. 1682 Jan 12.
09 Schreiben des Domkapitels an den Bischof von Basel vom 28. Januar 1682, in: Reinhardt 1932, S.55.
010 GLAK, 61/5079, fol.264; DK-Prot. 1682 Feb 25.
011 Heyer 1969, S.130.
012 GLAK, 61/5079, fol.160; DK-Prot. 1680 Apr 13. - Register am Schluß des Bandes, o.fol., Buchstabe G: "Gratification ahn den Jesuiter, so den Bau geführt alhier ..."

BECHTHAL (Pfarrei Raitenbuch): Filialkirche St. Margaretha

Die Baugeschichte ist unklar. Mader/Gröber sprechen von einer barocken Umgestaltung der zwischen 1182 und 1188 erbauten Kirche gegen Ende des 17. Jahrhunderts und schließen von Teilformen (genannt werden die breiten Rundbogenfenster) auf eine Planung durch Engel.[01] 1676 soll der Kirchturm erhöht, das Langhaus umgedeckt und die Kirche geweißt worden sein;[02] der dafür genannte Betrag von 76 Gulden ist jedoch zu niedrig. 1689 wurden Ausbesserungsarbeiten an Obergeschoß und Dach des Turms vorgenommen, für die der Eichstätter Maurermeister Georg Besler 76 Gulden und der Gredinger Zimmermeister Daniel Barsch 28 Gulden erhielt.[03] Über den Umbau des Langhauses ist nichts überliefert.

01 Mader/Gröber 1932, S.123.
02 Neuhofer 1961 ff., Jg.62, S.16 f.

03 DAEI, ll 165; Handwerkerzettel, 1689 Feb 7 (Barsch) und 1689 Apr 16 (Besler).

BEILNGRIES: R 1671
Stadtbefestigung R 1699

Vom 29. April 1671 datiert ein "unvorgreifflicher Überschlag über die große Baufälligkeiten, die sich bey der Statt Beylngrieß und denen darbey wesenten Ringmaur: und Thürnen befinden"; er beläuft sich auf 1928 Gulden 7 Kreuzer und ist unterzeichnet mit "Gottfridt Wehrn, Bauschreiber" und "Jacob Engel, Maurmeister".[01] Von Engels Hand stammt dabei weder der Text noch die Signatur. - Am 7. Juni 1671 erfolgte die Anordnung, dem Voranschlag gemäß zu verfahren.[02]

Auch aus dem Jahr 1699 ist ein Voranschlag erhalten; er betrifft "die baufällige Stattmauer und daran stehenten durch das Hochgewitter zersprengten Thurn bey der Statt Beylngries, welche beede dem eingenommenen Augenschein nach dem Einfallen gleichsehen" und wird mit 1200 Gulden beziffert.[03] Sein Inhalt ist in zwei Fassungen überliefert, nämlich in einer von Engel formulierten (und geschriebenen) und in einer sprachlich überarbeiteten. Da nimmt sich zum Beispiel Engels Satz "Endtlich weg: des Grundt, weil man nit aigendtlich wisen kan die Tüeffe, auch der Abgang der alten Stein, mögde auf tausendt Gulden belauffen" in elegantem Amtsdeutsch so aus: "Mit der underthenigsten Erinnerung, weiln, wie der Grund beschaffen und der Abgang an Steinen sich eraigne, dermahlen nit gewiß geschäzt werden kan, daß diser Baucosten sich gar wol belauffen möchte auff 1000 fl."

01 StAN, 212/2, 60; 1671 Apr 29.
02 Ebenda; 1671 Jun 7.
03 Ebenda; 1699 Mai 31.

BEILNGRIES:
Fürstliches Brauhaus 1678

Ein Wappen Fürstbischof Marquards mit der Jahreszahl 1678 ist Zeugnis vermutlich einer baulichen Erweiterung des Beilngrieser Brauhauses, das als größere Anlage bereits auf dem in Schloß Hirschberg befindlichen sogenannten Helmstatter Votivbild etwa aus der Mitte des 17. Jahrhunderts erscheint.[01] Archivalien sind zu den Baumaßnahmen 1678 nicht erhalten. Daß Engel daran führend beteiligt war, erscheint recht sicher in Anbetracht der Tatsache, daß er schon damals alle größeren fürstbischöflichen Bauten betreute. Zu seinem Aufgabenbereich als Hofbaumeister gehörten die Brauhäuser später ohnehin (siehe Spalt, Titting, Eichstätt 16).

01 Neuhofer 1961 ff., Jg.61, S.47. - Zur Datierung des Votivbildes siehe unter Hirschberg: Fürstbischöfliches Schloß.

BEILNGRIES:
Marienkapelle um 1680

Der Vorgängerbau, um 1660 errichtet, wurde auf Veranlassung Fürstbischof Marquards durch eine kleine Kirche ersetzt. In welchem Jahr dies geschah, läßt sich wohl nicht genau ermitteln: Neuhofer gibt 1678 an,[01] Buchner 1680,[02] Hofmann/ Mader 1683.[03] - Einer Notiz in der Sammlung Heugel zufolge scheint der Bau im Frühjahr 1680 begonnen worden zu sein: "P: Prior von Planckhstetten ... beschwehret sich anbey wider den neuen Pau der Capellen zu Beylngries und achtet mit mir unnöthig, solchen Pau zu führen."[04] - Von dieser Kirche ist nur noch der Altarraum erhalten, der heute als Sakristei der 1753 nach Plänen Pedettis neuerrichteten Marienkapelle genutzt wird.

Da keine Quellen Auskunft geben und auch die baulichen Restbestände zur Identifizierung des Architekten nicht ausreichen, kann Jakob Engel als Planer nur vermutet werden. In Anbetracht seiner beruflichen Stellung, des Auftraggebers und der Entstehungszeit erscheint diese Annahme allerdings als sehr wahrscheinlich.

01 Neuhofer 1961 ff., Jg.61, S.46.
02 Buchner 1937, S.64.
03 Hofmann/Mader 1908 I, S.16.
04 DAEI, B 48 II, fol.114; 1680 Apr 1.

BEILNGRIES:
Stadtpfarrkirche St. Walburg 1693-95

Abb. 19

Johann Baptist Camesino legte im Frühjahr 1688 einen Abriß vor, "wie die Kürchen verendert und in bessere Formb gerichtet werden könne".[01] Daß dieser Entwurf 1693 bis 1695 mit dem Neubau des Langhauses (der romanische Turm blieb bestehen) realisiert wurde, wie Hofmann/Mader meinen,[02] ist jedoch unwahrscheinlich. Die Formulierung in Camesinos Entwurf deutet eher auf bloße Umgestaltungsmaßnahmen. Für ein so verhältnismäßig großes und bedeutendes Projekt dürfte ohnehin nur Engel als Architekt in Frage gekommen sein. Für ihn sprechen auch stilistische Kriterien (siehe S.53). Engel kam während des Baus etliche Male nach Beilngries und nahm auch, zusammen mit Camesino und Daniel Barsch, an den Weihefeierlichkeiten teil.[03] - Die Gesamtkosten des Baus betrugen 5212 Gulden, 10 Kreuzer.[04] Neben Camesino und Barsch, die die Maurer- und Zimmerarbeiten leiteten, sind unter anderen folgende Kräfte namentlich bekannt: die Schreiner Simon Böheim, Hans Bürkel und Leonhard Künz, letztere aus Berching; Steinmetz Antoni Gruber, Eichstätt; Maler Kaspar Kell, Kipfenberg.[05] Das Hochaltarbild schuf der Eichstätter Hofmaler Johann Kaspar Sing.[06]

Die beiden Rundfenster links und rechts vom Portal wurden

1753 "nach deren Peritorum in Arte Guettbefündten" eingebrochen, um die Lichtverhältnisse in der Kirche zu verbessern.[07] - 1911 brach man das Langhaus ab und ersetzte es durch einen Neubau.[08]

01 Hofmann/Mader 1908 I, S.12.
02 Ebenda.
03 DAEI, R 48; Baurechnung 1693-95 mit Belegen.
04 Ebenda.
05 Ebenda.
06 DAEI, PfAA Beilngries I,1; "Specification" zum Choraltar 1695. (Zu J.K. Sing: Neuhofer 1961 ff., Jg.61, S.45 f.)
07 Ebenda; 1753 Apr 12.
08 Neuhofer 1961 ff., Jg.61, S.46.

BEILNGRIES:
Rathaus — R 1701

Im Oktober 1701 wurde "die unumbgängliche Reparations notturfft" für das Rathaus Beilngries gemeldet,[01] nachdem zwei Monate vorher schon Reparaturen am Rathaus von Berching beantragt worden waren.[02] Jakob Engel besichtigte beide Gebäude, verfaßte einen Kostenvoranschlag und erstattete darüber am 30. Dezember 1701 der Hofkammer Bericht.[03]

01 StAN, 190 II, 3159; HK-Prot. 1701 Okt 22.
02 Ebenda; HK-Prot. 1701 Aug 27.
03 Ebenda; HK-Prot. 1701 Dez 30.

BERCHING:
Pfarrkirche Mariä Himmelfahrt — 1684/85

Die Anlage geht auf eine frühgotische Kapelle zurück, die um 1500 durch den Anbau von Seitenkapellen erweitert wurde und um 1519 St. Lorenz als Pfarrkirche ablöste.[01] Ihre heutige Form erhielt sie durch tiefgreifende Umbaumaßnahmen, die in den Jahren 1755 bis 1760 nach Plänen des Eichstätter Baudirektors Mauritio Pedetti durchgeführt wurden.[02]

Die Baugeschichte des 17. Jahrhunderts ist nicht geklärt: Hofmann/Mader machen darüber gar keine Angaben;[03] Buchner schreibt, die Kirche sei 1661 bis 1663 mit einem Kostenaufwand von 3560 Gulden neu erbaut worden;[04] diese Angabe bezweifelt Neuhofer, da sie archivalisch nicht zu belegen sei, und verweist auf den durch die Baurechnung 1684/85 gesicherten Umbau nach Plänen Engels, ausgeführt von Camesino;[05] H. Braun meint, die Baumaßnahmen 1661 bis 1663 hätten sich auf "kleinere Reparaturen" beschränkt, und betont demgegenüber ebenfalls den Umbau von 1684/85.[06]

Wenn auch der von Buchner angeführte Neubau der Kirche 1661 bis 1663 mit den für diese Arbeit gesichteten Archivalien nicht zu belegen ist, gibt es dafür dennoch deutliche Indizien: In einem Brief vom 27. Januar 1661 beklagte der damalige Pfarrer von Berching, Georg Gitzer, die "vor Augen stehende Ruin und Baufähligkheiten bey gedachter Pfarrkürchen".[07] Ende Februar 1661 lag bereits ein durch "Bauverständige" erstellter Kostenvoranschlag über 1102 Gulden vor.[08] Den nach 1805 verfaßten "Annotationes über Bau-Akten von den Kürchen und Stadtpfarr Gebäuden zu Berching" zufolge wurde die Pfarrkirche 1661 bis 1663 für 3643 Gulden 25 Kreuzer neu errichtet.[09] (Diese Angabe entspricht Buchner; die geringe Abweichung könnte bedeuten, daß er noch eine andere Quelle gekannt hat, aber ebensogut kann hier auch lediglich ein Übertragungsfehler zugrunde liegen.) - Daß Jakob Engel mit den Baumaßnahmen 1661 bis 1663 etwas zu tun hatte, ist nicht erwiesen. Möglich wäre es immerhin. Auf jeden Fall war er vor 1678 bereits an einem Berchinger Kirchenbau beteiligt (siehe Anm.128).

Welcher Art der Umbau 1684/85 war, verrät die Rechnung bereits in der Überschrift: "Bau Rechnung über das neu eingebrochene Chor, zwey neue Neben Capellen, ein neues Portal unndt and: in annis 84 et 85 vorgenohmene Reparationswerckh in Unser Lieben Frauen Kürchen alhier zu Berching."[010] Die Kosten betrugen laut Rechnung insgesamt 454 Gulden 44 Kreuzer. Vorausgegangen waren diesem Unternehmen "Augenscheinnahmen" und Gutachten über die technische Seite, und zwar durch Karl Engel im Dezember 1683[011] und noch einmal durch Jakob Engel am 12. April 1684.[012] Karl Engel entwarf auch die neuen Altäre und das Portal; als Schreiner tätig waren Hans Bürkel und Leonhard Künz, beide Berching.[013]

01 Neuhofer 1961 ff., Jg.61, S.48.
02 Noll 1984, S.252 f.
03 Hofmann/Mader 1908 I, S.27 f.
04 Buchner 1937, S.76.
05 Siehe Anm.01.
06 Braun H. 1977, S.4.
07 DAEI, PfAA Berching I,2; 1661 Jan 27.
08 Ebenda; 1661 Feb 28.
09 Ebenda; Annotationes über Bau-Akten von den Kürchen und Stadtpfarr Gebäuden zu Berching (nach 1805).
010 Ebenda; Baurechnung 1684/85.
011 DAEI, h 14; Pfarrer an Generalvikar, 1683 Dez 15.
012 DAEI, PfAA Berching I,2; Baurechnung 1684/85.
013 Ebenda.

BERCHING:
Rathaus 1701

Siehe BEILNGRIES: Rathaus.

BETTBRUNN:
Pfarr- und Wallfahrtskirche St. Salvator, Turm 1681-83
Abb. 14

Die Untergeschosse des Turms stammen aus dem 14. Jahrhundert.[01] Als Baumeister des oktogonalen Turmaufbaus und der Kuppel ermittelte Pfarrer Franz Dietheuer aus den Kirchenrechnungen von Bettbrunn Jakob Engel:[02]

Laut fol.85 der Rechnung für das Jahr 1681 belief sich der Kostenvoranschlag auf 950 Gulden; fol.95 verzeichnet: "Jacob

Angelino von Eichstätt bekommt von den ausgemachten 950 fl, wovon er schon 50 fl als Recompens erhalten, 600 fl." - Der Rechnungsband 1682 fehlt. - 1683 wird noch ein Restbetrag bezahlt; auf fol.113 heißt es: "Der Maurermeister zu Aichstätt Jacob Angelin hat zwar von Verrichtung aller in dem Yberschlag einkhommender Arbeith 252 fl begerth, man hat aber mit dessen Pallier Johann Baptista Camissino yberhaupt abgemacht und ihme die völlige Arbeith per 230 fl angedingt, die er dan auch crafft seines Scheins Nr.56 richtig empfangen, id est 230 fl." (Dieser Eintrag ist zugleich der früheste Beleg für eine Zusammenarbeit von Engel und Camesino.)

01 Hofmann/Mader 1908 II, S.26.
02 DAEI, Nachlaß Neuhofer 91; Mitteilung von Franz Dietheuer vom 7. Juli 1956. (Damals befanden sich die Rechnungsbücher noch im Staatsarchiv Amberg; inzwischen sind sie an das Staatsarchiv Landshut abgegeben worden.)

BUCHENHÜLL (Pfarrei Preith):
Filialkirche Mariä Himmelfahrt

Abb. 2

Die Untergeschosse des Turms sind mittelalterlich.[01] Obergeschoß und Abschluß können aus stilistischen Gründen Jakob Engel zugeschrieben werden (siehe S.49), jedoch existieren keinerlei Belege aus der Bauzeit. Deshalb ist auch keine keine genauere Datierung möglich. Mader gibt "um 1700" an.[02] Möglicherweise fällt die Neugestaltung des Turms zeitlich zusammen mit anderen Renovierungsmaßnahmen: 1693 wurde eine neue Kanzel gestiftet, 1699, unter Fürstbischof Johann Euchar, der Kreuzweg restauriert.[03]

01 Mader 1928, S.58.
02 Ebenda, S.59.
03 Buchner 1938, S.424.

BUXHEIM:
Pfarrkirche St. Michael, Turm 1687/88
Abb. 15

Mader datierte den Turm irrtümlich auf etwa 1720 und wies ihn deshalb Gabrieli zu.[01] Neuhofer vermutete Engel als Baumeister auf Grund der großen formalen Verwandtschaft des Buxheimer Turms mit dem von Bettbrunn und fand sich bestätigt durch ein Rechnungsbuch[02], demzufolge Engel 1687 den Buxheimer Turm in Augenschein genommen hatte.[03] Daß der Bau durch Engel erfolgte, erweist auch klar ein von ihm selbst ausgestellter "Quittschein": "Das von dem wohl, edl undt vösten Herren Johann Wolff Cronackher, hochfürst: Eychst: General Hailing Verwaltern, ich Endts Underschribner wegen des Thurns Pau zu Puchshaimb mir noch restirent: 220 fl bar ohne Abgang empfangen habe, solches wirdt crafft dis hiemit bescheindt, signatum Eystett ersten Augusti 1688, Jacob Engel Hoff Paumaister mpr."[04]

Pläne für einen neuen Kirchturm in Buxheim hatten bereits einige Jahre vor dem Bau bestanden: In der Sitzung des Eichstätter Domkapitels vom 2. Juni 1682 wurde über einen Beitrag zu diesem auf 1500 Gulden veranschlagten Projekt gesprochen (der Bischof hatte bereits 400 Gulden bewilligt); das Domkapitel lehnte ab mit der Begründung, "das man bey disen schweren Zeiten und besorgender Kriegsgefahr nit Ursach habe, solliche unnöttige Gepeu noch dermaln vorzuenehmen".[05] Im Frühjahr 1683 war man dann aber bereit, 200 Gulden beizusteuern.[06]

01 Mader 1928, S.63.
02 DAEI, R 1, 1687, fol.202.
03 Neuhofer 1961 ff., Jg.59, S.57 f.
04 DAEI, 11 165; "Quittschein", 1688 Aug 1.
05 StAN, 190 II, 1120; DK-Prot. 1682 Jun 2.
06 Ebenda, 1121; 1683 Mär 9.

BUXHEIM:
Pfarrhof R 1688

Der 1687 bereits als "sehr übel zuegericht"[01] bezeichnete Pfarrhof wurde 1688 repariert. Jakob Engels Kostenvoranschlag dazu belief sich auf 309 Gulden,[02] wurde dann aber um 171 Gulden, also ganz erheblich, überschritten.[03]

01 StAN, 190 II, 1123; DK-Prot. 1687 Mär 21.
02 Ebenda; DK-Prot. 1688 Mär 5.
03 Ebenda, 1124; DK-Prot. 1689 Jan 7. (Ferner: Ebenda; DK-Prot. 1689 Jan 10 und 25.)

BUXHEIM:
Fürstliches Brauhaus R 1701

Im März 1701 erinnerte[01] Jakob Engel vor der Hofkammer an die dringend fällige Reparatur des fürstlichen Brauhauses in Buxheim. Sie wurde auch von der Hofkammer als "ganz nothwendtig" erachtet und angeordnet.[02] - Das Brauhaus wurde 1721 neu gebaut,[03] später nach Plänen Pedettis erweitert.[04]

01 Jahrgang 1701 ist der erste erhaltene Band der Hofkammerprotokolle.
02 StAN, 190 II, 3159; HK-Prot. 1701 Mär 17.
03 Ebenda, 3170; HK-Prot. 1721 Feb 18. (Hinweis von Rembrant Fiedler, Würzburg.)
04 Noll 1984, S.85.

DENKENDORF:
Pfarrkirche St. Laurentius 1702/03
Abb. 10

Eine Beteiligung Engels an diesem Bau ist archivalisch nicht zu belegen. Die Interimsrechnung für das Jahr 1702, in der "wegen des noch nit ausgebaueten Gottshaus St. Laurentii zu Denckendorff" ein Betrag von 1796 Gulden 40 Kreuzer ausgewiesen wird, nennt weder ihn noch die Namen der beteiligten Handwerker.[01] - Mader vermutete Engel als Baumeister;[02] Neuhofer schloß sich dem an, meinte aber, der Turm passe "nicht zum Stil des Jakob Engel um die Jahrhundertwende von 1700", sondern stamme aus dem Jahr der Turmreparatur 1762.[03] Dieser Ansicht ist in zweierlei Hinsicht zu widersprechen: Engels Arbeiten um 1700 unterscheiden sich stilistisch nicht von denen, die früher oder später entstanden; aus einer Beziehung von Zeit und Stil lassen sich deshalb bei ihm keine Schlüsse ziehen. Zudem vertritt der Kirchturm von Denkendorf ein bestimmtes Schema (siehe S.49 f.), nach dem Engel auch die Türme von Fünfstetten und Hofstetten gestaltete und den Turm von Sappenfeld gestalten wollte (Abb.9). Gerade der Turm stellt hier also einen deutlichen Hinweis auf Jakob Engel als Architekten der Kirche dar. - Das Langhaus, das die von Engel bevorzugten Rundbogenfenster aufweist, wurde 1927 durch einen Anbau erweitert und neu stuckiert.[04]

01 DAEI, bb 4.
02 Mader 1928, S.67.
03 Neuhofer 1961 ff,. Jg.61, S.21.
04 Ebenda.

ECHENZELL (Pfarrei Wettstetten): Filialkirche St. Ägidius — R 1697

Eine Gruppe welscher Maurer reparierte 1697 die Kirche in Echenzell; die gleichen Kräfte waren 1697 und 1698 am Neubau des Langhauses von Wettstetten und an den Kirchenreparaturen in Hitzhofen und Echenzell beteiligt (siehe Anm.81). Jakob Engel erhielt für "Mühewaltung unndt Anweüssung" bei den Projekten Wettstetten, Echenzell und Hitzhofen 50 Gulden.[01]

01 DAEI, PfAA Wettsttetten I,1; Empfangsbestätigung von Jakob Engel, 1697 Dez 26.

EICHSTÄTT

Sakral- und Klosterbauten:

1. Dom
2. Heilig-Geist-Kirche und -Spital
3. Jakobskapelle
4. Dominikanerkloster
5. Jesuitenkirche (Schutzengelkirche) und -kolleg
6. Kloster St. Walburg
7. Kloster und Kirche Marienstein
8. Kloster Rebdorf

Fürstbischöfliche Profanbauten:

9. Willibaldsburg
10. Residenz
11. Dompropstei
12. Präsidentenhof (Vizedomamt)
13. Offizialhaus
14. Hausmeisterei (Kolpinghaus)
15. Kaserne
16. Hofmühlbrauhaus
17. Eucharisches Spital
18. Spitaltor
19. Willibaldsbrunnen

Domherrnhöfe und Bürgerhäuser:

20. Pappenheimer Hof
21. Spethscher Hof am Domplatz ("Krone")
22. Spethscher Hof an der Ostenstraße (altes Krankenhaus)
23. Ulmer Hof am Leonrodplatz
24. Ulmer Hof an der Residenzstraße
25. Häuserblock zwischen Gabrielistraße und Marktgasse
26. Haus Ecke Luitpoldstraße/Webergasse

1. Dom

Pläne Fürstbischof Marquards, den Dom nach einem Entwurf Jakob Engels 1667 völlig umbauen zu lassen, scheiterten zunächst am Widerstand des Domkapitels, dann auch an den Zeitumständen (siehe S.20 f.). Einfluß auf die Gestalt des Doms konnte Engel später dennoch nehmen, wenn auch in vergleichsweise bescheidenem Rahmen.

Bauch weist auf den "baugeschichtlich bedeutenden Vorgang" hin, den der schrittweise Ausbau der südlichen Kapellenreihe des Langhauses bedeute (um 1400 die Katharinenkapelle, 1592 die Seckendorfkapelle, 1692 die Magdalenenkapelle, vor 1722 die Wunibaldkapelle, um 1730 die Bäckerkapelle und 1973-75 die heutige Orgelkapelle); die nördlichen Kapellen stammten dagegen aus der Erbauungszeit des Langhauses (etwa 1350 bis 1420).[01] Auch an diesen gab es jedoch zu Engels Zeit bauliche Veränderungen, wie aus den Protokollen des Domkapitels, das mit dem Bischof die Baulast am Dom teilte,[02] hervorgeht.

Im Juni 1686 erklärte Domkapitular Karl von Ulm, er habe vor, "in dem Thumb in St: Veits Capelln" (diese schließt sich westlich an das Nord- und Hauptportal an[03]) einen neuen Altar aufrichten zu lassen, "iedoch seye vonnötten, daß selbe der anderen Capelln gleich erhöchet werdte"; das Domkapitel war damit einverstanden.[04] Wenige Tage später hieß es, "daß nunmehr der Maurer mit Aufbrechung der St: Veits Capelln den Anfang mache undt nothwendig der Grabstein, worunter vermuethlich der Fundator begraben, transferiert werden miesse".[05] Im September 1686 ließ "der Bildthauer alhier" (vermutlich Christian Handschuher) anfragen, ob ihm "der in St: Veiths Capellen erhebte Grabstain, so nit wol mehr des Alters halben tauglich", überlassen werde, er wolle dafür einen anderen Stein mit der gleichen Aufschrift liefern.[06] Das Domkapitel verschob die Entscheidung, später kam das Anliegen nicht mehr zur Sprache. Auch die Veitskapelle wurde in den Protokollen nicht mehr erwähnt.

Im Februar 1692 äußerten der Scholasticus und spätere Fürstbischof Johann Martin von Eyb und Weihbischof Franz Christoph Rink von Baldenstein die Absicht, "bey der Capelln SS: Trinitatis", die sich östlich an das Nordportal anschließt,[07] je einen Altar aufrichten zu lassen, womit sich das Domkapitel einverstanden erklärte.[08] Der zwei Joche breite Raum wurde durch eine Mauer geteilt (die später wieder entfernt wurde) und neu ausgestattet. Laut Baurechnung über "beede neuerbauthen Cappeln in der Thumbkürchen alhier"[09] erhielt der Schreiner Jakob Bochler für die beiden Altäre 503 Gulden, der Maler Johann Flieger, der sie vergoldete, 1001 Gulden. Hofschlosser Benedikt Buzer/Butzeriner fertigte die Gitter für 814 Gulden. "Wegen seiner gethaner Arbeith" bekam der Bildhauer Christian Handschuher 330 Gulden. Der namentlich nicht genannte Stukkator erhielt 136 Gulden.[010] Glaser Leopold Scheyrl/Scheuerl lieferte für die beiden Fensterstöcke jeweils "48 Stuckh, mit großen Boschinger Scheiben verglast, helt iedes 21 Scheiben" zum Preis von 101 Gulden 2 Kreuzer.[011] Jakob Engel stellte eine Bescheinigung aus, derzufolge die Steinmetzen vom 2. Mai bis zum 31. Oktober (ohne Jahr) Zahlungen in Höhe von 204 Gulden 10 Kreuzer erhielten.[012] Insgesamt beliefen sich die Baukosten auf 4372 Gulden 43 Kreuzer.[013]

Nach Beendigung der Bauarbeiten beklagte sich Franz Christoph Rink von Baldenstein darüber, daß "in seiner uffgerichten Capelln ein Thürle" sei, "wordurch allerhandt Leuth uff die Orgl und in den Thurn lauffen" (gemeint ist ein Treppenturm, der zu der Empore über dem Haupteingang führt). Es wurde beschlossen, dieses Problem "Maister Jacob" zu überantworten, da er auch "bey dem Pappenheimb: Altar zue einem anderen Eingang gahr eine guete Gelegenheit außgesehen".[014] (Danach kommt diese Angelegenheit nicht mehr zur Sprache.)

Anfang 1698 lag ein von Engel "formierter" Abriß vor, der der eine Erweiterung des Chors und ein neues Gitter betraf.

Der Fürstbischof zeigte jedoch "zue ainiger dergleichen Reparation, zuemahlen die Mittl nicht obhandten, keinen Lust" und war lediglich mit einem neuen Gitter einverstanden.[015] Im Laufe des Jahres 1698 wurde auf den Kapitelsitzungen mehrere Male über die geplante Ausweißung des Doms gesprochen.[016] Im Februar 1699 beauftragte man Engel, sich um den Einbau des Gitters, das kurz vor seiner Fertigstellung stand, zu kümmern.[017] Der Gedanke an einen Umbau des Chors war noch nicht aufgegeben worden: Im Juni 1699 fand eine diesbezügliche Besichtigung im Dom statt, an der nicht nur Jakob Engel als Sachverständiger teilnahm, sondern auch der noch in ansbachischen Diensten stehende Gabriel de Gabrieli. Dieser schlug Verschiedenes bezüglich einer Verbesserung des Chors vor (siehe Anm.152), doch schließlich sah der Bischof von dem Projekt ab, da es ihm zu teuer erschien. Wie vorher schon beschlossen, sollte es bei einer Ausweißung des Doms bleiben; außerdem erwog man, "die Seckhendorffische Capellen gleich and: auszuebrechen" und beim Kreuzaltar, damit das Gitter nicht verdeckt werde, "ein metallenes Crucifix nebst Unser Frauen und S: Johannis uffzuerichten".[018]

Über die Säuberung und Ausweißung des Doms verfaßte Engel einen Kostenvoranschlag, der am 16. Oktober 1699 ratifiziert wurde.[019] Die Seckendorfkapelle nahm er im März 1700 in Augenschein.[020] Gemeinsam mit Hans Schönauer fertigte er einen Entwurf an, dem der Fürstbischof "gnädigst applaudirte".[021] Wenig später begann man mit der Renovierung.[022] Wie vorgesehen, wurde der Dom neu getüncht (dabei übermalte man das renovierungsbedürftige "Jüngste Gericht bey dem Wilibaldts Chor"[023]). An dieser Arbeit war der Eichstätter Maler Hans Georg Frei beteiligt.[024] - Die Renovierung beschränkte sich dann aber nicht auf einen neuen Anstrich:

Chor und Kreuzgang wurden mit Mörnsheimer Steinen neu gepflastert.[025] Der Hofschlosser Melchior Schmitz fertigte ein Gitter für den Dom an,[026] das später vergoldet wurde.[027] Da es "sowohl der Thumb Kürchen als Wilibaldts Chor aine

Zierthe wäre", beschloß das Domkapitel, die "fordere Wanth" im Willibaldschor ausbrechen und durch ein Gitter ersetzen zu lassen.[028] Auch die Seckendorfkapelle erhielt ein neues Gitter.[029] Das neue Kirchengestühl fertigte der Schreiner Jakob Bochler, Eichstätt.[030] Für den Bau der neuen Kanzel ließ man "den sogenannten Maister Michael" nach Eichstätt kommen (die alte Kanzel wurde der Kirche in Nassenfels überlassen[031]).[032] - Den Vorschlag des Domkapitels, eine "Reparatur" am Willibaldschor vornehmen zu lassen,[033] lehnte der Bischof ab: Der Chor solle "gleich der Thumbkirch alleinig ausgesäubert werdten".[034] - Ende 1702 waren die Renovierungsarbeiten im Dom abgeschlossen.[035]

Fürstbischof Johann Anton Knebel von Katzenellenbogen, Nachfolger des am 6. Dezember 1704 verstorbenen Johann Martin, teilte dem Kapitel im Juli 1705 sein Vorhaben mit, "nebst dem Syndicathauss einen geradten und braithen Gang durch die Seckhendorffische Capellen in die Thumb Kürch machen zue lassen".[036] Die vom Domkapitel mit einem Gutachten beauftragten Jakob Engel und Hans Schönauer kamen jedoch zu dem Ergebnis, "daß sich die gdste Intention nit allerdings practiciren lasset, sondern besser wäre, daß die Capellen in die Thumbkürch transferirt unndt sodan ein braither Eingang aldahin gemacht wurdte".[037]

Im Mai 1708 gab Fürstbischof Johann Anton dem Domkapitel seinen Entschluß bekannt, "den Chorum S: Wilibaldi nicht also unformblich und finster stehen zue lassen, sondern villmehr die Gleichheit mit der renovirten Kirch einzurichten".[038] Dieser Plan blieb zunächst unausgeführt und kam erst 1714 wieder zur Sprache.[039] Er wurde dann von Gabrieli realisiert.

Im Zusammenhang mit dem Dom steht auch die letzte Erwähnung Jakob Engels in den Domkapitelprotokollen: Im Mai 1710 waren einige Reparaturen am Dachstuhl nötig, über die das Kapitel

Jakob Engel, sofern dieser Augenschein eingenommen hätte, befragen wollte.[040]

01 Bauch 1977, S.4.
02 StAN, 190 II, 1130; DK-Prot. 1705 Jan 9.
03 Bauch 1977, S.31.
04 StAN, 190 II, 1122; DK-Prot. 1686 Jun 28.
05 Ebenda; DK-Prot. 1686 Jul 3.
06 Ebenda; DK-Prot. 1686 Sep 6.
07 Bauch 1977, S.31.
08 StAN, 190 II, 1125; DK-Prot. 1692 Feb 22.
09 DAEI, n 1/IV; Baurechnung 1692/93.
010 Die Stukkaturen wurden in diesen und anderen Kapellen (siehe Mader 1924, S.70) im Zuge der Domrestaurierung 1881-93, bei der auch ein großer Teil der barocken Ausstattung durch eine neugotische ersetzt wurde, entfernt. Stuckiert ist heute nur noch die Spethsche Kapelle (Magdalenenkapelle) an der Südseite.
011 DAEI, n 1/IV; Handwerkerzettel u. Baurechnung 1692/93.
012 Ebenda; Handwerkerzettel.
013 Ebenda; Baurechnung 1692/93.
014 StAN, 190 II, 1125; DK-Prot. 1693 Dez 11.
015 Ebenda, 1127; DK-Prot. 1698 Jan 17 und Feb 8.
016 Ebenda, 1128; DK-Prot. 1698 Jun 10 und 13, Aug 22, Sep 16.
017 Ebenda; DK-Prot. 1699 Feb 17.
018 Ebenda; DK-Prot. 1699 Aug 4.
019 Ebenda; DK-Prot. 1699 Aug 28 und Okt 16.
020 Ebenda; DK-Prot. 1700 Mär 2.
021 Ebenda; DK-Prot. 1700 Mär 5 und 12.
022 Ebenda; DK-Prot. 1700 Apr 20.
023 Ebenda; DK-Prot. 1700 Sep 22.
024 Ebenda; DK-Prot. 1700 Nov 26.
025 Ebenda; DK-Prot. 1700 Mai 14.
Ebenda, 1129; DK-Prot. 1702 Jan 13 und Aug 11.
026 Ebenda, 1128; DK-Prot. 1700 Dez 7.
027 Ebenda, 1129; DK-Prot. 1701 Aug 30 und Sep 20.
028 Ebenda, 1128; DK-Prot. 1700 Sep 3.
029 Ebenda, 1129; DK-Prot. 1701 Dez 20 und 23.
030 Ebenda; DK-Prot. 1702 Mär 14 und Aug 11.
031 Ebenda; DK-Prot. 1702 Sep 5.
032 Ebenda; DK-Prot. 1702 Mär 17.
033 Ebenda; DK-Prot. 1701 Jun 25.
034 Ebenda; DK-Prot. 1701 Jul 8.
035 Ebenda; DK-Prot. 1702 Dez 5.
036 Ebenda, 1130; DK-Prot. 1705 Jul 28.
037 Ebenda; DK-Prot. 1705 Jul 29.
038 Ebenda, 1131; DK-Prot. 1708 Mai 22.
039 Ebenda, 1133; DK-Prot. 1714 Mai 4.
(Mitteilung von Rembrant Fiedler, Würzburg)
040 Ebenda, 1132; DK-Prot. 1710 Mai 20.

2. Heilig-Geist-Kirche und -Spital 1699/1700

Abb. 18, 29, 30

Beim großen Brand von 1634 wurden auch Spital und Kirche zum Heiligen Geist zerstört; erst 1699 kam es zu einem Neubau, den Fürstbischof Johann Martin aus eigenen Mitteln errichten ließ.[01] Jakob Engel legte dazu einen Kostenvoranschlag vor mit vier verschiedenen Entwürfen für die Kirche, von denen der kostspieligste realisiert wurde (siehe S.57 f.).[02]

Die Fassade gestaltete Engel offenbar in Anlehnung an die Schutzengelkirche (siehe S.52 f.). - Laut Baurechnung[03] wurde das Portal von Jakob Scherl/Schrell[04] und Hans Georg Rösl gearbeitet. Erst im nachhinein setzte man das Wappen ein; es trägt die Jahreszahl 1703 und wurde von dem Eichstätter Bildhauer Joseph Bittl gefertigt.[05] Wie ferner aus der Baurechnung hervorgeht, stammen die Fassadenfiguren von Christian Handschuher (die Heiligen Willibald, Walburga und Elisabeth) und seinem Sohn Veit (St. Martin). Veit Handschuher faßte auch den Hochaltar, der von den Malern Lorenz Koch und Mathias Zink vergoldet wurde.[06] - Kurz vor Vollendung des Baus geschah ein Unglück: Die Lehrgerüste wurden zu früh entfernt, so daß das Gewölbe einstürzte; zwei oder drei Tagwerker kamen dabei ums Leben.[07] Für den Unfall wurde Hans Schönauer, der leitende Maurermeister, verantwortlich gemacht.[08]

Die Baukosten, im Voranschlag mit 5274 Gulden 59 Kreuzern angegeben, betrugen nach Abschluß der Rechnung 11510 Gulden 20 Kreuzer[09] zuzüglich 130400 Ziegelsteinen (entspricht etwa 330 Gulden) und 27366 Dachziegeln (entspricht etwa 80 Gulden). Braun sieht in dieser Differenz zwischen veranschlagten und tatsächlich entstandenen Baukosten einen der frühesten Belege "für eine im Laufe des 18. Jahrhunderts immer häufiger werdende Erscheinung", die sogar zur Abdankung von Prälaten geführt habe.[010] Er übersieht hier jedoch, daß aus dem Kostenvoranschlag gar nicht hervorgeht, auf welches der anschließend vorgestellten und vom Aufwand her sehr unterschiedlichen Kirchenprojekte er zugeschnitten ist. Außerdem sind einige in der Baurechnung enthaltene Posten im Voranschlag noch gar nicht berücksichtigt, darunter die Ausgaben für die vier Fassadenfiguren, für das Fassen und Vergolden des Hochaltars und für Uhr und Glocken.

01 Mader 1924, S.310.
02 DAEI, PfAA Eichstätt IV,2; Kostenvoranschlag von Jakob Engel, 1698 Dez 23 (Dokument 4).
03 Ebenda; Baurechnung.
04 Jakob Schrell, Sohn des Steinmetzen Bartholomäus Schrell, war ein Patenkind von Engel (siehe S.33).
05 StAN, 190 II, 1130; DK-Prot. 1705 Feb 22.
06 Diese und weitere in der Baurechnung genannte Namen in: Braun H. 1978, S.73 f.
07 DAEI, B 5 ad 1700.
08 DAEI, PfAA Eichstätt IV,2; Fürstbischof an Rat und Stadtrichter zu Eichstätt, 1701 Jul 6.
09 Eigene Addition, die Rechnung nennt keinen Endbetrag.
010 Braun H. 1978, S.73 f.

3. Jakobskapelle 1668/69

Abb. 20 (am rechten Bildrand)

Anfang 1668 wandte sich Bischof Marquard an das Domkapitel: Er habe vor, die Jakobskapelle zu "reformiren", und erwarte vom Kapitel einen Vorschlag, ob sie in den Dom transferiert werden oder an Ort und Stelle verbleiben solle. Das Kapitel entschied sich für die zweite Möglichkeit: "Worüber bedacht wordten, Ihro Fürst: Gnadten einzuerathen, weilen hiebevor, sonderlich in ipso festo, ein große Andacht von denen Leuthen gewest, ob Sye ein andere Capellen daselbst erpauen unnd den Plaz gegen der Dechaney und Gymnasio mit einer Mauer unnd zweyen Portalen beschliessen lassen."[01] Dieser Vorschlag wurde verwirklicht (siehe Abb.), wahrscheinlich nach Plänen Jakob Engels (siehe S.22 und 53 f.). Im Juli 1669 war der Bau "nunmehr verfertiget".[02] Heusler überlieferte die Inschrift unter dem Wappen des Erbauers: "Marquardus II. huius Sacelli ex toto Restaurator Anno MDCLXIIX."[03] Nach der Säkularisation wurde die Kapelle abgebrochen.[04]

01 StAN, 190 II, 1117; DK-Prot. 1668 Jan 31.
02 Ebenda; DK-Prot. 1669 Jul 29.
03 DAEI, B 5 ad 1668.
04 Mader 1924, S.377.

4. Dominikanerkloster 1661 1681-83

Das im Dreißigjährigen Krieg zerstörte Kloster wurde 1649 teilweise wieder aufgebaut; dieser Zeit gehörte wohl der Ostflügel an, der 1918 nach einem Brand neu aufgeführt werden mußte.[01] 1660 wurde das Kloster noch als "halb verbrent und eingefallen" bezeichnet; Bischof Marquard hatte bis dahin schon 2700 Gulden für bauliche Maßnahmen zur Verfügung gestellt, dennoch war "alles also in Unordnung, daß man nit wüßte, wo man ain Verbesserung in dem Closter khondte anfangen".[02] 1661 wurde "mit aller Khlainglaubigen groser Verwunderung" ein dreistöckiger Bau "von der Gasse an neben der Kirchen hinauf", der Westflügel, fertiggestellt und das alte Noviziat, "so auch ein wiester Winkhl gewesen", abgebrochen.[03] Heusler berichtet, daß sich über der Tür zur Bibliothek die Jahreszahl 1664 befand;[04] sie dürfte sich auf die genannten Baumaßnahmen bezogen haben. Es ist anzunehmen, daß Engel daran bereits führend beteiligt war (siehe S.22). Eine Verbindung zwischen ihm und dem Kloster zeigt sich auch daran, daß er von den Dominikanern 1671 anläßlich seiner Hochzeit ein Geschenk erhielt.[05]

1680 baten die Dominikaner das Domkapitel "umb einige Fuhren zue ihrem vorhabenden Closterpau".[06] Dazu heißt es bei Heusler: "Marquardus II. Episcopus 60^{mus} hat lassen abbrechen und widerumb neu erbauen ein grosen Theil des clösterlichen Gebäus Anno 1681."[07] Ein, wie Mader schreibt, sehr beschädigtes Wappen des Bischofs mit der Jahreszahl 1682 oder 1683[08] befand sich im Nordflügel. - Das Stiegenhaus im Nordflügel entstand um 1740 nach Plänen Gabrielis.[09]

01 Mader 1924, S.287.
02 DAEI, B 153, fol.32'.
03 Ebenda, fol.33.
04 DAEI, B 5 ad 1681.
05 UBEI, HS 701, fol.69'; 1671 Nov 23: "Unserem Schneider, da er im Nammen des Convents auf Ihro Hochfürst: Gn: Paumaisters Hochzeit geschickht worden, zu verehren und yber das Mahl geben 2 fl 2 kr."
06 StAN, 190 II, 1120; DK-Prot. 1680 Mär 1.
07 Siehe Anm.04.
08 Mader 1924, S.305, gibt 1683 an; Mager 1970, S.13, zitiert den Text der Inschrift dagegen mit Datum 1682. Das Wappen selbst existiert nicht mehr.
09 Mader 1924, S.303 f.

5. Jesuitenkirche (Schutzengelkirche) und -kolleg

Beim großen Brand von 1634 erlitten auch Jesuitenkirche und -kolleg schwerste Schäden. Die Kirche, deren Hauptmauern, Chor und Turm stehengeblieben waren, wurde zunächst nur provisorisch repariert. Die Wiedereinwölbung und die Beseitigung der übrigen Schäden erfolgte in den Jahren 1661 bis 1662.[01] 1664 war die Wiederherstellung des Kollegs abgeschlossen.[02] Die von Bischof Marquard geförderte Restauration der Gebäude stand unter der Leitung des Jesuitenfraters Oswald Kaiser; eine Beteiligung Jakob Engels, wenigstens als technischer Gutachter, ist wahrscheinlich (siehe S.22).

01 Suttner 1859, S.146.
02 Mader 1924, S.343.

6. Kloster St. Walburg, Konventbau — 1661, 1688-90

Im Dreißigjährigen Krieg war ein großer Teil des Klosters St. Walburg zerstört worden. Die noch brauchbaren Reste wurden beim Wiederaufbau verwertet; deshalb entspricht die Situierung der Gebäude der mittelalterlichen Anlage.[01]

Als erstes wurde 1661 der Nordflügel, das Dormitorium, wieder instandgesetzt. Bischof Marquard gab die Mittel dazu; die Inschrift in seinem Wappen, das sich an der Innenhoffassade des Nordflügels befindet, nennt ihn "restaurator huius aedificii ex toto 1661".[02] Am 11. November 1664 wurde "unser neyer Bau, das Schlaffhauss" geweiht.[03] - West- und Südflügel des Konventbaus ließ das Kloster in den Jahren 1688 bis 1690 aus eigenen Mitteln wiederaufbauen. Fürstbischof Johann Euchar steuerte 1000 Gulden bei ("wan der Franzosen Kriech nit wehr, wolt er ein mehrers tun").[04] Sein Wappen mit der Jahreszahl 1690 befindet sich an der Innenhoffassade des Westflügels. Mit dem Abbruch des alten Baus begann man am 5. April 1688; am 26. April fand die Grundsteinlegung statt.[05] - Zu den beiden nordöstlich von Kirche und Konventbau gelegenen Abteiflügeln wurde der Grundstein am 13. Mai 1711 gelegt; die Arbeiten an diesem Bau, der im Februar 1716 bezogen werden konnte, leitete der Franziskanerfrater Philipp Blanck.[06]

Jakob Engel dürfte schon am Wiederaufbau des Nordflügels beteiligt gewesen sein (siehe S.22); den Bau von West- und Südflügel hat er mit großer Wahrscheinlichkeit geleitet. Leider sind die Bauakten nicht mehr erhalten; es finden sich aber in den Haushaltsbüchern,[07] die u.a. auch kleinere Bauausgaben verzeichnen, mehrere Hinweise, die auf eine gute Verbindung des Klosters zu Engel schließen lassen.

Erstmals steht sein Name in dem Band, der den Zeitraum vom 1. Januar bis Pfingsten 1666 abdeckt: "Wegen des ney erbautten Batt" erhielt Engel eine Abschlagszahlung von 45 Gulden.[08] In vergleichbaren Größenordnungen bewegen sich die Beträge, die er im Dezember 1666 für Arbeiten am neuen Bad und am Klausurbau[09] sowie 1675/76 "wegen der ney erbautten Thörmalzthennen (Malzdarre)"[010] bekam.

Daß das Kloster Grund hatte, sich ihm gegenüber erkenntlich zu zeigen, machen Einträge in der Rubrik "Verehrung und Hochzeitgeschenckh" deutlich: 1671/72 erhielt Engel - vielleicht zu seiner Hochzeit mit Anna Mayer am 10. November 1671 - anderthalb Gulden; zu seinem Namenstag am 25. Juli wurden ihm, soweit überliefert (siehe Anm.07), in den Jahren 1675, 1689, 1692, 1693, 1703 und 1705 Beträge zwischen 3 und 4 Gulden verehrt.[011]

01 Mader 1924, S.264.
02 Ebenda, S.266.
03 Klosterarchiv St. Walburg, Klosterchronik 1634-1727; Anno 1664.
04 Ebenda; Anno 1688.
05 Ebenda.
06 Ebenda; Anno 1711, 1712.
07 Aus dem hier interessierenden Zeitraum fehlen die Jahrgänge vor 1664, dann Pfingsten 1667 bis Pfingsten 1670, Lichtmeß (2. Februar) 1677 bis Ende 1678, 1684 bis 1686, 1699.
08 Klosterarchiv St. Walburg, Rechnungsbuch Nr.38 (1666); Rubrik "Ausgab dem Maurer".
09 Ebenda, Nr.39 (1666/67); Rubrik dito.
010 Ebenda, Nr.46 (1675/76); Rubrik dito.
011 Ebenda, Nr.42 (1671/72); 46 (1675/76); 56 (1689); 59 (1692); 60 (1693); 69 (1703); 71 (1705).

7. Kloster und Kirche Marienstein

Abb. 11

Nach seiner Zerstörung im Dreißigjährigen Krieg erfolgte der Wiederaufbau des Klosters 1669 auf Initiative Bischof Marquards.[01] An diesen Maßnahmen könnte Engel bereits beteiligt gewesen sein (siehe S.22). - Den Zustand des Klosters um 1680 zeigt ein Kupferstich von Johann Frank.[02]

Im Sommer 1680 erbot sich der Augsburger Kaufmann Franz Cordon, "dises Clossters groser Guetthetter", 1000 Gulden zu stiften, "um die Closter Kirchen ... mit einem Gewelb versehen und sonsten in bessere Form richten zu lassen";

Jakob Engel wurde vom Bischof beauftragt, ein Gutachten darüber zu erstellen, ob die Kirchenmauern für ein Gewölbe stark genug seien.[03] Obwohl im Frühjahr 1681 noch von dem "vorhabenden Closterkirchenpau" die Rede war,[04] unterblieb die Realisierung dieses Vorhabens. - 1701 waren umfangreiche Reparaturen nötig geworden: Die Hofkammer billigte einen "Pauüberschlag wegen der pauvölligen Kürchen des Clossters Marienstein ad 1651 fl" und erteilte Engel den Auftrag, entsprechende Maßnahmen zu treffen.[05] Auf diese dürfte auch der heutige Dachreiter (siehe S.50) zurückgehen; der Kupferstich von Frank zeigt ihn noch nicht.

Nachdem das Kloster und die nach der Säkularisation profanierte Kirche 1838 in Privatbesitz gekommen waren, wurden der größte Teil der Klostergebäude und der Chor der Kirche abgerissen; 1843 wurde die Kirche wieder konsekriert.[06]

01 Mader 1924, S.408 f.
02 Ebenda, Abb. S.409.
03 DAEI, B 48 V, fol.250; undat., auf Juli 1680 datierbar nach: DAEI, B 48 II, fol.137'; 1680 Jul 10.
04 DAEI, p 190,1; 1681 Mär 22.
05 StAN, 190 II, 3159; HK-Prot. 1701 Feb 4.
06 Mader 1924, S.409.

8. Kloster Rebdorf

Von Mitte 1688 bis Mitte 1701 wurden an den Klostergebäuden von Rebdorf umfangreiche Bauarbeiten durchgeführt, von denen u.a. Refektorium und Dormitorium (Neubau), Bibliothek, Wirtschaftsgebäude und Klostermühle betroffen waren.[01] Die Kosten beliefen sich auf insgesamt 30985 Gulden.[02] Da die spezifizierten Baurechnungen nicht mehr vorhanden sind, lassen sich über die Maßnahmen im einzelnen kaum Angaben machen.[03]

Die Stukkaturen in Dormitorium und Refektorium sind Werke von Nicolo Perdi/Perti, Bologna, und Francesco Appiani,

Porto (Tessin); Jakob Engel erhielt am 10. April 1700 "wegen vill faltiger Mühe undt gemachten Rissen" 24 Gulden.[04]

01 Neuhofer u.a. 1967, S.26.

02 StAN, 190 II, 57; Johann Baptist (24.6.) 1699/1700. - Verzeichnis der "12jährigen Paucösten" am Schluß dieses Bandes:

	fl	kr	pf
1688/89	50	46	-
1689/90	214	52	2
1690/91	937	8	-
1691/92	2558	38	2
1692/93	3008	6	1
1693/94	2805	47	-
1694/95	3867	11	2
1695/96	3242	2	1
1696/97	1864	46	-
1697/98	2405	39	-
1698/99	1937	20	-
1699/1700	5659	8	1
1700/01	2432	5	1
Summa summarum	30985	5	1

03 Einzelne Informationen enthalten die Schaffnerei-Rechnungen von Rebdorf (siehe Anm.02) der Jahrgänge Johann Baptist 1693/94 und 1699/1700 sowie die Acta Privata ac Domestica Wunibaldi (Haunschild) Prioris Insulati Rebdorffensis, 1678-1711 (DAEI, B 159).

04 StAN, 190 II, 57; 1699/1700, Rubrik Baukosten.

9. Willibaldsburg

Während der Anteil, der Engel möglicherweise an der Planung der Bastionen der Willibaldsburg zukommt, nicht zu bestimmen ist, läßt sich mit hinreichender Sicherheit sagen, daß er die Ausführung, die etwa 1668 abgeschlossen war, spätestens seit 1661 geleitet hatte (siehe S.18 ff.).

Am 17. Dezember 1681[01] brannte der Südflügel des Gemmingenbaus aus. Jakob Engel leitete den Wiederaufbau.[02] Jesuitenfrater Heinrich Mayer, dem diese Maßnahme bisher zugeschrieben wurde,[03] dürfte die Räume lediglich ausgestattet haben: Er wurde erst 1690 berufen, und die von ihm erhaltenen Entwürfe für dieses Projekt betreffen Portale und Kamine.[04]

01 Zur Datierung siehe Anm.226.
02 Ebenda.
03 Mader 1924, S.490, 494.
04 Ebenda, S.494.

10. Fürstbischöfliche Residenz

Abb. 48-50, 52

Im Jahre 1611 besichtigte der Augsburger Patrizier Philipp Hainhofer die damalige Residenz und bezeichnete sie in seinem Reisebericht als "den Alten Hof, da vor vilen Jahren die bischoff hof gehalten"; jetzt sei darin die Kanzlei.[01] Im Dreißigjährigen Krieg brannte "der ganze alte Hof" ab.[02] Sein Wiederaufbau zur jetzigen Dreiflügelanlage, die sich mit der Südseite des Doms zum Geviert verbindet, erfolgte unter der Leitung Jakob Engels und danach Gabriel de Gabrielis (siehe S.71 f.). Mauritio Pedetti baute später den Westflügel um und gestaltete die Südfassade neu (siehe Anm.308).

Ein dem Umkreis Gabrielis zugeordneter Grundriß der "allhiesigen Hochfürstl: Residenz, der neue Bau genandt"[03] zeigt das alte und neue Mauerwerk in unterschiedlicher Kolorierung. Danach ist der gesamte Westflügel mit Südwesterker und den südlich sich anschließenden drei Fensterachsen "alt", der Südflügel mit Südosterker und den östlich sich anschließenden drei Fensterachsen "neu" (wenn nicht sogar erst projektiert, da hier die Durchfahrt als "neu zu machen seyente" bezeichnet wird). Der restliche Teil des Ostflügels wird wieder als alt gekennzeichnet. Da das Westportal im Fries die Inschrift "Anno Dni: MDCCII (1702)" trägt (Abb.52) und sich über dem Innenhofportal des Ostflügels einmal das Wappen Fürstbischof Johann Antons mit der Jahreszahl 1707 befunden hat,[04] erscheint die Baugeschichte der Residenz zunächst unproblematisch: Der Westflügel wurde danach 1702 vollendet, der Ostflügel 1707 (der Südflügel später unter Gabrieli). Tatsächlich läßt sich aber weder sicher bestimmen, wann mit der Restauration begonnen wurde, noch in welchen Etappen sie sich unter Engels Leitung vollzog. Aus dem überlieferten Material ergibt sich folgendes Bild:

Baumaßnahmen erwähnen die Domkapitelprotokolle schon 1657: Der Bischof hatte um Fuhren zum "alten Hoff Pau" durch die domkapitlischen Untertanen angesucht, was auf einer aus diesem Anlaß einberufenen "extraordinari Zusammenkhunft" erörtert wurde.[05] (Mehr ist aus den Protokollen dazu nicht zu erfahren.)

In seiner 1791 erschienenen historisch-topographischen Beschreibung von Eichstätt schreibt Strauss: "Da aber dieser alte Hof im vorigen Jahrhunderte durch die Schweden in die Asche gelegt wurde, so ließ Fürstbischof Marquard im Jahre 1684 solchen wieder aufbauen."[06] Mit Quellen läßt sich diese Angabe nicht belegen, doch ist hier möglicherweise die Rede von dem 1700 in einem Brief Jakob Engels und des Hofbauschreibers Johann Martin von Zimmern erwähnten "ersten" Teil der Residenz: "Euer Hochfürst: Gn: sollen wür underthenig gehorsambist unberichtet nit lassen, wie daß der andere Thaill des alten Hoff Gebeys deme negsten dem ersten gleich gemauret sein werde undt dessent weegen dahin zu sechen, wie daß zu dessen behörigen Zimmerwerckh: oder Dachstuel die benöthigte Holz ... durch die Underthonen zum Beschlagen und Abbünden herein gebracht werden möchten."[07]

Ferdinand Maria von Werden stellte an Hand einer Aufnahme des Königlich-Bayerischen Bauamtes von 1858 fest, "daß der Westflügel der Residenz die größten Grundmauerstärken vom Willibalds-Chor her bis einschließlich der letzten Portalachse an der Westfront zeigt; unmittelbar danach setzen schwächere Außen- und Innenmauern ein bis an die 3. Achse der Südseite".[08] Von Werden vermutete bereits, daß Engel und der Bauschreiber mit dem "ersten" und dem "anderen" zwei in verschiedenen Bauperioden entstandene Teile des Westflügels gemeint haben.[09]

Im Frühjahr 1701 war der "andere" Teil im Rohbau fast fertig: Der Hofkammer lag in ihrer Sitzung vom 6. Mai ein "Memoriale" des Bauschreibers vor, in dem es heißt, es sei nun an der Zeit, den alten Hof von außen zu verputzen; außerdem war zu klären, ob der Erker mit Schindeln, Kupfer oder Weißblech gedeckt werden sollte und wie die "zue völliger Bedachung" bereits vorbereiteten, aber noch im Wald liegenden Bauhölzer in die Stadt zu transportieren wären, desgleichen 30000 Ziegelsteine, "welliche mann zue Verförttigung der Gewölber heunt ehunter dan morgen vonnöthen".[010]

Wenig später beschwerte sich der Bischof über den langsamen Fortgang der Bauarbeiten (siehe S.31), worauf die Hofkammer beschloß, es solle "sowohl der Hofpaumaister Jacob Engl als auch der Pauschreiber ieder absonderlich darüber vernommen werden, daß S: Hochfürst: Gden über den schlechten Forthgang des alten Hoff Paus sehr müssvergnügt und warumben selbiger nit besser befürdert werde, wo mann am Ende sie selbsten darumben ankhommen und nach Gebühr gegen sie verfahren würde".[011] Vielleicht konnte Engel es sich leisten, diese Anordnung zu ignorieren, denn in den Hofkammerprotokollen findet sich lediglich eine Notiz über den "underth: à part Bericht" des Hofbauschreibers, in dem dieser vor allem die Ablösung des Poliers empfohlen habe.[012]

Im Februar 1702 beantragte Engel, die "beym alten Hof zu denen Caminen bedürfftige 30000 Ziegelstein" noch vor Beginn der Feldarbeit durch die Untertanen herbeischaffen zu lassen. Die Hofkammer war einverstanden, doch der Fürstbischof widersprach: "Ihro Hochfürst: Gn: befelchen gdst, über dise Repartition nochmahlen zu consultieren und zu betrachten, was aniezt ein schlimmer Weeg, alwo die Underthanen nit vil aufladen können und iedoch grose Strappaza haben, zudeme seye die Habersaath nechstens vorhanden, also schier unmüglich sein werde, ein so grosses Quantum aniezt hereinbringen zu können."[013] (Die Fuhren wurden daraufhin per Beschluß vom 4. März auf Mai verschoben.[014])

Wohl schon vor dem Hintergrund des Spanischen Erbfolgekrieges standen im März 1702 ein Bericht Jakob Engels und die daran anknüpfende Frage, "ob und was nach seinen enthaltenen Puncten an dem alten Hof solte weithers gebauet ... werden"; die Hofkammer beschloß, Bericht und Frage an den Fürstbischof weiterzuleiten.[015] Im November 1702 hieß es dann, der Bau sei gänzlich eingestellt worden; zu diesem Zeitpunkt waren die Fensterstöcke in der "Höche" bereits eingesetzt (siehe S.41), im Erdgeschoß dagegen noch nicht (um deren Verfertigung bewarben sich die Steinmetzen Johann Sauther und Jakob Schrell).[016] Die Zahl 1702 am Westportal bezeichnet demnach also nicht das Jahr, in dem der Bau des Westflügels abgeschlossen war.

In den Hofkammerprotokollen des Jahres 1704 (1703 fehlt) findet der Residenzbau keine Erwähnung. Im nächsten erhaltenen Band Mai bis August 1707 wird dann schon vom "neuen Hoffpau" gesprochen: Die Arbeiter dort zeigten sich "sehr schläfferig und saumbseelig in der Arbeith, wie der tägliche Augenschein gebe ... so daher rühren mag, daß sich die maiste Zeit weder Paumaister noch Pauschreiber oder sonst iemandt, der anweiset, sehen lasse".[017] - Daß es sich bei diesem "neuen Bau" um den Ostflügel handelt, dürfte im Zusammenhang mit der obenerwähnten Jahreszahl 1707 im Portal unbezweifelbar sein. Da die folgenden Bände der Hofkammerprotokolle bis 1714 nicht überliefert sind, lassen sich über Verlauf und Abschluß der Arbeiten am Ostflügel keine Angaben machen.

01 Häutle 1881, S.40 f.
02 Buchner 1933, S.49.
03 TUM/A, Cod. Aur., 3.
04 Thurnhofer 1901, S.105.

05 StAN, 190 II, 1113; DK-Prot. 1657 Jan 28.
06 Strauss 1791, S.67.
07 DAEI, c 6, 33; Jakob Engel und Bauschreiber an Fürstbischof, 1700 Sep 3. (Engel hat den Brief nur mit unterschrieben.)
08 Werden 1916, S.50.
09 Ebenda, S.54.
010 StAN, 190 II, 3159; HK-Prot. 1701 Mai 6.
011 Ebenda; HK-Prot. 1701 Jul 14.
012 Ebenda; HK-Prot. 1701 Okt 14.
013 Ebenda, 3160; HK-Prot. 1702 Feb 9.
014 Ebenda; HK-Prot. 1702 Mär 4.
015 Ebenda.
016 Ebenda; HK-Prot. 1702 Nov 17.
017 Ebenda, 3163; HK-Prot. 1707 Mai 9.

11. Dompropstei 1672

Abb. 60, 61 (am linken Bildrand)

Die im Dreißigjährigen Krieg abgebrannte Dompropstei wurde in den Jahren 1656 bis 1658 instand gesetzt; das Domkapitel wurde in diesem Zeitraum häufig um Bauholz und Fuhren "zum Dombprobstey Pau" gebeten.[01] Anscheinend war diese Maßnahme aber nur ein Provisorium, denn Ende 1671 ergeht erneut die Bitte um Bauholz an das Domkapitel, "weilen Ihre Hochfürst: Gnadten die Thumb Probstey wollen pauen lassen".[02] Im August 1673 bewilligte das Kapitel, "den alten Altarstein, so vor disem auf dem Letner gestanden, zue St. Veiths Capellen in der neuen Thumb Probstey" zu geben.[03] 1674 wurde das Kapitel wieder um Holz und Fuhren gebeten, diesmal "zue vorhabenden Thumb Probstey Nebenpau",[04] worunter Nord- und Ostflügel der Anlage (siehe S.76 f.) zu verstehen sind.

01 StAN, 190 II, 1113; DK-Prot. 1656 Aug 11 und Dez 5, 1657 Apr 27 und Jun 9. Ebenda, 1114; DK-Prot. 1657 Okt 26, 1658 Apr 12 und 16.
02 Ebenda, 1118; DK-Prot. 1671 Nov 20. - Ferner: Ebenda; DK-Prot. 1671 Dez 9 und 15, 1672 Aug 19, 1673 Jan 7.
03 Ebenda; DK-Prot. 1673 Aug 18.
04 Ebenda; DK-Prot. 1674 Apr 3.

12. Präsidentenhof (Vizedomamt) 1688 ff.

Abb. 56, 57

Das linkerhand von der Westfassade des Doms gelegene Gebäude (siehe S.75) wird gemäß seiner Funktion, die es im Laufe des 18. Jahrhunderts erhielt, von Mader "ehem. Vizedomamt" genannt.[01] Heusler spricht von einem "hochfürstl: herrschaftl: Haus".[02] In den Dokumenten des 17. Jahrhunderts steht es jedoch unter der Bezeichnung "Präsidentenhof" (die Identität läßt sich belegen, siehe unten).

Mit dem Wiederaufbau des im Dreißigjährigen Krieg zerstörten Hauses wurde bereits 1688 begonnen, auch wenn die Jahreszahl 1694 im bischöflichen Wappen an der Ostfassade einen späteren Zeitpunkt anzuzeigen scheint. Das Domkapitel beschloß nämlich auf seiner Sitzung vom 21. Mai 1688, "weilen der Präsidentenhoff gepaut werde", darauf zu achten, daß den angrenzenden Pfründhäusern, ebenfalls noch Ruinen, "nichts entzogen" werde.[03] Drei Jahre später wollte der Bischof diese Brandstätten eintauschen, da sie im Falle eines Wiederaufbaus "sowohl der Thumbkürch als auch dem Präsidentenhoff" das Licht nehmen würden (also auf dem heutigen Domplatz gelegen waren).[04] Erst 1693 stimmte das Domkapitel dem Tausch zu, "damit erwehnter Präsidenten Hoff bewohnet werden möge".[05] 1701 heißt es, der Landvogt wohne in dem Hof.[06] Auf einem um 1725 entstandenen Plan von Residenz und Umgebung[07] ist dann das spätere Vizedomamt als "Landvogteywohnung" verzeichnet.

01 Mader 1924, S.657.
02 DAEI, B 5 ad 1694.
03 StAN, 190 II, 1123; DK-Prot. 1688 Mai 21.
04 Ebenda, 1124; DK-Prot. 1691 Mai 25.
05 Ebenda, 1125; DK-Prot. 1693 Aug 28.
06 Ebenda, 3159; HK-Prot. 1701 Mai 6.
07 TUM/A, Cod. Aur., 1.

13. Offizialhaus 1701/02

Mit dem "Officialhaus", wie es in den Hofkammerprotokollen genannt wurde, war das an den Präsidentenhof grenzende Haus in der Pfahlstraße gemeint. - In der Hofkammersitzung vom 6. Mai 1701 ging es um Hölzer für den Dachstuhl "des neuen Paus der Prandtstatt zwischen dem Präsidentenhoff und des Fuetherschreibers Haus".[01] Angesichts der Bedrohung durch den Spanischen Erbfolgekrieg erkundigte sich Jakob Engel im März 1702 vor der Hofkammer, wie es mit den Arbeiten am alten Hof und dem "Officials Haus nechst dem Präsidentenhoff" weitergehen solle; während die Entscheidung über die Residenz an den Bischof weitergeleitet wurde, beschloß die Hofkammer "betreffent aber das Officialn Haus, werde dessen Perfectionierung entlichen wol nöttig sein".[02]

01 StAN, 190 II, 3159; HK-Prot. 1701 Mai 6.
02 Ebenda, 3160; HK-Prot. 1702 Mär 4.

14. Hausmeisterei (Kolpinghaus) 1692

Die Hausmeisterei der Willibaldsburg wurde dem an seiner Fassade befindlichen Wappen zufolge 1692 unter Fürstbischof Johann Euchar errichtet. Die Jahreszahl ist auf dem gut erhaltenen Wappenstein deutlich erkennbar; der abweichenden Datierung bei Heusler liegt wohl ein Lesefehler zugrunde: "1697 ist das Hauß vor einen zeitlichen Haußmeister /:vulgo die Haußmeisterei:/, welche lincks auf dem Berg, wo man in das Schlos St: Willibalds-burg hinaufgehet, sich befindet, von Jakob Engel damahligen Hof-Baumeister erbauet worden.[01]

01 DAEI, B 5 ad 1697.

15. Kaserne 1703 ff.

Mit dem Bau der Kaserne wurde unter Fürstbischof Johann Martin von Eyb wohl 1703 begonnen.[01] In den Hofkammerprotokollen von 1701, 1702 und 1704 steht nichts über dieses Projekt; erst im nächsten erhaltenen Band, Mai bis August 1707, ist dann - noch - davon die Rede: Die Hofkammer beschloß am 12. August, das Angebot des Eichstätter Händlers Jakob Brentan Moretto anzunehmen, "die allenfalls in die neu gebauthe Cassernes benöthigte ohngeblaichte Tüecher in einen billich Preiss anzuschaffen".[02]

Um 1900 wurde die Kaserne abgebrochen und an ihrer Stelle die heutige Justizvollzugsanstalt errichtet.[03] Neben den bei Mager[04] genannten Plänen von Jordan Maurer, 1810, die sich im Bayerischen Hauptstaatsarchiv München, Abt. Kriegsarchiv, befinden, existieren noch Grundrisse (Erd-, 1. und 2. Obergeschoß) aus der Zeit Pedettis im Germanischen Nationalmuseum Nürnberg[05].

01 Mager 1965/66, S.93.
02 StAN, 190 II, 3163; HK-Prot. 1707 Aug 12.
03 Mager 1965/66, S.96.
04 Ebenda, S.97.
05 GNM, ZR ABK 394 I, 85-87.

16. Hofmühlbrauhaus

Die Inschrift eines an der Brauerei befindlichen Wappens der Familie Schenk von Kastell besagt, daß das Gebäude 1634 vom Feind in Flammen gesteckt und durch Bischof Marquard 1639 wiederaufgebaut wurde. Ein weiteres Wappen Marquards mit der Jahreszahl 1680 sowie das seines Nachfolgers Johann Euchar mit der Jahreszahl 1686 zeugen von erfolgten Baumaßnahmen, die wahrscheinlich von Engel geleitet wurden, aber nicht mehr zu bestimmen sind.[01] Anders verhält es sich mit dem Wappen Fürstbischof Johann Antons und der Jahreszahl

1707. Hierzu finden sich Angaben in den Hofkammerprotokollen, die für Mai bis August dieses Jahres erhalten sind. Erwähnt wird die Hofmühle aber auch schon in den Jahren 1701 und 1702:

Im August 1701 organisierte Engel die "zwahr schon genedtigst anbefelchener, aber bis daher underlassene Mühlpaus Reparation" sowie die Räumung des Mühlgrabens.[02] - Im Jahr darauf waren Reparaturen des "durch den Dampf verstückhete(n) Holzwerckh" im hinteren Brauhaus nötig. Es sei so ruinös und gefährlich, "daß sich wedter Preyknecht noch der Kupferschmidt, der den Kessel nothwendtig zu reparieren hette, hinein zue gehen und zue arbeithen getrauen will". Jakob Engels Vorschlag, zur Reparatur das "dermahlen zue dem alten Hofpau (Residenz) gehörige und unbrauchbar ligendte" Zimmerholz zu verwenden, wurde von der Hofkammer gebilligt.[03]

Im Juli 1707 gab es Beschwerden über die Qualität des Hofmühlbiers: Es werde oft von einem zum andern Tag sauer und habe einen üblen Geruch. Man beschloß, die Fässer häufiger zu reinigen und auszubrennen und Verbesserungen am Keller vornehmen zu lassen, den der Hofbaumeister in Augenschein nehmen sollte.[04] Engel stellte fest, daß der zwischen Brauhaus und Mühle gelegene Keller sehr niedrig sei, "wodurch die Lufft nicht wohl nach Nothurfft streichen kann"; zudem sei auch der Branntwein dort gelagert, "welches in Sommer Zeit sowohl als auch wegen der vom neugepränthen Bier aufsteigenden Wärme dem Branndtwein nicht nuz sein kann". Der Vorschlag lautete daher, das Kellergewölbe zu erhöhen und den Branntwein an einem andern Ort zu lagern.[05] Folgender Beschluß erging: "Nachdeme Maister Jacob bey dem Augenschein selbsten gewesen und die nothwendtige Reparation, auch, wie selbige zu Beförderung des Cameral Interesse am bequembsten und geringsten vorzuenehmmen, gefunden haben würdt, also würdet derselbe schrifftlich dazu anzuweisen sein, massen bey längerem Zuewarthen nur mehrer Schaden vor die Hochfürst: Hofcammer zu besorgen."[06]

1752 brannte die Hofmühlbrauerei ab; sie wurde nach Plänen Pedettis wiederaufgebaut.[07]

01 Mader 1924, S.645. - Beichele 1955/56.
02 StAN, 190 II, 3159; HK-Prot. 1701 Aug 19.
03 Ebenda, 3160; HK-Prot. 1702 Feb 21.
04 Ebenda, 3163; HK-Prot. 1707 Jul 15.
05 Ebenda; HK-Prot. 1707 Jul 20.
06 Ebenda; HK-Prot. 1707 Jul 27.
07 Noll 1984, S.84 f.

17. Eucharisches Spital 1707/08

In seinem Testament vom 5. März 1697 hatte Fürstbischof Johann Euchar die Errichtung eines Spitals für die "armen Kranken und Miserablen" bestimmt.[01] Sein Nachfolger Johann Martin muß wohl einen Beitrag dazu geleistet haben, da sich auch sein Wappen, außer dem des Gründers, am Haus befand.[02] Baumaßnahmen erfolgten aber erst unter Fürstbischof Johann Anton. Eingeleitet wurden sie Ende 1706 mit dem Kauf zweier bebauter Grundstücke in der Westenstraße gegenüber der Mariahilfkapelle.[03] Man erwarb "Behausung, Gärttlein und Höfflein" des Hofmusikers Joachim Wiesst sowie "Heußlein und Brandstüzen" der Witwe Ursula Spiegel. In den Jahren 1707 und 1708 erfolgten Baumaßnahmen, vermutlich unter der Leitung Jakob Engels. Die Maurerarbeiten führte Hans Deller aus, die Zimmerarbeiten Johann Dietrich.[04] 1708 wurden 1116 Gulden verbaut.[05] Offenbar handelte es sich bei diesem Projekt nicht, wie Mader und Neuhofer meinen,[06] um einen Neubau, sondern um einen großangelegten Umbau der angekauften Häuser. Jedenfalls heißt es im Rechnungsbuch des domkapitlischen Kastenamtes, an das "Ihro Hochfürst: Gnaden aus des Wiessten Hoffmusici und Sebastian Spiegls Haus" Grundzins entrichten mußten: "Dise beyde Heuser seindt dermahlen ganz neu zusammen gepauth und liegen gleich von der Capellen heriber."[07] - Das Eucharische Spital schloß 1841 nach Errichtung des Städtischen Krankenhauses im ehemaligen Domherrnhof Speth an der Ostenstraße seine Pforten.[08] Der Bau diente danach als Realschule. Heute befindet sich ein postmoderner Neubau an seiner Stelle.

01 DAEI, B 5 ad 1697 (Abschrift des bischöflichen Testaments).
02 Neuhofer 1954, S.38.
03 DAEI, ll 170; Kaufbriefe, beide 1706 Dez 22.
04 DAEI, lo 1; Handwerkerquittungen 1707.
05 DAEI, ll 170; Baurechnung 1708.
06 Mader 1924, S.672. - Neuhofer 1954, S.38.
07 StAN, 190 II, 31, 1708/09; fol.6.
08 Siehe Anm.02.

18. Spitaltor 1673

Abb. 41

Das im Dreißigjährigen Krieg zerstörte Spitaltor wurde 1673 in vergrößerter Form wiederaufgebaut, wahrscheinlich nach Plänen Jakob Engels (siehe S.65 f.).

19. Willibaldsbrunnen 1695

Abb. 42

Im Auftrag Fürstbischof Johann Euchars wurde der Willibaldsbrunnen 1695 an Stelle einer Vorgängeranlage errichtet, möglicherweise nach Plänen Jakob Engels (siehe S.66 f.).

20. Pappenheimer Hof 1689/90

Der Hof erhielt seinen Namen nach dem frühesten bekannten Besitzer, Kaspar Marschalk von Pappenheim, dessen Wappen mit der Jahreszahl 1502 am Scheitel des Torbogens eingemeißelt ist.[01] Neben diesem befinden sich dort noch vier weitere Wappen, darunter das der Familie Knebel von Katzenellenbogen mit der Jahreszahl 1690. - Zu Beginn des 17. Jahrhunderts dürfte der Hof im Besitz von Adalbert (gest. 1636) und/oder Johann Joachim Hundpiß von Waltrams (gest. 1631)[02] gewesen sein, denn in den Protokollen des Eichstätter Domkapitels wird er bis 1689 unter dem Namen "Hundbisischer Hof" geführt.

Am 23. Oktober 1674 bekam der Dimkapitular Johann Heinrich Speth von Zwiefalten den Hof vom Fürstbischof geschenkt,[03] tauschte ihn aber umgehend gegen den "Weminigischen Hof" am Domplatz ein.[04] Beide Höfe waren Brandstätten,[05] die teilweise noch zu Wohnzwecken brauchbar waren: Im Pappenheimer Hof (Spethscher Hof am Domplatz: siehe dort) richtete man 1676 eine Wohnung für den "Überreither" ein und "in dem abgebrochnen Thurn" eine Stallung für drei Pferde.[06]

1685 interessierte sich der Domkapitular und spätere Fürstbischof Johann Anton Knebel von Katzenellenbogen für den Hundbisischen Hof, den "er an sich zu erkauffen und auffzuepauen" gedachte.[07] Erst 1689 jedoch ist die Rede von "Herrn Knebel und seinem Hof"; im selben Jahr signalisiert auch der Antrag auf das benötigte Holz den Beginn der Bauarbeiten.[08] Im Sommer 1690 konnte Herr Knebel "seinen neu gepauten Thumbherrn Hoff neben der Appodeggen" beziehen.[09]

Laut Mader beschränkten sich die Baumaßnahmen "um 1690" auf den Anbau des polygonalen Eckerkers, den er Jakob Engel zuweist.[010] Wenn auch die Domkapitelprotokolle keine Schlüsse auf den tatsächlichen Umfang der Bauarbeiten zulassen, dürfte aus ihnen doch klar hervorgehen, daß der Hof insgesamt renoviert, in Teilen auch neu gebaut werden mußte. Engels Beteiligung läßt sich zwar nicht belegen, scheint aber auf Grund stilistischer und anderer Gegebenheiten (Ort, Zeit, Auftraggeber) sicher.

01 Mader 1924, S.687.
02 Daten nach Mader 1924, S.206.
03 StAN, 190 II, 1122; DK-Prot. 1685 Jun 6.
04 Ebenda, 1118; DK-Prot. 1674 Okt 23. - Der Hof gehörte vorher Eberhard von Weming (StAN, 190 II, 38; 1675/76, fol.2').
05 Ebenda, 1119; DK-Prot. 1679 Mai 2: "Cammermaistereyverwalter bittet, weilen sein Haus gegen den Hundtbisischen abgebrenten Hoff ..."
06 Ebenda; DK-Prot. 1676 Aug 11 und 18.
07 Ebenda, 1122; DK-Prot. 1685 Mai 25.
08 Ebenda, 1124; DK-Prot. 1689 Mär 11.
09 Ebenda; DK-Prot. 1690 Jul 29.
010 Mader 1924, S.688.

21. Spethscher Hof am Domplatz ("Krone") 1675

Abb. 62

Am 23. Oktober 1674 tauschte Domkapitular Johann Heinrich Speth von Zwiefalten den ihm von Fürstbischof Marquard "verehrten" Hundbisischen Hof (Pappenheimer Hof) gegen den Wemingischen Hof ein,[01] dessen Name sich von seinem Vorbesitzer Eberhard von Weming herleitete.[02] Beide Höfe waren Brandstätten,[03] die teilweise noch zu Wohnzwecken nutzbar waren: Im Wemingischen Hof hatte der "hochfürst: Futterschreiber" sein "Losament" (Pappenheimer Hof: siehe dort).[04] Zum Wiederaufbau seines neuerworbenen Hofes (siehe S.78 f.) wurden Herrn Speth, "wie in der Statt gebreuchig", zehn Jahre gewährt, in denen er für die auf dem Haus liegende Belastung von 300 Gulden keinen Zins an das Domkapitel entrichten mußte;[05] zudem erhielt er Holz und Fuhren zum Bau gratis.[06] 1685 lief die Frist der zinsfreien Jahre ab, wurde aber um zwei Jahre verlängert.[07] "Zue Auspauung seines Thumbherrnhoffs" bat Herr Speth 1687 das Domkapitel um ein Darlehen von 300 Gulden, das ihm auch gewährt wurde.[08] Nach dem Tod Johann Heinrich Speths von Zwiefalten am 1. Januar 1699 erwarb "Herr Thumb Scholasticus", Christoph Benedikt von Freyberg, den Hof für 3000 Gulden.[09] Er ließ Baumaßnahmen daran vornehmen, für die ihm vom Domkapitel 60 bis 70 halb- und ganzfudrige Stämme Holz bewilligt wurden.[010] 1705/06 war der Hof noch in seinem Besitz.[011]

01 StAN, 190 II, 1118; DK-Prot. 1674 Okt 23.
02 Ebenda, 38; 1675/76, fol.2'.
03 Ebenda, 1123; DK-Prot. 1687 Mai 13: "... 300 fl Capital auf seinen abgeprandt gewesten Thumbherrnhoff ..."
04 Ebenda, 1118; DK-Prot. 1674 Okt 23.
05 Ebenda.
06 Ebenda; DK-Prot. 1674 Nov 16.
07 Ebenda, 1122; DK-Prot. 1685 Aug 3.
08 Ebenda, 1123; DK-Prot. 1687 Sep 2.
09 Ebenda, 1128; DK-Prot. 1699 Feb 20.
010 Ebenda; DK-Prot. 1699 Mär 10.
011 Ebenda, 38; 1705/06, fol.3.

22. Spethscher Hof an der Ostenstraße

Abb. 63

Zur Entstehungsgeschichte dieses Hofes (siehe S.79) berichtet eine anonyme Kritik[01] an der 1791 erschienenen "Historisch-topographischen Beschreibung" Eichstätts von Andreas Strauss[02]: "Als Heinrich Speth von Zwyfalten 1689 Domdecanus wurde, bekam er wegen Reparirung des baufälligen Decanats Verdrus mit seinem Capitl; um nun das Opus reparandi nicht auf sich liegen zu lassen, erbaute er sich hier an diesem Ort einen Hof und weitschichtigen Garten als sein Aigentum und wohnte auser der Statt in demselben." Diese Begebenheit wurde von den Eichstätter Historiographen aufgenommen, und auch Mader erwähnt sie.[03] In den Domkapitelprotokollen sucht man sie allerdings vergeblich, auch über den Bau des Hofes wird dort nichts gesagt, so daß der Eindruck entsteht, es habe sich dabei um eine Privatangelegenheit des Dekans gehandelt. - Auf den Hof in der Ostenstraße dürfte sich das Anliegen beziehen, mit dem sich Jakob Engel im Januar 1700, ein Jahr nach dem Ableben Johann Heinrich Speths, an das Domkapitel wandte: Er bat darum, "ihme zue seiner Praetension, den verstorbenen Herrn Thumb Dechandt seel: betr:, in Gnadten verhülfflich (zu) sein".[04] In dieser Sache akzeptierte Engel kurz darauf einen von den Spethschen Erben als Vergleich angebotenen Betrag von 100 Gulden.[05] - 1763 wurde der Hof nach Plänen Pedettis durch den Anbau eines Flügels vergrößert.[06]

01 DAEI, MS 106.
02 Strauss 1791.
03 Mader 1924, S.692.
04 StAN, 190 II, 1128; DK-Prot. 1700 Jan 8.
05 Ebenda; DK-Prot. 1700 Apr 20.
06 Siehe Anm.03.

23. Ulmer Hof am Leonrodplatz

Abb. 58, 59

Der 1662 durch Graf Pappenheim instand gesetzte Hof wurde 1688, offensichtlich nach Plänen Jakob Engels, renoviert (siehe S.75 f.).

24. Ulmer Hof an der Residenzstraße

Beim Abbruch des Gebäudes gesicherte Befunde ergaben, daß Engel die Fassade dieses Hauses gestaltet haben mußte, bevor Gabrieli ihr um 1725 die Fassung gab, die sie zuletzt hatte (siehe S.77 f.).

25. Häuserblock zwischen Gabrielistraße und Marktgasse

Beim großen Brand von 1634 war auch der Häuserblock zwischen Gabrielistraße und Marktgasse (damals Vordere und Hintere Marktgasse) zerstört worden. Er entstand - mit einer Ausnahme - neu, nachdem im Februar 1685 für den Wiederaufbau der Häuser am Markt, zu denen der Block offenbar in ganzer

Länge gerechnet wurde, 20 Jahre Steuerfreiheit beschlossen worden waren (siehe S.12).

Das Eichstätter Salbuch von 1696[01] verzeichnet bebaute und unbebaute Grundstücke und deren Besitzer; ferner gibt es an, für welchen Zeitraum Steuerfreiheit im Falle aufgebauter Brandstätten gewährt wurde. Danach entstanden die beiden vom Marktplatz aus gesehen ersten Häuser 1685. Ihr Besitzer war der Nadler Simon Fromb;[02] für das direkt am Marktplatz liegende Gebäude ist Jakob Engel, der selbst einmal an diesem Grundstück interessiert war, als Architekt belegt (siehe S.34 f.). Die nächsten beiden Häuser wurden 1686 gebaut; sie gehörten dem Kastner von Mörnsheim, Andreas Rothut, und dem Domkapitular Karl von Ulm.[03] Den Block schließt eine größere, um einen Innenhof gebaute Anlage ab. Ein Wappen an der Ostfassade mit der Aufschrift "Jo. Jacobus Billmaier 1680" nennt Bauherrn und Baubeginn. Billmaier wurden die steuerfreien Jahre rückwirkend zuerkannt; im Salbuch heißt es: "NB. Lauth Concludi beym hochfr: Cammerrath vermög Prothocoll iber neu erpauthe Haus frey 20 Jahr von Ao 1685 bis 1704 aus. Hat Ao 1680 anfangen."[04]

Der ursprünglich wohl einheitlich gegliederte und fünf Objekte umfassende Block wurde im Laufe der Zeit umgestaltet, zum Teil auch umgebaut: Die Fassadengliederung des an der westlichen Stirnseite zum Marktplatz gelegenen Hauses stammt aus dem 19. Jahrhundert.[05] Das anschließende Haus trägt eine reiche Stuckdekoration, die Mader Franz de Gabrieli (gest. 1726), dem Bruder Gabriel de Gabrielis, zuschreibt.[06] Das folgende Haus war zeitweise im Besitz Gabriel de Gabrielis, der es 1733 umbauen und mit neuem Stuck ausstatten ließ.[07] Die Fassadengliederung des nächsten Hauses ordnet Mader der Entstehungszeit des Gebäudes zu.[08] Um 1740 etwa muß das Billmaier-Haus geteilt worden sein; jedenfalls stammen aus dieser Zeit die unterschiedlichen Stukkaturen an den jetzt voneinander getrennten Komplexen.[09] (Auch Strauss spricht

1791 von "zwar nur 6, doch aber durchaus ansehnliche(n) Häuser(n)".[010])

01 StadtAEI, Salbuch 1696.
02 Ebenda, fol.105, 105'.
03 Ebenda, fol.104'.
04 Ebenda, fol.104.
05 Mader 1924, S.720 (Haus B 160).
06 Ebenda, S.726 (Haus B 159).
07 Ebenda, S.721 f. (Haus B 158).
08 Ebenda, S.720 f. (Haus B 157).
09 Ebenda, S.722 f. (Haus B 156) und S.726 (Haus C 271).
010 Strauss 1791, S.97.

26. Haus Ecke Luitpoldstraße/Webergasse 1696

Im Salbuch von 1696 wird das Haus als neu erbaut bezeichnet.[01] Wegen seines polygonalen Erkers schrieb Mader es Jakob Engel bereits zu.[02]

01 Mader 1924, S.720 (Haus C 278).
02 Ebenda.

ESSELBERG (Pfarrei Greding): Filialkirche St. Nikolaus

Neben den Gotteshäusern von Hausen und Röckenhofen sowie Kirche und Pfarrhof in Altdorf besichtigte Jakob Engel 1689 auch die Kirche in Esselberg (siehe Dok.2). Er befand, die Dächer von Langhaus und Turm müßten unbedingt erneuert werden, ferner sei "wegen der Walfahrt" eine Verlängerung der Kirche um 20 auf 50 1/2 Schuh nötig. Eine Aufstellung der Kosten werde folgen.[01]

01 DAEI, PfAA Greding I,6;
Kostenvoranschlag von Jakob Engel, 1689 Mai 18.

ETTENSTATT:
Zehntstadel R 1692

Der von Engel verfaßte Kostenvoranschlag über den Zehntstadel von Ettenstatt ("erstlich nur zue Reparation, aber mit Bestandt") belief sich auf 115 Gulden 18 Kreuzer.[01] Tatsächlich betrugen die Kosten mit 126 Gulden 32 Kreuzern nur wenig mehr.[02] Johann Baptist Camesino und Daniel Barsch, die beide anwesend waren, als Engel die Kosten kalkulierte (siehe S.64), führten die Arbeiten aus.[03] - Der Stadel wurde 1713 abgebrochen und neu errichtet.[04]

01 StAN, 190 I, 141 1/2, fol.54, 54'.
02 Ebenda, fol.27; Baurechnung, 1692 Aug 20.
03 Ebenda.
04 Ebenda, 141 1/3, Nr.79; 1713 Jul 6.

ETTING:
Pfarrhof

Der baufällige Ettinger Pfarrhof wurde auf Anweisung Fürstbischof Marquards 1681 von Engel in Augenschein genommen.[01] 1695 wurde Engel erneut mit einem Gutachten über die Reparatur dieses Gebäudes beauftragt.[02] Um 1700 erfolgte unter der Leitung Hans Schönauers ein möglicherweise von Engel geplanter und organisierter Neubau,[03] der 1706 Gulden und 12 Kreuzer kostete.[04]

01 DAEI, PfAA Etting I,2; Fürstbischof an Generalvikar, 1681 Apr 27.
02 StAN, 190 II, 1126; DK-Prot. 1695 Sep 9.
03 DAEI, PfAA Etting I,2; Handwerkerzettel.
04 Ebenda; Baurechnung. - Die Baurechnung ist weder signiert noch datiert; Rückschlüsse auf die Bauzeit ermöglichen die mit Daten versehenen Positionen. Die letzte Zahlung erfolgte danach am 24. April 1701.

FÜNFSTETTEN:
Pfarrkirche St. Dionysius, Turm 1683

Im Inventar wird das Jahr des Blitzeinschlags, bei dem der Kirchturm von Fünfstetten schwer beschädigt wurde, mit 1697 angegeben.[01] Da die Daten offensichtlich von Buchner übernommen sind, bei dem es richtig 1679 heißt,[02] dürfte hier lediglich ein Druckfehler vorliegen. - Zur Baugeschichte, soweit sie Jakob Engel betrifft: siehe S.43 f.

01 Horn 1951, S.234.
02 Buchner 1937, S.351.

GELBELSEE:
Pfarrhof und Stadel

Nachdem in der Nacht zum 12. November 1678 Pfarrhof und Stadel in Gelbelsee abgebrannt waren, erhielt Jakob Engel, damals noch nicht im Amt des Hofbaumeisters, vom Bischof den Auftrag, einen Kostenvoranschlag über den Wiederaufbau zu erstellen.[01] Am 23. Dezember 1678 lagen dem Generalvikar zwei Entwürfe zu 628 bzw. 1400 Gulden vor;[02] der niedrigere ist als Autograph Engels erhalten.[03]

Gebaut wurde zunächst jedoch nicht. Im Juni 1680 wurde auf Bitten der Gemeinde ein neuer Kostenvoranschlag in Auftrag gegeben, wiederum bei Jakob Engel.[04] Der vermutlich damit zusammenhängende "Yberschlag" vom 23. Oktober 1680[05] ist nur im Namen Engels, nicht von ihm selbst geschrieben worden und stellt im großen und ganzen lediglich eine sprachlich überarbeitete Fassung des (erhaltenen, niedrigeren) Voranschlags vom Dezember 1678 dar. Abweichend von diesem enthält der neue Voranschlag zusätzlich den Hinweis, wenn "etwas gewelbt" werden solle, würden die Kosten ungefähr 900 Gulden betragen; außerdem ist bereits mit Daniel Barsch ein Kontrakt wegen der Zimmerarbeiten zustande gekommen.

Auch diese Aktion blieb folgenlos, und Anfang Juli 1681 reichte die Gemeinde erneut ein "Underthenigst und gehorsambstes Memorial" ein,[06] woraufhin Engel wieder mit der Abfassung eines Bauüberschlags beauftragt wurde.[07]

Da die Hintergründe nicht zu erhellen sind, bleibt hier nur zu konstatieren, daß dem Generalvikar am 20. November 1681 ein weiterer Voranschlag zuging, diesmal verfaßt von dem Eichstätter Maurermeister und Freund Jakob Engels Hans Biba (siehe S.33); die geschätzten Kosten beliefen sich in dieser Aufstellung auf 795 Gulden ohne Bauholz und Fuhren.[08]

Das nächste Dokument datiert vom 29. Oktober 1682:[09] Maurer- und Zimmermeister beklagen sich beim Bischof darüber, daß man ihnen für ihre Arbeit in Gelbelsee erst einen Teil der vereinbarten Summe gezahlt habe, und bitten, "unns armen Leuthen, welche ohne dies an disen Gepäuen mehrers Einbueß leiden als Vorthels gedeyen", zu ihrem restlichen Lohn zu verhelfen. Bezugsfertig war der Pfarrhof zu diesem Zeitpunkt noch nicht: Am 6. Oktober 1683 erging der fürstbischöfliche Befehl an den Generalvikar, dafür zu sorgen, daß "noch vor anbrechender Winterszeit wenigist 2 Zimmer zugerichtet und der neue Pfarrer darin wohnen könne".[010] Noch im Oktober 1684 beklagte sich der Pfarrer von Denkendorf, "daß der Pfarrhofpau zu Gelbelsee also schlecht forthgehen ... thue".[011]

Informationen über das Datum der endgültigen Fertigstellung liegen nicht vor. - Die Maurerarbeiten führte Hans Biba aus, die Zimmerarbeiten Andre Fiegentaler aus Pfahldorf; Schreiner war Wolf Ecker, Greding.[012]

01 DAEI, B 48 I, fol.494; 1678 Nov 14. - Ebenda V, fol.303; 1678 Nov 20.
02 Ebenda I, fol.504'; 1678 Dez 23.
03 DAEI, PfAA Gelbelsee I,2; Bauüberschlag von Jakob Engel, 1678 Dez 23.
04 Ebenda; Fürstbischof an Generalvikar, 1680 Jun 18. - DAEI, B 48 II, fol.139; 1680 Jul 15.

05 DAEI, PfAA Gelbelsee I,2; Bauüberschlag von Jakob Engel, 1680 Okt 23.
06 Ebenda; Memorial "sub dato Juli 1681".
07 Ebenda; Fürstbischof an Generalvikar, 1681 Jul 4.
08 Ebenda; Bauüberschlag von Hans Biba, 1681 Nov 20.
09 Ebenda; Hans Biba und Andre Fiegentaler an Fürstbischof, 1682 Nov 29.
010 Ebenda; Fürstbischof an Generalvikar, 1683 Okt 6.
011 DAEI, B 48 III, fol.37; 1684 Okt 16.
012 DAEI, PfAA Gelbelsee I,2; Handwerkerzettel Wolf Ecker. - Biba und Fiegentaler: siehe Anm.09.

GEROLFING: R 1681
Pfarrhof 1698/99

Im März 1681 besichtigte ein Maurer aus Ingolstadt den baufälligen Pfarrhof von Gerolfing und veranschlagte dessen Reparatur auf 174 Gulden 48 Kreuzer; dem baupflichtigen Eichstätter Domkapitel erschien dieser Betrag zu hoch, es beauftragte deshalb Jakob Engel mit einem Zweitgutachten.[01] Engels Kostenüberschlag fiel mit 183 Gulden 55 Kreuzer noch höher aus als der erste, es hieß dort außerdem, selbst bei einer Investition von 300 bis 400 Gulden würde "nit vil Richtiges herauskhomen".[02] Man einigte sich jedoch darauf, nach Engels Voranschlag zu verfahren.[03]

Im Herbst 1697 meldete der Pfarrer von Gerolfing dem Domkapitel, der Pfarrhof sei "dergestalten ruinos, das er vor dem Einfallen nicht sicher".[04] Jakob Engel verfaßte einen Kostenvoranschlag,[05] wenige Wochen später ein "Proiect",[06] womit vielleicht die genaue Ausarbeitung des Voranschlags nach dessen Genehmigung gemeint ist. Im September 1698 war der Pfarrhof noch im Bau.[07] Anfang 1701 wurde er als neuerbaut bezeichnet.[08]

01 StAN, 190 II, 1120; DK-Prot. 1681 Mär 21.
02 Ebenda; DK-Prot. 1681 Apr 26.
03 Ebenda; DK-Prot. 1681 Mai 2.
04 Ebenda, 1127; DK-Prot. 1697 Aug 26.
05 Ebenda; DK-Prot. 1697 Aug 30.

06 Ebenda; DK-Prot. 1697 Dez 20.
07 Ebenda, 1128; DK-Prot. 1698 Sep 5.
08 DAEI, PfAA Gerolfing I,2; Pfarrer an Generalvikar 1701 Feb 3.

GREDING:
Pfarrhof R 1673-75

Im Auftrag des Domkapitels war Engel verschiedentlich mit dem Pfarrhof Greding befaßt. Im Juli 1673 sollte er dort die Baumängel besichtigen und einen Überschlag verfassen.[01] Das scheint nicht erfolgt zu sein, denn im Oktober desselben Jahres wurde er erneut damit beauftragt.[02] Noch ganz in der Rolle des Maurermeisters erscheint er im Rechnungsbuch des domkapitlischen Obleiamtes 1675/76: "M: Jacob Engl Maurmaister alhier, daß er in solchen Pfarrhof 3 Camin verendert unnd sambt den Ofenherdten abgebrochen, wider von neuem aufgemaurt, das Haus ausgeweist, verbuzt und das Dach ausgebessert, bezalt 14 fl."[03]

01 StAN, 190 II, 1118; DK-Prot. 1673 Jul 14.
02 Ebenda; DK-Prot. 1673 Okt 20.
03 Ebenda, 38, 1675/76, fol.56.

GREDING:
Zehntstadel R 1679

Im Auftrag des Domkapitels besichtigte Engel Anfang 1679 den baufälligen Stadel und erstellte einen Kostenvoranschlag zu dessen Reparatur über 161 Gulden 30 Kreuzer.[01]

01 StAN, 190 II, 1119; DK-Prot. 1679 Jan 13 und 31.

GREDING:
Pfarrkirche St. Jakob

1629 war mit einem Neubau dieser Kirche begonnen worden, der, noch unvollendet, 1634 von den Schweden niedergebrannt wurde.[01] Da mit der alten Wehrkirche St. Martin (wegen ihrer Lage auch "obere Kirche" genannt) ein Gotteshaus zur Verfügung stand, unterblieb zunächst ein Wiederaufbau der "unteren Kirche" St. Jakob. Nach mehreren Gesuchen von Bürgermeister, Rat und Gemeinde an Fürstbischof und Domkapitel[02] wurde Jakob Engel schließlich mit einem Kostenvoranschlag beauftragt: Aus einem etwas verwirrenden Sitzungsprotokoll des Domkapitels vom 3. Juni 1698[03] geht "wegen des neu vorhabendten Kürchengepaues zue Greding" hervor, "daß der Maister Jacob sich erklährt, solche umb 3000 fl ausser der Altär und des völligen Kirchenthurns uffzuepauen"; der Fürstbischof habe aber dagegen eingewandt, "daß des Maister Jacobs schryfftlich ybergebener Überschlag sich auf 4000 fl belauffe". Zudem sei es "difficil", zwei Kirchen zu unterhalten. Man beschloß deshalb, auf einen Neubau vorerst zu verzichten und statt dessen nötige Reparaturen an der oberen Kirche durchführen zu lassen. - Mit dem Wiederaufbau von St. Jakob wurde erst 1726 begonnen.[04]

01 Neuhofer 1961 ff., Jg.61, S.79.
02 DAEI, PfAA Greding I,1; 1685 Aug 17. -
StAN, 190 II, 1127; DK-Prot. 1697 Mär 28 und
1698 Jan 10. - Ebenda, 1128; DK-Prot. 1698 Mai 30.
03 StAN, 190 II, 1128; DK-Prot. 1698 Jun 3.
04 Neuhofer 1961 ff., Jg.61, S.80.

GREDING:
Fürstbischöfliches Schloß 1696

Abb. 46, 51, 53

Am Erker des Gredinger Schlosses, das schon Mader "nach Ausweis der Stilformen" Jakob Engel zugeschrieben hat,[01] befindet sich das Wappen des Bauherrn mit einer Inschrift. Sie besagt, daß Fürstbischof Johann Euchar den Bau 1696 "ex fundamentis" errichten ließ. Bauakten oder andere Dokumente sind dazu nicht erhalten. (Siehe auch S.72 f.)

01 Mader 1929, S.106 f.

GREDING:
Rathaus 1699

Aus der Bauzeit sind keine Dokumente überliefert. An der Fassade befindet sich das Wappen des Bauherrn mit einer Inschrift, die besagt, daß Fürstbischof Johann Martin von Eyb das Haus 1699 "ex fundamento" erbauen ließ. Mader äußert vorsichtig, die Pläne stammten "wohl von Jakob Engel".[01] Zeit, Auftraggeber und einige bauliche Details wie rustizierte Kanten, geschoßtrennendes Band, Fensterumrahmungen mit Ohren und der Dachreiterabschluß aus Kuppel, Laterne und Pyramide sprechen jedenfalls dafür. Eine ungewöhnliche Lösung für Engel, der seine Fassaden sonst immer sehr systematisch aufbaute, würden die vier völlig unvermittelt in den Giebel gesetzten flachen toskanischen Pilaster bedeuten.

01 Mader 1929, S.111.

GREDING:
Grabkirche St. Magdalena 1701-03
Abb. 12

Mader gibt an, die 1439 erstmalig erwähnte und im Dreißigjährigen Krieg zerstörte Kirche sei in den Jahren 1651 bis 1653 wiederhergestellt worden.[01] "Umb weillen schon öffters die Paramenten aus diser Capell entfrembdet worden", beabsichtigte man Ende 1680, dort eine Unterkunft für einen Eremiten einzurichten.[02] Knapp ein Jahr später trug der Richter von Greding Johann Jobst 200 Gulden "zu Erweitherung des Kirchleins und Erpauung der Bewohnung" bei.[03] Zu größeren Baumaßnahmen kam es aber erst 1701 bis 1703, wie aus der Rechnung der Gefällfaktorei Greding 1701/02 hervorgeht. Zum "Grabkirchl" heißt es dort: "Dises Kirchl ist allenthalben brichig, das Chorgewölb von Schwedten Zeiten heraußgebrändt und der Tachstuell mehrenthaills schadhafft gewesen, dahero ein ganz neues Zimmer abgebundten, der Chor neu eingewölbt, das Gemäuer an villen Orthen von Grundt ausgebessert, etlich Stuckh gar ausgewechslet und gegen den Gartten hinaus ein völlig neues Gemaur darangesetzt, worauff von einem alten Burger oder Ainsiedl ein feinne Wohnung vorgericht, und also uff disen Pau /:wariber negst khommentes Jahr, wann selbiger gar vollendtet, ein ordentliche Paurechnung geführt und ybergeben werden solle:/ wenigst 7: bis 800 fl verwendtet ... wordten."[04] Von der Hofkammer wurden zum Bau 5 Zentner Eisen beigesteuert.[05] - Eine Beteiligung Jakob Engels an diesem Bau läßt sich nicht belegen; sie erscheint aber schon aus stilistischen Gründen (Dachreiter, Fenster) wahrscheinlich (siehe S.50 und 56).

01 Mader 1929, S.95.
02 DAEI, B 48 II, fol.176; 1680 Dez 23.
03 Ebenda, fol.258; 1681 Nov 19.
04 DAEI, R 18, 1701/02, fol.51.
05 StAN, 190 II, 3159; HK-Prot. 1701 Mai 6.

HAUSEN (Pfarrei Greding):
Filialkirche St. Peter und Paul 1689

Abb. 1

Das Gotteshaus ist eine Anlage aus gotischer Zeit.[01] 1689 war es baufällig; in einem Gutachten (das auch notwendige Reparaturen an den Kirchen von Röckenhofen und Esselberg sowie an Kirche und Pfarrhof Altdorf betraf) schätzte Engel die Instandsetzungskosten für Hausen auf 360 Gulden.[02] Dafür sollte der Turm ein neues Obergeschoß - an Stelle des schadhaften "Riegelwände" (Fachwerk) - und ein neues Dach erhalten. Das Langhaus mußte im Mauerwerk ausgebessert und neu gedeckt werden. Die Reparatur erfolgte noch im selben Jahr. Die "Paurechnung uber das erbaute Gottshaus Haußen in dem Ambt Greding pro Anno 1689", von Engel selbst geschrieben, aber nicht signiert, verzeichnet einen Gesamtbetrag von 508 Gulden (im Voranschlag waren unter anderem die Kosten für die neuen Fenster und Teile der Innenausstattung nicht berücksichtigt).[03]

Die Maurerarbeiten führte Johann Baptist Camesino aus, die Zimmerarbeiten Daniel Barsch; als Schreiner tätig waren Andreas Leinren, Obermässing, und Wolf Ecker, Greding.[04]

01 Mader 1929, S.122.
02 DAEI, PfAA Greding I,6; Kostenvoranschlag von Jakob Engel, 1689 Mai 18.
03 Ebenda; Baurechnung 1689.
04 Ebenda.

HIRSCHBERG: Fürstbischöfliches Schloß

Die Geschichte dieses Schlosses läßt sich bis in das 12. Jahrhundert zurückverfolgen,[01] jedoch existieren zur baulichen Entwicklung in der Jakob Engel betreffenden Zeit keine Quellen. 1636 wurde "ein Großteil der Burg" nach Blitzeinschlag eingeäschert;[02] 1652 brannte es erneut, wobei "das ganze Schloß bis an das Kastenhaus" zerstört wurde.[03] Auf einem undatierten Votivbild des Pflegers Lorenz von Helmstadt ist das zerstörte Schloß zu sehen.[04] Mader weist die Darstellung den Ereignissen von 1652 zu, Bauch denen von 1636.[05] Letzteres dürfte nicht zutreffen: Mader zufolge war Helmstadt urkundlich um 1644 Pfleger;[06] das Bild entstand später, denn Lorenz von Helmstadt wird darauf mit einem -

roten, auf Schwarzweißabbildungen kaum erkennbaren - Kreuz als bereits verstorben bezeichnet.

Es spricht nichts dagegen, daß Jakob Engel den Ostflügel wieder instand setzte und die beiden polygonalen Eckerker anfügte, wie Mader und Bauch angeben.[07] Eine Datierung dieser Maßnahmen ist aber bisher nicht möglich. Die Angabe "nach 1670" bei beiden Autoren gründet vermutlich in der Annahme, Engel sei etwa 1670 Leiter des fürstbischöflichen Bauwesens geworden.

Unter Gabrieli wurde die Anlage erweitert; über die vier mittleren Fensterachsen des Ostflügels setzte er ein Mezzaningeschoß mit Mansarddach.[08] Das heutige Erscheinungsbild des Schlosses geht auf weitreichende Umgestaltungsmaßnahmen nach Plänen Pedettis in den Jahren 1760 bis 1765 zurück,[09] von denen die Ostfassade jedoch unberührt blieb.

01 Hofmann/Mader 1908 I, S.70 ff. - Mader 1940 (Hirschberg).
02 Mader 1940 (Hirschberg), S.25. - Bauch 1970, S.4.
03 DAEI, B 5 ad 1652.
04 Abb. in Hofmann/Mader 1908 I, S.72, und Bauch 1970, S.7 (Ausschnitt).
05 Ebenda.
06 Hofmann/Mader 1908 I, S.76.
07 Mader 1940 (Hirschberg), S.25. - Bauch 1970, S.5.
08 Siehe Anm.06.
09 Noll 1984, S.126 ff.

HITZHOFEN:
Pfarrkirche Mariä Heimsuchung — R 1698

Vom 7. bis 30. August 1698 arbeiteten an der Kirche in Hitzhofen vier welsche Maurer sowie ein welscher und zwei deutsche Handlanger (siehe Anm.81). Sie verputzten und deckten Turm, Friedhofsmauer, Sakristei, Karner und "das Thürnlein ob den Eingang", worüber Jakob Engel ihnen eine Bescheinigung ausstellte.[01] Auf dieser wurde auch der Empfang des

Gesamtbetrages von 45 Gulden und 17 Kreuzern quittiert: "Li muratori abiann recevuto fiorini 45 et curroni 17." Die Bestätigung leistete jedoch keinesfalls Jakob Engel, wie Neuhofer meint[02]: Es handelt sich hier eindeutig nicht um seine Schrift, abgesehen davon, daß die Annahme auch inhaltlich nicht schlüssig wäre. Als Empfänger des Betrages dürfte Domenico Nesino oder Battista Gambin in Frage kommen, die beide mit jeweils 30 Kreuzern den höchsten Taglohn erhielten.

Renoviert, das heißt neu gepflastert und verputzt, wurde die Kirche auch im Innern, wofür der welsche Maurer Georg Trini 19 Gulden 12 Kreuzer berechnete; das Kirchengestühl wurde ebenfalls erneuert.[03] Als Hintergrund für die Marienbilder in Hitzhofen und Pettenhofen fertigte der Eichstätter Bildhauer Christian Handschuher "2 große Sonnen",[04] die von dem Eichstätter Maler Hans-Georg Frei vergoldet wurden.[05]

In den Jahren 1721 bis 1723 wurde das Langhaus nach Plänen Gabrielis neu erbaut.[06]

01 DAEI, bb 4; Bescheinigung von Jakob Engel, 1698 Aug 30.
02 Neuhofer 1961 ff., Jg.60, S.45.
03 DAEI, bb 4; Bescheinigung von Jakob Engel, 1698 Nov 15.
04 Ebenda; Handwerkerzettel, 1698 Feb 10.
05 Ebenda; Handwerkerzettel, 1698 Mär 26.
06 Neuhofer 1961 ff., Jg.60, S.45 f.

HOFSTETTEN:
Fürstbischöfliches Schloß

Abb. 64, 65

Das ehemals von einem Wassergraben umgebene Schloß Hofstetten stammt im Kern aus dem Mittelalter.[01] Ende des 17. Jahrhunderts wurde es grundlegend renoviert (siehe S.79 f.). Bauakten dazu sind nicht überliefert. Daß mit den Arbeiten unter Engels Leitung etwa 1691 begonnen wurde, ergibt sich aus den Kirchenrechnungsbelegen für den 1691/92 erfolgten Kirchturm- und Schulhausbau Möckenlohe.[02] Dem von Jakob Engel am 6. Dezember 1692 ausgestellten Beleg zu Position 42 der Rechnung zufolge wurden vom Hofstettener Schloß fünf Fenster zum Schulhaus sowie Baugerät bezogen:

"Von dem hochfürst: Schloß Hofstetten haben die Möcheloer Heiling Pfleger zu ihren Schuellhauß Pau 5 Fenster vierliechter Stöckh sambt alle Zuegehör, Beschleg undt Gloßwerckh abgeholt undt darzu applicirt wordten, welchen von der Hailing Verwalterey zu bezallen versprochen wordten, nembtlichen vor ieden Stockh so vil als 2 fl - kr, thun zusammen 10 fl - kr.

Item haben auch zu ihren Thurn Pau von besachten Hoffstetten Säullzuckh undt Floschen abgeholt, aber nit zuruckh gelüffert wordten, solches, zwar zimbtlich ruinirt, durch einen aigenen Fuhr müessen abgeholt werdten und für das Fuehrlohn bezalt wordten so vil als 1 fl."

1696 erhielt Engel den Auftrag, im Schloß eine Gärtnerwohnung einzurichten: "Demnach zue sauberer Underhaltung des neu erpauthen Schlosses zue Hoffstetten undt Widereinziglung frucht: undt nuzbarer Paumen in den daselbstigen Garten der hochwürdigste undt hochgebohrne unser allerseits gndste Fürst und Herr einen aignen (Gärtner) dahin wohnhafft zue sezen für dienlich undt nöthig erachtet undt also Franzen Ingerle solche vleissige Obsicht zue tragen zue diser Function umb so mehrers gndst verordnet haben ... also befehlen sie dero Hoffpau Maystern Jacob Engel hiemit crafft dises gndst, daß derselbe ihme Ingerle eine bequeme Wohnung alda verschaffen ... wolle."[03]

01 Mader 1928, S.133.
02 DAEI, R 102; Baurechnung über Schulhaus und Kirchturm Möckenlohe 1692 mit Belegen.
03 StAN, 190 II, 425, Lit.A; Dekret, 1696 Apr 28.

HOFSTETTEN:
Pfarrkirche St. Nikolaus 1710

Etwa gleichzeitig mit dem Gotteshaus in Pfalzpaint wurde das Langhaus der Hofstettener Kirche neu gebaut; der noch vom Ende des 12. Jahrhunderts stammende Turm[01] erhielt einen neuen Abschluß. Die Belege zur Baurechnung sind verlorengegangen, die - leider sehr knapp formulierte - Rechnung selbst existiert jedoch noch.[02] Danach begannen die Bauarbeiten am 6. Mai 1710 und endeten am 1. November desselben Jahres (Pfalzpaint: 1. April 1710 bis Ende August 1710). Ausführender Maurermeister war Hans Schönauer, Zimmermeister Mathias Brunnmüller, Hofstetten. Die Gesamtkosten betrugen 1145 Gulden 8 Kreuzer. - 1896 wurde ein neues Langhaus gebaut; der Turm blieb bestehen.[03]

Archivalisch läßt sich eine Planung der Hofstettener Kirche durch Jakob Engel nicht belegen, die Bildung des Turms weist aber deutlich auf ihn hin (siehe S.49 f.). Darüber hinaus ergibt sich eine Verbindung auf organisatorischer Ebene: Der in Hofstetten tätige Maurermeister Hans Schönauer visitierte im Mai den Kirchenbau in Pfalzpaint, der für Engel gesichert ist; auch der Stukkator Jakob Eck war für beide Gotteshäuser tätig, wie aus der Baurechnung für Pfalzpaint hervorgeht.[04]

01 Neuhofer 1961 ff., Jg.60, S.48.
02 DAEI, PfAA Hofstetten I,1; Baurechnung 1710.
03 Siehe Anm.01.
04 DAEI, PfAA Gungolding I,4; Baurechnung 1710.

INCHING:
Schlößchen

Die Baugeschichte des Inchinger Schlößchens liegt ganz im dunkeln. Mader datiert es "den Stilformen zufolge" auf das späte 17. oder frühe 18. Jahrhundert und schreibt es Jakob

Engel zu.[01] Für wen dieser Bau errichtet wurde, ist nicht bekannt. Zu Anfang des 18. Jahrhunderts besaß ihn der Eichstätter Domherr Gottfried Ignaz von Pfürdt, auf dessen Initiative vermutlich die Umgestaltung um 1715 bis 1720 zurückgeht, die Gabrieli zugeschrieben wird.[02] Im Zuge dieser Maßnahmen wurde das Dach ausgebaut und darin ein Saal eingerichtet. - Auf Engel weist der Erker an der Südostecke des Hauses; er ist, in Abweichung von der sonst von Engel bevorzugten oktogonalen Form, hier über rechteckigem Grundriß errichtet und mit einer flachen 3/4-Pyramide gedeckt.

01 Mader 1928, S.142 f.
02 Ebenda.

IRFERSDORF:
Pfarrhof R 1678

Anfang 1678 wurde der Pfarrhof dem Domkapitel als baufällig gemeldet.[01] Jakob Engel stellte fest, daß 200 Gulden für eine vollständige Renovierung nicht ausreichen würden, und schlug vor, den Pfarrhof gleich neu zu bauen oder aber nur das Allernötigste reparieren zu lassen; das Domkapitel entschied sich für letzteres.[02]

01 StAN, 190 II, 1119; DK-Prot. 1678 Jan 10.
02 Ebenda; DK-Prot. 1678 Mai 27.

KIPFENBERG:
Pfarrhof

Im Dezember 1682 wurde der Pfarrhof als "totaliter ruinirt" bezeichnet.[01] Nachdem der Pfleger zu Kipfenberg im Frühjahr 1683 einen Kostenvoranschlag eingereicht hatte, wurde Jakob Engel beauftragt, das Gebäude zu besichtigen und seinerseits "einen Yberschlag (zu) begreiffen".[02] Die nächste

Nachricht datiert erst wieder vom 12. Oktober 1692: Neben den baufälligen Kirchen von Untermässing, Öning und Röckenhofen hatte Engel auch den Pfarrhof in Kipfenberg, der sich immer noch oder schon wieder in ruinösem Zustand befand, besichtigt. Er faßte das Ergebnis seiner Rundreise in einem Kostenvoranschlag zusammen, dem er Grundrisse für alle vier Objekte beifügte.[03] Die Kosten für die Reparatur des Pfarrhofs und den Bau eines neuen Stadels in Kipfenberg hatte er darin auf 978 Gulden 10 Kreuzer geschätzt für den Fall, daß der Bau zweistöckig mit Kniestock und Kalkplattendach ausgeführt werden sollte. Eine Variante mit drei Stockwerken und Ziegeldach, von der er aber selbst abriet ("nit so beckhömblich an Zimmerwerckh"), würde 1300 bis 1400 Gulden kosten. - Zu größeren Baumaßnahmen kam es offenbar erst unter Benedikt Ettl, allerdings nicht 1726, wie Buchner[04] angibt: In einem Schreiben vom 1. Juli 1726 an den Generalvikar forderte Ettl einen Betrag von 35 Gulden für verschiedene Leistungen, die er in den Jahren 1717 bis 1719 erbracht hatte; in diesem Zusammenhang nannte er auch den Bau des Pfarrhofs von Kipfenberg.[05]

01 DAEI, PfAA Kipfenberg I,3; "Caplan" Raphael Heugl an Fürstbischof, 1682 Dez 12.
02 Ebenda; Fürstbischof an Hofkammerpräsident, 1683 Apr 4.
03 DAEI, PfAA Kipfenberg I,1; Kostenvoranschlag von Jakob Engel, 1692 Okt 12.
04 Buchner 1938, S.36.
05 DAEI, PfAA Kipfenberg I,3; Benedikt Ettl an Generalvikar, 1726 Jul 1.

KÖNIGSHOFEN:
Wallfahrtskirche Beatae Virginis Mariae

Die Wallfahrtskirche Königshofen wurde in der 2. Hälfte des 14. Jahrhunderts errichtet.[01] 1636 stürzte das Gewölbe nach einem Brand ein.[02] Sofern diese Angabe im Inventar zutrifft, brannte die Kirche 1651 zum zweitenmal ab, ein Ereignis, das dokumentarisch mehrfach belegt ist.[03] 1657 wurden vom eichstättischen Kastenamt Arberg-Ornbau 100 Gulden "zu dem Kirchenpau nacher Königshofen" gegeben.[04] In den Jahren 1704 bis 1710 erfolgten Baumaßnahmen unter der Leitung Jakob Engels.[05] Als Engel 1708 und 1709 die fürstbischöflichen Gebäude im Amt Arberg-Ornbau visitierte, unternahm er von dort aus Abstecher nach Königshofen zur Besichtigung des Baus.[06] - 1711 nahm Benedikt Ettl den "Königshovischen Kürchenpau" im Mai und wieder im Juni in Augenschein;[07] in diesem Jahr wurden 700 Gulden in den Bau investiert.[08] Die Instandsetzungsmaßnahmen wurden, mittlerweile unter Leitung Gabrielis,[09] erst 1723 zum Abschluß gebracht.[010]

01 Gebessler 1962, S.159.
02 Ebenda.
03 DAEI, l 5.
04 StAN, 225/25, 6; Lichtmeß (2. Februar) 1657/58, fol.80'.
05 StAN, Regierung von Mittelfranken, Kammer des Innern, Abgabe 1900, Nr.5453/I, fol.39-41, 139-145. (Mitteilung von Dr. Klaar, Staatsarchiv Nürnberg)
06 StAN, 225/15, 6; 1708, fol.226'; 1709, fol.229' (siehe Anm.291).
07 Ebenda; 1711, fol.221.
08 Ebenda; 1711, fol.239.
09 StAN, 190 II, 3172; HK-Prot. 1721 Okt 7. (Mitteilung von Rembrant Fiedler, Würzburg)
010 Siehe Anm.01.

LANDERZHOFEN (Pfarrei Greding):
Filialkirche St. Thomas, Turm 1680/81

Die Kirche ist eine Anlage aus dem 12. bis 13. Jahrhundert.[01] Im Juli 1680 brannte der Turm nach Blitzeinschlag aus; Maurermeister Peter Philipp und Zimmermeister Daniel Barsch, Greding, schätzten die Reparaturkosten auf 350 Gulden.[02] Der Fürstbischof, dem dieser Betrag zu hoch erschien, ordnete einen neuen Kostenvoranschlag, diesmal durch Jakob Engel, an.[03] Nach eigener Besichtigung des Turms im August 1680 stellte der Generalvikar fest, es sei unnötig, "daß dem gegebenen Voranschlag nach ein kostpahrer Pau von etlich hundert Gulden gefiehret werde".[04] Es genüge, das Mauerwerk so weit abzutragen, daß darauf "ein vieräckhig schmahle Betachung" gesetzt werden könne, wofür die Kosten 100 Reichstaler (150 Gulden) nicht zu übersteigen brauchten.[05] Im April 1681 ist das Baumaterial vorhanden; bevor Jakob Engel den Bau noch einmal besichtigt hat, soll aber nicht mit der Arbeit begonnen werden.[06]

Das Langhaus der Landerzhofener Kirche wurde 1707 verlängert, es erhielt vier neue Fenster und ein neues Tabulat; das Chorgewölbe wurde abgebrochen und in erhöhter Form wiederaufgebaut.[07] Johann Baptist Camesino und Daniel Barsch führten die Maurer- und Zimmerarbeiten aus.[08] Über eine Beteiligung Engels an diesem Bau sagen die Quellen nichts aus.

01 Mader 1929, S.216.
02 DAEI, PfAA Greding I,7; Richter zu Greding an Fürstbischof, 1680 Jul 10.
03 DAEI, B 48 II, fol.139; 1680 Jul 13 und 15.
04 Ebenda V, fol.173'; 1680 Aug 31.
05 Ebenda.
06 Ebenda II, fol.204; 1681 Apr 26.
07 DAEI, R 18, 1707, fol.203' ff.
08 Ebenda.

LENTING:
Zehntstadel R 1676

Auf seiner Sitzung vom 28. Januar 1676 beschloß das Domkapitel, Engel mit einem Kostenvoranschlag über die baufälligen Zehntstadel von Lenting und Mailing zu beauftragen.[01] Die Kosten für Lenting wurden auf 314 Gulden 10 Kreuzer geschätzt;[02] aufgewendet werden mußten schließlich 402 Gulden 11 Kreuzer.[03]

01 StAN, 190 II, 1119; DK-Prot. 1676 Jan 28.
02 Ebenda; DK-Prot. 1676 Feb 21.
03 StAN, 190 II, 40, 1676, fol.33.

MAILING:
Pfarrhof und Zehntstadel

1676 hatte Engel den Zehntstadel bereits in Augenschein genommen und seine Reparatur auf 100 Gulden geschätzt.[01] Zwanzig Jahre später besichtigte er, wieder im Auftrag des Domkapitels, Zehntstadel und Pfarrhof und veranschlagte die Reparaturen an beiden Gebäuden auf zusammen 750 Gulden ohne Fuhren; der Voranschlag wurde genehmigt.[02] Im Domkapitelprotokoll vom 7. Januar 1698 heißt es, der Pfarrhof sei schlecht gebaut und habe doch "ein Namhafftes gecostet".[03]

01 StAN, 190 II, 1119; DK-Prot. 1676 Jan 28 und Feb 21.
02 Ebenda, 1127; DK-Prot. 1696 Mai 4.
03 Ebenda; DK-Prot. 1698 Jan 7.

MÖCKENLOHE:
Pfarrkirche Mariä Himmelfahrt, Turm, und Schulhaus 1691/92

Das Langhaus der Kirche, deren Geschichte möglicherweise bis in die römische Zeit zurückreicht, war 1624 neu errichtet worden.[01] Im Juli 1691 beschloß man, daß der Turm "was höchers an Gemäur aufgefiehret und mit Plech der obere Theill gedeckhet werden solle".[02] Dieses Projekt wurde 1691/92 realisiert, zusammen mit dem Neubau des Schulhauses. Die Baurechnung einschließlich der Belege ist erhalten.[03] Danach führte Johann Baptist Camesino die Maurerarbeiten durch, Daniel Barsch die Zimmerarbeiten. Schreiner war Leonhard Stephan, Eichstätt. Der Eichstätter Maler Joseph Engelbert lieferte zwei Bilder (Fastenbild und Auferstehung Jesu) und erhielt dafür 3 Gulden 45 Kreuzer. Die gesamten Baukosten für Kirche und Schulhaus beliefen sich auf 1122 Gulden 34 Kreuzer.

Daß Jakob Engel die Bauleitung hatte, erweisen die Belege 1,2 und 42 zur Baurechnung: Auf Beleg 1 quittierte Camesino den empfangenen Lohn für seine Arbeit an der Kirche, auf Beleg 2 desgleichen für seine Arbeit am Schulhaus. Beide Dokumente tragen das Datum 25. Dezember 1692. Sie sind von Jakob Engel ausgefertigt, von Camesino nur unterschrieben. Vom selben Tag datiert Beleg 42, auf dem Engel eine Zahlung von 11 Gulden für 5 Fenster sowie Seilzug und Flaschen bescheinigt, die aus dem Schloß Hofstetten (siehe dort) nach Möckenlohe geliefert worden waren.

01 Mader 1928, S.208.
02 DAEI, B 48 III, fol.445; 1691 Jul 3.
03 DAEI, R 102, 1962; Baurechnung 1691/92 mit Belegen.

MÖRNSHEIM:
Pfarrhof 1677/78

Anfang Oktober 1676 brannte der Pfarrhof von Mörnsheim ab, wobei der Pfarrer ums Leben kam.[01] Drei Monate später notierte der Generalvikar: "M: Jacob yberbringt einen Abriss yber den zuekünfftigen Pfarrpau zue Mörnsheim, so in allem zu 500 Rthler taxiert wirt."[02] Fürstbischof Marquard kritisierte den Entwurf als "zimblich praetios", wollte aber "doch endtlich angeregten Pau gnedigst geschehen lassen".[03] Am 22. April 1677 reiste Engel nach Mörnsheim, "um daselbst die Anstalt zue dem künftigen Pfarrhoffs Pau zu befördern".[04] Marquard ordnete den Bau am 1. Juni 1677 an.[05] Ein Jahr später visitierte der Generalvikar den Pfarrhof und fand "selbigen in zimblicher Form" vor,[06] wenngleich er auch einige Fehler feststellte, die Engel auf eigene Kosten berichtigen mußte (siehe S.26). - Bereits im Frühjahr 1682 beklagte der Pfarrer, "daß sein neu erpauther Pfarrhoff ganz ruinos am Tach, Tachstuel und denen so under als obere Böden (sei), so yber 40 fl costen möchte".[07] 1684 berichtete er "die grosse Paufölligkeit selbigen Pfarrhauses".[08]

1737 wurde das Gebäude renoviert,[09] 1905 durch einen Neubau ersetzt.[010]

01 DAEI, B 48 I, fol.238'; 1676 Okt 7.
02 Ebenda, fol.271; 1677 Jan 7.
03 DAEI, PfAA Mörnsheim I,2; Fürstbischof an Generalvikar, 1677 Jan 23.
04 DAEI, B 48 I, fol.312'; 1677 Apr 22.
05 DAEI, PfAA Mörnsheim I,2. (Buchner 1938, S.178, gibt fälschlicherweise den 1. Juli an.)
06 DAEI, B 48 I, fol.454; 1678 Jun 19.
07 Ebenda II, fol.287'; 1682 Mär 13.
08 Ebenda III, fol.38'; 1684 Okt 25.
09 Neuhofer 1961 ff., Jg.61, S.24.
010 Buchner 1938, S.180.

MÖRNSHEIM:
Wildbad 1674

In einem Artikel, der am 26. September 1795 im "Eichstätter Intelligensblatt" erschien, wurde angeregt, das nicht mehr genutzte Wildbad bei Mörnsheim wieder zum Gebrauch herrichten zu lassen: "Gewölb und Gemäuer, welche die Quelle umfangten und bewahrten und die Überbleibsel des alten Wohn- und Badhauses sind das sichtbareste Zeichen von dem ehemaligen Gebrauch." Das heilkräftige Wasser sei bereits im 16. Jahrhundert, wenn nicht schon früher, genutzt worden; 1674 habe eine Untersuchung und Beschreibung der Quelle "in Rücksicht ihrer Bestandtheile" stattgefunden.[01] Bei dieser Gelegenheit wurde offenbar auch der bauliche Zustand des Bades überprüft, wie sich der Mörnsheimer Kastenamtsrechnung Lichtmeß (2. Februar) 1674/75 entnehmen läßt: Danach haben am 26. Oktober "der junge Herr Dr. Ruesch sambt den Bauschreiber und Baumeister" das Wildbad besichtigt.[02] Die Bezeichnung "Baumeister" und die Anwesenheit des Bauschreibers weisen auf Jakob Engel.

01 DAEI, B 5 ad 1674.
02 StAN, 190 II, 43, 1674/75, fol.44'.

MÜHLHAUSEN:
Pfarrkirche St. Peter und Paul

In einem Brief vom August 1699 heißt es, die Mühlhausener Kirche müsse dringend repariert werden; Jakob Engel habe sie bereits in Augenschein genommen, nachdem er sich anläßlich der "Erhebung des Zimmers hiesichen Casstenhauses" in Nassenfels aufgehalten habe.[01] Vom November 1699 datiert ein Kostenvoranschlag Engels, der drei verschiedene Varianten zur Reparatur der Kirche beinhaltet: Verbunden mit einer Erhöhung des Langhauses um 6 und des Turms um 15 Schuh, würde sie 870 Gulden 10 Kreuzer kosten; sollte das Langhaus zudem verlängert werden und der Turm eine Bedachung mit Laterne erhalten, seien 1243 Gulden und 30 Kreuzer nötig; "zu Ersparung der Uncösten" könne man sich auf eine Ausbesserung des Mauerwerks bei Erneuerung von Dach, Fenstern und Tabulat beschränken, wozu 400 Gulden ausreichen würden.[02]

Engels Vorschläge blieben unausgeführt. Im März 1704 erfolgte dann sowohl eine erneute Begutachtung der Schäden - diesmal durch Hans Schönauer - als auch die Zusage des Generalvikars, den Bau noch im selben Jahr vornehmen zu lassen,[03] was aber nicht geschah: 1705 wurde erneut um Durchführung der Reparatur gebeten.[04] - Wann die Kirche tatsächlich instand gesetzt wurde und ob Jakob Engel damit noch befaßt war, geht aus den Akten nicht hervor.

01 DAEI, PfAA Mühlhausen I,1; Kastner von Nassenfels an Fürstbischof, 1699 Aug 6.
02 Ebenda; Kostenvoranschlag von Jakob Engel, 1699 Nov 16.
03 Ebenda; Kastner von Nassenfels an Generalvikar, 1705 Apr 17.
04 Ebenda.

NASSENFELS:
Kastnerhaus 1699

Das Kastnerhaus von Nassenfels war im Auftrag Fürstbischof

Johann Martins 1699 von Grund auf neu erbaut worden, wie aus einer Wappeninschrift über dem Eingang hervorging.[01] Bauakten sind nicht erhalten, doch ist die Teilnahme Jakob Engels am Richtfest belegt, das Ende Juli 1699 stattfand.[02] Bei einem Brand am 22. August 1932 zerstört,[03] besteht das Kastnerhaus heute nur noch als Ruine.

01 Mader 1928, S.242.
02 DAEI, PfAA Mühlhausen I,1; Kastner von Nassenfels an Fürstbischof, 1699 Aug 6: "... derohalben erst vor 8 Tagen Euer Hochfürst: Gnadten Hofpaumaister Jacob Engel, welcher sich ohnedem alhier nach Erhebung hiesichen Casstenhauses anbefunden ..."
03 Information von Herrn Schlecht, Landbauamt Eichstätt.

NEUMARKT:
Hofkirche Mariä Himmelfahrt 1701/02

Abb. 31, 32

Die ältesten Teile der Hofkirche stammen aus dem 15. Jahrhundert; im 16. Jahrhundert wurde das ursprünglich einschiffige Langhaus durch den Anbau von Seitenschiffen erweitert.[01] Unter Berücksichtigung von Vorschlägen, die eine Baukommission bereits 1615 erarbeitet hatte, plante Engel den Umbau der Kirche, der in den Jahren 1701 und 1702 erfolgte (siehe S.59). Dabei wurden die Seitenschiffe abgebrochen und neu aufgeführt, das Langhaus um 23 Schuh erhöht und mit Obergadenfenstern und einer flachen Kassettendecke versehen; erneuert wurden auch das Pflaster der Kirche, die Empore, die Sakristei und die Fenster im Chor.[02] Die Maurerarbeiten führte Stephan Wurzer, Neumarkt, aus,[03] die Zimmerarbeiten Georg Erhard, Amberg.[04] Die Kassettendecke ist ein Werk des "Schreiners und Bildhauers" Erhard Wirsching, Neumarkt;[05] gefaßt wurde sie von dem Maler Balthasar Beck.[06] Die Gesamtkosten des Umbaus betrugen 5374 Gulden 6 Kreuzer.[07]

Engels Anteil an diesem Bau wird in den einleitenden Worten zur Rechnung formuliert: Der "hochfürst: Paumeister H:r Jacob Engel" hatte den Bau in Augenschein genommen, Abriß und Überschlag verfaßt und mit den Handwerksleuten "pactirt".[08] Während des Baus kam er einmal zur Inspektion.[09]

01 Hofmann/Mader 1909, S.34.
02 DAEI, R 32, Einleitung.
03 Ebenda, S.20.
04 Ebenda, S.17.
05 Ebenda, S.25.
06 Ebenda, S.32.
07 Ebenda, S.75.
08 Ebenda, Einleitung.
09 Ebenda, S.75.

OBEREICHSTÄTT:
Pfarrhof, "Sechenstatt" in der Küche 1668

1668 wurde von "M: Jacob Engel Maurer" in der unteren Küche des Pfarrhofs Obereichstätt eine "Sechenstatt zugerichtet"; Engel erhielt für diese Arbeit 7 Gulden.[01]

Es ist nicht klar, was hier unter dem Begriff "Sechenstatt" zu verstehen ist. Nach Grimm[02] leitet er sich ab von "sechten", das heißt mit Lauge bleichen; für eine solche Einrichtung wäre aber wohl eher das Waschhaus der rechte Ort gewesen. Plausibler scheint, daß eine "Selchenstatt", also eine Art Räucherkammer,[03] gemeint ist.

01 DAEI, R 3.
02 Grimm 1854 ff.
03 Hinweis von Klaus Kreitmeir, Eichstätt.

OBERMÄSSING:
Fürstbischöfliches Schloß 1669/70

Von diesem Bau, der heute Ruine ist, sind Pläne aus dem 18. Jahrhundert erhalten. Es handelt sich um drei im Germanischen Nationalmuseum Nürnberg befindliche Blätter, von denen eines den damaligen Grundriß des "mittleren" und des "obersten" Stockwerks zeigt; dieses Blatt trägt die Signatur "Benedictus Künsdorfer Maurer bolier".[01] Die beiden anderen Blätter sind unsigniert, stammen aber von derselben Hand und enthalten je eine Umbauvariante für das oberste Stockwerk.[02] Das Schloß bestand aus zwei im rechten Winkel aufeinanderstoßenden Flügeln, die nicht nur in Breite und Länge voneinander abwichen, sondern auch in der Stärke der Umfassungsmauern und deshalb verschiedenen Bauperioden zugeordnet werden müssen.[03] Der wegen seiner geringeren Mauerstärke als jünger eingestufte schmalere und längere Flügel zeigt eine dichte Achsenfolge und an seiner Schmalseite in beiden Obergeschossen Eckerker über quadratischem Grundriß.

Zur Baugeschichte im 17. Jahrhundert lassen sich folgende Angaben machen: Das Schloß war im Dreißigjährigen Krieg zerstört und 1670 durch Fürstbischof Marquard wiederhergestellt worden. Das bezeugten Wappeninschriften über dem Tor und "an dem Flügelbau im innern Hof", wie die Heuslersche Sammlung überliefert.[04] Begonnen worden war mit dem Bau wohl 1669: Im April dieses Jahres wurden bei der Glashütte zu Abenberg "zu dem bereiths angefangenen Schlosspau Obermässing ... in die viertausent dreihundert Stickh grosse Khörnscheiben" bestellt.[05] Im Juni 1669 bat der Bischof das Domkapitel, über seine Untertanen in Groß- und Kleinhöbing "ein Beyhilff mit Fuhren zum Schlosspau zue Obermessing" zu leisten.[06] (Das Domkapitel entschied, es den Untertanen zu überlassen, ob "sie dergleichen aus guetem Willen verrichten wollen".)

Jakob Engel kommt auf Grund seiner damaligen Rolle im Eichstätter Bauwesen, insbesondere seiner Tätigkeit für den Bischof (siehe S.22) als Planer und Organisator dieses Projekts mit großer Sicherheit in Frage. Auch die beiden Eckerker an der Schmalseite des jüngeren Flügels sprechen für ihn.

01 GNM, ZR ABK 394 III, fol.27.
02 Ebenda, fol.26 und 28.
03 Vollständiger Grundriß nur auf fol.28.
04 DAEI, B 5 ad 1670.
05 StAN, 225/25, 1963; Fürstbischof an Kastner zu Abenberg, 1669 Apr 19.
06 StAN, 190 II, 1117; DK-Prot. 1669 Jun 14.

ÖNING:
Pfarrkirche St. Blasius 1693/94

Der Inventarband enthält zur Baugeschichte dieser Kirche nur die knappe Angabe: "Turm gotisch, Chor und Schiff einheitlicher Barockbau."[01] Laut Neuhofer hatte Johann Baptist Camesino schon 1689 Pläne für ein neues Langhaus vorgelegt, die mit 150 Gulden veranschlagt worden waren.[02] Selbst bei einer kleinen Kirche wie dieser wäre ein solcher Betrag für ein neues Langhaus völlig unzureichend gewesen. Tatsächlich hatte Camesino, zusammen mit dem Zimmermeister Christoph Viehtaler, Berching, und dem Schreiner Peter Ziegler, nur einen Kostenvoranschlag über Reparaturen an Mauerwerk, Dachstuhl und Tabulat erstellt.[03]

1692 fand Engel auf einer Inspektionsreise das Gotteshaus Öning "ganz ruinos an Gemeyr und Zimmerwerckh" vor. Er schätzte die teilweise einem Neubau gleichkommende Reparatur auf 690 Gulden 30 Kreuzer, bei Wölbung des Langhauses auf 100 Gulden mehr.[04] (Letzteres unterblieb.) Die in den Jahren 1693 und 1694 ausgeführten Bauarbeiten, die unter anderen Camesino und Barsch übertragen worden waren, kosteten 680 Gulden 43 Kreuzer.[05] Der Schreiner Joseph W. Pfisterer lieferte neben drei großen und einem für die Sakristei bestimmten kleinen Fensterstock auch eine "Lehr zum Buz an Gesimbsen", also eine Schablone zum Ziehen der Putzgesimse.[06] Am 29. August 1695 besichtigten "Herr General Heilling Verwalther, Herr Hoffbaumr: Engl, Maister Baptist und Daniel den Bau.[07]

01 Hofmann/Mader 1908 I, S.110.
02 Neuhofer 1961 ff., Jg.61, S.60.
03 DAEI, PfAA Öning I,1; 1689 Jul 18.
04 DAEI, PfAA Kipfenberg I,1; 1692 Okt 12.
05 DAEI, PfAA Öning I,1; Baurechnung 1693/94.
06 Ebenda; Schreinerzettel zur Baurechnung.
07 Ebenda; Baurechnung 1693/94.

ÖSTERBERG (Pfarrei Obermässing):
Filialkirche St. Stephan 1690

Abb. 5, 7

Die Kirche wird im Inventar als "romanische Anlage des 12.-13. Jahrhunderts" bezeichnet.[01] - Vom 15. Januar 1690 datiert ein Kostenvoranschlag zur Instandsetzung des Gotteshauses und Turms von Österberg, der zwar nicht von Engel selbst geschrieben, aber mit seinem Namen unterzeichnet ist; der beigefügte, mit "Nr.2" bezeichnete Auf- und Grundriß (Abb.7) - auf ihn wird im Voranschlag ("Nr.1") auch Bezug genommen - stammt der Beschriftung nach mit Sicherheit von Jakob Engels Hand.[02] Engel plante, den Turm zu erhöhen und mit einem neuen Abschluß auszustatten, ferner das Langhaus soweit wie möglich, das hieß bis an die Kirchhofsmauer, zu verlängern. Um dennoch die Tradition des Kirchenumritts am Stephanstag aufrechterhalten zu können, sollte der Anbau im unteren Teil einen Durchgang überwölben (und im oberen die Empore aufnehmen). Der Voranschlag enthielt auch die bereits mit Camesino und Barsch getroffenen Vereinbarungen. Die Gesamtkosten wurden mit 1016 Gulden 35 Kreuzern angegeben. Vor Baubeginn wurden die Pläne zugunsten einer Wölbung noch einmal geändert.[03] Auch der Turm entspricht nicht dem Entwurf (siehe Abb.). Im großen und ganzen dürfte der Voranschlag aber realisiert worden sein, wie schon die etwa gleichlautenden Beträge für die Maurer- und Zimmerarbeiten dort und in der Baurechnung[04] anzeigen. Die Gesamtkosten betrugen 1151 Gulden 57 Kreuzer. - Der überwölbte Gang ist vermutlich bei einem späteren Umbau beseitigt worden; an entsprechender Stelle befindet sich heute eine Tür mit der Jahreszahl 1746.

01 Mader 1929, S.264.
02 DAEI, PfAA Obermässing I,4; Voranschlag von Jakob Engel, 1690 Jan 15.
03 Ebenda; Schreiben vom 12. und 14. März 1690.
04 Ebenda; Baurechnung, undatiert.

ÖTTINGEN:
Schloß Spielberg 1680

Für den Neubau des Schlosses Öttingen-Spielberg überbrachte der "Baumeister von Eychstett" am 11. und am 28. März 1680 Risse und erhielt jeweils 18 Gulden "Verehrung". Gleiche Beträge wurden auch dem "Baumeister von Stuttgart" übergeben, dessen Pläne schließlich zur Ausführung kamen. (Siehe S.24.)

ORNBAU:
Pfarrkirche St. Jakob 1680/81

Die Geschichte der Ornbauer Kirche reicht bis ins 11. Jahrhundert zurück.[01] - Im November 1679 lagen dem Pfarrer Pläne "Jacob Angelos" zu einer umfassenden Renovierung des als "ruinos, unförmlich, ia wohl auch hochgefährlich" bezeichneten Gotteshauses vor; nun sollte das Langhaus mit einem geschätzten Kostenaufwand von 1000 Gulden erhöht, Fenster, Tabulat und Dachstuhl erneuert werden.[02] Über die Bauarbeiten berichtet die Heuslersche Sammlung: "Ohrnbau. - Den 17ten July 1680 wurde an der Pfarr-Kirchen daselbsten das ganze Langhaus abgetragen, die Mauer umb 12 oder 14 Schuh hocher aufgeführet und von dem Stadt-Müller ein ganz neuer Dachstuehl zugericht und darauf gesezet, auch dieser den 24. July 1681 beschlossen."[03] Die Arbeiten fanden statt "unter der Direction Carl Engel eines welschen Architect und Bruders zu des hochfürst: Hofbaumeisters Jacob Engel zu Eychstätt".[04] Die Gesamtkosten des Baus betrugen 1599 Gulden 40 Kreuzer.[05] - 1696 wurde der Turm "durch einen erschröckhlichen Donnerstreich" beschädigt (ganz abgedeckht"); Jakob Engel kam zur Besichtigung und ordnete die Reparatur an.[06]

01 Ramisch 1964, S.100.
02 DAEI, PfAA Ornbau I,1; Pfarrer Georg Mauch an Fürstbischof, 1679 Nov 26.
03 DAEI, B 5 ad 1680.
04 Ebenda.
05 DAEI, B 48 II, fol.213.
06 StAN, 225/25,6, 1696, fol.152.

PAPPENHEIM: Augustinerklosterkirche

In dem "Neben-Rezeß beider Pappenheimischen Linien" von etwa 1697 heißt es: "Was aber die Augustiner-Closter-Kirche betrifft, ist deren Reparatur wirklich angeordnet und einem verständigen Baumeister von Eystett Jacob Engeln unter die Aufsicht gegeben, auch deren benötigten Kosten halber die Anstalt getroffen."[01]

01 DAEI, Nachlaß Neuhofer 91; Mitteilung von Dr. Wilhelm Kraft, Pappenheim, an Theodor Neuhofer vom 5. Juli 1966.

PETTENHOFEN: Pfarr- und Wallfahrtskirche Mariä Geburt 1698

Im April 1694 meldete der Pfarrer von Pettenhofen "die eüsseriste Pauvölligkeit selbigen Orts Pfarrkirchen".[01] Daraufhin wurde ein Kostenvoranschlag über 600 Gulden erstellt, der dem Domkapitel mit Bitte um Beteiligung - "weilen ein Hochwürdtig Thumb Capitul das Ius patronatus und den Zehent alda geniesse" - vorgelegt wurde.[02] 1698 waren 800 Gulden verbaut.[03] Jakob Engel dürfte die diesem Betrag nach umfangreichen Arbeiten geleitet haben: Von ihm hat sich noch eine Liste über Tätigkeit und Bezahlung von vier Maurern und drei Handlangern (siehe Anm.81) erhalten, die im September 1698 Chor und Sakristei der Kirche gepflastert und den Eingang verändert hatten ("... ein neye Portal oder Vorschupfen von Grundt auf ney zu mauren, gewölben, döckhen und ein steinen Thirgerist einzusetzen").[04] Das Türgerüst lieferte der Steinmetz Peter Schrell, Eichstätt, für 11 Gulden 30 Kreuzer; Hans-Georg Frei, Maler aus Eichstätt, stellte 30 Gulden in Rechnung "wegen in beede Gottshäußer Hitzhoven und Bettenhoven zwey vergoldete Sonnen hindter die Mutter Gottes Bildter, dan für die Ausbesserung des Altars zu Hitzhoven"; die Sonnen hatte der Eichstätter Bildhauer Christian Handschuher gearbeitet.[05] - Das Langhaus der Kirche von Pettenhofen wurde 1714 verlängert, der Turm 1739 neu gestaltet.[06]

01 DAEI, B 48 I, fol.34'; 1694 Apr 13.
02 StAN, 190 II, 1125; DK-Prot. 1694 Aug 25.
03 DAEI, bb 1.
04 DAEI, bb 4; "Verzaichnus" von Jakob Engel, 1698 Sep 21.
05 Ebenda; Handwerkerzettel.
06 Neuhofer 1961 ff., Jg.61, S.72 f.

PFALZPAINT (Pfarrei Gungolding): Filialkirche St. Andreas — 1710

Abb. 6

1710 wurde das Langhaus der Kirche von Grund auf neu erbaut und der mittelalterliche Turm erhöht. Über den Vorgängerbau ist nichts bekannt; weder die Baurechnung von 1710 noch die dazugehörigen Belege enthalten einen diesbezüglichen Hinweis (z.B. daß das alte Langhaus abgebrochen worden sei). Dort heißt es lediglich: "... ist den ersten April auf Befelch

H: Jacob Engl Hoffbaumaistern, so den lezten Martius den Bau ausgesteckht, die Arbeith angefangen worden." Im Mai visitierte Hans Schönauer den Bau; Ende dieses Monats wurde das Langhaus fertiggestellt. Als Jakob Engel Ende August "mit Man und 2 Pferden" - also nunmehr in Begleitung (siehe S.32) - nach Pfalzpaint kam, waren die Arbeiten im großen und ganzen abgeschlossen. (Die Baurechnung gibt über Art und Dauer der einzelnen Schritte Auskunft.) - Die Baukosten betrugen für die Kirche 1431 Gulden 35 Kreuzer, für Friedhofsmauer, Sakristei und anderes 76 Gulden 44 Kreuzer. Beteiligt am Bau waren unter anderen: Maurermeister Michael Säckler; Zimmermeister Martin Brunnmüller, Gungolding; Stukkator Jakob Eck, Eichstätt; Maler Andreas Kell, Kipfenberg, und Lorenz Koch, Eichstätt.[01]

01 DAEI, PfAA Gungolding I,4; Baurechnung 1710 mit Belegen.

PFÜNZ:
Fürstbischöfliches Sommerschloß

An Stelle des heutigen Gebäudes befand sich bereits 1282 ein Steinhaus; 1475 erwarb der Eichstätter Bischof Wilhelm von Reichenau das Anwesen.[01] Im Pfünzer Grundbuch von 1696 heißt es zu Beginn: "Ist darunnen ein altes Schloß, so dermahlen ein Gärthner bewohnt, undt ist von demselben ein neuer Garthen Anno 1680 angelegt wordten."[02] Auf die "Anlegung des Pfünzer Hofgartens" im Jahre 1710 nimmt das Hofkammerprotokoll vom 5. Januar 1729 Bezug.[03] Daß 1710 auch das Schloß neu errichtet wurde, ist lediglich in einer 1857 erschienenen Chronik verzeichnet.[04] Ende des 18. Jahrhunderts bestanden Pläne, das Schloß in großem Stil zu erweitern; verschiedene Entwürfe des damaligen Hofbaudirektors Pedetti, die zum Teil die Einbeziehung des alten Schlosses als Nebengebäude vorsahen, sind erhalten.[05]

Mader akzeptiert die Datierung 1710 und weist den Bau "nach Ausweis des Stiles" Jakob Engel zu.[06] Ein Vergleich des Pfünzer Schlosses mit anderen Repräsentationsbauten Engels ergibt aber nur wenige gemeinsame Stilmerkmale. Zwar weisen die Ecktürme - wie bei dem in Sichtweite gelegenen Inchinger Schlößchen über rechteckigem Grundriß angelegt - mit ihren Abschlüssen aus Oktogon und Zwiebel eine von Engel häufig verwendete Kombination auf, doch enthält die nach Norden gerichtete Hauptfassade auch Elemente, die sich an Engels Bauten sonst nicht finden. Dazu gehören die Fenster im Untergeschoß, die mit Ausnahme der jeweils äußeren nicht in den entsprechenden Vertikalachsen liegen und auch zu schmal sind: Engel erzielte das kleinere Format, das er den unteren Fenstern gab, durch eine geringere Höhe, während die Breite über alle Stockwerke gleich blieb. Das Portal[07] mit seiner Umrahmung aus toskanischen Pilastern und gesprengtem Dreiecksgiebel hat, was den Aufbau betrifft, in Engels Werk zahlreiche Parallelen, fällt aber dennoch völlig aus dem Rahmen, da Pilaster und Gebälkzone mit Rustikastreifen besetzt sind. Weitere Fassadendekorationen weist der Bau nicht oder nicht mehr auf.

Nach Lage der Dinge wäre folgende Lösung möglich: Das 1696 im Grundbuch von Pfünz erwähnte "alte Schloß" wurde 1710 nach Plänen Engels renoviert. Aus dieser Zeit stammen die Ecktürme und das Portal, während im übrigen ein nicht bestimmbarer, aber wesentlicher Anteil alter Bausubstanz erhalten blieb. Das Portal wurde später umgestaltet, möglicherweise durch Pedetti. (Beispiele dafür, daß Pedetti Rustikastreifen als Gliederungselemente einsetzte, sind die Mariensäule und der mittlere Hofgartenpavillon in Eichstätt.)

01 Mader 1928, S.270.
02 StAN, 190 II, 35.
03 StAN, 190 II, 3186; HK-Prot. 1729 Jan 5. (Hinweis von Rembrant Fiedler, Würzburg)
04 Siehe Anm.01.
05 Noll 1984, S.159 ff.
06 Siehe Anm.01.

07 Die Angabe von Mader 1928, S.271, das Portal liege "in der Mittelachse", ist ungenau. Wie ebenda, Tafel XVII, zu sehen, befand sich das Portal damals wie heute an derselben Stelle, nämlich leicht aus der Mittelachse nach rechts verschoben. Die wohl auf Maders Ungenauigkeit zurückgehende Feststellung von Noll 1984, S.159, das Portal habe im Unterschied zu heute einmal genau in der Fassadenmitte gesessen, ist offensichtlich falsch.

PIETENFELD:
Pfarrkirche St. Michael 1687-89

Abb. 3, 23

Die Untergeschosse des Turms stammen noch aus romanischer Zeit.[01] - Im Februar 1682 verfaßte Jakob Engel einen Kostenvoranschlag über "die sehr paufollige Kürchen undt Thurn zue Bietenfeldt"[02], der sich auf 466 Gulden 30 Kreuzer belief. Eine gründliche Instandsetzung erfolgte daraufhin aber noch nicht; von bischöflicher Seite kam statt dessen die Anweisung, "ad interim zu besagten Piethenveldt an der Kirchen zu Verhiettung grösseren Schadens ein und anderen Pfeiler zu sezen".[03]

Ende 1687 entwarf Engel einen neuen Bauplan.[04] Das Langhaus sollte nun in vergrößerter Form von Grund auf neu gebaut, der Turm bis zu einer Höhe von 50 Schuh aufgemauert werden. Mit gewölbtem Langhaus würde der Bau 1096 Gulden 25 Kreuzer kosten, mit einer Flachdecke 200 Gulden weniger. Realisiert wurde die teurere Variante (siehe S.44). Im August 1688 besuchte der Generalvikar "die neü erpauthe Kürchen zu Pietenfeldt" und fand sie "noch nit in solchem Standt ..., daß dise consecriert werden könnte".[05] Die Weihe erfolgte im September 1689.[06]

Johann Baptist Camesino führte die Maurerarbeiten aus, Christoph Furthaler/Viehtaler aus Berching die Zimmerarbeiten. Fenster und Gestühl fertigte der Schreiner Leonhard Stephan, die Kanzel der Bildhauer Christian Handschuher, beide Eichstätt. Als Maler tätig war Johann Flieger, ebenfalls Eichstätt.[07] Die Kosten des Baus betrugen insgesamt 2240 Gulden 24 Kreuzer.[08] (In der Baurechnung sind auch Ausgaben für die Innenausstattung enthalten, die der Kostenvoranschlag nicht berücksichtigt.)

Jakob Engel lieferte die Pläne zum Bau, führte die Verhandlungen mit den Handwerkern[09] und leitete die Organisation. Letzterem Bereich zuzuordnen ist eine von ihm ausgestellte Quittung über einen Betrag von 168 Gulden 15 Kreuzer, den die Kirchenverwaltung für Baumaterial aus der fürstbischöflichen Ziegelhütte auf dem Wittmeß bezahlt hatte.[010] Buchner weist diesen Betrag irrtümlich als Honorar für Engel aus.[011]

1906 wurde die Kirche ausgemalt, wobei Hans Thoma, München, für das "Figürliche", der Augsburger Maler Zimmermann für "den dekorativen Theil" zuständig war.[012] 1953/54 erfolgte eine Verlängerung des Langhauses nach Westen.[013]

01 Mader 1928, S.276.
02 DAEI, PfAA Pietenfeld I,1; Voranschlag von Jakob Engel, 1682 Feb 18.
03 Ebenda; Fürstbischof an Generalvikar, 1683 Feb 11.
04 Ebenda; Voranschlag von Jakob Engel, 1687 Nov 28.
05 DAEI, B 48 III, fol.294; 1688 Aug 22.
06 Ebenda, fol.343; 1689 Sep 4.
07 DAEI, PfAA Pietenfeld I,1; Belege 1-3, 8, 9, 11, 24, 25 zur Baurechnung.
08 DAEI, R 114, 1689; Baurechnung 1687-89.
09 DAEI, PfAA Pietenfeld I,1; "Akkorde" mit Christoph Viehtaler, 1687 Dez 6, und Leonhard Stephan, 1687 Dez 28.
010 Ebenda; Beleg 29 zur Baurechnung, 1688 Aug 23.
011 Buchner 1938, S.371.
012 DAEI, PfAA Pietenfeld I,1; 1906 Jan 12.
013 Neuhofer 1961 ff., Jg.61, S.29.

PLANKSTETTEN:
Benediktinerabtei, Konventbau und Prälatur 1696

Abb. 54, 55

Im Dreißigjährigen Krieg wurde das Kloster zerstört.[01] Der Wiederaufbau erfolgte unter Abt Romanus Dettinger (1694-1703), wie die Inschrift über dem Portal zum Konventbau angibt. Bauakten sind nicht erhalten. Daß der Architekt von Konventbau und Prälatur in Plankstetten Jakob Engel war, scheint angesichts der Formgebung (siehe S.74) unbezweifelbar. Erich Herzog wies als erster darauf hin.[02]

01 Altendorf 1971, S.12.
02 NDB 1953 ff., Bd.4 (1959), S.503.

PLEINFELD:
Schulhaus 1688

Abb. 43

1681 bereits wurde das Schul- und Mesnerhaus von Pleinfeld als "mangelhafft und pauföllig" bezeichnet.[01] Anfang 1686 - aus der Zwischenzeit ist nichts überliefert - legte Engel Kostenvoranschlag und "Abrissel" über einen Neubau unter teilweiser Einbeziehung des alten Mauerwerks (siehe S.67) vor, dessen Kosten mit 232 Gulden 25 Kreuzern angegeben wurden.[02] Zwei Jahre später erstellten der Pleinfelder Maurermeister Antoni Berger und der Zimmermeister Mathias Rembler aus Stirn ebenfalls einen Kostenvoranschlag; er wurde auf 341 Gulden 55 Kreuzer beziffert.[03] Gebaut wurde weder nach dem einen noch dem anderen Entwurf: Laut Baurechnung[04] bekam das Schulhaus, dessen Kosten sich schließlich auf 473 Gulden 5 Kreuzer beliefen, 16 Fenster, während Engel 11, Berger/Rembler sogar nur 8 vorgesehen hatten. Um die Bezahlung des Baus gab es noch heftige Auseinandersetzungen. Der Bischof weigerte sich, "die völlige Pau Cösten des Schullhaus Pleinfelt zu bezahlen, weillen solches nach Anzeig des

Hoffpaumaisters anderst, als der von ihm gemachte Yberschlag begreifft, gebauet und dardurch grössere Spesen verursacht worden".[05] Der Gerichtschreiber Michael Wettel verlor offenbar sein Amt, nachdem er, bedrängt von den Handwerkern, die endlich ihren Lohn haben wollten, auf Gelder zurückgriff, die eigentlich für den Kirchen- und Pfarrhofbau Stirn bestimmt waren[06] - wenig später ist jedenfalls von ihm als dem "gewesten Factor" die Rede[07].

01 DAEI, PfAA Pleinfeld I,4, 60; 1681 Nov 6.
02 Ebenda, 3 und 4; 1686 Jan 11.
03 Ebenda, 9; 1688 Mär 9.
04 Ebenda, 14; Baurechnung, 1689 Dez 4.
05 DAEI, v 203; 1689 Mär 30.
06 StAN, 190 II, 428; 1690 Jun 29.
07 DAEI, PfAA Stirn I,1; 1691 Jul 11.

PLEINFELD:
Zollhaus 1702

Im Inventarband wird das "ehem. Eichstättische Mautnerhaus" erwähnt und Jakob Engel zugewiesen.[01] Der Wappeninschrift zufolge sei es unter Fürstbischof Johann Euchar 1695 von Grund auf neu erbaut worden.

Nur sieben Jahre später, mittlerweile regierte Fürstbischof Johann Martin, legte Engel der Hofkammer Pläne vor, wie das Pleinfelder Zollhaus entweder für 800 bis 900 Gulden neu erbaut oder für 350 Gulden repariert werden könne.[02] Man entschloß sich zu einem Neubau im Gedanken daran, "was nur dieses Haus in dem Reparieren gekostet und widterum in etlich hundert Gulden erfordteren wurdte"; die Beamten von Sandsee (dem für Pleinfeld zuständigen Amt) sollten mitteilen, "wohin sie selbiges am besten zu sezen intendirten, ahnerwogen soliches widerumben an das alte Ohrt des Wassers zue beuen, wurdte eben der vorigen Wassers Gefahr underworffen sein".[03] Die Beamten kamen zu dem Ergebnis, es gebe "keinen füeglicheren Plaz als disen", man solle das alte

Haus abreißen, den Platz um 5 Werkschuh aufschütten und darauf das neue Zollhaus errichten.[04] Im Juni 1702 war der Bau so weit fortgeschritten, daß Engel der Hofkammer nach einer Besichtigung berichten konnte, der Bau sei im Herbst bezugsfertig und werde "lauth des gemachten Pauüberschlags" 900 Gulden kosten.[05]

01 Mader/Gröber 1932, S.402.
02 StAN, 190 II, 3160; HK-Prot. 1702 Jan 18.
03 Ebenda.
04 Ebenda; HK-Prot. 1702 Feb 9.
05 Ebenda; HK-Prot. 1702 Jun 23.

PREITH:
Pfarrkirche St. Brigida, Turm 1708

Der mittelalterliche Turm der Pfarrkirche von Preith wurde 1708 erhöht und mit einem neuen Abschluß versehen. Das Datum ermittelte Theodor Neuhofer aus den im Klosterarchiv St. Walburg verwahrten Heilingrechnungen von Preith; er ging, wohl zu Recht, davon aus, daß der Entwurf für den Turm von Jakob Engel stammt.[01] (Er entspricht Engels sogenanntem ersten Schema, siehe S.49 f.) - Das Langhaus wurde 1728 neu gebaut, 1935 erweitert.[02]

01 Neuhofer 1961 ff., Jg.61, S.31.
02 Ebenda.

RÖCKENHOFEN:
Pfarrkirche St. Ägidius

1689 besichtigte Engel die Kirche von Röckenhofen und stellte fest, der Turm müsse im Obergeschoß ausgebessert und neu gedeckt werden, was etwa 115 Gulden kosten würde.[01] Baumaßnahmen erfolgten nicht. Nach einer erneuten Besichtigung schlug Engel 1692 drei Möglichkeiten vor, die Kirche instandzusetzen:[02] Den Turm nach Abtragen des schadhaften Obergeschosses nur neu zu decken sowie am Langhaus unter anderem Fenster, Pflaster, Empore und Tabulat zu erneuern und das Dach umzuschlagen würde 508 Gulden kosten; Abtragen und Decken des Turms und ein bloßes Ausbessern des Langhausdachs kämen auf 200 Gulden; wenn aber über den ersten Vorschlag hinaus der Turm ein neues Obergeschoß erhalten sollte, wären 633 Gulden erforderlich. (Die von Mader zitierte Angabe "Voranschlag mindestens 800 fl"[03] ließ sich nicht verifizieren.) - Die Baurechnung von 1693[04] verzeichnet nur die in diesem Jahr angefallenen Beträge von insgesamt 393 Gulden 42 Kreuzer, darunter Abschlagszahlungen an Johann Baptist Camesino (75 Gulden) und Daniel Barsch (66 Gulden). Namentlich genannt werden noch die Schreiner Mathias Seidel (Kanzel) und Andreas Leiner (Fenster). - Das heutige Turmobergeschoß stammt aus dem 19. Jahrhundert.[05]

01 DAEI, PfAA Hausen I,1; Kostenvoranschlag für die Reparatur der Kirchen in Hausen, Röckenhofen und Esselberg sowie Kirche und Pfarrhaus in Altdorf, 1689 Mai 18.
02 DAEI, PfAA Kipfenberg I,1; Kostenvoranschlag über die Reparatur der Kirchen in Untermässing, Röckenhofen und Öning sowie den Pfarrhof in Kipfenberg, 1692 Okt 12.
03 Mader 1929, S.273 (mit Verweis auf Friedrich Gruber, Die kirchliche Baupflicht, Eichstätt 1911, S.53).
04 DAEI, PfAA Röckenhofen I,1; Baurechnung 1693.
05 Mader 1929, S.273.

RUPERTSBUCH:
Pfarrkirche St. Michael

Jakob Engel legte 1683 einen Kostenvoranschlag über 417 Gulden 5 Kreuzer für die "sehr paufohliche" Kirche von Rupertsbuch vor.[01] Beabsichtigt war vor allem ein Ausbessern des Mauerwerks, das Eindecken von Langhaus und Turm sowie die Erneuerung verschiedener Teile, darunter Fenster, Empore und Tabulat. Dieses Vorhaben wurde verwirklicht. Jedenfalls quittierte der Zimmermeister Alexander Bayer, Schernfeld, am 19. August 1684 mit 55 Gulden genau jenen Betrag, der auch im Voranschlag angegeben ist.[02] Die Maurerarbeiten führte Bernhard Deller, Eichstätt, für 70 Gulden (statt der veranschlagten 65) aus.[03] Der Eichstätter Schreiner Hans Schlegel fertigte Verkleidungen von Empore und Taufstein, ferner das Tabulat "mit Carniß und Staab sambt darzu geherigen Orth gesimbs undt Früs", den "neyen Predigstuell", das Kirchengestühl und die Tür, wie Engel ihm attestierte.[04] Dieser Bau muß einer der ersten gewesen sein, die Engel in seiner Eigenschaft als Hofbaumeister leitete (siehe S.27).

Das heutige Langhaus ist neuromanisch; die Untergeschosse des Turms sind mittelalterlich, barock verändert, der Aufbau "neu".[05]

01 DAEI, PfAA Rupertsbuch I,1; Kostenvoranschlag von Jakob Engel, 1683 Dez 12.
02 Ebenda; Handwerkerzettel, 1684 Aug 19.
03 Ebenda; Handwerkerzettel, 1684 Aug 30.
04 Ebenda; Bescheinigung von Jakob Engel, 1684 Sep 26.
05 Mader 1928, S.307.

SAPPENFELD (Pfarrei Rupertsbuch): Filialkirche St. Sebastian und St. Anna, Turm 1681

Abb. 9

Am 25. November 1680 hatte Jakob Engel das "S: Sebastiani Kürchlein", das 1523 unter Bischof Gabriel von Eyb erbaut worden war, in Augenschein genommen mit dem Ergebnis, die Mauern seien stark genug, daß "ein Thurn darauff gebauth werden khann, so der umbligenden Nachbahrschafft eine schöne Ziehr".[01] Nach einer zweiten Besichtigung im Dezember[02] fertigte Engel einen Kostenvoranschlag über 198 Gulden 5 Kreuzer sowie einen Aufriß.[03] Mit Schreiben vom 14. Januar 1681 genehmigte Fürstbischof Marquard den Bau.[04] - Jakob Engel führte die Maurerarbeiten mit eigenen Leuten aus;[05] Zimmermeister war Alexander Bayer, Schernfeld.[06] Christian

Handschuher fertigte den Wappenstein.[07] - 1957 wurde das Langhaus erweitert.[08]

01 DAEI, PfAA Rupertsbuch I,4; Pfleger zu Titting und Raitenbuch an Fürstbischof, 1680 Nov 27.
02 Ebenda; Forstmeister Johann Jakob Rucker und Maurermeister Jakob Engel an Fürstbischof, 1681 Jan 7.
03 Ebenda; Bauüberschlag, unterzeichnet von Engel und Rucker, 1681 Jan 7.
04 Ebenda; Fürstbischof an Engel und Rucker, 1681 Jan 14.
05 Ebenda; Extrakt aus dem Bauüberschlag mit Notizen über Teilzahlungen an Engel, undatiert.
06 Siehe Anm.03.
07 Ebenda; Quittung Christian Handschuher, 1681 Jul 30.
08 Neuhofer 1961 ff., Jg.61, S.35.

SCHERNFELD (Pfarrei Obereichstätt): Filialkirche St. Georg, Langhaus 1681

Einem Kostenvoranschlag vom Mai 1681 zufolge sollte das Langhaus der im Kern mittelalterlichen Kirche von Schernfeld[01] am Mauerwerk repariert und dabei etwas erhöht sowie mit einem neuen Dach und Tabulat versehen werden; die Bezahlung der Handwerker (Maurermeister Bernhard Deller, Eichstätt, Zimmermeister Alexander Bayer und Schreinermeister Christoph Huber, beide Schernfeld) war im Voranschlag, der sich auf insgesamt 407 Gulden 5 Kreuzer belief, schon festgelegt.[02] Jakob Engel, der den Bau wohl geplant hatte, erschien dreimal zur Inspektion.[03] Noch nicht im Kostenvoranschlag berücksichtigt war der Auftrag an den Maler Christoph Rimele über "die Renovirung der ganzen Kirchen".[04]

Die von Buchner[05] und danach auch von Neuhofer[06] Jakob Engel zugeschriebenen Pläne mit fünf verschiedenen Turmbauprojekten[07] sind den Umbaumaßnahmen von 1732 zuzuordnen. Zwei der drei betreffenden Blätter tragen die Signatur "Hans und Bernhard Deller bete M:Maister", wie auch schon Mader feststellte[08]. Außerdem berücksichtigen diese Entwürfe bereits die 1731 geplante Verlängerung des Langhauses.[09] - Die heutige Kirche ist ein Neubau von 1952.[010]

01 Mader 1928, S.324.
02 DAEI, PfAA Obereichstätt I,2, 9; Bauüberschlag, 1681 Mai 15.
03 DAEI, R 106, Lichtmeß (2. Februar) 1681/82.
04 Ebenda.
05 Buchner 1938, S.273.
06 Neuhofer 1961 ff., Jg.61, S.37.
07 DAEI, PfAA Obereichstätt I,2, 11-13.
08 Siehe Anm.01.
09 DAEI, PfAA Obereichstätt I,2, 6 und 8; Bauüberschlag des Generalheilingverwalters Baumgartner, 1731 Mär 31.
010 Siehe Anm.06.

SCHLEISSHEIM:
Neues Schloß

1702 wurde Jakob Engel zusammen mit seinem Bruder Karl als Gutachter zum Schleißheimer Schloßbau bestellt (siehe S.30 f.).

SEUVERSHOLZ (Pfarrei Pollenfeld):
Filialkirche St. Nikolaus 1698

Abb. 8

Das Material über diesen Kirchenbau ist sehr dürftig. Laut Mader wurden 1698 die Umfassungsmauern erhöht und der mittelalterliche Turm mit einem neuen Abschluß versehen,[01] den Neuhofer als "typisch für die Landkirchen des Hofbaumeisters Jakob Engel"[02] bezeichnete (siehe auch S.49). Tatsächlich erhielt "Herr Maister Jacob Engl Hoffpaumaister" 1698 von der Kirchenverwaltung 200 Gulden "zum Kürchenpau Seuversholz ... und anderem mehr".[03]

01 Mader 1928, S.328.
02 Neuhofer 1961 ff., Jg.61, S.38.
03 DAEI, ll 161.

SPALT:
Wallfahrtskapelle Heiligenblut 1689

Über die Geschichte dieser Kapelle ist nur wenig bekannt. 1444 wurde an dem betreffenden Ort eine Martersäule "zum hl. Blut" errichtet, im Anschluß daran eine Kapelle, diese 1567 instand gesetzt.[01] In einer Art Reisekostenabrechnung schrieb Engel, er sei 1688 auch "zu der Capel negst Spalt mit Maurer undt Zimmerleüth den Plaz zu besichtigen hingereist".[02] Im Oktober 1689 visitierte der Generalvikar "die neü erbaute Capel ad Stum. Salvatorem" (siehe S.53).[03] - 1716 wurde die Kapelle erweitert, 1817-18 infolge der Säkularisation abgebrochen.[04]

01 Gröber/Mader 1937, S.165.
02 DAEI, ll 165; 1689 Mai 18 (Dokument 2).
03 DAEI, B 48 III, fol.347; 1689 Okt 4.
04 Siehe Anm.01.

SPALT:
Pfarrkirche Mariä Himmelfahrt und St. Emmeram
(ehem. Kollegiatstiftskirche) 1698-1700
Abb. 33-38

Die Gesamtanlage der Kirche St. Emmeram in Spalt stammt aus dem 12. Jahrhundert und hatte schon einige bauliche Veränderungen erfahren,[01] bevor sie in den Jahren 1698 bis 1700 nach Plänen Jakob Engels umgestaltet wurde (zur Art dieses Umbaus siehe S.60 f.).

Schon 1685 hatte Generalvikar Raphael Heugel die Kirche bei einer Visitation "durchaus baufällig" vorgefunden.[02] 1694 legte Engel Pläne vor, die den Beifall des Generalvikars fanden.[03] 1698 wurde mit dem Umbau der Kirche begonnen. Die dazu erhaltenen Rechnungen verzeichnen verschiedene Zahlungen "pro discretione" an Engel; es ist in diesem Zusammenhang von einem Grundriß, dann auch von "dem neuen Abriß" die Rede.[04] In der "Fabrikrechnung des Chorstifts S. Nicolai und Emmerami" von 1700 wird die "Summa summarum der dreijährigen Pauausgab" mit 6377 Gulden und 32 Kreuzern angegeben.[05]

Sämtliche am Bau tätigen Maurer und der größte Teil der Handlanger waren Welsche (siehe S.15), die in den Rechnungen namentlich genannt werden (siehe Anm.81). Sie arbeiteten unter der Leitung des Poliers Marco Sirato aus Eitensheim.

1701 lieferte der Eichstätter Bildhauer "H: Handschuher" (wohl Christian, möglicherweise aber auch einer seiner Söhne) für die Sakristei drei Figuren, die von dem Eichstätter Maler Lorenz Koch gefaßt worden waren.[06]

Den Hochaltar datieren Gröber/Mader auf die Zeit des Umbaus und vermuten darin einen Entwurf von Jakob Engel.[07] Es läßt sich nicht mit Sicherheit ausschließen, daß Engel auch Kirchenausstattungen entworfen hat, doch gibt es keinen einzigen konkreten Hinweis darauf. Im vorliegenden Fall kommt er schon aus zeitlichen Gründen kaum noch in Frage, denn der Altar ist eine Arbeit von 1713, wie aus einer Spezifikation hervorgeht, die die "Ausgab vor den neuen Hochaltar St. Emmerami" enthält.[08] Danach hat der Eichstätter Schreiner Johann Jakob Bochler den Altar "nach dem Riss" gefertigt, gefaßt hat ihn Lorenz Koch. Das Altarblatt stellt das Martyrium des heiligen Emmeram dar, nach dem Original in der Regensburger Emmeramskirche[09]. Zu dem Bild heißt es in der Rechnung: "H: Heinrich Matthäus Mayr, Burger und hochberümbter Mahler in Augspurg, hat vor das sehr geprisene Altarblath laut Scheins empfangen 350 fl." - Der Bildhauer Willibald Anton Handschuher, Sohn von Christian, erhielt 180 Gulden "vor sein Arbeith". Damit dürfte die Figur im Altargiebel gemeint sein. Sie ist von einem Strahlenkranz umgeben, der offenbar auch, wie das Altarblatt, ein Vorbild hat: Die Rechnung weist einen Betrag von 7 Gulden 30 Kreuzern aus "vor einen Leykauff und Discretion wegen der zu

Marckh Biberbach (bei Wertingen) besichtigten Glori".[010] Der Glaser Dominikus Pangold lieferte "6 neue Stuckh in die Rundell zur Erleichtung der Glori".[011]

01 Gröber/Mader 1939, S.300, 308 f.
02 DAEI, B 48 III, fol.163'; 1685 Okt 5.
03 StAN, 225/25, 1647; Generalvikar an Dekan zu Spalt, 1694 Nov 11 (Dokument 3).
04 Ebenda; "Specification verschiedener Ausgaben bey dem vorgenommenen oberen Kürchen Pau allhier in Spalt de annis 1698, 1699, 1700, (nachgetragen:) 1701".
05 StAN, 225/25, 421; Fabrikrechnung 1700.
06 StAN, 225/25, 1647; Spezifikation, Chorgestühl und Ausstattung der Sakristei betreffend, 1701.
07 Gröber/Mader, S.318.
08 StAN, 225/25, 1647; Spezifikation, den neuen Hochaltar betreffend, 1713.
09 Siehe Anm.07.
010 Siehe Anm.08.
011 Ebenda ("Extra Ausgab").

SPALT:
Fürstliches Brauhaus 1701

In der Sitzung der Eichstätter Hofkammer vom 28. April 1701 wurde über die Errichtung eines hochfürstlichen Weißbierbrauhauses in Spalt beraten. Eine "zum Preywerckh anständige und mit zwey guetten Kellern, auch an Gepäuen solchergestalten versechene Behausung, worinnen Malzstatt, Schwelckh, Dörr, Preywerckh, Brandtwein Kössel zu eines Preymaisters schon verhandtenen Wohnung leicht zue richten" hatte der Kastner bereits ausfindig gemacht. Jakob Engel solle, so beschloß die Hofkammer, sich schleunigst dieser Sache annehmen. Hier erhob der Bischof einen merkwürdigen Einwand: "Ihro Hochfürst: Gn: befelchen gnedigst, an den Casstnern alda zu rescribieren, daß selbiger, ehe der Hoffpaumaister Jacob Engel den Augenschein einnemmen thue, mit einem Preuwerkhs wol Verständtigen reden und vernemmen, wie ein und anderes und auf was Manier zu dem vorhabenten herrschafft: Preuwerckh, auch was in allem in specie zu machen, so dan hievon schleinige undthgste Notification thuen solle, dan sonnsten der M: Jacob nur nach seinem Kopf und weiss nit was bauen werde."[01] Daß Jakob Engel offenbar zu solchen Überraschungen fähig sein konnte, ist angesichts der von ihm überlieferten Bauten gar nicht nachvollziehbar. Anfang Juni 1701 lag ein Kostenvoranschlag über 1864 Gulden vor, der die Zustimmung der Hofkammer fand, vom Bischof jedoch noch ratifiziert werden mußte.[02] Seine vorläufig letzte Erwähnung findet das Projekt im Juli 1701: Die Hofkammer beschloß, mit dem Bau noch abzuwarten, und erwog dabei auch, daß er "entlichen gar underlassen werde".[03]

01 StAN, 190 II, 3159; HK-Prot. 1701 Apr 28.
02 Ebenda; HK-Prot. 1701 Jun 9.
03 Ebenda; HK-Prot. 1701 Jul 5.

STIRN:
<u>Pfarrkirche Mariä Heimsuchung und Pfarrhof mit Stadel 1688</u>

Die mittelalterliche Kirche, 1645 von schwedischen Truppen niedergebrannt, war 1651/52 wiederaufgebaut worden.[01] Im Sommer 1687 zerstörte eine "leidtige Feuersbrunst nicht allein die Kürch als Pfarrhoff und Stadl, sondern allerdings das ganze Dorff".[02] Nach Plänen Jakob Engels wurden Kirche (siehe S.49, 56) und Pfarrgebäude 1688 wiedererrichtet. Der Voranschlag belief sich auf 2135 Gulden 30 Kreuzer für alle drei Gebäude.[03] Im Juni 1688 war "die Kirch albereith gewölbet, das Langhaus gedeckhet".[04] Im Herbst 1689 besichtigte der Generalvikar die "neu erpauthe Kürch zu Stürn".[05]

Die Maurer von Raitenbuch hatten zwar um die Überlassung dieses Baus "suppliciert",[06] den Auftrag erhielt jedoch Johann Baptist Camesino.[07] Die Zimmerarbeiten führte Daniel Barsch aus.[08] Die Baukosten beliefen sich auf 3004 Gulden 18 Kreuzer (einschließlich 473 Gulden 5 Kreuzer, die zum Schulhausbau Pleinfeld - siehe dort - verwendet worden waren).[09]

1895 wurde ein neuer Chor östlich vom Turm angebaut,[010] vor einigen Jahren das Langhaus nach Süden erweitert.

01 Mader/Gröber 1932, S.438.
02 DAEI, PfAA Stirn I,1; fürstbischöfliches Dekret an die Beamten von Sandsee, 1687 Nov 18.
03 Ebenda; Bauüberschlag von Jakob Engel, 1687 Nov 5.
04 Ebenda; 1688 Jun 20.
05 DAEI, B 48 III, fol.346'; 1689 Okt 3.
06 Ebenda, fol.243; 1687 Nov 27.
07 DAEI, PfAA Stirn I,1; Verding mit Johann Baptist Camesino, 1687 Dez 5.
08 Ebenda; Baurechnung, 1689 Dez 4.
09 Ebenda.
010 Siehe Anm.01.

TITTING:
Fürstliches Schloß und Brauhaus mit Stadel 1707

Über die ältere Geschichte des Schlosses ist nichts bekannt; die ersten konkreten Nachrichten datieren aus dem Jahr 1707 (siehe unten). Am Gebäude selbst befinden sich die Wappen zweier Dienstherren Engels, Fürstbischof Marquards (1636-1685) und Fürstbischof Johann Antons (1705-1725).

Marquards Wappen ordnet Mader in die Zeit "nach Mitte des 17. Jahrhunderts",[01] an anderer Stelle wird die Jahreszahl 1645 genannt.[02] Was unter Marquard gebaut wurde, ist ohnehin nicht bekannt. - Das Wappen Johann Antons trägt die Jahreszahl 1707. Aus diesem Jahr sind die Hofkammerprotokolle der Monate Mai bis August erhalten: Ihnen zufolge wurde im Mai 1707 mit Vollendung des Branntweinhauses der Bau des "neuen Preuhaus zu Titting" abgeschlossen. Einschließlich des Kaufs von Gerste und Hopfen hatte man dafür 5171 Gulden 26 Kreuzer aufgewendet; Baumeister war Jakob Engel. Nun stand noch "der Pau ausser dem Schloss", der Stadel zur Unterbringung des Mastviehs, aus, mit dessen Veranstaltung Engel ebenfalls beauftragt wurde.[03] (Der Stadel ist noch erhalten.)

1786 erfolgte ein größerer Umbau der Brauerei nach Plänen Pedettis.[04]

01 Mader 1929, S.312.
02 Burgen und Schlösser 1981, S.58.
03 StAN, 190 II, 3163; HK-Prot. 1707 Mai 13.
04 Noll 1984, S.85.

UNTERMÄSSING:
Pfarrhof 1685-87

Abb. 44, 45

Der Pfarrhof brannte 1626 ab,[01] wurde zunächst aber nicht wieder aufgebaut, bis nach einer Eingabe der Gemeinden Untermässing, Österberg und Nottersdorf[02] 1684 dahingehende Schritte unternommen wurden. Jakob Engel erstellte einen "ungeföhrlichen Pau Überschlag yber das ödt noch im Haschen (in Asche) ligendte Pfarrhoff zue Undermössing" und veranschlagte die "Aufferbauung gantz von neyem" auf 707 Gulden 30 Kreuzer bei einem Kalkplattendach, auf 150 bis 200 Gulden mehr bei einem Ziegeldach (siehe S.67 ff.).[03] Johann Baptist Camesino und Daniel Barsch führten den Bau in den Jahren 1685 bis 1687 aus; er kostete am Ende 1209 Gulden 49 Kreuzer.[04]

01 Mader 1929, S.316.
02 DAEI, PfAA Untermässing I,2; Fürstbischof an Generalvikar, 1684 Jun 14.
03 Ebenda; Bauüberschlag von Jakob Engel, 1684 Okt 30.
04 Ebenda; Baurechnung 1685-87.

UNTERMÄSSING:
Pfarrkirche St. Leodegar 1694-96

Die Untergeschosse des Turms sind romanisch.[01] - Nach einer im Sommer 1690 vorgenommenen Visitation beschrieb der Generalvikar den Kirchturm als "totaliter ruinos", die Kirche "zugleich yber alle Massen an Gepäu".[02] Am 11. September 1692 reiste er erneut nach Untermässing, diesmal in Begleitung Jakob Engels, "welcher die Kirchen abgemessen"; dem folgte eine Unterredung mit Maurer- und Zimmermeister im Wirtshaus.[03] (Ersterer war Camesino,[04] letzterer sehr wahrscheinlich Daniel Barsch.) Ergebnis der Besichtigung war ein Kostenvoranschlag Engels in drei Varianten.[05] Zwei davon, auf 1612 Gulden beziehungsweise 2200 Gulden geschätzt, sahen eine Erneuerung des Turmobergeschosses und eine Umgestaltung des Langhauses (siehe S.45) vor; dazu lieferte Engel auch die Grundrisse (Abb.21, 22). Der dritte, mit 900 Gulden am niedrigsten angesetzte Entwurf entsprach den anderen in bezug auf den Turm; das Langhaus sollte dagegen nicht umgestaltet, sondern lediglich repariert werden.

Dem Umbau 1694-96 lag dann jedoch eine andere Planung zugrunde. Ob sie auf Engel oder, wie Mader es auch für möglich hält,[06] auf Camesino zurückgeht, ist nicht zu entscheiden (siehe S.64 f.). Sicher fiel dieser Bau aber in Engels Zuständigkeit, denn in der Baurechnung sind nicht nur Ausgaben für "Zehrung" vermerkt, die anfielen, als Engel 1692 die baufällige Kirche besichtigte, sondern auch, als er während der Bauarbeiten zur Inspektion kam.[07]

Neben Camesino und Barsch wirkten an dem Bau die Schreiner Andreas Leiner, Obermässing, und Lorenz Künzinger, Berching, mit.[08] Der Hochaltar kam aus einer Eichstätter Werkstatt;[09] das (nicht mehr erhaltene) Altarblatt schuf "der Mahler von Kipfenberg", Kaspar Kell.[010]

01 Mader 1929, S.312.
02 DAEI, B 48 III, fol.394'; 1690 Jul 4.
03 DAEI, PfAA Untermässing I,1; Baurechnung 1694-96, fol.9'.
04 Ebenda, fol.12'.
05 DAEI, PfAA Kipfenberg I,1; Kostenvoranschlag über die Kirchen Untermässing, Öning und Röckenhofen und den Pfarrhof Kipfenberg, 1692 Okt 12.
06 Siehe Anm.01.

07 DAEI, PfAA Untermässing I,1; Baurechnung 1694-96, fol.11, 11'.
08 Ebenda, fol.1, 2, 4.
09 Ebenda, fol.10.
010 Ebenda.

WETTSTETTEN: 1684
Pfarrkirche St. Michael 1697/98

Abb. 16, 25

Im Januar 1682 stürzte der baufällige Kirchturm von Wettstetten ein; obwohl bereits im März desselben Jahres ein Kostenvoranschlag vorlag, wurde erst 1684 gebaut (siehe S.41 f.). Jakob Engel war planend und ausführend an den Turmbauarbeiten beteiligt; er erhielt dafür 330 Gulden 3 Kreuzer.[01] (Bei dem von Neuhofer[02] in diesem Zusammenhang genannten Betrag von 180 Gulden handelt es sich um Lohngelder, die Engel ausgelegt hatte; mit Schreiben vom 8. Januar 1687 forderte er einen noch ausstehenden Restbetrag dieser Summe zurück.[03]) - Die Zimmerarbeiten am Turm waren Hans Koller aus Marienstein bei Eichstätt übertragen worden.[04]

1697/98 wurde das Langhaus auf den alten Grundmauern neu errichtet. Engel lieferte dazu Risse (Abb.25) und einen Voranschlag über 1999 Gulden 55 Kreuzer, der eine Wölbung der Kirche vorsah und auch realisiert wurde, darüber hinaus zwei Varianten mit Tabulat zu 1200 beziehungsweise 1500 Gulden.[05] Während des Baus kam er häufig zur Inspektion, von April bis August 1697 ein- bis zweimal monatlich, von April bis August 1698 insgesamt noch viermal.[06] Für seine Mühewaltung und Anweisung beim Kirchenbau Wettstetten wie auch bei der Reparatur der Kirchen von Echenzell und Hitzhofen bekam Engel 50 Gulden.[07] Die Ausführung des Baus oblag welschen Maurern (siehe Anm.81); als Zimmermann war Michael Bayer, Eichstätt, tätig; der Schreiner Ulrich Stephan, Eichstätt, fertigte Kanzel und Emporenverkleidung, die von dem Kipfenberger Maler Kaspar Kell gefaßt wurden.[08] Die Gesamtkosten des Baus betrugen 2009 Gulden 39 Kreuzer.[09]

Das Langhaus der Wettstettener Kirche wurde 1908 nach Osten um ein Joch erweitert,[010] in den Jahren 1979 bis 1981 abgerissen und durch einen Neubau ersetzt.[011]

01 DAEI, R 135, 1681-84, fol.20.
02 Neuhofer 1961 ff., Jg.61, S.75.
03 DAEI, PfAA Wettstetten I,1; Jakob Engel an Fürstbischof, 1687 Jan 8.
04 Ebenda.
05 Ebenda; Kostenvoranschlag von Jakob Engel mit Plänen, 1697 Jan 3.
06 Ebenda; "alte Rechnung" 1697/98, fol.10.
07 Ebenda; Empfangsbestätigung von Jakob Engel, 1697 Dez 26.
08 Ebenda; "neue Rechnung" 1697/98, o.fol.
09 Ebenda.
010 Festschrift Wettstetten 1981, S.17.
011 Ebenda, S.18.

WETTSTETTEN:
Pfarrhof 1694/95

Das Eichstätter Domkapitel, das den Pfarrhof Wettstetten baulich zu unterhalten hatte, beauftragte im Mai 1692 den domkapitlischen Maurermeister Andre Brandner mit einer Schätzung der Reparaturkosten für dieses als baufällig gemeldete Gebäude.[01] Da der Voranschlag mit 300 Gulden unerwartet hoch ausfiel, wurde ein zweites Gutachten beschlossen.[02] Ein entsprechender Auftrag erging im Juli 1693 an Engel,[03] blieb aber anscheinend unausgeführt und wurde im Januar 1694 wiederholt.[04] Ende Mai 1694 reichte Engel Risse ("wie der Pfarrhof dermahlen stehet undt wie sodann nei gemacht werdten könne") und einen Kostenvoranschlag ein.[05] Eine Woche später entschied das Domkapitel, das Gebäude für 232 Gulden 17 Kreuzer reparieren zu lassen.[06] 1695 sollte "mit Zueziehung des Maister Jacobs das Pfarrhoffgepau der Notturfft und dem übergebenen Überschlag gemes anheuer ohngesaumbt mit gueter Inspection" fortgesetzt werden.[07] In diesem Jahr verbaute man 150 Gulden.[08]

01 DAEI, PfAA Wettstetten I,3; Bericht über die Besichtigung, 1692 Mai 23.
02 StAN, 190 II, 1125; DK-Prot. 1692 Mai 23.
03 Ebenda; DK-Prot. 1693 Jul 29.
04 Ebenda; DK-Prot. 1694 Jan 7.
05 DAEI, PfAA Wettstetten I,3; Bericht über die Besichtigung, 1694 Jun 1.
06 StAN, 190 II, 1125; DK-Prot. 1694 Jun 8.
07 Ebenda, 1126; DK-Prot. 1695 Mai 4.
08 StAN, 190 II, 40, 1695, fol.41. (Jahrgang 1694 fehlt.)

WOLFERSTADT: Pfarrkirche St. Martin — 1685 1700

1685 bestand der Plan, die Kirche von Wolferstadt reparieren und gleichzeitig erweitern zu lassen, woran sich das Domkapitel mit 400 Gulden beteiligen sollte.[01] Domkapitular Rudolf von Ow und "Maister Jacob Hoffpaumaister" besichtigten die Kirche daraufhin und kamen mit der Empfehlung zurück, das Domkapitel möge 150 bis 200 Gulden zum Bau geben.[02] - Nachdem sich Risse im Gewölbe gezeigt hatten, wurde Engel Anfang 1700 vom Domkapitel mit der Begutachtung des Schadens beauftragt.[03] Die Kirche von Wolferstadt wurde 1740 neu erbaut.[04]

01 StAN, 190 II, 1122; DK-Prot. 1685 Nov 6.
02 Ebenda; DK-Prot. 1685 Nov 27.
03 Ebenda, 1128; DK-Prot. 1700 Jan 8.
04 Neuhofer 1961 ff., Jg.62, S.58.

WOLKERTSHOFEN (Pfarrei Nassenfels): Filialkirche St. Quirinus, Turm — 1687

Abb. 4

1684 wurde der Turm der Filialkirche Wolkertshofen, dessen Untergeschosse noch aus romanischer Zeit stammen,[01] als baufällig bezeichnet.[02] Drei Jahre später erfolgte die Erneuerung der Turmobergeschosse, nachdem Jakob Engel den Bau besichtigt hatte; er war auch anwesend, als mit den Handwerkern nach Beendigung der Arbeiten abgerechnet wurde.[03] Die Kirchenverwaltung zahlte zum Bau 400 Gulden.[04]

01 Neuhofer 1961 ff., Jg.61, S.42.
02 DAEI, B 48 II, fol.434'; 1684 Feb 11.
03 DAEI, R 1, 1687, fol.201'.
04 DAEI, 11 161; Kommentar zur Heilingrechnung von Nassenfels 1687.

VI. ANHANG

Dokumente

1. DAEI, p 184

   Klosterkirche Marienburg; Vertrag mit Jakob Engel vom 1. Mai 1677 (nachdem die Kirche entgegen früherer Absicht gewölbt werden sollte, wurde ein bereits am 11. April 1677 mit Engel geschlossener Vertrag entsprechend geändert; die älteren Formulierungen sind in Klammern hinter die neueren gesetzt):

Erstlich müessen die 2 Seithen mauer, weilen dise ganz verbrent und sich yber einen halben Werckhschuech hinaus werths geschoben haben, bis uff den Grundt abgetragen unnd selbige sambt einem neuen Grundt neuerlich in die Höche 30 Schuech, der Länge nach 50 Schuech, in der Braithe 4 Schuech (3 1/2 Schuech) aufgemauret werden.

Fürs ander sollen unnd müessen die yberige Gemäuer sambt dem vorderen Chor, so vor 60 Jahren ohngefähr vom Grundt aufgebauet unnd zue dato guet unnd vest, doch gar zue nidrig seint, mit 8 Werckhschuechen erhöheret, das Gewölb abgetragen unnd von neuem gepauet werden.

Trittens so mues der hindere Gibl abgetragen unnd sovill vonnethen in die Höhe erpaueth unnd darauf ein Kürchen Thürnlein gesezet werden.

Viertens sollen die noch stehente 2 Pfeiller sambt denn Altären abgebrochen unnd dise leztere sovill als vonnethen neu erpauet werden.

Fünfftens muess der Frauen Chor uff 4 stainene Saullen gesezet unnd gewelbet werden.

Sextens ist die alte Sacristey unnd Beicht Stiblein abzubrechen, dahingegen eine ganz neue von Grundt aus gegen dem Closter zue bauen unnd zue gewelben, darauf ein Kranckhen Capellen unndt Beicht Stiblein gemacht werden solle, mit einen hierzue gehörigen Schidtgemeuren, Kamin unnd Stiegen.

Sibentens solle die gantze Kirchen gewelbt und das gefiehrte Gebeu mit Ziegeltaschen betachet, von undten aber entweders mit Ziegl oder Mörnsheimber Stainen gepflastert werden. (Siebtens so muess die Kürch, Chor unnd Sacristey mit Ziegl Taschen betachet unnd von unden endtweders mit Ziegler oder Mörnshaimer Stainen gepflastert werden.)

Leztlich solle vorbesagtes Gepäu nit allein von inen unnd ausen verworffen, verbuzet unnd verwisen, sonder alles, was die Maurer arbeith anbetreffen kan unnd mag, von ihme Maister Jacob zue Recht unnd maisterlich verfertiget, danebens die Maurer unnd Handlänger aus seinem bedingten Lohn unnd Mitlen bezahlet werden.

Weiters unnd nachdeme sich vorgehörter M: Jacob erbotten, nit allein die besagte Maurer arbeith, sonder negst dennen auch die hierzue erforderendte so Steinmezen als Stainbrecher arbeithen anzuenehmmen und aus aigenen Mitlen selbige gegen seinem gestüfften Lohn zu verpflegen, als seint ihme H: Engl dergleichen solcher gestalten yberlassen worden, daß er die Thür unnd Portall, 6 Fensterstöckh in der Sacristey unnd oberen 2 Zimmeren wie auch die 4 Saulen mit ihren Postamenten unnd Capitellen, worauf der Frauen Chor gegrindtet wirdt, in gleichen die 3 Altar Stein verfertigen, ebenmässig die kleineren unnd grösseren zum Pau gehörigen auch 3000 Quaderstuckhen aus aigenen Mitlen unnd hierzue erforderendten Instrumenten durch seine Leuth unnd Handtlänger brechen, hingegen das Closter durch ihre Fuhren beybringen lassen solle.

Vor dise vorauß gesezte Arbeith seint ihme M: Jacob Engl gedingt worden sambt dem Leykauff 1100 fl (in summa 850 fl, 12 Rthler Leykauff).

Item solle das Closter under wehrendtem Pau ihme täglich ein Person mit Speiß unnd Tranckh sowoll mittag als nachts verpflegen, es möge gleich er vor sein Person oder aus dessen Anweisung sein Brueder oder nach dessen Belieben jemandt anderer sein, deme dann yber Disch 3 gemaine Haußspeisen und des ganzen Tags 3 Maß Bier aus dem Closter Keller zue folgen.

2. DAEI, ll 165

Reisekostenabrechnung Jakob Engels vom 18. Mai 1689

Zu Besichtigung underschidtlichen Kürchen Gebey undt Pfarr Höff, nembtlichen nach Stürn Anno 1688 zweymahl gerithen wegen der Kürchen undt Pfarrhoff, wie auch zu der Capel negst Spalt mit Maurer undt Zimmerleüth den Plaz zu besichtigen hingereist undt sonsten andere Örther auch besichtiget, dan Anno 89 nach Altdorff, Hausen, Richehoffen und Esterberg underschüdtlichen Pauföhlichkeiten auch mit Maurer undt Zimmer Maister besichtiget, auch ein Löhen Pferdt gehabt undt bezallen müessen. So hab ich sambt das Pferdt in allem verzehrt undt für besachten (H)andtwerckhs leüth auch bezalt in allem ney Gulden undt das leztere Mal 30 kr

Ridtgeltt, thuet zusammen 9 fl 30 kr, welche ich Underschribner von Ihr gest(rengen): Herrn Heiling Verwalteren Herrn Johann Wolff Cronachern par empfangen habe, solches wirdt hiemit bescheindt, signatum Eychstett den 18ten May Anno 1689

id est 9 fl 30 kr

Jacob Engel Hoff
Pau maister mpr.

3. StAN, 225/25, 1647

Spalt, St. Emmeram; Schreiben des Generalvikars Raphael Heugel an Michael Semmler, Geistlicher Rat und Dekan zu Spalt, vom 11. November 1694:

Euer Excell: empfangen hiemit die verlangte Abriss zue dem künfftigen Kürchenpau, deren mir der kleinere am bessten zwar gefallet, er wurdet aber umb ein merckhliches höcher khomen dan der andere, glaube auch, daß diser Pau nit vil geringer dann uff 10000 fl sich erstreckhen derffte, doch aber wurde es ein sehr maiestett: und solches Werckh zue sehen khomen, dergleichen in dem ganzen Hochstifft nit vil oder gar keines anzutreffen were. Herr Hoffpaumeister erbiethet sich, gelegentlich nacher Spalt zu khomen und den Grundriß mit mehrerem zu erklären, er hete meines Darvorhaltens wol einiges Honorarium verdienet, doch stehet alles zu des löbl: Collegiat Stiffts Discretion und freyen Willen ...

4. DAEI, PfAA Eichstätt IV,2

Eichstätt, Heilig-Geist-Kirche und -Spital; Kostenvoranschlag Jakob Engels mit Erläuterungen, 23. Dezember 1698:

Underthänigiste Endtwurff undt unvorgreiff: Pau yberschlag yber vorhabendte neyen Spütall Kürchen undt anstossendte Pau der Lönge noch 106 Werckhschuech undt 52 breith, 3 Gaden hoch sambt denen undere Gewölben, wie in denen ligente undt auf rechte Grundt riss zu sehen, dessen Inhalt (h)ernach zu Endt zu vernemen sein werdte, erstlich aber volgt zu Besachten die erfodterente Pau Matterialien undt anderen Pau Costen, benandt: wie (h)er(n)och volgt als und erstlichen,

		fl	kr
1.	Erfodert ungeföhr 66000 Ziegelstein aus dem Widtmes, iedes 1000 pro 2 fl 30 kr, thun	165	-
2.	Ziegeltaschen erfodert 36000 auch aus dem Widtmes, iedes Tausent pro 2 fl 54 kr, thun	104	24
3.	Erfodert an Kalg auch aus dem Widtmes ungeföhr 200 Muth zu 34 kr, thun	113	20
4.	Auch aus dem Widtmes 2000 viereckhete Pflasterstein, iedes Stuckh pro 1 kr, thun	33	20
5.	Erfodert 200 Holziegel auch aus dem Widtmes, darfür	1	20
	Latus	417	24
6.	Erfodert an Breter zum Risten undt Gewelben 400, zu denen Treithböden 500, zum Gibtswerckh 300, zum Thurn 100, zusammen 1300 Breter, erfodert darzu 160 Seegschnidt, von ein zu machen 7 kr undt von ein Bret zu schneiden 3 kr, macht zusammen an Gelt	83	40
7.	Erfodert an Taglatten 1000, darzu voneten 25 Seegschnidt, von ieden zu machen 7 kr, von eine Laten zu schneiden 1 kr, macht zusammen an Gelt	19	35
8.	So ist an allerley Negel voneten Latennegel 7000, zu denen Treithböden 9000, zu denen Kübtsbreter 3000, zum Risten undt Gewölben 4000, zum Thurn 1000, zusammen 24000 Negel oder 8 Lägel, iede zu 9 fl, thun	72	-
9.	Es erfodert an Eisen zu Schlauden, Hönckhnegel, Clammern undt die underste Fensterstöckh zu verkhöteren (vergittern) 24 Centen, iedes pro 5 fl 30 kr von der Niderlag, th.	132	-
10.	Widerumb erfodert an Mörnshaimber Pflasterstein 18 zöliger zu der Kürchen, Sacristey undt böden Gäng so vil als 2300, iedes 100 pro 5 fl, thun	115	-
	Latus	422	15
11.	Erfodert zu denen 8 Zimmer undt die Kirchengesimbtßen 6 Faß Küps, iedes Faß ungeföhr à 12 fl 45 kr, thun	76	30

		fl	kr
12.	Zu besachten 8 Zimmer erfodert sambt den obern Gang 4000 Kübtsraiff zu hauen undt zu spalten, von 100 so vil als 30 kr, zu besachten Reiff erfodert an Gübtsnegl 40000, iedes pro 1 fl, macht zusammen	60	-
13.	Zu Bedachung undt Beschlagung des Thurn erfodert 7 Fässel Weüsbleckh, iedes pro 23 fl undt von ieden zu verdöckhen dem Spengler 12 fl, thun sambt den Knopf so vil als	245	-
14.	ist auch zum Risten bis in 600 (= 555) starckhe Riststrickh voneten zu 2 kr ieden undt 12 Wurffsail à 20 kr, dan ein Zuckhsail zu Aufrichtung des Zimmer undt Thurn pro 16 fl, zusammen	38	30
15.	So erfodert auch nach undt nach 12 Schubcahrn sambt Schlagenlohn à 1 fl 20 kr undt 18 Steinböhren à 20 kr, dan 6 Steinkrezen undt so vil Sandttrugen wie auch für alerhandt Schlegel, Schauffel, Bickhelstill in Steinbruckh undt bey den Pau von Wanger (Wagner) Arbeit erfodern wirdt, für ales ungeföhr	36	-
	Latus	456	-
16.	Widerumb den Bindter für allerhandt bey den Pau nodtwendige Geschür als Wasserkueffen, Züber, Schöffel, Handtkölten, Kübel undt Wasserschopfen ungeföhr	15	-
17.	Maurer Arbeith bet:, die Wasserwandt 106 Schuech lang bis in 50 hoch von Grundt ney aufzuführen, desgleichen die fordere Seiten gegen der Pruckh 52 Schuech lang, 30 hoch, die andere aussere Seiten bis in 18 zu erhöchen, die inere Schüdtwendten sambt der Stiegen von Grundt ney aufzumauren undt gleichzumachen, damit das Zimmerwerckh köne noch vor Windter aufgericht undt bedacht werdten, so mit 10 bis 12 Maurer wohl geschen kann, mögten ungeföhr daran verdienen 8 bis in ..	900	-
	Des ander Jahr (h)ernach mit Gewölben unden undt oben die Göng, Stiegen, Kürchen undt Sacristey, dan Pflestern undt inen undt ausen zu verbuzen undt verfertigen mögte ungeföhr wider aufgehen sambt Mertelrirer undt Merteltrager	400	-
	Die Handtlanger mit zue tragen, abbrechen,		

		fl	kr
	raumen undt Sandt graben, ohne die Mörtl rirer, so zu denen Maurer köhren, den Taglohn nach zu rechtnen mögten verdienen insgesambt bis in	400	-
	Latus	1715	-
18.	Zimmer Arbeith bet:, wirdt sich belauffen den Pau zu verfertigen sambt den Thurn, so bis in 350 Stammen Holz erfodert undt 800 Breter zu verarbeithen bet: werdte undt 300 zum Küpssen aufzuschlagen, Zuckh undt Schregen zu machen, auch die Risthölzer zu denen Gewölben zu beschlagen, vor ales	300	-
19.	Steinmezen Arbeith bet:, wann ale Fensterstöckh, deren bis in 40 betreffen werdte, undt 16 steinen Thürgerist, 40 Stapfel ieden 6 Schuh lang, 1 sauber Portal oder Kürchentür mit alle Zuegeher, wirdt diser Arbeith alein bis in 600 fl belauffen, sage	600	-
20.	Solche Stein zu brechen sambt alle benetige Maurstein zu brechen, so wenigst 6 Steinbrechen sein sollen, teil zu 20 kr, teils zu 15 kr des Tags, belauffe sich auf	275	-
21.	Des Spüzelohn oder Schneit Arbeith bey denen Steinmezen undt Steinbrecher wirdt sich ungeföhr (belaufen) auf	75	-
22.	Widerumb die obige 24 Centen Eisen zu verarbeithen, nembt: die underste Fen(ster)stöckh zu verkütern das ℔ pro ½ (1 1/2) kr, das ybrige von Centen 1 fl 30 kr, wirfft aus	39	-
	Latus	1289	-
23.	Was Fenster Schlosser, Schreiner undt Glaser anbet:, klein undt groß bis in 40 Fensterstöckh sein werdten undt eines ins ander mögte auf 12 fl kumen, zwar nach dem Beschlagen weren schwarz oder weis, zusammen werffen aus so vil als	480	-
24.	Widerumb für die Thüren in den ganzen Pau undten undt oben ungeföhr klein undt groß 30 Stuckh, eins ins ander für Schlosser undt Schreiner 7 fl 30 kr, in beden Gaden mitler und ober sauber verkhleit undt ein sauber Kirchenthir, zusammen ungeföhr	225	-

		fl	kr
25.	So erfodert auch in mitler undt ober Gaden 8 Fuesböden, so bis in 50 Taff betreffen werdt, iedes pro 1 fl 8 kr. So sein auch in besachten Zimmer undt im undern Gaden oder Gewölben an Öffen voneten 8, eines ins (ander) pro 7 (= 6 1/2) fl von Haffner Arbeith, werffen dise zwey Posten aus	105	20
26.	Betrefendt die 8 Zimmer sambt den oberen Gang außzuküpsen mit sauber klathen (glatten) Gesimbtßen undt Filingen (Füllungen) /:des ybrigen wirdt ales gewölbt:/, diser Posten wirfft aus	165	-
	Latus	975	20

Summa völige Ausgaab obbe-
schribner massen, nembt:

5274 fl 59 kr

Was die Nebenausgaab anbetrifft, könen nit so aigendtlich endtworffen, etwan wan zur Zeit auf ein oder andere Fuhren Bir oder Trinckhgelt geben wurdte, wie auch denen Arbeither zu Zeit etwas dergleichen, dan auch zu Kauffung aler Handtwerckhzeuch, (H)auen, Bickhel, Schauffel, so oben nit specificiert wordten, zwar es mögte, nachdem der Grundt zeigen undt befundten wirdt, mögte was dariber kommen oder weniger als die angesezten Summa costen, es kundt auch der Pau was in ein so anderen Posten geringert werdten, sonderbahr im Ausmachen (?) undt Steinwerckh anstatt der steinen Türgeristen undt Fensterstöckh von Holz gemacht werdten, obbeschribner massen mögt endtlich der völige Pau sambt deren Nebenausgaab auf sechtstausent Gulden kumen, zwar die Abriß zeigen sonderbahr wegen der Kürchen 3erley Manier an, wie (h)er(n)ach zu vernemmen sein wirdt, nembt: den Underschüdt,

Erstlich der Grundtriß Litera B zeigt an die alte Manier, der Altar gegen Orient in eine halbe Rundel, gegen der Altmihl aber eingefohlen, wie die alte Festige (Grundmauern?) noch zeigen, aber der Haubtmaur schädtlich gewesen,

Der andere Abriß Litra C zeicht an, wie die Kürchen wider off den alten Grundt, aber ohne Rundel, weil der (H)aubtmaur schädtlich ist undt ausen (h)er unfurmblich, neben der Uncösten, aus dem Wasser zu pauen, so käme disem Abris nach der Altar wider gegen Orient wie vor disem, aber gewölbt wie im vorigen Ris, solches in beden Ris zu sehen denen blinten Linien nach,

Der trite Abris Litera A zeigt an, wie undt wan die Kürchen solte umwendt, nembt: der Altar gegen Mitag, es nimbt zwar von hinderen Pau was mehr Plaz hinweeg, wurdt aber länger undt maistet:, das man gleich in Vorbeygehen von der Spitall Pruckh hinein auf den Altar geradt sehen kundte, dardurch grössere Andacht bey den Vorbeygehendte erwechen törffte, das nit geschäe, wan der Altar wie zuvor wider gewendt undt aler Ding der Frembte verborgen läge,

Der fürte Grundt Abris Litera D, disem Abris nach wurdt ins Creiz gebaut undt der Cohr Altar auch gegen Mitag, disen Proiect nach käme die Neben Altär sambt den Cohr Altar maist: (h)eraus, auch Liecht bekheme, 3 große Fenster gegen Orient, Occident undt Mitrnacht, undt auch grösser, höcher weiter, wurdt noch halb so vil Leüth fassen als die oberen, so kundten die Kranche von ihre Kranchenstuben auf die 3 Alter sehen, wurdt auch inenen undt ausen maistet: in Gewölben undt Architectur, auch Comoditet zu der Musich undt Oratorien für die Friembter (Pfründner),
Endte,

Eichstett, den 23ten
Xbris Ao: 1698

Jacob Engel Hoff
Pau maister mpr.

P.S. erfodert an Pauholz ganz 150 } Fiechten
halb 100 }
Aichereis 65 Stammen
zu Seegschnit 94 Fiechten

Summa 409 Stam Holz

Worterläuterungen

(z.T. nach Grimm 1854 ff. und Schmeller/Fromann 1872, 1877)

Beren, Böhren	Trage, Tragegestell (Bahre)
Dinzeltag	Versammlungstag innerhalb der Zünfte mit Mahl und Tanz
Discretion	Auszeichnung, Anerkennung
Fletz, Flez	Hausflur
Florin (fl)	Gulden, 60 Kreuzer
ganzfudriger Stamm	Baum, der eine ganze Wagenladung ausmacht
halbfudriger Stamm	Baum, der eine halbe Wagenladung ausmacht
Hebung (des Zimmers)	Richtfest
Heilingverwaltung	Verwaltung des Kirchen- und Pfründevermögens
Kastner	Verwalter eines Kastenamtes, zuständig für die Finanzen in Form von Geld und Naturalien
Kretzen	geflochtener Korb oder Wanne
Kreuzer	1/60 Gulden, 4 Pfennig
Lägel	Maßeinheit für eiserne Nägel
Leikauf	dem Trinkgeld vergleichbare Zahlung (laut Grimm auch Trunk beim Abschluß eines Handels)
Losament	Wohnung (Logement)
manu propria (mpr.)	eigenhändig
Menath, Mönath	Pferdegespann
Mittag	Süden
Occident	Westen
Orient	Osten

Peremptorium	siehe Anm.104
Perfection	siehe Anm.239
Pfennig	1/4 Kreuzer
Praetension	Anspruch
Privet	Abort
Recompens	Aufwandsentschädigung
Reichstaler (Rthler)	1 1/2 Gulden
Rundel	halbrunder Chorabschluß
Salbuch	Grundbuch
salva venia (s.v.) salvo honore (s.h.)	Bitte um Entschuldigung für ein als unfein empfundenes Wort ("s.v. Privet", "s.v. Schweinstöll")
Schlauder	Maueranker
Schwelk	Malz- oder Welkboden in Bierbrauereien
Septentrio	Norden
Sprüzen	Stützbalken
Tabulat	die flache, bemalte Holzdecke einer Kirche
Thumb	Dom
Thurn	Turm
Treidt, Treith	Getreide
Urbau	Schutt
Widtmes, Wittmeß	Ort südwestlich von Eichstätt mit fürstbischöflichem Steinbruch und Ziegelhütte (der Name hat sich erhalten in der Wittmeßstraße in Ochsenfeld)

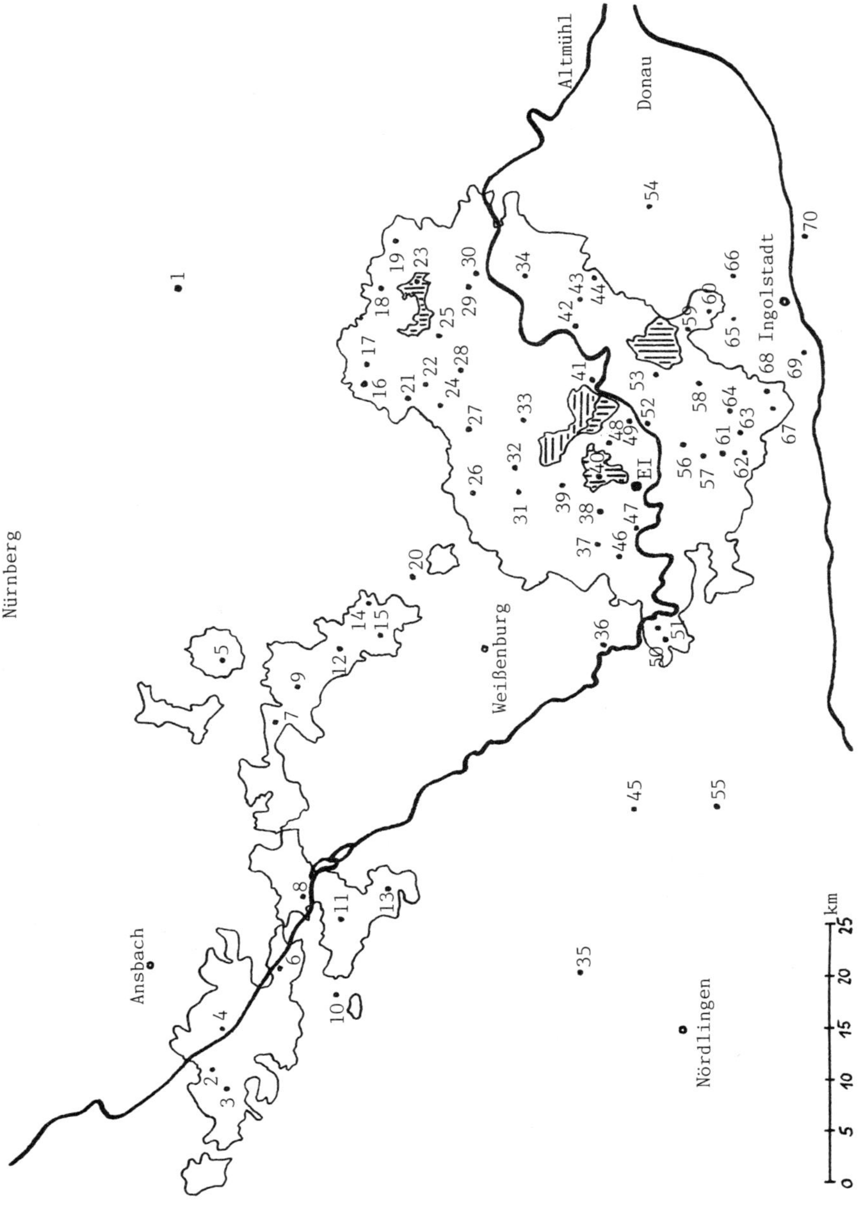
Nürnberg
Ansbach
Weißenburg
Nördlingen
Ingolstadt
Altmühl
Donau
EI
km
0
5
10
15
20
25

Übersichtskarte

mit den Eichstätter Hochstiftsgebieten (nach: Historischer Atlas von Bayern, Teil Franken, Reihe II, H.1, Mittel- und Oberfranken am Ende des alten Reiches 1792, bearb.v. Hanns Hubert Hofmann); die waagerechten Striche bezeichnen domkapitlisches, die senkrechten klostereigenes Gebiet innerhalb der Hochstiftsgrenzen.

EI	Eichstätt		
1	Neumarkt	Abenberg	5
2	Aurach	Adelschlag	57
3	Wahrberg	Altdorf	33
4	Herrieden	Altendorf	51
5	Abenberg	Arberg	11
6	Großenried	Aurach	2
7	Wernfels	Bechthal	26
8	Ornbau	Beilngries	30
9	Spalt	Berching	18
10	Königshofen	Bettbrunn	54
11	Arberg	Buchenhüll	48
12	Stirn	Buxheim	64
13	Cronheim	Cronheim	13
14	Sandsee	Denkendorf	44
15	Pleinfeld	Echenzell	59
16	Obermässing	Esselberg	27
17	Österberg	Ettenstatt	20
18	Berching	Etting	65
19	Öning	Fünfstetten	55
20	Ettenstatt	Gelbelsee	43
21	Untermässing	Gerolfing	69
22	Röckenhofen	Greding	28
23	Plankstetten	Großenried	6
24	Hausen	Hausen	24
25	Landerzhofen	Herrieden	4
26	Bechthal	Hirschberg	29
27	Esselberg	Hitzhofen	58
28	Greding	Hofstetten	53
29	Hirschberg	Inching	49
30	Beilngries	Irfersdorf	34
31	Kaldorf	Kaldorf	31
32	Titting	Kipfenberg	42
33	Altdorf	Königshofen	10
34	Irfersdorf	Landerzhofen	25
35	Öttingen	Lenting	66
36	Pappenheim	Mailing	70
37	Sappenfeld	Möckenlohe	61
38	Rupertsbuch	Mörnsheim	50
39	Seuversholz	Mühlhausen	68
40	Preith	Nassenfels	62
41	Pfalzpaint	Neumarkt	1
42	Kipfenberg	Obereichstätt	47

43 Gelbelsee
44 Denkendorf
45 Wolferstadt
46 Schernfeld
47 Obereichstätt
48 Buchenhüll
49 Inching
50 Mörnsheim
51 Altendorf
52 Pfünz
53 Hofstetten
54 Bettbrunn
55 Fünfstetten
56 Pietenfeld
57 Adelschlag
58 Hitzhofen
59 Echenzell
60 Wettstetten
61 Möckenlohe
62 Nassenfels
63 Wolkertshofen
64 Buxheim
65 Etting
66 Lenting
67 Pettenhofen
68 Mühlhausen
69 Gerolfing
70 Mailing

VII. VERZEICHNISSE

Archive

DAEI	Diözesanarchiv Eichstätt
GLAK	Generallandesarchiv Karlsruhe
GNM	Germanisches Nationalmuseum Nürnberg
HStAM	Hauptstaatsarchiv München
StadtAEI	Stadtarchiv Eichstätt
StAN	Staatsarchiv Nürnberg
TUM/A	Technische Universität München/Architekturabteilung
UBEI	Universitätsbibliothek Eichstätt

Eichstätt	Diözesanarchiv Universitätsbibliothek Stadtarchiv Archiv im Dompfarramt Klosterarchiv St. Walburg
Karlsruhe	Generallandesarchiv
München	Hauptstaatsarchiv Technische Universität/Architekturabteilung
Nürnberg	Staatsarchiv Germanisches Nationalmuseum

Quellenverzeichnis

Diözesanarchiv Eichstätt (DAEI):

PfAA ...	Pfarrakten, alphabetisch nach heutigen Pfarreien, siehe S.8
Nachlaß Neuhofer	siehe Anm.29
a 10	Übersichten über die Baukosten, besonders bei den Schlössern des Hochstifts, 1698, 1700

a 25	Dienstvorschriften fürstbischöflicher Beamter, 1708-1710
c 6, Nr.31	Extract aus der Cammermeisterey- und Kriegsrechnung, was die gesezt hochwürdig gnädige Herren, dan andere Herren Hoffbedienthe an Besoldung zu genüessen haben, extrahiert den 27. Marty 1697
c 6, Nr.33	Bericht vom 3. September 1700 an den Fürstbischof über den Stand der Bauarbeiten an der Eichstätter Residenz, geschrieben von Hofbauschreiber Hans Martin von Zimmern, mitunterzeichnet von Jakob Engel
h 14	Eingaben an den Generalvikar
l 5	Königshofen bei Feuchtwangen, auch Baupflicht betreffend
n 1	Sammelakte, darin Rechnungen über die Kapelle des Martin von Eyb, 1692
p 55,2	Sammelakte, darin Extrakte aus den Hofkammerprotokollen vom 21. März und 6. April 1685, den Wiederaufbau einer Brandstatt am Marktplatz betreffend
p 103	Sammelakte, darin Quittungen von Bauhandwerkern beim Willibaldschor, 1667-1725
p 137	St. Walburg und andere Klostergebäude, 1657 ff.
p 184,1	Marienburg, Kirchen- und Klosterbau, 1555-1817
p 190	Akten des Klosters Marienstein
v 203	Pfarrei Pleinfeld, Miscellanea
v 264	Pfarrei Abenberg, Kirchenbau 1700 (Handwerkerzettel)
bb 1	Sammelakte, darin: Extract, was verpauth und verwendet worden an Orthen, wo ein hochw: Domb Capitul den Zehenten hat oder participiert
bb 4	Akten des Generalvikariats
bb 7	Sammelakte, darin "Designatio" aller Schäden, die von Johann Baptist Camesino und Daniel Barsch an Kirchen, Sakristeien, Friedhofsmauern etc. im Amt Heideck fest-

	gestellt wurden, 1684 Feb 11
ll 161	Rechnungen der Eichstätter Generalheilingverwaltung
ll 165	Belege für Kirchenbauten
ll 170	Kaufbriefe und Bauhandwerkerrechnungen für das neue Krankenhaus in der Westen
ln 11	U.L.F.-Kapelle zur Westen: Rechnungen der beiden Pfleger, 1679-1699
lo 1	Quittungen der Bauhandwerker beim Eucharischen Spital, 1707
B 5	die sogenannte Heuslersche Sammlung, angelegt von dem Eichstätter Geheimrat Franz Ludwig Heusler (1726-1801); sie enthält in chronologischer Ordnung eine Fülle von Urkundenabschriften, Auszügen aus Sitzungsprotokollen, Drucksachen, Notizen, Kupferstichen, Zeichnungen u.a. zur Geschichte des Fürstbistums Eichstätt etwa vom 10. Jahrhundert an
B 48	die sogenannte (Adam) Heugelsche Sammlung in 8 Bänden, darin vor allem Korrespondenz und tagebuchartige Aufzeichnungen von Raphael Heugel, der 1675 bis 1692 Generalvikar war und sich als solcher in Vertretung des Fürstbischofs häufig mit Bausachen befaßte
B 153	Chronik des Dominikanerklosters Eichstätt, 1624-1717
MS 106	anonyme zeitgenössische Kritik an Strauss 1791 (siehe Literaturverzeichnis)
R 1 und 2	Rechnungen der Generalheilingverwaltung Eichstätt
R 3	Rechnung des Generalverwalters Johann Georg Sattler, 1668/69
R 18	Geld- und Getreiderechnung der Gefällfaktorei Greding
R 32	Rechnungen der Hofkirche Neumarkt
R 48	Stadtheilingrechnungen Beilngries
R 102	Heilingrechnungen Möckenlohe/Adelschlag

R 106	"Vigil-Rechnungen" Schernfeld
R 114	Heilingrechnungen Pietenfeld
R 135	Heilingrechnungen Wettstetten
R 164	Rechnungen des St.-Willibalds-Chors
R 177	Rechnungen des Klosters Marienburg
R 185	Rechnungen des Generalvikariats Eichstätt

Archivalien des Historischen Vereins Eichstätt im DAEI:

Meisterbuch	Meisterbuch der Maurer, Steinmetzen und Zimmerleute, 1661-1865
Handwerksordnung	Handwerksordnung der Maurer, Steinmetzen und Zimmerleute vom 15. Juli 1661

Universitätsbibliothek Eichstätt (UBEI):

HS 701	Exposita des Dominikanerklosters Eichstätt, 1668-1671

Stadtarchiv Eichstätt (StadtAEI):

Salbuch 1696	Grundsteuerbuch der Stadt Eichstätt 1696 mit Angabe bebauter und unbebauter Grundstücke sowie deren Besitzer; eingeheftet sind verschiedene fürstbischöfliche Dekrete über Steuerbefreiung beim Aufbau von Brandstätten (siehe S.11 f.)

Archiv im Dompfarramt Eichstätt:

Coll. Bapt. Coll. Cop. Coll. Mort.	Tauf-, Heirats- und Sterbematrikeln der ehemaligen Marienkirche (Collegiata) Eichstätt (siehe Anm.53)

Klosterarchiv St. Walburg:

St.Walburg Bapt. St.Walburg Cop. St.Walburg Mort.	Tauf-, Heirats- und Sterbematrikeln von St. Walburg (siehe Anm.53)
	Rechnungsbücher Nr.36-81, 1664-1714 (siehe auch S.150, Anm.07)

Generallandesarchiv Karlsruhe (GLAK):

61/5079	Protokolle des Basler Domkapitels 1676-1682 (Konzeptfassung)

Hauptstaatsarchiv München (HStAM):

HR 96, Nr.26	Personalakt Zuccalli (Caspar und Enrico)
HR 227, Nr.102/1-12	Bauten und Reparaturen, 1636-1855
HR II, fasc.18, Nr.146	Rechnung über das churfürst: neüe Residenz Gepeü zu Schleißhaimb de Anno 1702
KL fasc.474, Nr.2	Baurechnungen der Theatiner-Klostergebäude und -kirche

Technische Universität München, Architekturabt. (TUM/A):

Cod. Aur.	Codex Aureatinus: Mappe und Kassette mit etwa 118 Einzelplänen, zumeist unsigniert und undatiert; die Pläne betreffen städtebauliche Anlagen in Eichstätt und Pfünz und werden vorläufig den "Büros" von Gabrieli und Pedetti zugeordnet

Staatsarchiv Nürnberg (StAN):

190 I, 141 1/2	Akta, die Reparation des Pfarrstadels und Wagenschupfen zu Ettenstadt betr., 1688-1697
190 I, 141 1/3	Akta, die Erbau- und Reparierung der Pfarrgebäude und Schulhaus zu Ettenstadt ... betr.
190 II, 35	Grundbuch Pfünz 1696
190 II, 38	Rechnungen des domkapitlischen Obleiamtes Eichstätt
190 II, 40	Rechnungen des domkapitlischen Depositen-amtes Eichstätt
190 II, 41	Rechnungen des domkapitlischen Kasten-amtes Eichstätt
190 II, 42	Rechnungen des fürstbischöflich-eichstät-tischen Kastenamtes Dollnstein
190 II, 43	Rechnungen des fürstlichen Kastenamtes Mörnsheim
190 II, 57	Schaffnerei-Rechnungen von Rebdorf
190 II, 203	Pemfeld (Böhmfeld): Heilingrechnungen zum Kirchen- und Turmbau 1521-1687
190 II, 422 A	Bestallungsdekrete für Eichstätter Baudirektoren (Gabrieli, Pedetti)
190 II, 425	Bestallungsurkunden
190 II, 428	dito
190 II, 1113-1133	Protokolle des Eichstätter Domkapitels, 1655-1714 (siehe auch S.8 f.)
190 II, 2282	verschiedene Eichstätter Handwerksordnun-gen, darunter eine für Maurer, Steinmetzen und Zimmerleute vom 11. April 1699
190 II, 3159 -3161, 3163	Protokolle der Eichstätter Hofkammer 1701, 1702, 1704, Mai bis August 1707 (siehe S.7 und 9)
190 VIII, 1661 VII 15	Handwerksordnung der Maurer, Steinmetzen und Zimmerleute vom 15. Juli 1661, (Konzept)

212/2, 60	Acta, betr. die Reparatur der Stadt- und Ringmauer, der Thürn etc. zu Beilngries, 1619-1766
225/15, 6	Rechnungen des Eichstätter Kastenamtes Arberg-Ornbau (siehe S.9)
225/25, 421	Fabrikrechnungen des Chorstifts S. Nicolai und Emmerami, Spalt, 1700
225/25, 899 a	Hausbuch über Einnahmen und Ausgaben bei Kloster und Gotteshaus Marienburg, 1685-1690
225/25, 1647	Kirchenbauakten Spalt
225/25, 2402	Schreiben, Einrichtung der neuerbauten Klosterkirche Marienburg betr., 1685

Germanisches Nationalmuseum Nürnberg (GNM):

ZR ABK 394 I-III	3 Bände mit Tusche- und Bleistiftzeichnungen, zum größten Teil von Pedetti (Foliierung der Bände nicht übereinstimmend mit Numerierung der Blätter; zum Inhalt: Noll 1984, S.345, Anm.25)

Anmerkungen zur Zitierweise

Die Quellen wurden weitgehend buchstabengetreu zitiert. Abweichungen vom Original und Angleichungen an die heute übliche Form erfolgten der besseren Lesbarkeit zuliebe bei Groß- und Kleinschreibung, Kommasetzung und dem Einsatz der Buchstaben u, v, w. Die Kombinationen /: und :/ entsprechen den im 17. Jahrhundert verwendeten Zeichen für öffnende und schließende Klammern; die heute gebräuchlichen runden Klammern zeigen eigene Zusätze an. Doppelpunkte stehen, der alten Interpunktion entsprechend, als Abkürzungszeichen.

Aus der Literatur übernommene Quellenzitate wurden nicht verändert.

Literaturverzeichnis

Abkürzungen:

KDB = Die Kunstdenkmäler von Bayern
SE = Sammelblatt des Historischen Vereins Eichstätt
HB = Historische Blätter für Stadt und Landkreis Eichstätt

Adolph 1943 = Renate Adolph, Die Entwicklung des Schalenbrunnens in Italien und Deutschland (Diss. masch.), Berlin 1943.

Allgemeine Deutsche Biographie, Bd.1-56, Berlin 1875-1912.

Altendorf 1971 = Marian Altendorf, Plankstetten, München & Zürich 1971 (Schnell, Kunstführer Nr.961).

Appel 1975 = Brun Appel, Zum Willibaldsbrunnen in Eichstätt, in: SE 68, 1975, S.27-29.

Appel/Dörr 1974 = Brun Appel, Friedrich Dörr, Eine Beschreibung des Willibaldsbrunnens in Eichstätt aus dem Jahr 1628, in: SE 67, 1974, S.133-139.

Bauch 1970 = Andreas Bauch, Schloß Hirschberg, München & Zürich, 2., überarb. Aufl. 1970 (Schnell, Kunstführer Nr.639, 1954).

Bauch 1977 = Andreas Bauch, Der Dom zu Eichstätt, München & Zürich, 8.Aufl. 1977 (Schnell, Kunstführer Nr.527, 1950)

Bauch 1978 = Andreas Bauch, Schutzengelkirche Eichstätt, München & Zürich, 4.Aufl. 1978 (Schnell, Kunstführer Nr.606, 1954).

Beichele 1955/56 = Albert Beichele, Die Hofmühle, in: HB 4, 1955, S.34-36; 5, 1956, S.1 f.

Blunt 1979 = Anthony Blunt, Kunst und Kultur des Barock und Rokoko, Wien 1979 (Baroque & Rococo, London 1978).

Boldini 1970 = Rinaldo Boldini, Misoxer Architekten und Baumeister in nordischen Ländern, in: Bedeutende Bündner aus 5 Jahrhunderten, Bd.1, Chur 1970, S.208-217.

Braun H. 1977 = Hugo A. Braun, Berching/Opf., Mariä Himmelfahrt und St. Lorenz, München & Zürich 1977 (Schnell, Kunstführer Nr.1094).

Braun H. 1978 = Hugo A. Braun, Die Spitalkirche zum Heiligen Geist in Eichstätt, in: Heilig-Geist-Spital Eichstätt, Eichstätt 1978, S.71-80.

Braun J. 1910 = Joseph Braun, Die Kirchenbauten der deutschen Jesuiten, T.2, Freiburg 1910.

Buchner 1933 = Franz Xaver Buchner, Ruinen, Not und Notverordnungen infolge des 30jährigen Krieges im Bistum Eichstätt, in: SE 48, 1933, S.2-52.

Buchner 1937, 1938 = Franz Xaver Buchner, Das Bistum Eichstätt. Historisch-statistische Beschreibung auf Grund der Literatur, der Registratur des Bischöflichen Ordinariats Eichstätt sowie der pfarramtlichen Berichte, 2 Bde, Eichstätt 1937, 1938.

Burgen und Schlösser 1981 = Burgen und Schlösser, hrsg.v. Landkreis Eichstätt, Eichstätt 1981.

Conrads/Sack 1983 = Ulrich Conrads, Manfred Sack, Karljosef Schattner, Berlin & Braunschweig 1983 (Reissbrett 2).

Darmstädter 1979 = Robert Darmstädter, Künstlerlexikon. Maler, Bildhauer, Architekten, Stuttgart 1979.

Dehio 1925 = Georg Dehio, Handbuch der Deutschen Kunstdenkmäler, Bd.III, Süddeutschland, Berlin, 3.Aufl. 1925.

Dehio 1979 = Georg Dehio, Handbuch der Deutschen Kunstdenkmäler, Bayern I, Franken, Berlin 1979 (Neubearb.).

Denkmalpflege 1983 = Denkmalpflege in Bayern. 75 Jahre Bayerisches Landesamt für Denkmalpflege, München 1983.

Detjen 1982 = Claus Detjen, Der Dom zu Arlesheim, München & Zürich, 4.Aufl.1982 (Schnell, Kunstführer Nr.858, 1967).

Eichhorn 1959 = Ernst Eichhorn, Vom Anteil "welscher" Künstler an der Barockkunst Frankens, in: Erlanger Bausteine zur fränkischen Heimatforschung, 6, 1959, S.127-157.

Falckenstein 1733 = Johann Heinrich von Falckenstein, Antiquitatis Nordgauiensis oder Nordgauische Alterthümer und Merckwürdigkeiten, aufgesucht in der Aureatischen Kirche oder Hochfürstl. Hochstifft Eichstett, Frankfurt und Leipzig 1733.

Felder 1958 = Peter Felder, Die Hofkirche St. Leodegar und St. Mauritius in Luzern (Diss.), Basel 1958.

Festschrift Wettstetten 1981 = Festschrift zur Konsekration der Pfarrkirche St. Martin, hrsg.v.d. Kirchenverwaltung Wettstetten, Wettstetten 1981.

Fischer 1977 = Manfred F. Fischer (Bearb.), Die Willibaldsburg in Eichstätt. Amtlicher Führer, München 1977.

Füssli 1779 = Johann R. Füssli, Allgemeines Kuenstlerlexikon oder kurze Nachrichten von dem Leben und den Werken der Mahler, Bildhauer, Baumeister, Kupferstecher, Stahlschneider etc., Zürich 1779.

Gebessler 1962 = August Gebessler, Stadt und Landkreis Dinkelsbühl (Kurzinventar), München 1962.

Grimm 1854 ff. = Jakob und Wilhelm Grimm, Deutsches Wörterbuch, Leipzig 1854 ff.

Gröber/Mader 1937 = Karl Gröber, Felix Mader, KDB, Mittelfranken VI, Bezirksamt Gunzenhausen, München 1937.

Gröber/Mader 1939 = Karl Gröber, Felix Mader, KDB, Mittelfranken VII, Stadt und Landkreis Schwabach, München 1939.

Grünenwald 1962 = Elisabeth Grünenwald, Oettingen, Oettingen 1962.

Gurlitt 1889 = Cornelius Gurlitt, Geschichte des Barockstiles und des Rococo in Deutschland, Stuttgart 1889 (Geschichte der Baukunst, Bd.5, 2.Abt., 2.T., hrsg.v. Jacob Burckhardt, Wilhelm Lübke und Cornelius Gurlitt).

Gurlitt 1902 = Cornelius Gurlitt, Geschichte der Kunst, Bd.2, Stuttgart 1902.

Häutle 1881 = Christian Häutle, Die Reisen des Augsburgers Philipp Hainhofer nach Eichstätt, München und Regensburg in den Jahren 1611, 1612 und 1613, in: Zeitschrift des Historischen Vereins für Schwaben und Neuburg, 8, 1881.

Hager 1968 = Werner Hager, Barock. Architektur, Baden-Baden 1968.

Heimgarten, Beilage zum Eichstätter Kurier, 1-27, 1920-56.

Herb/Mader 1901 = Franz Xaver Herb, Felix Mader u.a., Eichstätts Kunst, München 1901.

Heyer 1969 = Hans-Rudolf Heyer, Die Kunstdenkmäler des Kantons Basel-Landschaft I, Der Bezirk Arlesheim, Basel 1969.

Heyer 1981 = Hans Rudolf Heyer, Der Dom zu Arlesheim, Basel 1981.

Heym 1984 = Sabine Heym, Henrico Zuccalli (1642-1724), der kurbayerische Hofbaumeister, München 1984.

Hirschmann 1959 = Gerhard Hirschmann, Eichstätt. Beilngries-Eichstätt-Greding, München 1959 (Historischer Atlas von Bayern, Teil Franken I,6).

Hofmann/Mader 1908 I = Friedrich Hermann Hofmann, Felix Mader, KDB, Oberpfalz und Regensburg XII, Bezirksamt Beilngries I, Amtsgericht Beilngries, München 1908.

Hofmann/Mader 1908 II = Friedrich Hermann Hofmann, Felix Mader, KDB, Oberpfalz und Regensburg XIII, Bezirksamt Beilngries II, Amtsgericht Riedenburg, München 1908.

Hofmann/Mader 1909 = Friedrich Hermann Hofmann, Felix Mader, KDB, Oberpfalz und Regensburg XVII, Stadt und Bezirksamt Neumarkt, München 1909.

Horn 1951 = Adam Horn, KDB, Schwaben III, Landkreis Donauwörth, München 1951.

Hubala 1970 = Erich Hubala, Die Kunst des 17.Jahrhunderts, Berlin 1970 (Propyläen Kunstgeschichte, Bd.9).

Keßler 1945/49 = Daniel Keßler, Der Dillinger Baumeister Hans Alberthal, in: Jahrbuch des Historischen Vereins Dillingen a.d.D., 51, 1945/49.

Landolt/Seeger 1948 = Hanspeter Landolt, Theodor Seeger, Schweizer Barockkirchen, Frauenfeld 1948.

Lang 1815 = Franz Xaver Lang, Topographische Beschreibung und Geschichte der königlich baierischen Kreishauptstadt Eichstätt, Eichstätt 1815.

Lipowsky 1810 = Felix J. Lipowsky, Baierisches Kuenstler-Lexikon, 2 Bde., München 1810.

Lippert 1969 = Karl-Ludwig Lippert, Giovanni Antonio Viscardi. 1645-1713. Studien zur Entwicklung der barocken Kirchenbaukunst in Bayern, München 1969.

Lochner von Hüttenbach 1912 = Oskar Freiherr Lochner von Hüttenbach, Die Willibaldsburg bei Eichstätt, in: SE, 27, 1912, S.1-40.

Mader 1924 = Felix Mader, KDB, Mittelfranken I, Stadt Eichstätt, München 1924.

Mader 1928 = Felix Mader, KDB, Mittelfranken II, Bezirksamt Eichstätt, München 1928.

Mader 1929 = Felix Mader, KDB, Mittelfranken III, Bezirksamt Hilpoltstein, München 1929.

Mader 1940 = Felix Mader, Zur Geschichte des Willibaldsbrunnens in Eichstätt, in: SE, 55, 1940, S.53 f.

Mader 1940 (Hirschberg) = Felix Mader, Geschichte des Schlosses und Oberamtes Hirschberg, Eichstätt 1940.

Mader/Gröber 1932 = Felix Mader, Karl Gröber, KDB, Mittelfranken V, Stadt und Bezirksamt Weißenburg, München 1932.

Mager 1965/66 = Edwart Mager, Die alte Stadtkaserne in Eichstätt, in: SE, 61, 1965/66, S.93-97.

Mager 1967 = Edwart Mager, Eichstätts Stadtbefestigung in Vergangenheit und Gegenwart, in: HB, 16, 1967, S.9 ff.

Mager 1970 = Edwart Mager, Eichstätter Häuserinschriften aus sechs Jahrhunderten, in: HB, 19, 1970, S.1 ff.

Münch 1781 = Maximilian Münchs, regulirten Chorherrn u.d.Z. Beichtvaters in Marienburg, kurze Geschichte des Frauenklosters Marienburg, aus einheimischen und fremden Urkunden, Nürnberg 1781. (DAEI, L 32)

Nagler 1835 ff. = Neues allgemeines Künstler-Lexicon oder Nachrichten von d. Leben u.d. Werken d. Maler, Bildhauer, Baumeister, Kupferstecher, Lithographen, Formschneider, Zeichner, Medailleure, Elfenbeinarbeiter etc., 22 Bde., München 1835 ff.

NDB 1953 ff. = Neue Deutsche Biographie, Berlin 1953 ff.

Neuhofer 1954 = Theodor Neuhofer, Das "Noscomium" an der Westenstraße, in: HB, 3, 1954, S.38 f.

Neuhofer 1961 ff. = Theodor Neuhofer, Beiträge zur Kunstgeschichte, in: SE, 59, 1961/62, S.54-60; 60, 1962/64, S.43-53; 61, 1965/66, S.9-92; 62, 1967/68, S.8-101.

Neuhofer/Bauch 1984 = Theodor Neuhofer, Andreas Bauch (Hrsg.), Eichstätt, München & Zürich 1984 (Schnell, Großer Kunstführer Bd.15, 1954).

Neuhofer u.a. 1967 = Theodor Neuhofer, Peter Steiner, Ludwig Krottenthaler, Kloster Rebdorf, München & Zürich 1967 (Schnell, Großer Kunstführer Bd.51).

Noll 1984 = Petra Noll, Mauritio Pedetti, der letzte Hofbaudirektor des Hochstifts Eichstätt (1719-1799), München 1984 (Miscellanea Bavarica Monacensia, Bd.127).

Norberg-Schulz 1971 = Christian Norberg-Schulz, Architektur des Barock, Stuttgart 1975 (Mailand 1971).

Papebroch 1660 = Daniel Papebrochs Reisebericht über Nürnberg, Ellingen, Weißenburg und Eichstätt aus dem Jahre 1660, I. Edition und Übersetzung von Udo Kindermann, II. Historische Anmerkungen von Ernst Schubert, in: Zeitschrift für bayerische Kirchengeschichte, 44, 1975, S.60-97.

Paulus 1912 = Richard A.L. Paulus, Der Baumeister Henrico Zuccalli am kurbayerischen Hofe zu München, Straßburg 1912.

Pest 1937 = Matthäus Pest, Die Finanzierung des süddeutschen Kirchen- und Klosterbaus in der Barockzeit. Bauwirtschaftliche und finanzielle Probleme des kirchlichen Barocks im deutschen Süden von ca. 1650 bis ca. 1780, München o.J. (1937).

Pfeiffer 1896 = Bertold Pfeiffer, Kultur und Kunst in Oberschwaben im Barock- und Rokokozeitalter, Stuttgart 1896.

Pobé 1941 = Pierre Pobé, Die Domkirche in Arlesheim, Basel 1941.

Poeschel 1945 = Erwin Poeschel, Die Kunstdenkmäler des Kantons Graubünden VI, Puschlav, Misox und Calanca, Basel 1945.

Ramisch 1964 = Hans K. Ramisch, Landkreis Feuchtwangen (Kurzinventar), München 1964.

Reclam 1983 = Reclams Kunstführer Deutschland, Bd.I,1 Bayern Süd, Bd.I,2 Bayern Nord, Stuttgart, 9.Aufl. 1983.

Reinhardt 1932 = Hans Reinhardt, Der Architekt des Arlesheimer Dombezirks Jacob Engel, in: Anzeiger für Schweizerische Altertumskunde, NF 34, 1932, S.54-57, 239.

Reinle 1956 = Adolf Reinle, Kunstgeschichte der Schweiz, Bd.3, Frauenfeld 1956.

Reinle 1973 = Adolf Reinle, Zur architekturgeschichtlichen Stellung der Graubündner Barockbaumeister, in: Unsere Kunstdenkmäler, 24, 1973, S.223-237.

Ritz 1963 = Joseph Maria Ritz, Bayerische Kunstgeschichte, Bd.II, Franken, hrsg.v. Hans Thoma und Gislind M. Ritz, München 1963.

Röber 1983 = Manfred Röber, Greding. Vergangenheit und Gegenwart, Greding 1983.

Sax 1857 = Julius Sax, Geschichte der Stadt und des Hochstifts Eichstätt, Nürnberg 1857.

Sax 1860 = Julius Sax, Geschichte der St. Willibaldsburg

und des Frauenklosters Marienstein bei Eichstätt in Mittelfranken, Sulzbacher Kalender für katholische Christen, 1860.

Sax 1885 = Julius Sax, Die Bischöfe und Reichsfürsten von Eichstätt, 2.T., Landshut 1885.

Sax/Bleicher 1927 = Julius Sax, Geschichte des Hochstifts und der Stadt Eichstätt, neue, verb. Aufl. von Joseph Bleicher, Eichstätt 1927.

Schlecht 1888 = Joseph Schlecht, Zur Kunstgeschichte der Stadt Eichstätt, Eichstätt 1888.

Schlecht 1889 = Joseph Schlecht, Eichstätt im Schwedenkriege. Tagebuch der Augustinernonne Clara Staiger, Priorin des Klosters Marienstein, über die Kriegsjahre 1631 bis 1650, Eichstätt 1889.

Schmeller/Fromann 1872, 1877 = Johann Andreas Schmeller, Bayerisches Wörterbuch, bearb.v. G. Karl Fromann, München 1872, 1877.

Schmid 1984 = Gabriele Schmid, Der Beitrag von Jakob Engel zum Arlesheimer Dombezirk, in: Zeitschrift für Schweizerische Archäologie und Kunstgeschichte, 40, 1984, S.35-39.

Schnell/Steiner 1980 = Hugo Schnell, Peter Steiner, Wallfahrtskirche Eichelberg, München & Zürich, 2., neubearb. Aufl. 1980 (Schnell, Kunstführer Nr.868, 1967).

Schomann 1971 = Heinz Schomann, Kunstwanderungen in Bayern nördlich der Donau, Stuttgart 1971.

Semrau 1913 = Max Semrau, Die Kunst der Barockzeit und des Rokoko, Esslingen a.N., 3. Aufl. 1913 (Grundriß der Kunstgeschichte, Bd.4, hrsg.v. W.Lübke und M.Semrau).

Singer/Müller 1922 = Hans W. Singer (Hrsg.), Hermann A. Müller (Bearb.), Leben und Werke der berühmtesten bildenden Künstler, Frankfurt a.M., 6.Aufl. 1922.

Strauss 1791 = Andreas Strauss, Versuch einer historisch-topographischen Beschreibung der Hochfürstl. Bischöfl. Residenzstadt Eichstädt in Franken, Eichstädt 1791.

Suttner 1859 = Joseph Georg Suttner, Geschichte des bischöflichen Seminars in Eichstätt, nach den Quellen bearbeitet, Eichstätt 1859 (Beilage zum Pastoralblatte 1859).

Thieme/Becker = Ulrich Thieme, Felix Becker, Allgemeines Lexikon der bildenden Künstler von der Antike bis zur Gegenwart, 37 Bde., Leipzig 1907 ff.

Thurnhofer 1901 = Franz Xaver Thurnhofer, Willibaldsburg und Residenz, in: Herb/Mader 1901.

Ullmann 1919 = Heinrich Ullmann, Das Kalkplattendach im Altmühlgebiete, in: Bayerischer Heimatschutz XVII, 1919, Nr.11-12, nachgedruckt in: Das Altmühl-Jurahaus, hrsg.v. Verein zur Förderung und Pflege von Altmühl-Jurabauten, Eichstätt o.J. (1984).

Wackernagel 1915 = Martin Wackernagel, Die Baukunst des 17. und 18. Jahrhunderts in den deutschen Ländern, Berlin, 9.-12.Taus. 1915 (Handbuch der Kunstwissenschaft, Die Baukunst des 17. und 18. Jahrhunderts, T.2, hrsg.v. Fritz Burger und A.E. Brinckmann).

Weigmann 1902 = Otto Albert Weigmann, Eine Bamberger Baumeisterfamilie um die Wende des 17. Jahrhunderts. Ein Beitrag zur Geschichte der Dientzenhofer, Straßburg 1902 (Nachdruck 1979 - Studien zur deutschen Kunstgeschichte, 34.Heft).

Werden 1916 = Ferdinand Maria von Werden, Die Tätigkeit des fürstbischöflichen Baudirektors Gabriel de Gabrieli im Hochstift Eichstätt. Ein Beitrag zur Kunstgeschichte und Topographie (Diss.masch.), Würzburg 1916.

Zendralli 1930 = Arnoldo Marcelliano Zendralli, Graubündner Baumeister und Stukkatoren in deutschen Landen zur Barock- und Rokokozeit, Zürich 1930.

Zendralli 1958 = Arnoldo Marcelliano Zendralli, I magistri Grigioni, architetti e costruttori, scultori, stuccatori e pittori, dal 16° al 18° secolo, Poschiavo 1958.

Abbildungsverzeichnis

24 Pfarrkirche Abenberg, 1700

25 Pfarrkirche Wettstetten, Grund- und Aufriß von Jakob Engel, 1697 (siehe Anm.45, Nr.7.2)

26-28 Klosterkirche Marienburg bei Abenberg, 1677/78

29-30 Heilig-Geist-Kirche, Eichstätt, 1699-1701

31-32 Hofkirche Neumarkt, 1701/02

33-38 Pfarrkirche Spalt, 1698-1700

39 Pfarrkirche Kaldorf, vor 1709

40 Pfarrkirche Arberg, 1709

41 Spitaltor, Eichstätt, 1673 (Relief am Haus Pfahlstraße 1, Eichstätt, nach einer Zeichnung von Jordan Maurer, siehe Anm.292)

42 Willibaldsbrunnen, Eichstätt, 1695

43 Schulhaus Pleinfeld, Grund- und Aufrisse von Jakob Engel, 1686 (siehe Anm.45, Nr.4)

44 Pfarrhof Untermässing, Detail aus dem Kostenvoranschlag von Jakob Engel mit skizzierten Grundrissen des Erd- und Obergeschosses, 1684 (siehe Anm.45, Nr.3)

45 Pfarrhof Untermässing, 1685-87

46 Fürstbischöfliches Schloß Greding, westliche Giebelseite

47 Häuser am Marktplatz von Greding

48 Fürstbischöfliche Residenz Eichstätt, Westflügel

49 dito, Westflügel von Süden

50 dito, Süd- und Westflügel auf einem Stich von 1730 (siehe Anm.306)

51 Fürstbischöfliches Schloß Greding, 1696

52 Fürstbischöfliche Residenz Eichstätt, Westportal

53 Fürstbischöfliches Schloß Greding, Portal

54-55 Benediktinerabtei Plankstetten, 1696

56-57 Präsidentenhof (Vizedomamt), Eichstätt, 1688 ff.

Abbildungsnachweis

Rembrant Fiedler, Würzburg: 12, 13, 24, 27, 28, 33, 37, 38; Gabriele Schmid, Hamburg: 1-11, 14-18, 20-23, 25, 30, 31, 34, 39-56, 58-65; Karl Westermeier, Beilngries: 19; DAEI: 57; Hugo A. Braun, Hofkirche Neumarkt, München & Zürich 1984 (Schnell, Kunstführer Nr.1451): 32; Gröber/Mader 1939: 26, 35, 36; Mader 1924: 29.

PERSONENREGISTER

ORTSREGISTER

1

2

3

4

5

6

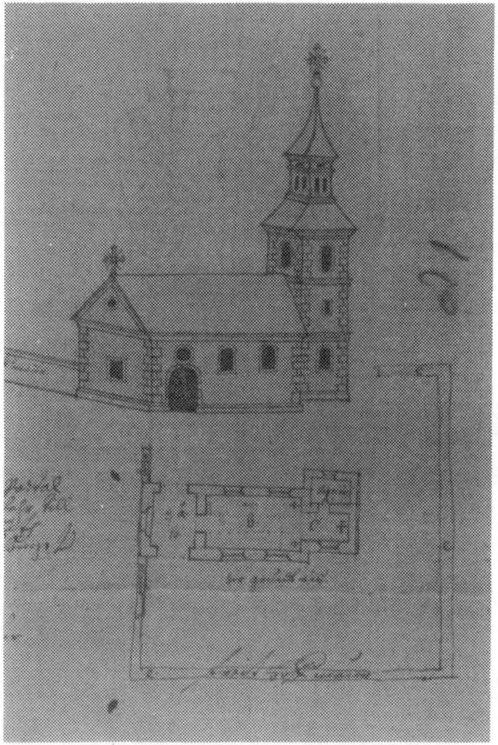

7

8

9

10

11

12

13

14

15

16

17

18

19

20

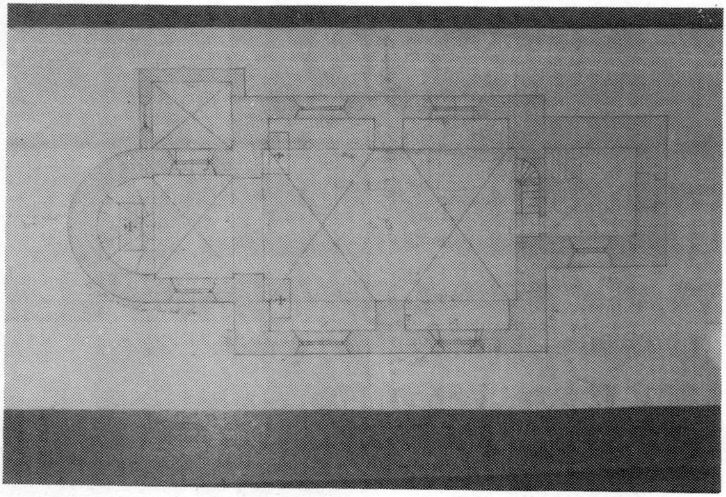

21

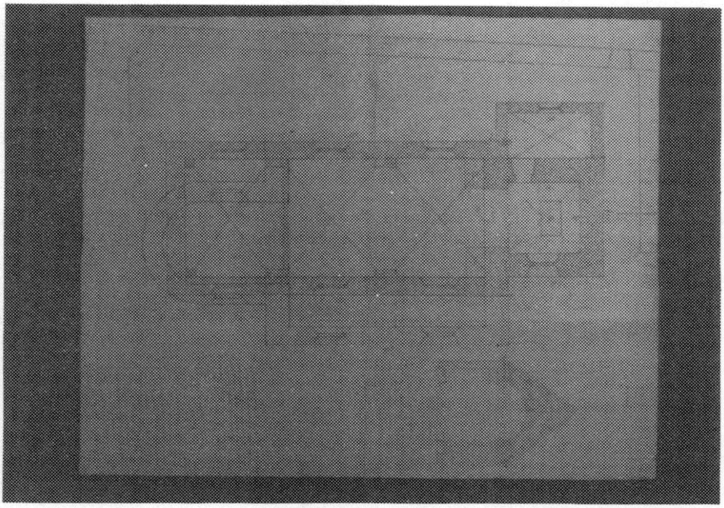

22

23

24

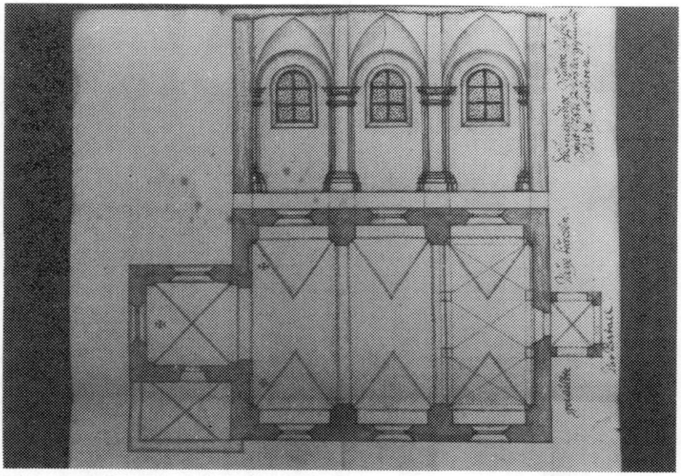

25

26

27

28

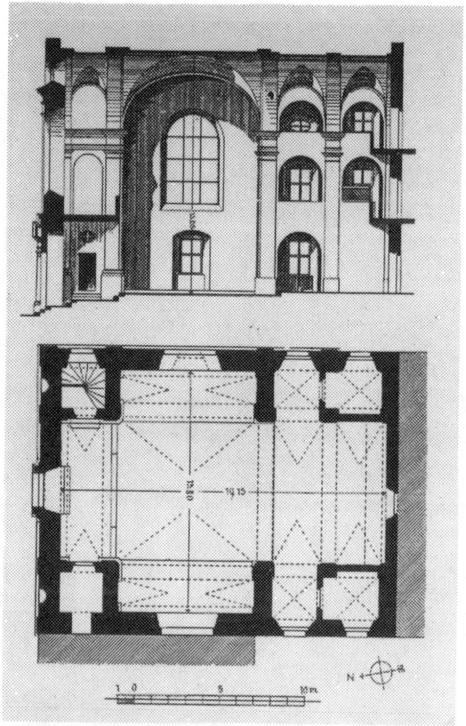

29

30

31

32

33

34

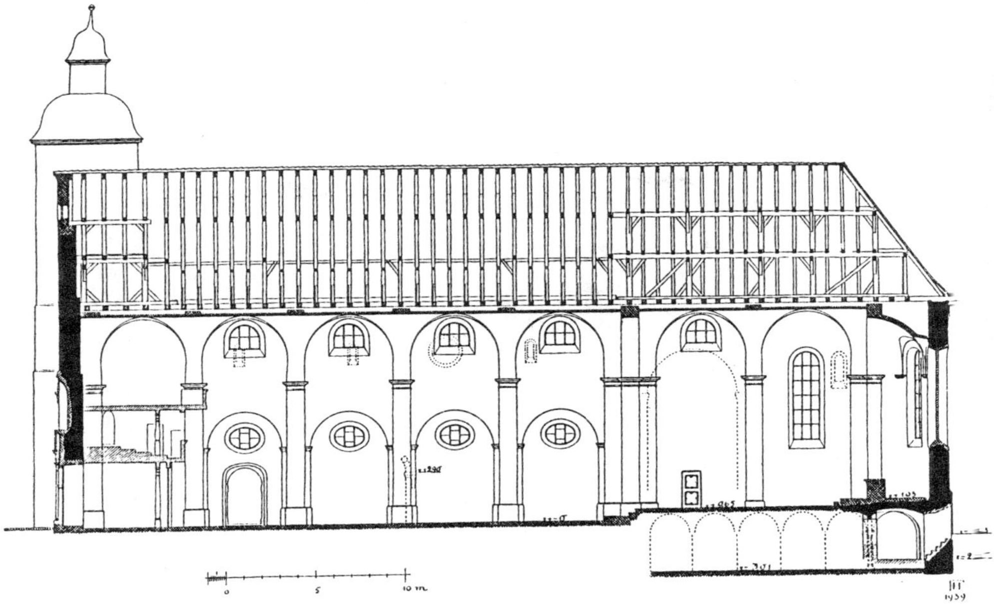
0
5
10 m
1939

35

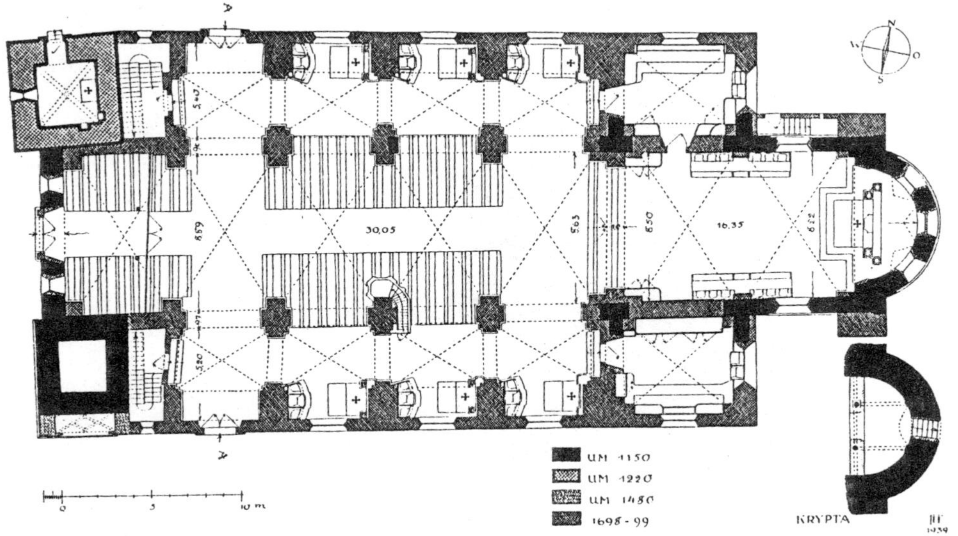
A
30,05
16,35
UM 1150
UM 1220
UM 1480
1698 - 99
0
5
10 m
KRYPTA
1939

36

37

38

39

40

41

42

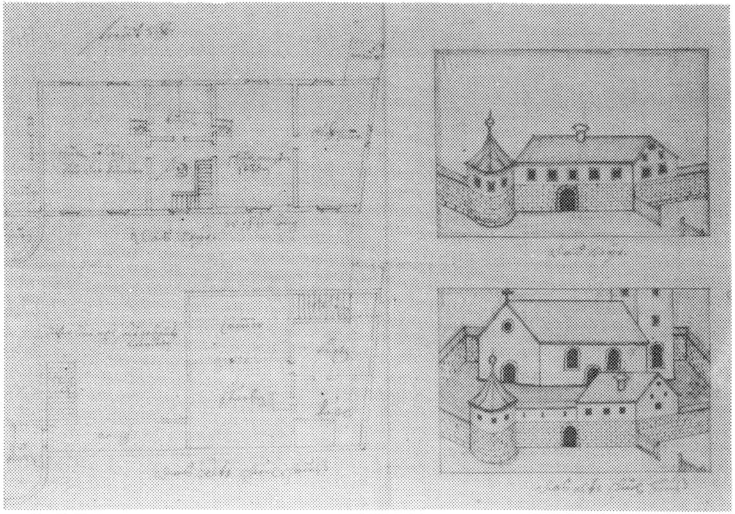

43

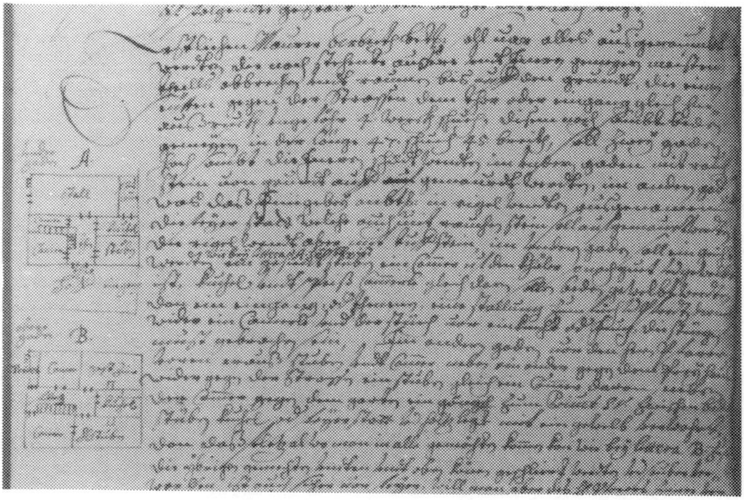

44

45

46

47

48

49

Neue Hochfürstl.
Resident
beneb∫t der daran
∫to∫∫enden
Dom-Kirch.

50

51

52

53

54

55

56

57

58

59

60

gen gemäß allezeit auferbaulich betragen hat, so ist er würdig geworden, bey allen
oder sonst mit der Römischen verbundenen Congregationen als ein rechtmässiges
erkennet, und angenommen zu werden. Zu dessen Bestättigung wir unser
Insigel beygesetzet haben. Eichstadt im Jahr den
Tag des Monats
IHS
Sigill
Setze mich als ein auf dein Herz.
Cant. VIII

61

62

63

64

65

Wolfgang Krumbein (Hrsg.)

Ökonomische und politische Netzwerke in der Region

Beiträge aus der internationalen Debatte

Politik und Ökonomie

Herausgegeben von

Bernhard Blanke, Ulrich Jürgens,

Wolfgang Krumbein und

Ulrich Widmaier

Band 1

LIT

Wolfgang Krumbein (Hrsg.)

Ökonomische und politische Netzwerke in der Region

Beiträge aus der internationalen Debatte

LIT

Die Deutsche Bibliothek – CIP-Einheitsaufnahme

Ökonomische und politische Netzwerke in der Region : Beiträge aus der internationalen Debatte / Wolfgang Krumbein (Hrsg.). – Münster ; Hamburg : Lit, 1994

(Politik und Ökonomie ; 1 .)
ISBN 3-8258-2114-5

NE: GT

Dieckstr. 73 48145 Münster Tel. 0251–23 50 91
Hallerplatz 5 20146 Hamburg Tel. 040–44 64 46

Inhaltsverzeichnis

Vorwort *(Wolfgang Krumbein)*

I.

So heftig wie vor einigen Jahren ist die Debatte heute nicht mehr. Erinnern wir uns: Auf die fundamentale Kritik, die Amin/Robins am Grundlagenwerk von Piore/Sabel über die flexible Spezialisierung (in den USA unter dem Titel "The Second Industrial Divide. Possibilities for Prosperity" 1984 erschienen) übten, entgegnete Sabel in einer für deutsche Leser etwas ungewohnten Schärfe; die Kritik sei "an awkward amalgam of a core argument about current economic reorganisation und criticisms of the flexible specialisation thesis and associated claims. If true, some of the criticisms might apply with equal force to the argument offered by Amin and Robins themselves; others might simply not be worth discussing if the larger argument holds" (Charles Sabel replies to Ash Amin and Kevin Robins, in Pyke/Beccatini/ Sengenberger (Hg.), Industrial Districts and Inter-Firm Cooperation in Italy. Genf 1990.).

Die inhaltlichen Konflikte, um die es in der zweiten Hälfte der 80er Jahre ging, sind sicherlich noch nicht endgültig beigelegt; immerhin aber zeigen etliche Beiträge im vorliegenden Band, daß sich in einigen Punkten Annäherungen abzeichnen. Derartige Annäherungen lassen sich auf folgenden Gebieten feststellen:

(1) In alten Auseinandersetzungen ging es -zugespitzt formuliert- um die Alternative 'Globalisierung' oder 'Regionalisierung'. Amin und Thrift, mit die Protagonisten einer Position, die die zunehmende Relevanz weltumspannender ökonomischer Zusammenhänge betont, legen in ihrem Beitrag über "Neo-Marshallian Nodes in global networks" eine Reformulierung älterer Thesen vor. Ihnen geht es um den Nachweis, daß lokale Ökonomien einen spezifischen Platz behalten können auch innerhalb sich zunehmend globalisierender Produktion. Bei allem Dissens im Detail wird hier ein Grundkonsens angedeutet, mit dem auch Kern (und auch Sabel, wie man aufgrund der engen Kooperation mit Kern vermuten darf) übereinstimmen kann; er spricht davon, daß sich die nationalen Systeme sowohl in Richtung nach unten, auf die Regionen hin, wie nach oben, in Richtung auf globale Arenen öffnen. Ähnliche vermittelnde Positionen sind auch in den Beiträgen von v. Einem und Krumbein u.a. enthalten.

(2) Zur Frage, welche spezifischen Faktoren erfolgreichen Regionen zu ökonomischer Stärke verhelfen (können), gab es in der Vergangenheit recht unterschiedliche Positionen (vgl. den Überblick bei v. Einem). Folgt man den in diesem Band vorliegenden Beiträgen, so läßt sich mittlerweile auch hier ein Grundkonsens feststellen, der wie folgt aus-

sieht: Insbesondere dann, wenn spezifische industrielle Spezialisierungen mit einer dynamischen Entwicklung der produktionsorientierten Dienstleistungen zusammenfallen und zudem noch regionale 'weiche Faktoren' wie erfolgreiche Qualifizierungs- und Innovationsförderanstrengungen in hohem Maße wirksam werden, können Regionen eine positive Entwicklung erhoffen (vgl. dazu die Beiträge von Rehfeld, Cooke, Krumbein u.a.). Dieser Konsens schließt die Einsicht in die Tatsache ein, daß auch derartige komplexe Erfolgsbedingungen von globalen Rahmenbedingungen und konkreten weltökonomischen Entwicklungen abhängig und daher Veränderungen unterworfen bleiben (vgl. Harrison und Telljohann).

(3) Gegenüber früheren Vorstellungen kommt es für Unternehmen heutzutage nicht mehr nur darauf an, sich die spezifischen Vorteile einer Region nutzbar zu machen. Immer mehr in den Vordergrund rückt demgegenüber das Bemühen oder sogar die Notwendigkeit für Unternehmen, sich ein Territorium durch eigene Anstrengungen selbst zu gestalten, also (in den Worten von Colletis/Pecqueur) spezifische regionale Aktiva zu initiieren, die nicht zuletzt auch der Innovationsfähigkeit des eigenen Unternehmens zugute kommen. Daß diese Gestaltungsbemühungen u.a. auf die Förderung von Kooperationsbeziehungen (vgl. die Beiträge von Plougmann, Cooke und Belzer/Hilbert) und technologischer Innovationsfähigkeit (vgl. Dunford) zielen sollten, kann ebenso als Konsens gelten wie die Einsicht, daß diese Bemühungen von enormen Schwierigkeiten begleitet sein werden.

II.

Auch wenn sich in einigen wichtigen Punkten Positionsannäherungen zwischen ehemals diametral entgegengesetzten Auffassungen aus den vorliegenden Texten herauslesen lassen, so sind doch fortbestehende Differenzen unverkennbar. Sie beziehen sich z.T. auf Detailfragen innerhalb des oben skizzierten Konsenses, z.T. aber auch auf empirisch weiterhin unterschiedlich beurteilte Probleme.

(1) Das Ausmaß der Lokalisierung bzw. Regionalisierung innerhalb sich zunehmend globalisierender ökonomischer Strukturen bleibt ungeklärt. Anders ausgedrückt: In welchem Verhältnis zueinander stehen Globalisierung und Regionalisierung? Handelt es sich eher um einen Prozeß, in dem insbesondere die nationalstaatliche Ebene gleichgewichtig an Funktionen verliert zugunsten der globalen und regionalen Ebenen? Oder muß von einer ungleichgewichtigen Entwicklung ausgegangen werden, in der z.B. die Globalisierung dominant bleibt oder wird? Die Beiträge u.a. von Amin/Thrift und Kern

geben erste Antworten auf derartige Fragenkomplexe, ohne aber bereits konsensuale Klärungen darstellen zu können.

(2) Kaum abgemildert hat sich die Kontroverse in einer alten Fragestellung: Können die in ökonomisch prosperierenden Regionen ausmachbaren Erfolgsfaktoren nicht nur identifiziert, sondern als Maßstab für Wirtschaftsförderpolitik in weniger erfolgreichen Regionen genommen werden? Amin/Thrift sind weiterhin der Meinung, daß derartige konzeptuelle Übertragungen wenig aussichtsreich bleiben, während Cooke versucht, die von ihm identifizierten vier 'key factors' in eine 'strategy for innovating by networking' umzusetzen und damit für praktische Politik handhabbar zu machen. Möglicherweise besteht ein fruchtbarer Ansatz für die weitere Diskussion darin, den Zeitfaktor stärker zu betonen; so finden sich bei Rehfeld, Dunford und Krumbein u.a. Hinweise darauf, regionale Wirtschaftsförderung deutlicher in eine längerfristig angelegte Politik einzubinden.

(3) Empirisch offene Fragen lassen sich u.a. in folgenden zwei Bereichen feststellen:

- In welchem Verhältnis stehen 'materielle' und 'weiche' Erfolgsfaktoren in den Regionen zueinander? Während für Rehfeld die Bedeutung materieller Faktoren für den regionalen Erfolg eher rückläufig ist, betont Harrison im Gegensatz dazu, daß die Krise italienischer Industrial Districts u.a. darauf zurückgeführt werden müsse, daß sich neue 'harte' (nicht nur regionale!) Ökonomiestrukturen zunehmend Geltung verschafften.

- Trotz etlicher empirischer Untersuchungen zu den Zulieferstrukturen speziell der Automobilindustrie und deren regionalen Konsequenzen (globale versus regionale Ausprägung) zeigen die Beiträge von Rehfeld und von Einem, daß der Teufel im Detail steckt; möglicherweise wäre hier eine Klärung methodisch-empirischer Fragen nutzbringend - auch um eine bessere Vergleichbarkeit verschiedener Studien gewährleisten zu können.

III.

Erste Anstöße für den vorliegenden Band gingen von einer Tagung aus, die die Sektion 'Politik und Ökonomie' der Deutschen Vereinigung für Politische Wissenschaft im November 1992 veranstaltete (unter dem Obertitel "Umbrüche in der (deutschen) regionalen Strukturpolitik"). Die Beiträge von Rehfeld, Belzer/Hilbert und v.Einem entstammen dieser Tagung und wurden für den vorliegenden Band z.T. umgearbeitet.

Zusätzlich zu den drei genannten Beiträgen wurden neben thematisch ergänzenden deutschen (Kern und Krumbein u.a.) insbesondere ausländische Beiträge neu aufgenommen. Dies geschah unter dem Eindruck, daß die internationale Debatte u.a. um industrial districts, Netzwerke und Kooperationen in Deutschland immer noch vergleichsweise wenig rezipiert wird. Der Schwerpunkt der internationalen Beiträge liegt dabei eindeutig auf Untersuchungen der Entwicklungen in Deutschland, Italien und Frankreich; daneben wird auch auf Neuerungen in Wales, Dänemark, Spanien und England eingegangen.

Dank sagen möchte ich zuallererst den Autoren dieses Bandes, die angesichts vielfältiger Verzögerungen bis zur Drucklegung große Geduld aufgebracht haben. Fertigstellung und Layout der Texte wären ohne die umfänglichen Fachkenntnisse und das Engagement von Khanh-Trong Nguyen nicht denkbar gewesen.

Gabriel Colletis/ Bernard Pecqueur

Die französische Diskussion über die Industriedistrikte

Über die Bildung von "Territorien" im Postfordismus (0)

Einleitung

Die Merkmale der sog. "fordistischen" Regulationsweise sind erst im nachhinein - durch die Krise der 70er Jahre - deutlich hervorgetreten. Seit 15 Jahren versuchen sich makroökonomische Analysen von Akkumulationsregimen und Regulationsweisen an der Beschreibung des nun aufkommenden Entwicklungsmodells. Ein solches Modell liegt noch nicht fertig vor und wird wahrscheinlich in mehreren Gestalten auftreten. Ein Wandel der institutionellen Formen ist allerdings seit längerem feststellbar. Die wachsende allgemeine Unsicherheit, die Flüchtigkeit der internationalen Geschäftsbedingungen, die Krise des Staates oder auch die Verzerrungen auf dem Arbeitsmarkt zeigen das deutlich. Diese viel kommentierten Phänomene werden meistens entweder in einem raumlosen Universum gedacht oder in einem globalen Raum, der sich aus nationalen Räumen als Basis-Einheiten konstituiert.

In diesem Kontext tritt in der Fachliteratur jedoch mancherorts eine neue Problemstellung auf, die besondere räumliche Konfigurationen ausmacht, die spezifische externe Einflüsse ausüben. Der Raum ist hier nicht mehr eine neutrale Unterlage, sondern erscheint in gewissen Fällen als ein Organisationselement der Produktion, das die Strategie einzelner Akteure wie z.B. der Unternehmen beeinflußt. Dies Interesse an einer Integration der räumlichen Dimension in die Debatte über die Entwicklung der Industriestrukturen entwickelt sich im gleichen Moment, in dem ein "postfordistisches" Entwicklungsmodell auftaucht, dessen Konturen allerdings noch nicht klar auszumachen sind.

---

0. Die Übersetzung ist von Gerhard Held (Universität Dortmund) gemacht worden. Das Wort "Territoire" ist mit "Territorien" übersetzt worden, und anfangs in Anführungszeichen gesetzt, da dieses Wort ein Provisorium ist. Im deutschen gibt es "Gebiet" (das Wort ist aber zu allgemein), "Revier" (vielleicht zu sehr ans Ruhrgebiet gebunden), oder "Milieu" (das Wort läßt sich aber wenig in den spezifisch wirtschaftlich-industriellen Zusammenhang einfügen).

Angeregt durch die Wiederaufnahme der Theorie A. Marshalls durch G.Becattini (1979) hat sich in den letzten Jahren eine neue räumliche Konfiguration [1] in den Vordergrund des Interesses geschoben: der Industriedistrikt. Wir befassen uns hier nicht mit der Diskussion über die Kriterien, die die Bezeichnung "Distrikt" für einen Ort gestatten. Allgemein konnte gezeigt werden - bes. durch die Arbeiten von G. Garofoli (1983) - , daß es verschiedene Typen industrieller Agglomerationen gibt. Nicht alle sind Industriedistrikte im strengen Sinn, aber sie haben gemeinsame Merkmale [2].

Diese vielfältigen, örtlichen, produktiven Systeme stehen im Zentrum der Debatte über die Hypothese des Industriedistrikts (vgl. G.Benko/ A.Lipietz 1992). Für einen Teil der Autoren konstituiert der Distrikt die räumliche Basiseinheit eines neuen Entwicklungsmodells. Für die anderen sind die Distrikte nur eine Konfiguration unter anderen und können in keinem Fall als Zeichen für ein Ende des Fordismus interpretiert werden.

Diese Debatte stützt sich auf die empirische Beobachtung der Distrikte und ist daher allzu oft eng an eine Form industrieller Organisation gebunden. Wir haben durchaus den Eindruck, daß eine solche Anbindung wichtige Fortschritte im Verständnis der territorialen ökonomischen Dynamiken ermöglicht hat. Dennoch halten wir es für nützlich, über diese bestimmte Form hinaus das zu untersuchen, was die Distrikte allgemein mit den Strategie der Akteure zu tun haben. Wir wollen den Prozeß der Bildung von "Territorien" hervorheben, der bei den Distrikten zu beobachten ist, der aber auch in mehr oder weniger latenter Form in anderen räumlichen Konfigurationen der Industrie enthalten ist. Insbesondere wollen wir die Rolle der Unternehmensstrategien in diesem Prozeß präzise erfassen. Diese Vorgehensweise zielt darauf, den räumlichen Gehalt von Regulationsprozessen herauszuarbeiten, um dann zu einigen Hypothesen über verschiedene Regulationsebenen, die koexistieren und zusammen im Wandel produktiver Systeme einbegriffen sind, zu kommen.

Unser Beitrag befaßt sich zunächst mit dem postfordistischen Kontext, in dem die Diskussion über Status und Einfluß der Industriedistrikte steht. In einem zweiten Schritt untersuchen wir, inwieweit das Paradigma der "Transaktion" als Instrument zur Analyse territorialer Organi-

---

1. Bereits 1966 schrieb der Geograph J.Remy hinsichtlich der externen Effekte der Agglomeration, daß "die Rolle, die die Stadt in diesem Bereich spielt, unter anderem mit dem Faktor des **Ambiente**, von dem manchmal die Wirtschaftswissenschaften sprechen, in Verbindung gebracht werden kann" (Hervorhebung G.C./B.P.). Der Autor zitiert nicht A.Marshall aber hat die gleichen Intuitionen hinsichtlich der urbanen Agglomeration.
2. F.Pyke und W.Sengenberger (1992) vermitteln einen Eindruck von der Verschiedenartigkeit dieser Systeme in Europa

sation geeignet ist. Transaktionelles Handeln hat nämlich die Funktion der Reduzierung von Unsicherheit. Ein solcher Ansatz erlaubt es, den Raum in den Strategiehorizont der Unternehmen zu integrieren. Er beschränkt sich allerdings auf das Problem der optimalen Faktorverwendung im Bereich kurzzeitiger Entscheidungen. Der dritte Teil versucht daher, den Distrikt nicht nur als Resultat von Unternehmensstrategien (und institutionellen Strategien) zu verstehen, sondern auch die Bildung einer Arbeitskultur in langer historischer Dauer als Schlüsselelement der Raumbildung herauszuarbeiten.

I. Postfordismus und Industriedistrikte

Die Diskussion über das Thema Postfordismus ist nach wie vor heftig und offen. Die Beantwortung der Frage, ob die Industrieländer deutlich erkennbar mit der fordistischen Regulationsweise gebrochen haben oder nicht, hängt meistens von subjektiven Einschätzungen ab. Für R.Boyer und J.P.Durand (1993) bedeutet z.B. der Toyotismus - begriffen als im wesentlichen interne Reorganisation im Unternehmen - keine neue Regulationsweise. Er stellt eher eine gewandelte Form des Fordismus dar, die "zu einem großen Teil aus Provisorien und einer Serie von Versuchen und Irrtümern im Zuge des erfolglosen Bestrebens, eine fordistische Regulation zu implantieren, resultiert" . Mit ihrer Bezeichnung "flexibler Taylorismus" identifizieren diese Autoren die Flexibilität mit einer schlichten Anpassungsstrategie der Unternehmen an die Krise der Regulationsweise. Weitergehender war der Anspruch von M.Piore und Ch.Sabel (1984), die einen allgemeinen Wandel von der Massenproduktion zur flexiblen Spezialisierung als einen fundamentalen Bruch analysierten. Diese Analyse wurde Gegenstand zahlreicher Kontroversen (3), die hier nicht referiert werden. In Bezug auf das hier interessierende Problem besteht die Originalität des Beitrags dieser Autoren darin, daß verschiedene räumliche Organisationsweisen auf allen Ebenen in Betracht gezogen werden. Die Wirkungen der speziellen Flexibilisierung können "von der weltweiten bis zur Mikro-Ebene" vom Weltmarkt bis herunter zu einer Werkstatt verfolgt werden. Außerhalb der USA beschreiben die Autoren Konfigurationen als jeweils nationale Modelle (Frankreich, Deutschland, Italien, Japan, etc.). Sie zeigen insbesondere, daß die starken Konzentrationen von Klein- und Mittelbetrieben, die in Italien die flexible Spezialisierung praktizieren, an die von A.Marshall (1919) beschriebenen Industriedistrikte erinnern.

Für M.Piore und Ch.Sabel (1984) ist mit der Entwicklung von der Massenproduktion zur flexiblen Spezialisierung eine Verschiebung vom tayloristischen Großunternehmen zur klei-

---

3. Zur Debatte über die Industriedistrikte und über das Buch von Piore/ Sabel vgl. G.Benko A.Lipietz (1992)

Übersicht: Räumliche Dimension der Regulationsweise in Frankreich

Institutionelle Form	**Fordistische Konfiguration und Raumbeziehung**	**Postfordismus und Bildung von Territorien**
Staat	Zentralisierung, Raumordnung von oben, Sperre gegen endogene Entwicklung, Schwächung der Distrikte	Schwächung der zentralisierenden Staatsfunktionen, Respektierung endogener Entwicklungspotentiale, lokale Regulationen (auf Änderung oder Status Quo ausgerichtet)
Arbeitsmarkt-Beziehungen	Bestimmung der Lohnentwicklung durch Preis- und Produktivitäts-Entwicklung (Doppelindexierung), Teilentkopplung Einkommen/ Arbeit, langsame Anpassung der Beschäftigungs-Entwicklung, Homogenisierung/ Normierung auf nationaler Ebene (Mindestlohn), Destrukturierung der lokalen Arbeitsmärkte	Abschied von der Indexierung der Löhne und fortschreitende Differenzierung des Arbeitsmarkts, neue Gewichtung der lokalen Qualifikationen, gebietsspezifische Beziehungen zwischen Forschung - Industrie - Ausbildung, größere soziale Marginalisierungsrisiken, insbesondere in Problemzonen (Agrarzonen, altindustrielle Zonen, Vorstadtzonen, etc.)
Produktions-Organisation	Massenproduktion, intensive Akkumulation, Integration und Hierarchie, schwache Differenzierung, kostenbezogener Faktoreinsatz	Massenproduktion und flexible Prodution, Tendenz zu netzförmigen Organisationsformen (quasi-integriert), Faktoreinsatz nach kostenfremden Kriterien und auch territorialen Spezifika, Versuche industrieller Netz- -bildungen (Klein- und Mittelbetriebe) starke Konkurrenz zwischen verschiedenen Territorien, Risiko übertriebener Kostensenkungsversuche
Eingliederung in die internationale Arbeitsteilung	Übergang von einer offenen zu einer extrovertierten Ökonomie (für abhängige Länder wie Frankreich), Kohärenz-Verlust des produktiven Systems, funktionale Segmentation des Raums (Produktentwicklung, Produktion, Verkehr)	Offene Territoriums-Räume, direkte Beziehungen zwischen lokaler und globaler Ebene, Risiko von Standortverlagerungen aufgrund hoher Mobilität der Großunternehmen, Dualisierung des Raums
Finanzierung der Akkumulation	Verschuldungswirtschaft, Zentralisierung der Sparmengen, Schwäche der lokalen Akkumulation	Kapitalmarkt-Ökonomie (Finanzierung durch Eigenmittel und Kapitalmarkt), fortdauernde Schwäche der lokalen Akkumulation trotz Risikokapitalbildung auf regionaler Ebene

nen, flexiblen Produktionseinheit verbunden. Diese Verschiebung bildet spezifische Formen im Raum, deren spektakulärste der "Industriedistrikt" ist. Auf diese Weise stellt die "Re-Territorialisierung" der Unternehmensstrategien in Gestalt eines lokal organisierten Unternehmertums ein generelles und kontinuierliches Merkmal der heute aufkommenden, postfordistischen Regulationsweise dar. Das "Territorium" zeichnet sich als die typische räumliche Konfiguration der flexiblen Spezialisierung ab. Wir vertiefen diese Überlegung hier nicht weiter. Sie könnte zu der Auffassung verleiten, daß die Gesamtheit der Produktion und Distribution von lokaler bis weltweiter Ebene durch abgegrenzte, geographisch relativ kleine Gebiete, in denen es enge Marktbeziehungen und Beziehungen anderer Art zwischen den Unternehmen gibt, strukturiert würde. Es ist nicht richtig, die flexible Produktion der Massenproduktion gegenüberzustellen, da diese noch eine große Zukunft vor sich hat. Das Loblied auf die Klein- und Mittelbetriebe darf nicht vergessen machen, daß sehr viele industrielle Klein- und Mittelbetriebe für große Konzerne arbeiten und mit ihnen eher eine Unterordnungs-Beziehung als eine Kooperations-Beziehung haben.

Wenn es "Gewinnerregionen" (G. Benko/ A.Lipietz 1992) gibt, so gibt es auch Verliererregionen. Man kann der Aussage zustimmen, daß der Territoriums-Effekt ein neues, beobachtbares Phänomen an bestimmten Orten darstellt, aber man kann ihn nicht als Universalschlüssel für den Strukturwandel und dessen Regulation betrachten. Nach B.Coriat (1990) "wird das System der Massenproduktion mit neuen Formen individueller Organisation ausgestattet". Auch das, was man häufig als "verstreute Industrialisierung" bezeichnet, kann als eine der neuen Formen "postfordistischer" Industrieorganisation angesehen werden. Wir beschränken uns also hier auf die Feststellung, daß es eine räumliche Dimension der Regulationsweise gibt, die wir mit der Übersicht (s.o.) resümieren wollen.

Die Existenz lokaler Fertigkeiten an bestimmten Orten stellt eine besondere Form externalisierter Ökonomie dar, die die Unternehmen zu nutzen versuchen. Solche Fertigkeiten haben sich in der langen Geschichte eines Orts gebildet und erhalten sich durch explizite oder implizite Regeln, wie F.Raveyre und J.Saglio (1983) im Fall der Plastikverarbeitung in Oyonnax gezeigt haben. Man kann also lokale Regulationsformen in den Territorien beobachten. Dennoch werden nicht alle Territorien auf die gleiche Weise reguliert und haben nicht die gleichen Effekte auf die Organisation der Industrie. J.C.Gaffard (1990) unterscheidet Territorien, die sich durch die in ihnen verfügbaren Ressourcen definieren, und Territorien, die als Mittel strategischer Handlungen genutzt werden. Im ersten Fall haben wir es mit einer Struktur vom Typ der industriellen Zone zu tun, mit eigenen Dienstleistungen zur Technologie-Entwicklung am Ort. Im zweiten Fall handelt es sich um eine Konfiguration vom Typ der Industrie-Distrikte (im Sinne A.Marshalls), die auf den ersten Blick auf technologische Neuschaffungen zurückzugehen scheint. Die räumlichen Merkmale eines Distrikts können nach J.L.Gaffard als Element politischer Öffentlichkeit genutzt werden.

Auch bei D.Leborgne und A.Lipietz (1988) findet man eine Analyse der Differenzierung von Räumen. Sie weisen auf den Unterschied zwischen räumlich integrierter Form und räumlich zersplitterter Form bei vertikaler Produktionsintegration hin, die jeweils spezifische Reaktionsweisen eines Territoriums auf die Krise darstellen. Die gleichen Autoren stellen im Buch von G.Benko/ A.Lipietz (1992) weitere Disparitäten räumlicher Reaktion vor: sie unterscheiden zwischen offensiver und defensiver Flexibilität.

Im Allgemeinen ist das Auftreten von Territorien der Ausdruck neuer Organisationsformen der Produktion, die sich in sehr verschiedenen Situationen ausprägen, und von denen der Industriedistrikt ein Sonderfall ist. Der Gebrauch des Begriffs "Orientierung" (Gouvernance) und die Bedeutung langzeitiger Entwicklung läßt intuitiv darauf schließen, daß Territorien einen Einfluß bei der Entwicklung von Regulationsformen ausüben. Um dem auf den Grund zu gehen, müssen wir tiefer in die Mechanismen der Konstituierung der Territorien eindringen. Vorher soll jedoch die praktische Bedeutung des Paradigmas des "transaktionellen Handelns" erörtert werden. Damit soll eine Erfassung der Territorien in Begriffen der Organisation ermöglicht werden und der Prozeß verdeutlicht werden, in dem sich ein Territorium als Feld zur Realisierung spezifischer Aktivitäten konstituiert.

II. Das Paradigma des "transaktionellen Handelns"

G.Becattini (1992) hatte den Industriedistrikt im Sinne A.Marshalls (1919), der heute von der Wissenschaft wiederentdeckt wird, so definiert [(4)]: "Der Industriedistrikt ist ein sozialräumliches Gebilde, das durch die aktive Präsenz einer Gemeinschaft von Personen und einer Häufung von Unternehmen in einem gegebenen geographischen und historischen Raum geformt wird." Hinsichtlich der Originalität des Distrikts fügt der Autor hinzu: "Im Distrikt gibt es, im Gegensatz zu anderen Typen räumlicher Umgebung wie z.B. den Industriestädten, tendenziell eine vollkommene gegenseitige Durchdringung (Osmose) zwischen lokaler Gemeinschaft und Unternehmen" (Unterstreichung von G.C./B.P.). Das aus dieser Konfiguration entstehen Territorium ist das Resultat der Begegnung zweier Welten: der Gesellschaft und der Gemeinschaft (im Sinne von F.Tönnies (1944)), d.h. in anderen Begriffen aus der Verbindung von Marktbeziehungen und nicht-marktförmigen Formen der Zusammenarbeit, die sich auf Vertrauen gründen.

---

4. Die Originalversion dieses Textes ist in italienischer Sprache in der Zeitschrift Stato e Mercato, Nr.25, vom April 1989 erschienen

Diese Begegnung beider Welten geschieht nicht an einem beliebigen Ort. Die Hypothese geht dahin, daß es eine besondere Form gibt, in der sich "die vollkommene Osmose zwischen Gemeinschaft und Unternehmen" verwirklicht. Es handelt sich dabei um eine Häufung von Unternehmen in einem speziellen Produktionszweig, in einem beschränkten geographischen Raum und in einem gegebenen historischen Kontext. Der Distrikt ist in dieser Hinsicht die reinste Form, von der es je nach Ausprägung der Merkmale und der Situation Abweichungen geben kann. Dennoch kann man sagen, daß die lokalen Produktionssysteme drei Form-Merkmale gemeinsam haben (Kleinheit, Nähe, Intensität), die für die Analyse ihrer Rolle im ökonomischen Entwicklungsprozeß entscheidend sind.

Im Rahmen der Betrachtung der produktiven Systeme, die diese Merkmale aufweisen, haben die Arbeiten des GREMI (Groupe de Recherche Européen sur les Milieux Innovateurs) es ermöglicht, verschiedene Felder zur Analyse des Sinns solcher Konfigurationen zu eröffnen. Der Begriff des Milieus, der von dieser internationalen Wissenschaftler-Gruppe erarbeitet wurde, fungiert als eine Metapher, in der verschiedene Denkansätze und Analysetypen zusammenkommen. Die Absichten, die mit der Milieu-Konzeption verbunden werden, sind weitgespannt und versuchen, Methoden und Annäherungswege zu vereinigen, die normalerweise voneinander getrennt sind, ohne dabei einander zu widersprechen.

a) Das Territorium als Organisationsform

D.Maillat (in D.Maillat/ J.C.Perrin, 1992) resümiert die wichtigsten Ansätze zur Milieu-Analyse folgendermaßen:

- Der mikro-analytische Ansatz konzentriert sich auf Fragestellungen in Zusammenhang mit Unsicherheit, Information und mit den Kosten von Übermittlungen. Das Milieu agiert als Redukteur von Unsicherheit.
- Der erkenntnistheoretische Ansatz dreht sich um die Begriffe des Lernens und der Fertigkeiten. Das Milieu besteht aus einem kohärenten Ensemble bestehend aus produktivem Apparat, technischer Kultur und Akteuren.
- Der organisationstheoretische Ansatz begreift dasMilieu als ein "räumliches Ensemble, in dem sich innovative Netze durch die Lernprozesse entwickeln, die die Akteure in multilateralen Transaktionen und deren externen Innovationseffekten durchlaufen, und durch die Bündelung dieser Lernprozesse zu effektiven Formen technologischer Neu-Entwicklung" (J.C.Perrin, 1991).

Jeder dieser Ansätze konzipiert das Territorium auf seine Weise durch die Anwendung komplexer Theoriesysteme. Die Einheit der verschiedenen Milieu-Forschungsansätze besteht in einer im wesentlichen organisationstheoretischen Konzeption des Territoriums. Ein Territorium wird ganz wesentlich von dem Charakter der hier angesiedelten Klein- und Mittelbetriebe und dem Beziehungstyp, der sie verbindet, bestimmt. J.C.Perrin (1991) präzisiert: "Das Phänomen des Milieus ist an die Praxis interpersonaler Kommunikation gebunden, die die ökonomischen Akteure spontan jenseits institutionalisierter Beziehungs-Kanäle entwickeln. Aber es charakterisiert sich vor allem durch allgemeine Organisationseigenschaften, die es jeweils auszeichnen." (Hervorhebung von G.C./ B.P.) [(5)]

Der organisationstheoretische Bezug ist auch deshalb so stark, weil A.Marshall als Vordenker der Theorien industrieller Organisation gelten kann (C.Menard, 1990). Zugleich bietet die Organisationstheorie einen sehr flexiblen Rahmen, der so unterschiedliche und komplementäre Gesichtspunkte wie die Strategieanalyse bei Akteuren und die Formanalyse bei Organisationen aufnehmen kann.

In der Analyse macht die Bezeichnung "Organisation", die sich auf die empirische Beobachtung von Industriedistrikten und ihrer Variationen stützt, eine Betrachtung der Form der lokalen produktiven Systeme notwendig. Sobald die Formkriterien (Kleinheit, Nähe, Intensität) nicht erfüllt sind, existiert das Territorium als bestimmte Form nicht mehr. Wenn man das Territorium als eine Organisation auffaßt, führt das selbstverständlich zu der Frage des Ursprungs und zu der Frage der Effizienz der Organisation. Hier gibt es die Idee, die berühmte Analyse von R.Coase über den Charakter des Unternehmens auf den Charakter des Territoriums zu übertragen. Die Basisidee von R.Coase ist, die Firma als Ergebnis eines unperfekten Marktes herzustellen, insofern sie die Fähigkeit hat, Transaktionskosten zu reduzieren. Auf Territorien übertragen, bedeutet das, daß letztere im Gegensatz zu Märkten manche Transaktionskosten reduzieren.

---

5) Die Identifizierung des Territoriums mit einer Organisationsform findet sich bei mehreren Autoren: für M.Storper und B.Harrison (1992) haben die produktiven Systeme eine territoriale Dimension, die sie zurückführen auf einen bestimmten Typ von Beziehung zwischen Herz (core) und Ring (ring), die beide zusammen eine Form von "Orientierung" (gouvernance) bilden, d.h. eine Form von Organisation. J.L.Gaffard und P.M.Romani (1991) präzisieren in der Absicht, den Allgemeinanspruch des von M.Piore und Ch.Sabel vorgeschlagenen Modells der Distrikte zu relativieren, daß "es kein Kriterium gibt, daß es gestattet, a priori die Überlegenheit einer Organisationsform über eine andere festzustellen".

b) Die Spezifizierung der Aktiva

Das Paradigma des transaktionellen Handelns ist gut anwendbar im Sinn der Hypothese, daß ein Territorium Unsicherheit reduziert. Nach dem Beispiel der Hierarchie, die als Substitut an Stelle des Marktes bei der Garantie von Gegenseitigkeit zwischen Leistung und Gegenleistung tritt (wie es O.E.Williamson beschrieben hat), konstituiert ein lokales System kleiner und mittlerer Betriebe einen kollektiven Mechanismus mit Merkmalen sowohl von Markt als auch von Gemeinschaft, der hier - in einem besonderen Kontext - eine ähnliche Substituts-Rolle spielt. (6)

J.L.Gaffard unterscheidet in diesem Zusammenhang zwei verschiedene Möglichkeiten von Unternehmensstrategien. Es handelt sich um zwei entgegengesetzte Haltungen, die daher in ihrem konkreten technisch-ökonomischen Umfeld zu intermediären Verhaltensweisen führen können. Entweder betrachtet das Unternehmen die technologische Innovation als im wesentlichen exogen, oder sie nimmt sie als Resultat eines komplexen Vorgangs, bei dem sie "ihr Umfeld als ein von ihr zu strukturierendes Ensembel von Elementen betrachtet". Im ersten Fall ist der Raum des Unternehmensstandorts - Typ Industriezone - nur physischer Träger, auf dem die allgemeinen Bedingungen wirtschaftlicher Aktivität (allgemeine Aktiva) (7) verfügbar sind. Das Unternehmen begründet seine Standortwahl mit der guten Verfügbarkeit und den geringen Kosten dieser Bedingungen. Die Form des Standort-Raums (im Sinn der Organisationsform) beeinflußt nicht oder nur wenig die Standort-Entscheidung.

Eine solche Strategie hat z.B. kürzlich das Unternehmen Hoover bei ihrer Betriebsverlagerung von Dijon nach Cambuslang in Schottland verfolgt. Für das Unternehmen sind die Lohnkosten in Dijon 37% höher (davon 10% wegen der höheren Zahl leitender Angestellter, 12% wegen höherer Lohnkosten und 15% auf Grund der Abwertung des britischen Pfunds).(8)

Im anderen Fall ist die Unternehmensstrategie darauf gerichtet, den Raum durch die Konstituierung eines Nachbarschafts-Netzes zu strukturieren. Dies geschieht durch die Entwicklung marktvermittelter und nicht-marktvermittelter Kooperationen mit anderen Akteuren (Unternehmen, Finanzinstitute, Forschungszentren, Technologie-Zentren oder Ausbildungs-

---

6) Das Paradigma transaktionellen Handelns wird oft im Sinne der Netz-Analyse verwendet. Dann ist nicht der Distrikt, sondern das Netz, das ihn konstituiert, das Markt-Substitut. (vgl. B.Thorelli, 1986)

7) Die allgemeinen Aktiva definieren sich dadurch, daß ihr bestehender oder potentieller Wert unabhängig von ihrer Teilnahme an einem konkreten Produktionsprozeß besteht. (vgl. J.L.Gaffard, 1990)

8) Vgl. Financial Times v. 4.2.1993 und Alternatives Economiques Nr. 106, April 1993

zentren). Sie versucht, von "Beziehungs"-Renditen in einem geographischen Nahraum zu profitieren. Das Unternehmen versucht also, spezifische Bedingungen wirtschaftlicher Aktivität (spezifische Aktiva) (9) zu konstituieren, und es begründet seine Standort-Wahl mit der Möglichkeit, einen Raum gemäß seiner Strategie und seinen Zielsetzungen zu gestalten.

Der Unterschied zwischen beiden Strategie-Typen ist deutlich. Die Suche nach allgemeinen Bedingungen wirtschaftlicher Aktivität allein gestattet keine Raumbildung von der Art des Industriedistrikts, den man als bestimmtes Territorium beschreiben kann. Für das Unternehmen hat die räumliche Konfiguration keinen Gebrauchswert, um ihren Ressourceneinsatz zu optimieren, da die Kosten für die allgemeinen Aktiva weitgehend unabhängig von ihrem Anwendungsort sind.

Im Gegensatz dazu ist die Suche von Unternehmen nach spezifischen Aktiva eng an die Organisationsform des Raums gebunden und auch an der Gestaltung dieser Form beteiligt. Die Anforderungen der Unternehmen entwickeln sich verschieden und ändern ihren Charakter. So nimmt die Nachfrage nach unqualifizierter Arbeitskraft stark ab, während das Bedürfnis nach Information wächst (10). Diese Situation begünstigt die Ansiedlung von Industrie und Dienstleistungen eher im urbanen als im ländlichen Milieu. Mit anderen Worten erfordert dies von Seiten der Unternehmen eine Strategie der Schaffung und Nutzung spezifischer Aktiva.

Die kürzliche Unterzeichnung eines Arbeitsteilungsabkommens im Produktionszentrum für Mikro-Chips des Unternehmens Hewlett-Packard macht ein strategisches Auswahl-Problem zwischen der Nutzung allgemeiner und der Schaffung spezifischer Aktiva deutlich. Dies Unternehmen steht bei der Herstellung von Mikro-Chips unter starkem Konkurrenzdruck von Niedriglohnländern und müßte gemäß der Logik allgemeiner Aktiva eine Standort-Verlagerung nach Süd-Ost-Asien vornehmen. Ein anderer Teil des gleichen Unternehmens arbeitet an

---

9) Die spezifischen Aktiva (specific assets) werden hier in dem Sinn verstanden, daß sie einerseits an sich existieren, aber andererseits ihr Wert von den Umständen ihrer Anwendung abhängt. Während also allgemeine Aktiva vollständig übertragbar ist, impliziert eine spezifische Aktiv unumgängliche, mehr oder weniger hohe Transferkosten. Diese Analyse spezifischer Aktiva geht zurück auf O.E.Williamson (1985), der folgende Elemente für Spezifika nennt: die Immobilität des geographischen Standorts, die Originalität physischer Eigenschaften eines Produkts, außergewöhnliche Fähigkeiten der Beschäftigten und die Gebundenheit eines Aktivs an eine bestimmte Verwendung. Jedes dieser Kriterien stellt einen Fall für sich dar; es können sich aber mehrere kombinieren und eine Vielzahl von Situationen entstehen lassen.

10) Vgl. M.Savy und P.Veltz, 1993

konzeptionellen Aufgaben und zieht Vorteile aus einer Ansiedlung in einem dichten wissenschaftlichen Umfeld. In diesem Fall liegen die beiden Strategien innerhalb desselben Unternehmens im Widerstreit, da sie nicht räumlich getrennt werden können, ohne hohe Reorganisationskosten und erhöhte Unsicherheit zu verursachen. Die gefundene Lösung des Dilemmas bestand hier darin, auf die Konstituierung spezifischer Aktiva zu setzen und gleichzeitig zu versuchen, sich soweit wie möglich an die Marktbedingungen bei der Herstellung von Mikro-Chips anzupassen (mit einer 40%igen Produktivitätssteigerung durch eine Arbeitszeit-Neuregelung - Nacht- und Wochenendarbeit - die durch Arbeitszeitverkürzungen statt durch Prämien kompensiert wurde). Auf diese Weise lösen die Unternehmen einen Prozeß der Spezifizierung der Aktiva aus und tragen zur Konstituierung territorialer Spezifika bei.

Unter methodologischem Gesichtspunkt gestattet es hier das Paradigma des transaktionellen Handelns, einen Mangel in der Konzeption von externer Ökonomie bei A.Marshall dadurch zu korrigieren, daß es die strategische Dimension der Handlungen der wirtschaftlichen Akteure stärker berücksichtigt. Dieser Ansatz hat jedoch auch seine Grenzen. Zunächst bleibt diese Analyse im Prinzip an eine Theorie des optimalen Faktoreinsatzes gebunden. Aber die Konvergenz der Strategien von Institutionen und Unternehmen hat mehr von einem Kompromiß als von einer Optimierung, und die Raumbildung hat den Charakter einer Neuschaffung von Ressourcen.

Zum anderen "enthält der Transaktions-Ansatz in sich ein logisches Problem. Für ihn sind nämlich Gemeinschaft, Markt und Hierarchie auf der gleichen Ebene austauschbar. Aber das sind sie nicht. Insbesondere die Gemeinschaft, die Grundlage des Distrikts ist, ist keine Alternative - weder zum Markt noch zur Hierarchie. Der Distrikt ist keine intermediäre (oder vorübergehende) Angelegenheit zwischen Markt und Hierarchie. Dem Transaktionsansatz gelingt es nicht, die "kommunitäre" Dimension eines Distrikts und deren Beziehungen zur wirtschaftlichen Organisation zu verstehen. Es gelingt ihm - partiell -, die verschiedenen Dimensionen eines Modells rationalen Handelns innerhalb eines Systems, das institutionell um den Markt herum organisiert ist, bewußt zu machen." [11]

Drittens wird ein Territorium, das durch die Strategien von Unternehmen und Institutionen gestaltet ist, von seiner Formseite her identifiziert. So werden Technopole und Industriedistrikte vermengt. Diese Vermengung übergeht einen Wesensunterschied zwischen Technopole und Industriedistrikt.

---

11) Wir greifen hier die Kritik von C.Courlet (1991) auf.

III. Von der optimalen Ressourcen-Allokation zur Bildung von Territorien

Die Akzent-Verschiebung von den allgemeinen zu den spezifischen Aktiva geschieht zugleich auf eigenen Antrieb der Unternehmen und durch den Druck öffentlicher Politik. Die öffentlichen Institutionen haben ein Interesse daran, ein spezifisches Raum-Angebot zu entwicklen, da dies ihnen einen doppelten Vorteil bietet. Einerseits gestattet das Vorhandensein spezifischer Aktiva (Ingenieurschulen, Forschungslabors, qualifizierte Arbeitskräfte, etc.) die Unterscheidung und Identifizierung eines Territoriums im Kontext einer starken räumlichen Konkurrenz. Andererseits bremst das Vorhandensein dieser Bedingungen die Neigung der Unternehmen zu schnellen Standortverlagerungen in Funktion der niedrigsten Produktionskosten. Die spezifischen Aktiva repräsentieren nämlich einen "Kostenfaktor Reversibilität" oder "Faktor Anbindungskosten". Das heißt, daß Aktiva einen Teil ihres Produktivitäts-Werts im Fall einer alternativen Neuverwendung verlieren. Eine Standortverlagerung ist daher für ein Unternehmen in dem Maße teurer, in dem es an anderer Stelle nicht sofort und zum gleichen Preis die gleichen Aktiva bekommen kann. Diese Reversibilitäts-Bremse wird mit der Zeit stärker, wenn man berücksichtigt, daß das Unternehmen fortlaufend die Qualität seiner Nachbarschaftsbeziehungen (Vertrauen reduziert Kosten) verbessert. Aus der Sicht der Unternehmen können die Kosten für Neuansiedlung eine Gefahr darstellen. Bestimmte Unternehmen optieren seit langen Jahren für eine Strategie der Standort-Kontinuität [(12)]. Firmen wie Michelin in Clermont-Ferrand haben Umweltinvestitionen für ihr Personal getätigt (Wohnungen, Ausbildungsstätten, etc.). Diese langfristigen Investitionen haben sie in eine Lage versetzt, deren Irreversibilität es ihnen praktisch verbietet, auf eine rasche Standortverlagerung zu setzen [(13)]. Was kurzfristig als Vorteil erscheint, kann auf längere Dauer zum Nachteil werden. Die Wahl einer Strategie spezifischer Aktiva ist also das Ergebnis einer Kosten-Nutzen-Rechnung.

a) Von der Technopole zum Industriedistrikt

Gilt die Hypothese einer Konvergenz der Strategien der Unternehmen mit denen der öffentli-

---

12) F.Raveyre und J.Saglio (1984) zeigen, wie die Plastikverarbeiter von Oyonnax ihre eigenen Regeln der Lohnfindung in Autonomie gegenüber den nationalen Instanzen der Branche geschaffen haben.

13) Dies Problem ist in der Industrieökonomie schon vor längerer Zeit erörtert worden. B.Soulage (1980) untersucht insbesondere die Frage der Konzern-Mobilität und die Konstituierung eines internen Arbeitsmarktes als entscheidende strategische Einsätze für diese Unternehmen.

chen Institutionen, entstehen räumliche Konfigurationen vom Typ "Technopole" (14). Technopole weisen die gleichen Formmerkmale wie Industriedistrikte auf. Es handelt sich um eine organisierte Form (vgl. A.Rallet, 1993) von Innovation, die auf einem geographisch engen Gebiet direkte Nachbarschaftsbeziehungen und die Intensivierung von Firmenkontakten begünstigt. Dennoch unterscheidet sich eine Technopole ganz wesentlich vom Industriedistrikt. Eine Technopole ist das Ergebnis von Strategien zur Schaffung von spezifischen Aktiva durch Unternehmen und Institutionen. Der Fall Sophia-Antipolis ist für diese strategische Konvergenz beispielhaft. Sie bezog sich auf einen physischen Leerraum, der sich durch seine Nähe zur Agglomeration Nizza und durch eine Anzahl herkömmlicher Standortvorteile auszeichnete. Die Formierung des Territoriums geschah ohne Rücksicht auf historische Bezüge und ohne Versuch einer Fortsetzung bestehender Fertigkeiten oder einer Verankerung in einer vorher bestehenden Kultur.

Technopole können sich erheblich in Hinsicht auf ihre Zielsetzungen oder auf ihre Fähigkeit, Unternehmenskooperationen zu ermöglichen, unterscheiden. Einige sind stärker in einem weiteren und historisch länger konstituierten Zusammenhang verankert (z.B. das Gebiet von Grenoble-Meylan). Dennoch bleibt ihr gemeinsames Merkmal, daß sie das Ergebnis einer Konvergenz von institutionellen und unternehmerischen Strategien sind.

b) Die territoriale Bildung des Industriedistrikts

Die Industriedistrikte (15) unterscheiden sich von den Technopolen in dem Maße, in dem die Distrikte Formen der Rückwirkung des Territoriums auf die Unternehmensstrategien aufweisen. Die Raumbildung resultiert aus einer historisch lange dauernden Arbeitskultur im Gesamtbereich eines bestimmten Territoriums (16). Eine solche Kultur ist ein Faktor für die Bildung spezifischer Aktiva und erfüllt diese Aufgabe auf vergleichbare, aber andere Weise als die spezifizierung durch konvergierende, institutionelle und unternehmerische Strategien.

---

14) Der Begriff "Technopole" wird hier in einem weiten Sinn verwendet. Es handelt sich um einen Typus von Territorium, der durch bewußte Planungsstrategien von Institutionen und Unternehmen gebildet wird - in der Absicht, die Angebotsmechanismen des Arbeitsmarkts und des Güter- und Dienstleistungsmarkts für produktive Aktivitäten zu verbessern (vgl. J.L.Gaffard, 1990, S.442 und J.L.Gaffard in M.Savy/ P.Veltz, 1993, S.109) und neue Verbindungen zwischen Industrie und Forschung zu schaffen.

15) Eine gute Darstellung des Begriffs und der Debatte um die Industriedistrikte findet sich in G.Benko/ A.Lipietz (1992)

16) Der Bildungsprozeß spezifischer Aktiva durch eine Arbeitskultur hat deutliche Bezüge zu der von A.Marshall beschriebenen "industriellen Atmosphäre" und zum Ansatz der "industriellen Dynamiken", den B.Carlsson vorschlägt, um die industriellen Wandlungsprozesse (und nicht nur die Strukturen) zu verstehen.

Mit anderen Worten, die Raumbildungs-Analyse bei den Industriedistrikt versucht, über die Problemstellung der optimalen Ressourcen-Allokation hinauszugehen. Sie bestreitet nicht, daß es ein ökonomisches Kalkül von seiten der Unternehmensleitungen gibt, das auf eine Organisations-Anpassung zur Minimierung der Marktkosten zielt. Sie stellt jedoch fest, daß das Angebot spezifischer territorialer Bedingungen sowohl Vorteile als auch Kosten enthält, die nicht in Ware-Geld-Beziehungen zu Buche schlagen und in der Regel auch nicht kommensurabel sind. Diese Kosten sind nicht wie vorher Teil des Austauschprozesses sondern gehören zum Produktionsprozeß.

Die italienischen Wirtschaftswissenschaftler (G.Becattini, 1979) unterscheiden die Industriedistrike von anderen Typen territorialer Bildung durch verschiedene Merkmale, von denen drei hier genannt werden sollen: ihre lange Geschichte, die kollektiven Lernprozesse und die "kommunitäre" Regelfindung.

In ihrer klassischen Konfiguration sind die Industriedistrikte Produkt einer Industrialisierung im ländlichen Milieu. Diese Industrialisierung ist alt und gehört zur lokalen Kultur. So kann man feststellen, daß die Mehrzahl der italienischen Distrikte sich im Gebiet der großen Kommunen des 15.Jahrhunderts befindet. In Frankreich geht die Textilwirtschaft des Chotelais auf das 18.Jhdt. zurück, und das Unternehmertum des Chotelais ist untrennbar mit dem Initialtrauma der sog. "Vendée-Kriege" (17) verbunden.

Im allgemeinen kann man die Typen von Spezialisierungen, die sich in einem Distrikt befinden, nur verstehen, wenn man sie in den Rahmen der "langen Dauer" stellt. Die Wahl von Produktionszweigen und Technologien, die abrupten oder allmählichen Verzweigungen, die kollektive Aneignung bestimmter Innovationen stellen historisch miteinander verknüpfte Ereignisse dar. Man kann in diesen Fällen von historischer Akkumulation oder auch von historischer Sedimentierung sprechen. Der Industriedistrikt konstituiert ein Gedächtnis. Ein wirklich kollektiver Lernprozeß entsteht und mündet in die Ausbildung spezieller Fertigkeiten im Distrikt. Ein Territorium wird zu einem Ort von Kenntnissen und zu einem durch seine Kenntnisse von den Akteuren identifizierbaren Raum.

Der kollektive Lernprozeß verschafft den Produzenten, die ihn nutzen, einen komparativen Vorteil. Dieser Vorteil wird verstärkt durch das Vertrauen, daß sich im Umfeld des Lernprozesses bildet. Im Distrikt von Albstadt (Textilgebiet in Baden-Württemberg) versammelt ein "Frühstückskartell" die wichtigsten Unternehmer, um gemeinsame Probleme zu regeln. Hier werden die ungeschriebenen Regeln gemacht, die den Distrikt regulieren, wie zum Beispiel

---

17) Vgl. G.Minguet (1985). Demgegenüber ist die Schuhindustrie bedeutend jünger (50er Jahre), erklärt sich aber aus der geerbten lokalen Kultur.

jenes Verbot, einen von einem Konkurrenten ausgebildeten jungen Arbeiter vor dem Ablauf von zwei Jahren einzustellen. Um das Problem des "turnover" der jungen Facharbeiter zu lösen, hat sich die Gesamtheit der Unternehmer eine Verhaltensnorm geschaffen, die eine bessere Anpassung an äußere Zwänge erlaubt.

Beim Industriedistrikt ist so die Integration der gesamten Unternehmerschaft in eine "Gemeinschaft" festzustellen. Diese Gemeinschaft ist konkreter Ausdruck des Einflusses langer historischer Dauer. Sie beeinflußt die Strategien der im Distrikt angesiedelten Unternehmen, sie schafft "Barrieren am Ausgang" gegen Unternehmensfortzüge. Aber auch die Strategien der Unternehmen zur Schaffung spezifischer Aktiva können auf lange Sicht dazu beitragen, die Gemeinschaft zu verstärken, eine kollektive Identität und ein wirtschaftliches "Revier" zu bilden.

Zusammenfassung

Die Analyse der Konstituierung industrieller Beziehungsgeflechte kann nicht ausschließlich durch die herkömmliche Standorttheorie geleistet werden. Die Minimisierung der Produktionskosten stellt ein strategisches Motiv unter anderen dar, wenn über die Ansiedlung oder den Fortzug eines Betriebs entschieden wird. Ein Unternehmen kann sich auch entschließen, sich an einem Ort zu "fixieren". In diesem Fall verliert es einen Teil seiner Bewegungsfreiheit, und zwar in dem Maße, in dem diese Standortentscheidung von Anbindungskosten begleitet ist, die sehr hoch sein können. Sofern ein Unternehmen für diese Strategie optiert, findet ein Prozeß von Territoriums-Bildung statt.

Wir haben zu zeigen versucht, daß diese Bildung sich auf zwei verschiedenen Wegen vollziehen kann, und daher zu zwei verschiedenen räumlichen Konfigurationen führen kann. Die Bildung eines Technopolen-Territoriums ist Ergebnis einer bewußten strategischen Handlung öffentlicher Institutionen, die mit den Interessen der in diesem Rahmen angezogenen oder geschaffenen Unternehmen konvergiert. Die Kooperationen zwischen den Unternehmen können langfristig Wirklichkeit werden oder sich nie konkretisieren, aber in keinem Fall stützen sie sich auf ein vorher gebildetes Territorium.

Die Bildung eines Territoriums vom Typ Industriedistrikt geschieht auf andere Weise. Die lange geschichtliche Dauer wird gewissermaßen lokal kapitalisiert und produziert Normen, die Gemeingut der Akteure des Distrikts sind. Die Handlungen der öffentlichen Institutionen sind deshalb in diesem Prozeß zweitrangig. Sie begleiten mehr als daß sie neu schaffen.

Diese drei Raumtypen (der Raum allgemeiner Aktiva, das Technopolen-Territorium, der Industriedistrikt) finden sich selten in Reinform. Es handelt sich um Idealtypen, zwischen denen es eine große Vielfalt konkreter Situationen gibt. Dazwischen gibt es fließende Über-gänge und keine festen Grenzen. Die Konvergenz der Strategien von Unternehmen und Institutionen kann nämlich langfristig zur Konstituierung eines kollektiven Gedächtnisses und zum Entstehen einer Gemeinschaft führen, die Merkmale des Industriedistrikts sind. Die Dynamik des Übergangs eines Raums in ein wirtschaftliches Territorium ist daher als Verbindung von Unternehmensstrategien vor dem Hintergrund wirtschaftlicher Globalisierung mit einer lokalen, in einem permanenten Bildungsprozeß befindlichen Gemeinschaft zu verstehen.

Die Entwicklung globaler Firmenstrategien bedeutet daher keineswegs eine Homogenisierung des Raums sondern eine Verstärkung seiner Differenzierung. Bestimmte Räume laufen Gefahr, durch die Preis- und Kostenkonkurrenz (Bodenpreise, Lohnkosten, etc.) in einer Defensiv-Situation eingeschlossen zu werden und in ein Subventionsrennen gerissen zu werden, um die Produktion und die Beschäftigung aufrechtzuerhalten. Oder in eine direkte Kostensenkung (Lohnsenkung). Die Situation dieser Räume ist - über die Gefahr sozialer Explosionen hinaus - deshalb besonders schwierig, weil die unter solchen Standortkriterien angezogenen oder erhaltenen Unternehmen jederzeit bereit sind, ihre Aktivitäten dorthin zu verlagern, wo die Faktormobilisierung noch billiger ist.

Ein Spezifizierungsangebot ist daher das Mittel, mit dem die Technopole und die Industriedistrikte versuchen können, der Falle der direkten Preis- und Kostenkonkurrenz zu entgehen. Im Fall der Technopole zielen die lokalen Regulationsprozesse auf ein öffentliches Angebot von Anreizen, Strategien und agglomerierten Faktoren. Im Fall der Industriedistrikte ist die Nachbarschaft ein Organisationsfaktor, der sich auf Komplementaritäten und nichtmarktförmige Beziehungen stützt.

Wenn in diesem Artikel die Beziehung lokal-global in den Unternehmensstrategien (Standort-Wahl) betrachtet wurde, so fehlt noch eine Erörterung der Beziehung zwischen makroökonomischen und lokalen Regulationsformen. Diese Frage ist deshalb besonders schwer zu behandeln, da die Entwicklung des Postfordismus es bisher noch nicht gestattet, ein klares und stabiles Schema der makroökonomischen Regulation zu etablieren. Wenn die makroökonomischen Politiken auf nationalstaatlicher Ebene auch einen Großteil ihrer Effizienz eingebüßt haben, so sind die supranatonalen Regulationsformen doch erst in einem Keimstadium.

Literatur

Becattini, G. (1979): Dal settore industriale al distretto industriale. Alcune Considerazioni sull'unita di indagine dell'economia industriale, Rivista di Economia e Politîca industriale, V, n°1, Janvier-Avril

Becattini, G. (1992): le district marshallien: une notion socio-economique , in: G.Benko/ A.Lipietz, Les régions qui gagnent, PUF Paris

Becattini,G. (1989): les districts industriels en Italie, in: Maruani et.al., La flexibilité en Italie, éd.TENMIRE Paris

Benko, G./ Lipietz, A. (1992): Les régions qui gagnent, PUF Paris

Coriat, B. (1990): L'atelier et le robot, éd. Ch.Bourgois Paris

Courlet, C./ Pecqueur,B. (1991): systèmes locaux d'entreprises et externalités: un essai de typologie, in: Revue d'Economie Régionale et Urbaine, Nr.3/4

Friedman,J./ Weaver,C. (1979): Territory and Function, the Evolution of regional Planning, Arnold, London

Gaffard, J.L. (1990): Economie industrielle et de l'Innovation, Dalloz, Paris

Gaffard, J.L./ Romani, P.M. (1991): A propos de la localisation des activités industrielles: le district marshallien, in: Revue Francaise d'Economie

Garofoli, G. (1983), Industrializzazione diffusa in Lombardia, Franco Angeli, Milano

Leborgne, D./ Lipietz, A. (1988): L'après-fordisme et son espace, in: Les temps modernes, 43ème année, Nr.501, April 1988

Maillat, D./ Perrin, J.C. (1992): Entreprises innovatrices et développement territorial, EDES, Neuchatel

Marshall, A. (1919): Industry and Trade, MacMillan, London

Menard, C. (1990): L'économie des organisations, éd. La Découverte, Paris

Minguet, G. (1985): Naissance de l'Anjou industriel, l'Harmattan, Paris

Perrin, J.C. (1991): Réseaux d'innovation - mileux innovateurs - développement territorial, in: Revue d'Economie Régionale et Urbaine, Nr.3/4

Piore, M./ Sabel, Ch. (1984): The second Industrial Divide, Basic Books, New York

Pyke, F./ Sengenberger, W. (1992): Industrial Districts and Local Economic Regeneration, I.I.L.S., Genève

Rallet,A. (1993): Technopoles et système national d'innovation. Le cas francais, IRIS_TS, Université de Paris-Dauphine, Paris

Raveyre,M.F./ Saglio,J. (1984): Les systèmes industriels localisés: éléments pour une analyse sociologique des ensembles de PME industriels, In: Revue Sociologique du Travail, Nr.2

Remy, J. (1966): La ville, phénomène éconoique, éd.Vie Ouvrière, Bruxelles

Sabel,Ch. (1988): The Reemergency of regional Economies, University of Catalunya, Barcelona

Savy, M./ Veltz (1993): Les nouveaux espaces de l'entreprise, Datar, éd. de l'Aube, Paris

Schuhmacher, E.F. (1973): Small is Beautifull: a Study of Economics as if People Mattered, Blond and Briggs, London

Soulage,B. (1980): Stratégies industrielles et sociales des groupes francais. Essai d'analyse comparative. Thèse de Doctorat d'Etat en sciences Economiques, Université de Grenoble

Storper,M. /Harrison,B. (1992): Flexibilité, hiérarchie et développement régional, in: G,Benko/ A.Lipietz (1992):Les régions qui gagnent, PUF,Paris

Thorelli,H.B. (1986): Networks: between Markets and Hierarchies, in: Strategic Management Journal, Nr.7

Toennies,F. (1944): Gemeinschaft und Gesellschaft, trad.par J.Leif: Communauté et Société, PUF, Paris

Williamson,O.E. (1985): The Economic Institutions of Capitalism, Free Press, New York

Mick Dunford

French Technopoles: 'cathedrals in the desert' or industrial complexes for the 21st century?

Technopoles are a frequent subject of media attention and play a major role in the discourse of image-conscious cities. The roots of the phenomenon lie in the celebrated examples of regional and local economic development afforded by Silicon Valley and Route 128 in the United States of America and the scientific city of Tsukuba in Japan. Such technological 'cities' are what the feminine French word Technopole (Technopolis) denotes, though the masculine word technopole is also used to denote a science park or a pole of attraction for technological activities.

As in the case of the early American and Japanese complexes, technopoles are an expression of the role of innovation - 'doing things differently in the realm of economic life' (Schumpeter 1939, page 84) - of the development of synergies between universities, research and development (R&D) and industrial and service activities and of the idea that there are of propulsive new technology industries. At the same time technopoles involve the idea that a geographical concentration of higher education, research and high technology firms will generate synergies and give a powerful stimulus to development.

Technopoles are in part an expression of recent trends in the transformation of the productive system. These transformations are however very complex, and so it is often easier to develop a clear concept of what technopoles are from a few examples than from *a priori* analyses of industrial change. In the first section therefore I shall present a brief outline of four of the 43 or so French technopoles that are in operation or under construction: Grenoble and Sophia-Antipolis which date (with Nancy-Brabois which is not considered) from the early 1970s and Toulouse and the South Paris Scientific City which were developed (with the rest) in the 1980s I shall point out the role of local initiatives and of the decentralisation of political power in their development, but I shall focus in the second section on the connection between technopoles on the one hand and national R&D and industrial development programmes, the role of network structures and debates about a new productive order on the other. I shall finish with a brief discussion of their role in the polarisation of contemporary economic and social development and their potential as 21st century industrial complexes.

I. Technopoles in practice

The Grenoble-Isère Tetrapole

The Meylan ZIRST (Zone pour l'innovation et les réalisations scientifiques et techniques - Zone for Innovation and Scientific and Technological Projects) was one of the first and one of the most celebrated technopoles in France. Today it is presented as part of a wider Tetrapole project designed to exploit and publicise Grenoble's remarkable potential in research (8-10,000 researchers) and higher education (35,000 students studying for degrees in disciplines from solid state physics to the social sciences) and to increase the synergies with local industries (via strategies of communication, transfer of technologies, provision of finance, nurseries for new start-ups, development of industrial zones and marketing). At the start of 1989 there were 19,000 employees in the Grenoble agglomeration in education, research and productive activities connected with electronics, the nuclear sector and physics, computer science and medicine. At present the tetrapole has three principal foci of development:

- The Polygone science complex centred around the Grenoble Nuclear Research Centre (CENG), the National Scientific Research Centre (CNRS), the Laue-Langevin Institute (with a high flux reactor) and the Synchrotron radiation facility.
- The ZIRST which is a science park - in whose development there was a deep involvement of Grenoble's educational and research institutions -with a strong emphasis on electronics and 4,877 jobsáin 195 firms. More than one quarter of the jobs are in Merlin-Gerin and in the National Telecommunications Research Centre (CNET) and the rest are in innovative small and medium-sized firms and in services. As with other science parks the ZIRST is confined to activities from research to prototype development. This specialisation is, however, characteristic of the wider region: with 1 per cent of the French active population, Grenoble accounted in 1983 for 14 per cent of the annual output of French engineers, 10 per cent of national research jobs (1,500 in private companies, 800 in public laboratories, and 750 in universities and the CNRS) and 3 per cent of industrial electronics jobs (80 per cent of these jobs were in plants located off the ZIRST owned by three large groups: Thomson, Schneider and Hewlett-Packard). The research role has increased with the recent arrival of the Open Software Foundation and Sun's International Centre for Network Computing, but industrial jobs have declined with the job losses of the late 1980s in Thomson's semiconductor (see Perrat, 1991) and Bull's computer manufacturing facilities. In the early 1980s the authors of a local electronics White Paper asked whether Grenoble's role was not one of an eternal prototype which sees the main production units with mass production capabilities go else-

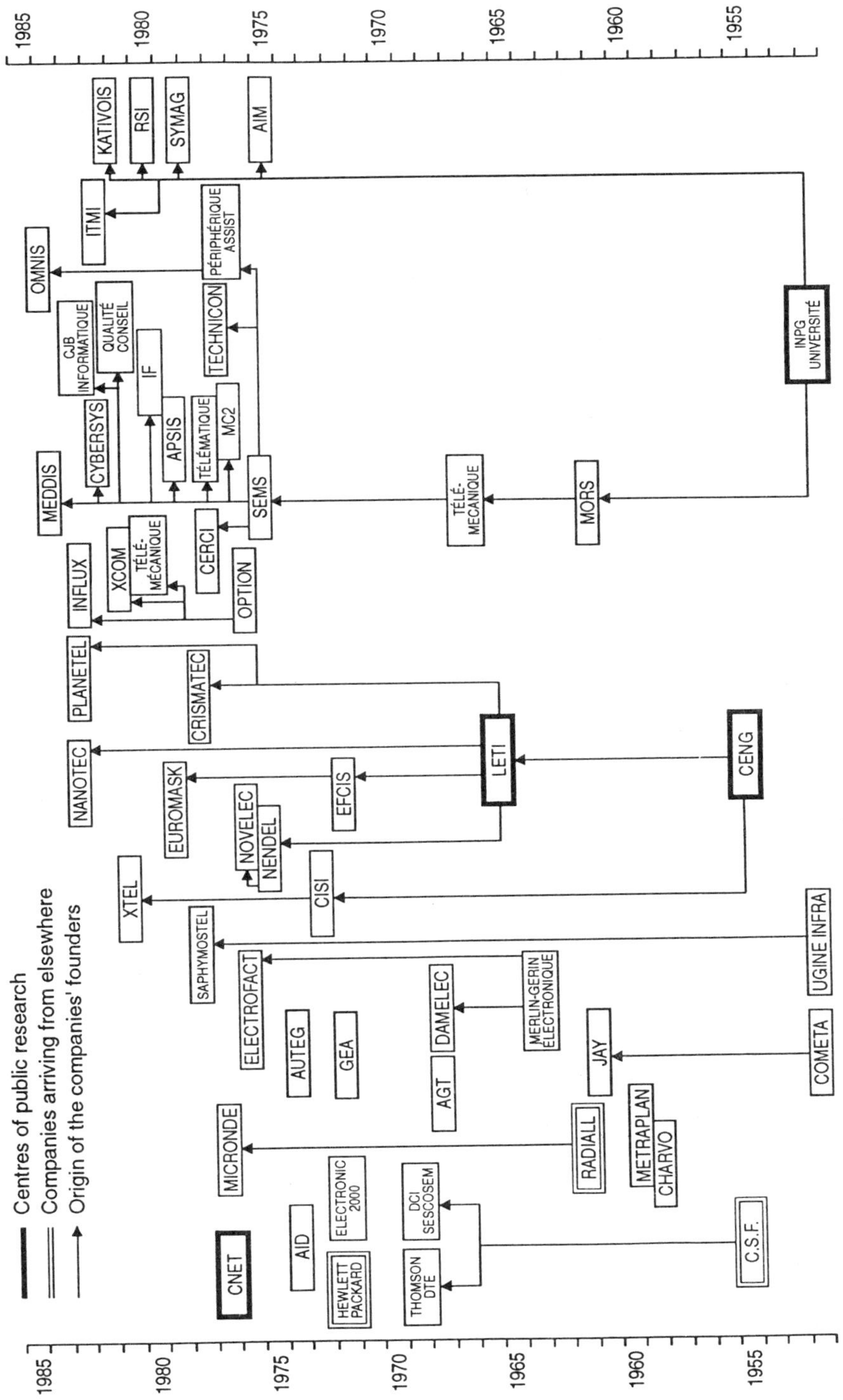

Figure 1 The development of Grenoble's electronics sector

Source: based on Champ and Fradet 1985.

where. At the start of the 1990s the same question is as if not more valid. Certainly the development of the ZIRST did not accelerate industrial development nor did it create a dense tissue of inter-industry relations: many inputs are sourced at a regional, national and international scale while markets are national and international. The concentration on new technologies and R&D, the strong representation of researchers, engineers and technicians and the close informal contact between ZIRST firms and research and education have however reinforced Grenoble's scientific vocation and complement the extensive contractual relationships and collaborative research programmes that link research laboratories and large enterprises.

- Europôle is a new property development which will have 54,000 square metres of space at the end of the first stage in 1991 and 176,000 in 1996. The space is for decision-making and headquarters functions, research, education (Ecole Supérieure de Commerce de Grenoble) and perhaps a new Cité Judiciaire as well as for hotels, apartments, restaurants and cultural activities (Dunford 1991).

Grenoble's growth stemmed, first, from the development of research and education and, second, from the activities of large industrial establishments (Thomson, Merlin-Gerin and the American inward-investor Hewlett-Packard (see Figure 1). With three universities, grandes écoles and technical colleges it is a major centre of higher education and vocational training. Grenoble is the location of internationally renowned laboratories such as the Grenoble National Polytechnic Institute (Institut National Polytechnique de Grenoble or INPG) with 1,000 researchers in seven engineering schools, major public-sector research organisations such as the Grenoble Nuclear Research Centre (Centre d'Etudes Nucléaires de Grenoble or CENG) which was decentralised in the 1950s and employs 2,500 researchers and the National Telecommunications Research Centre (Centre National d'Etudes des Télécommunications or CNET), and major international research organisations, the Laue-Langevin Institute and the Synchrotron project.

Mors-Télémécanique, which perfected the first civil French computers made entirely of transistors (Mat 01) and of integrated circuits (T2000), was a spin-off from the the INPG. In 1976 its two plants were integrated with the CII plant at Toulouse. (CII was set up as a result of the 1966 Plan calcul which followed the refusal of the American government to allow delivery of a large computer to the French nuclear energy authority). This merger occurred under the aegis of Thomson in the framework of a restructuring of the French mini-computer industry. At that point a major wave of spin-offs and new-firm formation occurred on the ZIRST. In 1982-3 Compagnie des Machines Bull assumed control of Thomson's mini-computer interests in Grenoble and in 1987-8 transferred Grenoble's activities to Angers and

Villeneuve d'Ascq closing one plant and focusing the other on Unix development. In 1967 the CENG set up the Electronics and Computer Technology Laboratory (Laboratoire d' électronique et de technologie de l'informatique - LETI) out of which emerged the semiconductor fabrication firm Etude et fabrication de circuits integrées spéciaux (EFCIS). In the late 1970s and 1980s EFCIS, as the main centre of MOS technology in France, was taken over by Thomson and aided under the 1977 Plan Composants. As a result of this investment, EFCIS grew spectacularly until the mid 1980s when the manufacture of standardised semiconductor devices was transferred to Eurotechnique at Rousset (see Dunford 1988). Components with defence uses are still made in Thomson's Saint-Egrève plant (indicated as DCI Sescosem in Figure 1). At the same time the design functions of SGS-Thomson Microelectronics, which resulted from the 1987 agreement with the state-owned Italian semiconductor manufacturer SGS, are in Grenoble, while the existence of LETI and the CNET led to the choice of Grenoble for SGS-Thomson's JESSI-funded Grenoble 92 research and development project which itself may lead to 380 manufacturing jobs in 1996.

Sophia-Antipolis

Sophia-Antipolis which lies between Nice and Cannes on the French riviera differs from the other technopoles in that it was created almost *ex nihilo* in an area without a significant industrial tradition. In so far as the attraction of enterprises and the development of an area of *garrigue* (Mediterranean scrubland) is concerned, it is a clear success. In 1989 a 2,400 hectare landscaped site was associated with 621 corporate names, 400 firms, 9600 jobs, FF 40 million of Taxe Professionnelle and a turnover of FF 6.3 billion. The underlying activities were very diverse extending from services, through distribution to import-export but with three main complexes. Computers, telecommunications and electronics accounted for one-third of jobs. Just over 1,000 jobs were concentrated in a few pharmacological, chemical and biological establishments. The energy sector, which played an important role in the early development of the park, accounted for some 300 jobs but is largely confined to public research organisations. Of the 30 largest industrial establishments only 11 make anything - the main products are computer equipment and software. 11 undertake research and development. The others are computer centres, headquarters or responsible for commercial activities. As far as their nationality is concerned 5 are American, 4 are European and 21 are French. This composition is reflected in the profile of employment: 23 per cent of computer-related staff are Americans, and 24 per cent of executives are American, Scandinavian and non-French EC nationals. 14 establishments account for more than one-half of the jobs: included are Digital (870), Legrand which antedated the park (515), Thomson Sintra (470), Air France (330), Télémécanique (306), Dow France (200), Welcome SA (180), Cordis (149), and Rhom and Haas (100). The development of institutions of higher education and research is uneven and limited in comparison with the scale of the zone's industrial establishments. (In 1989 just under 650 worked in higher education and non-industrial research).

Sophia-Antipolis was originally the idea of Pierre Lafitte who was at the time a director of the Ecole normale supérieure des mines de Paris (ENSMP). In 1969 he created the Association Sophia-Antipolis to develop a future 'City of wisdom, science and techniques'. A Syndicat mixte was created, and in 1974 the Conseil Interministériel d'aménagement du territoire defined a project to harmonise economic development and the environment and develop advanced services to diversify the regional economy, and declared it of 'national significance'. The development of the park was antedated by the arrival of IBM at La Gaude, of Sud-Aviation and of the CNET as well as by the creation of the Université de Nice in 1965. In 1972 ENSMP was decentralised to Sophia-Antipolis, while the 1977 arrival of Air France's worldwide passenger reservation service signalled the start of a wave of inward investments by large firms. After 1981 there were fewer new large employers, more emphasis was placed on services especially computer services, there was less high-tech investment, 1,500 homes and associated services were created for a small resident population, and the famous Fondation Sophia Antipolis was set up to stimulate interchange between the parks occupants and incubate new firms.

Sophia-Antipolis clearly established itself as a prestige location for international companies but these companies create closed worlds. In computing, telecommunications and electronics there are no relations between the large firms - except in so far as they headhunt each other's engineers - and local relations are confined to the purchase of some services. In pharmacy there is less interfirm competition but there are no real exchanges of information, while in energy there are few industrial firms to move from research to development (design for manufacture), innovation and innovation diffusion. One third of investment outlays are for computer equipment which does generate local orders, with 10 per cent for firms in the area (mainly IBM). Of the FF 150 million the 30 largest firms spend on industrial subcontracts, just 3 per cent goes to local firms. Just 4 per cent of service expenditure is park-centred. Inward investors stand, in other words, at arm's length from each other, from national research centres and from their local environment. Synergies and cross-fertlisations are few and are largely confined to the relations between indigenous firms and research centres. So far what have predominated are in essence strategies of land and property development that have attracted firms and jobs and not strategies of innovation and economic development (Bruhat 1990, pages 14-5).

The South Paris Scientific City

The South Ile-de-France Scientific City is located in the outer suburban ring of the French capital between the new towns of St-Quentin-en Yvelines, Evry and Melun-Sénart. In the Saclay-Orsay-Massy area, where there is the highest concentration of scientific activities, 15 communes plan to create a technopole. The industrial activities of the Scientific City are distinguished by their occupational and sectoral profile and by their growth (Decoster and Tabariés 1992):

- In 1983-9 there was a 29.2 per cent increase in employment and a 24.9 per cent increase in industrial employment in the technopole compared with 5.8 and -13.9 per cent in Ile-de-France.
- While the zone is characterised by the vigour of its small and medium-sized firms and the development of new small firms in dynamic and innovative sectors, large establishments and large firms predominate, and in 1983-89 the average employment per establishment increased.
- In 1989 45 per cent of industrial jobs were in three NAP100 activities: electronic equipment (23.1 per cent), computer equipment (13.0 per cent) and aeronautics (8.5 per cent). The Scientific City specialises in the manufacture of special equipment whose production combines different technologies (optical, electronic, hydraulic engineering, etc.) and which is made for dominant *filières* (aerospace, defence electronics, telecommunications and computer industries and their chains of supplier and user industries) developed in France in the last 30 years as a result of major national technology program-

Table 1: Occupational structures in the South Ile-de-France technopole and France in 1989 (in percentages)

	Technopolitan areas south-west of Paris	**France**
Management	2.4	1.7
Administration	21.1	13.2
Marketing	9.9	5.7
Computing	4.1	1.4
R&D	21.5	6.9
Transport, logistics and storage	5.8	8.3
Purchasing, methods and planning	3.6	1.9
Industrial maintenance	2.5	4.2
Manufacture and quality control	28.2	55.2
Other	1.1	1.1

Source: Bureau, Moatty and Valeyre, cited in Decoster and Tabariés 1992

mes and the priorities of French industrial research.

- Over 20 per cent of jobs were in industrial research, development and design - identified by the presence of R&D engineers and technicians (see Table 1).

The South Paris scientific agglomeration developed first due to the decentralisation of firms seeking larger and cheaper peripheral metropolitan sites, of firms required by government regulations to locate beyond the urban fringe and of research and educational institutions. Decentralisation started in the 1950s with the establishment of the Centre d'études nucléaires at Saclay in 1952, the arrival of CNRS and the creation of the Orsay university complex, and continued in the 1960s as other mostly public research establishments arrived. The 1970s saw the arrival of leading higher education establishments such as Supélec and the Ecole Polytechnique and the decentralisation of numerous industrial establishments as a result of pressure from the DATAR (Délégation à l'aménagement du territoire et à l'action régionale). The decentralisation of research created a complex with some 7,000 public researchers and engineers in the exact sciences. The arrival of large establishments attracted suppliers and subcontractors, as did the internal reorganisation (concentration on core activities, creation of subsidiaries and development of subcontract relations) of large groups in the 1970s and 1980s.

The scientific, educational and industrial structure that resulted created the preconditions for a second logic of endogenous development with the emergence of independent small and medium-sized firms that were able to innovate in specific niche markets and of new types of co-contract relations established as a result of spin-offs from the larger enterprises and research establishments.

As elsewhere the model of development is one which first carries with it a risk of sectoral and geographical polarisation. On the one hand it is associated with differentiated and selective spatial economic growth that leads towards polarised and dual territorial/socio-spatial structures in the region. On the other it reflects the capacity of large high technology projects to attract financial and human resources into sectors that are dependent on public, and in particular on defence, contracts and a limited capacity - notwithstanding the development of the Centres régionaux pour l'innovation et le transfert de technologie (CRITT) - to diffuse or transfer advanced technologies and skills to traditional electrical, electro-technical and mechanical sectors.

The Toulouse technopole

As with other technopoles Toulouse developed as a pole for research, education and vocational

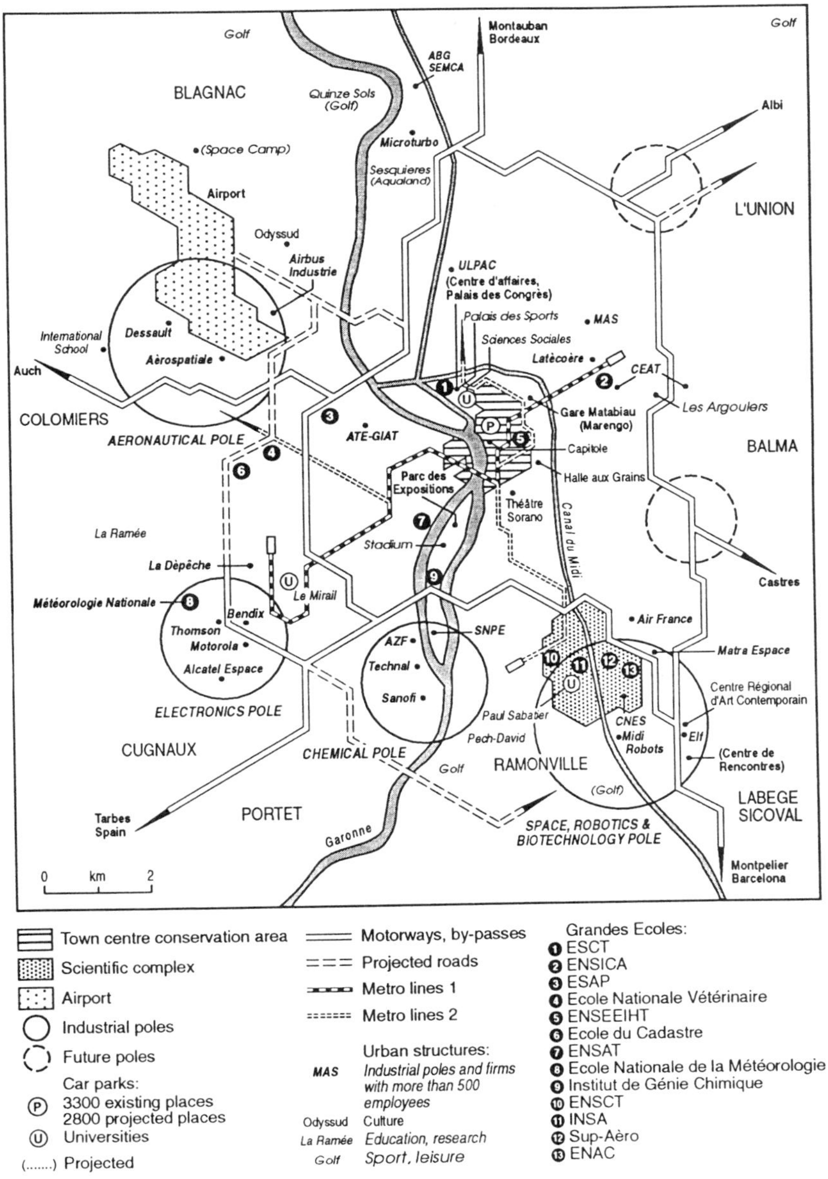

Figure 2 The Toulouse technopole

training and decentralised industrial enterprises (see Figure 2). The roots of the development of the Toulouse technopole (formally created in 1988) are to be found in the inter-war decentralisation of the aerospace industry and more specifically in the state-influenced decentralisation from 1968 onwards of the Centre national des études spatiales (CNES - National Centre for Space Research), of grandes écoles that specialise in aerospace engineering (ENSICA, ENAC and SUP-AERO) and of research centres such as the Laboratoire d'automatique et d'analyse des systèmes (LAAS) and the Centre d'étude et de recherche technique-Office national d'études et de recherches en aérodynamique (CERT-ONERA). Alongside these activities there was a development of higher education and training in electronics and computer science. At the end of the 1970s and start of the 1980s Matra-Marconi Space France and Alcatel-Espace moved to Toulouse. With these moves the space sector expanded from some 1,500 employees at the start of the 1980s to about 6,500 in 1990 (33 per cent of the national and 15 per cent of the EC total), of whom almost 4,000 worked for Matra, Alcatel and the CNES, while the rest worked for some 50 sub-contract or service firms and in several important public research laboratories. Another 11,500 work in aircraft manufacturing for Airbus Industrie, the aircraft division of Aérospatiale, etc. Alongside aerospace there are two other leading industries. First, 10,000 people work in electronics, robotics, automation and control technologies, and software development with large firms (Motorola, Thomson-CSF, etc.), local small and medium-sized firms, branches of large national computer service and consultancy firms and numerous small spin-offs from the scientific and large-firm environment. Second, the long-established chemicals (CDF Chimie) and powders (SNPE) sectors were the point of departure for the development of the pharmaceuticals and biotechnology sectors.

The development of these technological and industrial activities went hand in hand with the development of education, training and research. There are 51,000 students in three universities, 8,500 students in 15 grandes écoles, and 5,500 students in Sections de techniciens supérieurs and in preparatory courses for the grandes écoles. There are 300 public research laboratories and 7,000 public researchers, several research groups that act as an interface between public research and education and industrial firms and numerous technology transfer agencies.

As elsewhere these advanced activities are just one part of the economic structure of Toulouse (which has 650,000 inhabitants, a workforce of 270,000 and an industrial workforce - excluding construction - of 48,000) and are concentrated in a number geographical zones. After 1983 the Labège Innopole science park (a technopole) was added to exploit the scientific, technological and industrial potential of the agglomeration and of the Midi-Pyrénées region. These foci of advanced enterprises, laboratories, research centres, technology transfer organisations, universities and grandes écoles along with the related development of infrastructures and of residential areas are a source of disequilibrium within the agglomeration and between Toulouse and the rest of Midi-Pyrénées and raise the question as to whether trickle-down effects will follow the reinforcement of parts of the regional capital or whether complementary poles should be developed.

II. R&D, industrial policies and networks and the development of French technopoles: towards a new productive order?

Technopoles differ, but almost all include research establishments, universities and high technology firms. In the French case technopoles developed as a result of local initiatives on the part of local authorities, Chambers of Commerce and Industry and universities particularly after the decentralisation of political power implemented by the first socialist administration of the 1980s. The conditions in which these initiatives developed were, however, deeply shaped by national research and development and industrial programmes.

Innovation and research and development

Silicon Valley and Route 128 in the USA were far larger than their subsequent French counterparts (Chanaron, Perrin and Ruffieux 1988, pages 7-8). In 1955-84 240,000 jobs were created in Silicon Valley. Another 100,00 were anticipated in 1984-90. The two largest public laboratories, Lawrence Berkeley and Livermore National, employed 3,000 and 7,600 respectively. More than 3,000 firms were created on the 300-hectare Silicon Valley site. These zones also received large sums of government money - associated with major national and international civil and military scientific research programmes. In 1984 California received $2.8 billion of the $5.3 billion spent on public research. In Silicon Valley 30,000 researchers and engineers (12.5 per cent of employees) work on space and defence projects. 44 per cent ($32.5 billion over 5 years) of the Star Wars programme was to be spent in California. The growth of these early technopoles depended, in short, not on the market so much as on government expenditures. These expenditures were indispensable.

In a similar way the growth and character of French technopoles was profoundly influenced by national research and development programmes. In France there is a strong central ministry for research (Ministère de la recherche et de la technologie), strong central control, and strong public research laboratories. Included are in particular the CNRS but also INRA and INSERM laboratories in which much public research is conducted and which provide research facilities for university teachers for fundamental research. Also included are government research laboratories and agencies including those for atomic energy (CEA), space (CNES), telecommunications (CNET) and defence. The support for these establishments reflects the high political priority for science and technology in France. There have also been recent attempts to strengthen research in universities and grandes écoles (Atkinson, Rogers and Bond 1990). The central role of French government research institutes helps explain why the CNRS, CEA, CNET, CNES and similar organisations figure so prominently in the main French technopoles such as the Scientific City south-west of Paris, Grenoble and Toulouse.

These programmes and institutions are however mission-oriented and aimed to support the major strategic choices of the French government and the specialisation of major French companies (see Cohen and Simmie 1992) [1]. The innovative activities that are supported are dynamic because of the fact that they attract resources and are ends in themselves. What the French system does not provide is the diffusion-oriented approach of Germany. In Germany there is also a strong federal ministry of research, there are powerful research establishments and institutes (such as the largely independent Max Planck institutes and large government research centres) and there are mission-oriented programmes but these organisations and actions exist alongside the applied research Fraunhofer Institutes and the Steinbeis Foundation for technology advice and transfer. The aim of the latter is to diffuse new technologies to the whole of the tissue of local firms through the development of regional innovation and techno-

Table 2 R&D expenditure and government budget appropriations in the UK (1987/8), France (1987) and West Germany (1987) in £ billion at market exchange rates

	UK	France	West Germany
Government expenditure	4.12	6.82	7.19
Government civil R&D appropriations (1)	2.40	4.67	6.43
Government defence R&D appropriations (1)	2.23	2.66	0.93
Industry	4.70	5.16	11.57
Total (2)	9.68	12.83	18.36

1) Total budgetary figures differ from the figures for public expenditure given in the first row.
2) The total includes expenditure by government and industry and expenditure abroad.
Source: elaborated from Atkinson, Rogers and Bond 1990, vol. I, pp. 24-6

1. Concepts of 'mission-oriented' and 'diffusion-oriented' approaches were introduced by Ergas (1987) to distinguish centralised US, UK and French approaches from the more decentralised German, Swiss and Swedish approaches. The real value of these categories lies however not in the characterization of national regimes but in their association with distinctions between industrial sectors on the one hand and the routes through which economic benefits are derived on the other. Mission-oriented approaches are associated with defence, aerospace, nuclear and electronic technologies and with a concentration of direct effects on a few large firms. Diffusion-oriented approaches spread direct benefits more widely through vocational training, standardisation and co-operative industry-wide research laboratories.

logy transfer systems, and to target further research and development on technologies that develop and enhance the international competitiveness of the local productive system. The establishment of the French Regional Innovation and Technology Transfer Centres (CRITT) represented the start of a co-ordinated national attempt at intra-regional technology transfer and regional appropriation of technologies but French research is still strongly directed towards defence and a number of grands projets.

As well as the character of R&D programmes, the level of expenditure played a significant role in technopolitan development. The total expenditure on R&D of all types in France (£12.8 billion at market exchange rates in 1987) was far greater than in the UK (£9.7 billion in 1987/88) but only about two-thirds of that in Germany (£19 billion in 1987). Of French government expenditure almost 40 per cent is defence-related compared with 54 per cent in the UK. The public civil budget of Germany is over one-third larger than that of France. French industry (£5.16 billion) funds much more research than UK industry (£4.7 billion) but less than one-half of that funded by German industry (£11.57 billion) (Atkinson, Rogers and Bond 1990).

These figures are of course indicators of the size of inputs into R&D and not of the quantity and quality of outputs. There are however indicators of research output such as the number of patent applications in the US. These indicators show US firms losing to the Japanese and European firms improving slightly with France and Germany gaining and Britain losing ground (Morgan, cited in Cooke, Moulaert, Swyngedouw, Weinstein and Wells, 1992, pages 68-9). What is required however is more specific evidence about the conversion of the inventions that result from research into innovations and indicators of the diffusion and transfer of innovations and the adjustment of skills and working practices which actually lead to productivity growth and increased competitive advantage.

Strategic national industrial policies and technopolitan development

A second important determinant of technopolitan development is the scope and character of government industrial policies. The US government defence programmes amount to industrial strategies for high-tech industries. Indeed it has been estimated that some 20 per cent of US federal spending ($8000m) goes to electronics, and pays for 35 per cent of electronics sector activities (Stoffaes 1984). In other countries (such as Japan and France) there are active strategic industrial policies for non-defence industries. A director-general of the Japanese Ministry of International Trade and industry (MITI) once said, for example, that the 'philosophy underlying the industrial policy of Japan is the principle of free competition in the market place' but with three exceptions: collective goods and services, social capital and industrial infrastructure; international relations and the environment; and 'achieving optimal resource allocation from a long term dynamic view point'. The market is effective as a mechanism of short-run resource allocation and distribution but fails as a mechanism for the organisation of production and long-term modernization (Fukukawa, cited by Freeman 1987, p. 32).

In mixed and capitalist economies institutional structures and strategies give different weights to interventionist and neo-liberal ideologies and methods. Zysman (1983 pp. 7 and 91-3) has distinguished three technical-political strategies aimed at shaping national development: state-led, market-led, and negotiated tripartite. Also important, however, are the mechanisms through which money and credit are allocated, as they shape not only corporate strategies but also the capacity of the state to act. According to Zysman (1983 pages 18 and 55-75) three varieties of financial system can be identified: a capital market with market determined prices, a credit-based system with critical prices administered by the state, and a credit-based system in which financial institutions are dominant. Selectivity and discretionary control over the use of credit are essential instruments for a state seeking to guide industrial development (see Zysman 1983, pages 75-95). Where a capital market dominates state interventionism is likely to find itself blocked, whereas in a state-administered credit system executive discretion is considerable and state-led industrialisation facilitated, while in a non-administered credit system the state has some discretion through negotiations with the institutions supplying industrial credit.

According to Zysman the French model of development rested on a state-controlled financial system and state-led adjustment: the state was a central actor in the economic system with responsibilities not just for macroeconomic equilibria but also for accelerating, encouraging and supporting private initiative where it could, and replacing it when it failed. In the 1970s and 1980s there were a number of sectors in which state action was fairly regular, consistent, and sustained: defence, nuclear energy developed to increase national independence, the TGV, modernization of the telecommunications system, and development of the space and aeronautical industries. At the start of the 1970s, for example, the French telecommunications infrastructure was backward and the supply of equipment was dominated by foreign firms. In the 1970s and 1980s a state-initiated strategy led to the restructuring of the domestic supply industry and the creation of national champions, a transformation of the DGT, a major programme of research by the CNET, sustained and high levels of investment equal to between 143 and 224 per cent of British levels in 1975-85 and a rapid diffusion of electronic and digital technology (Cooke, Moulaert, Swyngedouw, Weinstein and Wells, 1992, pages 155-7). In computers and electronics, on the other hand, state action was far from consistent, yet once again the choices made in the 1966 Plan calcul, the 1977 Plan composants, the 1978 Plan commande numérique, the 1982 Plan informatique and so on were of considerable significance for the directions of French industrial development and the dynamics of French technopoles. Strategic industrial policies were a critical source of resources that fuelled the growth of technopoles, while the creation through the development of research and education of regional professional interests permitted local responses to national industrial development initiatives. In Grenoble, for example, engineering education, research-industry relations and international collaboration contributed to the creation of a local scientific and technical culture. The development of this professional culture played a dual role. First it created a set of 'specific local assets' which were not found elsewhere and which were not therefore subject to a simple cost assessment (see Colletis and Pecqueur 1993) (2). Second, it enabled Grenoble to respond to the early 1980s' national programme to develop a filière électronique and to develop a White Paper on electronics (Groupe de réflexion sur le développement de l'électronique dans la région grenobloise 1982).

Network structures, synergies and technopoles

There is a great deal of empirical and theoretical evidence which shows that successful innovation - which is an important determinant of productivity growth and of the competitive performance of firms, industries and regions - depends on external and internal networks that facilitate collaboration and the acquisition of information: success depends on the existence of (1) producer-user networks to identify the needs and circumstances of potential users and to capture learning-by-using effects, (2) formal and informal relationships with external sources of scientific expertise, information and advice, (3) internal capacities to convert information into useful knowledge about the design, manufacture and sale of goods and services and (4) an integration of the value added chain from development through production to marketing and after-sales support. As tacit knowledge is difficult to communicate, effective information exchange and technology transfer require contacts between people as well as of documents and drawings. Most formal networks are underpinned by informal networks and personal relationships of trust and obligation (Freeman 1990, page 503). Mobility or regional co-location are therefore important both at the formal and informal level.

In the 1980s there was a very rapid growth of various types of R&D co-operation especially in the newer generic technologies (see Freeman 1990). This growth was reflected in an upsurge in the number of technology and R&D-motivated joint ventures, joint R&D agreements,

---

2. Colletis and Pecqueur (1993) distinguish assets (activated conditions of development) from resources (latent and potential conditions of development) and generic assets (found in a number of places at different costs) from specific assets. The aim of local development strategies is, they argue, the creation of specific assets.

technology exchange agreements, direct investments, customer-supplier contracts and licensing and second sourcing agreements which involve in different degrees the development of international, national and regional networks. The motives varied. In some cases collaboration stemmed from the cost of design and development. What predominated however were two issues. One was a concern with technological complementarities, the wide scope of technological capabilities required for design and development and the need to reduce lead times, shorten product life cycles and accelerate the diffusion of new techniques through supplier networks. Collaboration can, for example, provide access to technological capabilities and information that might otherwise require large investments and a great deal of time. The second concern was with access to markets which itself is related to the fierce competitive struggle between different suppliers.

At the same time there were important qualitative changes in the character of older network relationships. First, in the case of customer-supplier and customer-subcontractor relations the emphasis on costs and the ability of suppliers to absorb market fluctuations declined in favour of greater concern with the possibilities of longer-term partnerships and information exchange with technologically specialised contractors. In electronics and mechatronics, for example, this change stemmed in part from the need to coordinate the innovation chain and make changes at each point in the production cycle compatible with one another. At the same time the establishment of complete supply chains (first-, second- and third-tier suppliers) committed to zero defect objectives was required for total quality control. (Strategies of this kind are however not easy to develop in market environments in which there are always short-term gains to be made from opportunistic behaviour). Second research associations and collaborative government R&D projects and programmes were centred on the principle of joint projects and involved the construction of coalitions and networks of large (and some small) firms, universities and government laboratories jointly funded by government and industry (Examples include the British 1983-7 Alvey programme and the European ESPRIT programme).

As Gilly (1992) shows in an account of the satellite development activities of Matra-Marconi Space France in Toulouse it is certain kinds of activities that give rise to localised processes of development. Gilly identifies a number of phases in the design and manufacture of a satellite. The initial design phase involves high-level meetings between the project commissioner, the prime contractor and an institutional agency responsible for state/European space policy. These meetings occur in the main decision-making centres usually in Paris and not in Toulouse. Industrial implementation is the second stage and involves a division of tasks between the prime contractor and subcontractors and sub-system makers. Spatial proximity is not required but is made up for by the mobility of personnel. Industrial implementation involves a network of establishments at a European level (Bristol and Stevenage, Munich, Milan, Paris and Toulouse). Management and integration of the satellite is the third phase and involves several elements with different spatial logics. Sophisticated technical and scientific automatic control and space systems activities are performed by pluridisciplinary teams of specialists on a single site but with significant contacts with the international scientific community, public research and European R&D programmes. (A consequence of their integration in international co-operation networks is that the benefits of local technological breakthroughs may accrue to other establishments in the network rather than local firms). Space software was different as there was a deep integration of Matra with the local technopolitan system and considerable emphasis on partnerships with local firms, public laboratories and the CNES. At present however Matra has for the most part mastered space software technologies, is integrating them within the group and no longer needs special relationships with the local productive system it helped create.

A question that arises from this example of Toulouse and the case of Grenoble is whether the increased role of networks and the creation of new small firms are transitory phenomena associated with early stages in the development of new generic technologies. The creation of network structures and the associated strategies of vertical-near integration or vertical near-disintegration are sometimes presented as a third form of governance alongside markets and hierarchies: for certain activities, it is argued, network structures - designed to secure new forms of integration/synergy within and between firms - can overcome the rigidities of vertically-integrated hierarchies on the one hand and market imperfections on the other. As I have argued however network structures are not new. In the 1980s co-operative networks increased in importance. At the same time there was a move in the direction of less asymmetrical power relationships as near-integration assumed the forms of horizontal partnerships and strategic alliances rather than the more traditional forms of vertical subcontract relations (see Leborgne and Lipietz 1990). As the Toulouse case shows once firms get used to new generic technologies attempts may be made to internalise networks and to assume direct control of strategically important activities. Similarly small firm growth - which often accelerates in early phases of development of new technologies in which there are no established designs or standards and in which established firms have to restructure themselves - may give way to rationalisation as the technologies mature and economies of scale increase in importance.

The second important point is that networks of relations among firms and between firms and research establishments can be either territorially dense or territorially disintegrated. In the case of Toulouse space software networks were localised, whereas system activities and manufacture were organised at a national and international level.

A new productive order

Technopoles and some of the more technology-intensive and numerous innovation networks of the 1980s are expressions of the development of the critical new technologies of the information age. As Perez (1983) has argued the development of information and communications technologies amounts to the development of a new techno-economic paradigm which will affect the entire productive system: information and communications technologies have an impact on all sectors, all intersectoral relationships and all functions (design, manufacture, marketing, accounts, administration and the interchange of information). Already a number of characteristics of a new productive order have been identified: an integration of R&D and industrial development as firms monitor science and technology; an integration of design, production and marketing to reduce lead times, increase responsiveness and incorporate after-sales feedback into product development; development of collaborative customer-supplier relations; automation and reorganisation of manufacture and assembly to increase productivity, reaction times and quality; and increases in the skill and involvement of the workforce.

As interfaces between research, new technologies and scientific and technical knowhow on the one hand and productive activities on the other, technopoles appear to be constitutive elements of the new order. Yet there is a paradox: in spite of an acceleration of economic and social innovation none of the countries and regions of Europe has achieved the rates of productivity and output growth of the 1960s. There is a need to explain therefore why structural adjustment is so drawn out. At the root of these difficulties is the fact that in years of crisis there is a mismatch between new technological developments and institutional and social structures (skill structures, management methods, industrial relations, macroeconomic management and so on). The extent of the mismatch differs from one nation to another, with the result that some economies are far more successful than others. What this perspective suggests is that attention should be paid to comparative analyses of the institutional conditions in which inventions and research and development occur and to the impact of different conditions on the speed and success of the diffusion of technologies.

It seems to me that technopoles can be analysed in similar ways. Technopoles are clusters of innovative activities and spatial expressions of processes of innovation but their dynamism and the dynamism of the territories of which they are a part depend upon the strength of their innovative activities and their success in the diffusion of innovations into the economies that surround them. At this point however it is important to make two distinctions. A set of innovative activities could prove dynamic because of their success in attracting resources: one could create cathedrals in the desert simply by concentrating resources upon a few advanced activities. Attention should therefore also be paid to the extent to which the resources devoted to innovative activities are translated into a flow of innovations. A distinction should be made in other words between resource inputs and the output of innovations. There is however a second distinction between outputs which create localised opportunities for monopoly profits and innovations which are systemic and whose diffusion creates added value in a wide range of activities.

The resource inputs into technopoles, their success in the translation of inputs into outputs and the extent to which the outputs are systemic in character and are diffused depend in short on their institutional setting and on the social relations that characterise them.

III. Cathedrals in the desert or 21st century industrial complexes?

Technopoles were developed as a part of local strategies either for the restructuring of declining cities or the development of new industrial spaces. The activities of local actors who played an active role in technopolitan development occurred however in a wider context of decisions about the location of research establishments and of major companies. A fuller examination of their development would therefore require an analysis of the changing productive strategies of large groups and of the structure of economic and financial power on which the destiny of particular establishments depend. What I have stressed is the fact that technopoles are clusters of innovative activities and spatial expressions of processes of innovation. Accordingly I have emphasised the dependence of their development and character on the national context for industrial development, on the character and scale of national or supranational R&D programmes, on the development of network structures to link reasearch and industry and on the success of regional technology transfer strategies. (Another contextual variable of considerable importance that I have not considered is the scale and success of investments in human capital.)

French R&D and industrial development programmes were large in scale and generated substantial flows of direct investment. Several of the French technopoles considered in this article were major beneficiaries of these resource flows. These programmes were, however, mission-oriented, and dominated by sectors in which state procurement accounts for a major share of sales: defence, aerospace, nuclear and electronic technologies accordingly play a significant role in French technopolitan development, and many of the largest technopoles are the ones in which these activities are concentrated.

What is questionable is the extent to which there are indirect downstream benefits from some of these activities - defence is the case in point - and the extent to which these benefits are localised and channelled into local, regional and national manufacturing systems. Jevons and Saupin (1991) consider this issue as one of 'regional appropriability' : the ability of a region to capture benefits from their investments in science and technology. There are a number of determinants of the scope for local secondary effects of investments in research, development, science and technology. One is the scope for local manufacture of new products and local use of new processes. A second is possession of intellectual property rights. A third is local skills which move less readily than capital in an era of globalization. A fourth is what is called contexted technology.

Mission-oriented programmes bring substantial resource inputs into technopoles but diffusion is often limited. Some of the sectors that are supported are of critical importance in advanced countries but depending on the scale of the science and technology system there is a greater or lesser risk that mission-oriented programmes will crowd out diffusion-oriented approaches. As Jevons and Saupin argue, the most advantageous routes into high technology industry for regions anxious to appropriate the benefits are likely to be found by looking for technologies that have applications in those areas of industry which are already strong locally for two reasons. First, local industries provide markets and a test-bed for development. Second, contexted technology simultaneously deepens and shifts existing specialisations: the emphasis is on activities that already exist and variable levels of technological intensity (Jevons and Saupin 1991, pp. 270-2).

A related feature of French technopolitan development is its association with processes of spatial polarisation. At a regional level investments were decentralised to provincial metropolises. What resulted was a new network metropolis made up of a series of metropolitan areas connected by advanced physical and telecommunications networks which itself polarises development (Veltz 1991). At a local level another wide divide emerged between the infrastructural, employment and living conditions in areas of technopolitan growth and the decaying parts of major French cities. There is no doubt that the decisions to manage and redirect processes of spatial concentration and decentralise investments from the capital played a major role in creating a national territory that is more equilibrated than the one that was inherited from the past. In that sense these initiatives were positive. At the same time the weakness of diffusion from these new poles contributed to the creation of what in another context have been called 'cathedrals in the desert'. While it is clearly not the goal of many of the actors involved in their development, technopoles are often one side of processes of social and economic restructuring that on the other side contribute to social and economic marginalisation.

Technopoles are centres of the critical information and communications technologies, materials technologies and biotechnologies that will function as leading or propulsive sectors in the first decades of the next millennium. In the geographical and regional development literature these innovations are often interpreted in line with the views of Schumpeter as the sources of a new Kondratieff upswing. As Freeman (1987) argues, however, and as I suggested in the last section an upswing depends on a cluster of innovations in technological systems that involve substantial inter-product and inter-process linkages, that have pervasive effects on the whole of economic life - new goods, new methods of production, new methods of work organisation, new markets and new sources of materials - and that involve major changes in the capital stock and skill profile of the population. The new information and communications technologies do seem to represent a new industrial paradigm of this kind, but as Freeman also argues what counts is the diffusion of innovations. Diffusion depends upon a transformation of institutional and social structures and the development of new modes of (non-market) regulation. Technopoles are in some cases enclaves of new technologies whose diffusion is constrained by a variety of technological/social mismatches. These mismatches differ from one place to another due to spatial variations in institutional structures and transformations. As a result some economies are far more successful than others. Yet for technopoles as a whole to escape from this enclave character will require much closer relations with their economic and social environment, a transfer of their dynamism into the whole of the local economic fabric and a reduction in the dualisms to which their development has contributed.

References

Atkinson, H. Rogers, P. and Bond, R. (1990) Research in the United Kingdom, France and Germany, Swindon, SERC

Bruhat, Thierry (1990) Vingt technopoles, un premier bilan, Etude à l'attention de la DATAR, Paris, La Documentation Française

Chanaron, J.J., Perrin, J. and Ruffieux, B. (1988) L'efficacité des technopoles. Les leçons de l'experience de la ZIRST de Meylan, Lyon, Secretariat Général pour les Affaires Régionales, Préfecture de la Région Rhône-Alpes

Cohen, Jeanine and Simmie, James (1992) 'Innovation and technopolis planning in Britain and France', paper presented at the Anglo French network 'Innovation, technopoles and spatial planning' seminar held at the Université Paris-Sud, Orsay on 19-20 June 1992

Colletis, Gabriel and Pecqueur, Bernard (1993) Les facteurs de la concurrence spatiale et la construction des territoires, Notes de Travail, number 11, Grenoble, IREPD, Université Pierre Mendés France

Cooke, Philip, Moulaert, Frank, Swyngedouw, Erik, Weinstein, Olivier and Wells, Peter with Lemattre, Martine and Grevet, Patrice (1992) Towards global localization? London, UCL Press

Champ, Jacques and Fradet, Hervé (1985) 'Les structures de l'économie Grenobloise', in Joly, Jacques (ed) Grenoble et son agglomération, Notes et Etudes Documentaires, no 4769, Paris: La Documentation Française, 1985, pages 43-79

Decoster, Elisabeth and Tabariés, Muriel (1992) 'Innovation, technopole and regional planning: the Ile-de-France Sud technopole', paper presented at the Anglo French network 'Innovation, technopoles and spatial planning' seminar held at the Université Paris-Sud, Orsay on 19-20 June 1992

Dunford, Mick (1989) 'Technopoles, politics and markets', in Sharp, Margaret and Holmes, Peter (eds) Strategies for New Technology. Case Studies from Britain and France (Philip Allan, London)

Dunford, Mick (1991) Rhône-Alpes in the 1990s, Special Report no. 2165. London, Economists Intelligence Unit (September)

Ergas, H. (1987) 'Does technology policy matter?', in Guile, B.R. and Brooks, H. (eds), Technology and global industry, Washington DC, National Academy Press, pp. 191-245

Freeman, Christopher (1987) Technology policy and economic performance: Lessons from Japan, London, Pinter.

Freeman, Christopher (1990) 'Networks of innovators: a synthesis of research issues', Research Policy, volume 19, number 3, pages 499-513

Gilly, Jean-Pierre (1992) 'Groups and new productive spaces: the case of Matra-Espace at Toulouse' in Dunford, Mick and Kafkalas, Grigoris (eds) Cities and Regions in the New Europe: the Global-Local Interplay and Spatial Development Strategies (Belhaven, London)

Jevons, Fred and Saupin, Marc (1991) 'Capturing regional benefits from science and technology: the question of regional appropriability', Prometheus, volume 9, number 2 (December) pp. 265-73

Perez, C. (1983) 'Structural changes and the assimilation of new technologies in the economic and social system', Futures, volume 15, number 5, pages 357-375

Perrat, Jacques (1991) Approche des stratégies territoriales des firmes transnationales: Thomson et Hewlett-Packard en Rhône-Alpes, Rapport de recherche, Programme Mutations Économiques et urbanisation, Plan urbain, Ministére de l'Équipement, du logement, des transports et de la mer, Lyon, ADEES Rhône-Alpes

Rousier, N. (1992) 'Grenoble, un district technologique', paper presented at the Anglo French network 'Innovation, technopoles and spatial planning' seminar held at the Université Paris-Sud, Orsay on 19-20 June 1992

Scott, Allen (1988) New industrial spaces. Flexible production organisation and regional development in North America and Western Europe, London, Pion

Schumpeter, Joseph (1939) Business cycles, New York, McGraw-Hill

Veltz, Pierre (1991) 'New models of production organisation and trends in spatial development', in Benko, Georges and Dunford, Mick (eds) (1991) Industrial change and regional development, London, Belhaven

Zysman J. 1983 Governments, Markets, and Growth. Financial Systems and the Politics of Industrial Change (Martin Robertson, Oxford)

Volker Telljohann

Die italienische Debatte um Industriedistrikte

Das Beispiel der Emilia-Romagna [(1)]

1. Einleitung

Die sechziger und siebziger Jahre stellten für Italien eine entscheidende Phase der Ausbreitung der industriellen Entwicklung des Landes dar. In dieser Periode gelang es den industriellen Systemen der Regionen Nordost- und Mittelitaliens sich im nationalen Maßstab zu behaupten. Damit erfuhr der industrielle Apparat Italiens, der bis zu dem Zeitpunkt im wesentlichen in Nordwestitalien im sogenannten "industriellen Dreieck" (Mailand-Turin-Genua) angesiedelt war, eine erhebliche Ausweitung.

Dieser Prozeß, der seinen Ausgang bereits in den fünfziger Jahren unter den Bedingungen des italienischen "Wirtschaftswunders" genommen hatte, führte jedoch nicht nur zu einer reinen Ausweitung industrialisierter Gebiete, sondern auch zur Behauptung eines neuartigen Modells der Industrialisierung. Die sich entwickelnden industriellen Systeme Nordost- und Mittelitaliens basierten nicht auf der Präsenz von Großunternehmen, sondern vielmehr auf lokale Systeme von Klein- und Mittelbetrieben. Venetien, Toskana, die Marken und allen voran die Emilia-Romagna sind die wichtigsten Regionen, die diesen neuen Typus der Industrialisierung repräsentierten und die seitdem in Abgrenzung einerseits zum traditionellen Industriegebiet Nordwestitaliens und andererseits zum agrarisch geprägten Süden des Landes als das "Dritte Italien" bezeichnet werden (BAGNASCO, 1977).

Das zentrale Charakteristikum der Regionen des "Dritten Italien" ist zweifelsohne die arbeitsteilige Produktionstätigkeit spezialisierter und zugleich funktional differenzierter Klein- und Mittelbetriebe, die sich in räumlicher Nähe zueinander befinden. Diese spezifische Form der Agglomeration miteinander kooperierender Unternehmen wird unter Bezugnahme auf Marshalls Arbeiten als <u>industrieller Distrikt</u> bezeichnet (MARSHALL, 1919). Ausgehend von

---

1. Der vorliegende Beitrag gibt in wesentlichen Teilen Ergebnisse einer im Rahmen des CEC/DG XII/FAST-Projektes "The Future of Industry in Europe" erstellten Forschungsarbeit wieder: Telljohann, V., 1992: Spatial Influence on Industrial Development. The Emilia-Romagna Region. Final report, first version.

seiner Definition werden in der aktuellen Diskussion industriellen Distrikten folgende Charakteristika zugeschrieben[2]:

a) eine flexible Kleinserienproduktion, die in der Lage ist, spezifischen Kundenwünschen zu entsprechen;

b) eine Ansammlung zahlreicher Kleinbetriebe auf einem begrenzten Raum, die sich durch flexible Produktion auszeichnen;

c) eine Arbeitsteilung zwischen solchen Firmen, die mit Endprodukten auf dem Markt präsent sind, und Firmen, die als Zulieferer fungieren bzw. ganz bestimmte Funktionen im Rahmen des Produktionszyklus übernehmen;

d) ein spezifisches, zwischenbetriebliches Beziehungsgeflecht, welches durch eine komplexe Mischung aus Wettbewerb und Kooperation gekennzeichnet ist;

e) eine räumliche Konzentration von Betrieben, die mit der Herstellung eines Produktes bzw. einer Produktgruppe befaßt sind;

f) ein kulturelles Milieu, das durch enge Wechselbeziehungen zwischen der produktiven Realität einerseits und dem sozialen und politischen Leben andererseits gekennzeichnet ist.

Wie insbesondere das Beispiel der Emilia-Romagna zeigt, haben sich die Dominanz der Klein- und Mittelbetriebe sowie die spezifische Organisationsform der industriellen Distrikte in der Vergangenheit, unter den Bedingungen des technologischen Wandels und einer sich rasch wandelnden Marktnachfrage, als entscheidende Faktoren für die Entwicklungsdynamik und Anpassungsfähigkeit der regionalen Wirtschaftssysteme des "Dritten Italien" erwiesen[3]. Dieses Charakteristikum war im Fall der Emilia-Romagna zugleich die Grundlage des nahezu kontinuierlichen, bis zum Ende der achtziger Jahre fortwährenden Wachstumsprozesses. Seit Beginn der neunziger Jahre offenbart das Industriesystem der Emilia-Romagna jedoch strukturelle Schwächen, die erstmals Zweifel bezüglich der Fähigkeit zur Wahrung des bisherigen

---

2. Zur Diskussion über `industrial districts' vgl. u.a. Becattini, 1979; Brusco, 1986; Capecchi, 1990; Piore/Sabel, 1984; Sabel, 1987.

3. Es muß sicherlich als ein Indikator für den Erfolg dieses spezifischen Typus industrieller Entwicklung gewertet werden, daß, gemessen an der Kaufkraftentwicklung, die Emilia-Romagna in den achtziger Jahren, unter den Bedingungen einer ausgedehnten wirtschaftlichen Wachstumsphase, zu einer der wohlhabendsten Regionen Europas und gleichtzeitig, mit einem nur geringen Rückstand zur Lombardei, zur zweitreichsten Region Italiens aufgestiegen ist. Die wirtschaftliche Stärke der Region läßt sich nicht zuletzt auch an der vergleichsweise niedrigen Arbeitslosenrate von 5-6 % gegen Ende der achtziger Jahre ablesen. Vgl. Unione Regionale Camere di Commercio dell'Emilia-Romagna - UNIONCAMERE, 1991.

Niveaus der Wettbewerbsfähigkeit aufkommen lassen. So läßt sich seit Ende der achtziger Jahre eine deutliche Verlangsamung des wirtschaftlichen Wachstums der Emilia-Romagna beobachten, die nur zum Teil auf den allgemeinen konjunkturellen Abschwung zurückgeführt werden kann.

Die strukturellen Probleme des industriellen Systems der Emilia-Romagna betreffen zweifelsohne in besonderer Weise die lokalen Systeme der Klein- und Mittelbetriebe. Das bedeutet jedoch nicht, so die These, daß diese Strukturkrise nur auf das Problem der Betriebsgröße zurückzuführen ist; die kritischen Aspekte betreffen vielmehr

- den Charakter der unter den Klein- und Mittelbetrieben vorherrschenden Unternehmensstrategien und deren Auswirkungen auf die Entwicklungsdynamik des regionalen Industriesektors sowie
- die mit Blick auf die Gewährleistung effizienter Produktionsstrukturen inadäquaten Kooperationsbeziehungen, die zwischen den Klein- und Mittelbetrieben bestehen.

Gleichzeitig offenbart sich heute vor dem Hintergrund der Globalisierung des Wettbewerbs - insbesondere im Hinblick auf die Realisierung des Europäischen Binnenmarktes - die Notwendigkeit, grundlegende Reformen auf den zentralen Feldern des regionalen Infrastruktursystems wie z.B. der Forschung, des Bildungssystems und des Transportwesens durchzuführen. Dies vor allem deswegen, weil vor dem Hintergrund des europäischen Integrationsprozesses die Wettbewerbsfähigkeit der Unternehmen in zunehmendem Maße nicht mehr nur vom einzelnen Unternehmen selbst abhängt, sondern immer mehr auch von den Rahmenbedingungen, d.h. von der Adäquanz und Effizienz des regionalen Systems, in dem sie produzieren. Die Effizienz des regionalen Systems ist darüber hinaus insofern von Bedeutung, als daß europäische Unternehmen ihre Standortwahl zukünftig stärker von der Qualität der vorfindlichen privaten und öffentlichen Dienstleistungseinrichtungen, des Bildungs- und Qualifikationsniveaus des Arbeitskräftepotentials sowie der Infrastruktureinrichtungen (z.B. Kommunikations- und Transportwesen) abhängig machen werden.

Das bedeutet, daß die "Wettbewerbsfähigkeit" des regionalen Systems der Emilia-Romagna zukünftig von seiner Fähigkeit,

- den Herausforderungen der technologischen Innovationsprozesse zu begegnen,
- den neuartigen Anforderungen an die Ausbildung und Qualifizierung der abhängig Beschäftigten gerecht zu werden,
- die Diskrepanz auf dem Gebiet der infrastrukturellen Ausstattung im Vergleich zu anderen führenden Regionen Europas abzubauen,

- das Bank- und Kreditwesen gemäß den wirtschaftlichen Entwicklungsnotwendigkeiten zu modernisieren,

abhängen wird.

2. Strukturelle Schwächen des industriellen Systems der Emilia-Romagna

2.1 Die achtziger Jahre: divergierende Entwicklungspfade industrieller Distrikte in Italien als Ergebnis gewandelter Wettbewerbsbedingungen

In der theoretischen Diskussion werden den Klein- und Mittelbetrieben häufig zwei Wettbewerbsvorteile gegenüber Großunternehmen zugeschrieben:

a) ihre enge Verflechtung mit dem lokalen sozialen Milieu;

b) der vergleichsweise hohe Grad der Spezialisierung und Flexibilität des Produktionsprozesses.

Diese Einschätzung schien in den siebziger Jahren sowohl aufgrund der starken Ausbreitung von Klein- und Mittelbetrieben als auch aufgrund der Krise des traditionellen Systems der Massenproduktion Bestätigung zu finden. Die achtziger Jahre stellten hingegen eine Periode der Ungewißheit für Klein- und Mittelbetriebe dar. Zahlreiche lokale Systeme haben in diesem Zeitraum an Wettbewerbsfähigkeit eingebüßt. Zur gleichen Zeit haben die Großunternehmen infolge tiefgreifender Restrukturierungsprozesse ihre Fähigkeit zur Flexibilisierung und Spezialisierung der Produktion weiterentwickeln können, was zugleich eine Relativierung der obengenannten Wettbewerbsvorteile der Klein- und Mittelbetriebe zur Folge hatte (BARCA/MAGNANI 1989). Darüber hinaus hat die Fähigkeit, nicht-produktive Funktionen wie Forschung und Entwicklung, Marketing, Distribution, Finanzierung und Service intern zu entwickeln, den Großunternehmen einen weiteren Wettbewerbsvorteil gegenüber den Klein- und Mittelbetrieben verschafft. Die gewachsene Bedeutung der Gewährleistung nicht-produktiver Funktionen für die Sicherung bzw. Verbesserung der Marktposition läßt die Betriebsgröße folglich insofern zu einem kritischen Faktor werden, als es den Klein- und Mittelbetrieben in der Regel an den notwendigen Ressourcen mangelt.

Vor dem Hintergrund dieser gewandelten Wettbewerbsbedingungen waren die Entwicklungstendenzen der industriellen Distrikte in den achtziger Jahren ausgesprochen uneinheitlich. Während es auf der einen Seite lokale Systeme von Klein- und Mittelbetrieben gab, denen es gelang weiter zu expandieren, gab es auf der anderen Seite industrielle Distrikte, die ihr vormals erreichtes Wettbewerbsniveau nicht verteidigen konnten. Diese uneinheitliche Entwicklung läßt folglich allgemeingültige Schlußfolgerungen bezüglich der Entwicklungstendenzen industrieller Distrikte nicht zu. Es bedarf vielmehr einer eingehenden Untersuchung der jeweils einzelnen industriellen Distrikte, um vergleichbare bzw. abweichende Entwicklungstendenzen zu identifizieren.

Neuere Untersuchungen (NOMISMA, 1992) haben in erster Linie zwei Entwicklungstypen ausgemacht:

1.) Ein Typus industrieller Distrikte zeichnet sich dadurch aus, daß er in den achtziger Jahren eine Wettbewerbsstrategie verfolgt hat, die den Schwerpunkt auf die Weiterentwicklung der Fähigkeit zur flexiblen Produktion gesetzt hat. Der Versuch, eine maximale Flexibilität in bezug auf die jeweilige Marktnachfrage zu entwickeln, bedeutete umgekehrt, eine ausgesprochen passive Position auf dem Markt einzunehmen, die darauf verzichtete, vermittels einer eigenen Produktstrategie auf die Marktnachfrage gezielt Einfluß zu nehmen. Die Folge war, daß diese industriellen Distrikte sich der Produktpolitik der Konkurrenz bzw. des Distributionssektors unterzuordnen hatten. Diese Orientierung hat dazu geführt, daß die Unternehmen in diesen industriellen Distrikten es versäumt haben, notwendige Investitionen in Innovation und Marketing zu tätigen. Das Verharren der traditionellen Strukturen hat im Ergebnis dazu geführt, daß die unter solchen Bedingungen agierenden Unternehmen aufgrund ihrer Unfähigkeit, Preise und Produktcharakteristika zu beeinflussen, auf dem Markt in eine zunehmend marginalere Position gedrängt worden sind. Beispiele hierfür liefern sowohl die Schuhindustrie in den Marken als auch die Textilindustrie in und um Prato.

2.) Im Gegensatz hierzu hat in zahlreichen industriellen Distrikten Norditaliens, so auch der Emilia-Romagna, ein Aggregationsprozeß stattgefunden, der in verschiedenen Fällen zu einem Anwachsen der durchschnittlichen Betriebsgröße geführt hat. Darüber hinaus hat sich die interne Beziehungsstruktur innerhalb der industriellen Distrikte gewandelt. Den Unternehmen ist es aufgrund einer betont aktiven Strategie in bezug auf die Marktnachfrage gelungen, ihre Marktposition zu festigen. In diesen Fällen haben die Unternehmen den Schwerpunkt auf den Aspekt der Spezialisierung gesetzt, was es ihnen erlaubt hat, eine Strategie der Nischenproduktion zu verfolgen. Diese Strategie stellte die Grundlage für den Erfolg der Produkte auf den nationalen und internationalen Märkten dar und damit zugleich für die gewachsene Autonomie der Unternehmen. Das umfassende know-how sowohl in bezug auf das Produkt als auch in bezug auf die Produktionstechnik hat kontinuierliche Anpassungs- und Innovationsprozesse möglich gemacht, die ihrerseits zu einer Verbesserung des Qualitätsstandards beigetragen haben. Auf diesem Wege ist es Unternehmen häufig gelungen, in Nischen eine Position der Marktführerschaft zu erlangen.

Diese Beispiele zeigen, daß die in industriellen Distrikten tätigen Klein- und Mittelbetriebe im wesentlichen zwei strategische Ansätze als Antwort auf die gewandelten Marktbedingungen entwickelt haben: a) eine Strategie, die den Aspekt der Flexibilität im Sinne einer möglichst ausgeprägten Anpassungsfähigkeit in bezug auf die sich wandelnde Marktnachfrage in den Mittelpunkt stellt; b) die Strategie der Nischenproduktion, die auf einer entsprechenden Produktionsspezialisierung beruht. Diese beiden Modelle haben sich im Verlauf der achtziger Jahre als unterschiedlich erfolgreich erwiesen.

In jenen Fällen, in denen industrielle Distrikte es mit ihrer auf den Aspekt der Flexibilität konzentrierten Strategie versäumt haben, rechtzeitig die nötigen Innovationsprozesse einzuleiten, sind seit Beginn der neunziger Jahre Anzeichen einer Involution bzw. eines schwierigen Anpassungsprozesses zu beobachten. Die extreme Fragmentierung der Produktionseinheiten bezogen auf sämtliche Phasen des Produktionszyklus hat sich als eine strukturelle Schwäche herausgestellt. Dies vor allen Dingen deswegen, weil es sich als sehr schwierig erwiesen hat, eine koordinierte Strategie des Gesamtsystems zu entwickeln. Umgekehrt sind die einzelnen Unternehmen zu klein, um die nötigen produktionsbezogenen und nicht-produktionsbezogenen Investitionen zu tätigen.

In den achtziger Jahren hat sich somit die Nischenproduktion als der für Klein- und Mittelbetriebe vielversprechendere Entwicklungspfad erwiesen. Diese Strategie entsprach vor allen Dingen dem gewachsenen Bedarf an kundenspezifischen Produktwünschen und Produktqualität - eine Strategie folglich, die ein entwickeltes Niveau technischer Spezialisierung sowie einen guten Firmenruf erfordern.

Mit Blick auf die Emilia-Romagna offenbart das Modell der Nischenproduktion seit Beginn der neunziger Jahre jedoch Zeichen struktureller Schwäche. Diese Schwächen betreffen vornehmlich die langfristigen Entwicklungsperspektiven der industriellen Distrikte. Nachfolgend sollen deshalb zum einen die Faktoren bestimmt werden, die für die Herausbildung des für die Emilia-Romagna charakteristischen Typus unternehmerischer Entwicklungsstrategie verantwortlich sind; zum anderen sollen die daraus resultierenden Auswirkungen auf die Entwicklungsdynamik des Gesamtsystems analysiert werden.

2.2 Die Schwachpunkte der Unternehmensstrategien der Klein- und Mittelbetriebe

In der Emilia-Romagna ist zu beobachten, daß die Prozesse unternehmerischen Wachstums nicht in linearer Weise dem Akkumulationsprozeß entsprechen, sondern vielmehr von den individuellen Interessen der Firmenbesitzer abhängen (NOMISMA, 1992) Es fällt in der Tat auf, daß die hohen Akkumulationsraten, die Ende der achtziger Jahre zu verzeichnen waren, nicht zu einem entsprechenden Unternehmenswachstum geführt haben.

Die unternehmerischen Ziele und die damit verbundenen Entscheidungen über Investitions- und Entwicklungsstrategien werden in erster Linie durch die folgenden Faktoren bestimmt:

- die Eigentumsform;
- die Form der Unternehmenskontrolle;
- die Managementstrategie.

In den Klein- und Mittelbetrieben sind Eigentum, Kontrolle und Management häufig in der Person des Eigentümers konzentriert. In den seltenen Fällen, in denen Verantwortlichkeiten delegiert werden, beschränkt sich dies fast immer auf Familienmitglieder des Eigentümers. Die unterentwickelte Tendenz zur Dezentralisierung von Entscheidungsfindungen wird jedoch keineswegs durch entsprechende Kompetenzen des Eigentümers gerechtfertigt. In den meisten Fällen stellen spezifische, im Laufe vorangegangener Arbeitsverhältnisse erworbene Fähigkeiten die einzige Grundlage für Unternehmensgründungen dar. In der Regel handelt es sich um technische Kompetenzen, die die Herstellung eines ganz bestimmten Produktes bzw. einer Produktfamilie betrifft. Nur in Ausnahmefällen können die Unternehmensgründer auf betriebswirtschaftliche oder administrative Qualifikationen verweisen.

Die grundlegenden Charakteristika der Klein- und Mittelbetriebe bestehen somit in

- der Bündelung der Eigentums-, Kontroll- und Managementfunktion in der Person des Eigentümers bzw. dessen Familie;
- den technischen Produktionskompetenzen als der zentralen Grundlage unternehmerischer Tätigkeit.

Diese Charakteristika waren in der Vergangenheit von grundlegender Bedeutung für die industrielle Entwicklung der Emilia-Romagna. So hat sich das regionale Entwicklungsmodell als fähig erwiesen, unternehmerische Initiativen, produktionsbezogenes know-how, Berufsqualifikationen sowie lokalspezifische Traditionen und Wertorientierungen miteinander zu verknüpfen. Die Kombination dieser Elemente hat in der Vergangenheit in Phasen positiven konjunkturellen Verlaufs das Wachstum der lokalen Systeme gefördert; in Phasen der Rezession hingegen hat diese spezifische Konstitution der lokalen Systeme deren Widerstandsfähigkeit gegenüber Krisenerscheinungen erhöht.

Vor dem Hintergrund gewandelter Marktbedingungen, die auch die Klein- und Mittelbetriebe in zunehmendem Maße dem internationalen Wettbewerb aussetzen, werden die Grenzen der obengenannten Charakteristika, die in der Vergangenheit die Grundlage für die positive Entwicklungsdynamik der lokalen Systeme darstellten, offensichtlich (REGIONE EMILIA-ROMAGNA, 1992).

2.2.1 Die Strategie der Familienunternehmen

Eine zentrale Schwäche des regionalen Industriesystems ergibt sich aus der im Bereich der Klein- und Mittelbetriebe dominanten Eigentumsform: dem Familienbesitz. Der Familienbesitz impliziert eine zweifache Identifikation des Unternehmers, was häufig zu einer Überlagerung von unternehmerischen Zielsetzungen einerseits und privat motivierten Zielsetzungen des Unternehmers andererseits führt. Aufgrund dieser spezifischen Interessenkonstellation ist es in der Regel sehr schwierig, die Entwicklungsstrategien von Familienunternehmen an langfristigen Zielsetzungen auszurichten. So dominiert z.B. häufig das kurzfristig ausgerichtete private Interesse an einer hohen Eigenkapitalrentabilität gegenüber einer langfristig angelegten Strategie des Ausbaus der Marktanteile des Unternehmens.

Die Haltung des Unternehmers zeichnet sich in vielen Fällen dadurch aus, daß er versucht, das Unternehmenswachstum zu bremsen, da ein Wachstum jenseits einer bestimmten Grenze umfangreichere Investitionen und damit auch ein professionelleres Management erfordern würde [(4)]. Hinzu kommt, daß das Unternehmensrisiko unter den Bedingungen eines Nachfragerückgangs steigen würde. Die unterentwickelten Aktivitäten der Klein- und Mittelbetriebe in Bereichen wie Marketing und Forschung sind nicht zuletzt auch Ausdruck einer Haltung, die darauf gerichtet ist, das unternehmerische Risiko zu minimieren. Selbst erfolgreiche Klein- und Mittelbetriebe, die die Strategie der Nischenproduktion verfolgen und eine

---

4. Für die unterentwickelte Neigung der Klein- und Mittelbetriebe der Emilia-Romagna, eine Strategie des Unternehmenswachstums zu verfolgen, gibt es neben den subjektiven Motivationen der Unternehmenseigentümer in gewissem Umfang auch eine objektive Begründung. Vor allem die Kleinunternehmen leiden in zahlreichen Fällen an Kapitalmangel, der sie dazu führt, von Plänen zur Ausdehnung ihres Unternehmens Abstand zu nehmen. Aufgrund des Kapitalmangels befinden sich diese Unternehmen in einer durch Unsicherheit und Schwäche gekennzeichneten Lage, die nicht selten auch zum Verkauf des Unternehmens führt. Hinzu kommt, daß es den Unternehmern, die aufgrund der unzureichenden Eigenfinanzierungsmöglichkeiten ihre Investitionsvorhaben durch Kreditaufnahme finanzieren müssen, häufig an der notwendigen Kompetenz mangelt, die geeignete Finanzierungsstrategie zu wählen. Diese mangelnde Kompetenz seitens der Unternehmer findet seine Entsprechung in einem anachronistischen Bankwesen, das durch eine territorial zersplitterte Struktur von kleinen Banken und Sparkassen gekennzeichnet ist. Die Kreditvergabepolitik dieser kleinen Institute wird in den meisten Fällen durch das Streben nach Risikominimierung diktiert. Eine solche Orientierung gibt folglich der Vergabe von kurzfristigen Krediten den Vorzug (NOMISMA, 1992). Generell kann festgestellt werden, daß es der Emilia-Romagna bis heute an einer großen regionalen Bank, die als Bezugspunkt und antreibendes Moment nicht nur für die unternehmerische Tätigkeit sondern ebenfalls für den notwendigen infrastrukturellen Modernisierungsprozeß in der Region dienen könnte, mangelt.

vergleichsweise sichere Marktstellung innehaben, investieren nur in sehr geringem Umfang in Funktionsbereiche wie Marketing und Forschung.

Im übrigen ist die Investition von Teilen des Gewinns in das Unternehmen für den Unternehmer lediglich eine Möglichkeit unter mehreren, sein Kapital zu investieren. Die Geldanlage in Wertpapieren oder Immobilien stellen für die Kleinunternehmer häufig attraktive Alternativen zur Investition in ihr Unternehmen dar. Vom Standpunkt des wirtschaftlichen Wachstums der Region bedeutet eine solche Praxis jedoch den Abzug von Ressourcen zugunsten von Aktivitäten, die nicht zur Entwicklung des industriellen Systems beitragen.

Wie bereits erwähnt, soll das Unternehmen, vom Standpunkt des privaten Interesses des Unternehmers, zum Wachstum seines privaten Vermögens beitragen. Unter diesem Vorzeichen dienen die Investitionen in das Unternehmen vor allen Dingen dazu, dessen Wettbewerbsfähigkeit zu erhalten. Aus diesem Grund bleiben die Investitionsaktivitäten meistens auf Maßnahmen zur Modernisierung des Produktionsprozesses beschränkt.

Das bedeutet jedoch nicht, daß die Unternehmer ein rein instrumentelles Verhältnis zu ihrer unternehmerischen Tätigkeit haben. Diese wird ganz im Gegenteil häufig von einer Anschauung getragen, die von der zentralen Rolle der Arbeit und des Unternehmertums in der Gesellschaft ausgeht. So läßt sich nicht zufällig in einer Reihe von Fällen beobachten, wie der Erfolg eines Unternehmens untrennbar mit der Passion, mit der ein bestimmtes Produkt entwickelt und hergestellt wird, verbunden ist. Hinzu kommt, daß die starke Identifizierung des Unternehmers mit seinem Unternehmen dazu führt, daß der Unternehmer unter den Bedingungen einer Krise eine gewisse Hartnäckigkeit entwickelt, mit der er versucht, daß Unternehmen am Leben zu erhalten.

Zusammenfassend kann festgehalten werden, daß der oben beschriebene Typus unternehmerischen Handelns, der durch Familienbesitz und durch die Konzentration auf die Herstellung eines Produktes bzw. einer Produktfamilie gekennzeichnet ist, häufig durch Privatinteressen determiniert wird und insofern kulturelle und strategische Grenzen in bezug auf eine mögliche Politik des Unternehmenswachstums impliziert (NOMISMA 1992).

2.2.2 Die Investitionsstrategien

Die obengenannten Mechanismen haben bislang kein grundsätzliches Hindernis für die Investitionstätigkeit dargestellt. Die Investitionsaktivitäten der Klein- und Mittelbetriebe in der Emilia-Romagna haben ganz im Gegenteil am Ende der achtziger Jahre, unter den Bedingungen einer günstigen konjunkturellen Entwicklung, ein bemerkenswertes Niveau erreicht (BARCA/MAGNANI, 1989; MUSSATI, 1990). Es zeigt sich jedoch, daß aufgrund der bereits erwähnten Besonderheiten der Unternehmensstrategien im Familienbesitz befindlicher Klein- und Mittelbetriebe die Investitionstätigkeit in diesen Unternehmen ganz deutlich auf den Produktionsbereich konzentriert ist. Eine Untersuchung des Kreditinstituts `IMER Mediocredito Emilia-Romagna' über die Investitionstätigkeit in der verarbeitenden Industrie der Emilia-Romagna hat ergeben, daß mehr als zwei Drittel der Gesamtinvestitionen auf den Bereich der Produktion entfallen. Auf die übrigen betrieblichen Bereiche entfallen nur vergleichsweise geringe Anteile (IMER MEDIOCREDITO EMILIA-ROMAGNA, 1991).

Diese Ergebnisse sind Ausdruck einer unternehmerischen Strategie, die dem Produktionsbereich die entscheidende Bedeutung zumißt. Dieser Ansatz impliziert die absolute Vorrangigkeit der technologischen Anpassung der jeweils grundlegenden Produktionstätigkeit der Unternehmen, um auf diese Weise die Rentabilität zu erhalten bzw. zu verbessern (RICOTTILLI, 1989).

Die Analyse der Beweggründe für Investitionstätigkeiten unterstützt diese These. Als die wichtigsten Investitionsmotive haben sich in der Emilia-Romagna die folgenden herausgestellt:

1.) die Substitution überholter Maschinen durch innovative Produktionstechnik, die aber im Rahmen des Produktionsprozesses identische Funktionen ausübt (63,33 %);
2.) die Erweiterung der Produktionskapazität in bezug auf die grundlegende Produktionstätigkeit des Unternehmens (50,67 %);
3.) die Verbesserung der Produktqualität (30,33 %);
4.) die Entwicklung neuer Produkte (28,83 %);
5.) die Reduzierung der Belegschaft (27,17 %).

In bezug auf die Gesamtheit aller Antworten betrafen fast 90 % die Aspekte Innovation und Rationalisierung des Produktionsprozesses. Das legt den Schluß nahe, daß die Unternehmensstrategien auf eine Stärkung der Wettbewerbsfähigkeit vermittels der Reduzierung der Produktionskosten und der Verbesserung der Produktqualität zielen. Dem stehen gänzlich unterentwickelte Investitionstätigkeiten, die auf Produktinnovation zielen, gegenüber.

Andere Untersuchungen haben ergeben, daß die autonome Innovationsfähigkeit der regionalen Unternehmen gesunken ist. So läßt sich z.B. für die Textil- und Bekleidungsindustrie feststellen, daß die Einführung von Innovationen vornehmlich vermittels der erworbenen Produktionsanlagen erfolgt und immer weniger das Ergebnis unternehmensinterner Forschungs- und Entwicklungstätigkeit darstellt (IRS-FEDERTESSILE, 1989). In der Chemieindustrie läßt sich die gesunkene autonome Innovationsfähigkeit auch an der Abnahme der Patentanmeldungen ablesen.

Während die Entschiedenheit, mit der sich das Unternehmen mit seinem Produkt auf dem Markt zu behaupten versucht, in Phasen eines konjunkturell bedingten Nachfragerückgangs als Vorteil gewertet werden muß, kann sich dieser "Überlebenswille" unter den Bedingungen einer strukturellen Krise insofern als unproduktiv und hinderlich erweisen, als die nötigen Maßnahmen zur Überwindung der Krise weiter hinausgeschoben werden. So gibt es zahlreiche Fälle, in denen der Nachfragerückgang auf strukturelle Veränderungen zurückzuführen ist, die betreffenden Unternehmen sich aber als unfähig erwiesen haben, ihr Produktangebot den gewandelten Bedingungen anzupassen.

Mit Blick auf die Einführung von Prozeßinnovationen, die vermittels neu angeschaffter Produktionsanlagen eingeführt werden, läßt sich feststellen, daß diese Innovationen in vielen Fällen weniger Ausdruck einer wirklich innovativen Strategie sind, als vielmehr ein Versuch, Rückstände aufzuholen, um mit der Konkurrenz Schritt halten zu können. In Verbindung mit der tiefgehenden Kenntnis des Produktes kann die Anwendung neuer Prozeßtechnologien zwar durchaus zu einer Verbesserung des Produktes führen; eine solche Strategie impliziert aber letztendlich eine weitere Akzentuierung der Spezialisierung des Betriebes im Rahmen der Strategie der Nischenproduktion. Vor diesem Hintergrund stellt die Einführung grundlegend neuer Produkte eher ein zufälliges Ergebnis dar und weniger das Resultat einer zielgerichteten Strategie der Produktinnovation.

Es bleibt folglich festzuhalten, daß die Entwicklung der in den industriellen Distrikten angesiedelten Klein- und Mittelbetriebe sich durch den Versuch der Stärkung der traditionellen Produktionstätigkeit und der Verbesserung des Produktes auszeichnet, was in vielen Fällen die Spezialisierung auf ein einziges Produkt oder eine eng begrenzte Produktfamilie impliziert.

2.2.3 Die Grenzen der Strategie der Nischenproduktion

Die Entscheidung für die Strategie der Nischenproduktion kann unterschiedlich motiviert sein (NOMISMA, 1992). In einigen Fällen stellt diese Strategie eine Antwort auf ein geringes Niveau der Wettbewerbsfähigkeit dar. Die Verkaufsstrategie dieser Unternehmen ist fast ausschließlich auf den Inlandsmarkt ausgerichtet, da sich dieser aufgrund kultureller Faktoren und infolge der räumlichen Nähe als ein vergleichsweise geschütztes Terrain erweist.

In anderen Fällen stellt die Nischenproduktion hingegen das Ergebnis einer bewußten Entscheidung für einen entsprechenden Typus unternehmerischer Strategie in der Phase des Markteintritts dar. Nischenproduktion bedeutet für diese Unternehmen einen Ausgangspunkt, der vor allem in der Anfangsphase eine gewisse Sicherheit bezüglich der Marktstellung gewährleistet und der in einer nachfolgenden Phase den Prozeß unternehmerischen Wachstums einfacher gestalten kann. In der Vergangenheit hat sich Nischenproduktion für viele Klein- und Mittelbetriebe, die sowohl auf dem Inlandsmarkt als auch auf den Auslandsmärkten mit ihren Produkten Anerkennung gefunden haben, als die effizienteste Strategie herausgestellt. Unter den Bedingungen einer gestiegenen Nachfrage nach kundenspezifisch zugeschnittenen Produkten hat sich Nischenproduktion als die adäquateste Antwort erwiesen. In diesem Zusammenhang haben sich die Klein- und Mittelbetriebe durch Kreativität und Qualitätsproduktion ausgezeichnet - folglich durch Fähigkeiten, die es erlaubten, in effizienter Weise einer differenzierten Nachfrage zu entsprechen. In der Emilia-Romagna hatte dies vor allen Dingen für die Metall-, die Möbel- sowie für die Textil- und Bekleidungsindustrie Gültigkeit.

Bezogen auf ein je spezifisches Marktsegment haben sich auch Klein- und Mittelbetriebe als fähig erwiesen, eine monopolähnliche Position zu erobern. Infolge der Spezialisierung der meisten Unternehmen auf ein einziges Produkt haben sich diese Marktsegmente jedoch als zu eng erwiesen, um die Dimension eines Großunternehmens erreichen zu können. Insofern ist das Ausbleiben eines entsprechenden Unternehmenswachstums einerseits auf unternehmensinterne Bedingungen (Familienbesitz des Unternehmens; Ausrichtung der Produktion auf ein einziges Produkt bzw. auf eine eng begrenzte Produktfamilie) sowie andererseits auf damit zusammenhängende externe Bedingungen (Präsenz in Marktsegmenten sehr geringer Ausdehnung) zurückzuführen.

Unter den Bedingungen einer gewandelten Marktnachfrage und einer gleichzeitig forcierten Internationalisierung des Wettbewerbs - insbesondere auch vor dem Hintergrund der Einführung des europäischen Binnenmarktes - drohen die mit der Firmengröße zusammenhängenden Beschränkungen zu einem ernsthaften Wettbewerbsnachteil zu werden. In diesem Kontext verliert die Nischenproduktion nicht nur ihren für die Klein- und Mittelbetriebe entwicklungsfördernden Charakter, sondern sie läuft darüber hinaus Gefahr, sich in eine "strategische Falle" zu verwandeln (NOMISMA, 1992). Unter dem Gesichtspunkt der Marktkontrolle nehmen die der Produktion vor- und nachgelagerten Phasen mittlerweile eine Schlüsselstellung ein. Forschung und Entwicklung, Finanzmanagement sowie die Fähigkeit, Innovationen im Produktmix einzuführen, und auf der anderen Seite die an das Produkt gekoppelten Serviceleistungen, die Kontrolle über die Distributionseinrichtungen sowie die Organisierung von Werbekampagnen haben als Faktoren, die das Niveau der Wettbewerbsfähigkeit eines Unternehmens mitbestimmen, stark an Bedeutung gewonnen. Es hat sich bisher für die Klein- und Mittelbetriebe aufgrund der Betriebsgröße als sehr schwierig erwiesen, diese Funktionen unternehmensintern zu gewährleisten.

Die Fähigkeit, differenzierte, den jeweiligen Kundenwünschen entsprechende Produkte herzustellen, erweist sich mittlerweile als nicht mehr ausreichend, die Marktführerschaft in einem Marktsegment zu behaupten. Es ist vielmehr entscheidend, daß diese traditionelle Fähigkeit mit der Entwicklung nicht-produktiver Funktionen kombiniert wird. Mit Blick auf das einzelne Unternehmen können diese nicht-produktiven Funktionen in der Regel aber nur unter der Bedingung gewährleistet werden, daß ein gewisses Umsatzvolumen erreicht wird, welches es erlaubt, die entsprechenden Kosten zu tragen. Jene Großunternehmen, die diese Funktionen intern abdecken, sind in der Lage, jenseits der Produktpalette Serviceleistungen, Distribution, Werbung etc. anzubieten und auf diese Weise den spezialisierten Klein- und Mittelbetrieben den Marktzugang zu erschweren bzw. zu blockieren.

Eine mögliche auf den Erhalt der Wettbewerbsfähigkeit zielende Strategie der Klein- und Mittelbetriebe kann darin bestehen, die traditionelle Spezialisierung zu überwinden und das eigene Produktangebot zu erweitern, um auf diese Weise die Präsenz auf verschiedene Märkte auszudehnen. Wenn sie hingegen in ihrer traditionellen Strategie verhaftet bleiben, laufen sie Gefahr, sich den von den Großunternehmen entschiedenen strategischen Orientierungen unterordnen zu müssen. Das bedeutet, daß auch Klein- und Mittelbetriebe, die bislang mit der Strategie der Nischenproduktion Erfolg gehabt haben, zu reinen Zulieferern größerer Unternehmen degradiert werden könnten.

Das Verhaftetbleiben in der traditionellen Strategie der Herstellung spezialisierter und differenzierter Produkte kann zwar unter Umständen sowohl die Attraktivität der Produkte als auch eine entsprechende Rentabilität gewährleisten, allerdings gelingt es den Klein- und Mittelbetrieben unter diesen Bedingungen nicht mehr, den Markt weiterhin noch zu kontrollieren. Diese Tatsache mag aus der Sicht des einzelnen Unternehmers von untergeordneter Bedeutung sein, da es ihm trotz allem gelingt, einen entsprechenden Gewinn zu realisieren. Darüber hinaus kann sich die neue, wenngleich auch untergeordnete Position auf dem Markt für den Unternehmer sogar als vorteilhaft erweisen, da er auf diese Weise die Kosten für die interne Entwicklung neuer nicht-produktiver Funktionen umgehen kann.

Diese Haltung kann allerdings auf der übergeordneten Ebene des regionalen industriellen Systems insofern zu einem ernsthaften Problem werden, als sie zu einer Reduzierung der Autonomie des Systems sowie der Einflußmöglichkeiten vermittels industriepolitischer Maßnahmen führen kann. Die wachsende Zahl der Aufkäufe von Familienunternehmen durch Großunternehmen oder durch multinationale Konzerne kann als eine Konsequenz dieser schwachen strategischen Position angesehen werden. Trotz des Erfolgs ihrer Produkte sind z.B. zahlreiche Unternehmen des metallverarbeitenden Gewerbes aufgekauft worden, da sie nicht in der Lage waren, eine den gewandelten Marktbedingungen angepaßte Strategie zu entwikkeln und umzusetzen. Die Klein- und Mittelbetriebe sind in der Regel damit überfordert, eine aufeinander abgestimmte Produktpalette anzubieten, die es erlaubt, auf dem Markt mit einem integrierten Produktsystem, welches auch entsprechende Serviceleistungen enthält, präsent zu sein. In der Lebensmittelindustrie ist der forciert voranschreitende Prozeß der Aufkäufe regionaler Familienunternehmen durch Großunternehmen unter anderem auf die hohen Kosten für Werbung und Distribution, die in vielen Fällen von den Klein- und Mittelbetrieben nicht getragen werden können, zurückzuführen.

Diese Erscheinungen stellen jedoch, wie bereits erwähnt, aus der Sicht des einzelnen Unternehmers kein grundlegendes Problem dar, da es diesem trotz allem gelingt, entweder entsprechende Profitraten zu realisieren, oder aber, im Fall der Veräußerung seines Unternehmens, lukrative Verkaufserlöse zu erzielen. Aufgrund dieses Widerspruchs zwischen den übergeordneten Interessen im Hinblick auf die regionale industrielle Entwicklung einerseits und den individuellen Orientierungen des einzelnen Unternehmers andererseits stellt es sich als sehr schwierig dar, auf der Ebene industriepolitischer Maßnahmen eine adäquate Antwort auf die strukturellen Schwierigkeiten des industriellen Systems zu finden. Dieser Widerspruch stellt insofern ein neuartiges Phänomen dar, als in der Vergangenheit die Entwicklung des regionalen industriellen Systems auf einer weitgehenden Übereinstimmung der individuellen mit den übergeordneten Interessen des Gesamtsystems basierte.

Das Dilemma besteht in dem Umstand, daß zwar der einzelne Unternehmer Profit bzw. Verkaufserlöse erzielen kann, das industrielle System jedoch gleichzeitig Stärke, Autonomie und damit die Fähigkeit zur Erarbeitung von langfristig angelegten Entwicklungsstrategien einbüßt. So besteht eine wesentliche Konsequenz der Aufkäufe in der Verlagerung der Funktion der strategischen Unternehmensplanung sowie der Kontrollfunktion in die Konzernzentralen außerhalb der regionalen Grenzen oder sogar außerhalb Italiens. Ein weiteres Risiko besteht darin, daß auch das sehr spezifische know-how der Klein- und Mittelbetriebe außerhalb der Region transferiert wird. Auf diese Weise ergibt sich für das industrielle System der Emilia-Romagna die Gefahr, mit dem spezifischen technologischen know-how zugleich seinen traditionellen Wettbewerbsvorteil einzubüßen (ENTE REGIONALE PER LA VALORIZZAZIONE ECONOMICA DEL TERRITORIO-ERVET, 1991; REGIONE EMILIA-ROMAGNA, 1992).

Die Situation der Emilia-Romagna zeigt folglich, daß es unter den gegenwärtigen Wettbewerbsbedingungen möglich ist, erfolgreiche Produkte anzubieten, entsprechende Gewinne zu realisieren und doch gleichzeitig in eine Position der Unterordnung unter die strategischen Entscheidungen der Großunternehmen abzusinken.

2.3 Herausforderungen für das industrielle System der Emilia-Romagna

Die Verbreitung der oben beschriebenen Orientierungen der Familienunternehmen hat nicht nur für die Bereiche, die durch eine starke Präsenz von Klein- und Mittelbetrieben geprägt sind, nachhaltige Konsequenzen, sondern darüber hinaus auch für das Modell der Spezialisierung des industriellen Systems im allgemeinen.

Infolge der Globalisierung der Märkte sehen sich die verschiedenen lokalen Systeme unter Druck gesetzt, ihre tradtitionelle Spezialisierung noch weiter zu vertiefen. Auf diese Weise läuft aber das industrielle System Gefahr, in seiner traditionellen Struktur verhaftet zu bleiben, in der die durch hohe Wachstumsraten gekennzeichneten innovativen Branchen nicht vertreten sind.

Neben der sektoriellen Spezialisierung stellt sich auch in zunehmendem Maße das Problem der funktionsbezogenen Spezialisierung von Regionen. So wird das industrielle System der Emilia-Romagna nach wie vor in überwiegendem Maße von der industriellen Produktion im engen Sinne dominiert. Das kann dazu führen, daß sich das System der Klein- und Mittelbetriebe zukünftig in einer Rolle des Zulieferers von hochspezialisierten Produkten und Komponenten wiederfindet; dies ist die Funktion, die die Konzerne den in der Emilia-Romagna aufgekauften (oder in anderer Weise verbundenen) Unternehmen im Rahmen ihrer Strategie zuweisen.

Die strukturelle Krise des durch die starke Präzenz von Klein- und Mittelbetrieben gekennzeichneten regionalen industriellen Systems, die ihre primäre Ursache in der bislang ausgebliebenen Anpassung der strategischen Orientierungen der Unternehmen an die grundlegend gewandelten Marktbedingungen hat, wird weiter verschärft durch das gänzliche Ausbleiben einer entsprechenden Anpassung bzw. durch eine nur sehr langsame Anpassung der unternehmensinternen und -externen Rahmenbedingungen an die neuartigen Herausforderungen. Das bedeutet, das die ohnehin schon reduzierte Wettbewerbsfähigkeit der Unternehmen noch weiter unterminiert wird.

3. Die Notwendigkeit der Reformierung des Systems industrieller Beziehungen

Wenn es richtig ist, daß gerade unter den Bedingungen des technologischen Fortschritts der Ausschöpfung der Ressourcen der menschlichen Arbeitskraft die zentrale Rolle für die Wettbewerbsfähigkeit eines industriellen Systems zukommt, dann gewinnt zwangsläufig auch das System der Regeln und Modalitäten der Beziehungen zwischen Arbeit und Kapital an Bedeutung. Der mit dem Interesse der Unternehmen an einer

- kompetenten und effizienten Anwendung neuer Technologien,
- Verbesserung der Produktqualität,
- Reduzierung der Durchlaufzeiten,
- Flexibilisierung des Produktionsprozesses,
- Reduzierung des time-to-market

einhergehende zunehmende Bedarf an Konsens als Voraussetzung für die Nutzung der menschlichen Ressourcen an Wissen und Kreativität im Arbeitsprozeß impliziert speziell im italienischen Fall die Notwendigkeit der Neudefinition des Systems industrieller Beziehungen. Das in der Vergangenheit dominierende, betont konfliktorische Modell, dessen Ausprägungsformen, in Abwesenheit institutionalisierter Formen der Beziehungen zwischen Arbeit und Kapital, vom jeweiligen Kräfteverhältnis abhingen, offenbart seine grundlegende Inadäquanz in bezug auf den objektiv gewachsenen Bedarf an Involvierung der Beschäftigten.

In der Emilia-Romagna, wie im übrigen generell in Italien, zeichnet sich die Herangehensweise der Unternehmer in diesem Zusammenhang durch Versuche der Einführung von Modellen direkter Arbeitnehmerbeteiligung aus. Derartige Modelle sind darauf gerichtet, den Konsens der betroffenen Beschäftigten zu garantieren, deren Wissen und Kreativität als Ressource für die Lösung arbeitsorganisatorischer Probleme zu nutzen sowie das Verantwortungsgefühl vermittels der Identifizierung mit den unternehmerischen Zielsetzungen zu stärken. Diese Modelle der Involvierung der Beschäftigten offenbaren ihren rein instrumentellen Charakter dadurch, daß es häufig die Unternehmensleitung ist, die einseitigen Nutzen aus diesen Maßnahmen zu ziehen versucht, ohne den betroffenen Beschäftigten eine reale Gegenleistung zu bieten.

Es wird versucht, die Einführung von Modellen direkter Arbeitnehmerinvolvierung entweder in Umgehung der gewerkschaftlichen Interessenvertretungsstrukturen durchzusetzen, oder andernfalls durch das Angebot an die Gewerkschaft, sich an den neuen (von der Unternehmensleitung definierten) Beteiligungsformen direkt beteiligen zu können, sicherzustellen. In jedem Fall haben diese Formen der Arbeitnehmerbeteiligung keine substantielle Modifizierung des Systems der industriellen Beziehungen unter dem Gesichtspunkt der Weiterentwicklung realer Mitbestimmungsmöglichkeiten zur Folge. Der instrumentelle und artifizielle Charakter dieser unternehmerischen Beteiligungsmodelle läßt in der Regel früher oder später Desinteresse bei den beteiligten Arbeitnehmern entstehen, womit letztendlich die Erwartungen der Unternehmensleitung unerfüllt bleiben (REGALIA, 1991).

In Abgrenzung zu den unternehmerischen Beteiligungsmodellen hat die Metallgewerkschaft FIOM/CGIL der Emilia-Romagna seit Mitte der achtziger Jahre versucht, eine modernisierte, als `Kodetermination' bezeichnete Interessenvertretungsstrategie zu entwickeln. Es handelt sich im italienischen Kontext um den bislang einzigen konsequenten Versuch zur Überwindung des traditionellen konfliktorischen Modells gewerkschaftlicher Politik zugunsten einer Strategie konfliktorientierter Partizipation (GARIBALDO, 1988; TELLJOHANN, 1991a). Ihr diesbezügliches Interesse an der Einbeziehung in den Prozeß der Gestaltung der Arbeitsorganisation ist als Antwort auf die betrieblichen Restrukturierungsprozesse und die damit verbundenen Innovationsschwierigkeiten der Unternehmen zu verstehen (TELLJOHANN, 1991b). Die Erfahrung der FIOM/CGIL der Emilia-Romagna stellt folglich insofern eine Besonderheit dar, als es in diesem Fall die Gewerkschaft ist, die die Initiative bezüglich der Einführung neuer arbeitsorganisatorischer Modelle sowie neuartiger Partizipationsformen ergreift.

Da vom Modell der Arbeitsorganisation so zentrale Aspekte wie der Autonomiegrad am Arbeitsplatz, das Qualifikationsniveau, die berufliche Aus- und Weiterbildung, die Einstufung und damit letztlich die Entlohnung abhängen, wird die Arbeitsorganisation in den Mittelpunkt der gewerkschaftlichen Interessenvertretungsstrategie gestellt. Ziel ist es, die Grenzen der Technologie im jeweiligen betrieblichen Kontext aufzudecken und die Bedeutung des Eingriffs und der Kontrolle der Beschäftigten über den Produktionsablauf hervorzuheben. Die Relevanz der Arbeitsorganisation für die Strategie der FIOM/CGIL der Emilia-Romagna ist folglich das Ergebnis der Zentralität der menschlichen Arbeitskraft im Zusammenhang mit der Implementierung neuer Produktionskonzepte. Das Produktionswissen der Beschäftigten, ihre Kreativität und Flexibilität werden zu einem für die Sicherung bzw. Verbesserung der unternehmerischen Wettbewerbsposition entscheidenden Faktor. Die Schlüsselrolle der menschlichen Arbeitskraft kann somit einen potentiellen Ansatzpunkt für die Stärkung der gewerkschaftlichen Verhandlungsposition im Betrieb liefern.

Ausgehend von den Grenzen des technischen Systems werden auf Initiative der Gewerkschaft arbeitsorganisatorische Gestaltungskonzepte entworfen, die den sozialen Bedürfnissen der Beschäftigten Rechnung tragen. Im Rahmen dieser Gestaltungskonzepte gibt die Gewerkschaft auch eigenständige Antworten auf Themen wie Produktivität, Produktqualität und technologische Innovation. Die Gestaltung der betrieblichen Arbeitsorganisation ist in diesem Sinne nicht mehr nur das Ergebnis unilateraler Entscheidungen, sondern vielmehr Resultat eines bilateralen Verhandlungsprozesses auf Betriebsebene (TELLJOHANN, 1991a).

Die wichtigsten mit der Durchsetzung alternativer Gestaltungskonzepte verbundenen gewerkschaftlichen Zielsetzungen beziehen sich auf die Einführung selbstbestimmter Formen des Arbeitens - z.B. im Rahmen von Gruppenarbeit - sowie auf die Gewährleistung entsprechender Qualifizierungsmaßnahmen. Perspektivisch ist dieser Ansatz darauf gerichtet, sowohl die bestehenden Berufsbilder als auch das herkömmliche Modell der Eingruppierung neuzugestalten.

Die Einflußnahme auf die Arbeitsorganisation ist untrennbar auch mit einer Modernisierung des Systems der industriellen Beziehungen auf betrieblicher Ebene verbunden. Dem Recht der Gewerkschaften, alternative Gestaltungskonzepte vorzuschlagen, hat zwangsläufig die Einrichtung von Instanzen, in denen diese Konzepte mit der Unternehmensleitung diskutiert werden können, zur Voraussetzung. Das Ziel der Gewerkschaften besteht diesbezüglich in der Einführung "bilateraler technischer Kommissionen", in denen die Interessenvertreter der Beschäftigten sowie von ihnen beauftragte externe Experten einerseits und Unternehmensvertreter und deren technische Experten andererseits Konzepte zur Gestaltung der Arbeitsorganisation entwickeln, die ihrerseits die Grundlage für den sich anschließenden betrieblichen Verhandlungsprozeß darstellen. Die gewerkschaftliche Strategie besteht somit in der tarifvertraglich sanktionierten Einführung von Formen betrieblicher Mitbestimmung im Kontext technologischer und organisatorischer Restrukturierungsprozesse.

Die Tatsache jedoch, daß die positiven Ergebnisse der Metallgewerkschaften der Emilia-Romagna nur aufgrund eines aus der Sicht der Gewerkschaften außergewöhnlich günstigen Kräfteverhältnisses in der zweiten Hälfte der achtziger Jahre möglich waren, deutet nicht nur auf die räumliche Begrenztheit dieser Erfahrungen und die Schwierigkeiten ihrer Ausdehnung hin, sondern, im Fall einer Veränderung des Kräfteverhältnisses aufgrund sich wandelnder Rahmenbedingungen, ebenfalls auf das Problem der Konsolidierung und der Vertiefung des Experiments in der Emilia-Romagna selbst.

Zu den externen Bedingungen, die gegenwärtig einen negativen Einfluß auf den Fortgang der Experimentierung neuer Formen der Arbeitsorganisation ausüben, zählen unter anderem

- Rezessionserscheinungen, die vor allem in der Metallindustrie zu umfangreichen Betriebsschließungen sowie zu einem starken Arbeitsplatzabbau geführt haben;
- Produktionsverlagerungen in Länder mit einem niedrigeren Lohnkostenniveau;
- zahlreiche Firmenaufkäufe seitens ausländischer Unternehmen bzw. Konzerne, die häufig eine Diskontinuität in den industriellen Beziehungen auf betrieblicher Ebene zur Folge haben;
- Tendenzen seitens der Unternehmerverbände, die betrieblichen Verhandlungen zu blokkieren.

Doch gibt es auch zahlreiche gewerkschaftsinterne Probleme, die die Konsolidierung der bisherigen Erfahrungen erschweren. Es handelt sich vor allem um das Problem der Gewerkschaftseinheit zwischen den drei gewerkschaftlichen Dachverbänden sowie um die Tendenz des Verharrens eines eher traditionellen gewerkschaftlichen Selbstverständnisses in Teilen der gewerkschaftlichen Organisation.

Die den Fortgang der Experimentierung hemmenden externen Faktoren offenbaren für die FIOM/CGIL der Emilia-Romagna die Schwierigkeit, ihren innovativen Ansatz nur auf der Grundlage eines entsprechenden Kräfteverhältnisses durchsetzen zu können. Es zeigt sich heute, daß das unterentwickelte Niveau der Institutionalisierung der industriellen Beziehungen für die Gewerkschaften eine große Ungewißheit hinsichtlich der Kontinuität ihrer Erfahrungen und Errungenschaften beinhaltet.

Die innergewerkschaftlichen Hemmfaktoren sind demgegenüber ein Indikator für die enorme Schwierigkeit, eine grundlegende Innovation gewerkschaftlichen Selbstverständnisses jenseits offizieller Beschlüsse in die Praxis umzusetzen. Das Verharren des traditionellen Selbstverständnisses und damit die Abwesenheit einer Strategie konstruktiver alternativer Vorschläge impliziert zwangsläufig die Gefahr des Fortwährens der traditionellen Politikvarianten: entweder der konfliktorischen Abwehr/Forderung oder aber der Subalternität in bezug auf die Strategien der Unternehmer.

Wie die Erfahrungen der FIOM/CGIL der Emilia-Romagna zeigen, sind heute sowohl die gewerkschaftsexternen Rahmenbedingungen als auch die internen Handlungsbedingungen derartig konstituiert, daß nicht nur die gewerkschaftliche Erneuerung, sondern auch der effektive Wandel des Systems industrieller Beziehungen, vor allem infolge der Schwerfälligkeit des Wandels der subjektiven Haltungen der Akteure, nur in einer eher mittelfristigen Perspektive erwartet werden kann.

Wenn es richtig ist, daß der Konsensbedarf seitens der Unternehmer auf Dauer nur in der Form institutionalisierter Mitbestimmungsrechte für die Arbeitnehmer bzw. ihre gewerkschaftlichen Interessenvertreter gewährleistet werden kann, bedeutet die Blockierung der diesbezüglich notwendigen Reformierung der industriellen Beziehungen im Ergebnis auch den Verzicht auf einen potentiellen Impuls für die Realisierung industrieller Innovationsprozesse.

4. Der Stellenwert adäquater externer Rahmenbedingungen

4.1 Reale Dienstleistungen als zentrales Element industriepolitischer Maßnahmen

Vor dem Hintergrund der Tatsache, daß die industriellen Distrikte sich angesichts der gewandelten Marktbedingungen, der notwendigen Innovationsmaßnahmen und der sich verschärfenden Konkurrenz aus den sogenannten Billiglohnländern heute in einer Krisenhaften Situation befinden, stellt sich mit Blick auf die Erhaltung der Wettbewerbsfähigkeit einerseits die

Notwendigkeit einer strategischen Neuorientierung der Unternehmen selbst sowie andererseits einer angemessenen industriepolitischen Strategie, die in der Lage ist, die Wettbewerbsfähigkeit des regionalen Systems zu fördern.

Die Schwierigkeiten der Klein- und Mittelbetriebe, die für den Wettbewerb an Bedeutung gewinnenden nicht-produktiven Funktionen wie Forschung und Entwicklung, Marketing, Weiterbildung, Qualitätskontrolle, Werbung u.a.m. aus eigener Kraft zu gewährleisten, weisen auf die Notwendigkeit einer externen Unterstützung im Rahmen industriepolitischer Maßnahmen hin. Diesbezüglich gibt es grundsätzlich zwei Möglichkeiten (BRUSCO, 1992):

a) den Aufbau und die Bereitstellung eines Systems `realer Dienstleistungen' durch die öffentliche Hand;

b) das Angebot direkter finanzieller Unterstützung der Unternehmen zum Zweck des Erwerbs der benötigten Dienstleistungen auf dem Markt.

In der Vergangenheit war die industriepolitische Orientierung der Regierung der Emilia-Romagna stets auf die erste Variante gerichtet. Für diese Wahl gibt es in der Tat einen sehr plausiblen Grund: die von den Klein- und Mittelbetrieben benötigten Dienstleistungen werden in vielen Fällen von privaten Unternehmen nicht angeboten. Die diesbezügliche Unzulänglichkeit des Marktes kann verschiedene Gründe haben.

In einigen Fällen ist die zur Bereitstellung spezifischer Dienstleistungen notwendige Sachkenntnis im Umfeld der industriellen Distrikte nicht präsent. Aber selbt für den Fall, daß die nötigen Sachkenntnisse vorhanden sind, kann das Hindernis darin bestehen, daß in Relation zum häufig sehr begrenzten potentiellen Nachfragevolumen zu aufwendige Investitionen notwendig wären, um die erforderliche Dienstleistung bereitzustellen. In anderen Fällen erweist es sich als schwierig, bestimmte Dienstleistungen auf dem Markt als Ware zu etablieren.

Um welche Dienstleistungen handelt es sich konkret? Es kann sich hier z.B. um sehr spezifische Informationen handeln. So ist es für die Unternehmen wichtig zu wissen, welches die im Ausland geltenden technischen Standards für ein bestimmtes Produkt sind - Standards, die ja gerade aufgrund ihrer protektionistischen Funktion ein zentrales Hindernis im Hinblick auf den Marktzugang darstellen. Ein anderer Service, der für Klein- und Mittelbetriebe von gewissem Interesse ist, besteht in der Qualitätskontrolle des eingekauften Rohmaterials. Die Unternehmen selbst besitzen in der Regel nicht die adäquate Ausstattung für die Materialkontrolle und auf der anderen Seite gibt es keine Laboratorien, die einen entsprechenden Service zu einem angemessenen Preis in der Lage wären anzubieten. Ein weiteres Beispiel könnte die Übersetzung von Ausschreibungen im Ausland sein, da es häufig sehr schwierig ist, eine Übersetzung des kompletten Textes mit den technischen und juristischen Spezifizierungen zu bekommen (BRUSCO, 1992).

Solche Dienstleistungen, auf die die industriellen Distrikte angewiesen sind, um mit Großunternehmen konkurrieren zu können, die aber vom Markt nicht angeboten werden, machen folglich alternative Wege ihrer Bereitstellung erforderlich. Im Fall der Emilia-Romagna sind in der Vergangenheit Dienstleistungen, die auf dem Markt nicht angeboten wurden, von der öffentlichen Hand entwickelt und zur Verfügung gestellt worden. Es wurde bereits 1974 eine regionale Wirtschaftsfördergesellschaft (ERVET) gegründet, die von der Region Emilia-Romagna sowie von den Unternehmerverbänden, Kreditinstituten und Handelskammern der Region getragen wird. Als Holding vereinigt ERVET eine Reihe von Servicezentren unter seinem Dach, die mit ihrem Angebot auf den Bedarf des jeweiligen industriellen Distrikts, in dessen Nähe sie sich befinden, zugeschnitten sind. In einigen Fällen sind solche Servicezentren auch in strukturschwachen Gebieten zur Unterstützung strukturpolitischer Entwicklungsmaßnahmen eingerichtet worden. ERVET ist folglich ein operatives Instrument, das der konkreten Umsetzung industriepolitischer Planung dient (ERVET, 1990; ERVET, 1992).

Seit Beginn der neunziger Jahre ist seitens der regionalen Gliederung des Unternehmerverbandes CONFINDUSTRIA eine deutliche Abkehr vom Konzept der Bereitstellung eines Systems `realer Dienstleistungen' durch die öffentliche Hand zugunsten einer Strategie, die auf das Angebot der benötigten Dienstleistungen durch den Markt setzt, zu beobachten. Unter diesem Druck orientiert die Regierung der Emilia-Romagna heute darauf, jene Serviceeinrichtungen zu privatisieren, die sich mittlerweile selbst tragen können und folglich auch in der Lage wären, auf dem Markt zu bestehen [(5)]. Auch in bezug auf die übrigen Serviceeinrichtungen ist die Unterstützung der öffentlichen Hand auf die Entwicklung ihrer Wettbewerbsfähigkeit gerichtet, um so den Privatisierungsprozeß vorantreiben zu können (REGIONE EMILIA-ROMAGNA, 1992).

Diese Privatisierungsbestrebungen ordnen sich in ein allgemeines Konzept der Neudefinition des Selbstverständnisses der Wirtschaftsfördergesellschaft ERVET ein. In Zukunft soll von dem Anspruch Abstand genommen werden, ein allumfassendes Serviceangebot zur Verfügung stellen zu wollen. Die Neustrukturierung wird daher durch einen Rationalisierungsprozeß des Netzwerkes der Servicezentren, der sich vornehmlich auf Zusammenschlüsse und Schließungen stützt, gekennzeichnet sein. Die Entscheidung über die Aufrechterhaltung von Service-

5. Die Neuorientierung regionaler Industriepolitik äußert sich im Haushaltsentwurf für 1993 auch durch die Absicht, die Mittel für die Bereitstellung `realer Dienstleistungen' zu kürzen, um auf der anderen Seite die Mittel für die direkte finanzielle Unterstützung der Unternehmen aufzustocken. Vgl. Brusco, S., 1993.

zentren soll von einer eingehenden Bewertung des tatsächlichen Bedarfs und der effektiven Möglichkeit ihrer Nutzung durch die Unternehmen abhängig gemacht werden. Die Reduzierung der Angebotspalette entspricht damit der Forderung der CONFINDUSTRIA, der privaten unternehmerischen Initiative mehr Raum zu lassen.

4.2 Antworten der Region auf die Herausforderungen des technologischen Fortschritts

Die Emilia-Romagna ordnet sich in einen nationalen Kontext ein, der im Vergleich zu den anderen führenden europäischen Industrieländern durch sehr geringe Investitionen in Forschung und Entwicklung gekennzeichnet ist. Während die Ausgaben für Forschung und Entwicklung in Italien 1969 noch 0,8 % des Bruttoinlandsproduktes entsprachen, war ihr Anteil im Jahre 1989 auf 1,3 % angestiegen. Allerdings betrug der durchschnittliche Anteil in den OECD-Ländern in dem genannten Zeitraum 2,7 % (OECD, 1992).

Neben dem Anstieg der Ausgaben für Forschung und Entwicklung sind in den letzten beiden Jahrzehnten in den hochindustrialisierten Ländern außerdem zunehmend Anstrengungen unternommen worden, die auf die Förderung der Innovationsprozesse gerichteten Methoden und Initiativen zu erweitern. In diesem Zusammenhang sind insbesondere die zahlreichen Initiativen zum Aufbau von Technologieparks zu nennen. Diese haben in der Regel die Aufgabe, systematische Beziehungen zwischen Universitäten, privaten und öffentlichen Forschungseinrichtungen sowie Forschungs- und Entwicklungsabteilungen einzelner Unternehmen herzustellen und die Kooperation dieser Forschungseinrichtungen im Hinblick auf gemeinsame Forschungsprojekte zu gewährleisten. Die Schaffung solcher Forschungsräume soll letztlich einer effizienteren Produktion und schnelleren Verbreitung von Innovationen dienen.

Mit Blick auf die Emilia-Romagna ist diesbezüglich die Initiative der Gründung des in Bologna angesiedelten Technologieparks zu nennen, der dazu dienen soll, die Beziehung zwischen technologischem Fortschritt und industrieller Entwicklung zu stärken. Mit dem Technologiepark soll ein gemeinschaftlicher Forschungsbereich geschaffen werden, der in engem Kontakt zu den Unternehmen steht. Auf diese Weise soll auch das Problem der in der Vergangenheit nahezu vollständigen Abwesenheit eines Dialogs zwischen Forschung und Industrie überwunden werden.

Die Ziele des Bologneser Technologieparks bestehen laut des wissenschaftlich-technischen Beirats in der Förderung von Forschungs- und Dienstleistungsaktivitäten, die ihrerseits zur Erhöhung der Innovations- und Wettbewerbsfähigkeit sowie zur Schaffung neuer Arbeitsplätze beitragen sollen. Insbesondere geht es um die Verbesserung der Produkte, der Produktionsprozesse sowie des Dienstleistungsangebots. Dem Bologneser Technologiepark wird damit eine Schlüsselstellung im Rahmen der Industriepolitik der Regierung der Emilia-Romagna zugedacht. Die Schaffung einer organischen Verbindung zwischen den Bereichen Forschung und Produktion könnte sich im Fall der Emilia-Romagna als eine geeignete Maßnahme zur Nutzung der Wissenschaft im Sinne der Förderung der industriellen Entwicklung erweisen. Dies ist umso wichtiger, als sich das industrielle System der Emilia-Romagna bislang durch ein im Vergleich zu anderen entwickelten Regionen wie der Lombardei und Piemont niedriges Niveau der Forschungs- und Entwicklungstätigkeit ausgezeichnet hat. Dies wird in der Regel auf die strukturellen Besonderheiten des industriellen Systems der Emilia-Romagna zurückgeführt. Diese bestehen zum einen in der Dominanz traditioneller Industriezweige, die in der Regel keine nennenswerten Forschungs- und Entwicklungstätigkeiten entfalten und vielmehr den technischen Fortschritt vermittels des Erwerbs von Produktionsanlagen und Halbfabrikaten realisieren, und zum anderen in der vorherrschenden Präsenz von Klein- und Mittelbetrieben, die in den meisten Fällen keine eigenen Forschungs- und Entwicklungsabteilungen aufbauen (MOSCONI, 1993).

Wenn die Emilia-Romagna jedoch auch in Zukunft ihre Stellung als eine der führenden industriellen Regionen behaupten will, wird es unerläßlich sein, in stärkerem Maße auch innovative Branchen in der Region anzusiedeln. Diese innovativen Branchen zeichnen sich nicht nur durch höhere Wachstumsraten aus, sondern vor allen Dingen auch durch ihre Fähigkeit, innovative Produkte zu entwickeln, die in anderen Sektoren anwendbar sind. Das bedeutet auch, daß den innovativen Branchen eine zentrale Bedeutung für die Gewährleistung des wirtschaftlichen Wachstums in einer längerfristigen Perspektive zukommt.

Da High-Tech-Unternehmen aber in besonderer Weise auf die kontinuierliche Produktion von wissenschaftlichem Fortschritt sowie auf die konkrete produktionsbezogene Anwendung neuer Forschungsergebnisse angewiesen sind, könnte dem Technologiepark eine Schlüsselstellung für die zukünftige industrielle Entwicklung der Region zukommen. Die Produktion und Verbreitung technologischen Fortschritts soll gemäß dem Statut aber nur ein Aufgabenbereich des Technologieparks sein. Die Technologieförderung soll letztlich vor allem dazu beitragen, neue, in High-Tech-Branchen tätige Unternehmen in der Region anzusiedeln bzw. bereits ansässige Unternehmen stärker zu fördern. Darüber hinaus sollen die Innovationsprozesse von Weiterbildungsmaßnahmen begleitet werden, die dazu dienen sollen, das Qualifikationsniveau der Beschäftigten den mit den innovativen Produkten und Produktionsprozessen verbundenen Anforderungen anzupassen.

Wenngleich über die Bedeutung des Technologieparks für die industrielle Entwicklung der Region unter den beteiligten gesellschaftlichen Gruppen Einigkeit hergestellt werden konnte konnten doch die Probleme in bezug auf die Operativität des Bologneser Technologieparks bislang noch nicht vollständig gelöst werden. Diese Probleme sind nicht zuletzt darauf zurückzuführen, daß sich die Träger des Technologieparks 1987 für die Schaffung einer neuen, räumlich konzentrierten Struktur, in der der Technologiepark angesiedelt werden sollte, ausgesprochen haben. 1988 wurde schließlich ein Forschungsprogramm mit konkreten Projektthemen erstellt, ohne allerdings einige ausgewählte Forschungsprojekte sofort anlaufen zu lassen, die zur Experimentierung der operativen Beziehungen zwischen Forschungseinrichtungen und Unternehmen sowie zur Sammlung erster konkreter Erfahrungen hätten dienen können (6). Auf dieser Grundlage hätte schließlich eine Weiterentwicklung des operativen Konzeptes erfolgen können. Das Ausbleiben einer solchen Herangehensweise wird von Mosconi als das bislang entscheidende Manko des Bologneser Technologieparks angesehen (MOSCONI 1990; MOSCONI, 1993).

4.3 Zur Rolle des Bildungs- und Qualifikationsniveaus der Beschäftigten

Die These, daß an der Schwelle zum 21. Jahrhundert der Ausschöpfung der Ressourcen der menschlichen Arbeitskraft die zentrale Rolle für die Wettbewerbsfähigkeit eines industriellen Systems zukommt, findet mittlerweile eine breite Zustimmung. Diese Einschätzung findet aber in vielen Fällen keine Entsprechung auf der Ebene der Orientierung der verantwortlichen Akteure.

Ein zentraler Aspekt, der das Niveau der Anwendung menschlicher Arbeitskraft bestimmt, betrifft das allgemeine Bildungsniveau sowie die Qualität der beruflichen Ausbildung. Was die Bewertung des italienischen Bildungs- und Wissenschaftssystems betrifft, kommen die jüngeren Untersuchungen zu übereinstimmenden Ergebnissen. Als grundlegende Schwächen werden die geringen Investitionen im Bereich von Forschung und Wissenschaft sowie die geringe Zahl der Wissenschaftler und Absolventen wissenschaftlicher Studiengänge genannt.

Zum Zweck einer detaillierteren Untersuchung der Schwächen des italienischen Bildungssystems ist es sinnvoll zwischen

- den institutionellen Aspekten, der Struktur und Organisation des Bildungswesens in bezug auf die Phase, die sich an die Sekundarstufe II anschließt

und

---

6. Es dauerte vielmehr bis 1992, daß ca. 30 Projektentwürfe auf der Grundlage zuvor erstellter Durchführbarkeitsstudien ausgewählt wurden, für die dann in einem nächsten Schritt ein Plan für die Durchführung des Projekts erarbeitet werden soll. Die ersten bereits verabschiedeten Projekte betreffen die Bereiche Automation, Gentechnik sowie das Themenfeld Stadt/Umwelt.

- den quantitativen und qualitativen Aspekten der universitären Bildungsgänge

zu unterscheiden.

Die entscheidende Schwäche des italienischen Bildungssystems besteht in dem Umstand, daß es im Anschluß an die Sekundarstufe II de facto nur die Möglichkeit gibt, ein Universitätsstudium zu absolvieren, das je nach Studiengang zwischen vier und sechs Jahren dauert. Damit unterscheidet sich das italienische Bildungssystem grundlegend von den anderen entwickelten westlichen Industrieländern, in denen es ein weitaus differenzierteres Angebot nicht-universitärer Bildungsgänge im Anschluß an die Sekundarstufe II gibt.

Infolge der fehlenden Alternativen verwundert es nicht, daß gegenwärtig nur etwa 30 % der an italienischen Universitäten immatrikulierten Studenten das Studium auch tatsächlich erfolgreich abschließt. Vor diesem Hintergrund sind seit kurzem auch in Italien Kurzstudiengänge eingeführt worden. Die hohe Studienabbrecherquote hat zur Folge, daß die Zahl der Absolventen im Vergleich zu den anderen entwickelten westlichen Industrieländern sehr viel niedriger liegt. Den jährlich 77.000 Universitätsabsolventen in Italien stehen 164.000 Absolventen in Frankreich, 128.000 Absolventen in Großbritannien und 127.000 Absolventen in der Bundesrepublik Deutschland gegenüber. Das rein quantitative Problem offenbart weitere Problemdimensionen, wenn man eine Aufschlüsselung der Absolventenzahlen nach

a) Studiengängen;

b) geographischen Gesichtspunkten

vornimmt. Was den letztgenannten Aspekt betrifft, so läßt sich beobachten, daß die Absolventenzahlen in Norditalien deutlich höher liegen als in Süditalien. Was die Verteilung nach Studiengängen betrifft, haben jene Studiengänge, die im engeren Sinne eine Beziehung zu industriellen Produktionsprozessen haben, im Vergleich zu anderen Studiengängen geringere Absolventenzahlen zu verzeichnen, was unter anderem zu dem sogenannten "Defizit an Ingenieuren" geführt hat. Einer jährlichen Nachfrage nach 18.000 Ingenieuren steht eine jährliche Absolventenzahl von 6.000 Ingenieuren gegenüber (MOSCONI, 1993).

Vor dem Hintergrund der geschilderten Mängel des italienischen Bildungswesens ergibt sich die Notwendigkeit folgender Reformen:

1.) die Heraufsetzung des schulpflichtigen Alters von 14 auf 16 Jahre;
2.) die verstärkte Einführung von Kurzstudiengängen;
3.) die Schaffung eines Netzwerkes technischer Fachschulen, die die je spezifische territoriale Nachfrage nach technischen Qualifikationen befriedigt.

Der letztgenannte Punkt ist aus der Sicht der Regionen von besonderem Interesse. Maßnahmen zur Umsetzung eines solchen Reformvorschlags könnten umgehend in Zusammenarbeit von regionaler Regierung, den regionalen Unternehmerverbänden und den Gewerkschaften eingeleitet werden. Für die Emilia-Romagna könnte das z.B. bedeuten, in Piacenza eine technische Fachschule, die dem Studium von Automationsprozessen dient, in Parma eine auf die Lebensmittelproduktion zugeschnittene Schule, in Reggio Emilia und Modena Schulen für die Elektronikindustrie und für die Branche landwirtschaftlicher Maschinen und in Rimini schließlich eine Fachschule für Tourismus einzurichten.

Wenn es einerseits richtig ist, daß es einer Reform des italienischen Bildungs- und Ausbildungssystems bedarf, um die gestiegene Nachfrage der Industrie und des Dienstleistungssektors nach qualifizierten Arbeitskräften zu befriedigen, so bedarf es andererseits auch einer besseren Qualifizierung der Unternehmer und Manager, um den neuartigen Anforderungen an die Tätigkeit der Unternehmensführung besser gerecht zu werden. Dies gilt insbesondere in einem Kontext von Klein- und Mittelbetrieben wie er in der Emilia-Romagna vorzufinden ist. Wie bereits an anderer Stelle ausführlicher beschrieben, mangelt es den Unternehmen aufgrund ihrer ausschließlich technischen Vorbildung häufig an betriebswirtschaftlichen und administrativen Kompetenzen. Gerade vor dem Hintergrund der Internationalisierung des Wettbewerbs und der damit verbundenen Notwendigkeit einer Neuorientierung auf dem Markt wird es heute auch für die Klein- und Mittelbetriebe unausweichlich, sich mit einem professionellen Management auszustatten, das in der Lage ist langfristige Unternehmensstrategien zu entwickeln. Es geht folglich darum, die Eigentumsfunktion und die Funktion der Unternehmensleitung voneinander zu trennen. Das könnte im übrigen auch einen Beitrag zur Lösung des in Familienunternehmen sich stellenden Problems des Generationswechsels leisten - ein Problem, das in der Vergangenheit in vielen Fällen durch den Verkauf des Unternehmens oder aber durch den Zusammenschluß mit einem anderen Unternehmen gelöst wurde. Es ist naheliegend, daß der Bedarf an professionellem Management den Ausbau bereits existierender sowie den Aufbau neuer Ausbildungseinrichtungen (universitäre Studiengänge, Managementschulen etc.) erforderlich macht.

5. Zusammenfassung

Einer der zentralen strukturellen Probleme des Industriesystems der Emilia-Romagna besteht sicherlich in der nahezu vollständigen Abwesenheit innovativer Branchen. Ein entscheidender Grund hierfür liegt zweifelsohne in den bislang vollkommen unzureichenden Anstrengungen auf dem Gebiet von Forschung und Entwicklung. Es ist sicherlich verständlich, daß die Klein- und Mittelbetriebe sich überfordert fühlen, die mit den technologischen Innovationsprozessen verbundenen Herausforderungen intern zu bewältigen. Unter Bedingungen der

Dominanz von Klein- und Mittelbetrieben kann ein Ansatz zur Gewährleistung von Aktivitäten auf dem Gebiet von Forschung und Entwicklung darin bestehen, ein effizientes System externer Beziehungen zu schaffen. In diese Richtung gehen vor allen Dingen zwei Initiativen der Regierung der Emilia-Romagna: zum einen die bereits seit den siebziger Jahren arbeitende Wirtschaftsfördergesellschaft ERVET, zum anderen der noch in der Startphase befindliche Technologiepark Bologna. Allerdings haben beide Einrichtungen bislang nicht das Problem des Forschungs- und Innovationsdefizits der regionalen Unternehmen lösen können: ERVET nicht, weil es im Rahmen seiner weitaus umfassenderen Aufgaben nur begrenzt Ressourcen für Aktivitäten auf diesem Gebiet zur Verfügung stellen kann; der Technologiepark hingegen deswegen nicht, weil er lange Zeit aufgrund konzeptioneller Unklarheiten und politischer Uneinigkeiten unter den beteiligten gesellschaftlichen Gruppen seine Arbeit nicht aufnehmen konnte und auch gegenwärtig noch mit großen Startschwierigkeiten zu kämpfen hat.

Das Bild inadäquater Rahmenbedingungen wird durch ein anachronistisch gewordenes Kreditsystems abgerundet. Die Präsenz einer Vielzahl kleiner und häufig nur auf lokaler Ebene präsenter Kreditinstitute geht einher mit einer Logik, die die Finanzierung kurzfristiger Investitionen bevorzugt, da diese in der Regel mit geringeren Risiken verbunden sind.

Folglich ist der Mangel an langfristig orientierten Investitionen nicht ausschließlich der Haltung der Unternehmer zuzuschreiben, sondern vielmehr der Gesamtheit der extern wirkenden Faktoren, die die Entwicklung innovativer Strategien behindern. Hierzu wiederum zählen nicht nur die Versäumnisse auf regionaler Ebene, sondern auch die Inadäquanz der Maßnahmen der italienischen Regierungen zur Förderung von Forschung und Innovation.

Mit Blick auf das regionale Wirtschaftssystem läßt sich feststellen, daß dessen Entwicklungslogik generell durch das Bestreben nach Risikominimierung bestimmt wird. Hinzu kommt die bislang geringe Effizienz der öffentlichen Forschungseinrichtungen sowie die unzureichende Fähigkeit des Transfers von Forschungsergebnissen.

Vor diesem Hintergrund besteht nicht nur die Gefahr einer ausbleibenden Ansiedlung von innovativen Branchen, sondern auch des Mangels an Kontrolle über jene unternehmensinternen Funktionen, die in der Lage sind, radikale Innvovationen einzuleiten und zu realisieren. Obwohl dieser Zusammenhang in einer kurzfristigen Sichtweise kein zentrales Problem für das einzelne Unternehmen darstellt, kann es doch für das regionale industrielle System eine erhebliche strukturelle Schwächung bedeuten. So läuft das regionale System Gefahr, im internationalen Kontext eine untergeordnete Position in bezug auf jene Regionen einzunehmen, denen es gelungen ist, die Kontrolle über strategische Unternehmensfunktionen auf ihrem Territorium zu konzentrieren. Schließlich impliziert die Konzentration traditioneller Branchen (Textil- und Bekleidungsindustrie, metallverarbeitende Industrie etc.) in der Region Emilia-

Romagna, daß diese Branchen in wachsendem Maße der in den sogenannten Schwellenländern sich entwickelnden Konkurrenz ausgesetzt sind.

Im Kontext der Internationalisierungstendenzen kann eine solche Position zu dem Dilemma führen, zwei Herausforderungen miteinander vereinbaren zu müssen: einerseits das Bestreben, das regionale Modell industrieller Spezialisierung verteidigen zu wollen, und andererseits die objektive Notwendigkeit, die internationale Kooperation und den Handel mit den Schwellenländern und den ehemals sozialistischen und heute im Restrukturierungsprozeß befindlichen Ländern Osteuropas zu verstärken.

Das industrielle System der Emilia-Romagna und insbesondere ihre industriellen Distrikte sind folglich nach einer lang anhaltenden Phase der Expansion seit Beginn der neunziger Jahre in eine Phase der Ungewißheit im Hinblick auf die zukünftigen Entwicklungsperspektiven eingetreten. Eine besondere Problematik hinsichtlich der Analyse der Entwicklungsschwierigkeiten ergibt sich dadurch, daß strukturelle Krisenphänomene von tiefgreifenden Rezessionserscheinungen überlagert werden. Die strukturellen Probleme betreffen auf der einen Seite, ausgehend von einer gewandelten Marktnachfrage, die Spezialisierung, die interne Organisation sowie die Innovationsfähigkeit des produktiven Apparates selbst, auf der anderen Seite aber auch den Zustand infrastruktureller Einrichtungen und das Niveau des Dienstleistungssektors. Unter diesen Bedingungen, die eine strategische Neuorientierung des regionalen Wirtschaftssystems erfordern, gewinnen Formen der Regulierung der Entwicklung sowohl durch die regionale Regierung als auch durch gesellschaftliche Interessenverbände an Bedeutung.

Die unter den gewandelten Marktbedingungen gewachsene Bedeutung der nicht-produktiven Funktionen versetzt die Klein- und Mittelbetriebe infolge ihrer begrenzten Finanz- und Organisationskraft in eine Lage strukturell bedingter Unterlegenheit gegenüber Großunternehmen, die ihrerseits den in der ausgeprägten Flexibilität bestehenden traditionellen Wettbewerbsvorteil der Klein- und Mittelbetriebe tendenziell ausgeglichen haben. Die Realisierung der notwendigen Anpassungsprozesse der regionalen Unternehmen erfordert folglich größere Organisationszusammenhänge. Diese Schlußfolgerung impliziert aber durchaus nicht, daß die einzige Lösung im Wachstum der einzelnen Unternehmen besteht. Eine alternative Form, dieser Herausforderung gerecht zu werden, kann gerade im Fall der industriellen Distrikte in der Entwicklung neuer Formen der Kooperation bestehen (TRIGILIA, 1992).

Solche zu entwickelnden Kooperationsformen müssen, indem sie über die traditionellen, auf gegenseitigem Vertrauen gegründeten Beziehungen zwischen den Unternehmen eines industriellen Distrikts hinausgehen, die Konzentration von Ressourcen zum Zweck der Bereitstellung von Dienstleistungen bzw. Produkten, die von allgemeinem Interesse sind, erlauben.

Auch wenn es aus der Sicht des einzelnen Unternehmens nicht dem eigenen unmittelbaren Interesse entspricht, zur Entwicklung "kollektiver Güter" (TRIGILIA, 1990; TRIGILIA, 1992) beizutragen, hängen von deren Bereitstellung doch die zukünftigen Entwicklungschancen eines jeden Unternehmens im industriellen Distrikt ab.

Aus diesem Grunde kommt der Regierung der Region bzw. den Kommunen eine entscheidende Rolle hinsichtlich der Förderung der Bereitstellung "kollektiver Güter" zu. Dies kann je nach Bedarf und Zielsetzung vermittels der Einrichtung von Servicezentren durch die öffentliche Hand, der Gründung von Kooperativen oder aber auch vermittels des Zusammenschlusses von Unternehmen zu Konsortien erfolgen.

Neben der Bereitstellung spezifischer Dienstleistungen auf der Ebene des industriellen Distrikts gibt es andere Dienstleistungen, die nur auf regionaler Ebene zur Verfügung gestellt werden können. Ein Beispiel hierfür ist z.B. der Technologiepark der Emilia-Romagna, dem in Zukunft eine Schlüsselstellung auf dem Gebiet der Technologieförderung und des Transfers zugedacht wird. Der Bedeutungszuwachs der regionalen Regulierungsebene wird auch angesichts der Zunahme von Problemfeldern, die einer zentralen Koordinierung bedürfen, offensichtlich. Es sei diesbezüglich nur auf Probleme wie Umweltschutz, Energieversorgung, Verkehrsregulierung und Abfallbeseitigung hingewiesen, die weder auf lokaler noch auf Distriktebene hinlänglich gelöst werden können. Neben der regionalen Ebene gewinnen auch größere Städte als Zentren, in denen das Angebot entwickelter Dienstleistungen konzentriert ist, für die industriellen Distrikte an Bedeutung. Die zunehmende Konzentration des Dienstleistungsangebots außerhalb der industriellen Distrikte impliziert notwendigerweise die Tendenz einer Erweiterung des Handlungshorizontes der Klein- und Mittelbetriebe, der immer mehr über die traditionelle Dimension des industriellen Distrikts hinausgeht.

Mit der Zentralisierung bestimmter Dienstleistungseinrichtungen auf regionaler Ebene, die für Unternehmen unterschiedlicher Branchen und Distrikte eine zentrale Rolle spielen, sowie dem wachsenden Stellenwert der regionalen Regierung für die Bereitstellung infrastruktureller Einrichtungen und für die Koordinierung industriepolitischer Maßnahmen wird die Region zu einer zentralen politischen Regulierungsebene. Die lokale Ebene als der traditionelle politische Bezugspunkt der industriellen Distrikte wird auf diese Weise immer mehr zu einer institutionellen Vermittlungsebene zwischen dem industriellen Distrikt und der Region. Das Ziel besteht folglich darin, auf die Integration lokaler Entwicklungsperspektiven in eine übergeordnete regionale Perspektive zu orientieren und auf diese Weise eine Neudefinition der Interessen der verschiedenen Interessengruppen auf dieser Ebene vorzunehmen. Die Fähigkeit der unterschiedlichen Akteure, eine konstruktive Rolle in diesem Prozeß zu spielen, wird in der Zukunft nachhaltig die Entwicklungsperspektiven des regionalen industriellen Systems bestimmen.

Literatur

Bagnasco, A., 1977: Tre Italie: La problematica territoriale dello sviluppo italiano. Bologna: Il Mulino.

Barca, F./Magnani, M., 1989: L'industria tra capitale e lavoro. Bologna: Il Mulino.

Becattini, G., 1979: Dal settore industriale al distretto industriale: alcune considerazioni sull'unità di indagine dell'economia industriale. Rivista di economia e politica industriale 1: 7-21.

Brusco, S., 1986: Small Firms and Industrial Districts: the Experience of Italy, in: Keeble, D./Wever, E. (Hg.): New Firms and Regional Development in Europe. London: Croom Helm.

Brusco, S., 1992: Small firms and the provision of real services, in: Pyke, F./Sengenberger, W. (Hg.): Industrial districts and local economic regeneration. Genf: ILO 177-196.

Brusco, S., 1993: Sistemi produttivi locali, servizi reali e ruolo delle Regioni. Ms.

Capecchi, V., 1990: A history of flexible specialisation and industrial districts in Emilia-Romagna, in: Pyke, F./Beccatini, G./Sengenberger, W. (Hg.): Industrial districts and inter-firm co-operation in Italy. Genf: ILO 20-36.

CONFINDUSTRIA/Alò, C./Rosa, G. (Hg.), 1990: Il grande gap - Infrastrutture, l'Italia ai margini dell'Europa. Rom: Sipi.

Ente regionale per la valorizzazione economica del territorio-ERVET, 1990: Attività e composizione del sistema ERVET. Bologna.

Ente regionale per la valorizzazione economica del territorio-ERVET, 1991: Acquisizioni e fusioni in Emilia-Romagna. Bologna

Ente regionale per la valorizzazione economica del territorio-ERVET, 1992: Il sistema dei centri servizi ERVET. Bologna.

Garibaldo, F., 1988: Lavoro, innovazione, sindacato. Genua: Costa e Nolan.

IMER MEDIOCREDITO EMILIA-ROMAGNA, 1991: Gli investimenti nell'industria manifatturiera in Emilia-Romagna. Bologna.

IRS-FEDERTESSILE, 1989: Rapporto sul settore tessile-abbigliamento in Italia. La struttura e i risultati del settore negli anni ottanta. Quaderni 1: Mailand.

ISFEL/Benedetti, L./La Rosa, M./Gandini, A. (Hg.), 1990: Scenari prossimi venturi per l'Emilia-Romagna. Idee, problemi, proposte. III rapporto sulla situazione regionale 1988-89. Mailand: Franco Angeli.

Keeble, D./Wever, E. (Hg.), 1986: New Firms and Regional Development in Europe. London: Croom Helm.

Marchisio, O. (Hg.), 1991: Prospects for anthropocentric production systems in Italy. Brüssel: FAST APS research papers series (Vol 7).

Marshall, A., 1919: Industry and Trade: A Study of Industrial and Business Organisation and their influences on the Conditions of Various Classes and Nations. London.

Mosconi, F., 1990: Ricerca scientifica e tecnologica e progresso industriale: il contributo, possibile, del `polo tecnologico bolognese', in: ISFEL/Benedetti, L./La Rosa, M./Gandini, A. (Hg.): Scenari prossimi venturi per l'Emilia-Romagna. Idee, problemi, proposte. III rapporto sulla situazione regionale 1988-89. Mailand: Franco Angeli.

Mosconi, F., 1993: La nuova Europa, l'Emilia-Romagna e il governo dell'economia, in: Basevi, G./Burattoni, M./Gobbo, F./Mosconi, F./Rossini, G. (Hg.): Emilia-Romagna Regione d'Europa. Mailand: Franco Angeli 17-168.

Mussati, G. (Hg.), 1990: Osservatorio sull'attivita delle piccole e medie imprese. Arbeitspapier Nr. 1, Centro studi sull'imprenditorialità "Furio Cicogna". Mailand.

NOMISMA, 1992: Rapporto 1991 sull'industria italiana. Bologna: Il Mulino.

OECD, 1992: Reviews of National Science and Technology Policy - Italy. Paris: OECD.

Pasini, C./Monti, C./Pagliettini, G./Tamburini, G., 1990: La programmazione dello sviluppo in Emilia-Romagna: materiali per una verifica. Bologna: Unioncamere Emilia-Romagna - Studi ricerche documentazione (Vol 4).

Piore, M.J./Sabel, C.F., 1984: The second industrial divide. New York: Basic Books.

Pyke, F./Beccatini, G./Sengenberger, W. (Hg.), 1990: Industrial districts and inter-firm co-operation in Italy. Genf: ILO.

Pyke, F./Sengenberger, W. (Hg.), 1992: Industrial districts and local economic regeneration. Genf: ILO.

Regalia, I., 1991: Nuove forme di organizzazione e coinvolgimento diretto del lavoro in Italia. Ms.

Regione Emilia-Romagna, 1992: IV Programma Regionale di Sviluppo 1992-1995. Bologna.

Ricotilli, M., 1989: Progresso tecnico ed innovazione. Mailand: Franco Angeli.

Sabel, C.F., 1987: The Re-emergence of Regional Economies. Ms. (Paper prepared for the SSRC volume "Experimenting with Scale".)

Telljohann, V., 1991a: Kodetermination - Ein Strategieansatz zur Überwindung der Subalternität der italienischen Gewerkschaften. WSI Mitteilungen 1: 34-42.

Telljohann, V., 1991b: Actors and rules: the case study of Emilia Romagna Region, in: Marchisio, O. (Hg.): Prospects for anthropocentric production systems in Italy. Brüssel: FAST APS research papers series (Vol 7) 36-47.

Telljohann, V., 1992: Spatial Influence on Industrial Development. The Emilia-Romagna Region. Final report, first version.

Trigilia, C., 1990: Tre equivoci sulla piccola impresa. Giornale di diritto del lavoro e di relazioni industriali 4: 727-741.

Trigilia, C., 1992: Italian industrial districts: Neither myth nor interlude, in: Pyke, F./Sengenberger, W. (Hg.): Industrial districts and local economic regeneration. Genf: ILO 33-47.

UNIONE REGIONALE CAMERE DI COMMERCIO DELL'EMILIA-ROMAGNA - UNIONCAMERE, 1988: Rapporto sull'economia regionale nel 1988 e previsioni per il 1989. Bologna.

UNIONE REGIONALE CAMERE DI COMMERCIO DELL'EMILIA-ROMAGNA - UNIONCAMERE, 1991: Rapporto sull'economia regionale nel 1991 e previsioni per il 1992. Bologna.

Bennett Harrison [1]

The Italian Industrial Districts And The Crisis Of The Cooperative Form

Introduction

For many years, economists, sociologists, planners, geographers and urban historians have been documenting the continued spatial decentralization or dispersal of production. Whether in search of cheaper labor and raw materials, or to satisfy complaints or demands coming from local governments insisting that "the price for selling here is to produce here", companies across the industrialized world have been moving or expanding their production facilities from central cities to the suburbs, from metropolitan to exurban and rural areas, and out of their

---

1) 1993 Bennett Harrison,Professor of Political Economy, Heinz School of Public Policy and Management, Carnegie Mellon University. This paper draws liberally upon chapter four of my new book, Lean and Mean: The New Landscape of Corporate Power in the Age of Flexibility (N.Y.:Basic Books, 1994). Another version of this paper appears in European Planning Studies vol.2, no. 1, 1994 and vol.2, no. 2, 1994. The research for this paper began in the spring and summer of 1989, during residencies as a Visiting Scholar at Balliol College, Oxford University, U.K. and at the Laboratory of Industrial Policy, NOMISMA, in Bologna, Italy. I am grateful for financial support from a Fulbright West European Research Grant, from the M.I.T. - Balliol Exchange Program, and from the United Nations Centre for Regional Development in Nagoya, Japan.
Among the many colleagues who made my investigations in England and Italy possible and pleasurable, I must first of all acknowledge my hosts: Dr. Joseph Stoy, Senior Tutor of Balliol College, and Dr. Patrizio Bianchi, Director of the Laboratorio at NOMISMA. Others who engaged me in close discussion of these issues before, during, or following the field work include Aris Accornero, Ash Amin, Fiorenza Belussi, Annaflavia Bianchi, Michael Blim, Barry Bluestone, Susan Christopherson, Gordon Clark, Phil Cooke, Ron Dore, Mike Enright, Patrizia Faraselli, Rich Florida, Luigi Forlai, Duncan Gallie, Gary Gareffi, Francesco Garibaldo, Amy Glasmeier, Francis Green, Giuse Gualtieri, Carol Heim, Sue Helper, Gary Herrigle, Stuart Holland, Bryn Jones, Maryellen Kelley, Horst Kern, Richard Locke, Ned Lorenz, Gary Loveman, Martha MacDonald, Flavia Martinelli, Doreen Massey, Jon Morris, Fabio Nuti, Paolo Perulli, Mario Pianta, Andy Sayer, Anno Saxenian, Erica Schoenberger, David Soskice, Guy Standing, Mike Storper, Nigel Thrift, Frank Wilkinson, Stephen Wood, and, last but not least, my "mates" in the Spring 1989 Oxford University seminar on flexibility and restructuring: Andrew Glyn, David Harvey, and Erik Swyngedouw.
In the several years that have passed since conducting the field work, I have benefitted from continual conversations with other students of economic sociology, and especially of the

home countries altogether, into new production zones on the periphery of Europe (in Ireland, Spain, Portugal, Greece and Turkey), to the Far East, and into the Third World. Thus, American companies build plants in Taiwan and Haiti, European firms invest in North Africa and India, the Japanese set up shop in Thailand and Indonesia, and everyone establishes manufacturing operations in the maquiladoras along the Mexican border. Western (and Japanese and Korean) direct investment in the newly opened countries of Eastern Europe will only be a logical continuation of a long-standing trend.(2)

But a number of scholars and planners perceive a counter-tendency. According to the theory of the "industrial districts", a new wave of economic growth in a number of regions in Europe,

---

district form. I am especially grateful to Mark Lazerson, Jim Lincoln, Gary Loveman, Chick Perrow, Alex Portes, and Woody Powell for their influential writing, for being kind enough to read sections of my manuscript, and for engaging me -- usually, critically -- in defending my ideas.

Over the last four years, through an inevitably disruptive relocation from M.I.T. to Carnegie Mellon University, when it was often difficult to get my hands on just the right document or file folder at just the right moment, secretaries at both universities kept me together. I especially thank Donna Dowd, Meg Gross, and Sheryl Huweart. Documents in Italian were translated for me at CMU by Lisa Stanziale.

2) The principal work on the "suburbanization" of manufacturing jobs in the U.S. was pioneered by John F. Kain, "The Distribution and Movement of Jobs and Industry", in James Q. Wilson, ed., The Metropolitan Enigma: Inquiries Into the Nature and Dimensions of America's "Urban Crisis" (Cambridge: Harvard University Press, 1968). More recently, see John D. Kasarda, "Jobs, Migration, and Emerging Urban Mismatches", in Michael G.H. McGeary and Laurence E. Lynn, eds., Urban Change and Poverty (Washington, D.C.: National Academy Press, 1988). On the standard treatments of the interregional and international mobility of productive capital, including the so-called theory of the "new international division of labor", see: Barry Bluestone and Bennett Harrison, The Deindustrialization of America (N.Y.: Basic Books, 1982); Manuel Castells, ed., High Technology, Space and Society (Beverly Hills, CA: Sage Publications, 1985); Folker Froebel, F. Heinrichs, and Otto Kreye, The New International Division of Labor (Cambridge: Cambridge University Press, 1980); Bennett Harrison and Barry Bluestone, The Great U-Turn: Corporate Restructuring and the Polarizing of America (New York: Basic Books, 1988; R.D. Norton and John Rees, "The Product Cycle and the Spatial Decentralization of U.S. Manufacturing", Regional Studies, vol. 13 (1979), pp. 141-151. A "new view" of these developments, sometimes called the theory of "commodity chains", is presented in: Edna Bonacich, Lucie Cheng, Norma Chinchilla, Norma Hamilton, and Paul Ong, The Globalization of the Garment Industry in the Pacific Rim (Philadelphia: Temple University Press, 1993); and Gary Gereffi and Miguel Korzeniewicz, eds., Commodity Chains and Global Capitalism (Westport, Conn: Greenwood Press, 1993).

The extent, significance, and character of the international mobility of capital have been questioned by David M. Gordon, "The Global Economy: New Edifice or Crumbling Foundations?", New Left Review, March/April 1988; and Timothy Kochlin, "The Determinants of the Location of US Direct Foreign Investment", International Review of Applied Economics, vol. 6, no. 2 (1992).

North America, and East Asia, from Silicon Valley in the U.S. to Emilia-Romagna in north-central Italy, is said to be led by highly spatially concentrated networks of mostly small and medium-sized enterprises, often using flexible computer-controlled production technology and characterized by substantial local inter-firm linkages. Such proximity or even co-location (we are told) is fundamental to the reproduction of the conditions under which managers, entrepreneurs, and skilled workers are more likely to share information, to exchange access to specialized assets, and to form and re-form projects as local or outside -- especially foreign -- markets signal new possibilities for profit.

The embedding of these clusters of producers within local social, cultural, and political institutions -- institutions that are inherently place-specific, from religious organizations to trade associations -- further reinforces the willingness or inclination of the small firms to subordinate their competitive tempers to the need for cooperation and collaboration. Nowhere are these developments thought to be more pronounced -- and certainly nowhere more celebrated -- than in north central and north eastern Italy.

My question is: how likely are these districts to survive as centers of more or less symmetrically distributed economic power within locally-oriented networks of mostly small firms? To what extent does the very success of the districts invite an invasion by outside corporations seeking to pick off and redirect the energies of the best of the area's indigenous firms? Alternatively, do the most successful small firms from within the districts gradually evolve into leaders that then flex their economic muscle, imposing hierarchical rules of behavior onto what used to be a collaborative milieu? Finally, even where such districts have been successful, and have been able to compete with the powerful multinational corporations of the world, are the benefits created by this local success equally shared among men and women, local citizens and foreign-born workers?

In Chapter 1 of this paper, I begin with the first of three critical case studies, focussing on SASIB, a "lead firm" in the food processing machinery sector of Emilia-Romagna.

The next chapters of the paper will go on to examine the (de?)volution of the district structure in the clothing and textile sectors, specifically studying Benetton (based in the Veneto region) (Chapter 2) and the Pratese production system in Tuscany (Chapter 3). I am the first to recognize that there are still many unanswered questions which make my critique incomplete, and will sketch some of these. Chapter 4 of the paper will then conclude by reviewing some additional empirical materials on other regions of Italy that also raise serious questions about the viability of the districts qua clusters of symmetrically powerful "cooperative competitors".

1. Penetration of the Industrial Districts by Outside Financial Conglomerates: The Case of SASIB

A major highway heads southeast from Italy's financial capital, Milan, in the direction of the Adriatic Sea. Clustered halfway between the two poles lies a string of medium sized cities: Parma, Modena, Bologna, and the smaller town of Reggio Emilia. We are in the heart of the region of Emilia-Romagna, home of one of the most famous -- and, during the 1980s, among the most competitively successful -- concentrations of metalworking activity in the world.

Some of the small and medium sized firms in the region -- the piccole imprese -- were founded far back into the last century. Others came into existence in the years after World War II, especially in the wake of the big strikes that hit the auto and related industries in the tumultuous "Hot Autumn" of 1969, during which thousands of skilled craftsmen were permanently displaced from FIAT and the other large companies. As M.I.T. political scientist Richard Locke has documented, many of these craftsmen proceeded to start up their own shops. Within only a decade, some of these had evolved into world-class operations.

Italian observers including Arnaldo Bagnasco, Giacomo Becattini, and Sebastiano Brusco, and foreign admirers such as Richard Locke, Michael Piore, Charles Sabel, Michael Storper, Allen Scott, Ronald Dore, and C. Richard Hatch have been quite understandably impressed with the technical wizardry of these highly specialized, often astonishingly automated companies, making everything from machine tools and farm implements to ingenious food processing equipment -- a natural enough development, given the rich farm country stretching out in all directions around the Emilian cities and towns.

By all accounts, during this period of the 1970s, these individually owned, independent enterprises divided the work to be done among one another, and shared information and -- through the rotation of apprentices and craftsmen -- skilled labor, as well. The most successful were those that had learned to develop contacts outside of the region and beyond the borders of the country, exporting custom-crafted equipment that they had manufactured to the specifications of the industrial customers with whom owner-managers and engineers regularly interacted.

Inside the metalworking districts of Emilia-Romagna, individual firms made the decisions about which local specialized subcontractors they would use on any particular "job". Often, as Brusco has observed, businesses would take turns playing lead firm or supplier, depending on their particular expertise and how busy they were at the moment. Thus, both through the fluidity of the local labor market and their unique practice of changing partners when it came to meeting a new order from an important outside customer, the metalworking firms of Emilia-Romagna built a truly non-hierarchical spatial production system which worked marvelously well for them, and caught the interest and invoked the imagination of an entire generation of scholars and policy makers all over the world who were concerned with regional economic development.

But by the 1980s, things were beginning to change in Emilia-Romagna. Perhaps it was inevitable that such highly productive, skillful enterprises would become takeover targets for outside multinational corporations and financial conglomerates. Nor is it certain that what many Italian researchers and policy makers themselves refer to as the "invasion of the industrial districts" by these powerful outside interests will turn out to be a bad thing for the long run economic competitivity of the Italian economy as a whole. What is clear, however, is that the "invasion" is qualitatively transforming the non-hierarchical, collaboratively competitive nature of inter-firm relations within the districts. Take the case of SASIB.[(3)]

The original business, manufacturing railway signalling equipment, began operations in 1915 in the city of Bologna, capital of the region of Emilia-Romagna. In 1933 it was established as the SASIB Company. By the 1970s, SASIB had become one of the most important producers of tobacco packaging machinery in the world, selling its high quality equipment in a hundred countries (a second division continued the company's original line of business, the design and manufacture of railway signalling systems). With an average of more than a thousand employees during the 1970s, SASIB was already one of the largest companies in the district. Because of its extensive connections with the outside world, it frequently played the role of lead firm in landing orders for specialized machinery and systems, then assembling a local production network to carry out the various stages of the work. On other occasions, SASIB performed subcontracting work for other Emilian companies. Such reciprocal relationships were, after all, the way business was normally conducted in the industrial districts.

Enter Carlo De Benedetti, since the late 1970s the principal owner of Italy's leading producer of office equipment, the Milan-based Olivetti. Founded at the dawn of the 20th century, Olivetti had been managed by its father and son owners as a "model" of progressive industrial relations and social services for its employees. But, as happened to many companies undergoing the transition from mechanical to electronic technology, the shift from typewriters to computers threw Olivetti into great difficulty, from which De Benedetti's takeover rescued

---

3) The following is based on research conducted by Giuseppina Gualtieri of the Laboratory for Industrial Policy of NOMISMA, a research institute situated in Bologna, and on interviews conducted with executives of SASIB by Gualtieri, Patrizia Faraselli, and me in July of 1989.

what came to be known as the "IBM of Europe". This success made him a power within Milanese financial circles.

From his base in Milan, De Benedetti had created a financial Holding Company -- what the Americans call a conglomerate. Its strategy was to combine three broad divisions, engaged in finance, per se, in synergistically interrelated domestic manufacturing, and in the management of overseas operations. In the course of its scanning of the industrial terrain for potential takeover opportunities, this "Holding" focussed in on the food processing equipment sector. And when it did, it didn't take long for it to discover, covet, and then acquire SASIB.

The modern processing and packaging of food products, from tobacco and beverages to pasta, fruit and vegetables, has become a capital-intensive, high technology business. In 1977, the manufacturing division of the De Benedetti empire, Compagnie Industriali Riunite (CIR), acquired SASIB, which was by that time already a highly sophisticated, high tech producer. From its new base of operations in Bologna, the conglomerate then proceeded to reorganize an important segment of the food processing machinery sector in north central Italy.

First, SASIB was listed on the Italian stock market in Milan. Then it was designated head of the engineering and mechanical sector within CIR, and legally became a holding company itself. Once these arrangements were completed in 1984, SASIB -- fortified with the tremendous financial resources of its parent conglomerate -- began to acquire several of the piccole imprese in and around Emilia-Romagna, some of which it had formerly traded with as one among many collaborative competitors. Between 1984 and 1988, the SASIB Group (as it was now officially known) wholly acquired eight previously independent Italian firms, and acquired or established operations in Greece, the U.S., Switzerland, Brazil, and the Netherlands.[4]

According to Giuseppina Gualtieri of NOMISMA, an industrial economics research institute in Bologna, one by one, the acquired firms were absorbed into the SASIB Group: Manzini (with almost 200 employees), Simonazzi (with nearly 700) and Sarcmi (with 70) located in the city of Parma, to the west of Bologna; Comaco (Montecchio)(with some 140 workers) in the town of Reggio Emilia; Orlandi (with about 50 employees) located in Verona to the north; Ricciarelli (with almost 100 workers) in Pistoia to the south; and Idrosapiens (with its 100 workers) in Turin to the far northwest. With its 10 percent share of the world market in machinery for canning fruits and tomatoes, Manzini was an especially attractive prize for the De Benedetti conglomerate.

---

4) SASIB: Annual Report 1988 (Bologna, May 1989).

NOMISMA administrator Patrizia Faraselli and I met with SASIB's Chief Executive Officer and Chief Engineer Vacceri in his modest quarters, air conditioned to shelter us from the blazing heat of a July 1989 Bolognese afternoon. He explained to us how he had come to this position, and about the transformation of SASIB from one (albeit unusually large) independent Emilian engineering firm among many into the core holding company within an increasingly rationalized, conglomerate-managed "quasi-vertically integrated" (Vacerri's characterization) system of companies. Vacceri had been an electrical engineer with Olivetti during the early 1960s. For a short time, he worked for General Electric and then (when that corporation abandoned the computer business) with Honeywell, for whom he became director of manufacturing in Italy and later in charge of strategic planning and marketing. Not your typical small entrepreneur. Nor a displaced FIAT factory worker. With such experience under his belt, it is no wonder that Carlo De Benedetti recruited him to become CEO of the newly formed SASIB group.

Vacceri explained that the Group's explicit objective was continued expansion, both within Emilia-Romagna and beyond its borders, through the strategic acquisition of customers, competitors and suppliers, financed by De Benedetti's own merchant bank. Consistent with contemporary best-practice thinking, SASIB, too, would rely increasingly on the outsourcing of secondary production activities that had previously been performed inside the Bologna facilities ("but of course we retain all design work in-house").(5)

Once one of the previously independent piccola impresa is acquired, the Group frequently replaces the former managers with technically sophisticated staff brought in from the outside. The core personnel in Bologna (called "technical operatives") study lists of all of the small subcontractors formerly employed by the newly acquired firm, search for commonalities and potential synergies, and impose criteria for what it takes to be a "qualified supplier" to the SASIB Group -- much in the way that FIAT, Bosch, Daimler-Benz, Ford, and Toyota have

---

5) However, this inclination to a very high degree of outsourcing by the "new" SASIB -- seen by Vacerri as a cornerstone of the management philosophy of "lean production" -- seems not to differ greatly from what is already conventional practice in this sector, at least in Italy. Andrea Lipparini and Maurizio Sobrero, "Inter-Organizational Networks and SMEs: Reshaping the Innovative Process Through Architectural Innovation", University of Bologna and the Wharton School of Finance and Commerce, November 1992, English translation. I am grateful to Mark Lazerson for bringing this empirical study of the food processing machinery sector in northern Italy to my attention.
For comparative information on the extent and determinants of outsourcing in the U.S. metalworking sector, see Bennett Harrison and Maryellen R. Kelley, "Outsourcing and the Search for 'Flexibility'", Work, Employment, and Society, vol. 7 (June 1993), pp. 213-235.

established such tiered (prioritized, hierarchical) subcontracting systems in the auto industry.[6] The firms that make the list are then rank ordered, again by the SASIB Group. From this point on, the newly acquired piccola impresa is expected to work wherever possible with subcontractors on that list.

It is not only the individual member firm's freedom to make its own subcontracting decisions that is curtailed, following acquisition. The extensive technical sophistication of the region's producers gives any individual company many potential choices for either performing high level computer controlled machining operations in-house or at the site of a neighboring small firm. Now, however, in explicit quest of intra-firm (in contrast to regional) economies of scale, SASIB has acquired an expensive, sophisticated flexible manufacturing system (FMS) for its Bologna facilities. FMS is an interconnected system of versatile machine tools, coordinated through complex computerized controls. In order to amortize its investment in this new equipment by keeping it running as continuously as possible, SASIB now requires that all complex machining work required by any of its newly acquired subsidiaries in the regional network be sent to Bologna for processing. A similar rule has been introduced with regard to any manufacturing processes involving stainless steel; that work, too, must now be performed in the Bologna plant. Finally, there is an inclination by management to curtail the acquired firms' freedom to sell part of their output to old and new customers on their own (including for export), with SASIB Group insisting on controlling all contacts with the market.

Each of the businesses within the Group must prepare a three year rolling strategic plan for examination by SASIB Group's auditors. These plans are then approved by Vacceri and his technical operatives or returned for modification. The Group uses these plans to inform its control of the budgets (including the ability to modernize) of each member firm.

Highly specialized engineering companies such as SASIB, Manzini and the others have always placed particular emphasis on the customization of machinery, tools, and systems for particular customers. They pride themselves on providing extensive after-sale support services to customers, including installation of the transfer lines, training of the customer's engineers in how to use the new machinery, and the ready provision of spare parts. Because the kinds of machinery made by SASIB (and by other flexibly specialized Italian engineering firms such as Turin-based COMAU, also formerly an independent company but, since 1982, a wholly-owned subsidiary of FIAT, which acquired it in order to have access to a dedicated

---

6) James P. Womack, Daniel T. Jones, and Daniel Roos, The Machine That Changed The World (N.Y. Rawson/Macmillan, 1990).

manufacturer of industrial robots) involve close integration of electronics with mechanics, SASIB's member firms work more and more with computers -- hence the synergy with De Benedetti's Olivetti.

Yet CEO/Chief Engineer Vacceri bemoans this historical orientation toward customization. The problem, he suggests, is that it makes sales growth too uncertain. In order to provide a more reliable, steadier flow of profits to the parent conglomerate, a greater degree of standardization of the product line is needed, he thinks. SASIB is attempting to move in that direction, by learning which features and services are most in demand by its past customers, building these into new product lines, and then displaying them at trade fairs and in catalogues. The Group's explicit objective is to significantly reduce the historic orientation toward customized production. Why? In order to better meet the financial targets of the parent conglomerate in Milan.

Franceso Garibaldo is the charismatic head of the metal workers' union in Emilia-Romagna. Well known to visiting American scholars and trade unionists, he has long experience in the Italian labor movement. Garibaldo has a reputation as a strong advocate for the continual technological upgrading of manufacturing companies -- provided that they and the regional governments continue to invest in the comparable development of the skills of the workers who must install, program, operate and repair the new machinery in the coming era of what they (like the Japanese) call "mechatronics": the wedding of mechanical engineering with microelectronic controls.

NOMISMA researcher Gualtieri and I interviewed Garibaldo in NOMISMA's Bologna offices. As Garibaldo sees it, what the De Benedetti family has done is to "buy into the district" by "buying up an entire production network". From the union's point of view, it is now facing a genuine oligopolistic industry, where before it was dealing with a highly decentralized set of independent firms.[7] Naturally enough, SASIB still wants to negotiate with its unions on a plant by plant basis. Recognizing the new reality -- the penetration of the district by a major conglomerate, and the systematic rationalization of production under the

---

7) Similarly, Garibaldo characterizes FIAT's acquisition of COMAU back in 1982 as having been followed by a "neo-Tayloristic" reorganization of work in what had formerly been a craft-based, loosely-knit inter-firm collaborative. Francesco Garibaldo, "The Crisis of the 'Demanding Model' and the Search for an Alternative in the Experiences of the Metal Workers Union in Emilia-Romagna", paper prepared for a meeting at Bielefeld University, March 30, 1989, available from FIOM-Bologna.

hierarchical control of the SASIB Group -- the union (the FIOM) and its parent national confederation (the CGIL) want to establish collective bargaining at the level of the Holding as a whole.

Gualtieri has conducted research showing that the De Benedetti-SASIB conglomerate acquisition story is by no means unique in Emilia-Romagna. Other food processing machinery operations long part of the Bologna district have been acquired by outside Italian financial holdings, with a similar subsequent process of quasi-hierarchical rationalization. Moreover, major foreign multinational food products corporations, such as Nestle, Kraft, and Unilever, have been "invading" Emilia-Romagna as well, acquiring the best of the piccole imprese and reorienting them toward the interests of the parent corporation. In fact, during the 1980s a wave of both domestic and cross-border mergers and acquisitions, and a general growth in the economic importance of big firms, swept through the Italian economy as a whole.

Thus, in 1973 the large manufacturing firms (with 51-500 employees; Italy has very few firms larger than that) had capital equipment-to-employment ratios that averaged only 11 percent above the ratios of the firms with 11-50 employees. By 1984, that gap had doubled, to 25 percent. Similarly, in 1973 the ratio of profits to assets in the large firms was 10 percent below that of the smaller firms, but by 1984 it had become 3 percent larger.[(8)]

According to Guido Rey, then the President of ISTAT, the national social statistics agency, in 1981 the decennial Census showed that only 44 percent of the country's manufacturing firms had 100 or more employees, while by 1985 that fraction had grown to two-thirds. Because the intercensal government surveys truncate at the low end of the establishment size distribution, the latter figure excludes the very smallest operations (with fewer than 20 employees), so it overstates the small firm-large firm gap somewhat. Nevertheless, Rey's own interpretation of these numbers is that there has been "a clear comeback by the medium-to-large firms, which [have] gain[ed] considerable ground in relation to the small-to-medium firms."[(9)] Rey adds that since 1981, the large firm advantage has grown, especially in terms of "productivity per employee, which is linked to technological innovation and to reductions in staff."

---

8) Marco Bellandi, "The Role of Small Firms in the Development of Italian Manufacturing Industry", in Goodman, Bamford and Saynor, op. cit., Table A3.4.

9) Guido Rey, "Small Firms: Profile and Analysis, 1981-85", in Goodman, Bamford and Saynor, et. al., op. cit., p. 92 and tables A4.2 and A4.4.

Some of this increased concentration is surely the result of internal growth of individual firms. Indeed, the NOMISMA researchers conclude from their extensive statistical and case study research that: "Italy is experiencing, in fact, a process of concentration which is taking place on the one hand through the buying of small independent firms by larger ones, and on the other through the increasingly frequent phenomenon of small firms growing rapidly and aggregating other small firms which were previously operating within a network configuration".(10)

But there has also been a sizable increase in acquisitions in Italy in the past several years. According to my analysis of statistics collected by NOMISMA's Laboratory of Industrial Policy, since 1983 the number of Italian businesses acquired by other Italian firms has been growing by 11 percent a year. For acquisitions where the acquiring firm is foreign, the annual trend growth rate has been even higher: 14 percent.(11) By nationality, the greatest number of foreign firms acquiring Italian companies are American, British, French, German, Swiss, and Swedish, in that order. In preparation for the next phase of European political and economic integration, cross-border mergers and acquisitions of this sort are rising rapidly throughout that part of the world.(12)

There are distinct advantages to belonging to a well-financed, technologically sophisticated global corporation. As has been said repeatedly by many observers of the Italian scene, the piccole imprese may be good at design and production, but have limited financial resources and (with the occasional exceptions of such unusually successful global competitors as SASIB and COMAU) spotty knowledge of foreign markets. Affiliation with a De Benedetti, a Kraft,

---

10) Patrizio Bianchi and Giuseppina Gualtieri, "Mergers and Acquisitions in Italy and the Debate on Competition Policy", NOMISMA, Bologna, July 1989, p. 22; subsequently published as "Emilia-Romagna and Its Industrial Districts: The Evolution of a Model", in R. Leonardi and R. Nanetti, eds., The Regions and European Integration: The Case of Emilia-Romagna (London: Pinter, 1990).

11) These are the results of my fitting a single-log model to a 1983-88 time series on acquisitions compiled by NOMISMA and presented in Marco Sassatelli and Antonella Pancaldi, "Le Acquisizioni in Italia (1983-1988): Trends e Prospettive", in Laboratorio di Politica Industriale, Acquisizioni Fusioni Concorrenza (Bologna: NOMISMA, June 1989), no. 1; English summary by Bianchi and Gualtieri, op. cit.; and Bianchi, Gualtieri, Antonella Pancaldi, and Marco Sassatelli, "The Determinants of Mergers and Acquisitions: Evidence From Italy", NOMISMA, Bologna, July 1989. A quadratic specification shows that the rate of acquisitions by foreign firms -- a third of whom made the acquisition through a previously acquired Italian firm or financial holding -- is actually accelerating.

12) "Europe's Giants Are Hungrier Than Ever", Business Week, July 17, 1989, p. 144.

or a Unilever brings with it access to "deep pockets" and world-wide marketing capability. Unified management control offers the potential for enforcing the implementation of such productivity-enhancing practices as just in time inventory management on otherwise recalcitrant local managers who may have become comfortable with what Engineer Vacceri calls "the old ways of doing things". And certainly there is no question that conglomerate acquisition of SASIB has brought with it a measurable, observable increase in what was already an extremely high degree of technological sophistication.

But while absorption into the orbit of a multinational conglomerate may be good for the individual acquired firm, and even for the international competitiveness of the Italian economy as a whole, the long run impact on the metalworking districts of Emilia-Romagna remains to be seen. Managerial priorities on achieving economies of scale internal to the firm have re-emerged as a specific corporate objective, as has the subordination of production arrangements to meeting financial targets set by the parent conglomerate. Decisions about where to produce, which technologies to employ and which subcontractors are qualified, the freedom to deal directly with customers, and the locus of industrial relations have all been disrupted by the penetration of the districts.

Perhaps even more important, the big firms are becoming increasingly dominant in distribution and in finance. As British economic geographers Philip Cooke and Kevin Morgan put it, following their own field work in Emilia-Romagna:

> consistent with...economic integration and the globalisation of production [big firms gain access to one another's markets] through the formation of complementary strategic alliances or joint ventures with other large firms. [Small and medium sized enterprises, or] SMEs find this form of competition very difficult to combat because, in many cases, they are price-takers and product-followers, i.e. they react to the innovations of others. When price and product leaders leave space, this works. But if large firms are seeking to introduce oligopolistic rule -- by exerting stronger control of distribution chains, for example -- this makes life far more difficult for SMEs. This is the phase in which the Emilian SME sector now finds itself.[13]

---

13) Cooke and Morgan, "Growth Regions Under Duress: Renewal Strategies in Baden-Württemberg and Emilia-Romagna", in Amin and Thrift, eds., Holding down the Global: Possibilities for Local Economic Policy, forthcoming.

Or, as regional planners Flavia Martinelli and Erica Schoenberger express it, in the title of a recent paper: "Oligopoly is Alive and Well" in Italy.[14]

Whether cooperative competition, trust, and the other underlying principles that have been identified as the "glue" holding the distinctive Italian geographically based production networks together can withstand the intrusion of hierarchical, concentrated economic power into the region is an open question. In the 1990s, the regional government of Emilia-Romagna is not resisting -- indeed, is actively encouraging -- closer integration into the rest of Europe. The goal of the planners is to make the region an even more attractive source of production subcontracts, or a more desirable site for companies that are relocating from elsewhere in the European Community. Such regional centers for technology transfer as CITER are being actively encouraged to support such integration, even by subsidizing outside firms (partly with EC funds).

But to the extent that this strategy is successful, Cooke and Morgan worry that "centers like CITER might find that their interests begin to diverge from the local districts which they were set up to sustain."[15] Precisely the same concern -- that quasi-public agencies originally created to provide "real services" to locally embedded firms are becoming increasingly engaged in networking with extra-local, often multinational enterprises -- is now surfacing in the United States, as well, around the "manufacturing modernization" programs established by a growing number of state and local governments.

Thus the traditional tension between the global and the local again reappears in the design, analysis, and governance of regional planning processes -- still another sign that some things have not changed, after all, in the age of flexibility.

---

14) "Oligopoly is Alive and Well: Notes For a Broader Discussion of Flexible Accumulation", in Georges Benko and Mick Dunford, eds., Industrial Change and Regional Development: The Transformation of New Industrial Spaces (London and New York: Belhaven Press/Pinter, 1991), ch. 6.

15) Cooke and Morgan, op. cit. At least one public official has gone on record with just this concern; Carlo Tolomelli, "Policies to Support Innovation Processes: Experiences and Prospects in Emilia-Romagna", paper presented to the Regional Science Association's European Summer Institute, Quarco, Italy, July 1988; cited in Ash Amin and Kevin Robins,"The Re-Emergence of Regional Economies? The Mythical Geography of Flexible Accumulation", Environment and Planning D: Society and Space, vol.8,no.1(March 1990), p.18. Tolomelli repeated this concern to me, in the summer of 1989.

2. The Emergence of Hierarchy Within a District-Based Production Network: the United Colors of Benetton

As I showed in Chapter 1 of this paper, the penetration into the Emilian metal working districts of financially powerful corporations from the outside, and the subsequent introduction into the districts of elements of oligopoly power, constitutes one type of transformation -- and possibly crisis -- for the ideal typical model of cooperative competition. Alternatively, some of the small firms in the districts are evolving internally into more powerful business entities, transforming the previously cooperative and collaborative nature of the relationships among the firms within the area into arrangements that start to look suspiciously like the core-ring "lean and mean" form of control currently favored by the world's industrial giants.[(16)]

A particularly dramatic example is offered by the famous Italian clothing manufacturer, Benetton, which has evolved in less than thirty years from being one of many small "coordinating" firms embedded within the Veneto region into the financial, marketing, and production of franchise stores at one end of the spectrum, and low wage, in some cases sweatshop manufacturers at the other.

Everyone knows Benetton. This is the company whose delightful little retail outlets feature those brightly colored sweaters, tee shirts and jeans in the window. At last count, there were some 650 of those shops all across the U.S. During the 1980s, 5,000 Benetton stores sprouted up in 79 countries -- more than 300 in Japan, alone.

Students of manufacturing systems certainly know Benetton. That's the company with the far-flung production system with its headquarters in Treviso (near Venice, in the Veneto region of northeast Italy), with eight family-owned factories and warehouses and another 500 "independent" subcontractors, 90 percent of which are also located within the Veneto (in a manner reminiscent of Japan's "Toyota City"), and with no one knows how many lower tier contract shops and home workers distributed throughout southern Italy, in Turkey and elsewhere.

And business school researchers know Benetton, as the first Italian integrated textile and clothing maker -- perhaps the first of <u>any</u> nationality -- to distribute its products exclusively through franchises, much like McDonald's popular fast food restaurants. Moreover, it was the first Italian company to join the New York Stock Exchange. Clearly the maker of the "United Colors of Benetton" (the company's slogan and internationally recognizable logo) has succeeded, in the words of Managing Director Aldo Palmeri, in becoming "a real multinational".[(17)]

---

16) Harrison, <u>LEAN AND MEAN, op. cit.</u>

17) "Benetton Targets a New Customer -- Wall Street", <u>Business Week</u>, May 29, 1989, pp. 32-33.

This was not always so. In her extensive studies of the history and evolution of Benetton, Italian trade union researcher Fiorenza Belussi documents that, back in the 1950s, Luciano Benetton worked as an assistant in a small textile shop in Treviso.(18) His sister Giuliana worked in a small knit wear factory. In 1957, they joined forces. She had a talent for designing knit wear. He would collect orders from manufacturers and she would produce them at home. What would later become one of Italy's most internationally competitive firms thus began as a putting-out system that placed it squarely within the realm of traditional small Italian enterprise.

In 1965, brother and sister started up a small factory in nearby Ponzano and hired sixty employees. With Luciano continuing to focus on marketing and Giuliana on design, brother Gilberto joined the new family business as head of administration and finance, and brother Carlo took over direction of actual day to day production. For the next decade, the family owned and operated Benetton as one of many small knit ware producers nestled within the textile and clothing district of Treviso, relying for much of its production on a network of small contract shops of just the sort that had formerly employed the founding brother and sister.

Between 1965 and 1975, the Benettons began putting in place the innovations in organization and technology that would eventually prove to be so internationally successful. Their timing could not have been better. Domestically, they were able to take advantage of a series of social contracts between labor, business and government that had been erected throughout central and north central Italy in the years following World War II, "contracts" that gave rise to a shared commitment to what Italians call the "progressive local model" of activist municipal government economic development policy. Through this channel, Benetton received extensi-

---

18) This entire section on Benetton draws extensively on the path breaking research of, and long conversations with Belussi, who is on the staff of the Institute for Economic and Social Research (IRES) of the General Confederation of Industrial Labor (CGIL). She is based in the branch office in Mestre, outside of Venice. See Fiorenza Belussi, "Benetton: Information Technology in Production and Distribution: A Case Study of the Innovative Potential of Traditional Sectors", Science Policy Research Unit, University of Sussex, Brighton, U.K., SPRU Occasional Paper No. 25, 1987; Belussi, "Benetton Italy: Beyond Fordism and Flexible Specialization to the Evolution of the Network Firm Model", in S. Mitter, ed., Information Technology and Women's Employment: The Case of the European Clothing Industry (Berlin and N.Y.: Springer Verlag, 1989); Belussi, "La Flessibilita si fa Gerarchia: la Benetton", in Belussi, ed., Nuovi Modelli D'Impresa Gerarchie Organizzative E Imprese Rete (Milan: Franco Angeli, 1992); and Belussi and Massimo Festa, "L'Impresa Rete Del Modello Veneto: Dal Post-Fordismo Al Toyotismo? Alcune Note Illustrative Sulle Strutture Organizzative Dell'Indotto Benetton", IRES-CGIL, Maestre, Veneto, November 1990.

ve financial subsidy and technical assistance during its formative years. Not all small enterprises in the industrialized world (or even elsewhere in Italy, except for the neighboring region of Emilia-Romagna) had access to such resources.

At the same time, the rich and powerful countries of Europe and North America had begun to experience the decimation of their domestic cotton (and then, later, their woolen and synthetic fiber) textile industries under the competitive assault from cheap imported goods from the Third World. To arrest this process of deindustrialization, the governments of the rich countries effectively forced upon the international trading system a set of agreements for managing trade in textiles through bilaterally negotiated quotas. The first of these was negotiated in 1961. A far more comprehensive version was put in place in 1974: the Multi-fiber Agreement. Suddenly Italy, Germany, France and the U.S. were protected from unlimited competition from the mills of India and Sri Lanka. Into that vacuum, companies such as Benetton moved with great dispatch. By 1978, fully a quarter of all the revenues earned by the four siblings was derived from exports to other industrialized countries.

Today, Benetton is a major industrial enterprise, turning out woolen sweaters, cotton shirts and slacks, and jeans. More recently, the firm has begun to produce leather products, as well, such as shoes and outerwear. Each line constitutes a division, with its own hierarchical tiers of closely dependent subordinate suppliers. Whereas suppliers and subcontractors in Brusco's and Becattini's ideal typical industrial district gain part of their much-vaunted flexibility from "changing partners", the price for being a "preferred supplier" to Benetton seems to be a willingness to give up doing business with other companies in the district (or elsewhere). According to Belussi, about three out of four of Benetton's Venetian subcontractors in 1989 worked exclusively for Benetton.

Instead of merchandising to department stores and clothing shops that carry many different brands, Benetton sells its products only to the typically (but not invariably) independently owned franchises that bear its name, and that arrange their displays and package the product according to standardized procedures and formats designed back in Treviso. The share of Benetton stores outside of Italy that are owned by members of the family or by the corporation has been rising steadily for some time, as has the size of the average store. Each individual outlet is connected to regional and world headquarters, and to highly automated warehouses, through a sophisticated computer network. In this way, the company is able to continually receive up-to-the-minute information on which product designs -- and especially which <u>colors</u> -- are selling in which markets, at what prices.

And what colors! Every color of the rainbow, especially the lightest and brightest, are to be found in Benetton's sportswear. If the franchising of manufactured goods was Luciano

Benetton's great innovation, the decision to perform the coloring process as the last step in the production process, just before shipment to the stores, was brother Carlo's biggest idea. Holding off the dyeing of the goods as long as possible, and then using computer programmable equipment to enable the producer to shift from one color-specific order to another, with minimal machinery adjustments, in order to meet market preferences as quickly as they shift, was a production planning innovation which other European (and some American) firms were eventually forced to emulate, e.g. Britain's Marks and Spencer department store chain. In a sense, Benetton went Toyota one better, by extending the principle of "just in time" delivery from the supplier-to-final-assembler stage of production to the downstream manufacturer-to-retailer stage of distribution.

These innovations, and the internationally competitive success which they have engendered, have served to help transform Benetton into a different kind of company than those we have been taught to associate with the industrial districts. Indeed, in its evolving role as a lead firm within a clothing oligopoly rather than a "cooperative competitor", Benetton has measurably undermined at least part of the fabric of the Veneto's small firm network. It has done so by imposing an extreme form of hierarchical control on a production system that had previously been characterized by far more fluid inter-firm arrangements.

The headquarters of the business remains in Treviso. Eight directly family owned, partly unionized, relatively high wage factories and looms operate within the immediate region. This is where most of the design work and the grading, marking, cutting, and dyeing operations take place. Extensive use of computer-assisted design/computer-assisted manufacturing (CAD/CAM) technology allows the company to quickly and efficiently translate designs into the direct production of sleeves, collars, bodices, and legs for different items of clothing. Benetton also owns its own spinning mills but often retains subcontractors to perform the weaving -- a mix of vertical integration and 19th century work organization.

On the other hand, nearly all of the labor-intensive assembly, pressing and embroidery work is contracted out. Here again we see an analogy to Toyota.[19] There is a first tier of mid-sized

---

19) The model of "Toyotism" as a tiered inter-firm production system with an internal segmented labour process that is in at least some respects neo-Taylorist is common to studies by Knuth Dohse, Ulrich Jurgens and Thomas Malsch, "From `Fordism' to `Toyotism'? The Social Organization of the Labor Process in the Japanese Automobile Industry", Politics and Society, 14 (2), 1985, pp. 115-146; by Michael Cusamano, The Japanese Automobile Industry: Technology and Management at Nissan and Toyota (Cambridge, Ma: Harvard University Press, 1985); and by James R. Lincoln, Michael L. Gerlach and Peggy Takahashi, "Keiretsu Networks in the Japanese Economy: A Dyad Analysis of Intercorporate Ties", American Sociological Review, vol. 57 (October 1992), pp. 561-585.

firms that work closely with the family-owned factories at the top of the pyramid. Although legally independent of the family or the corporation, these key subcontractors tend to be owned by former Benetton managers. For example, one owner is the ex-head of personnel for the corporation, while another had been technical director of the jeans division. These contractors, who interact daily with Benetton itself (and in many cases receive finance from and regularly exchange technical experts with the plants belonging to the four Benettons), in turn are expected to manage successively lower-order tiers of suppliers -- situated within the Veneto region and farther away, in southern Italy, Turkey, and other low wage regions.

These lower-tier suppliers are typically very small (fewer than 20 employees), highly specialized (making or doing only one thing for their clients), almost never unionized, and owned and run by small town or rural men employing a work force consisting predominantly of young women under the age of 25. In the districts where they are powerful, the unions have in the past been able to negotiate roughly equal rates of pay across firms of different size, and government inspectors have been vigilant in enforcing the generally equitable labor laws. Still, Belussi shows that, within Benetton's production chains, wages in the lowest tier workshops are indeed lower than at the top (other recent Italian research documents a significant size differential in average annual wages across all manufacturing enterprises in the country[(20)].

Moreover, it is common practice for employees at this level to simply not pay any taxes (and for managers to evade paying into social security). The labor laws on "unjust dismissal" do not apply to very small firms employing fewer than 20 workers. And the "artisanal laws" grant such micro enterprises various subsidies, such as the law of 1984's awarding of tax forgiveness to firms employing "youth" workers under the age of 29 on temporary employment contracts. To the extent that such arrangements cheapen production costs all the way up the line, they ultimately constitute a public subsidy to Benetton, itself.

As for skills, at the higher levels of the pyramid, occupations such as that of computer programmer and cutter entail a great deal of skill and are compensated commensurately. At

---

20) According to Italian social security records, in 1989 manufacturing firms with 500 or more employees paid their blue collar workers about 16 percent more than did firms employing fewer than 20 workers. For white collar jobs, the gap was even greater, averaging about 40 percent. These national data, however, do not refer specifically to the industrial districts, which might have done a better job at equalizing technical capabilities. M. Ferrero and D. Invernizzi, "La Struttura Retribuzioni dei Lavoretori alle Dipendenze", December 1991, Turin, mss; communicated to me by Mario Pianta of the National Research Council in Rome.

lower levels in the hierarchy, Belussi reports from her extensive interviews that managers expect newly hired workers to be able to carry out assigned tasks "without loss of productivity" within anywhere from just a few days to at most 6-12 months on the job. Most observers agree that the pace of production in the small contract shops is generally very intense. This is not unique to Benetton. From his extensive studies of the knit wear industry in Modena (in Emilia-Romagna), State University of New York sociologist Mark Lazerson concluded that the decentralized putting-out system, while attractive to small shop owners and to the big firms to whom they subcontract, was problematic for the social development of the work force:

> Its limited skill [requirements] discourage educational attainment; the average education of both employer and employee is between five and eight years. Some of its job tasks test the limits of human endurance; the young girls who begin work on the steam presses at 16 years of age have only five years before physical exhaustion will send them in search of less demanding work. Indeed, the steam-press position silently exacts its toll, at times exposing its young female operators to early sterility. Older home workers are sometimes subject to premature cataracts because of the fine needles, threaded by hand, on the special machines used to attach collars and cuffs to sweaters. But if knit wear work does not sap the body, its monotonous routines of buttoning and folding sweaters day in and day out often dulls the mind.(21)

Finally, although we have very little hard data on this aspect, many Italian researchers and visitors from elsewhere report that, at the very bottom of the textile/clothing production system hierarchy, in Italy no less than anywhere else in the world, stand both registered (documented, legal) and illegal <u>home workers</u> -- unskilled (or, at any rate, powerless), receiving the lowest wages and no legislated health and safety protection at all. Such home work appears to be more prevalent in the south of Italy than in the more urbanized north (and may even be declining in the latter, as Lazerson believes). But even on this question, the visitor gets contradictory stories.

At any rate, no one questions the fact that the putting-out system seems alive and well -- and that it has contradictory implications for economic development and social policy. It would not be fair (let alone scientifically rigorous) to simply draw a box around the higher wage, union- and community-regulated core regions of the north and call that "the system". Without

---

21) Mark Lazerson, "Subcontracting in the Modena Knit Wear Industry", in Frank Pyke, Giacomo Becattini, and Werner Sengenberger, <u>Industrial Districts and Inter-Firm Co-operation in Italy</u> (Geneva: International Institute for Labour Studies, 1990), p. 130.

the lower-level subcontract shops and home workers of the south, the Benetton production system could not survive, because it could not price its output competitively in world markets.

What Knuth Dohse and his German colleagues call "Toyotism", and what Belussi, Flavia Martinelli, and other Italians call "decentralized Fordism",(22) are constructs similar to what I have elsewhere named concentration without centralization: a tendency which I offer in contrast to Michael Piore and Charles Sabel's idea of "flexible specialization".(23) The point is that, all at the same time, we are witnessing the introduction of state of the art technology and the most innovative methods for reorganizing the structure of a company, occurring side by side with (indeed, facilitating) the segmentation of the firm into what Belussi calls a "propulsive `core' and an `adaptable' periphery". In the process, the industrial district -- in this case, Treviso -- is transformed, from the ideal of cooperative competition among equals into a space that, at least in part, has been restructured to serve the needs and interests of a powerful lead firm.

3. Prato: the Contradictions of Excessive Fragmentation (OR: When Does Small Get Too Small?)

Yet another illustration of how the Italian industrial districts may be changing concerns the erosion of cooperative competition in the famous woolen textile district of Prato. A complete accounting of crisis tendencies in Prato would take us far afield. Here, I wish to report only on two aspects of the problem. The first is the story of how the local production system has fallen prey to the unequal power of the very class of middlemen whose contacts to the buyers representing industrial customers throughout Europe and America, and whose function as "systems integrators", were, said to be an important source of the region's profitability. The second problem I will address concerns the difficulties now being encountered by the tiny manufacturing firms in the district in coping with changes in the magnitude of global demand for their products -- difficulties which are a direct result of these firms being so very small, and of the district-wide production process so very disintegrated.

Few question that, at least for the moment, Prato has come upon hard times. In the 1980s, according to research conducted by Neapolitan regional planner Martinelli for the United Nations, the textile sector as a whole in Italy was experiencing a dramatic decline in its exports

---

22) Dohse, Jurgens and Malsch, "From `Fordism' to `Toyotism'?", op. cit.; Martinelli and Schoenberger, "Oligopoly is Alive and Well, op. cit.

23) Harrison, LEAN AND MEAN, op. cit.; Michael J. Piore and Charles Sabel, The Second Industrial Divide: Possibilities for Prosperity (N.Y.: Basic Books, 1984).

of thread and fabric.[24] The few big firms in Prato were sourcing growing volumes of components from branch plants they had built (or bought) in Portugal, Greece, and Turkey. Cheap items were coming into the region (and into the country) from Asian producers, while high-level textiles were increasingly entering Italy from Germany -- the very same country that, up to this point, had been a major customer for the knitted woolens and other items manufactured in Prato's industrial district.

This turnaround -- which many Italian researchers whom I interviewed themselves call the "crisis of Prato" -- represents a serious challenge to the received representation of the industrial district. Perhaps no other region in the contemporary world has attracted so much interest, and been so closely studied, as have the several small towns centered on Prato, located in central Italy in the vicinity of Florence, in the region of Tuscany. It is easy to see why. Since at least the 1960s, Prato, with its production system dominated by truly tiny micro enterprises, was the wonder of the industrialized world.

Since the Medieval era, the region has always been an important producer of woolen textiles: yarn, fabric, and, more recently, knit wear. In the half century prior to the Second World War, a cluster of medium sized and large firms produced mainly for the low end of the market, using as their basic raw material rags and pieces discarded by firms from other regions of the country. With the deep economic slump that set in after the war, lasting until the mid-1950s, most of the big firms underwent a process of vertical disintegration, shutting down many mills and factories and selling off or renting machinery (especially the looms) to their recently laid off workers. These ex-employees became the owners of their own tiny workshops (by the estimate of NOMISMA researcher Silvano Bertini, in 1990 the average size of a Pratese workshop was 4.3 persons -- typically a father with his brothers or sons and perhaps a few hired apprentices). Into this mix of elements there came, after the mid-1950s, a prodigious number of independent merchants, some from old, rich families but a surprising number of newcomers, who proceeded to organize in the valleys and villages of the area a set of production arrangements that would come to be known around the world as the "Prato system".[25]

---

24) Flavia Martinelli, "Productive Organization and Service Demand in Italian Textile and Clothing 'Districts': A Case Study", United Nations Commission on Trade and Development, UNCTAD/MTN/RLA/CB.6, Rome, December 1988.

25) This section draws principally on yet another case study conducted by NOMISMA. Silvano Bertini, "Prospettive del Conto Terzismo nel Quadro Dell'Evoluzione del Modello Pratese", Laboratory for Industrial Policy, NOMISMA, April 1989; synthesized for me in English by Bertini as "The Textile District of Prato" in April 1990, and translated for me in its entirety in July 1990 by Lisa Stanziale, in Pittsburgh.

For a time, they were immensely successful. From 1970 to 1981, textile exports from Prato increased in value by 137 percent, after inflation (compared with a rate of 93 percent for the entire Italian textile sector as a whole). The number of local firms grew by 35 percent, and employment by almost 20 percent. In 1970, Prato employers had accounted for about a third of all the wool industry's jobs in the country; by 1981, that share had risen to well over forty percent.

The producers of Prato have for many years had close access to a textile machinery industry, manufacturing (among other things) computer-controlled looms, situated in Prato itself and to the north, in the adjacent region of Emilia-Romagna. For a time, at least, there seemed to be what Martinelli describes as significant "synergistic interactions" between the users and the makers of these machines, favoring a "continuous process of technological innovation".

But the most important source of the district's remarkable success as a global competitor during the 1970s was said to be its exceptional degree of disintegration and specialization at the level of production, combined with a system of coordination or "governance" that emphasized the ability of the region to respond expeditiously to even the most unusual, smallest demands from the market. The customers for Prato's wares consist of domestic and foreign (principally German, British, and American) buyers for clothing manufacturers. These buyers and sales agents from Prato meet regularly in a game of continual recontracting. These agents are representing those merchants or middlemen of whom we have spoken previously: the impannatori.[26]

At the base of the system, working almost entirely on short term, project by project contracts to the coordinating merchants, are more than 8,000 tiny direct producers -- those typically family-run micro enterprises, many of them owned by skilled but now aging refugees from the earlier era of the large mills. Their tiny size qualifies them for the designation of "artisanal" workshops under Italian national law -- which, as we have seen, legally frees them from restrictions on arbitrary dismissal of employees, and effectively winks at the non-payment of taxes. These shops typically perform only one very narrow and specialized phase in the entire production cycle.

---

26) For the sake of completeness, the system also includes a smaller group of middlemen, the lanifici, who not only coordinate but also engage in some directly productive finishing work, and a few remaining big textile firms with mills and shops in several countries. Martinelli, op. cit.

The actual production process is straightforward. As each new contract with a buyer is executed, the merchants import and store the raw materials (especially the wool), assemble a network of small firms that execute the various stages of manufacture, collect the product, and see that it is delivered to the customer. At each stage of production, storage, and physical transportation of goods-in-process and finished articles, there is a truly prodigious amount of inter-firm subcontracting (from sample data collected in Tuscany and nearby Emilia-Romagna, mostly on the clothing and knit wear parts of the textile sector, Martinelli estimates that perhaps half of any firm's cutting operations, and four-fifths of its knitting operations, are typically contracted out).(27)

In general, in Italy as elsewhere, such extensive fragmentation of industrial organization and reliance on putting-out is usually accompanied by a regime of low wages, low unionization, patriarchal social relations, infrequency of social security payments, and the continued existence of unregulated home work performed by mothers, wives and sisters. Indeed, family members are sometimes impressed into working for no wages at all.(28) Prato is said to be an exception to this generalization, although I have found it surprisingly difficult to obtain empirical evidence specified to this area.

Knowledgeable, responsible observers such as Vittorio Capecchi believe that at least some of the more "informal" working arrangements -- especially those involving women, immigrants, and youth -- really are voluntary, providing much-needed supplementary income, training opportunities, or bridges to more permanent jobs later on in the worker's life. Writing about Emilia-Romagna, Capecchi calls this "complicit informalization". I think that observation misses the point. Whether "voluntary" or not, such work arrangements contribute directly to a feedback process that, in times of trouble, may undermine the long run competitiveness of the district as a whole, for example by reducing the incentive for firms to modernize. Such low-level equilibrium traps contribute to the perpetuation of labor market dualism: the "dark

---

27) This is a much higher rate of outsourcing than in the metalworking sector. On the theory and measurement of production subcontracting, and for reviews of that literature, see Harrison and Kelley, "Outsourcing and the Search for 'Flexibility'", op. cit.; and Kelley and Harrison, "The Subcontracting Behavior of Single Vs. Multiplant Enterprises in U.S. Manufacturing: Implications for Economic Development", World Development, vol. 18 (September, 1990), pp. 1273-1294.

28) Vittorio Capecchi, "The Informal Economy and the Development of Flexible Specialization in Emilia-Romagna", in Alejandro Portes, Manuel Castells and Lauren Benton, eds., The Informal Economy: Studies in Advanced and Less Developed Countries (Baltimore: Johns Hopkins Press, 1989); Lazerson, op. cit.; Martinelli, op. cit.

side" of flexible production.[(29)] The liveliness of this institution cautions us against exaggerating the extent of the discontinuities between new and older industrial "divides" (or regimes of accumulation).

Whatever the degree of labor market dualism within Prato, per se, the district's ability to quickly ("flexibly") combine and recombine participants in order to fill even the smallest market demands served the region well for three decades. This was a golden age, about which so much has been written. But by the mid-1980s, it was apparent that the local economy was in trouble, and that some of the very structural elements that had contributed to its earlier successes were now impeding its ability to respond to crisis. What were the sources of this crisis?

Throughout the 1980s, with economic recovery in the U.S. and an economic boom in Western Europe, not only was there a tremendous increase in the aggregate demand for textiles and clothing, but buyers were insisting that their suppliers deliver an ever greater diversity of designs and products, well beyond the carted woolens that had been the mainstay of the Pratese producers. Customers were also demanding ever shorter delivery times, forcing the system integrators to find ways of shortening the cycle time from the receipt of a new order to delivery of the final output. And all of these pressures were compounded for the micro enterprises and middlemen of Prato by the resurgence of the big textile and clothing companies, in Italy and elsewhere: freshly rationalized, equipped with a whole new generation of automated machinery, and with highly trained and youthful teams of dedicated sales agents operating in both domestic and foreign markets.

Pressed simultaneously by the need to continually diversify, to speed up delivery times, and to find new market niches that would enable them to coexist with the multinationals, what could the Pratese do? Could it be that the system had become too fragmented, too disintegrated? Detailed time and motion studies conducted by the researchers from NOMISMA reveal that, over the course the 1980s, the fraction of total contract cycle time during which goods were either in transit or in storage and during which machines were idle -- in other words, the percentage of time that actual production was not taking place in Prato -- rose steadily. Minor traffic accidents among trucks and carts carrying good-in-process from one small shop to another were on the increase. In short, economic success in the context of extreme fragmentation was taxing coordination at the level of the district as a whole.

---

29) Harrison, LEAN AND MEAN, op. cit., ch. 9.

Moreover, at a time when the region might have benefited from the retirement of the oldest or least efficient of the small entrepreneurs, from the shuttering of their workshops, and from the aggregation of at least some of the smaller enterprises into larger organizations better able to grasp new opportunities and to coordinate the manufacture of a more diverse product mix, such an adaptation was being blocked by some of the very conditions that had propelled the district in earlier periods. In the formal language of industrial economics, the low wages and labor standards, the market worthlessness of the older machinery in light of the emergence of the newer vintages, the family basis of so much ownership, and the strong craft tradition of the place all combined to erect powerful "barriers to exit". Put simply, short of outright bankruptcy, it just didn't pay to leave the industry.

In such a situation of growing excess capacity, it was inevitable that the small owners would resort to mutually destructive price-cutting; they had no choice. But then, so long as they and their families could absorb the resulting deterioration in their incomes (partially due to their continuing access to in-kind income from agriculture), such behavior had the indirect effect of sustaining the profits of the impannatori and sending them a signal that all was well, when in fact it most certainly was not. To make matters worse, if anyone was getting out, it was the younger, most innovative owners: those who had borrowed in order to buy new machinery back in the 1970s, had continually modified it (mainly to speed up the pace of production), and who -- in a regime of falling prices -- could no longer make their payments and so did choose to drop out of the industry. Thus, a kind of process of natural selection may be leaving Prato with an increasingly aging and less efficient mix of producers.

Into this increasingly fragmented and untrusting environment, even an otherwise sensible plan for using high tech telecommunications to enhance the region`s productivity was unable to take hold. The plan was project PRATEL, put forward by the trade association SPRINT, and popularly known by the latter name. SPRINT was first proposed in the early 1980s by RESEAU, a private center in Milan specializing in new information technology, and by ENEA, the national government's energy agency. In 1983, the three main business associations representing employers in Prato, Florence and Tuscany, the Florence Chamber of Commerce, and even the regional secretariat of one of the unions signed a formal agreement, according to which ENEA (with national funds and with a supplement from the European Economic Community in Brussels) would install networked computer terminals on the desks (or work benches) of as many of the small and large producers and merchant middlemen in the Prato district as possible.

The idea was that if the middlemen could get information on potential and actual market contracts into the hands of the direct producers even more quickly, and if the latter could give the merchants even more (and speedier) detail about the small firms' technical qualifications and availability for any particular project, then the productivity of the entire district would be enhanced. By 1988, 300 terminals had been installed, a subcontracting exchange service had been set up, and advertising campaigns and training sessions were being established. In typical northern Italian fashion, the government, the companies, the universities and the unions were all involved.

But walk into the office of any of the artisanal small firms, and what you see is that the terminal is usually turned off, even in periods of low demand -- precisely when the actors should be looking especially actively for new work. It may well be that the actors, the participants, the partners in the cooperatively competitive Prato regional production system have been too distrustful of one another to reveal the details of their operations to one another! (in the view of the researchers from NOMISMA, the impannatori have been especially uncooperative). And again, it is possible to locate the problem in some of the very same structural characteristics of the system that had formerly made it so profitable.

Some observers believe that it was not mutual distrustfulness that was the source of the problem, but rather the bureaucratic attempt to substitute remote for face-to-face communication, a cornerstone of the district system. Perhaps. But even so, this only provides further evidence of how "trust", when it becomes a force for defending old ways, can actually suppress innovation.(30)

In any case, interviews with a number of the middlemen reveal that they see themselves as being continually played off against one another by the buyers, as the latter try to get prices down. Everyone sees this as a normal part of the game. What each individual impannatore has going for him in this game is his information -- about the different buyers, about their forecasts of market demand and style trends, and of course about the technical capabilities of the different producers within the district. According to Martinelli, each of the small producing firms will work at one time or another with anywhere from two to as many as ninety different impannatori, another structural aspect of the existing system which, as we have seen, has always been thought to be a strength.

---

30) For another example of this contratiction, see Amy Glasmeier's powerful study of the traumatic shift of technological trajectory in the Swiss watch industry, from mechanical to electronic controls. Amy Glasmeier, "Technological Discontinuities and Flexible Production Networks: The Case of Switzerland and the World Watch Industry", Research Policy, vol. 20, no. 5 (October 1991), pp. 469-485.

But "networking" can be a two-edged sword. If a middleman reveals valuable information to the small firms with whom he is presently contracting about (say) future market opportunities which that middleman has picked up from his buyers, the very density of the production network means that this information is likely to get around. The NOMISMA thesis is that the impannatori simply cannot afford to let that happen; privileged information about markets -- especially foreign markets -- constitutes probably the most important specific asset that the merchant coordinator possesses. Information is his stock in trade. He hangs onto it with his life. And so data on future market opportunities simply don't ever find their way into the computer network. Drawing on the first-hand research of Carlo Trigilia, even M.I.T.'s Sabel, one of the architects of the theories of flexible specialization and industrial districts, acknowledges that the middlemen/merchants feared that SPRINT would "ultimately make their vast knowledge of the area's productive capacity superfluous".[31]

And so we see the contradictory nature of a highly fragmented (disintegrated) production system such as that of the Prato industrial district. Much writing on the districts, e.g. from Becattini in Italy and from Piore and Sabel in the U.S., emphasizes the communal character of information (hence the frequent quoting of Alfred Marshall's poetic characterization of 19th century Sheffield: "the secrets of industry are in the air"). In Prato, information on production techniques does diffuse widely and rapidly, because owners talk to one another, because families live in the same social context, and because apprentices move easily from one workshop to another. Moreover, the private banks, the cooperative associations and credit unions all stand ready to make it relatively easy for the small firms to borrow in order to finance investments in new technology.

The problem is that firms -- whether three-person workshops or branches of multinational corporations -- cannot judge whether it pays to invest in new technology unless they can forecast the level and character of future demand. And that kind of information does not seem to be in the air in Prato. It is privatized, rather than collectivized. The problem is not the presence or absence of the means of communication; telenetworking the small firms within a region still seems an eminently sensible economic development project. The problem lies in the excessive fragmentation of the production system, in the face of heightened foreign competition.

---

31) Charles Sabel, "The Re-emergence of Regional Economies", in Paul Hirst and Jonathan Zeitlin, eds., Reversing Industrial Decline? (Oxford: Berg, 1989).

4. Further Evidence of Crisis and Concentration in the "Third Italy"

I have presented three case studies on the recent evolution of the Italian industrial districts, based on first hand observation and on research conducted both by Italian and foreign scholars. In a private communication, sociologist Alejandro Portes of Johns Hopkins University has shared with me his own interpretation of my findings from the Third Italy:

> The three examples...have one thing in common: they all show the difficulties brought about by the very success of the model in an earlier period. SASIB becomes so successful that it is taken over by a Milanese conglomerate; the little Benetton shop becomes a multinational; and the Pratese system could not cope with the demand created by its own past achievements....
>
> Perhaps then the story is that these socially embedded productive experiments can work and be viable for a while, but they cannot sustain themselves indefinitely against the logic of global capitalism. Either they are taken over, become MNCs themselves, or are torn apart by demands that their social fabric can no longer accommodate.

But in all fairness, could it not be that these stories are merely "outliers" -- exceptions to a record of continuing success with, and refinement of this much-publicized form of small firm-led regional economic development?

I think not. A number of new studies are underway in Italy, itself, motivated by a widely perceived crisis of the industrial districts, in particular, and of the national economy, generally. Certainly other American visitors to Italy, who have personally conducted detailed case studies on other districts, have returned home with stories of the super- exploitation of wives, children, immigrants and elders in order to keep labor costs as low as possible, given growing competitive pressures from Third World exporters of increasingly better made shoes, clothing, furniture, and even machinery. Or these other observers are reporting that, as in my three cases, even where a district continues to be competitively successful, economic power relations are changing, with a definite re-emergence of concentrated corporate control that threatens to replace -- or at least to challenge -- the model of collaborative competition among small and medium sized independent enterprises that had fired the imaginations of so many foreign and native Italian observers, alike.

For example, in 1990 a visit was made by Stuart Rosenfeld, a veteran American regional economic development policy analyst who is temperamentally quite favorably disposed toward Sabel's vision of a local development strategy based upon networks of socially embedded small firms. Rosenfeld, founder of the Southern Technology Council, and an influential advocate of the small firm-led development model, went to study regional economic development policy-making in action in the industrial districts of Italy and Denmark.[32] In the course of his visit, he encountered Marazzi, perhaps the single most important manufacturer of ceramic tiles in all of Italy -- and therefore in all the world (among the firm's many global customers is the McDonald's network, for whom it makes floor tiles). With factories in the U.S. and Spain, Marazzi is based in the town of Sassuolo, located southwest of Modena within the region of Emilia-Romagna. The area around Sassuolo certainly fits the picture of a geographic cluster of interrelated businesses -- an industrial agglomeration. Some companies specialize in designing new tiles, others make the equipment to form them, and still others provide engineering and marketing assistance. And Marazzi is the largest of the actual manufacturers.

By the time Rosenfeld arrived, Marazzi was well into a process of wholly acquiring and vertically or horizontally integrating ten other previously independent local firms. The firm's managers told Rosenfeld that, to increase market share in the future, it was going to be necessary to gain "more control over phases of production for which [the firm] once depended on others". Thus Marazzi was buying up shares of other suppliers, and (as I saw in SASIB) proceeding to "specify the other firms its other subcontractors can work for". Rosenfeld left Italy, confident that the ceramic tile district was alive and well. But whether it would continue to function as a decentralized production network characterized by symmetric power relations among its own piccole imprese remains to be seen. To the extent that Marazzi's corporate strategy deforms the previous structure of the area, there will be cause for concern.

Another observer is Prof. Michael Blim, who teaches sociology and anthropology at Northeastern University in Boston. Three times during the 1980s, Blim conducted extensive ethnographic studies of the shoe, furniture, and musical instrument districts of the Marche region that lies to the immediate south east of Emilia-Romagna, on the Adriatic Sea.[33] He was particularly interested in, and focussed his research on the fashion boot and shoe industry in and around the town of San Lorenzo Marche. The Marche emerged from World War II the most agricultural of all the regions of northern Italy. By 1981 it had become significantly more urbanized and industrialized. Between 1951 and 1987, employment in the shoe manufactories of the Marche increased by 600 percent. New firms sprouted up, exporting increased, profits grew. The decade of the 1970s was one of astonishing competitive success.

---

32) Stuart A. Rosenfeld, Technology, Innovation, and Rural Development: Lessons From Italy and Denmark (Washington, D.C.: Rural Economic Policy Program, Aspen Institute for Humanistic Studies and the Ford Foundation, 1990).

33) Michael L. Blim, Made in Italy: Small-Scale Industrialization and its Consequences (N.Y.: Praeger, 1990).

But since the early 1980s, average firm size, production, employment and exports from the San Lorenzo Marche industrial district have all been falling. The utilization of the undocumented labor of children, women and pensioners has, if anything, increased -- a trend that Blim associates with a retardation in the rate of adoption of modern management methods (definitely not the problem in Sassuolo or Bologna!). By the late 1980s he reports the appearance of a "specter of economic decline". Heightened pressures from foreign buyers, growing competition from Third World producers, the necessity of (but social limits on) squeezing the lavoro nero -- those working "off the books", in the "underground economy" -- still further; exit from the region of well-educated young people repelled by the thought of becoming crafts persons (or, at the other extreme, frustrated by the inability of the small firms to any longer guarantee them the kind of steady work that their fathers had always enjoyed); all these developments seem similar to tendencies observed in the case of Pratese textiles.(34)

Finally, to make matters even more difficult for the original claims about the competitive superiority of the small firm-led district model in the Third Italy, an internationally respected Italian regional economist, Roberto Camagni, has challenged the very premise that -- whether because of the district form of productive organization or not -- the regions that comprise north central and north east Italy are in fact performing more successfully in international competition than the industrially "mature" north west: the home of FIAT, Olivetti, and other giant multinational corporations. Camagni believes that, since the early 1980s, there has been a reversal in the inter-regional trends in manufacturing productivity growth, with the northwestern Piedmont now growing faster than the Veneto, Emilia-Romagna, or Toscany.(35) The reason, suggest British economic geographers Ash Amin and Kevin Robins, may be that the decisive defeat of the industrial unions in the north west -- beginning with the failed FIAT strike in the fall of 1980 and culminating in the entire labor movement's inability to win the 1984 national referendum on preserving the indexing of wages for inflation -- successfully slowed the growth of labor costs, giving the big firms breathing room to restructure, and to develop new approaches to achieving `flexibility' on their own terms.(36)

---

34) Blim, "Flexibly Specialized Industrial Districts at Middle Age", Department of Sociology and Anthropology, Northeastern University, Boston, October 1992, mss.

35) Roberto Camagni, "Regional Deindustrialization and Revitalization Processes in Italy", in Lloyd Rodwin and Hidehiko Sazanami, eds., Industrial Change and Regional Economic Transformation (London: HarperCollins Academic, 1991).

36) Amin and Robins, "The Re-Emergence of Regional Economies?", po. cit.; and "Industrial Districts and Regional Development: Limits and Possibilities", in Pyke, Becattini and Sengenberger, Industrial Districts and Inter-Firm Co-operation in Italy, op. cit.

Evidence in support of Camagni comes from a technically sophisticated survey-based analysis of the rates of adoption and diffusion of flexible factory automation in Italian industry, conducted by Sergio Mariotti and Marco Mutinelli, at the Politechnico of Milan.[(37)] They report discovering that, by 1989, the north western region of the country had the greatest installed number of computer-controlled machine tools and computer-assisted design equipment. Elsewhere, I show that this same survey reveals a strong positive correlation between size of plant and the rates of adoption and penetration of flexible automation in every region of Italy and, for that matter, in every industrialized country. This finding, now emerging from literally a dozen independent studies on three continents, challenges a central prediction of "flex spec" theory -- that programmable technology should systematically privilege smaller producers.[(38)]

But might it then be that at least some of the industrial districts are coming to constitute what Amin and his fellow geographer, Nigel Thrift, call "Marshallian nodes within international networks"?[(39)] Nodes, they most certainly are. But how "Marshallian" is precisely what the evidence from these cases calls into question.

Unanswered Questions and A Challenge to Future Researchers

In a measured reply to crisis of the theory of the industrial districts, Sabel has written:

> "Suppose your opponents are as curious about the ambiquities of economic reality and concerned about its political implications as you. Then use criticism of their equivocations, false starts, and errors to help clarify the treacherous complexities that fascinate and trouble us all."[(40)]

In this paper, I hope I have succeeded in approaching the subject in just that spirit.

---

37) Sergio Mariotti and Marco Mutinelli, "Diffusion of Flexible Automation in Italy", in Robert U. Ayres, William Haywood, and I. Tchijov, eds., Computer Integrated Manufacturing, Volume III: Models, Case Studies, and Forecasts of Diffusion (London and New York: Chapman and Hall, 1992), chapter 6.

38) Harrison, LEAN AND MEAN, op. cit., ch. 3.

39) Ash Amin and Nigel Thrift, Holding Down the Global: Possibilities for Local Economic Policy (Oxford: Oxford University Press, 1994).

40) Charles F. Sabel, "Charles F. Sabel Replies", in Pyke, Becattini, and Sengenberger, op. cit., p. 224.

The architects of the theory of the industrial districts -- and of "small firm networks" (SFNs) more generally -- have made a special methodological as well as substantive contribution to the study of regional development by emphasizing the specific historical and sociopolitical context which nurtured the emergence of and subsequent reproduction of these spatially clustered networks.[41] I acknowledge and respect that contribution. My reading of these new data suggests, not that context is irrelevant (I hold no brief for economism), but that the context presented to us by these writers was incompletely specified, e.g. by giving little or no weight to the expansionist behavior of concentrated finance capital, or to the conjunctural influence of such State policies as protection from Third World imports.

Moreover, an implicit normative tradeoff was made by these scholars: a choice to focus on the survival capabilities of the businesses -- clearly important to anyone concerned about promoting economic development -- but not on the full panoply of social relations (especially the polarization) within the SFNs. My objective has been to complete the picture.

Having said that, there is clearly much that we do not understand about the successes of the districts, however conjunctural they may turn out to have been. The simplest (but perhaps not unacceptably crude) explanation is that their relative success was enabled by a (as it turns out, temporary) vacuum created by the crisis of the big firms, and that the revitalization of the latter, as the governing agents within their own horizontal and vertical networks, now exposes the inherent vulnerability of the SFNs.

But surely that argument is too sweeping. Some local networks were much more successful than others. Why? How important was the ability of small firm producers to diversify their customers (Brusco's balancing act), minimizing dependence on any one of them? Certainly in the economic development policy work in which many of us are engaged (the author included), our inclination is to urge suppliers and subcontractors to be wary of becoming excessively dependent on any one customer. But we do not in fact have very much hard empirical evidence on the extent to which such relative independence enhances the durability of the firms within the SFNs, let alone the network as a whole. Comparative research on the

---

41) In addition to the references I have already cited see Peter B. Doeringer, David G. Terkla, and Gregory Topakian, Invisible Factors and Local Economic Development (N.Y. and Oxford: Oxford University Press, 1989); and Charles Perrow, "Small Firm Networks", in Nitin Nohria and Robert G. Eccles, eds., Networks and Organizations (Boston: Harvard Business School Press, 1992).

dependence/diversification tradeoff could be most informative and valuable.(42)

In the Prato case, I suggested a number of what seem to me to be mutually coherent elements of an explanation for the crisis of that regional economy. These included the relaxation of protection from imports and the reluctance of local actors (especially, but not only, the impannatori) to accept (or, as with Glasmeier's Swiss watch manufacturers, an inability to cope with) the radical deconcentration of control over information about the market threatened (afforded?) by the proposed shift to a new technological trajectory (computerized, and therefore more impersonal, information systems). I also referred to the onset of chronic and growing physical congestion, as demand increased well beyond what it had been during the 1960s, and to barriers to exit that have differentially affected younger and older shop owners.

I am willing to accept the criticism that this story is still incomplete. But it does, I think, have the virtue of recognizing the importance of ongoing historical developments (e.g. the crossing of thresholds that begin to overload a process), and the fact that the institutions within which local production relations are embedded extend far beyond the locality, per se (e.g. the life course of national and even continental protectionist sensibilities, or the linkages between lower tier sweatshops in "Southern" regions and the more socially attractive activities within the "Northern" upper tiers). Future research into the morphology of the districts (and of SFNs, generally) should be held to the standard of more thoroughly recognizing linkages, change, and the larger (global) context.

Whether and to what extent Benetton was ever part of a locally embedded SFN is a question I never addressed. Belussi's history of the company tells us little about the regional economy of Treviso in the 1950s and 1960s. It would be good to learn more. But that Benetton itself

---

42) I review such statistics as we do have on this question in LEAN AND MEAN, op. cit. See also U.S. Congress, Office of Technology Assessment, Making Things Better: Competing in Manufacturing (Washington, D.C.: U.S. Government Printing Office, OTA-ITE-443, February 1990), ch. 6.
Maryellen Kelley's most recent (1991) survey of the managers of metalworking establishments in the U.S. specifically asks about the share of a producer's annual sales that are purchased by its "principal customer". A preliminary exploration of this relationship, embedded within econometric models that take intrafirm organization, technology, and local context into account simultaneously (if still very tentatively) is offered in Stephen J. Appold, Bennett Harrison and Maryellen R. Kelley, "Spatially Distributed and Proximate Inter-Organizational Networks, Agglomeration, and Technological Performance in U.S. Manufacturing", Heinz School of Public Policy and Management, Carnegie Mellon University, Pittsburgh, PA, Working Paper 93-20, April 1993.

has evolved a network form of organization can hardly be doubted. With respect to its tiers of suppliers and contractors, it obviously constitutes what the network theorists call a "vertical" production system. Its relationship to a world-wide chain of franchise retail shops perfectly illustrates Walter Powell's and Joseph Badaracco's argument that the conventional boundaries of the firm are blurring (those outlets are not divisions of the parent firm, but neither are they completely independent competitors).(43)

In a striking series of research papers, mainly exploring the evolution of Asian and trans-Pacific business organization, Gary Gereffi is working out an interesting distinction between what he calls "producer-driven commodity chains" and "buyer-driven commodity chains".(44) The sources of market power differ between these types, with the former being closely connected to control over finance capital and technology, while the latter derives its power from the specificity of popular brand names. Benetton clearly fits into both taxonomic boxes (Gereffi would agree, completely), further confirming the plasticity of conventional distinctions from received organization theory and industrial economics. Indeed, given its preferred access to major sources of financing, advertising, and marketing specialists, both within Italy and abroad, Benetton resembles nothing so much as Lincoln, et. al.'s "vertical keiretsu" -- which is more or less what Dohse and his colleagues meant by invoking the notion of "Toyotism".

I belabor these points about the Benetton case because, largely following Sabel, contributors to the literature on networking and flexible specialization have tended to emphasize the positive effects on the big firms deriving from their emulating the small firm networks' decentralized approach to coordination of production. As the Benetton case so powerfully illustrates, appropriation of networking by large corporations is not unambiguously attractive -- there is that dark side, too. Future research needs to pay attention to both sides.

---

43) Joseph L. Badaracco, Jr., "Changing Forms of the Corporation", in John R. Meyer and James M. Gustafson, eds., The U.S. Business Corporation: An Institution in Transition (Cambridge, Ma.: Ballinger, 1988); Badaracco, The Knowledge Link: How Firms Compete Through Strategic Alliances (Boston: Harvard Business School Press, 1991); Walter W. Powell, "Neither Market Nor Hierarchy: Network Forms of Organization", in Barry M. Straw and Larry L. Cummings, eds., Research in Organizational Behavior (Greenwich, CT: JAI Press, 1990).

44) Cf. Gary Gereffi, "The Organization of Buyer-Driven Global Commodity Chains: How U.S. Retailers Shape Overseas Production Networks", in Commodity Chains and Global Capitalism, op. cit.

References

Amin, A., Thrift, A., Holding Down the Global: Possibilities for Local Economic Policy, Oxford, 1994.

Appold, S.J., Harrison, B., M.R., Kelley, "Spatially Distributed and Proximate Inter-Organizational Networks, Agglomeration, and Technological Performance in U.S. Manufacturing", Heinz School of Public Policy and Management, Carnegie Mellon University, Pittsburgh, PA, Working Paper 93-20, April 1993.

Badaracco, J.L., "Changing Forms of the Corporation", in John R. Meyer and James M. Gustafson, eds., The U.S. Business Corporation: An Institution in Transition, Cambridge, 1988.

Bellandi, M., "The Role of Small Firms in the Development of Italian Manufacturing Industry", in Goodman, Bamford and Saynor, Table A3.4.

Belussi, F., "Benetton Italy: Beyond Fordism and Flexible Specialization to the Evolution of the Network Firm Model", in S. Mitter, ed., Information Technology and Women's Employment: The Case of the European Clothing Industry, Berlin and N.Y., 1989.

Belussi, F., "Benetton: Information Technology in Production and Distribution: A Case Study of the Innovative Potential of Traditional Sectors", Science Policy Research Unit, University of Sussex, Brighton, U.K., SPRU Occasional Paper No. 25, 1987.

Belussi, F., "La Flessibilita si fa Gerarchia: la Benetton", in Belussi, ed., Nuovi Modelli D'Impresa Gerarchie Organizzative E Imprese Rete, Milan, 1992.

Belussi, F., Festa, M., "L'Impresa Rete Del Modello Veneto: Dal Post-Fordismo Al Toyotismo? Alcune Note Illustrative Sulle Strutture Organizzative Dell'Indotto Benetton", Veneto, 1990.

Bertini, S., "Prospettive del Conto Terzismo nel Quadro Dell'Evoluzione del Modello Pratese", Laboratory for Industrial Policy, April 1989.

Bianchi, P., Gualtieri, G., Pancaldi, A., Sassatelli, M., "The Determinants of Mergers and Acquisitions: Evidence From Italy", Bologna, 1989.

Bianchi, P., Gualtieri, G., "Mergers and Acquisitions in Italy and the Debate on Competition Policy", Bologna, 1989.

Blim, M.L., Made in Italy: Small-Scale Industrialization and its Consequences, N.Y., 1990.

Bluestone, B., Harrison, B., The Deindustrialization of America, 1982.

Bonacich, E., Cheng, L., Chinchilla, N., Hamilton, N., Ong, P., The Globalization of the Garment Industry in the Pacific Rim, Philadelphia, 1993

Business Week, "Benetton Targets a New Customer - Wall Street", May 29, 1989.

Business Week, "Europe's Giants Are Hungrier Than Ever", July 17, 1989.

Camagni, R., "Regional Deindustrialization and Revitalization Processes in Italy", in Lloyd Rodwin and Hidehiko Sazanami, eds., Industrial Change and Regional Economic Transformation, London, 1991.

Capecchi, V., "The Informal Economy and the Development of Flexible Specialization in Emilia-Romagna", in Alejandro Portes, Manuel Castells and Lauren Benton, eds., The Informal Economy: Studies in Advanced and Less Developed Countries, Baltimore, 1989.

Castells, M., ed., High Technology, Space and Society, Beverly Hills, CA, 1985

Cooke and Morgan, "Growth Regions Under Duress: Renewal Strategies in Baden-Württemberg and Emilia-Romagna", in Amin and Thrift, eds., Holding down the Global: Possibilities for Local Economic Policy, forthcoming.

Cusamano, M., The Japanese Automobile Industry: Technology and Management at Nissan and Toyota, Cambridge, Ma, 1985.

Doeringer, P.B., Terkla, D.G., Topakian, G., Invisible Factors and Local Economic Development, N.Y. and Oxford, 1989.

Dohse, K, Jürgens, U., Malsch, T, "From `Fordism' to `Toyotism'? The Social Organization of the Labor Process in the Japanese Automobile Industry", Politics and Society, 14 (2), 1985, pp. 115-146.

Froebel, F., Heinrichs, F., Kreye, O., The New International Division of Labor, Cambridge, 1980

Garibaldo, F., "The Crisis of the `Demanding Model' and the Search for an Alternative in the Experiences of the Metal Workers Union in Emilia-Romagna", paper prepared for a meeting at Bielefeld University, March 30, 1989, available from FIOM-Bologna.

Gereffi, G., Korzeniewicz, M., eds., Commodity Chains and Global Capitalism, Westport, Conn, 1993.

Glasmeier A., "Technological Discontinuities and Flexible Production Networks: The Case of Switzerland and the World Watch Industry", Research Policy, vol. 20, no. 5 (October 1991).

Gordon, D.M., "The Global Economy: New Edifice or Crumbling Foundations?", New Left Review, March/April 1988

Harrison, B., Bluestone, B., The Great U-Turn: Corporate Restructuring and the Polarizing of America, New York, 1988

Harrison, B., Kelley, M.R., "Outsourcing and the Search for 'Flexibility'", Work, Employment, and Society, vol. 7 (June 1993), pp. 213-235.

Kain, J.F., "The Distribution and Movement of Jobs and Industry", in James Q. Wilson, ed., The Metropolitan Enigma: Inquiries Into the Nature and Dimensions of America's "Urban Crisis" , 1968.

Kasarda, J.D., "Jobs, Migration, and Emerging Urban Mismatches", in Michael G.H. McGeary and Laurence E. Lynn, eds., Urban Change and Poverty, Washington, D.C., 1988.

Kochlin, T., "The Determinants of the Location of US Direct Foreign Investment", International Review of Applied Economics, vol. 6, no. 2 (1992).

Lazerson, M., "Subcontracting in the Modena Knit Wear Industry", in Frank Pyke, Giacomo Becattini, and Werner Sengenberger, Industrial Districts and Inter-Firm Co-operation in Italy, Geneva: International Institute for Labour Studies, 1990.

Lincoln, J.R., Gerlach, M.L., Takahashi, P., "Keiretsu Networks in the Japanese Economy: A Dyad Analysis of Intercorporate Ties", American Sociological Review, vol. 57 (October 1992).

Lipparini, A., Sobrero, M., "Inter-Organizational Networks and SMEs: Reshaping the Innovative Process Through Architectural Innovation", University of Bologna and the Wharton School of Finance and Commerce, November 1992, English translation.

Mariotti, S., Mutinelli, M., "Diffusion of Flexible Automation in Italy", in Robert U. Ayres, William Haywood, and I. Tchijov, eds., Computer Integrated Manufacturing, Volume III: Models, Case Studies, and Forecasts of Diffusion, London and New York, 1992.

Martelli, F., Schoenberger, E., Oligopoly is Alive and Well: Notes For a Broader Discussion of Flexible Accumulation", in Georges Benko and Mick Dunford, eds., Industrial Change and Regional Development: The Transformation of New Industrial Spaces London and New York, 1991.

Martinelli, F., "Productive Organization and Service Demand in Italian Textile and Clothing `Districts': A Case Study", United Nations Commission on Trade and Development, UNCTAD/ MTN/RLA/CB.6, Rome,1988.

Norton, R.D., Rees, J., "The Product Cycle and the Spatial Decentralization of U.S. Manufacturing", Regional Studies, vol. 13 (1979), pp. 141-151.

Perrow, C., "Small Firm Networks", in Nitin Nohria and Robert G. Eccles, eds., Networks and Organizations, Boston, 1992.Charles Sabel, "The Re-emergence of Regional Economies", in Paul Hirst and Jonathan Zeitlin, eds., Reversing Industrial Decline?, Oxford, 1989.

Piore, M.J., Sabel, C., The Second Industrial Divide: Possibilities for Prosperity, N.Y., 1984.

Powell, W.W., "Neither Market Nor Hierarchy: Network Forms of Organization", in Barry M. Straw and Larry L. Cummings, eds., Research in Organizational Behavior, Greenwich, 1990.

Rey, G., "Small Firms: Profile and Analysis, 1981-85", in Goodman, Bamford and Saynor, et. al., p. 92 and tables A4.2 and A4.4.

Rosenfeld, S.A., Technology, Innovation, and Rural Development: Lessons From Italy and Denmark. Washington, D.C.: Rural Economic Policy Program, Aspen Institute for Humanistic Studies and the Ford Foundation, 1990.

SASIB: Annual Report 1988, Bologna, May 1989.

Sassatelli, M., Pancaldi, A., "Le Acquisizioni in Italia (1983-1988): Trends e Prospettive", in Laboratorio di Politica Industriale, Acquisizioni Fusioni Concorrenza, Bologna, 1989.

Tolomelli, C., "Policies to Support Innovation Processes: Experiences and Prospects in Emilia-Romagna", paper presented to the Regional Science Association's European Summer Institute, Quarco, Italy, 1988; cited in Ash Amin and Kevin Robins,"The Re-Emergence of Regional Economies? The Mythical Geography of Flexible Accumulation", Environment and Planning D: Society and Space, vol.8,no.1(March 1990).

U.S. Congress, Office of Technology Assessment, Making Things Better: Competing in Manufacturing. Washington, D.C.: U.S. Government Printing Office, OTA-ITE-443, February 1990.

Womack, J.P, Jones, D.T., Roos, D., The Machine That Changed The World, N.Y., 1990.

Ash Amin/Nigel Thrift

Neo-Marshallian nodes in global networks [0]

Abstract

The literature on industrial districts seems to have reached something of an impasse. On one side the proponents of industrial districts sit around their camp fires, supposedly wild eyed with enthusiasm, talking flexible specialisation and post-Fordism. On the other side are a series of supposedly grim-faced critics, shouting destructive comments about globalisation and corporate networks from out of the mist. This paper is an attempt to break out of this often acrimonious impasse. It takes the emergence of new localised industrial complexes seriously, but seeks to set them firmly within a context of expanding global corporate networks.

The paper is in four parts. The first part of the paper summarises the key arguments of the 'localisation' thesis which predicts a return to industrial districts. The second part of the paper attempts to reformulate the localisation and globalisation theses so as to provide a space for local agglomeration within growing global production filieres. The third part of the paper attempts to illustrate this reformulation via a consideration of the history of two industrial districts. The first of them is Santa Croce in Tuscany, which has become a Marshallian industrial district of the old kind over the last 20 years, but is now beginning to develop more global productive linkages. The second is the City of London in London, which finally stopped being a conventional Marshallian industrial district at the same time that Santa Croce was becoming one and which now heralds a new form of localisation. The fourth part addresses some of the spatial policy implications of internationalisation on different types of local economy.

---

0) *Anmerkung des Herausgebers:* Dieser Beitrag ist eine 'updated version' des zuerst im International Journal of Urban and Regional Research Nr. 2/1992 erschienenen Aufsatzes.

Introduction

The literature on industrial districts seems to have reached something of an impasse. On one side the proponents of industrial districts sit around their camp fires, supposedly wild eyed with enthusiasm, talking flexible specialisation and post-Fordism. On the other side are a series of supposedly grim-faced critics, shouting destructive comments about globalisation and corporate networks from out of the mist. This paper is an attempt to break out of this often acrimonious impasse (see also Storper and Scott, 1992). We want to take the emergence of new localised industrial complexes seriously, but we want to set them firmly within a context of expanding global corporate networks.

Accordingly, the paper is in four parts. In the first part of the paper, we will summarise the key arguments of the localisation thesis which predicts a return to industrial districts; and some of the major criticisms that have been made of the claim that there is a resurgence of the regional economy on a pervasive scale. In the second part of the paper, we will attempt to reformulate the localisation and globalisation theses so as to provide a space for local agglomeration within growing global production filieres. In particular, we will want to focus on Marshall's idea of industrial atmosphere, indicating a set of socio-cultural characteristics which are still crucial in global production filieres and which can lead to a degree of localisation. The third part of the paper attempts to illustrate these and other contentions via a consideration of the history of two industrial districts. The first of them is Santa Croce in Tuscany, which has become a Marshallian industrial district of the old kind over the last 20 years. The second, the City of London in London finally stopped being a conventional Marshallian industrial district at the same time that Santa Croce was becoming one. But the City did not, therefore, cease to be a localised complex. Rather, we argue, it heralds a new form of localisation. Finally, in the fourth part, we address some of the local economic development policy implications of the previous parts of the paper.

The localisation thesis

The most powerful case for the possibility of a major return to the regional economy comes from a group of writers speculating on the rise of locally agglomerated production systems out of the crisis of mass production. What is envisaged, to put it somewhat reductively, is a return to a division of labour between self-contained, product specialist regional economies as first conceived by Adam Smith at a national level. This is a thesis which draws upon the work of Michael Piore and Charles Sabel (Piore and Sabel, 1984; Sabel, 1989), Allen Scott and Michael Storper (Scott, 1988; Storper and Scott, 1989; Storper, 1989), Paul Hirst and Jonathan Zeitlin (1989, 1991) and others (Pyke, Becattini and Sengenberger, 1990; Pyke and Sengenberger, 1992) borrowing the concepts of 'flexible specialisation' or 'flexible accumulation' [(1)], to describe the transition to a new era of vertically disintegrated and locationally fixed production.

The key argument is that the irreversible growth in recent decades of consumer sovereignty, market volatility and shortened product life-cycles, requires production to be organised on an extremely flexible basis. Size, scale, hierarchy, vertical integration and task dedication on the part of machinery and employees, are deemed to be too inflexible to turn out short-runs of better quality and differentiated goods with the minimum of time and effort. Instead, the market is said to require decentralised coordination and control; the 'de-verticalisation' of the division of labour between independent but inter-linked units; numerical and task flexibility among the workforce; greater reliance on innovation, ingenuity and skills; the deployment of multi-purpose and flexible tools and machinery; and the elimination of time and wastage in supply and delivery.

Such a change is said to be particularly evident in industries which face pronounced volatility and product innovation in their niche markets. Examples include electronics, designer clothing, craft products and other light industrial consumer products. In organisational terms, the new market circumstances are said to require a radical transformation of the production system towards flexible intra-firm and inter-firm arrangements which can simultaneously combine the economies of scale, scope and versatility.

This change, it is argued, implies a return to place - a dependence on locational proximity between different agents involved in any production filiere. Agglomeration is said to offer a series of advantages upon which a system of vertically disintegrated production can draw. Echoing the factors first identified by Alfred Marshall in his work on small-firm districts in Lancashire and Yorkshire during the nineteenth century, these advantages are said to include the build-up of a local pool of expertise and know-how and a culture of labour flexibility and cooperation resulting from dense social interaction and trust; lowered transport and transaction costs; and the growth of a local infrastructure of specialised services, distribution networks

---

1. These two concepts, it should be noted, are not interchangeable. Flexible specialisation is a concept deployed to describe transformations in the production process stimulated by new technological, skill and market developments. In contrast, the term flexible accumulation, drawing upon the Regulation Approach developed in France as well as a recent essay of David Harvey (Harvey, 1989), refers to a broader macroeconomic design for the twenty first century transcending the 'Fordist' regime of accumulation which was built upon the pillar of mass consumption, mass production and Keynesian regulation of the economy.

and supply structures. Via the consolidation of particular product specialisms in different regions is anticipated a federation of self-contained regional economies, each with its own cumulative causation effects drawing upon strong external economies of agglomeration.

Empirical verification of this thesis comes from the claim that over the last few decades the most dynamic and competitive examples of industrial restructuring have been 'Marshallian' in their spatial dynamics. The examples which are quoted have now become almost too familiar. They include high-tech, R&D and innovation intensive, areas such as Silicon Valley, Boston, the M4 corridor, Grenoble and other successful technopoles. They also include industrial districts in both semi-rural contexts such as those in the Third Italy regions and as well as those in inner city environments (eg motion pictures in Los Angeles, the furniture industry in inner London), in which networks of specialist small firms produce craft or quality consumer goods. Finally, also cited is the example of areas such as Baden-Württemberg in Germany, where leading-edge large companies (eg Bosch) are said to rely on local sub-contracting and supply networks for their flexibility and innovative excellence.

The significance of this thesis should not be underestimated, equating, as it does, industrial renovation with territorial development. The cited examples are very real cases of success, and their experiences could inform policy measures in other areas. The novel conceptual aspect of the thesis is (re)discovery of the locational importance of patterns of linkages and the formation of inter-firm relationships, notably in relation to the exchange of information and goods between buyer and seller and its influence on linkage costs. The new literature makes the interesting proposition that negotiations involved in producing and exchanging certain types of commodity are less conveniently carried out at a distance. Customer specific supplies, for instance, are often based on extensive technical cooperation between the seller and the buyer. Therefore such cooperation requires reliable and rapid communication, usually best conveyed through personal contacts. Production of customised goods and services under conditions of 'dynamic' competition, the hallmark of the post mass production economy, will therefore tend to bring with it agglomeration and local networking.

To anticipate a pervasive, perhaps even total, return to local production complexes in the post-Fordist economy is nonsensical, for a number of reasons (2). First, it is inaccurate to refer to

2. Some of the exponents of the localisation thesis, for example Allen Scott and Michael Storper (Scott, 1991; Storper, 1992, 1993) have begun to talk of the future, in their more recent work, as a complex juxtaposition of local and global production networks. However, this development still does not draw them sufficiently far away from the localisation thesis to warrant a reformulation of their position in the debate on the geography of flexible accumulation.

the conditions and areas cited by the localisation thesis as the only examples of success. Others, must surely include the reconsolidation of the major metropolitan areas such as London, Milan, Frankfurt and Paris as centres of growth, through their magnet-like pull on finance, management, innovation, business services and infrastructure. Reasons related to their status as core metropolitan areas and size as centres of consumption have far more to do with their economic success than the re-discovery of Marshallian tendencies. Should any citation of success not also include the resurgence of major provincial cities such as Birmingham, Turin and Grenoble, which have managed to carve out a niche as intermediate centres of agglomeration within global financial, corporate and service networks? Indeed, why not also include, as an example, the growing concentration of wealth in certain rural areas characterised by an odd combination of capital intensification in agriculture, the decentralisation of offices and service industries and in-migration by commuters looking for a pleasant life-style? These additions to the geography of 'post-Fordist' success' have little in common with the logic of flexible specialisation.

Second, in proposing local agglomeration as the symbol of a future regime of capital accumulation, the localisation thesis effectively rules out the possibly of transformation and change within the very areas cited as examples of post-Fordist growth. These areas, too, are likely to evolve, and perhaps, fragment internally, in much the same way as did for example Alfred Marshall's cutlery district in Sheffield in the course of the twentieth century. Evidence of such change is already apparent in 'mature' production complexes such as Silicon Valley, now being drawn into a wider spatial division of labour as a result of intense inward investment by overseas Multinational corporations, and the export of assembly and intermediate production functions respectively to areas of cheap labour and growing market demand. Some Italian industrial districts, too, are undergoing change, as local linkages begin to replace external ones, owing to either the threat of take-over of local banks by foreign financial institutions, or the increase in international rather than local intra-firm and inter-firm linkages (see section on Santa Croce below as well as Amin, 1989; Harrison, 1992, 1993; Bianchini 1990; Pyke, Becattini and Sengenberger, 1990).

Third, taking the ingredients for local success identified by the localisation thesis seriously, it has to be concluded that the proliferation of localised production complexes is likely to be restricted by the fact that these ingredients are not readily transferable to other areas. Local containment of the division of labour requires a gradual build-up of know-how and skills, cooperative traditions, institutional support, specialist services and infrastructure. These not only take time to consolidate, but also escape the traditional instruments of spatial policy owing to their ephemeral and composite nature (Amin and Robins, 1990). In addition, there remains the problem that 'new' growth cannot, as on a tabula rasa, sweep aside local traditions which might resist such change (Glasmeier, 1994). The dismal failure of strategies to promote technopoles in different European less favoured regions (LFRs), as well as efforts to encourage greater local networking among and between small and large firms within the depressed industrial regions bears witness to this difficulty.

A final problem with the notion of a pervasive spread of local production complexes is related to the observation made by a number of critics that there is no conclusive evidence of the demise of Fordist principles of mass production and consumption and of the multitude of labour processes which co-existed under Fordism (eg customisation, batch production, mass assembly, continuous flow). The idea of a clean break between one macro-system dominated by one way of doing things and another regime with its own distinctive organisational structure, is too simple a caricature of historical change and a denial of the ebb and flow, the continuity and discontinuity and the diversity and contradiction that such change normally suggests (see Gertler, 1988, 1992; Sayer, 1989; Thrift, 1989). Sensitivity to diversity is particularly essential when it comes to the analysis of the geography of production. Depending on the labour process in an industry, the organisational cultures of the players involved, the nature of the areas in which activity is located and the market or macroeconomic circumstances surrounding individual sectors, a diversity of industrial geographies can be produced, with each offering different options of the spectrum between locational fixity and global mobility.

The emergence of new localised production complexes to conclude this section, should be noted seriously. But, this cannot become a basis for assuming, as two observers have done, that 'the mode of production, has in a sense, gone back to the future', with 'local economies... already on the march' (Cooke and Imrie, 1989, p.326). If localities are on the march, it is, if anything, as argued in the section below, to the tune of globalising forces in the organisation of production; a process in which local territorial integrity is far from guaranteed.

A reformulation: global networks

So far we have followed a fairly standard critique of the current literature on the resurgence of local economies. The literature has rather limited analytical power, most particularly because of a tendency to cling to a model which is locally-based and which does not therefore recognise the importance of emerging global corporate networks. In this paper we still want to retain the notion of 'localisation' but we want to relocate the account in two ways. First, we will want to consider industrial districts and local complexes as the outgrowths of a world economy which is still rapidly internationalising and which is still a world of global corporate power. Second, against an incipient economism in explaining the strengths of localised production, in order to provide a reformulation of the significant of local networking, we will want to build on Marshall's work on 'industrial atmosphere', trying to analyse why such an atmosphere might still prove central in a world economy where transactions are increasingly indirect. In other words, we want to cross the new international political economy with the new economic sociology.

We take it that an important shift has occurred in the 1970s and 1980s and that this is a move from an international to a global economy. This global economy has many characteristics of which four are particularly important. First, industries increasingly function on an integrated world scale, through the medium of global corporate networks. As a consequence, the control that multinational corporations (whether foreign or domestically owned) exert over employment, investment, and trade has continued to grow in most developed economies through the 1980s and into the 1990s.

Second, corporate power has continued to advance, so that the new global industries are increasingly oligopolistic; progressively cartellised. This intensifying concentration is best seen in the various merger booms around the world in the 1980s. For example, the EC saw a massive 25 per cent increase in the number of industrial mergers across a wide range of sectors (Jacquemin, Buiges and Ilzkovitz, 1989), leading to an increase in seller concentration levels, increasingly on an international rather than only national scale.

But, third, and importantly, today's global corporations have themselves become more decentralised through increased 'hollowing out', new forms of subcontracting, new types of joint ventures, strategic alliances, and other new 'networked' forms of corporate organisation. Thus corporations increasingly resemble 'flattened hierarchies'. However, there is little evidence to suggest that operational and organisational decentralisation has resulted in a similar degree of devolution of power and control. 'Hollowing out' for example, has lead to forward vertical integration by market leaders in order to secure strategic control over markets and distribution networks. New developments in subcontracting also, have often lead to preferred status being bestowed on fewer suppliers linking them more tightly into corporate hierarchies, and threatening the survival and growth of other suppliers. Strategic alliances, too, appear to be global partnerships between major oligopolies seeking to share markets and R & D costs. In other words, some form of centred control still exists, and, in the hands of global corporations, thus suggesting that new developments like those noted above may well represent simply an extension and sharing of power beyond the boundaries of the individual firm, among key actors in a value-added network, rather than a genuine spread of authority to smaller or local players in corporate networks (Amin and Dietrich, 1991; Amin and Malmberg, 1992).

Further, it is by no means clear that these new developments are local phenomena or even have inevitable localised consequences. Increasing corporate integration may well be accompanied by increasing geographical integration, as more and more places are drawn into, or excluded from, the web of global corporate networks. Thus, against the benefit that the operational status of sites within these networks might be more complex and more autonomous than the that of sites trapped in rigid (Fordist) intra-corporate hierarchies. The fact remains that they are still locked into a global corporate web and therefore not restricted to local ties. In other words the sites might be relatively autonomous but they are not free agents.

Fourth, and finally, there is a new more volatile balance of power between nation states and corporations, which we might call 'short run corporatism'. Nation states ability to intervene in the world economy has been weakened because states have been 'hollowed out' (Held, 1991; Jessop, 1994), and because states are often internally divided. But corporations also find it difficult to impose a strategic direction on the world economy for reasons such as the unstable nature of business alliances and the contradictory interests embedded in individual industries (and even, sometimes, individual firms). The result is the increasing prominence of cross-national issue coalitions 'uniting fragments of the state, fragments of particular industries and even fragments of particular firms in a worldwide network' (Moran, 1991, p133).

The net result of these four developments has been the growth of increasingly integrated global production filieres orchestrated and coordinated by large corporations. But, because these filieres are more decentralised and less hierarchically governed, there are in fact a number of very considerable problems of integration and coordination. Three of these, each related to the other, stand out.

The first problem is one of representation. Information has to be gathered and analysed about what is happening in these filieres. But, the benefit of advances in global communications and information processing capacity, to the growth of a globally oriented business press (Kynaston, 1988) and a whole industry of industrial research and analysis, is a two-edged one. It has produced a massive increase in the quantity and even the quality of information, but the problem of how that information is interpreted and who has access to the interpretations remains: indeed it is probably more pressing. There is a growing interpretive task. What can be said is that the 'stories' that are circulated about a global production filiere and how they are scripted, constitute that filiere's understanding of itself. Indeed new work in 'economic sociology' (eg Adler and Adler, 1984; Block, 1990; Zukin and Dimaggio, 1990) suggests that the only way of making sense of large and complex economic systems is through the formation of social cliques within which these stories circulate. This point relates to those of Giddens (1990, 1991) and Strange (1988, 1991) who have pointed out that what they call 'expert systems' or 'knowledge structures' have become a critical part of the global economy and these systems or structures are increasingly asymmetric.

The second problem is one of social interaction. Global production filieres are not just social structures, they are sociable structures. There is constant social interaction within them. Indeed this is one of the ways in which they are able to be understood. Interaction promotes particular discourses and taps into particular knowledge structures. Perhaps one of the most misleading articles of the early 1980s was other and Wiesenthal's where they suggested that the capitalist class is a monological entity. Of course, capitalists have many advantages but they are still dialogical beings. In particular, social interaction is still needed to gather information and to tap into particular knowledge structures, to make agreements and coalitions, and to continually cement relations of trust, of implicit contract (Marceau, 1989). New or heightened forms of corporate interaction, like joint ventures and strategic alliances, have made social interaction more rather than less central to many aspects of corporate life.

The third problem is one of tracking innovation. The problem is how to keep up levels of product and process innovation in a decentralised system (especially when the pressure to produce more products has increased) and, perhaps more importantly still, how to successfully market products in the early customised stages when they can succeed or fail and when a small critical mass of customers is needed. In turn, success depends critically on representation and interaction since the stories that are told and who they are recounted to influence a product's chance of success.

Thus the world economy may have become more decentralised, but it is not necessarily becoming decentred. Centres are still needed, even in a world of indirect communication, for three reasons related to the problems above regarding representation, interaction and innovation.

Centres, in the first place, are needed to represent, that is to generate and disseminate discourses, collective beliefs, stories about what world production filieres are like. These discourses are constitutive of the direction in which industries and corporations can go - whether we are talking about new fashions in design or products or new management trends (like strategic alliances). They are the understandings industries make of themselves. As well, centres are needed as points at which knowledge structures, many of which carry considerable social barriers to entry, can be tapped into. Often such centres can constitute a local knowledge structure which has 'gone global'. In other words, these are centres of authority.

Second, centres are needed to interact, ie. to act as centres of sociability, so gathering information, establishing or maintaining coalitions, and monitoring trust and implicit contracts. Third, they are needed in order to develop, test, and track innovations. Centres produce a discursive mass sufficient to help generate innovations; contact with numerous knowledgeable people identifies gaps in the market, new uses for technologies, and so on. In the case of certain products (eg financial products), development occurs in close liaison with most who are the potential sources of reward. Centres are associated to provide sufficient mass in the early stages or of innovation. Their social networks provide rapid reactions, and an initial market. The success or failure of products, especially in the early stage, can depend upon the stories told about them. Finally, centres are still needed, to some at extent at least, to keep track of innovations; that is, as judges of their success.

These have to be geographical centres, that is, place-bound communities in which the agglomeration and interaction between firms, institutions and social groups acts to generate and reinforce that 'industrial atmosphere' which nurtures the knowledge, communication and innovation structures required for retaining competitive advantage in a given global production filiere. In other words, the localisation of the functions of the 'head', contributes towards resolving problems outlined earlier facing global cooperate networks.

To be sure, this form of localisation is quite different from the older and more familiar habit of the vertically integrated, hierarchical firm to concentrate its strategic functions, its 'head', in headquarters located in major metropolitan cities. In contrast to this latter example of 'tight-encasement' of the 'head' within a closed corporate structure, neo-Marshallian nodes in global networks act, as it were, as a collective 'brain', as centres of excellence in a given industry, offering for collective consumption, local contact networks, knowledge structures and a plethora of institutions under-writing individual entrepreneurship (see Peck, 1994; Todling, 1994).

Such 'socialisation' of the functions of the head, amounting to the 'valorisation' of a local community, itself as an active factor serving to help local industry to maintain industrial supremacy appear to be of particular relevance in industries characterised by knowledge-based competition, rapidly changing technological standards and volatile markets. All three are conditions of a greater spread of costs and risks between individual agents, as long as continuity in the flow of information, goods and services between firms, institutions and social groups is maintained. This is precisely the advantage which Marshallian nodes are able to offer - an industrial atmosphere and infrastructure which firms, small and large, isolated or inter-connected, can dip into as and when required.

Two examples

Two examples follow to illustrate the significance of centred places in a global system. In the case of Santa Croce, a vertically disintegrated small firm industrial district of the classical Marshallian type has evolved within the last 20 years, but which is now experiencing a further change. In the case of the City of London, what was a Marshallian industrial district of considerable local integrity has evolved into an industrial complex which still has some Marshallian features but which now relies on global networking to cement these features in place.

These districts may appear dissimilar at first sight. For example, the City has a much larger employment base than Santa Croce. But we would argue that such dissimilarities are outweighted by some notable similarities. In particular, five similarities can be noted. First, they are in global industries with similar market conditions (product volatility, reduced product life-cycles, design-intensity, flexibility of volume, etc). Second, in both districts, despite intensifying external linkage formation, many needs can be met locally. In Santa Croce this is the result of cumulative historical circumstance. In the City it is essentially the result of sheer scale. Third, both districts rely on strong knowledge structures. Fourth, both districts have strong traditions of 'thick' social interaction and 'collective consciousness', the result of distinctive institutional mixes. Fifth and finally, both districts are under threat. In the case of Santa Croce there is the threat of its incorporation back into global networks through vertical reintegration. In the case of the City, that threat is no longer relevant. The real threat now comes from an American-forced change from implicit to explicit contracts as the financial system becomes increasingly rule-based. In turn, this shift might increase transaction costs and reduce the need for specialised knowledge to the point where many crucial intermediaries are no longer necessary or viable. (However, increasing automation may well bring transaction costs down, thereby countering this tendency).

Marshall in Tuscany: Leather Tanning in Santa Croce Sull'Arno

Santa Croce is a small town in the lower Arno Valley, 40 kilometres east of Pisa, which specialises in the production of medium to high quality cured bovine leather for predominantly the 'fashion' end of the shoe and bag industries. There are only two other major leather tanning areas in Italy: Arzignano in the Veneto, which is dominated by a small number of large, vertically integrated and highly mechanised tanneries, orientated towards the furnishing and upholstery industry; and Solofra in the South (Campania), which specialises in less refined, non-bovine, cured leather for the clothing industry. The lower Arno Valley accounts for about 25 per cent of the national employment in the leather and hide tanning industry.

In Santa Croce, an area no larger than 10 square kilometres, are clustered 300 artisan firms employing 4,500 workers and 200 sub-contractors employing 1,700 workers. The real figures are probably much higher as the latter capture only those firms officially registered respectively with the Santa Croce Association of Leather Tanners and the Association of Subcontractors. In 1986, the combined turnover of these 500 firms was £860 million (one-tenth of which was that of the sub-contractors). On average, the area derives 15 per cent of its sales revenue from exports, almost 80 per cent of which are destined for the EC. Although the share of exports has been growing, the industry is still heavily dependent on the Italian market, particularly upon buyers in Tuscany, who account for over 40 per cent of the domestic market.

Twenty years ago, Santa Croce was not a Marshallian industrial district. There were many fewer firms, production was more vertically integrated, the product was more standardised (albeit artisanal) and the balance of power was very much in favour of the older and larger tanneries. Today, Santa Croce is a highly successful 'flexibly specialised', small firm, industrial district, which derives its competitive strength from specialising in the seasonally-based fashion-wear niche of the industry. Typically, market conditions in this sector - eg. product volatility, a very short product life-cycle, design-intensity, flexibility of volume - demand an innovative excellence and organisational flexibility which Santa Croce has been able to develop and consolidate over the last two decades by building upon its early artisan strengths.

The boom in demand for Italian leather fashion-wear in the 1970s and 1980s provided the occasion for area-wide specialisation and growth in the output of cured leather. That such growth was to occur through a multiplication of independent small firms supported by a myriad of task-specialist sub-contractors, was perhaps more a result of specific local peculiarities than an outcome of the new market conditions. Opposed to the highly polluting effects of the tanning process - Santa Croce is one of those places in which you can recognise the Marshallian 'industrial atmosphere' by its smell - the local Communist administration was unsympathetic to factory expansion applications and also refused, until very recently, to redraw the Structure Plan to allow for more and better factory space. This, together with the strong tradition of self-employment and small scale entrepreneurship in rural Tuscany, effectively lead to a proliferation of independently owned firms, scattered in small units all over Santa Croce. Two further encouragements to this process of fragmented entrepreneurship were, firstly, the preference of local rural savings banks to spread their portfolio of loans widely but thinly to a large number of applicants as a risk-minimisation strategy and, secondly, the variety of fiscal and other incentives offered by the Italian state to firms with less than 15 employees.

This initial, and somewhat 'accidental', response to a situation of rapidly expanding demand was gradually turned into an organisational strength capable of responding with the minimum of effort and cost to new and rapidly changing market signals. The tanners - many of whom call themselves 'artists' - became more and more specialised, combining their innate 'designer' skills with the latest in chemical and organic treatment techniques, to turn out leathers of different thickness, composition, coloration and design for a wide variety of markets. The advantage for buyers, of course, was the knowledge that any manner of product could be made at the drop of a hat in Santa Croce.

The small firms were also able to keep costs down without any loss of productive efficiency, different mechanisms of cooperation. One example is the joint purchase of raw materials in order to minimise on price. Another is the pooling of resources to employ export consultants. The main device for cost flexibility, however, has been the consolidation of an elaborate system of putting-out between tanners and independent sub-contractors (often ex-workers). The production cycle in leather tanning is composed of 15-20 phases, of which at least half are sub-contracted to task-specialist firms (eg removal of hair and fat from the uncured skins, splitting of the skins, flattening and drying). Constantly at work, and specialising in operations which are most easily mechanised, the subcontractors have been able to reduce drastically the cost of individual tasks at the same time as providing the tanners with the numerical flexibility demanded by their market. This articulate division of labour among and between locally based tanners and subcontractors - combining simultaneously, the advantages of complementarily between specialists and competition between the numerous firms operating in identical market niches - is perhaps the key factor of success.

But, other factors have also played their part. One is area specialisation. Santa Croce, like other industrial districts, past and present, is a one product town which offers the full range of agglomeration and external economies associated with local excellence along the entire filiere of activities associated with leather tanning. In the area, there are the warehouses of major international traders of raw and semi-finished leather as well as the offices of independent import agents, brokers and customs specialists. There are the depots of the major multinational chemical giants as well as locally owned companies selling paints, dyes, chemicals and customer-specific treatment formulae to the tanners. There are at least three savings banks which, consistently, have provided easy and informal access to finance. There are several manufacturers of plant and machinery, tailor-made for the leather tanning industry, and there is a ready supply-base for second-hand equipment and maintenance services. There are several scores of independent sales representatives, export agents and buyers of finished leather in the area. The local Association of Leather Tanners, the Mayor's office, the bigger local entrepreneurs and the Pisa offices of the Ministry of Industry and Trade also act as collective agents to further local interests at national and international trade fairs. There are several international haulage companies and shipping agents capable of rapidly transporting goods to any part of the world. There is, at the end of the value-added chain, a company which makes glue from the fat extracted from the hides and skins. There is, finally, a water purification depot collectively funded by the leather tanners, the effluence of which is sold to a company which is sold to a company which converts the non-toxic solids into fertilizer. No opportunity is missed in Santa Croce.

The entire community in Santa Croce, in one way or another, is associated with leather tanning. This provides new opportunities, through spin-off, along the value added chain, which in deepening and refining the social division of labour, guarantees the local supply of virtually all of the ingredients necessary for entrepreneurial success in quality-based and volatile markets. To use the language of neoclassical economics, over and above firm-specific and asset-specific advantages, exists an area-wide asset which individual entrepreneurship draws upon. This 'valorisation' of the milieu is a product of the progressive deepening of the social division of labour (vertical disintegration) at the local level. The area not only produces specialised skills and artisan capability, but also powerful external economies of agglomeration and a constant supply of industry-specific information, ideas, inputs, machinery and services - Marshall's 'industrial atmosphere'.

Thus far, the success of Santa Croce as a Marshallian industrial district has been ascribed to two broad sets of factors. One is the 'fortuitous' combination, since the early 1970s, of new market opportunities (the fashionwear sector) and a minimum set of inherited local capabilities (leather tanning skills, a craft culture and so on). The second is the progressive vertical disintegration of the division of labour and its local containment.

There is also a third factor which has come to play a key role in safeguarding the success of the area. This is the institutionalisation, at the local level, of individual sectional interests (eg. the Association of Tanners, the Association of subcontractors, savings banks, the Mayor's office, trades union branches, etc), as well as a sense of common purpose which draws upon Santa Croce's specialisation in one industry and the intricate interdependences of a vertically disintegrated production system. Not only has this prevented the growth of rogue forms of individual profiteering which may destabilise the system of mutual interdependence, but it has also created a mechanism for collectivising opportunities and costs as well as ensuring the rapid transmission of information and knowledge across the industrial district.

The 'collectivisation of governance' has been of particular importance for the industrial district in recent years, as it has tried to cope with new pressures. By the mid-1980s, a honeymoon period of spectacular success for virtually all enterprises was coming to an end. This was the result of growing competition in international markets from fashion-wear oriented tanneries in South East Asia, a decline in demand from the Italian footwear industry, big price increases coupled with shortages in the availability of uncured skins and hides, and new costs attached to the introduction of environmental controls on effluence discharge. These are problems which have affected the entire community; problems which different interest groups have not been able to resolve individually. Resulting collective responses have ranged from joint-funding by the tanners of an effluence treatment plant and multi-source funding (involving tanners, subcontractors, a local bank and the regional authorities) of an information service centre which offers advice on market trends, management skills and information technology, through to frequent and heated debates on new trends affecting the industry, in the bar of the central piazza. How successful these efforts will be is not to be known. What matters, however, is that Santa Croce continues to possess a local institutional capability to respond collectively and swiftly to new market pressures and to steer the evolution of the industrial district in a particular direction.

This said, however, there is already some evidence to suggest that, into the 1990s, the organisation of industry in Santa Croce will be 'post-Marshallian', that is, less locally-confined and less vertically-disintegrated. Increasingly, the trend is for tanners to import semi-finished leather, owing to difficulties in obtaining uncured hides and skins. If this practice becomes the norm, more than half of the production cycle will be eliminated from the area, to the detriment of locally-based hide importers, subcontractors and chemical treatment firms. There is also a threat of 'forward' internationalisation of the division of labour. A handful of companies - the oldest and the most powerful - have begun to open distribution outlets overseas as well as tanneries, usually through joint ventures, in countries either producing hides and skins or promising growth in the leather goods industries. They have also gone into the business of selling turn-key tanneries for the East European countries; a development which stands to threaten Italian tanneries, including those in Santa Croce, if the finished leather is imported by the domestic leather goods industry.

The risk, then, is that Santa Croce will come to perform only specific tasks in an internationally integrated value-added chain, thus threatening a shake out of firms dependent upon tasks no longer performed locally. Through a narrowing of functional competencies, the area's industrial system will become less vertically disintegrated. Such a narrowing runs the risk of threatening the institutional synergy and richness of activity which, hitherto, has secured the area's success as an industrial district. It is also possible that, with functional simplification and the offer of larger and better premises more recently by the local authority in its new Structure Plan, the larger tanners will seek to internalise individual production tasks more than before. Initial signals of such a development include the recommendation by the Associations of Tanners and Subcontractors that transfers to the new industrial zone involve horizontal mergers, stricter loan scrutiny by banks of applications for business start-ups and the grouping of firms into business consortia in order to maximise on firm-level scale economies in such activities as purchasing and marketing.

If the twin processes of internationalisation of the division of labour and vertical integration at the local level become the dominant trend, Santa Croce will lose its current integrity as a self-contained 'regional' economy. But, and this is the point, it will continue to remain a central node within the leather tanning industry. Twenty years of Marshallian growth have made Santa Croce into a nerve centre of artisan ability, product and design innovation and commercial acumen within the international, fashion-oriented, leather goods filiere. This unrivalled expertise will guarantee its survival as a centre of design and commercial excellence, even if the activities of the hand are reduced or internalised. The open question is whether without the 'hand', the head will lose its might or successfully engineer a transition into other industrial ventures.

Marshall in London: The City and Global Financial Services

Throughout much of the nineteenth century, and well into the twentieth century, the City of London (3) could have been characterised as a classical Marshallian industrial district. During this period, it consisted of a network of small financial service firms, and a set of markets and market-clearing mechanisms, in close contract with and close proximity to one another, employing as many as 200,000 people. These firms and markets consistently minimised transaction costs through social and spatial propinquity, creating an industrial 'soup' rather than an industrial atmosphere, an upper middle class craft community of quite extraordinary contact intensity (Thrift and Leyshon, 1992).

This 'old City' was dynamised by the dictates of mercantile capital accumulation as described by Marx in the Grundrisse, that is, on the one hand its members strove towards endless expansion in the search for new products for old markets or new markets for old products so

---

3. Clearly, over time, the City of London has consisted of a heterogeneous set of markets and firms. In this necessarily abbreviated account we have had to treat these markets and firms as rather more homogenous than they actually were but the contact intensity between all these markets and firms is not in doubt (see, for example, Dunning and Morgan, 1971).

as to gain comparative advantage over rivals, and on the other, they tried to enlist non-economic power to regulate the system and to give monopolistic advantages to its members (usually relating to price competition). This regime of accumulation could survive precisely because of its mode of social regulation. Indeed, in a sense, it was the mode of regulation that generated the regime of accumulation. This statement is born out by the following observations.

First, the City was run on 'meso-corporatist' (Cawson, 1985; Moran, 1991) lines. That is, it was a largely self-regulating system of collective governance with the Bank of England acting to protect it from pluralist regulatory systems and politics. 'Representation and regulation were fused: the associations and institutions in City markets had authority because this was recognised by the Bank and because of this they were able to operate restrictive practices benefiting their members' (Moran, 1991, p 63).

Second, the City was tightly socially integrated. All of its key workers were drawn from highly specific social backgrounds based on clearly drawn divides of class, gender, and ethnicity and this social specificity was reinforced throughout the workers' lives by various socialising processes at work and after work (the firms themselves, often partnerships, the markets, the livery companies, the Freemason lodges, the clubs, and so on). This commonality of background maximised face-to-face communication in a small area, generated a 'collective consciousness' or common 'gentlemanly' discourses, and also afforded quick assessments of character and, effectively, economic viability. Thus the old City was a trust-maximising system and the knowledge structure was, in effect, the social structure. (That said, much of the City's economic dynamism and innovative capacity came from members of the City excluded from its mainstream - refugees, Jews, etc - who were Weberian pariah capitalists in the strongest sense. It was those who were outside the system and therefore able to `see' it, who were most able to innovate) (Chapman, 1984).

Third, the City's markets were large and liquid, although in comparison with the later period, they were based on comparatively few products and relatively slow rates of innovation. Again, to participate in these markets it was often important to know the right people, the right gentlemanly discourses and the right occupational languages.

Fourth, the City was tightly concentrated in space, the result of the ability of the key meso-corporatist institutions like the Bank of England and the various markets to demand propinquity, the existence of various market clearing mechanisms with quite restricted spatial ranges and the peculiar importance of face-to-face transactions, an importance which can be interpreted as both a case and a result of the dense spatial arrangement (Pryke, 1991). (Indirect systems of communication like the telegraph and the telephone were a feature of the

City from an early period, but these probably had the effect of strengthening rather than weakening social interaction).

Thus, the old City of London was a protected, self-regulating, socially and culturally specific enclave able to wield very considerable social power (Ingham, 1984). It was, of course, tied in, in the strongest possible way, to the world economy of the time, but here was a case of 'the local going global' (Thrift, 1987, 1990; Thrift and Leyshon, 1992; Pryke, 1991).

Since the late 1950s or early 1960s, here has been a sea change in the way that the City of London has been able to go about its business, sufficient to be able to write of the emergence of a 'new city'. In particular, at least five major changes have threatened the City's integrity as an industrial district. The first change has been the emergence, through successive rounds of corporate restructuring, of larger and larger, oligopolistic financial service firms, whether in the form of institutional investors (like pension funds and insurance companies), securities houses or banks. Many of these firms are substantial multinational corporations that span the globe. The second change has been in the nature of international financial markets, which have altered in a number of ways. To begin with, they have become increasingly international in both space and time, often operating around the clock. They have have also become, through a massive investment in telecommunications capacity, increasingly electronic, which means that more and more communication is taking place at a distance, with some markets becoming almost entirely decentralised. Most importantly, perhaps, many new fictitious capital markets are increasingly based on securitised products - not only bonds and securities but also various derivatives which demand new 'disintermediated' relationships between financial service firms.

The third change has been in the mode of regulation of the City. As Moran (1991) points out, neither the words 'deregulation' or 'reregulation' adequately describes what has occurred. What has occurred has been the progressive accretion [(4)] of a more carefully codified, institutionalised and legalistic meso-corporatism, forced on the City by specific market circumstances, by a state succumbing to American pressures for change and by the diffusion of an American ideology of correct and incorrect practice. As Moran puts it, 'The story of the financial services revolution is the story of the rapid creation of new institutions struggling

---

4. Thus, the City's banking sector underwent its main period of deregulation in the 1960s, while the securities markets were not deregulated until the 1980s in the process known as 'Big Bang'. One of the chief reasons for taking the late 1950s or early 1960s as the dividing line between an old and a new City is, of course, that it was in this period that deregulation first started to bite, and with it, came a progressive loss of social power.

for regulatory jurisdiction, the development of increasingly complex and unclear rules and the creation of growing numbers of regulators inside and outside firms, all quarrelling over the meaning of an expanding, contradictory and unclear body of jurisprudence' (Moran, 1991, p134). In other words, formal contracts have replaced implicit contracts.

A fourth change has occurred in the City's social structure. The City's social structure has become more open in terms of class, gender and ethnicity - although, no doubt it is still not as open as might be wished for - (Rajan, 1988, 1990; Thrift and Leyshon, 1992). Socially specific selection of personnel of the old style has certainly been retained by a few small parts of the City but these are increasingly sidelined. The City's social structure is now more mixed and more keyed in to the knowledge structure in financial services. Finally, the fifth change has been in the City's rate of product innovation (which, in turn, has been facilitated by the investment in telecommunications technologies). Innovation in products is now much more rapid than before, but they are also more likely to fail (de Cecco, 1987). For example, of the 19 futures contracts launched by the London International Financial Futures Exchange, eight have failed. Failure of products is a particular problem in financial services because liquidity and success are very tightly connected and because products and markets are so tightly interconnected.

In this process of multiple economic and social change, the City, like the financial services industry as a whole, has moved from a mercantile capitalist model to something more closely resembling an industrial model of production or, at least, an industrialised mercantile model of production.

But given the scope of the changes that have taken place, and the undoubted loss of social power that they describe, one might well ask why the City of London has persisted at all. Why has something very like an industrial district, still relatively socially and spatially concentrated, persisted in and near to the confines of the old City of London, especially in the face of competition from other European financial centres?

The answer can be related to the imperatives of the new global financial services production filiere. In its old incarnation, the City was the result of the local going global. In its new incarnation, the City is a result of the global going local. In particular, the City survives for three related reasons. First, it is a centre of representation. The City has become one of the chief points of surveillance and scripting of the global financial services filiere; London is where the stories are. Thus much of the world's financial press (which has also rapidly globalised) operates from or near to the City, so does much research analysis, information processing, and so on (Kynaston, 1985; Driver and Gillespie, 1991). The concentration of this activity in one place has the advantage that the city can watch and script the global financial services filiere industry by watching itself. Equally as important, the City represents an important part of the knowledge structure of world financial services. Although in principle these collective assets could be decentralised, the fact is that it is still more convenient to have this massive body of knowledge, much of which is highly specialised, easily accessible in one place.

This point relates to the second reason for the city's persistence as an industrial district, its role as a centre of interaction. The City is a social centre of the global corporate networks of the financial services industry, with a large throughflow of workers from other countries, and people simply meeting. It is accepted in this role partly because of the concentration of headquarters and regional headquarters of financial services corporations in and around the City, partly because of a symbolic value to which it explicitly plays through 'trappings of trust' like 'traditional' oak-lined meeting rooms (the City is still symbolically equated with financial services in a powerful way throughout the world), partly because of its accessibility in real and electronic space to markets and firms, and partly because of its knowledge base (which means that the wherewithal is always at hand to watch and script, buy and, sell, borrow and lend). Thus the City is still a vital meeting place in which important deals can be made, issues marketed, coalitions formed, syndicates established, and trust/implicit contracts cemented.

The third reason for the city's persistence is as proving ground for product innovation. An important characteristic of financial service products is that product innovation and marketing are very closely tied together. A product only survives if a primary market can be established, and usually a secondary market too (not even counting the derivatives markets which are now so important). Thus a product cannot take off unless it is aggressively marketed, usually to a quite specific set of people in large investment institutions and companies. A place like the City allows new products to be evolved and tested quickly and efficiently since there is always sufficient liquidity on tap and sufficient placement power available to assess an innovation's worth. More than this, the availability in one place of representatives of many investment institutions and companies means that products can be easily socialised and customised. Many derivatives products first started life as quite specific products for quite specific customers[5].

---

5. This is not, of course, to suggest that financial products always need to be provided locally, and it is certainly not to suggest that they will continue in localised fashion if they are successful.

Clearly these three reasons are closely interrelated. For example, product innovation depends on a 'thick' discursive atmosphere, on requisite knowledge structures, and on availability of custom.

To conclude, the City is still an industrial district, but it is an industrial district which depends on fewer, larger firms that still need a place from which and with which they can represent and analyse their world, a place where they can meet in order to add flesh and trust to electronically mediated personas, and a place which can be counted on to continue to invent new products and markets. Clearly, the city faces, and will continue to face challenges from other financial centres, especially European financial centres such as Frankfurt and Paris (see Leyshon and Thrift, 1992). In part, this will depend on the social power it can still muster in what has become a complex geopolitical game, but in part it will also clearly continue to depend on its constitution as a local and global social space.

Conclusion

The argument of the first half of the paper is that there does not appear to be any inexorable trend towards the localisation of production. This is not to deny that the trend towards vertical disintegration may have become more pronounced than in the past. Nor is it to play down the significance that 'networking' may have in encouraging the resurgence along Marshallian lines of some regions as self-contained units of economic development . Against this, however, it has to be stressed that networking is also a global phenomenon, one which has come to co-exist with, rather than replace, more orthodox forms of internationalisation. Contemporary organisational change is very much a process of layering of new global corporate networks upon old international production hierarchies.

In this age of intensifying global hierarchies and global corporate networks, with both, as proposed in this paper, representing a re-worked centralisation of corporate command and control, it can only be a truism to propose that local economic prospects are becoming more dependent upon global corporate organisational forces. In such a context, it is difficult to think of localities as independent regional economies which participate freely, as the Marshallians would have it, in a global system integrated only by trade.

But, then, what of the argument that an integral component of globalisation is more localisation of corporate activity, as companies turn decentralisation and locational proximity into key conditions for flexibility and innovation? It cannot be denied that the growth of networking could lead to greater functional and operational decentralisation down the corporate hierarchy as well as greater reliance on local external linkages for profitable production. However, and this is the point, the rediscovery of place is only occurring in a quite restricted set of localities, and efforts to encourage Marshallian growth in other areas, through the formation of highly localised production systems, are likely to fail. The examples of Santa Croce and the City of London illustrate only too clearly that the conditions for such growth are difficult to capture through even the most innovative policy measures, unless certain basic structures are already in place. These include a critical mass of know-how, skills and finance in rapidly evolving growth markets, a socio-cultural and institutional infrastructure capable of scripting and funding a common industrial agenda, and entrepreneurial traditions encouraging growth through vertical disintegration of the division of labour.

Collective intervention, both private and public, may be able to build upon and manipulate these basic structures, but it cannot generate them. Such an awareness of the limits of policy intervention is, in our view, important. Otherwise, typically Marshallian efforts to regenerate local economies through locally-regulated ventures such as efforts to strengthen links between firms and between business and other local institutions such as training colleges, development authorities etc, run the risk of doing little more than legitimising a false belief in the possibility of achieving solutions for what are global problems beyond local control.

Somewhat bleakly then, we are forced to conclude that the majority of localities should abandon the illusion of the possibility of self-sustaining growth and accept the constraints laid down by the process of increasingly globally integrated industrial development and growth. Concretely, this may simply amount to pursuing those inter-regional and international linkages (trade, technology transfer, production, etc) which will be of most benefit to the locality in question. It may also involve - and on this point, the literature on industrial districts is helpful - upgrading the position of the locality within international corporate hierarchies and networks by improvements to a locality's skill, research, supply and infrastructure base in order to attract 'better quality' branch investments.

This, of course is not much of a solution. On the other hand, it has to be stressed that today even the neo-Marshallian nodes of global corporate networks are finding it difficult to retain their status. Furthermore, it has to be noted that the stakes for achieving, the status of a node at the apex of international filiere are high, but they must be discounted by the vast majority of local areas which either lack or have lost the social and cultural infrastructure for innovation and transaction-rich competition. Plus a change in the post-Fordist economy?

Acknowledgements

The section on the localisation thesis draws on a paper written by Ash Amin with Anders Malmberg (1992). We are grateful to Anders for allowing us to use some of the material. The section on Santa Croce is based on research funded by the Nuffield Foundation. Special thanks are due to Fabio and Anna Sforzi without whose contacts, support and research input the project would not have taken place. The section on the City of London is based on work with Andrew Leyshon. Useful comments were received from Neill Marshall, Diane Perrons and two anonymous referees. Both authors also wish to acknowledge the support of the European Science Foundation's research programme on Regional and Urban Restructuring in Europe (RURE). It is their membership of the programme which gave occasion to this paper.

References

Adler, P. and Adler (1984) (Eds) The Social Dynamics of Financial Markets. JAI Press, Greenwich, Connecticut.

Amin, A. (1989) 'Flexible specialisation and small firms in Italy: Myths and realities, Antipode, 21, 1: 13-34.

Amin, A. and M. Dietrich (1991) 'From hierarchy to hierarchy : The dynamics of contemporary corporate restructuring in Europe'. In Amin, A. and M. Dietrich (eds.) Towards a New Europe?, Edward Elgar: Aldershot.

Amin, A. and A. Malmberg (1992) 'Competing structural and institutional influences on the geography of production in Europe', Environment and Planning A, 22: 401-416.

Amin, A. and K. Robins (1990) 'The re-emergence of regional economies? The mythical geography of flexible accumulation', Environment and Planning D: Society and Space, 8, 1: 7-34.

Bianchini, F. (1990) 'The Third Italy : Model or myth?', mimeo, Centre for Urban Studies, University of Liverpool.

Block, F. (1990) Post-industrial Possibilities. University of California Press: Berkeley.

Cawson, A. (1985) 'Varieties of corporatism: the importance of the meso-level of interest intermediation'. In Cawson, A. (ed) Organised Interests and the State. Sage, London: 1-21.

Chapman, S. (1984) The Rise of Merchant Banking, George Allen & Unwin: London.

Cooke, P. and R. Imrie (1989) 'Little victories: local economic development in European regions', Entrepreneurship and Regional Development, 1, 4: 313-27.

de Cecco, M. (1987) Money and Innovation, Blackwell: Oxford.

Driver, S. and A. Gillespie (1991) Spreading the Word? Communications technologies and the geography of magazine print publishing , Newcastle PICT Working Paper I: Centre for Urban and Regional Development Studies, University of Newcastle.

Dunning, J.H. and K. Morgan (1971) An Economic Study of the City of London, Geogre Allen and Unwin: London.

Gertler, M. (1988) 'The limits to flexibility: comments on the post-Fordist vision of production and its geography', Transactions of the Institute of British Geographers, 13: 419-432.

Gertler, M. (1992) 'Flexibility revisited: districts, nation-states and the forces of production, Transactions, Institute of British Geographers, 17, 3: 259-278.

Giddens, A. (1990) Consequences of Modernity, Polity Press: Cambridge.

Giddens, A. (1991) Modernity and Self-Identity, Polity Press: Cambridge.

Glasmeier, A. (1994) 'flexible districts, flexible regions? The institutional and cultural limits to districts in an era of globalisation and technological paradigm shifts'. In Amin, A. and N.J. Thrift (eds) Holding Down the Global, Oxford University Press: Oxford, forthcoming.

Harrison, B. (1992) 'Industrial districts: Old wine in new bottles?'. Regional Studies, 26, 5: 469-484.

Harvey, D (1989) The Condition of Postmodernity: An Inquiry into the Origins of Cultural Change, Blackwell: Oxford.

Held, D (1991) 'Democracy, the nation state and the global system', Economy and Society, 20,12: 138-172

Hirst, P. and J. Zeitlin (1989) 'Flexible specialisation and the competitive failure of UK manufacturing', Political Quarterly, 60, 3:164-78.

Hirst, P. and J. Zeitlin (1991) 'Flexible specialisation vs. post-Fordism: theory, evidence and policy implications', Economy and Society, 20, 1:1-56.

Ingham, G. (1984) Capitalism Divided, Macmillan: London.

Jacquemin, A., Buiges, P. and F. Ilzkovitz (1989) 'Horizontal mergers and competition policy in the European Community', European Economy, 40, May : CEC Directorate-General for Economic and Financial Affairs.

Jessop, B. (1994) 'Post-fordism and the state'. In Amin, A. (ed) Post-Fordism: A Reader, Blackwell: Oxford, forthcoming.

Kynaston, D. (1985) The Financial Times. A Centenary History. Viking: London.

Leyshon, A. and N.J. Thrift (1992) 'European Integration and the International Financial System', Environment and Planning A, 24, 49-81.

Marceau, J. (1989) A Family Business? The Making of an International Business Elite. Cambridge University Press: Cambridge.

Moran, M. (1991) The Politics of the Financial Services Revolution, Macmillan : London.

Offe, K. and J. Wiesenthal (1979) 'Two logics of collective action', In Zeitlin, M. (ed) Power and Social Theory, JAI Press: Greenwich Connecticut, pp 67-115.

Peck, J. (1994) 'Regulating labour: the social organisation and reproduction of local labour markets'. In Amin, A. and N.J. Thrift (eds) Holding Down the Global, Oxford University Press: Oxford, forthcoming.

Piore, M. and C.F. Sabel (1984) The Second Industrial Divide, Basic Books: New York.

Pryke, M. (1991) 'An international city going global' Environment and Planning D: Society and Space, Vol 9: 197-222.

Pyke, F., Becattini, G. and W. Sengenberger (eds) (1990) Industrial Districts and Inter-Firm Co-operation in Italy. International Institute for Labour Studies: Geneva.

Pyke, F. and W. Sengenberger (eds) (1992) Industrial Districts and Local Economic Regeneration. International Institute for Labour Studies: Geneva.

Rajan, A. (1988) Create or Abdicate? Witherley Press: London.

Rajan, A. (1991) Capital People. Industrial Society: London.

Sabel, C.F. (1989) 'Flexible specialisation and the re-emergence of regional economies'. In Hirst, P. and J. Zeitlin (eds.) Reversing Industrial Decline? Industrial Structure and Policies in Britain and her Competitors, Berg: Oxford.

Sayer, A. (1989) 'Post-Fordism in question', International Journal of Urban and Regional Research, 13,4: 666-695.

Scott, A.J. (1988) New Industrial Spaces: Flexible Production Organisation and Regional Development in North America and Western Europe, Pion: London.

Scott, A.J. (1991) 'The role of large producers in industrial districts: A case study of high-technology systems houses in Sourthern California'. UCLA Research Paper in Economic and Urban Geography, No 2, February.

Storper, M. (1989) 'The transition to flexible specialisation in the US film industry: The division of labour, external economies and the crossing of industrial divides', Cambridge Journal of Economics, 13, 2: 273-305.

Storper, M. (1992) 'The limits to globalisation: Technology districts and international trade', Economic Geography, 68, 60-93.

Storper, M. (1993) 'Regional worlds of production: learning and innovation in the technology districts of France, Italy and the USA' Regional Studies, 27, 5: 433-456.

Storper, M. and A.J. Scott (1989) 'The geographical foundations and social regulation of flexible production complexes'. In Wolch, J. and M. Dear (eds.) The Power of Geography: How Territory Shapes Social Life, Unwin Hyman: Winchester (MA).

Storper, M., Scott, A.J. (eds) (1992) Pathways to Industrialisation and Regional Development, Routledge: London.

Strange, S. (1988) States and Markets, Pinter : London.

Strange, S. (1991) 'An eclectic approach' in Murphy, C.N. and R. Tooze (eds) The New International Political Economy. Lynne Rienner: Boulder, 33-50.

Todtling, F. (1994) 'The uneven landscape of innovation poles: local embeddedness and global networks'. In Amin, A., Thrift, J. (eds) Holding Down the Global, Oxford: Oxford University Press (forthcoming).

Thrift, N.J. (1987) 'The Fixers: the urban geography of international commercial capital'. In Henderson, J. and M. Castells (eds) Global Restructuring and Territorial Development, London: 203-233.

Thrift, N.J. (1989) 'The Perils of transition models', Enviroment and Planning D, Society and Space, Vol 7: 127-129

Thrift, N.J. (1990) 'The perils of the international financial system' Environment and Planning A, Vol 22: 1135-1137.

Thrift, N.J. (1990) 'Doing global regional geography'. In Johnston R.J and J.A. Hoekveld (eds) Regional Geography, London, Routledge.

Thrift, N.J. and A. Leyshon (1992) 'In the wake of money'. In Budd, L. and S. Whimster (eds) Global Finance and Urban Living, Routledge: London.

Thrift, N.J. and A. Leyshon (1994) Making Money, Routledge: London.

Zukin, S. and P. de Maggio (eds) (1990), Structures of capital, The Social Organisation of the Economy. Cambridge University Press: Cambridge.

Horst Kern

Globalisierung und Regionalisierung bei industrieller Restrukturierung

Die Industriesoziologie war in ihrem Ursprung eine betriebszentrierte Disziplin. Der Betrieb bildete den analytischen Ausgangspunkt, man arbeitete "shop floor"-zentriert. Analysiert wurden die Veränderungen in der industriellen Produktion und die Implikationen dieser Veränderungen für die Struktur der Arbeitskräfte, das Management der Humanressourcen usw.

Ohne Zweifel spielten und spielen in diese Veränderungen immer noch eine Schlüsselrolle im Bereich der industriellen Restrukturierung. Bei einer Analyse von Zukunftsentwicklungen läuft man jedoch Gefahr, den entscheidenden Punkt zu verfehlen, wenn man sich nur auf diese Probleme konzentriert.

Die strukturellen Veränderungen, die gegenwärtig in der Industrie Platz greifen, transformieren das Gesamtensemble der Produktionsbedingungen. Keine der vielfältigen Aktivitäten eines Unternehmens sind ausgeschlossen: weder die Entwicklung, noch die Planung, noch die Produktion, noch die Logistik, noch der Einkauf, noch der Verkauf usw. Nicht nur sind alle diese Aktivitäten einbezogen. Vielmehr werden sie auch immer systematischer miteinander verknüpft. Sie stehen dementsprechend immer stärker unter dem Imperativ einer strikten Koordinierung, so daß man sie auch mit dem Begriff der "systemischen Rationalisierung" bezeichnen kann.

Man nehme das Beispiel der Veränderungen, die sich gegenwärtig typischerweise in einem Automobilwerk abspielen. Figur 1 zeigt die verschiedenen Komponenten der Restrukturierung. Würde man den traditionellen Ansätzen der Industriesoziologie folgen, so würde man sich auf die internen Faktoren der Rationalisierung konzentrieren, obwohl die Rationalisierung heute auch die Redefinition der Schnittstellen zwischen der Kernfabrik und ihrer Umwelt, z.B. mittels der Externalisierung bestimmter Operationen (Figur 2), einschließt.

Die soziologische Analyse der Rationalisierung muß diesen neuen Beziehungen Rechnung tragen, und sie kann dies nur, indem sie ihren Zugriff erweitert. Wie aber könnte dies geschehen?

Ich kann hier nicht alle Vorschläge darstellen, die innerhalb der Industriesoziologie zur Beantwortung dieser Fragen gemacht worden sind. Vielmehr konzentriere ich mich hier auf eine mögliche Antwort.

Figur 1: Auf dem Weg zum Kernunternehmen. Beispiel Autoindustrie

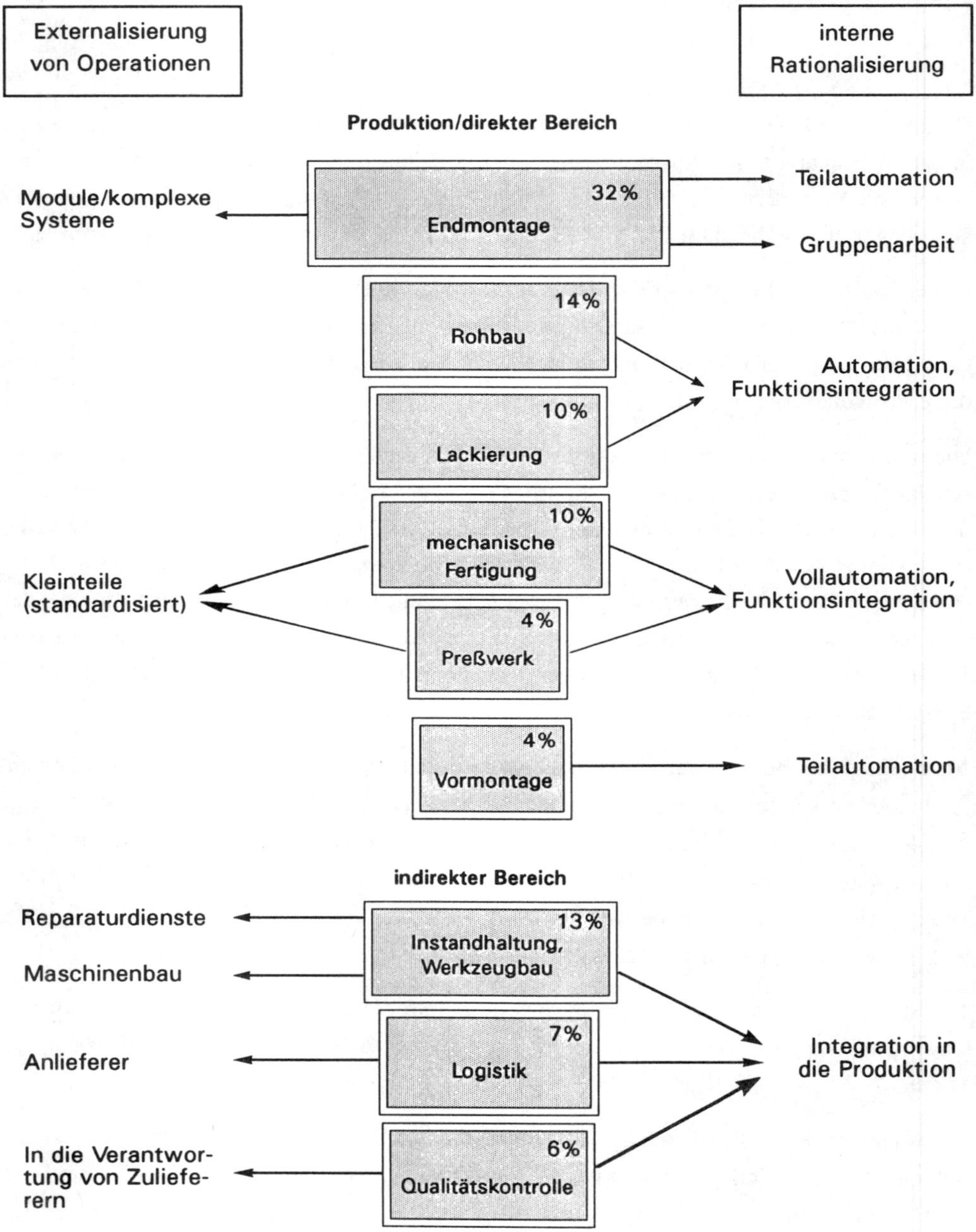

Figur 2

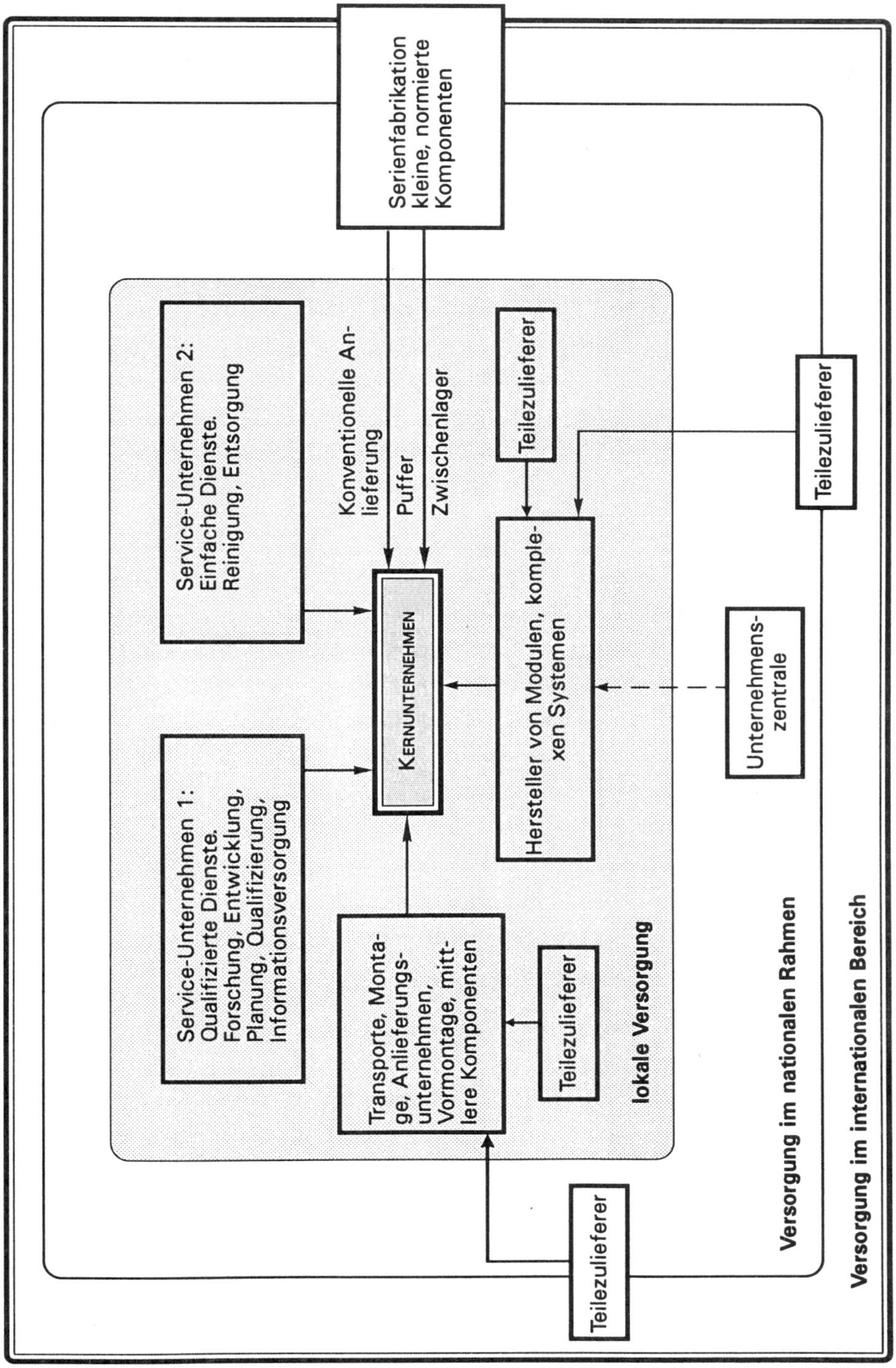
Serienfabrikation
kleine, normierte
Komponenten
Service-Unternehmen 2:
Einfache Dienste.
Reinigung, Entsorgung
Konventionelle An-
lieferung
Puffer
Zwischenlager
Teilezulieferer
Teilezulieferer
Kernunternehmen
Hersteller von Modulen, komple-
xen Systemen
Unternehmens-
zentrale
Service-Unternehmen 1:
Qualifizierte Dienste.
Forschung, Entwicklung,
Planung, Qualifizierung,
Informationsversorgung
Transporte, Monta-
ge, Anlieferungs-
unternehmen,
Vormontage, mitt-
lere Komponenten
Teilezulieferer
lokale Versorgung
Versorgung im nationalen Rahmen
Versorgung im internationalen Bereich
Teilezulieferer

I. Zurück zur "best practice?"

Es scheint mir evident, daß sich die Industriesoziologie heute mit den Schnittstellen zwischen dem Unternehmen einerseits und dessen Umgebung beschäftigen muß. Was diese Schnittstellen anlangt, so wird nun häufig eine These vertreten, die schon im Denken der klassischen politischen Ökonomie enthalten war und die nun wieder - übrigens ohne Sinn für ihre historischen Wurzeln - in Mode gekommen ist.

Die Idee der "best practice", der weltbesten Vorgehensweisen oder Lösungen, wird heute vielfach in der Form einer unvermeidlichen "Japanisierung" der Unternehmen präsentiert. In ihrer reinen Form läuft sie auf folgende Behauptung hinaus: Für jede Entwicklungsperiode kann man objektiv definieren, welche Arbeitsorganisation und welche Technologie ein Maximum an Effizienz gewährleisten. Vermittels des Mechanismus der Konkurrenz entdeckt und lernt jedes Unternehmen diese Methoden. Weil jeder öknomische Akteur nur um den Preis seiner Existenz ineffizient sein kann, muß er - ob er will oder nicht - diese vorzüglichen Methoden anwenden.

In ihrer aktuellen Variante lautet das Argument der besten Lösung wie folgt: Die japanischen Unternehmen haben spezifische Methoden entwickelt, z.B. die höchst flexiblen technischen Systeme, die offenen Arbeitsorganisationen, den integrierten Arbeitseinsatz, den pufferfreien Materialfluß, die konsensualen Beziehungen zwischen den Kernbelegschaften und dem Management usw. Durch diese Methoden, die seit Womack, Jones und Roos "lean production" genannt werden (7) konnte die japanische Industrie den Spitzenplatz im Kampf um die größte Effizienz einnehmen. In Anbetracht der wachsenden Interdependenz der Märkte kann sich kein Unternehmen aus der internationalen Konkurrenz auskoppeln. Die Freiheit des einzelnen Unternehmens, seine Produktion in abweichender Weise auszugestalten, wäre von kurzer Dauer, liefe sie doch auf die Wahrnehmung eines Rechts auf Ineffizienz hinaus. Weil sich die japanischen Methoden als die schlagkräftigste Waffe erwiesen haben, muß jedes Unternehmen sie als Leitlinie seiner eigenen Restrukturierung anerkennen.

Man kann indes diese Argumentation unter einer theoretischen Perspektive kritisieren, z.B. in bezug auf das ihr unterlegte Konzept der Effizienz, das zu simpel ist. Dieses wäre eine Position, die sich auf Harvey Leibenstein (3) beziehen ließe. Ich ziehe es hier vor, mich den Schwächen des Konzepts der "best practice" zu nähern, indem ich einige einfache Fragen stelle:

> Warum war die japanische Automobilindustrie in den USA so erfolgreich? Und warum hat sie gute Chancen, nun auch Europa aufzurollen, und zwar nicht nur als Markt, sondern auch als Produktionsstandort? Natürlich auch der "lean production" wegen, aber eben nicht nur ihretwegen. Es ist auch wichtig, daß die Japaner ihr spezifisches

Produktionsmodell auf behutsame und überlegte Weise exportiert haben. Vor allem haben sie in den Vereinigten Staaten peinlich genau das Prinzip einer Korrespondenz zwischen Produktionsmodell einerseits und den institutionellen Rahmenbedingungen am Standort andererseits beachtet. Der Hauptweg, über den dieses Ziel erreicht wurde, bestand im Aufbau von neuen Fabriken in industriell noch nicht durchstrukturierten Räumen ("greenfield plants"). Dort fand man so viel Flexibilität, daß man sich leicht selbst die institutionellen Rahmenbedingungen schaffen konnte, die man zur Anwendung des eigenen Modells brauchte. Bei der Eroberung Europas via Großbritannien macht man sich diese Erfolgsstrategie zu nutze. Allerdings waren die japanischen Autohersteller vorsichtig genug, um nicht alles auf eine Karte zu setzen. So wurden auch Nebenwege ins Auge gefaßt, insbesondere der über strategische Allianzen mit Inlandspartnern (wie z.B. im Fall von NUMMI, einem "joint venture" zwischen GM und Toyota).

Warum tat sich die amerikanische Automobilindustrie zunächst so schwer, der japanischen Herausforderung zu begegnen? Natürlich auch deswegen, weil die hochintegrierten Mammutunternehmen fordistischer Prägung die "lean production" zu langsam lernten. Aber nicht nur deswegen. Mit der Zeit haben diese Unternehmen sehr wohl die Vorzüge der schlanken Produktion erkannt. Seither wollen sie dieses Modell selbst einführen, und zwar möglichst schnell. Jedoch war ihre Implementationsstrategie die falsche. Denn sie bestand und besteht oft in nichts anderem als einer schematischen Japanisierung: einer Kopie ohne Beachtung des Prinzips, daß spezifische Produktionsmethoden an einem neuen Standort nicht die Effizienz entfalten können, die sie an ihrem Ursprungsstandort besitzen, wenn die institutionellen Rahmenbedingungen nicht passen. Die mangelhafte Stimmigkeit der instituionellen Rahmenbedingungen führt dann zu Dysökonomien. Die Ausnahme bestätigt die Regel: Warum ist Saturn Springhill Tennessee, eine neue GM-Tochter, so erfolgreich? Weil eben gerade nicht schematisch japanisiert wird. Saturn kann man als die Ökonomisierung des "american dream" bezeichnen. In diesem Fall greifen Modell und institutioneller Rahmen ineinander.

Warum schließlich war VW Westmoreland ein Flop? Nicht nur, weil man die Methoden der schlanken Produktion noch nicht beherrschte. Der entscheidende Punkt liegt wieder darin, daß der soziale Rahmen nicht der adäquate war. Man wollte ein Produktionsmodell "Made in Germany" in einer durch und durch amerikanischen Fabrik installieren.

II. Globalisierung und Regionalisierung

In allen Fällen, auf die ich hier Bezug genommen habe, bewegten und bewegen sich die Unternehmen im globalen Maßstab. Aber der Ausdruck "Globalisierung" heißt hier nur, daß die Unternehmen weltweit, "universell" operieren. Sie sind "global players". Sie begegnen sich oberhalb geschützter regionaler oder nationaler Arenen. Sie konkurrieren und kooperieren global. Aber diese Globalisierung des Aktionsradius bedeutet mitnichten, daß jedes Unternehmen genau dieselbe Methode wie sein Konkurrent benutzen muß. Das wäre der richtige Weg nur dann, wenn man dieselben Methoden besser beherrscht als der Konkurrent. Den dafür nötigen Rahmen zu schaffen, kann aber sehr aufwendig sein.

Deshalb ist der einfachere Weg zur Wettbewerbsfähigkeit oft der, daß man solche Methoden entwickelt und praktiziert, die fein auf die eigenen institutionellen Rahmenbedingungen abgestimmt sind. Dieser Weg führt zu einer Strategie der Verwandlung der eigenen Ressourcen in komparative Vorteile. Im Hinweis auf diese Strategie liegt übrigens der bleibende Wert der Theorie der komparativen Kosten, mit der Ricardo (5) seinerzeit die Hauptströmung der politischen Ökonomie kritisiert hat, und es ist exakt diese Theorie, die heute in der reflektierten Globalisierungsliteratur wieder aufgegriffen wird, z.B. von Michael Porter (4).

Der institutionelle Rahmen

Daraus ergibt sich folgende Schlußfolgerung: Oft ist ein guter Akteur im globalen Maßstab gerade derjenige, der spezifisch operiert, d.h. der sich auf eine Weise verhält, die sehr gut an den konkret gegebenen institutionellen Rahmen angepaßt ist. Doch was meint man genau, wenn man hier vom institutionellen Rahmen spricht? Um es zunächst auf deskriptive Weise anzugehen: zu den institutionellen Rahmenbedingungen gehören das System der Berufsausbildung; das System der industriellen Beziehungen; die Struktur der Zulieferer-Endfertiger-Netze; die normativen Systeme für ökonomische Handlungen; die Modi der staatlichen Regulation der Industrie usw. Doch führt uns diese Aufzählung nicht viel weiter. Die Frage, der sich die soziologische Analyse heute vorab zuwenden muß, lautet vielmehr wie folgt: Welches ist heute das richtige Niveau zur Untersuchung des institutionellen Rahmens produktiver Systeme?

Eine naheliegende Antwort wäre die, die institutionellen Rahmenbedingungen auf der Ebene von Nationen zu erfassen, also als nationale Konfigurationen. Dies wäre indessen ein zu einfacher analytischer Startpunkt.

Die Erosion nationaler Aggregationen

In bezug auf das Paradigma der Massenproduktion wäre die Schwerpunktsetzung bei den nationalen Konfigurationen gerechtfertigt gewesen. Das Planungsideal der Massenproduktion bestand in der Homogenisierung und Nivellierung der Nachfrage, der Arbeitskräfte und der Betriebsstrukturen, d.h. in der Transformation der konkreten Käuferpräferenzen und der konkreten Produktionsbedingungen in Standardvariable. In diesem Ideal war bereits die Tendenz zur Globalisierung angelegt, doch war diese mit nationalen Institutionen verschmolzen.

Die Nation markierte in der Tat das Hauptfeld wirtschaftlicher Aktivitäten, denn der ganze fordistische Regulationsapparat basierte auf dem Zusammenspiel nationaler Institutionen.

Allmählich ist dann allerdings die Außenhaut dieser nationalen Systeme durch die Selbsttransformation der fordistischen Unternehmen in internationale oder multinationale Unternehmen durchlöchert worden. Zugleich muß man beachten, daß die fordistische Homogenisierung im Innern der nationalen Systeme unvollkommen blieb. Tatsächlich erwiesen sich historisch überkommene soziale Strukturen immer wieder als sperrig für eine Anwendung der fordistischen Prinzipien der Produktionsgestaltung, so daß erstere - wie rudimentär und isoliert auch immer - die Ära die Massenproduktion überdauern konnten.

Freilich sind dies Feinheiten, die den Analysen auf der Ebene nationaler Modelle für die Periode der Massenproduktion nicht ihren Wert nehmen. Jedoch wäre eine Fixierung auf die nationalen Systeme für die Analyse der Gegenwartsformen der industriellen Restrukturierung fatal. Denn diese Restrukturierung läuft auf die Ersetzung des Paradigmas der Massenproduktion hinaus.

In dieser neuen Entwicklungsphase der Ökonomie haben sowohl die Globalisierung wie auch die Regionalisierung ökonomischer Aktionen allergrößtes Gewicht erhalten. Dementsprechend wirken heute zwischen den Nationen, den Regionen und den globalen Arenen neue dynamische Kräfte. Was sich heute abspielt, ist die Öffnung der nationalen Systeme nach unten hin, d.h. in Richtung der Regionen, wie auch nach oben hin, d.h. in Richtung der globalen Arenen. Der entscheidende Punkt ist dabei der, daß diese beiden Prozesse auf dialektische Weise miteinander verknüpft sind.

III. Die räumliche Einbettung der Unternehmen

Diese Dialektik bedarf einer Erläuterung. Zwei Thesen können dazu formuliert werden: eine zum Problem der regionalen Spezialisierungen und eine zum Wesen der Relokalisierung der Fertigung.

Die regionalen Spezialisierungen

Die Logik der Diversifikation und der Spezialisierung, die bekanntlich die Antworten der Unternehmen auf die Ausdifferenzierung der Märkte bestimmt, führt zur Bildung und klareren Konturierung regionaler Ökonomien. Dieses Problem wurde von Charles Sabel (6) umfassend analysiert, und in bezug auf Frankreich hat z.B. Bernard Ganne die Bedeutung regionaler Dimensionen bei der ökonomischen Restrukturierung herausgearbeitet (1). Je fließender die Märkte werden, umso riskanter ist es, Puffer und Läger zu halten. Daraus resultiert

Figur 3

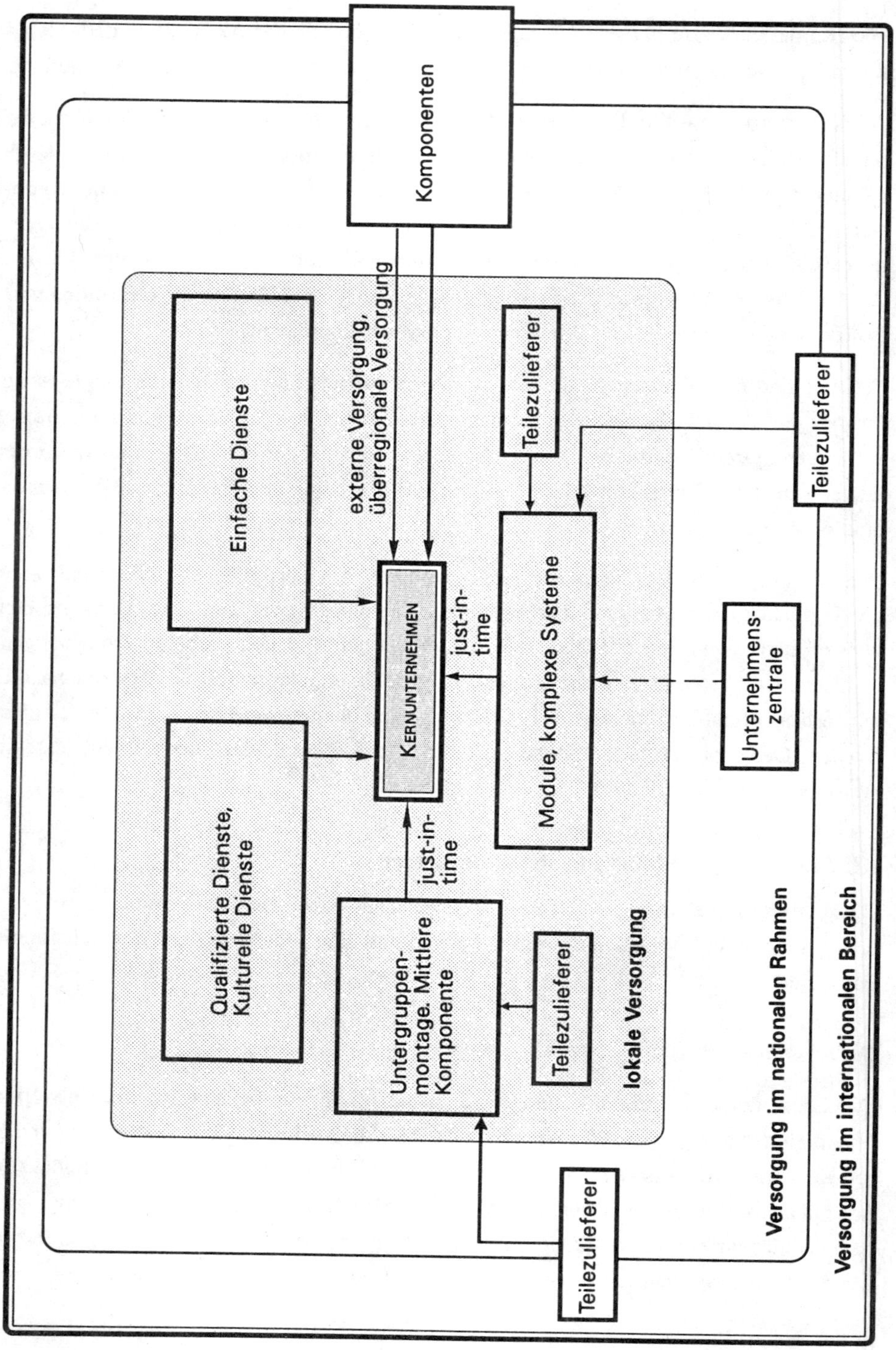
Komponenten
externe Versorgung, überregionale Versorgung
Einfache Dienste
Qualifizierte Dienste, Kulturelle Dienste
Kernunternehmen
just-in-time
just-in-time
Teilezulieferer
Module, komplexe Systeme
Teilezulieferer
Unternehmens-zentrale
Untergruppen-montage. Mittlere Komponente
Teilezulieferer
lokale Versorgung
Teilezulieferer
Versorgung im nationalen Rahmen
Versorgung im internationalen Bereich

die Attraktivität der just in time-Logistik mit der in ihr angelegten Folge eines Heranrückens der Zulieferer an ihre wichtigsten Kunden (vgl. Figur 3). Je flexibler die Märkte werden, umso kürzer müssen die Entwicklungszeiten für neue Technologien sein und umso wahrscheinlicher wird es, daß die notwendige Intensivierung des Austauschs von Wissen zur Suche nach den kürzesten und direktesten Wegen führt. Daraus ergibt sich, daß die Unternehmen immer mehr die Vorteile einer räumlichen Nähe zu kompetenten Partnern schätzen lernen; demzufolge wächst ihr Bemühen, physisch dort präsent zu sein, wo man das nötige know how bereits in embryonaler Form vorfindet. Man kann all dies als Verknüpfung zwischen Unternehmen durch räumliche Konzentration bezeichnen.

Regionen, die aus historischen Gründen die vorteilhaftesten Ressourcen besitzen, gewinnen die Qualität von Kristallisationskernen. Dieser Prozeß der Profilierung von Regionen wird durch einen weiteren Faktor beeinflußt: Je mehr sich die Unternehmen spezialisieren, umso stärker sind sie auf die Versorgung durch externe soziale Dienste angewiesen. Berufsausbildung, Forschung und Entwicklung, Planung, kommerzielle Informationen, Reinigung, Entsorgung - alles ist wichtig, aber nicht jeder kann all diese Funktionen selbst erledigen. Je mehr die spezialisierten Unternehmen zu wissensbasierten Unternehmen werden ("knowledge industries"), umso mehr Nutzen ziehen sie auch aus den kulturellen Diensten, die ein Standort anbietet. Ohne eine kulturelle Infrastruktur ist es nicht mehr möglich, das qualifizierte Personal zu rekrutieren und zu halten, auf welches man angewiesen ist. Dies könnte man als räumliche Einbettung der Unternehmen in die öffentliche Infrastruktur bezeichnen, von der das Gedeihen der Unternehmen immer mehr abhängt. Wiederum besitzen Regionen mit dem besten Strukturangebot die größte Anziehungskraft.

Weltweite Versorgungsströme und Dezentralisierung

Aber wenn auch die Regionalisierung der Produktion ein wichtiges Element der Reaktionen darstellt, mit denen sich die Unternehmen der Verfeinerung der Märkte anpassen, so bedeutet dies nicht, daß nunmehr alle Operationen, die zur Erstellung eines komplexen Produktes notwendig sind, in einer einzigen Region konzentriert werden müssen. Die präzisere Profilierung der Regionalökonomien einerseits und die Globalisierung der Produktion andererseits stellen keinen Widerspruch dar, sondern gehen im Gegenteil Hand in Hand.

Zwei Fälle der räumlichen Auslagerung von Produktionslinien sind zu unterscheiden: der einer supraregionalen Versorgung durch Zulieferer, der bis zu einem "global sourcing" gehen kann und der einer supraregionalen Dezentralisierung der eigenen Fertigung, der seinerseits globale Maßstäbe annehmen kann.

Der Fall des "out-sourcing" betrifft die Schnittstelle zwischen den Zulieferern und den Final-

Figur 4

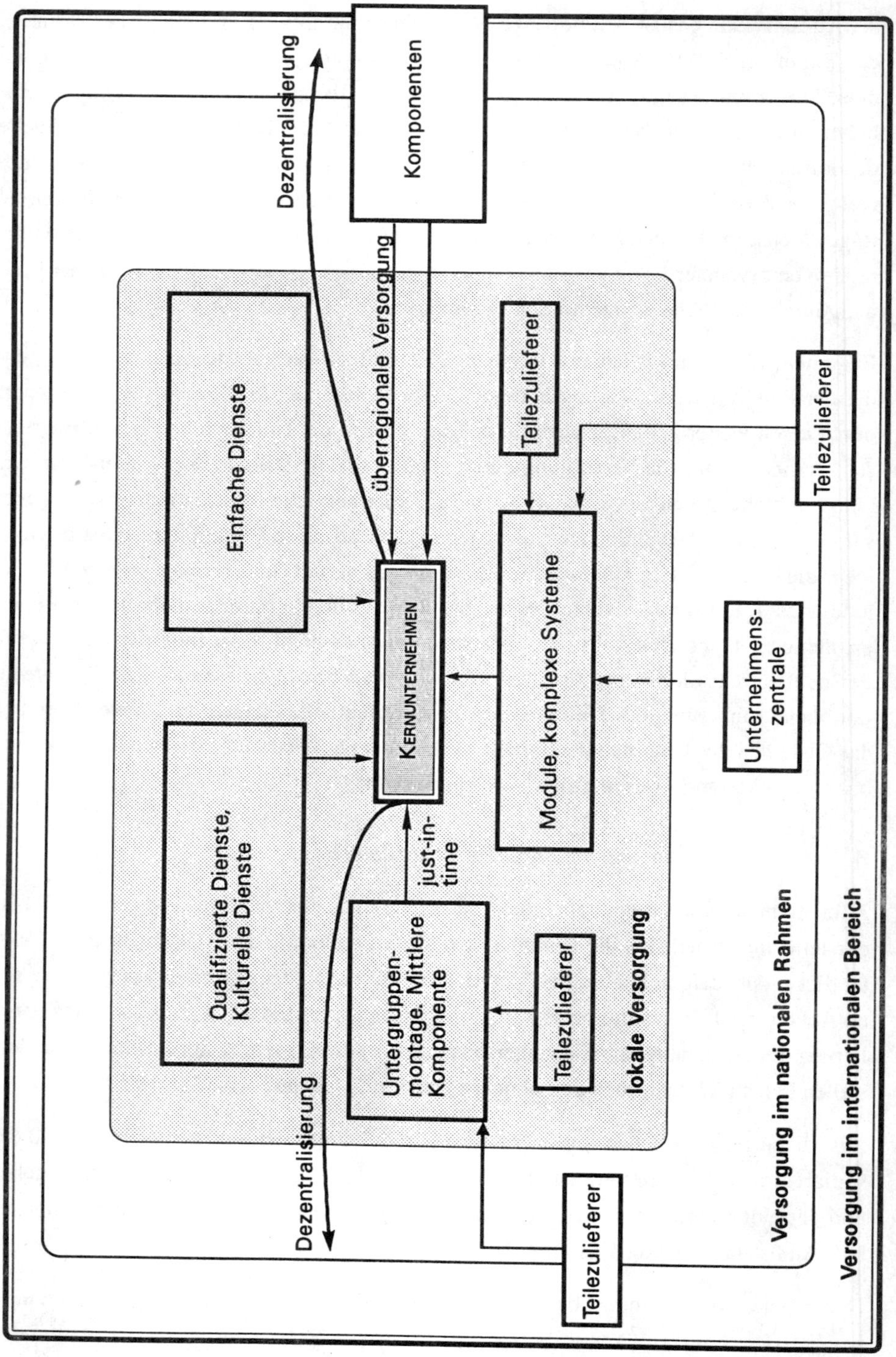
Komponenten
Dezentralisierung
überregionale Versorgung
Einfache Dienste
Teilezulieferer
Teilezulieferer
Kernunternehmen
Module, komplexe Systeme
Unternehmens-
zentrale
Qualifizierte Dienste,
Kulturelle Dienste
just-in-
time
Untergruppen-
montage. Mittlere
Komponente
Teilezulieferer
lokale Versorgung
Dezentralisierung
Teilezulieferer
Versorgung im nationalen Rahmen
Versorgung im internationalen Bereich

produzenten. Manchmal, vor allem bei just in time-Logistik oder bei Entwicklungskooperation, ist die räumliche Nähe zwischen Endfertigern und Zulieferern unverzichtbar. Aber manchmal wird es der Endfertiger auch als vorteilhaft ansehen, mit Zulieferern zu kooperieren, die in anderen Regionen angesiedelt sind, statt seine Zulieferer dazu zu ermutigen, sich in seiner Nachbarschaft anzusiedeln. Die supraregionale Versorgung könnte vorteilhaft sein, wenn entferntere Regionen über spezifische Ressourcen verfügen, die besonders hohe Qualitäten oder niedrige Herstellungskosten ermöglichen. Der Fall der Dezentralisierung betrifft dagegen die räumliche Verschiebung von Produktionsfunktionen in entferntere Zweigwerke. Im Endpunkt können solche Veränderungen zu einem regelrechten Aufsprengen der Kernfabrik führen (vgl. Figur 4).

In jedem Fall ist entscheidend, daß - unabhängig von der konkreten Form, die die Umverteilung der Aktivitäten zwischen den Regionen annimmt - die Reorganisation von einem Konzept der produktiven Spezialisierung gesteuert wird, dementsprechend die Produzenten in einem definierten Territorium die Ressourcen ausbeuten, für welche das Territorium die größten komparativen Vorteile besitzt. Umgekehrt bedeutet dies, daß jene Funktionen, für welche andere Territorien bessere Ressoucen haben, exterritorialisiert werden. Zu entscheiden, was gekauft oder selbst hergestellt werden sollte und wo es am besten herzustellen ist, wird nicht nur immer wichtiger. In der Tat erweitert sich der Horizont dieser Entscheidung auch in dem Maße, in dem die Kommunikations- und Transporttechnologien verbessert werden und die Barrieren gegen die Zirkulation von Waren und Kapitalien reduziert werden können. Die Herausbildung von regionalen Gravitationszentren und die globale Verzahnung ökonomischer Prozesse stellen unter diesen Voraussetzungen die zwei Seiten ein und derselben Medaillie dar.

Nun wäre es sicher absurd zu sagen, daß durch diese doppelte Tendenz zur Regionalisierung und Globalisierung die Prozesse der industriellen Restrukturierung heute jede nationale Kolorierung verloren hätten. Wichtig ist zunächst nicht mehr als die Feststellung, daß die nationalen Ökonomien mehr denn je als Systeme angesehen werden müssen, innerhalb derer mehrere Prinzipien der industriellen Organisation präsent sind. Keinesfalls kann man noch länger von Tendenzen einer Homogenisierung der Beziehungen im Innern der nationalen Systeme sprechen. Die Vielfalt der industriellen Entwicklungen manifestiert sich nicht nur in der Form von Entwicklungsdifferenzen zwischen Nationen, sondern auch als die fundamentale Differenzierung im Inneren der Nationen selbst.

Die Vermittlung zwischen den verschiedenen Prinzipien der Organisation - und dies ist auch ein Novum - wird nicht mehr allein oder vorzugsweise durch nationale Institutionen hergestellt. Selbst wenn diese Institutionen weiter bestehen, können die Unternehmen sie heute leichter ignorieren als früher. Ihre Vermittlungsleistung wird durch Mechanismen des direkten Austausches zwischen den Unternehmen ersetzt, die es den Unternehmen erlauben, im globalen Maßstab zu handeln. Exakt dies impliziert eine Erweiterung der Austauschmöglichkeiten, so daß die Vielfalt der Entwicklungspfade dadurch noch einmal erweitert werden könnte.

Wofür ich in diesem Beitrag plädieren möchte, ist die Beachtung unterschiedlicher Niveaus in der Analyse der räumlichen Seite produktiver Systeme. Nicht kam es mir jedoch darauf an, das eine oder das andere Niveau als besonders wichtig für das Verständnis oder die Interpretation der industriellen Restrukturierung, die gegenwärtig abläuft, zu bezeichnen. Die inhaltliche Analyse der Entwicklung der produktiven Systeme ist längst noch nicht abgeschlossen. Viele Untersuchungen sind noch im Gange. Diese werden freilich umso fruchtbarer sein, je mehr sie beim Studium der Transformation der produktiven Systeme auf die räumliche oder institutionelle Einbettung der Unternehmen achten und dabei dem Wechselspiel zwischen den verschiedenen Aktionsebenen Rechnung tragen.

Zitierte Literatur

1. **Ganne B.**, Développement local et ensemble de PME, document GLYSI, no 6, 1992, juillet 1992.
2. **Kern H.**, **Sabel C.F.**, "Trade Unions and Decentralized Production: a sketch of strategic problems in West German labor movement", Politics and Society, vol. 19, no 4, 1991.
3. **Leibenstein H.**, "Allocative Efficiency vs. X-Efficiency", The American Economic Review, vol. 56, 1966.
4. **Porter Michael E.**, The Competitive Advantage of Nations, New York, The Free Press, 1991.
5. **Ricardo D.**, Principles of Political Economy and Taxation, London, 1846.
6. **Sabel C.F.**, "Flexible specialisation and the re-emergence of regional economics" in Hirst P.I., Zeitlin J. (eds), Reversing Industrial Decline, Oxford, Berg Publishers, 1989.
7. **Womack J.P.**, **Jones D.T.**, **Roos D.**, The Machine That Changed The World, Rawson Associates, New York etc. 1990.

Wolfgang Krumbein/Christian Friese/Friedhelm Hellmer/Heike Kollros

Industrial districts und "Normalregionen"

- Überlegungen zu den Ausgangspunkten einer zeitgemäßen Wirtschaftsförderpolitik -

1. Einleitung

In der Debatte um die sog. 'Industrial-Districts' (ID), die bislang hauptsächlich im englischen Sprachraum recht kontrovers geführt wurde [(1)], werden zwei unterschiedliche Problemkreise behandelt. Auf der einen Seite geht es um einen *Erklärungsversuch* für die besondere ökonomische Prosperität in Regionen wie dem mittleren Italien, einzelnen High-Tech-Regionen in den USA und auch in Baden-Württemberg; insbesondere wegen dieses Bezugs auf das wirtschaftliche Wohlergehen im deutschen Südwesten hat dieser Aspekt der ID-Debatte in den letzten Jahren auch in Deutschland höhere Aufmerksamkeit erlangt.

Auf der anderen Seite aber enthält die englischsprachige Debatte auch *konzeptionelle Elemente*, die in unserem Sprachgebiet bislang zuwenig beachtet wurden: Gefragt wird danach, inwieweit bestimmte erfolgserklärende Momente nicht nur für die bislang untersuchten Regionen von Bedeutung sind, sondern konzeptionell gewendet und in der Folge als Vorbild für eine neue regionale Wirtschaftsförderpolitik generell nutzbar gemacht werden können. Wir werden uns im folgenden auf diesen zweiten Problemkreis der ID-Debatte beziehen. Uns interessiert die Frage, ob der Ratlosigkeit, die mittlerweile bei den Akteuren der regionalen und kommunalen Wirtschaftsförderung festzustellen ist (Abschnitt 2), durch einige konzeptionelle Anregungen, die in den Analysen von ID inbegriffen sind (Abschnitt 3) entgegengewirkt werden kann. Von Relevanz wären die neuen Konzepte hauptsächlich dann, wenn sie nicht nur in ohnehin bevorteilten wenigen Ausnahmeregionen Anwendung finden könnten, sondern auch und gerade in der großen Mehrzahl der von uns 'Normalregionen' genannten Gebieten. Aus einer qualitativen Eingrenzung von 'Normalregionen' mittels einer Abgrenzung zu 'Ausnahmeregionen' (wie den ID) und einer quantitativen Einordnung am Beispiel des deutschen Bundeslandes Niedersachsen (Abschnitt 4) lassen sich einige Schlußfolgerungen in Bezug auf die Frage ziehen, inwieweit die Konzepte der ID-Debatte in Normalregionen nutzbringend umgesetzt werden können (Abschnitt 5).

---

1) Vgl. zusammenfassend u.a. Sengenberger/Pyke 1992 und eher in Form eines Überblicks Kilper/Rehfeld (o.J.). Ausführlicher zu den einzelnen Punkten vgl. unten Abschnitt 3.

2. Deutsche Wirtschaftsförderpolitik unter zunehmendem Problemdruck

Die deutsche Wirtschaftsförderpolitik sieht sich keineswegs deswegen vor große Probleme gestellt, weil sie über keine oder immer weniger Handlungsmöglichkeiten verfügen würde; im Gegenteil kann man durchaus feststellen, daß sich das Feld der den Regionen offenstehenden Handlungsoptionen in den letzten beiden Jahrzehnten deutlich ausgeweitet hat. Jedoch - und hier liegt die eigentliche Schwierigkeit- ist mit den neuen Konzepten und Maßnahmen keineswegs eine erhöhte Erfolgsaussicht verbunden; die neuen Instrumentarien greifen nicht oder können nicht umgesetzt werden, so daß der Problemdruck, dem sich die "Wirtschaftspolitik von unten" (Naßmacher 1987) ausgesetzt sieht, ebenso zunimmt wie die Ratlosigkeit vieler Akteure vor Ort. Noch immer -so lautet die Schlußfolgerung- befindet sich die von den regionalen Ebenen [(2)] betriebene Wirtschaftsförder-, Innovations- und Arbeitsmarktpolitik in einer Art Suchprozeß, in dem eine zeitgemäße regionalpolitische Antwort auf die ökonomischen Strukturbrüche seit Mitte der 70er-Jahre bislang noch nicht gefunden worden ist.

Bis spätestens Mitte der 70er Jahre war der Problemtyp, an dem die bundesdeutsche Regionalpolitik anzusetzen hatte, sehr klar und eindeutig definierbar: Die Disparitäten zwischen Agglomerationen und ländlichen peripheren Gebieten, sowie das Süd-Nord-Gefälle. Die erheblichen Disparitäten zwischen den Regionen sollten auf der einen (zentralen) Seite durch die Infrastruktur- und Investitionsfördermaßnahmen der Gemeinschaftsaufgabe Regionale Wirtschaftsförderung (GRW) verkleinert werden; auf der ergänzenden (dezentralen) Seite wurde von den Kommunen eine gezielte Ansiedlungsförderpolitik betrieben. Zur langen Liste berechtigter Kritik an der GRW [(3)] gehört auch, daß sich ein grundlegender Erfolg im Disparitätenabbau [(4)] nicht feststellen läßt. Dies gilt in verstärktem Maße seit Mitte der 70er

---

2) Mit diesem Ausweichen auf den weicheren Begriff der regionalen Ebenen (vgl. auch Danielzyk 1993) sollen die Probleme verringert werden, die sich bei der Verwendung des durch unterschiedlichste Definitionen bzw. Zuschnitte in der EG und im deutschen Förderalismus verunklarten Begriffs "Region" zeigen. Generell sollen unter "regionaler Ebene" die auf verschiedenen Ebenen zwischen Kommune und Zentralstaat angesiedelten Kooperationsformen von staatlichen Organen, Wirtschaft, Wissenschaft und unterschiedlichsten intermediären Organisationen verstanden werden. Soweit im folgenden der Begriff Region noch verwandt wird, ist er im skizzierten Sinn zu verstehen.

3) Vgl. zur allgemeinen Kritik zusammenfassend Voelzkow (1990). Zum in diesem Beitrag besonders interessierenden Aspekt der zentralistischen Ausgestaltung der GRW vgl. Schuster (1987).

4) Vgl. zusammenfassend Heine/Schikora (1990). Letztlich ist bis heute ungeklärt, ob ein partieller und auf wenige Zeitperioden beschränkter Disparitätenabbau (soweit überhaupt feststellbar) nicht auf die Maßnahmen der regionalen Wirtschaftsförderung, sondern die allgemeine prosperierende Wirtschaftsentwicklung zurückgeführt werden muß.

Jahre, weil nun die Grundlagen dieses regionalpolitischen Konzepts obsolet wurden: Strukturumbrüche und nachlassendes Wirtschaftswachstum ließen die entscheidenden Orientierungsgrößen des alten Konzepts, das Neuansiedlungspotential und die Mobilität des Kapitals, drastisch sinken (vgl. Bullmann 1991; Ewringmann/Kortenkamp 1986). Auch der Problemtyp der existierenden Disparitäten änderte sich; das Stadt-Land-Gefälle wurde zunehmend durch Differenzierungen innerhalb des Regionstyps 'Ballungsgebiete' überlagert, insbesondere zwischen zurückbleibenden Regionen mit einseitigen, meist altindustrialisierten Wirtschaftsstrukturen auf der einen Seite und dynamischen Regionen mit modernem Industriebesatz und stark expandierenden Dienstleistungsbereichen auf der anderen Seite.

Am Ende des ersten Zeitabschnitts (spätestens Ende der 70er Jahre) der regionalen Wirtschaftsförderung in Deutschland lag offen zutage, daß

- ein auf exogene Impulse (vgl. Läpple 1991) vertrauendes,
- mit althergebrachten rechtlichen und finanziellen Steuerungsinstrumenten arbeitendes

Konzept mindestens beim Disparitätenabbau an seine Grenzen gestoßen war. Insbesondere für Kommunen und Regionen auf den unteren Ebenen fehlte nunmehr ein von den zentralen Ebenen ausgehendes Konzept, das sie vertrauensvoll zur Grundlage eigener ergänzender Politiken machen konnten.

Konzeptionelle und praktische Wandlungen wurden durch die neue Lage allerdings beim Kernstück der deutschen Regionalpolitik, der GRW, nicht bewirkt; halbherzige Reformen änderten wenig an der Überzentralität und Inflexibilität dieses Instrumentariums (vgl. Beckenbach 1988; Schuster 1987). Neues hingegen zeigte sich auf den Ebenen der Kommunen und Regionen: Hier wurden neue Instrumente erprobt, die zumeist die Handlungsoptionen der unteren dezentralen Ebenen ausweiten und im Effekt deren wirtschaftliche und finanzielle Kraft stärken sollten. Im Katalog der ergriffenen Maßnahmen fanden sich neben unterschiedlichsten Maßnahmen wie Technologietransfer, Innovationsberatung, mittelstandsorientierte Technikförderung, Verbesserung der regionalen Berufsbildung (vgl. Voelzkow 1990; Jürgens/Krumbein 1991; Hucke/Wollmann 1989) insbesondere zwei für die Praxis zentrale Konzepte, die Bestandspflege und die Errichtung von Technologieparks.

Mit Hilfe der Errichtung von Technologieparks wollten die Kommunen die Modernität ihrer eigenen Politik in dem Sinne beweisen, daß sie in der Lage waren, ein Grundcredo neuerer Wirtschaftspolitik, die Förderung von "High-Tech", in den eigenen Politikbereich zu übernehmen (vgl. Dose/Drexler 1988). Die Erfolge allerdings sind mehr als mager: Angesichts der geringen Arbeitsmarkteffekte und der niedrigen Ausstrahlung in die Region hinein lassen sich die hohen finanziellen Aufwendungen der Träger (häufig Kommunen) kaum rechtfertigen (vgl. zur Kritik u.a. Bullmann 1988; Eisbach 1990). Auch die Erfolge bei der Bestandspflege, mit der die unteren Ebenen den ansässigen Unternehmen, Finanz- und Beratungshilfen bei Entwicklungsproblemen zukommen lassen wollen, sind kaum befriedigend. Die wesentlichen Gründe für die Halbherzigkeit der Bestandspflege - die unzureichende institutionelle und personelle Struktur und die fehlenden Informations- und Kommunikationskanäle (vgl. Bullmann 1988) - sind allerdings kennzeichnend für die Schwächen der regionalen Wirtschaftsförderung generell:

- Die bisherige Ausrichtung an zumeist harten (finanziellen und rechtlichen) Fördermaßnahmen ist nur ansatzweise überwunden worden. Bei der Errichtung von Technologieparks wurde die Orientierung an der Mobilität des Sachkapitals nur ersetzt durch den Versuch, den Technologiegehalt des regionalen Kapitals zu erhöhen. Und bei der Bestandspflege sind genau dort die Schwächen zu orten, wo zu mehr weichen Fördermaßnahmen wie der Verbesserung von Information und Kommunikation unter den regionalen Akteuren übergegangen werden sollte (5).
- Die Hoffnung, durch regionale Aktivitäten die immer wirkungsloser werdende zentrale Regionalpolitik zu ergänzen oder ganz zu ersetzen, hat bislang meist getrogen (6). Statt dessen hat sich eine Kongruenz des Mißerfolgs ausgebildet: Zentrale Maßnahmen greifen nicht mehr oder immer weniger und regionale Instrumente haben keinen oder noch nicht ausreichenden Erfolg.

Vor diesem Hintergrund kann es kaum überraschen, daß die regionalen Disparitäten auch in der alten Bundesrepublik in dieser bis heute andauernden Phase regionaler Wirtschaftsförderpolitik nicht nur nicht abgebaut worden sind, sondern zugenommen haben (Heine/

---

5) Generell kann gefragt werden, ob der jüngsten Entwicklungsphase der Industriegesellschaft (mit den Stichworten Postfordismus und lean production zu umschreiben) die ehemaligen harten Steuerungsmedien noch angemessen sind. Die auch heute weiter maßgebliche Entwicklung bei Rentabilität und Innovationsfähigkeit des Kapitals dürfte eher durch die Förderung weicher Faktoren im wirtschaftsnahen regionalen Kommunikationsgeflecht zu beeinflussen sein.

6) Um Mißverständnisse von vornherein auszuräumen: Wir schließen uns hier nicht einer der vielfältigen Varianten an, die einer regionalen Eigenentwicklung das Wort reden (selbst die an sich positiv zu wertende Formel von der Nutzung des regionalen Potentials ist in der Diskussion häufig mißverständlich oder inhaltlich fragwürdig, vgl. Heine 1989). Es kann nur um den Versuch gehen, die den regionalen Ebenen offenstehenden Handlungsoptionen in einer von nationalen und internationalen Zwängen weitgehend bestimmten ökonomischen und politischen Entwicklung ausfindig zu machen, praktisch umzusetzen und nach Möglichkeit auch zu erweitern.

Schikora 1990). Diejenigen Regionen, die von vornherein auf prosperierenden Grundlagen aufbauen konnten, haben durch die neuen Maßnahmen ihren Vorsprung noch weiter ausweiten können (7); für die große Mehrzahl von Regionen aber waren und sind die Ausgangsbedingungen für die Anwendung der neuen Konzepte zu schlecht, als daß diese mit Erfolg betrieben werden könnten.

In dieser insbesondere für die handelnden Akteure unbefriedigenden Situation finden nun auch die konzeptionellen Anregungen der ID-Diskussion in Deutschland mehr Aufmerksamkeit. Dies ist insbesondere deswegen von Interesse, weil diese aus der internationalen Debatte stammenden Anregungen der deutschen Entwicklung keineswegs äußerlich aufgesetzt sind. Vielmehr können etliche Parallelen zu den in ihrer zweiten Phase ab 1975 bereits ansatzweise enthaltenen Neuerungen festgestellt werden, wobei die der ID-Debatte entlehnten Konzepte allerdings bereits eine geschlossenere Gesamtstruktur aufweisen, so z.B. durch die konzentrierte Förderung sog. 'weicher' Standortfaktoren im Zusammenhang der Bevorzugung neuer nichthierarchischer Formen von Politikverflechtung.

Allerdings vermag die ID-Debatte nun keineswegs ein einheitliches Bild und daraus folgend auch konsensuale konzeptionelle Folgerungen anzubieten. Man bleibt darauf verwiesen, Vorzüge und Nachteile in den einzelnen z.T. recht unterschiedlichen Debattenbeiträgen gegeneinander abzuwägen und insbesondere die Tragfähigkeit der mitgelieferten konzeptionellen Vorschläge zu überprüfen.

3. Die Industrial-District-Debatte: Zur Bedeutung weicher Standortfaktoren und neuer regionaler Handlungskonzepte

Die Debatte um neue prosperierende Regionen wurde Mitte der achtziger Jahre mit dem Buch "The Second Industrial Divide" von M. J. Piore und Ch. F. Sabel eröffnet. Die dort vertretene These, einer sich aktuell vollziehenden zweiten industriellen Wegscheide (8), welche das Ende der Massenproduktion und den Beginn der Epoche der flexiblen Spezialisierung einläutet, bedeutete auf regionaler Ebene vor allen Dingen folgendes: Ökonomisch besonders

---

7) Als Beispiel: Technologieparks haben nur dort positive Ausstrahlungseffekte gehabt, wo ohnehin gute Grundlagen für High-Tech-Entwicklungen gegeben waren (z.B. durch entsprechende wissenschaftliche Einrichtungen und Forschungs- und Entwicklungsabteilungen von Unternehmen, die von ihrer Größe her derartige Abteilungen unterhalten können; vgl. Eisbach 1990).

8) Die erste Wegscheide bezeichnet dabei den Sieg der Massenproduktion über die handwerkliche Produktion.

erfolgreiche Regionen sind Regionen mit flexibel spezialisierter Produktion, die Elemente einer handwerklichen Produktion und Tradition gerade nicht aufgelöst, sondern konserviert haben. Diese Regionen wurden in Anlehnung an A. Marshall (1879, 1896, 1919) auch als ID bezeichnet.

In der sich daran anschließenden kontroversen Diskussion lassen sich auf ökonomischer Ebene im wesentlichen drei ungeklärte Fragestellungen in Bezug auf die Ursachen und die Bedeutung der Prosperität der ID identifizieren. Erstens geht es um die Frage der flexiblen Spezialisierung versus Massenproduktion: Handelt es sich um ein Ablösungsverhältnis oder eine Konvergenz dieser Produktionsorganisationen? Zweitens: Wie gestaltet sich das Verhältnis von Regionalisierung und Internationalisierung der Ökonomie? Und drittens: Geht der Trend eher in die Richtung einer Renaissance der kleinen und mittleren Firmen bzw. einer Dezentralisierung der Konzerne oder findet eine weitere Zentralisierung der Macht der Konzerne statt?

Diese Divergenzen verdeutlichen das breite Spektrum der ID-Diskussion. Sie sind schon aufgrund der großen Unterschiede in der Beantwortung der Frage, welche Regionen bzw. sozio-ökonomischen Einheiten unter den Begriff des ID subsumiert werden sollten, nicht verwunderlich. Dabei reicht die Spannbreite u.a. von so unterschiedlich strukturierten Regionen wie dem 3. Italien und Baden-Württemberg bis hin zu Silicon Valley oder der Route 128 [(9)]. Bei aller Verschiedenartigkeit besteht eine wesentliche Gemeinsamkeit in der Hervorkehrung der hohen Bedeutung *weicher Faktoren* für die ökonomische Entwicklung [(10)]. Der zentrale Stellenwert von Regionen in diesem Kontext resultiert daraus, daß diese Faktoren vornehmlich auf regionaler Ebene zu dechiffrieren sind (vgl. Perrulli 1993). Allerdings bestehen zwischen den verschiedenen Ansätzen in der ID-Diskussion im Detail noch bedeutsame Unterschiede im Hinblick auf die exakte Fassung dieser weichen Faktoren und der resultierenden Handlungsempfehlungen.

---

9) Dabei liegen die Unterschiede u.a. sowohl in bezug auf die Firmengröße, als auch die Branchenstruktur auf der Hand: kleine und mittlere Firmen im 3. Italien, zusätzlich Großfirmen sowohl im Silicon Valley, Baden-Württemberg sowie Route 128 (wenn auch weniger); eher traditionelle Branchen im 3. Italien (u.a. Textilien, Schuhe) und in Baden-Württemberg (Automobilindustrie, Elektrotechnik, Maschinenbau, neuerdings zusätzlich Mikroelektronik) und demgegenüber High-Tech Branchen in Silicon Valley und Route 128.

10) Diese Heterogenität legt eine *allgemeinere* begriffliche Bestimmung von ID nahe. In diesem Sinne definieren wir ID als ökonomisch erfolgreiche Regionen mit flexibler Spezialisierung im Bereich des verarbeitenden Gewerbes und damit verbundenen Kooperationsnetzwerken. ID gründen somit auf einem bestimmten Zusammenspiel von 'harten' ökonomischen Faktoren mit zunehmend wichtiger werdenden 'weichen' Regionalfaktoren wie insbesondere dem Kooperationsgeflecht.

Im folgenden Textteil wollen wir uns jedoch nicht auf diese weichen Faktoren allein konzentrieren, sondern sie in einen spezifischen Kontext stellen. Die Ausgangsfrage lautet, welche spezifischen Faktoren für den ökonomischen Erfolg einer Region verantwortlich sind und inwieweit das Vorhandensein eines dichten und funktionsfähigen regionalen Kooperationsgeflechts (als zentraler 'weicher' Standortfaktor) als wesentlichster oder gar alleiniger erfolgserklärender Faktor angesehen werden kann. Unsere These lautet: Im Verlauf der ID-Debatte (11) werden die weichen Faktoren zunehmend auf 'härtere' Faktoren wie z.B. Konzentrationstendenzen im verarbeitenden Gewerbe oder politisch-ökonomische Machtstrukturen zurückbezogen; in dieser neueren und differenzierteren Form trifft die Debatte viel eher die Realität. Sie kann u.a. regionalökonomischen Erfolg schlüssiger erklären als dies in den ursprünglichen Beiträgen der Fall war.

Die in der ID-Diskussion thematisierten weichen Faktoren spielen in ökonomischen Netzwerkbeziehungen eine entscheidende Rolle. In Netzwerktheorien wird u.a. eine Weiterentwicklung der Transaktionskostentheorie intendiert, die die effiziente Unternehmensgrenze, oder anders formuliert, das Verhältnis von Markt und Hierarchie zu bestimmen versucht (vgl. Williamson 1985) (12). Ökonomische Netzwerke (13) sind dabei zwischen Markt und Hierarchie angesiedelt. "Sie erweisen sich als effiziente - das heißt transaktionskostengünstigste - Organisationsform von Tauschbeziehungen, wenn zum einen hohe Ressourcenspezifität vorliegt und damit bei marktmäßigen Austauschbeziehungen hohe Transaktionskosten auflaufen, wenn allerdings andererseits ein hohes Maß an Unsicherheit vor allem auch im Hinblick auf die Tauschfrequenz einer hierarchischen Organisation des Austausches entgegensteht. Verkürzt: Die Rationalität von Netzwerken liegt vor allem darin begründet, Transaktionskosten bei Austauschverhältnissen, die durch hohe Ressourcenspezifität und hohe Unsicherheit gekennzeichnet sind, gering zu halten" (Grabher 1988a). Derartige niedrige Transaktionskosten in den regionalen Produktionsnetzwerken der ID resultieren jedoch aus deren "Einbettung in soziale Beziehungen" (vgl. Grabher 1988b), welche besagte Transaktionskostentheorie nicht erklärt (ebenda).

---

11) Aufgrund der bereits angesprochenen Vielfältigkeit der Literatur beschränken wir uns dabei auf einige uns relevant erscheinende Ansätze.

12) Transaktionskosten sind u.a. Kosten, die entstehen, um Betrügereien beim Tausch zu verhindern, Kosten der Informationsbeschaffung über die im Preis eines Gutes nicht ausgedrückte Qualität desselben, Kosten um die Vertragseinhaltung zu garantieren, Kosten der Koordination (vgl. Schmid 1988: 3). Die effizienteste Organisationsform ist dabei diejenige, die transaktionkostenminimal ist.

13) Eine genauere Typologie von ökonomischen Netzwerken, also Unternehmensnetzwerken, liefert Sydow 1991.

Auch Sabel (1989) bezeichnet die Märkte in den ID als "socially constructed". Offen ist dabei, welche allgemeinen Prinzipien die Beziehungen zwischen Firmen, Arbeitern und der politischen Ebene steuern. Die Annahme besteht darin, daß es eine neue Logik ist, die das Zusammenspiel der Faktoren steuert. Diese besteht entweder in der Logik permanenter Innovation, die sich in einem Vokabular der Solidarität ausdrückt und durch indifferente religiöse, politische oder lokale Tradition gespeist wird, oder sie hängt von fundamental gebündelten Prinzipien des sich selbst regelnden Marktaustausches oder der Familiensolidarität ab. Zur theoretischen Erklärung dieser Faktoren greift Sabel auf den Netzwerkansatz zurück. Dabei ist nicht die Reduzierung der Transaktionskosten und die Minimierung des Risikos der Akteure entscheidend: "the argument suggests that the spreading of risks and the minimisation of transaction costs are not the causes of network formation but rather the consequences of the networks' superior learning capacity" (ebenda: 31). Dieses Lernsystem, welches zusätzlich impliziert, daß die Unternehmen Probleme antizipieren und gemeinsam lösen, gründet auf "high-trust relations". Diese Vertrauensbeziehungen sind die Voraussetzung von Kooperation und Solidarität, die die spezifischen sozialen Beziehungen in den ID kennzeichnen. Sie entstehen durch "familial solidarity" oder "professional solidarity", die u.a. Ausdruck von gemeinsamer Erziehung, beruflicher Erfahrung, familialer und ethnischer Zugehörigkeit und lokalem Stolz ist. In diesem Zusammenhang wird die Bedeutung von historischer Entwicklung und Tradition als Grundlage von Vertrauen virulent.

Sabel betont, daß die Bedingungen für die Entwicklung von high-trust relations zwar in einigen Regionen besser sind als in anderen, allgemein wird jedoch konstatiert: "It is misleading to ask about the prospects of regeneration of production systems (der ID, d. V.) when all forms of co-operation are destroyed because there can be no production - at least no industrial production - without some minimal degree of co-operation" (ebenda: 51).

In regionalpolitischer Perspektive lautet die Konsequenz, daß die zu bewältigende Aufgabe nicht darin besteht, Vertrauen und darauf aufbauend Kooperation der beteiligten Akteure aus dem Nichts zu schaffen, sondern in der Beantwortung der Frage, wie sie den jeweiligen Anforderungen entspechend ausgearbeitet werden kann. Neben einer Makrosteuerung (14) werden auf regionaler Ebene berufliche Bildung, Technikberatung und Kreditvergabe als Maßnahmen benannt.

---

14) Sabel schwebt hier im Unterschied zu einer bisher praktizierten traditionellen keynesianischen quantitativen Nachfragesteuerung eine den veränderten Bedingungen entsprechende eher qualitative Steuerung vor (ebenda).

Prononcierte Kritiken insbesondere an der u.a. von Sabel vertretenen Lokalisierungsthese, welche die zunehmende Bedeutung der lokalen Ebene für die zukünftige sozioökonomische Dynamik betont, sind von verschiedenen Autoren vorgebracht worden (vgl. u.a. einige Beiträge in Pyke/Sengenberger/Becattini 1990 und die heftige Erwiderung Sabels ebd.). Der von Amin/Thrift u.a. im vorliegenden Band vertretenen Ansicht, daß auch die zunehmende Bedeutung gerade auch weicher regionaler Faktoren (15) immer auf der Folie zunehmend global ausgerichteter Entwicklungstrends zu betrachten ist, können wir weitgehend zustimmen. Die ökonomische Prosperität der ID entwickelte sich nicht gegen die Tendenzen und den damit verbundenen spezifischen Anforderungen der Restrukturierung des Weltmarktes, sondern erfolgte und erfolgt in dessen Sog. Dieses zeigt sich schon daran, daß die Produktion in nahezu allen ID exportgeleitet ist. Im Zuge der gegenwärtigen Krise und dem damit verbundenen rasanten Wandel der internationalen Märkte bedeutet dies für eine Vielzahl von Regionen (einschließlich der ID) einen enormen Anpassungsdruck (vgl. dazu auch den Beitrag von Harrison in diesem Band).

Eine ganz andere Frage ist, ob Sabel's Plädoyer für eine "weiche" Regionalpolitik von der Kritik Amin/Thrifts tangiert wird. Es spricht u.E. viel dafür, daß eine derartige "postfordistische Regionalpolitik" den neuen ökonomischen Entwicklungen (auch auf dem Weltmarkt!) durchaus zuträglich ist. Und aus politisch-konzeptioneller Sicht heraus bestehen gerade dann Steuerungsmöglichkeiten gegenüber ökonomischen Prozessen, wenn letztere noch keine eindeutige Entwicklungstendenz aufzuweisen haben und politische Bemühungen sich von daher erfolgversprechend auf die Förderung einer gewünschten Option (in diesem Fall: "Regionalisierung") konzentrieren können. Wir werden unter Punkt 5 auf die Ansicht, daß die für Erfolge im globalen Wettbewerb notwendigen regionalen Basisstrukturen zwar (regional) politisch beeinflußt, nicht aber generiert werden können, zurückkommen.

Sabel selbst hat ein anderes, eher politisch-gesellschaftliches als ökonomisches Ausgangsproblem für eine neue Regionalpolitik selbst angesprochen: "In a low-trust world no one wants to take the first step towards the high-trust alternative for fear of being caught out when others do not follow, so no one moves" (Sabel 1989: 46). Das hier beschriebene "Gefangenendilemma" verweist u.a. auf die Rolle von Machtstrukturen im Kontext von ID, deren Funktionsweise Herrigel mit dem Begriff der 'Industrial Order' (IO) zu entschlüsseln ver-

---

15) Amin/Thrift nennen diesbezüglich: "...a critical mass of know-how, skills and finance in rapidly evolving growth markets, a socio-cultural and institutional infrastructure capable of scripting and funding a common industrial agenda, and entrepreneurial traditions encouraging growth through vertical disintegration of the division of labour" (Amin/Thrift 1992: 585).

sucht. "Industrial order is defined as any particular constellation of structured power relations and institutionalized practices constituting a field of organisations concerned with industrial production and its administration" (Herrigel 1991: 8). Diese IO umfasst drei wichtige Dimensionen: das organisatorische Umfeld [(16)], die Struktur der Macht und die institutionalisierte Praxis. Macht [(17)] stellt dabei das dynamische Element der jeweiligen IO dar und gestaltet sich in voneinander unterschiedenen IO unterschiedlich: "Power in a new system is not transfered; it is reconstituted, recreated and redefined" (ebenda: 6). Dieses geschieht durch die beteiligten Akteure vor dem Hintergrund einer Krise der bestehenden und der Geburt einer neuen IO. Herrigel zeigt am baden-württembergischen Beispiel, wie sich die dort existierenden IO der kleinen und mittleren Firmen und der großen multinationalen Konzerne (angesichts der Krise der letzteren) in einem Prozeß der Interpenetration befinden. Dabei erweise sich die Struktur der Macht und der Institutionen, welche sich bei den Klein- und Mittelbetrieben durch netzwerkartige, auf Kooperation, Vertrauen und gegenseitigem Lernen basierende Interaktionen auszeichnet, zunehmend der Struktur der Macht und der Institutionen in der IO der multinationalen Konzerne, die eher auf Machtkonzentration und hierarchische und bürokratische Beziehungen gründet, als überlegen. Entscheidend sei in diesem Zusammenhang, daß die *spezifische Machtstruktur* in der dezentralisierten IO der kleinen und mittleren Firmen netzwerkartige kooperative Beziehungen generiere, die sich im Zuge der aktuellen ökonomischen Umstrukturierungen als erfolgreich erweisen könnten.

Betrachtet man die von Herrigel als zukunftsträchtig favorisierte Variante einer neuen IO, die sich durch spezifische Kooperations- und Machtbeziehungen zwischen Klein- und Mittelbetrieben auf der einen Seite und den multinationalen Konzernen auf der anderen Seite auszeichnet, vor dem Hintergrund möglicher weiterer Varianten der Kooperation zwischen Unternehmen entlang der Betriebsgrößenstruktur, so hat sie einiges an Wahrscheinlichkeit für sich. Demgegenüber dürfte sich das Kooperationsgeflecht zwischen Klein- und Mittelbetrieben, als dessen Paradebeispiel das 3. Italien gilt, als historisches Durchgangsstadium erweisen. Dieses

---

16 "Such fields are defined as bounded realms of inter-connected organizations, the actors within which mutually recognize their own interdependence" (Herrigel 1991: 8). Sie stellen eine Variante der Netzwerkanalyse dar, und "the specific contours of an organizational field cannot defined a priori, they must be determined empirically" (ebenda: 9). Nicht zuletzt aufgrund der jeweiligen spezifischen empirischen Konstitution des organisatorischen Umfelds beschränken wir uns hinsichtlich der Darstellung auf einige für das Verständnis des Ansatzes wesentliche Punkte.

17) Macht wird definiert, "... as the capacity to participate in the (re)definition of the organizational and institutional composition and structure of the field" (ebenda: 10)

zum einen, da die Großunternehmen zunehmend in diese Struktur eindringen (vgl. Harrison in diesem Band) und sie nunmehr gleichzeitig ebenfalls über die Vorteile verfügen (flexible Spezialisierung), die gerade die Klein- und Mittelbetriebe auszeichnen. Zum anderen besitzen sie eine größere Finanzkraft und verfügen über internationale Vertriebsnetze. Darüberhinaus darf jedoch die fortschreitende Dezentralisierung der Großunternehmen nicht vergessen werden, die sich dadurch charakterisieren läßt, daß die in den zuvor genannten Varianten stattfindenden Prozesse innerhalb der Unternehmen simuliert werden. Ferner sollte, in Bezug auf Herrigel nicht übersehen werden, daß auch hierarchische Beziehungen auf der politisch-institutionellen Ebene (etwa zwischen Bund und Regionen bzw. zwischen Bundesland und Regionen) noch hohe Relevanz für eine neue Regionalpolitik besitzen und in erheblichem Maße innovationsblockierend wirken können. Diese Einwände treffen aber nicht den zentralen Kern der Argumentation Herrigel's, den wir -ein wenig umgedeutet- wie folgt beschreiben möchten: Auch wenn man weichen Regionalfaktoren, so auch nicht-hierarchischen Kooperationsgeflechten, eine zunehmende Bedeutung zumißt, so behalten doch auch traditionelle in weiterem Sinn als 'hart' zu bezeichnende Machtstrukturen (sowohl auf der ökonomischen wie auch auf der politisch-institutionellen Ebene) eine nicht zu unterschätzende Bedeutung und können je nach Region in spezifischem Ausmaß gewichtige Veränderungshemmnisse darstellen.

Ein weiteres Problem der bisher dargelegten Argumentation der Vertreter der Lokalisierungsthese besteht darin, daß auch andere 'harte' Regionalfaktoren zu wenig Berücksichtigung finden: Die Branchenstrukturen im engeren ökonomischen Sinn als Zweige des verarbeitenden Gewerbes (vgl. auch Rehfeld in diesem Band). Diesem Tatbestand trägt Storper (1992) Rechnung, indem er in seinen Ansatz, der im Prinzip weiche Regionalfaktoren stark gewichtet, Branchenspezialisierungen explizit integriert. Auch Storper betrachtet regionale Produktionsnetzwerke und damit verbundene flexibel spezialisierte Agglomerationen (18). Das entscheidende Charakteristikum stellt dabei das "Product Based Technological Learning" (PBTL) dar. Diese spezifischen Agglomerationen bezeichnet er in Abgrenzung zu anderen ID als 'Technological Districts'.

---

18) Angesichts der weitverbreiteten Kritik an der Kategorie flexible Spezialisierung definiert Storper sie im Unterschied zu Sabel enger: als eine exklusive Dimension eines Produktionssystems, welches einem durch spezifische Lernzusammenhänge gekennzeichneten Entwicklungspfad folgt.

Die Bezeichnung PBTL weist bereits auf einen wichtigen Unterschied zur bisherigen Argumentation hin. Im Mittelpunkt steht nicht auf Vertrauen beruhendes Lernen generell, sondern auf bestimmten Produkten und damit verbundenen Technologien basierendes Lernen. PBTL-Systeme sind mit bestimmten Spezialisierungen eines Landes im internationalen Handel (vgl. ebenda), also bestimmten Exportbranchen, assoziiert. Auch hier ist Lernen eingebunden in ein Netzwerk [19], das sich durch bestimmte Konventionen [20] auszeichnet, welches das spezifische Lernen produziert. Dabei besteht die weitere These darin, daß diese "territorially based and noneconomic forces" (polit-ökonomische Kultur, Regeln, Institutionen etc.) sich von Land zu Land und innerhalb der Länder von Region zu Region unterscheiden. Entscheidend für das PBTL auf regionaler Ebene sind vor allem nicht von einzelnen Firmen produzierbare Güter, wie 'skilled production' und 'intellectual labor'.

Storper und auch Herrigel haben Sabel's Argumentation dahingehend modifiziert [21], daß der Rückbezug der weichen Regionalfaktoren auf ökonomische Prozesse schärfer konturiert wird und somit auf die besondere Bedeutung von spezifischen 'harten' Rahmenbedingungen für den Erfolg von ID hingewiesen: Auf spezifische politisch-gesellschaftliche Machtstrukturen und besondere ökonomische Branchenspezialisierungen. Konzeptionell gewendet heißt dies, daß z.B. die Förderung weicher Standortfaktoren wie Qualifikation, Kultur, kooperative Netzwerke zwischen Unternehmen, Staat und Wissenschaft (wie sie etwa in der deutschen Debatte ab Mitte der 70er Jahre in den Vordergrund rückten) in besonderem Maße dann erfolgversprechend sein kann, wenn bestimmte Voraussetzungen vorliegen. So ist z.B. die Förderung spezifischer High-Tech-Entwicklungen (etwa im Rahmen eines Technologieparks) dann besonders sinnvoll, wenn auf dazu kompatiblen Branchenspezialisierungen auf-

---

19) Im Unterschied zu anderen desintegrierten Agglomerationen sind hier die Beziehungen zwischen den Akteuren dichter, da Unsicherheit aufgrund der hohen Bedeutung von Innovation und technischem Wandel größer und qualitativ anders ist. Die Struktur der gegenseitigen Übereinkunft ist eingebunden in regelmäßige Verhandlungen und einem bereits erreichten Verständnis für Reinterpretationen.

20) "In all, conventions organize the spezific transactional structure in terms of: (a) patterns of resource mobilization; (b) forms of collective order in labor markets and interfirm relations; (c) definitions of product quality; (d) relations between key innovation groups and other groups in the production system; (e) roles of regional and local third parties in harmonizing preference structures; and (f) ideologies and cultures of local economic actors" (ebenda: 62).

21) Wir sprechen hier bewußt vorsichtig von Modifikationen, nicht etwa von Gegensätzen. Die neuen Akzente, die u.a. Herrigel und Storper in die ID-Debatte eingebracht haben, gehen in vielen Punkten sicherlich über Sabels Ursprungsargumentation hinaus, können aber durchaus auch als Weiterentwicklungen interpretiert werden.

gebaut werden kann; und die Verwirklichung eines umfassenden Entwicklungskonzepts in einer Region sollte darauf aufbauen können, daß traditionalistisch verharrende Verwaltungen, hierarchische Politikverflechtungen und kooperationsblockierende Strukturen in Wirtschaft und Wissenschaft die Entstehung eines innovativen Milieus in der Region nicht mehr blokkieren können [(22)].

Regionaler ökonomischer Erfolg und innovative regionale Milieus sind also voraussetzungsvoll. Einer umstandslosen Übertragung von ID-Konzepten auf die große Zahl anders strukturierter Regionen sind unter diesen Umständen große Probleme in den Weg gelegt. Sinnvoller als jede Art von Übertragung dürfte es sein, idealisierte ID-Konzepte an die anders gearteten Voraussetzungen anzupassen, die in anderen Regionen gegeben sind. Im folgenden Abschnitt sollen die strukturellen Voraussetzungen (in enger Anlehnung an die Kriterien der ID-Debatte) beschrieben werden, wie sie am Beispiel des weder durch besonders positive noch durch besonders negative Entwicklungen bekannten deutschen Bundeslandes Niedersachsen vorzufinden sind.

4. "Normalregionen" in Niedersachsen

4.1. Zum Begriff der Normalregion

Die steigende Aufmerksamkeit, mit der die Debatte um ID auch und gerade auf wissenschaftlicher Seite verfolgt wird, läßt sich recht einfach begründen: ID sind durch ihren ökonomischen Erfolg besonders hervorstechende Ausnahmegebiete gegenüber der Masse der weniger

---

22) Diese Resultate der englischen Debatte gehen im übrigen konform mit einigen neueren Beiträgen in der deutschen Debatte. Insbesondere Kilper/Rehfeld (o.J.) haben auf die große Bedeutung spezialisierter Branchenstrukturen für den ökonomischen Erfolg in Regionen hingewiesen. Jedoch führen Branchenkonzentrationen (mit dem Begriff wollen wir die ökonomische Dominanz einer Industriebranche in einer Region kennzeichnen, innerhalb derer die Merkmale von Spezialisierung wie Marktorientierung, Kundennähe und flexible Produktion nicht anzutreffen sind; Branchenspezialisierung bezeichnet im Unterschied dazu die ökonomische Dominanz einer Industriebranche unter Einbezug der Merkmale von Spezialisierung) keineswegs notwendig zur wirtschaftlichen Prosperität; Grabher (1988) hat darauf aufmerksam gemacht, daß altindustrialisierte Branchenkonzentrationen und damit verbundene verkrustete innovationsfeindliche Milieus eher zum Gegenteil - ökonomischen Niedergang - führen. Man kann schlußfolgern, daß spezialisierte Branchenstrukturen eine notwendige, aber keine hinreichende Bedingung für ökonomischen Erfolg darstellen. Auf Basis innovativer Spezialisierungen in den Branchenstrukturen *können* sich wirtschaftliche Erfolge insbesondere dann einstellen, wenn ein innovatives regionales Kooperationsgeflecht existiert.

prosperierenden Regionen. Den Gründen für derartige Ausnahmeentwicklungen nachzugehen, ist vergleichsweise interessanter als die oft mühselige Untersuchung von Regionen ohne besondere Auffälligkeiten. Genau hier aber liegt eines der Probleme der ID-Debatte: Die Masse der Regionen bleibt in ihr unberücksichtigt. Der wesentlichen Frage, welche Auswirkungen die weltweiten Umstrukturierungen in Ökonomie, sozialen und politischen Verhältnissen gerade auf die große Mehrzahl der Regionen haben, wird allenfalls am Rande nachgegangen.

Das Phänomen, daß die große Mehrzahl von Regionen aus der wissenschaftlichen Diskussion ausgeblendet bleibt, ist allerdings nicht neu. So läßt sich etwa in den Untersuchungen über die Weiterentwicklung des Stadt-Land-Gegensatzes eine eindeutige Konzentration auf die städtischen Agglomerationsräume konstatieren; hier werden, dem Differenzierungsgrad der Realität durchaus angemessen, eine Vielzahl von Einteilungskategorien gebildet. Die weiten Räume zwischen den Zentren werden jedoch, die Realität grob vereinfachend, kaum intern unterteilt und häufig irreführend der Oberkategorie des ländlichen Raumes zugeordnet.

Selbst bei der vergleichsweise differenziert vorgehenden Einteilung von Ache/Bremm (1992) werden von insgesamt 9 Regionstypen mindestens 6 für die verschiedenartigen städtischen funktionalen Spezialisierungen verwandt [(23)]. Dem stehen auf der anderen Seite 3 Typisierungen gegenüber, von denen eine (Vorstadtlandschaften für aus dynamischen Verdichtungsräumen verdrängte Haushalte und Betriebe) im weiteren Sinne noch eher zur städtisch geprägten Räumen zu zählen ist; die "gentrifizierten Agrarräume" und "ländlichen Auffangräume" als die beiden letzten Kategorien können dagegen z.B. die ökonomisch vom verarbeitenden Gewerbe geprägten Räume jenseits der Oberzentren nicht erfassen, lassen mithin einen Großteil der bundesdeutschen Regionen unberücksichtigt [(24)].

---

23) Im einzelnen sind dies: moderne Wissenschafts- und Technologieräume; moderne Produktionsräume; internationale Finanz- und Dienstleistungsräume; Räume mit altindustriellen Strukturen; verstädterte Transportkorridore; überregionale Distributionsräume (Ache/Bremm 1992: 145). Vgl. zur Ausdifferenzierung städtischer Entwicklungstypen und der entsprechenden internationalen Debatte auch Krätke (1990).

24) Eine flächendeckende Einteilung wird im Rahmen der Bundesraumordnung vorgenommen. Allerdings basiert diese Einteilung ausschließlich auf siedlungsstrukturellen Kriterien, funktionale Spezialisierungen oder (wie für uns interessant) politisch-ökonomische Basisdaten bleiben unberücksichtigt. Vgl. zusammenfassend O.V. (1991).

Unserem Vorgehen am nächsten kommen noch Sinz/Steinle (1989) bei ihrem Versuch, mittels ausgewählter Indikatoren die Wettbewerbsfähigkeit der deutschen Raumordnungsregionen zu bestimmen; theoretischer Bezugspunkt sind u.a. die Debatten in Deutschland um das Süd-Nord-Gefälle. Unsere Kritik an diesem Versuch richtet sich -neben der fragwürdigen Anwendung von Kategorien der Raumordnung auf die Bestimmung ökonomischer Wettbewerbsfähigkeit- auf die Indikatorenauswahl. Exportquote, Lohn- und Gehaltssituation und Betriebsgrößenstruktur sind höchst zweideutige Indikatoren (wie die Autoren z.T. selbst betonen), mit deren Hilfe u.E. keine empirisch haltbaren Ergebnisse zu gewinnen sind [(25)].

Die Einführung der Regionstypisierung "Normalregion" [(26)] setzt zum einen am geschilderten Defizit der aktuellen Regionaldebatte an: Normalregionen sind in diesem Sinn schlichtweg die große Mehrzahl der durch das verarbeitende Gewerbe geprägten Regionen in Deutschland [(27)]. Zum anderen greifen wir eine der Intentionen der ID-Debatte auf, nämlich das Ziel, Erklärungsgründe für ökonomische Entwicklungen zu liefern; allerdings geht es bei "Normalregionen" nicht um Erklärungsgründe für den bei ID typischen außergewöhnlichen wirtschaftlichen Erfolg, sondern um die Erklärung ökonomischer Normalentwicklung, d.h. der Erhellung der Tatsache, daß sich die Entwicklung wesentlicher Indikatoren nicht allzu weit von der Durchschnittsentwicklung entfernt [(28)].

Eine nähere *qualitative* Definition von "Normalregion" setzt an der kennzeichnenden Gegenüberstellung zu "Ausnahmeregionen" wie den ID [(29)] an und beinhaltet insofern eine Charak-

---

25) Unser Vorgehen ist auf der einen Seite bescheidener, indem es sich zunächst nur auf 2 quantitative Sammelindikatoren (die den ökonomischen Erfolg und die Branchenkonzentration messen) stützt. Auf der anderen Seite besteht ein anderer theoretischer Zugang durch die oben beschriebene Auswertung der ID-Debatte.

26) Die Verwendung des Präfix 'Normal' ist im Rahmen verschiedenster Wissenschaftsdisziplinen durchaus gängig. Vgl. z.B. die Begriffe 'Normalfamilie', 'Normalarbeitstag' oder im mehr methodischen Bereich 'Normalstrukturhypothese'. Im unmittelbaren Bereich der Regionalpolitik ist der Begriff 'Normalfördergebiet' (der Gemeinschaftsaufgabe Regionale Wirtschaftsförderung) einschlägig. Jeweils werden Entwicklungen oder Strukturen bezeichnet, die nicht allzu weit vom Durchschnitt abweichen und im Untersuchungsbereich in größerer Anzahl auftreten.

27) Im weiteren werden unter dem Regionsbegriff die Landkreise gefaßt, zur Begründung s. 4.2.1.

28) Normalregionen sind damit keineswegs nur solche Regionen, die dem genauen Durchschnitt entsprechen. Sie können in ihrer Struktur und Entwicklung bis zu einem gewissen Grad von diesem Durchschnitt abweichen (vgl. dazu näher unter Punkt 4.2.1.).

29) Zu Ausnahmeregionen zählen nicht nur die besonders erfolgreichen ID, sondern auch Regionen, die in erheblichem Maße (zur quantitativen Dimension s.u.) ökonomischen Mißerfolg aufweisen, wie z.B. altindustrielle Agglomerationsräume.

terisierung durch Negativabgrenzung. Normalregionen sind in diesem Sinn bestimmt durch

- die *Abwesenheit* von besonderem wirtschaftlichen Erfolg oder Mißerfolg; normal meint hier, daß wesentliche ökonomische Indikatoren einer Region sich im breiten Feld der Durchschnittsentwicklung bewegen.
- die *Abwesenheit* von hochgradiger Spezialisierung (insbesondere im Zusammenhang mit Branchenkonzentrationen); normal bezeichnet hier die bei der großen Masse von Regionen festzustellende Heterogenität der Wirtschaftsstrukturen.
- die *Abwesenheit* von regionalen Milieus mit intensiven Kooperationsstrukturen und interpersonalen Vertrauensverhältnissen; normal ist in diesem Fall, daß verkrustete Machtstrukturen, gegeneinander abgeschottete Organisationen und überholte Interessendivergenzen Innovationen auf ökonomischem wie auch politisch-gesellschaftlichem Gebiet blockieren.

Qualitative Charakterisierungen, die (wie hier beim Terminus 'Normalregion') mit dem Mittel begrifflicher Negativabgrenzungen arbeiten, sind notwendigerweise mit einer gewissen Unschärfe verbunden. Wir werden daher im folgenden versuchen, am Beispiel des deutschen Bundeslandes Niedersachsen quantitativ zu bestimmen, welche Landkreise zu den Normalregionen gezählt werden können.

4.2. Identifizierung von Normalregionen in Niedersachsen

4.2.1. Aufbau der quantitativen Analyse

Die folgende Untersuchung für das Land Niedersachsen erfolgt auf Kreisebene (9 kreisfreie Städte und 38 Landkreise) [30]. Somit werden "übliche" Regionsabgrenzungen verlassen, die zumindest mehrere Landkreise umfassen [31]. Die Analyse auf Landkreis-Ebene bietet jedoch insofern Vorteile, als die Kreise die kleinsten Einheiten zur Bildung von übergeordneten, administrativ definierten Regionsbegriffen bilden und die Analyseergebnisse entsprechend

---

30) Die kreisfreie Stadt Wolfsburg sowie der Landkreis Gifhorn können nicht exakt eingeordnet werden, da für beide Kreise die Beschäftigtenzahlen im verarbeitenden Gewerbe aus Geheimhaltungsgründen nicht veröffentlicht werden. Auf der Grundlage älterer Daten über die größten Wirtschaftszweige im verarbeitenden Gewerbe (NIW, Regionalbericht 1985/86) konnten aber relativ genaue Abschätzungen vorgenommen werden.

31) So umfassen die im Rahmen der niedersächsischen Regionalisierungsbemühungen gegründeten Regionen mehrere Landkreise, wie etwa in der Region Südniedersachsen die vier Landkreise Holzminden, Northeim, Göttingen und Osterode/Harz.

aggregiert werden können [32].

Von den drei Merkmalen, die einen ID als einen ebensolchen ausweisen (ökonomischer Erfolg, Spezialisierung im Bereich des verarbeitenden Gewerbes und ein spezifisches regionales Kooperationsgeflecht), ist das dritte von vornherein einer quantitativen Analyse nicht zugänglich; es muß daher betont werden, daß die folgende quantitative Untersuchung einer Ergänzung durch qualitative Analysen bedarf. Für die ersten beiden jedoch lassen sich auf der Grundlage von offiziellen Statistiken auf Landkreisebene Indikatoren entwickeln. Diese Indikatoren werden im folgenden für den Zeitraum von 1982 bis 1992 dargestellt [33] und vergleichend interpretiert. Auf Basis der Ergebnisse können die niedersächsischen Kreise in 'Normalregionen' und 'Ausnahmeregionen'[34] eingeteilt werden [35].

4.2.1.1. Wirtschaftserfolgsindikator

ID sind Regionen mit überdurchschnittlichem ökonomischem Erfolg; Normalregionen dagegen können eine derartige wirtschaftliche Prosperität nicht aufweisen. Eine schärfere Abgrenzung beider Regionstypen gegeneinander soll im folgenden über Bildung und Berechnung eines gemischten Indikators für den wirtschaftlichen Erfolg einer Region -bestehend aus den zur Beurteilung der ökonomischen Lage üblicherweise [36] verwendeten Teilindikatoren, dem Beschäftigungswachstum, der Bruttowertschöpfung je Einwohner und des Wachstums der Bruttowertschöpfung sowie dem Ausmaß der Arbeitslosigkeit- vorgenommen werden

---

32) Aufgrund der Wahl einer kleinen regionalen Einheit sind die Ergebnisse in dem Sinne schärfer, daß die Abweichungen vom Durchschnitt in Kreisen größer sind als in aggregierten Regionen und daraus resultierend die Einteilung in die Kategorie "Normalregion" höhere Ansprüche stellt.

33) Für die Bruttowertschöpfung wird das Jahr 1990 bzw. der Zeitraum von 1980 bis 1990 verwendet, da die statistischen Angaben nur bis 1990 vorliegen.

34) Ausnahmeregion ist für uns ein aus der ID-Debatte herausentwickelter Begriff, der auf die empirisch-quantitative Ebene zielt: Ausnahmeregionen sind entweder die ökonomisch besonders erfolgreichen ID oder die besonders krisenbehafteten z.B. altindustrialisierten Regionen.

35) Zuvor werden noch die Angaben zur Bevölkerungsdichte und zum Anteil der 'Land- und Forstwirtschaft, Tierhaltung sowie Fischerei' (kurz LFF) an der regionalen Bruttowertschöpfung berücksichtigt, um städtische Kreise (Bevölkerungsdichte > 400 Einwohner/qkm, in Niedersachsen identisch mit den kreisfreien Städten) sowie Kreise mit überproportional hoher Bedeutung der agrarischen Wirtschaft zu bestimmen (Anteil der BWS_{LFF} > 10%. Die so bestimmten Kreise werden nicht aus der Analyse der Normalregionen herausgenommen, sondern an gegebener Stelle speziell erläutert und interpretiert.

36) Die gewählten Indikatoren erheben keinen Anspruch auf eine vollständige Erfassung der regionalen ökonomischen Lage, sondern entsprechen zentralen Zielgrößen regionaler Wirtschaftspolitik.

(Wirtschaftserfolgsindikator -WEI- [37]).

Die Bruttowertschöpfung skizziert dabei die wirtschaftliche Leistungsfähigkeit (das Wachstum als Entwicklung derselben; je Einwohner als regional vergleichbarer Ausdruck des Entwicklungsstandes) einer Region. Als weitere wesentliche Kenngrößen der regionalen Wirtschaftsentwicklung wird die Arbeitsmarktentwicklung mit den Teilindikatoren des Beschäftigungswachstums und der Arbeitslosenquote [38] herangezogen. Ein Indikatorwert von 100 indiziert einen Wirtschaftserfolg wie auf Bundesebene (bei identischer Arbeitslosenquote).

4.2.1.2. Wirtschaftskonzentrationsindikator

Ein typisches Merkmal der Debatte um ID ist es, daß bei der Betrachtung der Wirtschaftsstrukturen der Schwerpunkt auf das verarbeitende Gewerbe gelegt wird. Dies erfolgt u.E. zu Recht, denn trotz der fortwährenden Diskussionen um einen Wandel zur 'Dienstleistungsgesellschaft' belegen neuere Untersuchungen (vgl. zusammenfassend Krumbein 1991), daß Dienstleistungen nur dort prosperieren können, wo sich auch das verarbeitende Gewerbe behaupten kann (vgl. für Nordrhein-Westfalen Heinze/Voelzkow 1990). Bei unserer quantitativen Analyse der Landkreise Niedersachsens gehen wir daher ebenso wie die Vertreter der ID-Debatte davon aus, daß das verarbeitende Gewerbe ein wesentlicher ökonomischer Motor der regionalen Entwicklung bleibt.

Aus der internationalen Debatte um erfolgreiche Regionen läßt sich u.E. weiterhin schlußfolgern, daß spezifische Konzentrationen im verarbeitenden Gewerbe eine wichtige Basis für Prosperität darstellen (u.a. im von uns als zentral erachteten Beitrag von Storper 1992). Zur Bestimmung von 'Normalregionen' in Abgrenzung zu ID bietet es sich daher an, die Wirtschaftsstrukturen der Landkreise durch einen Indikator zu beschreiben, der die Konzentration im verarbeitenden Gewerbe beziffert. Dazu wird ein Indikator gebildet, der eine durchschnittliche, relative Konzentration der Wirtschaftsunterabteilungen sowie die maximale

---

37) Wirtschaftserfolgsindikator (WEI):

WEI = ((WRBWS + BWSEW)/2 + WRSVB + ALQINDEX)/2

mit WRBWS = Wachstumsrate der Bruttowertschöpfung 1980 bis 1990; Bund = 100
BWSEW = Bruttowertschöpfung 1990 je Einwohner; Bund = 100
WRSVB = Wachstumsrate der SVB 1982 bis 1992; Bund = 100
ALQINDEX = 100 - ALQ; ALQ = Arbeitslosenquote 9/1992; Bund = 100

38) Sie wird als Negativabweichung von der Arbeitslosenquote im Bundesgebiet gefaßt.

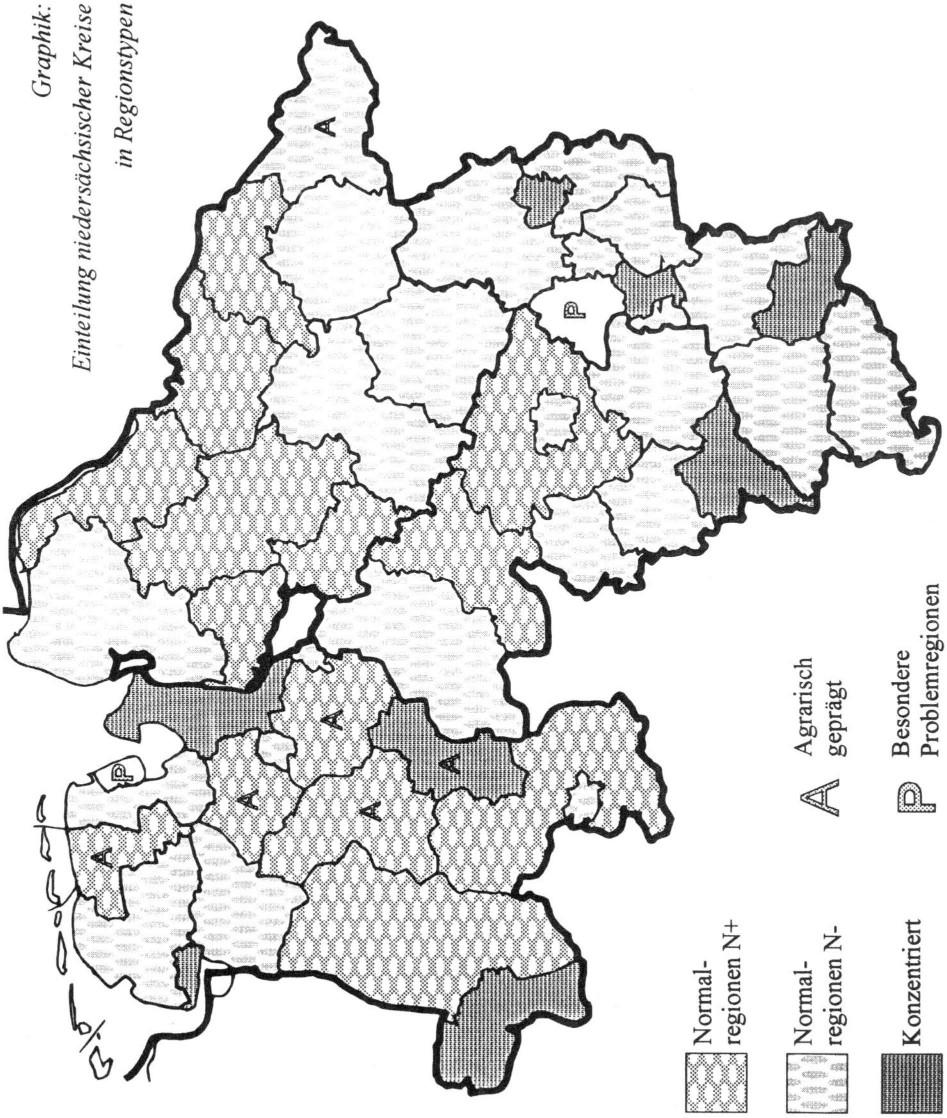

Graphik:
Einteilung niedersächsischer Kreise in Regionstypen

positive Abweichung einer Wirtschaftsunterabteilung (WUA) im verarbeitenden Gewerbe umfaßt (jeweils gemessen am Bundesdurchschnitt) (Wirtschaftskonzentrationsindikator WKI [39]).

Die relative Konzentration gibt an, wie stark das verarbeitende Gewerbe in einem Kreis vertreten ist, wobei eine Konzentration auf eine bzw. wenige WUA besonders stark gewichtet wird [40]. Diese Gewichtung wird durch den zweiten Teilindikator verstärkt, der die maximale Abweichung einer WUA beschreibt. Der niedersächsische Durchschnittswert des Gesamtindikators wird dabei auf 100 indiziert, so daß Kreise mit einem Indikator deutlich über 100 (von uns auf > 150 definiert) als stark konzentriert angesehen werden können.

4.2.2. Zusammenfassung der Ergebnisse und Interpretation

Die Ergebnisse für die Kreise Niedersachsens sind in der obigen Karte wiedergegeben worden [41]. Im einzelnen sind folgende Regionstypen aufgeführt worden:

---

39) Wirtschaftskonzentrationsindikator (WKI):

$$WKI_r = (KVG_r + MAXVG_r)/2$$

mit $KVG_r = (\sum_{i=1}^{I} ABW_{r,i}^2)/I \quad \forall ABW_{r,i} > 0; \; (\sum_{r=1}^{R} KVG_r)/R = 100$

$$ABW_{r,i} = SVBWUA_{r,i}/SVB_r - SVBWUA_{brd,i}/SVB_{brd}$$

$$MAXVG_r = \max_i (ABW_{r,i}); \; (\sum_{r=1}^{R} MAXVG_r)/R = 100$$

(r = Regionsindex (R = 45), i = Index der Wirtschaftsunterabteilungen (WUA) im verarbeitenden Gewerbe (I = 9), SVB = sozialversicherungspflichtig Beschäftigte).
Als Datengrundlage dienen die Angaben über die sozialversicherungspflichtig Beschäftigten, da diese Angaben in regionaler und sektoraler Untergliederung größtenteils vorliegen. Einige Daten mußten allerdings geschätzt werden. Die Gliederungseinheit der WUA ist unter der gegebenen Fragestellung optimal, da in den WUA z.T. über mögliche Kooperationszusammenhänge verbundene Branchen zusammengefaßt werden.

40) Mathematisch bedingt durch die Quadrierung der Abweichungen.

41) Weitere Einzelergebnisse befinden sich im Anhang. In der Tabelle werden die Landkreisdaten ausführlich wiedergeben; die dann folgende Abbildung veranschaulicht die Ergebnisse graphisch.

4.2.2.1. Ausnahmeregionen

Ökonomisch besonders erfolgreich, d.h. mit deutlich mehr als 50% über den Bundeswerten liegend, ist lediglich der Landkreis Vechta, der auch überdurchschnittlich konzentriert ist (primär im Nahrungs- und Genußmittelgewerbe mit intensiver Tierhaltung sowie der Kunststoffverarbeitung). Ob dies als ein Indiz für Strukturen, die einem Industrial District nahekommen, gewertet werden kann, müßte einer weiteren Untersuchung obliegen [(42)].

Auf der entgegengesetzten Seite -besonders schlechte wirtschaftliche Entwicklung- müssen der Landkreis Peine sowie die Stadt Wilhelmshaven mit bedenklich niedrigen Wirtschaftserfolgsdaten aufgeführt werden. In beiden Gebietskörperschaften ist keine besondere Konzentration im verarbeitenden Gewerbe festzustellen. Anzuführen ist in beiden Kreisen eine industrielle Umstrukturierungskrise (vgl. auch NIW, Regionalbericht, div. Jge.) in Kombination mit regionsspezifischen Problembranchen bzw. -betrieben. Hervorzuheben ist in Wilhelmshaven die Schließung einer Raffinerie und eines Büromaschinenwerkes (AEG) sowie die Reduzierung der Truppen des Bundeswehr-Marinestandortes mit entsprechenden Problemen der angegliederten Unternehmen und Zulieferern. In Peine machen sich besonders die Einbußen in der Schwerindustrie (Eisen/Stahl) und des Erzbergbaus (Stillegung) bemerkbar (vgl. Becher 1987).

Von Interesse ist an dieser Stelle noch ein weiteres Ergebnis der Datenaufarbeitung. Für ID ist eine besondere Branchenkonzentration signifikant. Alle Kreise können als besonders konzentriert bezeichnet werden, die mehr als 50% über der durchschnittlichen Abweichung von den Bundeswerten liegen, hier die Kreise Holzminden, Wesermarsch, Osterode/Harz und Grafschaft Bentheim sowie die von VW dominierten kreisfreien Städte Wolfsburg, Emden und Salzgitter. Auffällig ist, daß keiner dieser Kreise einen exorbitanten Erfolg aufweisen kann, vielmehr alle bis auf Ausnahme der Grafschaft Bentheim eine relativ negative Entwicklung zu verzeichnen haben. Das Merkmal 'hohe Konzentration' stellt diese Kreise somit in keinerlei Ähnlichkeiten mit ID hinein. (Es ist anzunehmen, daß diese Kreise mit einer problematischen, krisenbehafteten und zum Teil altindustriellen Produktionsstruktur behaftet

---

42) Eine solche weitere Untersuchung müßte u.a. klären, inwieweit ein spezifisches regionales Kooperationsgeflecht, ein zur Struktur im verarbeitenden Gewerbe kompatibler Dienstleistungssektor sowie eine nichthierarchische vertikale Kooperation mit zentraleren ökonomischen und politischen Strukturen jenseits der Regionalebene existieren.

sind [43]). Auf der anderen Seite ist jedoch das Ausmaß der negativen Wirtschaftsentwicklung nicht so groß, als daß diese Kreise als Ausnahmeregionen eingestuft werden könnten.

4.2.2.2. Normalregionen

Der Großteil der niedersächsischen Landkreise kann weder als besonders stark konzentriert noch als besonders erfolgreich bezeichnet werden (d.h. mit Ergebnissen, die deutlich über die übliche interregionale Variationsbreite hinausgehen) und entspricht somit unserer Definition von Normalregionen.

Diese Kreise können noch in zwei Untergruppen gegliedert werden, den relativ erfolgreichen Normalregionen und relativ nicht-erfolgreichen Normalregionen (in der Graphik angedeutet durch N+ und N-), wobei der Grenzbereich durch den Bundesdurchschnitt vorgegeben wird. Ein in der Literatur diskutierter Ansatz zur Erklärung solcher regionaler Erfolgsdifferenzen basiert auf der Annahme, daß höherwertige Produktionsdienste [44] eine Voraussetzung bzw. Folge von einer verstärkten Wettbewerbsfähigkeit der Unternehmen sind (vgl. Bade 1990b). Entscheidend sind dabei nicht die direkten Beschäftigungswirkungen, sondern die indirekten Wirkungen, die durch die Inanspruchnahme der höherwertigen Dienste entstehen können (vgl. Bade 1990a). Der Ansatz wurde im Rahmen der Analyse ohne Erfolg geprüft. In allen Kreisen der Gruppe N+ ist der Anteil der höherwertigen Dienste im Vergleich zu Niedersachsen [45] unterdurchschnittlich und auch geringer als in den Landkreisen der Gruppe N- [46]. Erklärungsansätze im Rahmen der funktionalen Arbeitsteilung sind daher für Betrachtungen von Normalregionen nicht ohne weiteres geeignet.

---

43) In den genannten Kreisen sind z.B. der Automobilbau (Wolfsburg, Emden, Salzgitter), die Gewinnung und Verarbeitung von Steine und Erden (Osterode/Harz, Holzminden) sowie das Textil- und Bekleidungsgewerbe (Grafschaft Bentheim) stark bis dominierend vertreten. Es ist hier nochmals festzuhalten, daß die quantitative Analyse nur die Branchenkonzentration als solche mißt, nicht aber die erfolgsbedingenden Spezialisierungs- und Flexibilisierungsausmaße, die auf Basis einer solchen Branchenkonzentration entstehen können.

44) Dazu zählen Forschung und Entwicklung, Unternehmensberatung, EDV und Marketing (nach Bade, 1990a: 11).

45) Ein Vergleich zum Bund konnte aufgrund fehlender Daten nicht durchgeführt werden.

46) Die kreisfreien Städte wurden aus der Berechnung herausgenommen, da dort die höherwertigen Dienste bedingt durch den größeren Anteil der 'Dienstleistungen insgesamt' wesentlich stärker vertreten sind.

Auffällig bei der Betrachtung der beiden Untergruppen ist, daß die vergleichsweise noch agrarisch strukturierten Kreise (47) zum größten Teil relativ erfolgreich sind (48). In Niedersachsen gilt dies für die Landkreise Ammerland, Cloppenburg, Oldenburg, Vechta und Wittmund (die Ausnahme bildet der Landkreis Lüchow-Dannenberg, der agrarisch geprägt ist, aber nicht den Erfolg der anderen aufgeführten Kreise dieser Gruppe aufweist).

Die Städte hingegen sind eher in der Gruppe N- zu finden. Eine Erklärung könnte sein, daß die aktuellen Deglomerationstendenzen und Suburbanisierungsprozesse dafür verantwortlich zeichnen, wie sie von Bade (1990a) skizziert werden. In deren Verlauf weisen das Verdichtungsumland und periphere Gebiete größere Expansionsmöglichkeiten auf als die Zentren (hier: kreisfreie Städte) von Agglomerationen (49). In Niedersachsen muß aber im Unterschied zu den Ergebnissen von Bade konstatiert werden, daß nicht das Verdichtungsumland die führende Rolle übernimmt, sondern die peripheren (bzw. agrarischen) Kreise den wirtschaftlich erfolgreichsten Normalregionen zugeordnet werden können.

---

47) Als vergleichsweise agrarisch geprägte Landkreise werden (mit dem oben beschriebenen Abgrenzungskriterium (BWS_{LFF} > 10%) Gebiete mit einem relativ hohen Stellenwert der Landwirtschaft bezeichnet. (Im Vergleich dazu werden im Raumordnungsbericht *ländliche Regionen* allein über siedlungsstrukturelle Indikatoren definiert (O.V. (1991)). Das Interesse der hier durchgeführten Analyse zielt dagegen auf wirtschaftsstrukturelle Aspekte; der Begriff der *agrarisch geprägten Landkreise* soll dies mit beinhalten.)
Zwei Folgerungen sind wichtig:
- In vergleichsweise agrarisch geprägten Regionen wird die Berücksichtigung des primären Sektors in der Regionalpolitik sehr bedeutsam bleiben. Dies gilt insbesondere angesichts des Problemdrucks in der Landwirtschaft und der engen Verbindung der Agrarproduktion mit dem Nahrungs- und Genußmittelgewerbe, so z.B. in den Landkreisen Ammerland, Cloppenburg und Oldenburg, besonders natürlich in der Ausnahmeregion Vechta (s.o.).
- Entscheidend ist darüberhinaus die Relation: Auch wenn der agrarische Sektor überdurchschnittlich bedeutsam ist, ist doch auch in diesen Kreisen das verarbeitende Gewerbe mittlerweile strukturbestimmend und für die künftige Beschäftigungsentwicklung im Zusammenhang mit dem Dienstleistungssektor entscheidend.

48) Der Erfolg basiert vornehmlich auf den positiven Wachstumsraten (BWS, SVB), während die BWS je Einwohner im niedersächsischen Vergleich noch unterdurchschnittlich ist.

49) Probleme der Vergleichbarkeit der Ergebnisse ergeben sich aus dem Umstand, daß Bade nach Raumordnungsregionen und Abgrenzungen des BROP arbeitet.
Vgl. in diesem Zusammenhang auch kritisch zum Konzept der Agglomerationsvorteile Kilper/Rehfeld (o.J.).

5. Einige Schlußfolgerungen

In der großen Mehrzahl der niedersächsischen Landkreise sind industrielle Strukturen gegeben, die sich weitgehend von denen in ID unterscheiden; nur in einigen wenigen Landkreisen sind z.B. in puncto Branchenspezialisierung und ökonomischem Erfolg Entwicklungen sichtbar, die man bei einigem guten Willen als Trends in Richtung ID deuten könnte. Damit können die in der internationalen Debatte angeführten Handlungsoptionen für Niedersachsen nicht umstandslos eine regionalpolitische Leitlinie darstellen, sondern müssen auf den von uns beschriebenen Typus der Normalregion transponiert werden.

Die eigentliche Aufgabe liegt in der Differenzierung. In den Ausnahmeregionen Vechta, Gifhorn und Wolfsburg sowie in einigen Normalregionen vom Typus N+ kann an bereits gegebenen mitunter recht guten Ausgangsvoraussetzungen angesetzt werden; hier käme es z.B. darauf an, Spezialisierungstrends durch den Aufbau ergänzender Strukturen, Organisationen und kooperativer Netzwerke zu stärken. In den Normalregionen vom Typus N- hingegen (ganz zu schweigen von den 'negativen' Ausnahmeregionen) ist kaum ein anderer Weg denkbar als der mühsame Aufbau einer Vielzahl von Voraussetzungen, aus denen sich ggf. auf längere Sicht eine Entwicklung in Richtung auf ID ergeben könnte. Immerhin aber kann sich auch für diese benachteiligten Regionen die ID-Debatte insofern als hilfreich erweisen, daß ein konkretes Leitbild existiert, auf das es hinzuarbeiten gilt (50).

Mit diesem Begriff 'Leitbild' ist auch die für uns wichtigste Folgerung aus der ID-Debatte umrissen. Deren bedeutsamstes Verdienst sehen wir in der integrativen Betrachtung von 'harten' und 'weichen' Faktoren in die Regionalentwicklung (hier speziell die Ansätze von Storper und Herrigel). Die konzeptionelle Wendung kann nun gerade nicht so aussehen, daß diese beiden zusammengehörenden Momente auseinandergerissen werden; dies wäre gerade dann der Fall, wenn die ID-Konzepte unabhängig von den gegebenen Voraussetzungen als neues Patentrezept regionaler und lokaler Wirtschaftsförderung angesehen würden. Sinnvoll

---

50) Die hier beschriebenen Differenzierungen deuten an, daß es notwendig ist, den aufgezeigten Ansatz zur quantitativen Definition von Normalregionen in dem Sinne weiterzuverfolgen, daß weitere regional bedeutende Kenngrößen in die Indikatorenbildung einfließen. Zu nennen sind hier vor allem die 'Output'-Größen Innovation, Investition sowie Forschung- und Entwicklung (hier sind jedoch auch Datenprobleme zu berücksichtigen; so ist es z.B. schwierig, aus den geringen absoluten Zahlen von Patentanmeldungen in Niedersachsen auf Kreisebene (vgl. Greif 1992) einen sinnvollen Indikator zu entwickeln). Weiterhin sind die strukturbildenden Faktoren zu erweitern; dies gilt insbesondere für den Bereich der Dienstleistungen, wo auch in theoretischer Hinsicht über den bisherigen Stand der Analyse funktionaler Arbeitsteilung hinausgegangen werden muß.

erscheint es hingegen, jeweils auf die verschiedenen Regionstypen besonders zugeschnittene Konzepte zu entwickeln. Ein ID kann sich hier als handlungsleitende 'Vision' erweisen, als Leitbild, aus dem konkrete Schritte entwickelt werden können. Die konzeptionelle Entwicklung solcher Schritte müßte an den unterschiedlichen Ausgangsvoraussetzungen ansetzen, wie sie oben ansatzweise für die niedersächsischen Landkreise aufgezeigt worden sind.

Betrachtet man ID-Konzepte als Leitbild auch für deutsche Wirtschaftsförderbemühungen, so ist eine allzu skeptische Betrachtung des Nutzens der ID-Debatte nicht angebracht. Eine solche Skepsis wäre nur gegenüber einem Verfahren angebracht, das die ID-Konzepte undifferenziert auf die verschiedenen aktuellen Regionstypen übertragen wollte. Nimmt man hingegen die ID-Debatte als Aufruf, situationsgemäße Zwischenschritte zu entwickeln, so können auch für die Wirtschaftsförderung in Normalregionen nutzbringende Impulse erwartet werden. Ein derartiger differenzierender Umgang mit der ID-Debatte schließt an einen banalen, aber gleichwohl zu wenig beachteten Gedanken an: Auch Industrial Districts sind nicht in einem zeitlich eng begrenzten revolutionären Akt entstanden, sondern in einem zähen historischen Prozeß gewachsen. Für die Entwicklung aktueller Konzepte und Zwischenschritte wäre es hilfreich, wenn sich die ID-Forschung in Zukunft stärker dem Entstehungsprozeß der ID, den inbegriffenen Problemen und Zeitbedarfen zuwenden und insbesondere Folgerungen aus den politisch-gesellschaftlichen Steuerungsverfahren ziehen würde, mit deren Hilfe zwischenzeitliche Blockaden überwunden wurden.

Anknüpfend an diesen allgemeinen Grundgedanken, ID als Leitbild längerfristig orientierter Regionalpolitik und Wirtschaftsförderung zu nehmen, lassen sich 5 konkretere Einzelpunkte nennen.

1. Wirtschaftsförderung in Normalregionen muß auf einer Ebene ansetzen, die deutlich niedriger liegt als die Ebene der Förderpolitik in vollentwickelten ID. Dies heißt zunächst für den Bereich der Bestandspflege, erste Ansätze einer Branchenspezialisierung zu fördern und nicht dem u.E. wenig zukunftsträchtigen Ziel einer möglichst diversifizierten Branchenstruktur anzuhängen. Daß dies in einer Situation, wo etliche Gemeinden händeringend um jeden auch nur halbwegs greifbaren Investor kämpfen, nur sehr schwer durchsetzbar ist, liegt auf der Hand. Wir plädieren hier nicht dafür, ausschließlich jene Investionen zuzulassen, die im Sinne einer Branchenspezialisierung sind, sondern befürworten die in etlichen Orten mittlerweile auch feststellbaren Versuche, die eigenen Werbe-, Akquisitions- und Bestandspflegeanstrengungen stärker auf das Ziel einer oder mehrerer Spezialisierungen auszurichten.

Für den Bereich der Technologieförderung z.B. dürfte eine 'niedrigere Ebene' der Bemühungen darauf hinauslaufen, nicht auf die teuren und wenig ausstrahlungsfähigen High-Tech-Zentren zu setzen, sondern einen Pfad mittlerer Technikförderung zu verfolgen, der eher mit den gegebenen ökonomischen Ausgangsstrukturen kompatibel ist, d.h. für die Mehrzahl der in der Region vertretenen Unternehmen Innovationspotentiale eröffnen kann.

2. Für eine zielgerichtet vorgehende Wirtschaftsförderpolitik besteht kaum eine Alternative zum Ansetzen an den spezifischen Spezialisierungsansätzen, die in einer Region bereits vorhanden sind. Da jedoch diese spezifischen regionalen Spezialisierungspotentiale regional recht unterschiedlich verteilt sind, besteht die Gefahr, daß durch eine derartige Wirtschaftsförderpolitik die in der BRD feststellbare Tendenz in Richtung zunehmender regionaler Disparitäten eher noch verstärkt werden. Das Beispiel der ID zeigt, daß regionale Prosperität selbstbeschleunigende Effekte spätestens dann aufweist, wenn sich erste positive Wirkungen von Branchenspezialisierungen und regionaler Kooperation zeigen; Entwicklungsunterschiede zu Regionen, die ein derartiges lift-off noch nicht vermerken können, werden sich wahrscheinlich kontinuierlich ausweiten.

   Derartige existierende und in Zukunft eher zunehmende regionale Disparitäten lassen sich nicht auf regionaler Ebene beheben, sondern verweisen auf fortbestehende Aufgaben übergeordneter Ebenen wie Land und Bund. Mit anderen Worten: Eine neue Regionalpolitik von unten erfordert eine gegenüber dem heutigen Stand eher bedeutsamer werdende vertikale Kooperation zwischen Regionen auf der einen Seite und zentralstaatlichen Ebenen auf der anderen Seite (diese vertikale Kooperation muß nicht-hierarchisch auf gegenseitiger Kommunikation aufbauen, soll sie funktionsfähig werden). Hoffnungen auf Komplexitätsreduktionen etwa in dem Sinne, daß Aufgaben des Landes auf die Regionen verlagert werden könnten, dürften sich als illusionär erweisen; im Gegenteil wird sich die zunehmende Bedeutung der regionalen Ebene im Gesamtzusammenhang globalisierter Prozesse (also weder nur 'Regionalisierung' noch nur 'Globalisierung') auch darin ausdrücken, daß der Politikprozeß insgesamt komplexer wird. Es wird eher darauf ankommen, mit dieser zunehmenden Komplexität zu leben, als höchstwahrscheinlich vergebliche und contrapoduktive Versuche zu unternehmen, diesem Entwicklungstrend entgegenzuwirken.

3. Ein funktionsfähiges horizontales Kooperationsgeflecht auf regionaler Ebene stellt eine der zentralen Voraussetzungen für prosperierende Regionalentwicklung dar. Eine Untersuchung dieses Kooperationsgeflechtes setzt umfangreiche qualitative Erhebungen

voraus und konnte im Rahmen dieses Beitrages nicht geleistet werden (51). Soweit Erkenntnisse in diesem Zusammenhang bereits vorliegen, deuten sie darauf hin, daß in Normalregionen die 'institutional thickness' als wesentliches Moment arbeitsfähiger Kooperationsstrukturen noch weniger gegeben ist als z.B. eine Branchenspezialisierung. Regionale Wirtschaftsförderung wird in diesem Punkt von ganz unten beginnen müssen; Beispiele u.a. für den Bereich der Kooperation zwischen Unternehmen (vgl. die Beiträge von Plougmann, Belzer/Hilbert und Cooke in diesem Band) zeigen, daß hochgesteckte Bemühungen etwa um High-Tech-Kooperationen flächen- und breitenunwirksam steckenbleiben und von daher zunächst die Verbesserung der Ausgangsbedingungen für die Vorstufen von Kooperation im Vordergrund stehen sollten.

Als weitere Stichworte für die Verbesserung regionaler Kommunikation und Kooperation können aufgeführt werden:

- Basis regionaler Kooperation ist die Zusammenarbeit von Arbeitgebern und Arbeitnehmern u.a. mit dem Zweck, die regionalen Arbeitskräfteressourcen optimal einsetzen und weiterentwickeln zu können;
- ohne eine Neuorientierung der öffentlichen Verwaltung hin zu dialogbereiten Dienstleistungsstrukturen ist ein 'modernes' Kooperationsgeflecht kaum denkbar;
- für die Diskussionsprozesse zur Erstellung von regionalen Entwicklungsprogrammen besteht ein großer Zeitbedarf: für das letztendlich verfolgte Ziel - gemeinsames regionales Handeln- ist der mühsame Prozeß des Absteckens von gemeinsamen Interessen wichtiger als das formelle Resultat eines schriftlich fixierten Programms (vgl. Sabel 1993);
- die horizontale Kooperation auf regionaler Ebene kann von Seiten des Landes mit nichthierarchischen Politikinstrumenten wesentlich gefördert werden. Gefragt sind hier weniger Programme oder Projekte, sondern die unmittelbare Beeinflussung von Akteursstrukturen (die ja auch auf regionaler Ebene an den gebenen Ausgangsstrukturen orientiert sind und insofern häufig blockierend wirken). Denkbar ist z.B., sog. Promotoren oder auch regionalen Organisationen die Handlungsfreiheit

---

51) Eine wesentliche Frage in diesem Zusammenhang besteht darin, inwieweit regionale Kooperationsgeflechte überhaupt auf der Ebene der Landkreise existieren und erfaßt werden können. Wir gehen davon aus, daß von vornherein ein größerer territorialer Zuschnitt gewählt werden muß; die von der niedersächsischen Landesregierung betriebene (aber durchaus problembehaftete, vgl. Krumbein 1994) 'Regionalisierung' des Landes könnte sich bei erfolgreichem Verlauf durchaus als wesentlicher vorwärtstreibender Faktor erweisen.

zu verschaffen, die sie für die Förderung innovativer Projekte und die Initiierung breiter Diskussionsstrukturen benötigen.

4. Die Rolle von Wissenschaft im Rahmen der Bestrebungen, die regionale Entwicklung zu fördern, hat sich geändert. Nicht mehr nur die bloße Zuträgerrolle von Daten ist heute sinnvoll (dabei endet die Aufgabe von Wissenschaft zumeist mit der Abgabe von Gutachten an die Auftraggeber), sondern die kontinuierliche Teilnahme von wissenschaftlichen Akteuren an allen Phasen regionaler Diskussionsprozesse, beginnend bei der Bestandsaufnahme über die Entwicklung von Konzepten bis hin zur Durchführung von Projekten [52]. Wissenschaftler sollten damit keinen besonderen und zumeist eher außenstehenden Part im regionalen Diskurs abgeben, sondern wie andere Akteure aus Politik, Verwaltung, Wirtschaft und Kultur unmittelbar inbegriffen sein in den verschiedenen Arenen regionaler Politikprozesse.

   Eine besondere Aufgabe wissenschaftlicher Organisationen für eine dynamisierte Regionalentwicklung könnte darin bestehen, Initialfunktionen für die Herausbildung eines Netzwerkes von Beratungseinrichtungen wahrzunehmen. Die Entwicklung gemeinsam getragener Beratungszielsetzungen und -schwerpunkte (von verschiedensten öffentlichen und privaten Organisationen, angefangen von der regionalen Wirtschaftsförderung und öffentlichen Technologietransfereinrichtungen über Qualifikations- und Weiterbildungseinrichtungen bis hin zu Steuerberatern, Unternehmensberatern und Ingenieurbüros z.B. aus dem Umweltbereich) könnte beträchtliche Synergieeffekte für die regionale Entwicklung freimachen.

5. In fast allen erfolgreichen Industrial Districts haben regionale Finanziers eine besondere Bedeutung gehabt. Die Stützung regionaler ökonomischer Schwerpunktsetzungen durch eine bisweilen den traditionellen Rahmen verlassende Kreditvergabepraxis spielte dabei ebenso eine Rolle wie die unmittelbare Beteiligung von Finanziers im regionalen Diskurs.

   In Deutschland ist ein entsprechender Prozeß bislang nicht vorangekommen - weder hat sich ein breiterer Diskussionsprozeß über die Rolle regionaler Kreditinstitute ent-

---

52) Eine derartige Sichtweise impliziert zugleich, auch den Aufbau von wissenschaftlichen Gutachten neu zu strukturieren. Schwerpunkte einer auf den dynamischen Aspekt von Regionalentwicklung zielenden 'Regionalprozeßanalyse' (Friese 1994) sind nicht nur die Aufarbeitung von Daten, sondern auch die Erarbeitung von Prognosen und insbesondere eine genauere Beschäftigung mit dem regionalen Kooperationsgeflecht, seinen bereits vorhandenen Positiva und seinen meist noch dominierenden Blockadestrukturen.

wickelt noch sind Neuerungen in der realen Kreditvergabe festzustellen. Auch die Frage, wie die vielfältigen Informationen z.B. der Sparkassen und Volksbanken über die regionale Ökonomie adäquat in die Entwicklung gemeinsamer Regionalprogramme eingebracht werden können, ist bislang kaum diskutiert worden. An diesem Punkt wird besonders krass deutlich, was in mehr oder weniger zutreffender Form für viele regionale Probleme gilt: Diskussionsprozesse und reale Veränderungen stehen erst am Beginn eines Weges mit enormem Neuerungsbedarf.

Sofern die genannten konzeptuellen Punkten Realität werden sollten, könnte man sie als spezifische Zwischenschritte hin zum Leitbild Industrial District verstehen. Daß der Verwirklichung auch von derartigen *Zwischen*schritten große Schwierigkeiten entgegenstehen, dürfte offen zutage liegen. Einen sehr bedeutsamen Vorteil allerdings weisen die neuen Konzepte auf: Durch sie werden gerade in einer Zeit schwerer Finanzprobleme weit weniger Geldmittel beansprucht als durch klassische Instrumentarien (z.B. Bereitstellung von Infrastruktur und direkte / indirekte Unternehmenssubventionierung). Auch insofern wird vermutlich der regionalen und lokalen Wirtschaftsförderung kein anderer Weg offenstehen, als sich mit den neuen Konzepten vertraut zu machen und sie in allmählich zunehmendem Umfang anzuwenden.

Anhang: Wichtige Wirtschaftsdaten der Landkreise Niedersachsens

Region	Regions-Schlüssel	Bev.-dichte Ew./qkm	Anteil BWS (LFF)	Regions-typ 1 (*)	wrBWS (B=100)	BWS/EW (B=100)	wrSVB (B=100)	ALQ (B=100)	Erfolgs-indikator	AXAbw (o=100)	Branchen Schlüssel (**)	Konz. im VG	Struktur Indikator	Regions-typ 2 (***)	Anteil hw. DL (****)
Braunschweig, St.	101	1.349	0,21	s	79	107	70	155	*54*	41	11	8	*25*	N-	*7,75*
Salzgitter,Stadt	102	515	0,78	s	95	117	83	183	*53*	375	11	794	*585*	K	*4,05*
Wolfsburg, Stadt	103	632	0,18	s	86	166	69	134	*54*	1.000	11	4.000	*2.500*	K	*7,74*
Gifhorn	151	93	6,52		97	52	173	159	*63*	70	11	30	*50*	N-	*2,46*
Goettingen	152	233	1,46		96	87	111	159	*72*	53	12	11	*32*	N-	*5,31*
Goslar	153	168	1,78		55	66	61	155	*33*	75	7	26	*50*	N-	*3,38*
Helmstedt	154	150	5,62		13	52	104	152	*42*	87	15	39	*63*	N-	*1,63*
Northeim	155	119	3,23		88	68	80	145	*56*	72	13	39	*55*	N-	*2,85*
Osterode	156	141	0,80		81	78	98	162	*58*	150	12	169	*160*	K	*2,25*
Peine	157	227	3,08		64	59	-29	124	*4*	71	8	26	*49*	x	*2,63*
Wolfenbüttel	158	164	7,11		74	52	63	119	*54*	57	15	18	*38*	N-	*3,82*
Hannover,Stadt	201	2.535	0,04	s	79	168	34	179	*39*	34	8	4	*19*	N-	*9,59*
Diepholz	251	96	7,75		102	62	114	100	*98*	44	15	9	*27*	N-	*2,79*
Hameln-Pyrmont	252	200	2,12		88	85	56	147	*48*	53	13	18	*35*	N-	*3,81*
Hannover	253	272	2,48		107	62	182	107	*130*	37	15	6	*22*	N+	*4,02*
Hildesheim	254	238	2,52		92	77	109	140	*77*	88	12	35	*61*	N-	*3,46*
Holzminden	255	118	2,77		59	74	15	155	*13*	226	9	247	*237*	K	*2,81*
Nienburg	256	84	5,76		103	73	123	100	*106*	69	9	39	*54*	N+	*2,28*
Schaumburg	257	231	2,37		94	62	114	112	*90*	71	9	34	*53*	N-	*2,73*
Celle	351	111	3,31		105	77	41	124	*54*	4	7	0	*2*	N-	*3,69*
Cuxhaven	352	92	8,28		62	52	82	117	*61*	111	15	47	*79*	N-	*1,48*
Harburg	353	162	3,47		121	49	214	93	*153*	2	15	0	*1*	N+	*2,63*
Lüchow	354	40	10,45	ag	79	60	142	226	*43*	125	11	65	*95*	N-	*2,64*
Lueneburg	355	131	3,94		92	75	163	129	*108*	64	15	22	*43*	N+	*3,36*
Osterholz	356	150	3,09		77	52	187	112	*120*	44	15	8	*26*	N+	*1,93*
Rotenburg	357	69	6,62		90	65	141	95	*112*	86	15	29	*57*	N+	*2,56*
Soltau	358	68	3,91		87	72	81	105	*78*	75	15	34	*55*	N-	*2,35*
Stade	359	136	7,64		121	80	128	105	*112*	78	7	23	*50*	N+	*3,95*
Uelzen	360	64	0,96		78	72	72	131	*58*	111	15	49	*80*	N-	*2,32*
Verden	361	152	2,85		144	81	208	105	*157*	150	15	86	*118*	N+	*3,50*
Delmenhorst, St.	401	1.218	0,58	s	61	62	46	148	*30*	140	14	76	*108*	N-	*2,31*
Emden, Stadt	402	454	0,53	s	85	150	53	181	*44*	653	11	1.632	*1.143*	K	*2,64*
Oldenburg, St.	403	1.410	0,18	s	123	126	100	171	*77*	2	15	0	*1*	N-	*5,88*
Osnabrück, St.	404	1.378	0,14	s	92	125	88	164	*66*	34	10	5	*19*	N-	*4,44*
Wilhelmshaven, S	405	881	0,33	s	-12	89	-40	228	*-64*	0	-	0	*0*	*	*4,73*

(Fortsetzung nächste Seite)

Anhang: Wichtige Wirtschaftsdaten der Landkreise Niedersachsens
(Fortsetzung)

Region	Regions-Schlüssel	Bev.-dichte Ew./qkm	Anteil BWS (LFF)	Regions-typ 1 (*)	wrBWS (B=100)	BWS/EW (B=100)	wrSVB (B=100)	ALQ (B=100)	Erfolgs-indikator	AXAbw (o=100)	Branchen Schlüssel (**)	onz. i VG	Struktur Indikator	Regions-typ 2 (***)	Anteil hw. DL (****)
Ammerland	451	134	13,30	ag	111	68	195	112	*136*	79	15	27	*53*	N+	*1,92*
Aurich	452	134	8,92		74	53	109	150	*61*	1	15	0	*0*	N-	*2,44*
Cloppenburg	453	87	13,67	*ag*	121	70	203	119	*140*	174	15	120	*147*	N+	*2,45*
Emsland	454	93	6,75		126	95	172	126	*128*	44	13	19	*31*	N+	*2,93*
Friesland	455	156	6,64		45	61	60	159	*27*	150	11	96	*123*	N-	*3,28*
Bentheim	456	123	7,57		95	69	175	138	*110*	241	14	240	*240*	K	*2,39*
Leer	457	125	6,19		81	55	103	159	*56*	30	8	4	*17*	N-	*2,10*
Oldenburg	458	99	12,12	*ag*	110	57	200	112	*136*	62	15	30	*46*	N+	*2,74*
Osnabrück	459	149	6,69		128	67	184	103	*139*	137	15	112	*124*	N+	*2,06*
Vechta	460	132	16,30	*ag*	145	82	240	81	*186*	154	8	147	*150*	x	*2,11*
Wesermarsch	461	110	6,71		65	77	44	147	*34*	206	11	203	*205*	K	*2,74*
Wittmund	462	81	11,64	*ag*	94	61	213	147	*122*	15	9	1	*8*	N+	*1,45*
Niedersachsen	0	157	3,63		89	82	99	134	*75*	27	11	5	*16*	N-	*4,28*
Bund		258	1,60		100	100	100	100	*100*	-	-	0	*0*	-	-

(*) *ag=agrarisch*
s= Stadt

(**) *7=Chemische Industrie, Mineralölverarbeitung*
8=Kunststoff-, Gummi- und Asbestverarbeitung
9=Steine und Erden, Feinkeramik und Glasgewerbe
10=Eisen- und NE-Metallerzeugung, Gießereien und Stahlverformung
11=Stahl-, Maschinen- und Fahrzeugbau, ADV
12=Elektrotechnik, Feinmechanik und Optik, Herst. von EBM-Waren
13=Holz-, Papier- und Druckgewerbe
14=Leder-, Textil- und Bekleidungsgewerbe
15=Nahrungs- und Genußmittelgewerbe

(***) *K= Konzentriert (>150)*
N+=erfolgreiche Normalregion
N-=nicht-erfolgreiche Normalregion
x=besondere Region

(****) *höherwertige Produktions-Dienstleistungen =*
Forschung und Entwicklung
Unternehmensberatung
EDV
Marketing

__Quellen:__ Niedersächsisches Landesamt für Statistik, Datenbank sowie Monatshefte, div. Jahrgänge
NIW-Regionalbericht, div. Jahrgänge
eigene Berechnungen

Literatur

Ache, P./Bremm, H.-J. 1992: Auswirkungen des europäischen Binnenmarktes auf die Raum- und Siedlungsstruktur in Westdeutschland. Schriftenreihe 'Forschung' des Bundesministeriums für Raumordnung, Bauwesen und Städtebau: Raumordnerische Aspekte des EG-Binnenmarktes. Bonn.

Amin,A./Thrift,N. 1992: Neo-Marshallian Nodes in Global Networks. International Journal of Urban and Regional Research, Nr. 2/1992

Bade, F.J. 1990a: Expansion und regionale Ausbreitung der Dienstleistungen. Eine empirische Analyse des Tertiärisierungsprozesses mit besonderer Berücksichtigung der Städte in Nordrhein-Westfalen. Unter Mitarb. v. U. Middelmann und M. Schüler. ILS-Schriften 42. Dortmund.

Bade, F.J. 1990b: Der wirtschaftliche Strukturwandel im überregionalen Vergleich -Produktionsorientierte Dienstleistungen als Träger regionaler Wachstumsprozesse-. In: Tertiärisierung und Stadtstruktur. Hrsg. v. Institut für Landes- und Stadtentwicklungsforschung des Landes NRW (ILS). ILS-Schriften 44. Dortmund.

Becher, G. 1987: Regionale Strukturprobleme und ihre Folgen: Das Beispiel Südostniedersachsen. Band 2: Wirtschaftsstrukturprobleme in Südostniedersachsen. Aspekte der längerfristigen wirtschaftlichen Entwicklung und Wirtschaftsstruktur in Südostniedersachsen unter besonderer Berücksichtigung der Auswirkungen auf den Arbeitsmarkt. (Hrsg. v. Stadt Braunschweig, Referat für Stadtentwicklung). Braunschweig.

Beckenbach, N. 1988: Die regionale Wirtschaftsförderung - Bestandsaufnahme und Alternativen. Eine Untersuchung am Beispiel Niedersachsen. Schriftenreihe des Instituts für ökologische Wirtschaftsforschung 10/1988. Berlin.

Belzer, V./Hilbert J. 1994: Der steinige Weg zum virtuellen Unternehmen - Empirische Befunde zu überbetrieblichen Kooperationsbeziehungen in Nordrhein-Westfalen. In: Krumbein, W. (Hrsg.) 1994: Ökonomische und politische Netzwerke in der Region. Beiträge aus der internationalen Debatte. Münster.

Bullmann, U. 1991: Kommunale Strategien gegen Massenarbeitslosigkeit. Ein Einstieg in die sozialökologische Erneuerung. Opladen.

Cooke, P. 1994: Innovation networks and regional development: Learning from European experience. In: Krumbein, W. (Hrsg.) 1994: Ökonomische und politische Netzwerke in der Region. Beiträge aus der internationalen Debatte. Münster.

Danielzyk, R. 1993: Regionalisierung der Ökonomie - Regionalisierung der Politik in Niedersachsen: Zur Aktualität regionaler Geographie. Vortrag auf der Jahrestagung des Zentralausschusses für Deutsche Landeskunde. Unveröff. Ms.

Dose, N./Drexler, A. 1988: Technologieparks - Ursachen und Ideologie, in: dies. (Hg.): Technologieparks. Voraussetzungen, Bestandsaufnahme und Kritik. Opladen.

Eisbach, J. (1990): Haben sich Gründer- und Technologiezentren als Sackgassen früherer Prognosen erwiesen? Manuskript des Progress-Instituts für Wirtschaftsforschung. Bielefeld.

Ewringmann, D./Kortenkamp, L. 1986: Veränderte Rahmenbedingungen für die regionale Wirtschaftspolitik, in: Informationen zur Raumentwicklung Heft 9/10//1986.

Friese, C. 1994: Umstrukturierungsprozesse in der südniedersächsischen Wirtschaft. Regionalprozeß-Analyse für Südniedersachsen. Schriftenreihe des Instituts für Regionalforschung Heft 7/1994.

Grabher, G. 1988a: Unternehmensnetzwerke und Innovation. Veränderungen in der Arbeitsteilung zwischen Groß- und Kleinunternehmen im Zuge der Umstrukturierung der Stahlindustrie (Ruhrgebiet) und der chemischen Industrie (Rhein/Main). Discussion Paper, FS I 88 - 20 Wissenschaftszentrum Berlin für Sozialforschung. Berlin.

Grabher, G. 1988b: Markt, Hierarchie und Macht. Ein weiteres Plädoyer für eine gemäßigte Version der Williamson' schen Transaktionskostenanalyse. In: Schmid, G./Deutschmann, C./Grabher, G. 1988: Die neue institutionelle Ökonomie. Kommentare aus politologischer, soziologischer und historischer Perspektive institutioneller Arbeitsmarkttheorie. Discussion Paper, FS I 88 - 14 Wissenschaftszentrum Berlin für Sozialforschung. Berlin.

Grabher, G. 1988c: De-Industrialisierung oder Neo-Industrialisierung? Innovationspolitik und Innovationsprozesse in traditionellen Industrieregionen. Berlin.

Greif, S. 1992: Erfindertätigkeit in Norddeutschland. Räumliche Struktur der Patentaktivitäten. In: Landesentwicklung in Norddeutschland. Strukturberichterstattung Norddeutschland. ARL Arbeitsmaterial. Hannover.

Harrison, B. 1994: The Italien Industrial Districts and the crisis of the cooperative form. In: Krumbein, W. (Hrsg.) 1994: Ökonomische und politische Netzwerke in der Region. Beiträge aus der internationalen Debatte. Münster.

Heine, M. 1989: Endogene Entwicklungspotentiale. "Sesam öffne Dich" für strukturschwache Regionen?, in: spw Heft 45/1989.

Heine, M./Schikora, A. 1990: Regionalpolitische Förderkonzepte in der Bundesrepublik Deutschland. Eine kritische Bestandsaufnahme. In: Gestaltung des Strukturwandels in der DDR. FAST-Materialband zur wissenschaftlichen Konferenz in Zwickau 11./12.6.1990.

Heinze, R.G./Voelzkow, H. 1992: Entwicklung und Perspektiven des Dienstleistungssektors in Nordrhein-Westfalen. In: Heinze, R.G./Voelzkow, H./Hilbert, J. 1992: Strukturwandel und Strukturpolitik in Nordrhein-Westfalen. Schriften des Institut Arbeit und Technik, Bd. 3. Opladen.

Herdzina, K. 1981: Wirtschaftliches Wachstum, Strukturwandel und Wettbewerb. Berlin.

Herrigel, G. 1991: Power in Industrial Order: A Model and the Case of Baden Württemberg. Manuskript. Chicago.

Hucke, J./Wollmann, H. (Hg.) 1989: Dezentrale Technologiepolitik? Technikförderung durch Bundesländer und Kommunen. Basel/Boston/Stuttgart, in: Informationen zur Raumentwicklung Heft 11/12//1991.

Jürgens, U./Krumbein, W. (Hg.) 1991: Industriepolitische Strategien. Bundesländer im Vergleich. Berlin.

Kilper, H./Rehfeld, D. o.J.: Vom Konzept der Agglomerationsvorteile zum Industrial District. Überlegungen zur Bedeutung innerregionaler Verflechtungen und Kooperationsbeziehungen für die Stabilität von Regionen. IAT - PS 03. Gelsenkirchen.

Krätke, S. 1990: Städte im Umbruch - Städtische Hierarchien und Raumgefüge im Prozess gesellschaftlicher Restrukturierung. In: Borst, Renate; Stefan Krätke; Margit Mayer; Roland Roth und Fritz Schmoll (Hrsg.) 1990: Das neue Gesicht der Städte - Theoretische Ansätze und empirische Befunde aus der internationalen Debatte (Stadtforschung aktuell, Bd.29), Basel/ Boston/Berlin.

Krumbein, W. 1991: Industriepolitik: Die Chance einer Integration von Wirtschafts- und Gesellschaftspolitik, in: Jürgens/Krumbein 1991.

Krumbein, W. 1994: Industrie- und Regionalisierungspolitik in Niedersachsen. Koordinierungsprobleme bei der Konzeptionierung und Umsetzung von Reformvorhaben, in: Bullmann (Hg.), Die Politik der dritten Ebene (im Erscheinen).

Läpple, D. 1991: Thesen zum Zusammenhang von ökonomisch-technologischem Strukturwandel und regionaler Entwicklung, in: Bukold, S./Thinnes, P. (Hg.) (1991): Boomtown oder Gloomtown? Strukturwandel einer deutschen Metropole. Berlin.

Marshall, A. 1879: The Economics of Industry. London.

Marshall, A. 1896: Principles of Economics. London.

Marshall, A. 1919: Industry and Trade. London.

Naßmacher, H. 1987: Wirtschaftspolitik von unten. Basel/Boston/Stuttgart.

Niedersächsisches Institut für Wirtschaftsforschung e.V. (NIW) (Hrsg.): Regionalbericht. Jge. 1983, 1984, 1985/86, 1987/88, 1989/90/91. Hannover.

Niedersächsisches Landesamt für Statistik (NLS) (Hrsg.): Statistische Monatshefte Niedersachsen. Div. Hefte. Hannover.

Perulli, P. 1993: Towards a Regionalization of Industrial Relations. In: International Journal of Urban and Regional Research, Volume 17, Number 1.

Piore, M./Sabel, C.F. 1984: The second industrial divide. New York.

Plougmann, P. 1994: Networking - Achieving SME competitiveness in a global economy. The Danish Networking programme - a model for other European regions? In: Krumbein, W. (Hrsg.) 1994: Ökonomische und politische Netzwerke in der Region. Beiträge aus der internationalen Debatte. Münster.

Pyke, F./Becattini, G./Sengenberger, W. 1990: Industrial districts and inter-firm co-operation in Italy. Geneva.

Sabel, C.F. 1989: Flexible specialisation and the re-emergence of regional economies. In: Hirst, P./ Zeitlin, J. (Hrsg.) 1989: Reversing industrial decline? Industrial structure and policies in Britain and her competitors. Berg/Oxford.

Schmid, G. 1988: Die neue institutionelle Ökonomie. Königsweg oder Holzweg zu einer Institutionentheorie; in: Schmid, G./Deutschmann, C./Grabher, G. 1988: Die neue institutionelle Ökonomie. Kommentare aus politologischer, soziologischer und historischer Perspektive institutioneller Arbeitsmarkttheorie. Discussion Paper, FS I 88 - 14 Wissenschaftszentrum Berlin für Sozialforschung. Berlin.

Schuster, F. 1987: Dezentralisierung des politischen Handelns. Melle/St. Augustin.

Sinz, M./Steinle, W. 1989: Regionale Wettbewerbsfähigkeit und europäischer Binnenmarkt. In: Raumforschung und Raumordnung Heft 1/1989.

Storper, M. 1992: The Limits to Globalization: Technology Districts and International Trade. Economic Geography, Vol. 68.

Sydow, J. 1991: Unternehmensnetzwerke. Begriffe, Erscheinungsformen und Implikationen für die Mitbestimmung, HBS Manuskripte Nr. 30, Düsseldorf.

Voelzkow, H. 1990: Mehr Technik in die Region. Neue Ansätze zur regionalen Technikförderung in Nordrhein-Westfalen. Wiesbaden.

Williamson, O.E. 1985: The Economic Institutions of Capitalism. New York.

Dieter Rehfeld

Produktionscluster und räumliche Entwicklung - Beispiele und Konsequenzen

1. Branchen und Funktionen, Verflechtungen und Cluster

Seit etwa zwanzig Jahren hinterläßt der weltwirtschaftliche Strukturwandel tiefgreifende Spuren: nicht nur in der Neubewertung und Neustrukturierung von Räumen, sondern auch in der regionalwissenschaftlichen Diskussion. Relativ schnell wurde erkannt, daß die traditonellen Versuche, regionale Disparitäten aus den jeweiligen Branchenstrukturen zu erklären, die neuen räumlichen Muster nicht erklären konnten. Auch die auf funktionale Arbeitsteilung und externe Kontrolle (vgl. Massey 1979, Liepitz 1980) abzielenden neuen Ansätze hielten einer systematischen Erklärung regionaler Disparitäten nur kurze Zeit stand. So ließ sich zeigen, daß in den 70er Jahren die funktional ungünstig strukturierten Räume hinsichtlich der Beschäftigtenentwicklung in den 70er Jahren oft deutlich günstigere Trends aufwiesen als die funktional hochwertig strukturierten Ballungsräume (vgl. zusammenfassend zur Diskussion bis Mitte der 80er Jahre Becher/Rehfeld 1987).

Seit Mitte der 80er Jahre nun - ausgelöst durch das von Piore/Sabel (1985) verkündete "Ende der Massenproduktion" - bestimmt ein neuer Grundgedanke die regionalwissenschaftlichen Analysen. Ob unter Rückgriff auf ältere Konzepte wie "Industrieller District" oder "Agglomerationsvorteile" oder ob mit neuen Begriffen wie "Synergien" oder "Netzwerke" versehen, gemeinsam ist diesen Ansätzen die Annahme, daß den innerregionalen Verflechtungen eine zentrale Rolle für die Wettbewerbsfähigkeit und die Stabilität regionaler Wirtschaftsstrukturen beizumessen ist.

Auch wenn die Referenzregionen für diesen Ansatz mittlerweile erhebliche Anpassungsprobleme aufweisen,

- sich im Dritten Italien zunehmende Schwierigkeiten bei der Erschließung globaler Märkte zeigen (vgl. Telljohann in diesem Band),
- sich angesichts der Probleme von Automobilindustrie und Maschinenbau in Baden-Württemberg die Frage stellt, ob hier eine "Krisenregion der 90er Jahre" entsteht (vgl. IMU 1989),

gewinnt die Attraktivität und Überzeugungskraft dieses Ansatzes eher noch an Bedeutung.

Dies gilt vor allem deshalb, weil mittlerweile auch die Volkswirtschaft (vgl. vor allem Porter 1990), die Betriebswirtschaft (vgl. z.B. Sydow 1992) oder die Industriesoziologie (vgl. z.B. die Beiträge in Deiß/Döhl 1992 und die Überlegungen von Weißbach 1990) diesen Gedanken aufgegriffen und erweitert haben.

Allerdings besteht die Gefahr, daß mit der Ausweitung und Ausdifferenzierung dieses Grundgedankens die regionalwissenschaftlich bedeutsamen Aspekte undeutlich werden. Wichtig erscheint mir vor allem, soll die Tragweite dieses Ansatzes "Regionale Verflechtungen" für die regionalwissenschaftliche Diskussion längerfristig genutzt werden, diese in die Tradition regionalwissenschaftlicher Analysen und Fragestellungen einzubetten. Vier Aspekte sind hierbei hervorzuheben:

Erstens haben die älteren regionalwissenschaftlichen Konzepte zwar durchweg einer systematischen Überprüfung, insbesondere mittels aggregierter statistischer Daten und Analysemethoden, nicht standhalten können, aber die Ergebnisse der Diskussion um diese Konzepte sollten nicht in Vergessenheit geraten. So ist offensichtlich, daß die wirtschaftlichen Schwierigkeiten etwa des Ruhrgebiets mit den Problemen im Bergbau und in der Stahlindustrie zusammenhängen, daß die funktional dominierenden Agglomerationen trotz erheblicher Beschäftigungs- und Bevölkerungsverluste eine erhebliche Regenerationsfähigkeit aufweisen (vgl. Häußermann/Siebel (Hrsg.) 1993 am Beispiel New York), daß viele Großunternehmen mittlerweile gezielt Geschäftsbereiche externalisieren, um so hinsichtlich Flexibilität mit den kleinen und mittleren Unternehmen konkurrieren zu können (vgl. z.B. Howells 1989).

Zweitens sind auf "Regionale Verflechtungen" bezogene Konzepte und Analysen sorgfältig hinsichtlich ihrer jeweiligen Ausgangspunkte und Untersuchungsebenen zu unterschieden. So finden sich etwa Ansätze,

- die das regionale Umfeld primär aus der Sicht der Betriebe hinsichtlich ihrer unterstützenden und orientierenden Funktionen thematisieren (vgl. hierzu die GREMI-Arbeiten, vor allem Maillat/Crevoisier/Lecoq 1991, Camagni 1991),
- die eher auf eine generelle Kooperationsfähigkeit von Betrieben weitgehend unabhängig von der räumlichen Dimension abzielen (vgl. die Beiträge von Plougmann und Belzer/Hilbert in diesem Band),
- die auf die räumliche Ansiedlung von Zulieferern im Umfeld eines Herstellerbetriebes Bezug nehmen, also primär den Raum als Zeitfaktor im Rahmen neuer Zulieferkonzepte (Just-in-Time) thematisieren (vgl. z.B. Bertram/Schamp 1989),
- die gegenüber Produktionsverflechtungen eher auf informelle, aus räumlicher Nähe resultierende Aspekte ausgerichtet sind (vgl. Storper/Harrison 1991), oder

- die die soziale Dimension von Netzwerken in den Mittelpunkt der Analyse stellen (vgl. den Überblick bei May 1991).

Die Notwendigkeit einer derartig differenzierten Betrachtung wird drittens vor allem dann bedeutsam, wenn eine weitere - in der jüngeren Diskussion oft vergessene - Wurzel der Analyse regionaler Verflechtungen in die Überlegungen einbezogen wird: Regionale Verflechtungen als Ursache sich selbst verstärkender regionaler Krisenkreisläufe, insbesondere in altindustrialisierten Regionen (vgl. Loewe/Wand 1987, Grabher 1990, Rehfeld 1987). Ob die Probleme nun als strategische Blockaden der regionalen Akteure oder als unausweichliche Konsequenzen weltwirtschaftlichen Strukturwandels interpretiert werden: Deutlich wird, daß regionale Verflechtungen nicht ohne weiteres mit regionalen Erfolgen assoziiert werden können. Es besteht offenbar eine Verbindung zwischen Produktions- und Raumzyklen (vgl. hierzu vor allem Markusen 1985), gegen deren Auswirkungen auch lange Zeit effektive regionale Verflechtungen nur begrenzt widerstandsfähig sind.

Viertens ist zu berücksichtigen, daß ungeachtet der analytischen und konzeptionellen Kontroversen zumindest in einigen Aspekten weitgehender Konsens in der regionalwissenschaftlichen Diskussion besteht. Dieser Konsens besteht insbesondere hinsichtlich der Anforderungen, daß regionale Entwicklung immer nur aus dem Zusammenspiel zwischen (historisch gewachsenen) internen und externen Faktoren, etwa dem Zusammenwirken globaler und regionaler Netzwerke, verstanden werden kann (vgl. vor allem Läpple 1991). Dies impliziert auch, daß verschiedene analytische Zugänge, historische, funktionale, strukturelle und Handlungs- bzw. strategieorientierte Ansätze möglich, im Idealfall miteinander zu kombinieren sind.

Im folgenden soll ein derartig kombiniertes Vorgehen zur Analyse der wirtschaftsstrukturellen Grundlagen regionaler Verflechtungen in seinen Grundlinien skizziert und mit ausgewählten Beispielen illustriert werden [(1)]. Ausgegangen wird dabei von dem Konzept der "Produktionsketten" und "Produktionscluster", das sowohl Überlegungen hinsichtlich der Bedeutung der sektoralen wie auch der funktionalen Arbeitsteilung zum Ausgangspunkt nimmt (2.). In einem weiteren Schritt werden die Produktionscluster als die räumliche Verdichtung von

---

1. Der empirische Hintergrund stammt aus Untersuchungen, die sich mit den Regionen Südostniedersachsen, Starkenburg und dem Ruhrgebiet befassen (vgl. Lompe/Müller/Rehfeld/Blöcker 1991, Rehfeld 1992, Rehfeld 1993a). Ergänzend wird auch auf eine Sekundärauswertung von Untersuchungen als erfolgreich geltender Regionen zurückgegriffen (vgl. Kilper/Rehfeld 1992). Sofern auf Ergebnisse dieser Untersuchungen Bezug genommen wird, wird im folgenden auf detaillierte Literaturverweise verzichtet.

Produktionsketten in ihren regionalen Bezügen interpretiert, was einen Ansatz für die Integration historischer und sozialer Wirkungszusammenhänge erlaubt, gleichzeitig auch mögliche Diskrepanzen zwischen regionaler und Clusterentwicklung berücksichtigt (3.). Anschließend wird die Handlungsebene, insbesondere die Strategien der dominierenden Unternehmen einbezogen (4.), um so im Spannungsfeld zwischen struktureller und Handlungsebene zu regionalpolitischen Konsequenzen, deren Grenzen und Möglichkeiten, zu gelangen (5.).

2. Produktionscluster

Unter einer Produktionskette sollen alle Funktionen und Produktionsstufen verstanden werden, die für die Entwicklung, Herstellung und Vermarktung eines Produktes bzw. einer Produktgruppe notwendig sind. Hierzu gehören - neben der Produktion selbst - die der Produktion vor- und nachgelagerten Funktionen, die für die Durchführung des Produktionsprozesses notwendigen Funktionen wie auch Muster der Integration der einzelnen Teilbereiche über Standardisierung bzw. Normierung. (vgl. Abb. 1)

Mit diesem Bezugsrahmen werden drei Aspekte aus der Diskussion um räumliche Entwicklungen aufgegriffen:

- eine Alternative zu der unzureichenden Abgrenzung realer Produktionsverflechtungen durch die Branchenzuschnitte der verfügbaren öffentlichen Statistiken,
- die Möglichkeit einer Darstellung der Verteilung der unterschiedlichen Produktionsstufen und Funktionen einer Produktionskette über den Raum, ohne vorab zwischen höherwertigen und nachgeordneten Funktionen zu unterscheiden,
- die Verankerung der räumlichen Konzentration von Produktionsstufen und Funktionen einer Produktionskette in einen übergreifenden Zusammenhang von Produktionsverflechtungen.

Hiermit ist ein Instrumentarium vorhanden, um die räumliche Verteilung der Produktionsstufen und Funktionen einer Produktionskette darzustellen und vergleichend zu analysieren. Eine räumliche Konzentration von Elementen einer Produktionskette soll hierbei als Produktionscluster bezeichnet werden. Am Beispiel der Automobilindustrie in der Bundesrepublik läßt sich folgendes räumliches Muster herausarbeiten:

- Dominierend ist der Raum Mittlerer Neckar: Mit Daimler-Benz Standort eines der zentralen Hersteller, daneben auch Porsche als Hersteller; eine umfangreiche, breitgestreute, weitgehend selbständige Zulieferindustrie; auf die Automobilindustrie bezogene Maschinenbauer und Forschungseinrichtungen und Ingenieurbüros charakterisieren die zentrale Stellung dieses Raumes besonders deshalb, weil die hier ansässigen Funktionsbereiche

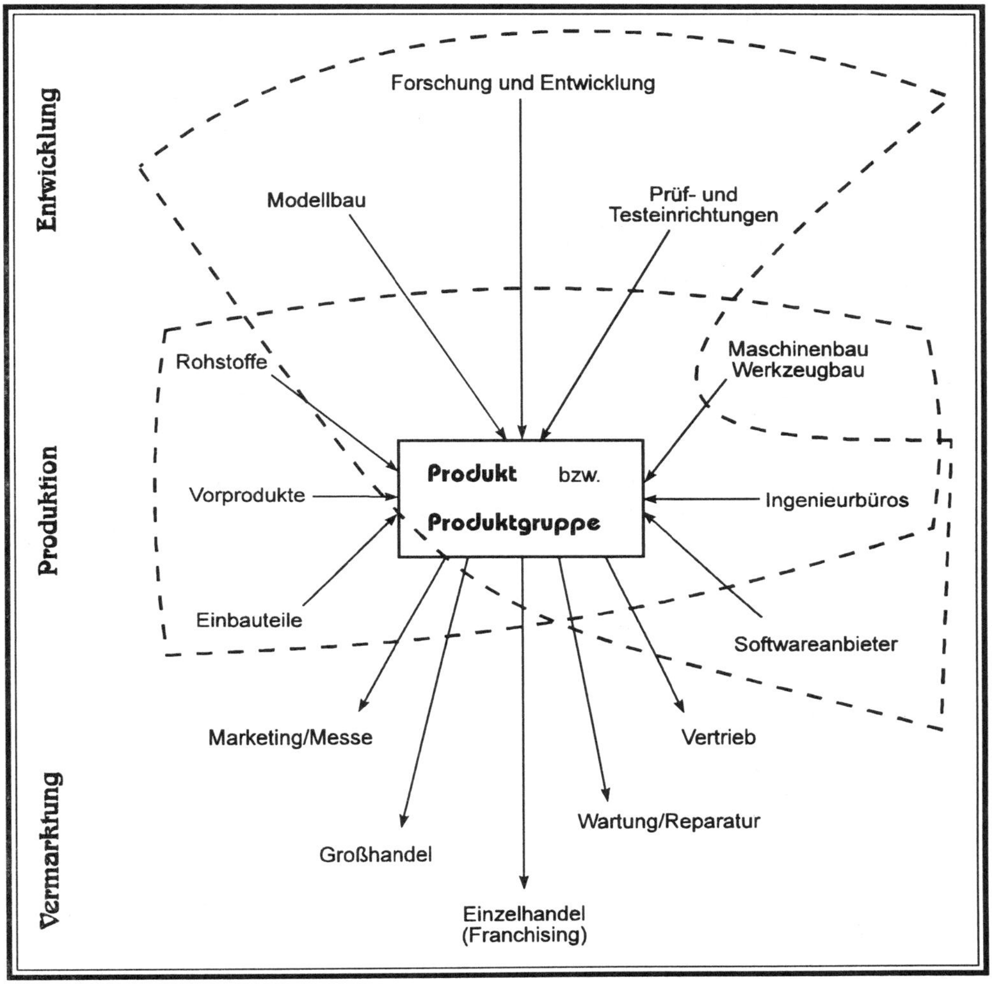

Abb. 1: Zentrale Elemente einer Produktionskette

auch untereinander verflochten sind, so daß wir von einem integrierten Produktionscluster sprechen können (vgl. ergänzend auch Sörgel 1986, IMU 1989).

- Eine ähnliche Breite von Funktionen findet sich auch im Raum Frankfurt. Neben Opel als Hersteller und einer ausdifferenzierten Zulieferindustrie konzentrieren sich hier Verbands-, Marketing- (Messe) und Großhandelsfunktionen dieser Branche; hinzu kommen Ingenieurbüros und vor allem auf den Kfz-Handwerks-Ausrüstungsbereich spezialisierte Maschinenbauer; anders als im Mittleren Neckar sind diese Aktivitäten allerdings nur wenig untereinander verflochten.

- Im Raum um München finden sich neben BMW als Hersteller vor allem auch als Zulieferer tätige Großunternehmen der Elektroindustrie und Ingenieurbüros. Die Verflechtungen zwischen diesen Bereichen sind eher selektiv, laufen vor allem über den Bereich der Anwendung von Informations-, Kommunikations- und Steuerungstechnologien; falls, wie erwartet, der Einsatz dieser Technologien bei der Herstellung und Nutzung des Automobils zunehmen wird, wird die Bedeutung dieser Region in der um das Automobil gruppierten Produktionskette weiter steigen.
- In Südostniedersachsen sind drei Standorte des größten deutschen Herstellers VW konzentriert; daneben finden sich einzelne Zulieferbetriebe, isolierte, in anderen Verkehrssystemen tätige Betriebe sowie in den letzten Jahren zunehmende Forschungs- und Entwicklungsaktivitäten, ohne daß bisher eine größere Vernetzung zwischen den einzelnen Bereichen erkennbar ist.
- Im Ruhrgebiet und im Bergischen Land konzentrieren sich Zulieferer vor allem aus dem Metallbereich; Der Absatz ist primär überregional orientiert, die Vernetzung untereinander und auch mit dem Opel-Werk in Bochum oder dem Ford-Werk in Köln eher gering.
- Die Region um Hannover kann als Beipiel eines heterogenen, nicht integrierten Produktionsclusters angesehen werden; neben dem Zweigwerk eines Automobilherstellers findet sich hier eine Vielzahl von Großunternehmen der Automobilzulieferer aus den Bereichen Reifen- und Batterieherstellung, Kunststoffteile und Bremsen, die aber in jeweils spezifischer Form in die um das Automobil gruppierte Produktionskette eingebunden sind, so daß keine nennenswerten Verflechtungen innerhalb der Region aufgebaut wurden.
- Mitte der 80er hat sich der Raum um Regensburg mit der Gründung eines BMW-Standortes als Zentrum für Zulieferneugründungen herausgebildet; bisher sind die dortigen Zulieferstandorte eher hierarchisch auf das BMW-Werk bezogen, langfristig deutet sich die Tendenz zum wichtigsten neuen Zulieferstandort für den gesamten süddeutschen Raum an; ein ähnlich strukturiertes Produktionscluster ist seit Anfang der 90er Jahre auch in der ostdeutschen Region um Eisenach und Mosel/Zwickau im Aufbau.
- Weiterhin finden sich Räume mit relativ isolierten Herstellerstandorten; hier sind zu unterscheiden die Stammsitze weiterer Hersteller (Ford/Köln, Audi/Ingolstadt), Zweigwerke in eher altindustrialisierten Regionen (etwa Daimler-Benz in Bremen, VW in Hannover und Kassel, Opel in Bochum und Kaiserslautern, Ford in Saarlouis) und in peripheren Regionen (etwa VW in Emden, BMW in Landshut).
- Schließlich sind einzelne auf eine Funktion oder auf ein Zuliefersegment spezialisierte Regionen zu nennen; hierzu gehören etwa Berlin (Ingenieurbüros), Nord- und Mittel-

Bayern (Antriebstechnik), Hamburg (Ölkonzerne) wie auch traditionell auf Bereiche der Automobilentwicklung spezialisierte Technische Hochschulen wie Aachen (Motoren) oder Hamburg (Karosseriebau) (2) .

Deutlich wird an diesem Beispiel, daß die einzelnen Produktionscluster sich hinsichtlich ihrer Differenzierung und Verflechtung erheblich unterscheiden. So kann nicht ohne weiteres aus der räumlichen Ballung verschiedener Produktionsstufen bzw. Funktionen einer Produktionskette auf ein größeres Ausmaß an innerregionalen Verflechtungen geschlossen werden, wie vor allem die Beispiele Frankfurt und Hannover mit ihren geringen Verflechtungen zeigen. Dagegen weist insbesondere der Raum Mittlerer Neckar ein integriertes, funktional differenziertes Produktionscluster auf, daß sich auch in anderen ökonomisch erfolgreichen Regionen finden läßt (vgl. Kilper/Rehfeld 1992). Hieraus läßt sich die zentrale These ableiten, daß ein spezifisches Muster von Spezialisierung und funktionaler Differenzierung als räumlicher innovativer Kern einer Produktionskette anzusehen ist: Dieses Muster bildet eine strukturelle Grundlage für umfangreiche zwischenbetriebliche Kontakte und daraus resultierende Impulse. Um diese These näher zu erläutern, damit auch die Bedeutung und Wirkungsweise von Produktionsclustern näher zu erfassen, soll zunächst ein Blick auf die Entstehung von Produktionsclustern in den von uns untersuchten Regionen geworfen werden.

3. Produktionscluster und regionale Strukturen

Heute ist unbestritten, daß die Region "die wesentliche operative territoriale Einheit für die Industrialisierung gewesen ist" (Pollard 1980, 12). Die Regionen Südostniedersachsen und das Ruhrgebiet können als unterschiedliche Beispiele eines solchen regionalen Industrialisierungsprozesses angesehen werden.

Die industrielle Entwicklung in der Region Südostniedersachsen hat ihren Ursprung in der Landwirtschaft. Ausgehend von der Intensivierung der Bodennutzung Ende des vergangenen Jahrhunderts entstanden Industriezweige, die auf die Verarbeitung und Verpackung der landwirtschaftlichen Produkte bezogen waren:

---

2. Festzuhalten ist auch, daß dieses räumliche Muster der um das Automobil gruppierten Produktionskette eine erhebliche Kontinuität und Stabilität aufweist. So haben sich die Zulieferstandorte in ihrer Spezialisierung bereits um 1930 herausgebildet und auch dadurch keine wesentliche Änderung erfahren, daß in den 50er Jahren mit VW in Südostniedersachsen ein neuer Hersteller expandierte, der zeitweise mehr als 50 vH der bundesdeutschen PKW produzierte.

- das Nahrungs- und Genußmittelgewerbe zur Verarbeitung der landwirtschaftlichen Produkte,
- ebenso das Textilgewerbe (Flachsanbau)
- eine Metallverarbeitende Industrie (Konservenfabriken), die ihren Ursprung in Verpackungs- und Konservierungsanfoderungen für den regionalen Absatz hatte,
- ein auf die genannten Bereiche spezialisierter Maschinenbau (Ausrüstung von Konserven- und Zukkerfabriken, Getreidemühlen, Landwirtschaftsmaschinen),
- auch die Erschließung des Braunkohlenbergbaus in Helmstedt erhielt anfänglich die entscheidenden Impulse durch den Energiebedarf der Zuckerfabriken;
- schließlich zu diesen Industriebereichen komplementäre Institute an der Technischen Universität in Braunschweig (3) .

Ausgangspunkt für die Industrialisierung des Ruhrgebietes bildete der Mitte des vergangenen Jahrhunderts erfogte Durchbruch bei der Kohlenförderung. Aus der Verbindung zwischen Steinkohlenbergbau, Stahlerzeugung, Elektrizitätswirtschaft und (in späteren Jahren) Chemischer Industrie entstand ein regionaler Produktionskomplex (4), dessen Grundelemente sich folgendermaßen skizzieren lassen: Den Ausgangspunkt bildete die stoffliche Verknüpfung von Kohle und Stahl. In den folgenden Jahren erfolgte zunächst eine Ausdehnung in weiterverarbeitende Bereiche, sei es durch die Verknüpfung verschiedener Produktionsstufen wie etwa die Anbindung der Gießerei an die Hochöfen, sei es durch hiermit zusammenhängende Rationalisierungsfortschritte in der Wärmeökonomie.

Um 1900 wurden zwei weitere Produktionsbereiche in den montanindustriellen Produktionskomplex eingegliedert. Zum einen erfolgte die Verknüpfung von Stromerzeugung und Stahlproduktion, was zu Beginn des 20. Jahrhunderts den Bau von Großkraftwerken stimulierte und damit ein niedriges Energiepreisniveau ermöglichte - eine zentrale Standortbedeutung für die Ansiedlung weiterer, energieintensiver Grundstoffindustrien. Zum anderen wurde in dieser Zeit die Nutzung von Nebenprodukten der Kohlegewinnung und Stahlerzeugung wie Alaun oder Schwefel als chemische Grundstoffe intensiviert. Besonders im Rahmen der Autarkiepolitik zur Zeit des Zweiten Weltkrieges hat die hierauf aufbauende Kohlechemie eine zentrale Rolle eingenommen.

Auch wenn die interne Struktur der Produktionscluster unterschiedlich strukturiert war - in Südostniedersachsen stärker mittelbetrieblich, im Ruhrgebiet von Anfang an stark durch we-

---

3. Daneben sind zwei weitere, allerdings kleinräumiger wirksame Ursprünge zu nennen. Zum einen die auf den Erzlagerstätten aufbauende Eisenverhüttung in Ilsede sowie die Weiterverarbeitung im Peiner Stahl- und Walzwerk und die auf den Lagerstätten im Harz beruhende Buntmetallgewinnung und -verarbeitung. Zum anderen Betriebe der feinmechanischen, elektrotechnischen und optischen Industrie, die ihren Ursprung zum Teil in entsprechenden Instituten der Technischen Universität hatten.
4. Streng genommen handelt es sich um vier unterschiedliche Produktionscluster, die auf regionaler Ebene eng zu dem vernetzt wurden, was als montanindustrieller Produktionskomplex bezeichnet wird.

nige Großkonzerne geprägt - gemeinsam ist beiden Regionen, daß auf der Basis enger materieller Verflechtungen, sei es durch unmittelbare stoffliche Verknüpfung einzelner Produktionsstufen, sei es durch Lieferungen von Vorprodukten und Maschinen und Anlagen, eine sich selbst verstärkende Dynamik entstanden ist, die zu Innovationen in diesen Produktionsketten und zur Gründung neuer Betriebe beigetragen hat.

Verschiedene Gründe waren dafür ausschlaggebend, daß diese materiellen regionalen Verflechtungen sich mittlerweile sehr stark aufgelöst haben und - nicht zuletzt vor dem Hintergrund von aus einzelbetrieblicher Sicht marginalen Transportkosten - auch generell für die künftige Entwicklung von Produktionsclustern zunehmend an Bedeutung verlieren. Drei Gründe ragen anhand der von uns untersuchten Regionen heraus:

- technische Veränderungen, die zur Auflösung stofflich bedingter Vernetzungen geführt haben, angefangen von neuen Methoden der Stahlerzeugung bis hin zur stofflichen Entkopplung von einzelnen Produktionsstufen wie der Trennung von Warm- und Kaltphase beim Gießen oder der Umorientierung der Chemieindustrie im Ruhrgebiet von der Kohle- zur Petrochemie;
- die Auflösung regionaler Zulieferbeziehungen, sei es durch den Einsatz neuer, von den Zulieferern vor Ort nicht angebotener Technologien (etwa der Einsatz von Sensortechnik und Mikroelektronik im Bergbau), sei es durch eine Internationalisierung der Zuliefermärkte in Verbindung mit steigendem Kostendruck und veränderten Qualitätsansprüchen in der Automobilindustrie (5) ;
- organisatorische Veränderungen in der Form, daß die Betriebe zunehmend in überregionale Konzernzusammenhänge eingebunden sind; in Südostniedersachsen eher passiv (Eingliederung regionaler Betriebe in externe Konzernzusammenhänge), im Ruhrgebiet eher aktiv durch die überregionale Ausweitung des Organisationsbereichs der traditionell stark regional verankerten Konzerne.

Dieser Bedeutungsverlust materieller Verflechtungen wird noch offensichtlicher, wenn wir uns die Muster der Herausbildung neuer Produktionszusammenhänge (6) in den untersuchten

---

5. So läßt sich am Beipiel der Regionen Südostniedersachsen und Starkenburg zeigen, daß die regionalen Bezüge von Komponenten und Vorprodukten -der Automobilhersteller - ungeachtet der Ansiedlung vereinzelter Zulieferer vor Ort - in den 80er Jahren insgesamt rückläufig waren.
6. An dieser Stelle soll zunächst von Produktionszusammenhängen gesprochen werden, da noch nicht eindeutig erkennbar ist, ob die hierauf bezogenen Bereiche als eigenständige Produktionskette organisiert sind oder stärker in bereits bestehende Produktionsketten integriert werden.

Regionen ansehen.

Starkenburg, mit Darmstadt als Kern, hat sich seit Ende der 60er Jahre als Zentrum der Softwareentwicklung in Deutschland herausgebildet. Dies gilt nicht nur deshalb, weil hier die größten selbständigen (Software AG, Darmstadt) und konzerngebundenen (EDS, Rüsselsheim) Softwarehersteller Deutschlands ihren Sitz haben. Im Umfeld einer differenzierten elektrotechnischen Industrie, verschiedener Forschungsinstitute (TH Darmstadt, Fraunhofer Institut, Zentrum für Graphische Datenverarbeitung) und avancierter Großkunden (Fernmeldetechnisches Zentralamt, GSI) ist eine große Zahl an Softwarefirmen entstanden, sei es aus dem Umfeld der Institute, durch Auslagerung entsprechender Abteilungen oder durch Neugründungen seitens ehemaliger Beschäftigter in Softwarefirmen.

In Nordrhein-Westfalen, speziell auch im Ruhrgebiet, ist seit Anfang der 60er Jahre eine Umweltschutzindustrie entstanden. Mit Aktivitäten zunächst im technischen Umweltschutz, später auch in der Altlastensanierung und der Abfallwirtschaft hat sich Nordrhein-Westfalen heute neben Baden-Württemberg zu einem der beiden Zentren der Umweltschutzindustrie in Deutschland entwickelt. Ausschlaggebend für den Einstieg in den Umweltschutzmarkt waren eine Vielzahl von Faktoren, vor allem

- frühzeitige Anforderungen an umweltrelevante Produkt- und Anlagengestaltungen, etwa in der Wasserwirtschaft oder im Bergbau (Entlüftung und Entwässerung);
- enge Zulieferverflechtungen im montanindustriellen Kernbereich des Ruhrgebiets, in deren Rahmen Umweltschutzanforderungen an die Zulieferer in der Region vermittelt worden sind, beispielsweise beim Kraftwerksbau, bei der Herstellung von Einrichtungen für die Stahlwerke oder beim Bergbau und den damit verbundenen Bodennutzungs- und Bodensanierungsproblemen;
- langjährige Erfahrungen mit Recycling, vor allem durch den Schreddereinsatz in der Stahlindustrie;
- der Zugang zu zentralen Funktionen vor allem der Abfallwirtschaft, insbesondere im von fast allen Ruhrgebietskonzernen ausdifferenzierten Transport- bzw. Logistikbereich und hier wiederum vor allem bei Gefahrgut-Transporten;
- Kooperationserfahrungen zwischen Kommunen und Energiekonzernen im Bereich der Versorgungswirtschaft wie auch traditionelle, großindustrielle Aktivitäten bei der Bewältigung infrastruktureller Probleme im Ruhrgebiet.

Es ist also nicht eine intensive Produktions- bzw. Zulieferverflechtung, die zur Expansion dieser neuen Produktionszusammenhänge beigetragen hat, sondern die räumliche Verdichtung von Produktions- und Funktionsbereichen. Erstanwender von Produkten und Konzepten gaben Impulse für eine innovative Spitzenstellung innerhalb der jeweiligen Produktionskette, die bis heute bedeutsam sind. Die spezifische Wirkungsweise eines Produktionsclusters besteht dann darin (7), daß

---

7. Vgl. auch die entsprechenden Untersuchungen von Storper/Harrison (1991) über Silicon Valley.

- durch die Nähe von Konkurrenten, Herstellern von Spezialkomponenten und avancierten Anwendern (Lead-Usern) ein permanenter Innovationsdruck entsteht,
- durch die direkte räumliche Verfügung von qualifizierten Arbeitskräften, Forschungs- und Entwicklungskapazitäten (betrieblich wie außerbetrieblich) günstige Innovationsvoraussetzungen bestehen,
- durch die Möglichkeit eines unmittelbaren Informationsaustausches vor Ort Orientierungen für Innovationsrichtungen angeboten und damit die immer mit Innovationen verbundenen Unsicherheiten reduziert werden,
- durch ein derartig dichtes Innovationsklima eine hohe Standortattraktivität für weitere in dieser Produktionskette aktiven innovativen Betriebe entsteht, damit eine sich selbst verstärkende Wachstumsdynamik wirksam wird (8).

Dieses spezifische Muster von Spezialisierung (auf ein Produkt bzw. eine Produktgruppe) und funktionaler Differenzierung (alle Produktionsstufen und Funktionen, die für Innovationen in dieser Produktionskette bedeutsam sind) ist auch als Grundlage für das Entstehen sozialer Netzwerke anzusehen. Soziale Netzwerke beruhen weitgehend auf gemeinsamen Werten und Orientierungen, die im Rahmen einer beruflichen Situation, also während des Studiums, durch Arbeit in verschiedenen Betrieben, durch die Beteiligung an Fachkonferenzen oder -verbänden entstanden sind. Diese gemeinsamen Werte und Orientierungen bieten einen Bezugspunkt bzw. ein Potential, worauf im Falle von Problemen oder Fragen zurückgegriffen werden kann (vgl. ausführlich May 1991, 23ff). Grundsätzlich ist ein derartiges Netzwerk nicht räumlich gebunden, es verdichtet sich aber in den Regionen, in denen Produktionscluster entstanden sind. Gerade angesichts der zunehmenden Möglichkeit informeller, orientierender Faktoren und daraus resultierender Kontakte ergibt sich somit ein soziales Beziehungsgeflecht, das nicht nur die Dynamik des Produktionsclusters prägt, sondern auch auf andere Lebensbereiche der Region zurückwirkt.

Die Beispiele hierfür sind zahlreich und können nicht im einzelnen aufgeführt werden. Eingeschlossen sind etwa

- die Auswirkungen der industriellen Dynamik im Ruhrgebiet auf die Siedlungs- und Infrastruktur, auf Qualifikationen und Konsummuster, auf Formen der politischen Willensbildung;

---

8. Dieses Muster wird zum Teil auch in der Agglomerationsdiskussion hervorgehoben. Allerdings funktioniert diese Dynamik heute nicht mehr in Agglomerationen mit einer breit gestreuten Wirtschaftsstruktur ("urbanization economies"), sondern gilt für die oben genannte spezifische Verbindung von Spezialisierung und funktionaler Differenzierung, die am ehesten mit dem Konzept der "location economies" erfaßt wird.

- die von einem großzügigen Straßensystem geprägte Verkehrsinfrastruktur in den Zentren der Automobilherstellung;
- der Trend zu einer neuen Form öffentlicher Repräsentanz, etwa durch modernste Architektur beim Firmengebäude oder durch kulturelle Präsentationen bei Pressekonferenzen, bei Betrieben der Softwareentwicklung und auch der Umweltschutzindustrie;
- aber auch traditionelle Einflußmechanismen wie der Druck auf Senkung von lokalen Steuern in Boston (Route 128), ohne die Folgen etwa für das lokale Bildungssystem zu berücksichtigen. (9)

Eine bestimmte Bedeutung und Dynamik innerhalb der regionalen Wirtschaftsstruktur vorausgesetzt, (10) findet also eine Verflechtung zwischen dem Produktionscluster und den soziokulturellen, politischen und ökologischen Entwicklungen in dieser Region statt. Während diese wechselseitigen Impulse in der Phase des Wachstums eines Produktionsclusters in der Regel positiv wahrgenommen werden, auch eine regionale Identität prägen können, werden diese wechselseitigen Verflechtungen in Phasen einer rückläufigen Entwicklung im Produktionscluster zum Problem. Die Frage der ökonomischen Umstrukturierung stellt sich nun nicht mehr allein als ein ökonomisches Problem, sondern auch als Frage nach der Angemessenheit der bisherigen politischen und sozio-kulturellen Handlungsmuster und Strategien. Im folgenden soll allerdings zunächst die Frage nach den Strategien der in dem Produktionscluster dominierenden Unternehmen bzw. Konzerne im Mittelpunkt stehen.

4. Produktionscluster, Region und Unternehmensstrategien

Produktionscluster weisen also zwei Seiten auf. Auf der einen Seite tragen sie mit ihrer Dynamik zum regionalen Wachstum bei, auf der anderen Seite entwickeln sich dann, wenn die Produktionskette in der gesamtwirtschaftlichen Struktur an Bedeutung verliert, regionale Krisenkreisläufe mit umfassenden sozialen und politischen Folgeproblemen. In diesem Zusammenhang ist festzuhalten, daß mit der rückläufigen Entwicklung eines Produktionsclusters nicht zwangsläufig ein Verlust an Innovationsfähigkeit verbunden sein muß. Eine hohe

---

9. Der Zusammenhang zwischen ökonomischen, sozio-kulturellen, politischen und ökologischen Aspekten der Regionalentwicklung im Ruhrgebiet steht im Mittelpunkt eines zur Zeit laufenden Verbundprojektes der Institute des Wissenschaftszentrums Nordrhein-Westfalen.
10. Mit dem Konzept "Produktionscluster" ist die Stellung innerhalb einer Produktionskette thematisiert, daraus resultiert nicht zwangsläufig eine dominierende Bedeutung innerhalb der Region. Aus regionaler Sicht ist die Einbettung eines Produktionsclusters in einen regionalen Gesamtzusammenhang jeweils gesondert zu untersuchen. So ist die Bedeutung des um Gummiprodukte gruppierten Produktionsclusters in Hannover eher nachgeordnet für die regionale Entwicklung insgesamt, während sich im Ruhrgebiet vier Produktionscluster zu einem Komplex verdichtet und vernetzt haben, der zentral für die regionale Wirtschaftsstruktur insgesamt ist.

Innovationsfähigkeit ist besonders dann nicht mit positiven Beschäftigungseffekten verbunden, wenn die arbeitsintensiven standardisierten Produktionen ausgelagert bzw. an anderen Standorten kostengünstiger produziert werden können. (11)

So kann Hannover auch heute noch als innovatives Zentrum einer auf Gummiprodukte bezogenen Produktionskette angesehen werden, auch wenn der hier dominierende Konzern Continental AG seit Beginn der 70er Jahre rund die Hälfte seiner seinerzeit 20.000 Arbeitsplätze in der Stadt gestrichen hat. Auch im Opel-Werk in Rüsselsheim wurde zwischen 1979 und 1988 knapp ein Drittel (13.600) der Arbeitsplätze abgebaut, gleichzeitig wurde in diesen Jahren aber auch eine umfassende Modernisierung der produzierten Modelle wie auch des Produktionsprozesses durchgeführt. Und in der Metall erzeugenden und bearbeitenden Industrie des Ruhrgebiets gingen zwischen 1970 und 1987 über 80.000 Arbeitsplätze verloren, obwohl die Stahlkonzerne insbesondere bei der Entwicklung von Spezialstahlsorten weiterhin eine führende Rolle einnehmen. Deutlich wird die Problematik am Beispiel des Großanlagenbaus, der für die Stahlkonzerne im Ruhrgebiet in den 70er Jahren einen wesentlichen Diversifikationsbereich gebildet hat: Hiermit konnte zwar die organisatorische und technische Dominanz in einer gesamtwirtschaftlich zentralen Produktionskette aufrechterhalten werden. Diese Dominanz konzentriert sich aber auf die Konzeption und die Organisation der Anlagen, die standardisierten Einzelteile, unter Beschäftigungsaspekten der umfangreichste Bereich, werden allerdings in der Regel von Herstellern am Ort der zu bauenden Anlage geliefert.

Gemeinsam ist allen Beispielen, daß die Innovationsfähigkeit eines Produktionsclusters erhalten blieben kann und in den meisten Fällen auch wird. Diese Fähigkeit zur Erhaltung der Innovationsfähigkeit innerhalb einer Produktionskette darf allerdings nicht mit der Fähigkeit verwechselt werden, innerhalb der Stammregion in eine neue Produktionskette zu diversifizieren. Für die Diversifikation in neue Produktionsketten sind andere Technologien, Produktionskonzepte und Marktzugänge notwendig, für die entsprechend der räumlichen Arbeitsteilung die Voraussetzungen in anderen Regionen häufig wesentlich günstiger sind. Hierin ist der Grund zu sehen, daß eine zentrale Konzernstrategie angesichts schrumpfender Produktionsketten darin besteht, in der Stammregion passiv zu sanieren und neue Produktionszweige in wachsenden Produktionsketten aber an Standorten außerhalb der Stammregion aufzubauen.

Die Investitionen der Ruhrgebietskonzerne, etwa in Bereiche wie Maschinenbau, Schiffbau, Automobilzulieferindustrie, Mikroelektronik, Biotechnologie oder Regeltechnik erfolgen meist durch Zukäufe von außerhalb der Region ansässigen Betrieben. Eine ähnliche Verbindung von passiver Sanierung der Kernproduktion innerhalb der Stammregion und überregionaler Investition in neue Produktionsketten deutet

---

11. Dieser Trend zur Auslagerung arbeitsintensiver, standardisierter Produktionsstufen setzt bereits in der Expansionsphase eines Produktionsclusters ein, wenn Arbeitskräfte und Gewerbe flächen knapp und teuer werden.

sich in jüngster Zeit auch in der Automobilindustrie, vor allem bei Daimler-Benz an.

Für die Entwicklung in der Stammregion ist letztlich unwesentlich, ob die Konzernstrategie sich auf eine passive Sanierung konzentriert oder ob diese in Verbindung mit überregional getätigten Investitionen erfolgt. Bedeutsamer ist die Frage nach alternativen, innerhalb der Region wirksamen Strategien, wobei die Situation der Veränderung oder der Neubildung von Produktionsketten besonders interessant ist.

In Südostniedersachsen stellt sich momentan die Frage nach der Stellung des dortigen Produktionsclusters angesichts von Veränderungen in der Struktur und Zusammensetzung der um das Automobil gruppierten Produktionskette. In der Automobilindustrie resultiert dieser Veränderungsdruck erstens aus der Anwendung neuer Produktionskonzepte in Verbindung mit einer Reorganisation der Hersteller-Zulieferbeziehungen. Zweitens bedingt ein steigender gesellschaftlicher und politischer Druck, daß künftig auch Fragen einer Integration der Automobilnutzung in umfassende Verkehrssysteme und der Wiedernutzbarkeit der bei der Automobilproduktion eingesetzten Materialien in die Konstruktion und Produktion einbezogen werden müssen. Drittens steigt die Notwendigkeit eines zunehmenden Einsatzes elektronischer Komponenten sowohl innerhalb des Fahrzeugs wie auch bei der Organisation und Verknüpfung von Verkehrssystemen. Ende der 80er Jahre hat VW offensiv auf diese Trends reagiert, insbesondere mit steigenden Engagements beim Automobilrecycling und der Entwicklung neuer Verkehrssysteme. (12) Aus regionaler Perspektive ist bedeutsam, daß wesentliche Elemente der Strategie innerhalb der Region wirksam wurden: etwa in Form von Kooperationen mit anderen regionalen Unternehmen (vor allem beim Automobilrecycling, ansatzweise auch bei Verkehrskonzepten), aber auch durch die Planung von Modellprojekten und regionalen Entwicklungszentren.

Im Ruhrgebiet sieht sie Situation insofern anders aus, als es nicht um die Veränderung einer bestehenden Produktionskette geht, sondern um die Ausdifferenzierung einer neuen Produktionskette aus einer bestehenden heraus. Von der Vielzahl im Rahmen dieser Entwicklung zu beobachtenden Probleme sollen hier zwei angesprochen werden: Erstens sind fast alle Ruhrgebietskonzerne Anwender neuer Umwelttechnologien und Abfallkonzepte, gleichzeitig aber auch über Tochergesellschaften oder Beteiligungen als Anbieter von Lösungen (Anlagen, Organisationskonzepte) tätig. Der Konflikt zwischen möglichst kostengünstigen Minimallösungen und zukunftsweisenden Lösungen, die über die momentanen gesetzlichen Anforderungen hinausgehen, stellt sich somit häufig innerhalb eines Konzerns. Wie bei den neuen Verkehrskonzepten ist zweitens auch bei den Umweltschutzbereichen eine Kombination verschiedenster organisatorischer und technologischer Kompetenzen notwendig, die häufig zwischenbetriebliche Kooperationen erfordern. Einerseits finden momentan derartige Kooperationen im Ruhrgebiet zahlreich statt.

---

12. Inwieweit durch die neue Konzernstrategie Anfang der 90er Jahre diese Strategie der offensiven Besetzung neuer Anforderungsfelder erhalten bleibt, kann momentan nicht entschieden werden. Allerdings haben im Rahmen der Strategieänderung mit Steger und Goedevert zwei Spitzenmananger den Konzern verlassen, die symbolhaft für neue Konzepte Ende der 80er Jahre standen.

Gleichzeitig ist aber insbesondere in der Abfallwirtschaft ein steigender Konzentrationstrend zu beobachten, wobei momentan offen ist, inwieweit Kooperationsmöglichkeiten durch eine enge Konzernanbindung - die für den montanindustriellen Produktionskomplex charakteristisch ist - eingeschränkt werden.

Gemeinsam ist beiden Strategien, daß diese Form der Veränderung bzw. Neubildung von Produktionsclustern eine hohe regionale Verankerung aufweist, die auch bisher regional wenig integrierte Betriebe einschließt und auf diese Weise weitreichende Wachstumsimpulse hervorrufen kann. So gehen von der Umweltschutzindustrie etwa auch Impulse auf die Meß- und Regeltechnik oder die Biotechnologie aus, beides Bereiche, die bisher im Ruhrgebiet stark unterdurchschnittlich vertreten waren.

Deutlich wird weiterhin, daß gerade in derartigen Umbruchsituationen strategische Alternativen bestehen, [13] die auch für eine regionale Strukturpolitik Handlungsspielräume eröffnen, die abschließend erörtert werden sollen.

5. Regionalpolitische Konsequenzen

Die zentrale Schwierigkeit einer auf die Herausbildung von Produktionsclustern bezogenen regionalen Strukturpolitik besteht in der langfristigen Entwicklung von Produktionsclustern. Die Ursprünge der Umweltschutzindustrie im Ruhrgebiet und der Softwareentwicklung in Starkenburg liegen in den 60er Jahren, also in einem Zeitraum, als die Entwicklung einer auf Umweltschutz oder Software bezogenen Produktionskette allenfalls in Visionen erkennbar waren. Angesichts der erheblichen Unsicherheit über künftige gesellschaftliche und wirtschaftliche Trends verspricht der heutige Aufbau von Voraussetzungen für künftige Produktionscluster zwar im Falle des Erfolges erhebliche Chancen, birgt aber mindestens ebenso das Risiko des Scheiterns im Falle falscher Prognosen über die künftige Entwicklung in sich. [14]

Regionale Strukturpolitik findet am ehesten dann erfolgversprechende Ansatzpunkte, wenn erkennbar ist, daß in einer Region Potentiale für ein Produktionscluster erkennbar sind, die vor dem Hintergrund globaler Trends wirksam werden. In Südostniedersachsen und im Ruhr-

---

13. Daneben gibt es weitere strategische Alternativen, die aber hier nicht vertieft erörtert werden können. Eine Strategie kann etwa in der Umnutzung bestehender Ressourcen innerhalb der Region bestehen, wobei das Spektrum von der Reinvestition von Kapital in neue regionale Wachstumsbereiche (etwa das Beispiel Boston/Route 128) bis hin zur Beteiligung an neuen regionalen Innovationsprojekten wie einem Technologiezentrum reicht.
14. Für Regionen wie dem Ruhrgebiet und Südostniedersachsen kommt hinzu, daß hier gerade die negativen Seiten von Produktionsclustern in Form von regionalen Krisenkreisläufen wirksam wurden bzw. noch sind. Von daher ist die Neigung gering, erneut die Ressourcen auf die Förderung eines Produktionsclusters zu konzentrieren.

gebiet lassen sich die entsprechenden politischen Maßnahmen zur Stabilisierung und Förderung der neuen bzw. veränderten Produktionscluster in drei Bereiche zusammenfassen:

- Das Initiieren und die Organisation von Nachfrage: Z.B. Programme zur Altlastensanierung oder zur beschleunigten Anwendung von Umwelttechnologien in Nordrhein-Westfalen oder die Nutzung von Fahrzeugen mit geringem Benzinverbrauch oder neuen Antriebstechnologien durch Landesbehörden in Niedersachsen.
- Die Implementation einer komplementären Nachfragestruktur: Z.B. Institute für die einzelnen Bereiche der Umweltschutzindustrie in NRW oder für Verkehrstechnologien in Braunschweig; der Aufbau entsprechender Ausbildungsmodelle oder Studiengänge; die Einrichtung von auf die Bereiche spezialisierte Technologiezentren, -programme und -transfereinrichtungen.
- Die Organisation von Markttransparenz: Etwa Datenbanken oder Informationszentren über wichtige Betriebe und Einrichtungen; eine Repräsentation avancierter Projekte seitens der lokalen oder Landeseinrichtungen; Hilfe bei der Öffnung von politisch schwer zu erschließenden Marktzugängen, etwa auch durch Bürgschaften oder Landesbeteiligungen.

Neben diesen Handlungsfeldern, in denen in den meisten Fällen die jeweilige Landesregierung eine initiierende Rolle einnimmt, sind um Verkehrskonzepte bzw. Umweltschutz gruppierte Produktionscluster auch für konkrete lokale bzw. regionale Projekte von Interesse. In der Form von zukunftsweisenden Konzepten etwa des ÖPNV oder des Güterverkehrs (Logistikzentren) wie auch etwa zur Altlastensanierung oder Abfallberatung für Betriebe konvergieren regionale Interessen einer Verbesserung der Verkehrs- bzw. Umweltsituation vor Ort mit betrieblichen Interessen der Demonstration von umwelt- bzw. verkehrspolitischer Kompetenz.

So ist in Südostniedersachsen parallel zur Diskussion um Verkehrstechnologien der Aufbau eines regionalen ÖPNV im Rahmen des wieder eingerichteten Zweckverbandes Großraum Braunschweig forciert werden. Im Rahmen dieses Zweckverbandes wurde weiterhin etwa ein gemeinsames "Info-Regio-Projekt" von VW, Siemens und den Kommunen initiiert (vgl. Blöcker/Walker 1993, 28f). Erwähnenswert ist weiterhin die Entwicklung eines ÖPNV-Konzeptes durch VW für die Weltausstellung "EXPO 2000" in Hannover.

Im Ruhrgebiet finden sich zahlreiche Beispiele für Kooperation zwischen Betrieben und Kommunen. Diese reichen von gemeinsamen Abfallprojekten oder Altlastensanierungsgesellschaften bis hin zu Gemeinschaftseinrichtungen zur betrieblichen Abfallberatung.

Die Beispiele zeigen, daß gerade in der momentanen wirtschaftlichen Umbruchsituation Handlungsspielräume auch auf lokaler Ebene bestehen, deren Umsetzung langfristige Wachstumsimpulse eröffnen kann. Allerdings sollten die begrenzten Voraussetzungen einer derartigen regionalpolitischen Strategie sorgfältig beachtet werden.

Erstens zeigen die Beispiele, daß die Wirksamkeit einer derartigen regionalpolitischen Strategie darauf angewiesen ist, daß die Unternehmen vor Ort - und dies sind gerade in alten Industrieregionen oft Großunternehmen - eine entsprechende Strategie verfolgen. Die Chance liegt darin, eine Verbindung aus den Strategien von Großunternehmen und Regionalpolitik zu erreichen, wobei die Großunternehmen auch eine Leitfunktion für Neuorientierungen für kleine und mittlere Unternehmen übernehmen können.

Zweitens setzt diese Strategie - insbesondere in Zeiten geringer finanzieller Spielräume - eine Bündelung der Ressourcen voraus. Zielsetzung dieser Strategie ist damit nicht eine möglichst breite Diversifizierung der regionalen Wirtschaftsstruktur, sondern eine auf zwei oder drei Produktionszusammenhängen ausgerichtete Organisation von vernetzten Zusammenhängen zwischen Betrieben wie auch zwischen Betrieben und regionaler Infrastruktur.

Drittens ergibt sich aus der Analyse, daß innerhalb einer Produktionskette immer nur wenige integrierte Produktionscluster entstehen. Eine Strategie der Nachahmung anderer Produktionscluster ist damit in der Regel zum Scheitern verurteilt. Dies gilt nicht nur für die in den 80er Jahren weit verbreiteten Versuche, den Erfolg von Silicon Valley in verschiedenen Regionen, auch in Südostniedersachsen und Teilen des Ruhrgebiets nachahmen zu wollen (vgl. hierzu Blöcker/Köther/Rehfeld 1992), sondern ebenso für die hier diskutierten Bereiche Umweltschutzindustrie, Verkehrstechnologien und Software. Auch für diese neuen Produktionscluster sind die Voraussetzungen bereits in den 60er Jahren gelegt worden. Regionen, die erst heute damit beginnen, diese Voraussetzungen aufzubauen, werden nicht in der Lage sein, den Vorsprung von Regionen mit einer bereits seit Jahrzehnten gewachsenen Tradition aufzuholen. [15]

Zusammenfassend ergibt sich hieraus, daß die Strategie einer Organisiation von Produktionsclustern nur für wenige Regionen, für diese auch immer nur bezogen auf spezifische Produktionscluster geeignet ist. Daraus folgt nicht, daß es keine Strategien für solche Regionen gäbe,

---

15. Damit ist nicht ausgeschlossen, daß auch im Ruhrgebiet avancierte Verkehrskonzepte und in Südostniedersachsen zukunftsweisende Umweltprojekte sinnvoll und realisierbar sind. Nur die Voraussetzungen für die Entwicklung eines Produktionsclusters Umweltschutzindustrie sind in NRW bzw. dem Ruhrgebiet wesentlich günstiger als in SON, während umgekehrt die Voraussetzungen für ein Produktionscluster Verkehrstechnologien im Ruhrgebiet weniger günstig sind.

die nicht die entsprechenden Voraussetzungen für neue Produktionscluster erfüllen. Die eingangs skizzierte Diskussion um regionale Vernetzungen bietet weitere Anknüpfungspunkte für regionalpolitische Strategien. Dies bedürfte allerdings hinsichtlich ihrer Möglichkeiten und Grenzen einer gesonderten Analyse. (16)

Literatur

Becher, Gerd/Rehfeld, Dieter, 1987: Forschungsbericht zum Stand der Regionalforschung. Braunschweig.

Bertram, H./ Schampp, E.W., 1989: Räumliche Wirkungen neuer Produktionskonzepte in der Autoindustrie. In: Geographische Rundschau 41: 284 - 289.

Blöcker, Antje/Köther, Jörg/Rehfeld, Dieter, 1992: Die Region als technologiepolitisches Handlungsfeld? In: Klaus Grimmer, Jürgen Häusler, Stephan Kuhlmann, Georg Simonis (Hrsg.): Politische Techniksteuerung - Forschungsstand und Forschungsperspektiven. Leverkusen: 183 - 201.

Camagni, Roberto P., 1991: Local "Milieu", Uncertainty and Innovation Networks: Toward a New Dynamic Theory of Economic Space. Ms.

Deiß, Manfred/ Döhl, Volker (Hrsg.), 1992: Vernetzte Produktion. Automobilzulieferer zwischen Kontrolle und Autonomie. Frankfurt/New York.

Grabher, Gernot, 1990: On the Weakness of Strong Ties. The Ambivalent Role of Inter-Firm Relations in the Decline and Reorganization of the Ruhr. Berlin. WZB Fs I 90-4.

Häußermann, Hartmut/ Siebel, Walter (Hrsg.), 1993: New York. Strukturen einer Metropole. Frankfurt.

Howells, Jeremy, 1989: Externalisation and the formation of new industrial operations: a neglected dimension in the dynamics of industrial location. In: Area 21: 289 - 299.

IMU-Institut für Medienforschung und Urbanistik, 1989: Stuttgart - Problemregion der 90er Jahre? München.

Kilper, Heiderose/Rehfeld, Dieter, 1992: Vom Konzept der Agglomerationsvorteile zum Industrial District. Überlegungen zur Bedeutung innerregionaler Verflechtungen und Kooperationsbeziehungen für die Stabilität von Regionen. Gelsenkirchen. IAT-PS 03.

Läpple, Dieter 1991: Thesen zum Zusammenhang von ökonomisch-technologischem Strukturwandel und regionaler Entwicklung. Ms. Hamburg-Harburg.

Lipietz, Alain, 1980: The Structuration of Space, the Problem of Land, and Spatial Policy, in: Carney, J. u.a. (Hrsg.), Regions in Crisis. New Perspectives in European Regional Theory, London: 60 - 75.

---

16. Dies gilt etwa für die Zielsetzung, Funktionen, die durch regionale Netzwerke für betriebliche Orientierungen erfüllt werden, durch infrastrukturelle Maßnahmen zu kompensieren (vgl. Rehfeld 1993b).

Loewe, Werner/Wand, Kurt (1987): Krisenbranchen - Produktionen und Regionen ohne Zukunft?, in: Gewerkschaftliche Monatshefte: 553-564.

Lompe, Klaus/ Müller, Thomas/Rehfeld, Dieter/Blöcker, Antje, 1991: Regionale Bedeutung und Perspektiven der Automobilindustrie. Die Beispiele Südostniedersachsen und Südhessen. Düsseldorf. Graue Reihe der HBS N.F. 34.

Maillat, Denis/Crevoisier, Olivier/Lecoq, Bruno, 1991: Innovation Networks and Territorial Dynamics. A Tentative Typology. Universite de Neuchatel. Working Paper 9101.

Markusen, Ann Roell, 1985: Profit Cycles, Oligopoly, and Regional Development. Cambridge/Mass., London.

Massey, Doreen, 1979: In What Sense a Regional Problem? in: Regional Studies 13: 233 -243.

May, Nicole, 1991: Socialisation Productive et Reseaux Sociaux. GIP "Mutations Industrielles. CNRS. Paris.

Piore, Michael J./Sabel, Charles F., 1989: Das Ende der Massenproduktion. Studie über die Requalifizierung der Arbeit und die Rückkehr der Ökonomie in die Gesellschaft, Frankfurt.

Pollard, Sidney, 1980: Einleitung. In: Sidney Pollard (Hrsg.): Region und Industrialisierung. Göttingen.

Porter, Michael E., 1990: The Competitive Advantage of Nations. New York.

Rehfeld, Dieter, 1987: Regionale Strukturprobleme und ihre Folgen: Das Beispiel Südostniedersachsen. Braunschweig.

Rehfeld, Dieter, 1992: Umweltschutzindustrie im Ruhrgebiet. Bestandsaufnahme und Fragestellungen. Gelsenkirchen.

Rehfeld, Dieter, 1993a: Patterns Of Economic Restructuring In An Area Of Industrial Decline. Industrial Development, Change Factors And Regional Policy In The Ruhrgebiet. Final Report. Gelsenkirchen.

Rehfeld, Dieter, 1993b: Betriebliche Innovationen und regionale Technologiepolitik. I.E. Gelsenkirchen.

Sörgel, Angelika, 1986: Daimler-Benz - der Multi im Musterländle, Bremen.

Storper, Michael/Harrison, Bennett, 1991: Flexibility, hierarchy and regional development. The changing structure of industrial production systems and their forms of governance in the 1990s. In: Research Policy 20: 407 - 422.

Sydow, Jörg, 1991: Strategische Netzwerke in Japan. Ein Leitbild für die Gestaltung innerorganisatorischer Beziehungen europäischer Unternehmungen? in: ZfbF, 238 - 254.

Weißbach, Hans-Jürgen, 1990: Zur Bedeutung der Kategorie "Branche" als analytischer Mesoebene. Überarbeitete Fassung eines Vortrags anläßlich des Colloquiums im IAT Gelsenkirchen am 4.12.1990. Dortmund.

Peter Plougmann

Networking - Achieving SME competitiveness in a global economy

The Danish Networking programme - a model for other European regions ?

Background

This article gives a short description of Denmark as a region in Europe. It focuses on the dynamics of the existing company structure with specific emphasis on SMEs and a successful type of corrective action taken by the government as part of an industrial policy, the so-called 'Networking Scheme'.

In an European context the Danish economy and the Danish nation as a whole may be looked upon as being just another region. It is a small region with an industrial structure dominated by SMEs (and) facing still greater challenges from the changing forms of international competition.

Thus, Denmark is in this article regarded as one single region with a quite homogenous set of rules in industrial life. Of course, there are geographical differentiations. For example, there are some obvious patterns of industrial location. Nevertheless, in a European perspective, these differentiations seem of less importance than the common rules of industrial life in terms of industrial policy, labour market agreements, trade policy, financial institutions, and so forth.

Especially two aspects of the Danish industrial development presented in this article may contribute genuinely to the overall discussion of the SMEs and their contribution to regional development:

- the dynamics of newly established enterprises, expansion, contraction, and bankruptcies with respect to growth and employment
- networking supported by a national networking scheme

In order to understand the specific circumstances which have initiated the development and implementation of this industrial scheme, it is necessary firstly to give a picture of how Danish economy fits into the new International Division of Labour, and secondly to understand the dynamics of the SMEs' 'life and death'.

This reveals a situation where the Danish region is faced with economic, political and social problems which point to the fact, that there is a huge need for developing a process of co-operation between SMEs in order to just maintain the industrial base's present level of competitiveness. Especially the need to overcome numerous barriers to growth in SMEs is of great concern as the survival rate among SMEs is low and the number of successful new enterprises is low by international standards.

One answer has been the development of the networking scheme, which based on preliminary findings of on-going evaluations has proven a reasonable success. Whether or not this scheme can be seen as a general model for other European regions is still to be seen in praxis, but the international interest in the programme has already been an indication of at least some transferability of the principal components of the scheme.

Denmark as a region in Europe.

In order to understand what circumstances initiated the focus on SMEs and the development of the networking scheme first we must understand the problems and possibilities presenting themselves to Danish enterprises, especially SMEs as the global rules of competition are changing rapidly in the 1990s. Factors of major importance are the impact of the process of globalization, the reemergence of regional economics, the changes in Eastern Europe and the new concept of industrial firms, just to name a few.

Nations between globalisation and regional/local networking

The development in Europe with regard to the restructuring of the economies may be seen as a simultaneous process of integration and disintegration of social and industrial networks.

The concept of national economies as a level of interest for policy-making is loosing ground fast due to pressures from both supra-national tendencies in the organization of production, e.g. the emergence of a global economy and local/regional networking between firms in a process of vertical integration, e.g. technological co-operation agreements between firms.

On the one hand, the differences between nations are too often measured only by comparing statistics in high-level aggregation of macro-economic terms. Such comparisons can lead to misinterpretations of the potentials for a desirable social and economic development. It would for instance be wrong and misleading to conclude that the Danish industry is in a weak competitive international position without checking the number and types of inter-firm co-operation and networking in which Danish firms participate, both domestic and international.

On the other hand, the differences between regions in different countries may be looked upon as a useful diversity, not only as a problem to be dealt with through various means of structural policy schemes. Tendencies in the modernization of European industry cannot be evaluated alone by comparing at a national level. Attention must be given to the regional and even local level as well.

This approach to the understanding of industrial development is being recognized as useful by still more policy-makers, social scientists and administrators, e.g. the EC Commission in its recent considerations about the regional differences inside the Community and the consequences for the concept of industrial policies of the 1990s. However, this insight makes it difficult to identify one and only one tendency in the development of Europe. One thesis, however, gaining strength is the reemergence of regional economics based a.o. on the formation of industrial clusters and the existence of traditional social relations on the regional level as driving factor behind industrial strength. Even if it is difficult to determine to what degree the formation of industrial clusters in some regions and not in others might explain some of the differences in the industrial development, - one thing we know for sure, is that the division of labour between nations, industries and firms is undergoing substantial changes caused by the increasing competition, increases in transnational mergers, new technologies and a changed political framework for the whole of Europe.

One relatively new feature which illustrates the point just made is the impact on regions in Western Europe of the emergence of a third world labour market in the backyard of Europe, and close to Denmark, - the cheap labour and nearly unregulated economies of Eastern Europe which is one of the inevitable results of the collapse of Communism and the end to the Cold War.

The effects of this new situation seem to end up as an increasing volume of repetitive assembly-line production with unskilled, cheap and non-unionized labour in Eastern Europe. Taylorism is getting a second chance in Eastern Europe! This is making a distinct impact on the decision-making on location of production in some Danish enterprises. The problem of 'Social Dumping' is of growing concern to Danish trade unions. Already now an increasing number of Danish companies are placing subcontracting in regions of Poland and other Eastern European regions exploiting the access to cheap labour and accepting lower productivity and lower quality of the goods produced.

If this development is to continue in Eastern Europe the impact on Denmark as a region in Europe might be something like the following:

- parts of certain industrial sectors might take advantage of the cheap, but less productive labour in Eastern Europe, and they might exploit the situation where environmental regulations are not as strict as in Denmark, hereby moving some areas of labour intensive and polluting production processes. Both responses will lead to a decrease in employment in Denmark.

- in order to compete, the government will continue to deregulate, i.e. labour legislation and call for limited wage increases and bigger wage-gaps, but it will try only to a certain degree, recognizing that Denmark is not to compete on cheap labour, etc., but on competence, quality and logistics. Investments in human resources as well as increasing co-operation between companies will be form part of the response.
- faced with a population not willing to accept drastic decreases in the standard of living, both government and companies are forced to stress their emphasis on consensus building, developing and implementing integrated work organization in manufacturing as well as service industries and upgrading of the overall compe-tencies of the existing enterprises.

Responses like the above will support the development of a new division of labour across Europe - North to South and East to West - and the Danish region will try to place itself in high-value added production, not relying on high volume to be the adequate answer. Whether Denmark will succeed is still to be seen, - but it highlights the challenges which are facing Danish SMEs if they are to stay competitive.

The new concept of the industrial firm

Another important feature of present Europe is the emergence of a new concept of the industrial firm. Due to among other things changes in the scientific, technological and industrial basis it does not make much sense any more to look at the industrial firm in a traditional way with the focus of interest on prime production process activities and the blue-collar workers. Besides a tendency towards specialization, a shift of focus from labour productivity to efficiency, the most dominant force in the organisation of production today is the increasing importance of service functions embodied in manufacturing activities. We are talking about design, maintenance, repair, financing and continuous need for training of manpower. The reason for this development can be seen as the growing complexity of production and society, the need for better management and more target marketing, as well as the recognition of the need to focus business on the core competence in order to adjust to the changing condition on the global market. Key words are: strategic planing, flexibility, efficiency and liberalization of the market.

In a period of great political and economic turbulence the uncertainties of the future make it necessary for the individual firms to reorganize, accept increasing transaction costs and form alliances with companies normally regarded as competitors.

For an European region like Denmark, characterized by the dominance of SMEs, such a total concept necessarily must lead to network strategies, because the individual SME cannot possibly cope with all functions. Secondly, a complementary response might be that SMEs have to become specialized subcontractors to large multi-regional or national firms. This demands a clear understanding of the need to focus on core competence, quality (ISO-9000), continuous improvement of efficiency and logistic.

All in all, the challenge put forward by globalization and the regional impact must be seen as a huge challenge to Danish companies and especially SMEs in the manufacturing sector. As described in the following, the economic and political circumstances for meeting this challenge are not the best at present.

Denmark as a region is still one of the most prosperous areas of Europe, - but there are troubled skies ahead.

Denmark has a population of 5.1 million and a labour force of 2.8 million of which the huge majority is employed in approx. 190 000 companies. As a region this makes Denmark comparable to many European regions in terms of size and economic activity. The Danish economy is a very open economy - close to 1/3 of the total production is exported. This makes Danish enterprises much aware of the need to stay competitive, but it also makes us also very dependent on the economic development in for instance Germany.

The current situation in the Danish economy reveals a somewhat mixed picture.

On the one hand, using macroeconomic indicators it is possible to claim a very positive development. At the beginning of 1993 Denmark has a surplus on the trade balance, probably the lowest inflation of all of OECD countries, generally low increase in labour costs, reduced taxation on company income profits and compared to the rest of Europe the development of exports must be regarded as positive. After several years of stagnation, the development in productivity has also shown a great increase in the work of Danish manufacturing firms. Further, the Danish industrial structure is characterised by the absence of two of the most discussed aspects of industrial development; Denmark has no global key industries like e.g. automobile, defence or aerospace industry, which all are involved in a global process of restructuring. Unlike the situation in many other European regions, no industrial sector located in Denmark can expect strong upheavals as for example the coal and steel industry, although Danish shipyards, expresses great fear facing financial supports currently given to the German shipyards.

Throughout the 1980s there was a deep concern about structural problems in the Danish economic sectors and the need for adjustments in terms of mergers and acquisitions management buy-outs and the completion of networking between SME's was addressed in order to solve the structural problem in the economy.

However, in spite of above positive tendencies in the Danish production structure and economy, there is a negative side to the story, too.

Here at the beginning of the 1990s a series of heavy problems is facing Danish society:

* **Unemployment - an increasing problem!** For nearly 20 years unemployment has been high in Denmark, and latest estimates predict further rises to a level of more than 330 000 full-time unemployed. For the past ten years long-term unemployment has been extensive, although far less dominating than in many other European countries, but it has become a growing social, financial and organisational problem.
* **The problem of expulsion.** For the last 25 to 30 years, the number of persons living fully or partially on transfer incomes has increased drastically. According to analyses, today as much as 20 per cent of the potential work active population is living on transfer incomes.
* **Employment policies have had limited effects due to changing conditions for job creation.** Throughout the 1970s and the beginning of the 1980s, many different initiatives to improve employment were tried out. However, at the beginning of the 1980s it became clear that the Danes were facing a structural problem, and not a problem caused by market fluctuation. This new situation made new demands on the job creation process and the public and private means through which employment can be improved.
* **The public sector is no longer 'the big job creator'.** Throughout the past 30 years, the public sector stood for stable development in employment. However, now the public sector has had its day as 'the big job creator'.
* **The private service sector**. Within many areas the growth in the private service jobs has been impressing, but still, the growth potential did not live up to the expectations made to the private sector during the 1960s and 1970s.
* **Macro political schemes are no longer sufficient**. In spite of favourable macro economic conditions: high employment rates, extensive private and public sectors, low development of costs, a relatively good investment praxis, and low inflation, job creation in Denmark has had to face many barriers during the past years. The barriers cannot be overcome by means of macro political measures alone.

On top of these problems, the rate of new firms starting up has been relatively low, and in general the current development in investments, especially direct foreign investments, must be regarded as insufficient to ensure that Danish enterprises are firmly integrated into the international market.

In total, even if the positive tendencies are present, the profits and investments of specifically the private companies have been and still are not sufficient to maintain the high standard of living and an increased level of employment in the Danish economy.

This is already marking the relative position of Denmark compared to other European regions.

A study which has looked at all EC countries and the Scandinavian countries broken down into 183 regions (Bas-projektet, 1992) reveals that in 1989 17 regions had a GNP per capita which was at least 25 per cent higher than the EC average.

Of the 17 regions, 5 are located in the Scandinavian countries, including Denmark (the greater Copenhagen area). What is worrying in a Danish context is the fact that the GNP per capita in relation to the EC average has decreased in Denmark by approx. 10 per cent points during the last 5 years. Compared to the rest of Europe, and especially the southern part of Europe, regions in southern Italy, Greece, Portugal and major parts of Spain and Ireland, as well as the 5 new Bundesländer in the former DDR, Denmark still represents one of the most prosperous areas of Europe, but generally the region is loosing ground. This is especially true compared to areas like Hamburg, greater London, Darmstadt, Bremen, Bavaria, Groningen, Stuttgart, Lombardy, Emilia-Romagna, Luxembourg and other regions of Europe with a higher population density and a more sophisticated and diversified industrial base which obviously seems better fit to exploit the new possibilities of the changing global market place.

Together, these economic changes and potential political changes will change the division of labour in Europe and will also change the possibilities and threats facing the Danish economy.

Dynamics and barriers that affect growth

In this section we are going to look at the dynamics of the Danish industrial structure and we will discuss some of the barriers to future growth. The focus will be on the development in the rate of newly established enterprises and the expansion, contraction and bankruptcies among existing enterprises.

In Denmark, small and medium sized companies are as already mentioned predominant. 75 per cent of all Danish companies employ less than 10 persons, and less than 2% employ more than 100 persons. Thus Denmark is virtually a SME country.

Though very few companies in Denmark have more than 100 employees, they are the ones that account for more than 40 per cent of all the employees in the Danish labour market. On the other hand, the small companies present only approx. 17 per cent of the total amount of employees.

Table 1: Composition of Danish enterprises, entrepreneurs not included, according to number of employees and employment according to size. 1990.

Size	**Enterprises**		**Employees**	
	Number	Percentage	Number	Percentage
1-9	145.693	75.2%	453.857	17.2%
10-19	24.817	12.8%	335.660	12.7%
20-99	19.767	10.3%	783.545	29.7%
100-199	1.901	1.0%	259.457	9.9%
200-499	1.040	0.5%	314.837	11.9%
500+	448	0.2%	488.872	18.6%
Total	193.666	100.0%	2.636.228	100.0%

Source: Danmarks Statistik, SE, Generel erhvervsstatistik og handel: 1992:10

When measured from year to year the growth/decline in jobs in Danish economic life constitute modest nett sizes. However, the underlying gross movements are considerable, seen relatively as well as in absolute figures.

Thus, more than 1,2 million persons change jobs at least ones every year. A considerable part of the gross movements, between 10 to 12 per cent of all jobs at a certain time, occur due to enterprises' contractions and expansions in the existing companies. Per year more than 25,000 jobs are lost due to bankruptcies, whereas approx. 20,000 to 25,000 new jobs are created when new enterprises are established. This does not, however have any major impact on the industrial structure.

Table 2: Changes in employment (entrepreneurs not included) for the individual size categories. Selected years, 1980-1990.

	1980	1985	1989	1990
1-9	17.8%	17.3%	17.1%	17.2%
10-19	12.0%	12.6%	12.9%	12.7%
20-99	28.3%	29.5%	30.2%	29.7%
100+	41.9%	40.6%	39.8%	40.4%
Total	100.0% ~ 2.313.284	100.0% ~ 2.536.273	100.0% ~ 2.622.067	100.0% ~ 2.636.622

Source: Danmarks Statistik, Statistiske Efterretninger: Generel Erhvervsstatistik og handel. Diverse numre.

This stable pattern is quite remarkable, especially considering that the yearly job turnover is more than 25 per cent of all jobs. It can be concluded that despite of minor nett changes, the gross movements are quite impressive, surprisingly not affecting the distribution of employment according to size.

Growth in employment due to establishment of new enterprises

The establishment and development of new enterprises is very important to the development and innovation of the economic structure. At the same time it must be said about this fundamental dynamics in Denmark that it ought to have a much greater impact.

The entrepreneurs' situation in Denmark is characterized by the following facts:

* the potential of entrepreneurs is too small, and it is not sufficiently exploited - too few people start their own enterprises
* the rate of survival is too low
* too few entrepreneurs' enterprises create employment of any importance

Table 3 Number of new enterprises/total amount of enterprises in different countries, 1987

	Denmark	Norway	Sweden	Germany	France
	5.4%	5.6%-7.0%	5.9%	11.8%	9.7%

Source: SIND 1989:3 Nyföretagande i fem länder and SIND 1990:7 Nyföretagande i Frankrike

Between 15 000 to 18 000 enterprises are established per year. To put this into perspective, the entrepreneurs' dynamics in Denmark can be expressed by comparing the number of newly established enterprises to the number of already existing enterprises. During the period between 1985 and 1989, the average establishment rate was 5.3 per cent, oscillating between 6.4 per cent and 4.2 per cent.

New high technology enterprises are of specific interest if the winning strategy of the 1990s is a focus on higher value added production. High technology entrepreneur enterprises make up a little part only of the total amount of newly established enterprises. Within the high technology industries, that play an essential role in Danish economic structure, (pharmaceutical products, material for telecommunication, medical measuring instruments, electronic measure instruments, and optic and photographic equipment) only 205 enterprises were established during the period from 1985 to 1989.

High technology entrepreneur enterprises are characterized by two things: their unique products and the fact that they are especially growth-oriented. Only 1 to 2 years after their establishment, the enterprises employ approx. 3 persons. They export, in average 55 per cent of their turnover, from the very moment they are established.

The impact on employment of newly established firms is in general rather limited. The 15 000 enterprises established in 1989 counted for approx. 10 700 employees. To this number the entrepreneurs themselves and their assisting spouses must be added. The direct impact on the employment is then : 15 000 new enterprises created between 20 000 to 25 000 new jobs in their year of establishment. The indirect impact on employment with sub-suppliers is unknown.

The survival rate of new enterprises is low in Denmark as in other regions. Of the 15 620 new companies established in 1985, only 9 060 still existed in 1990, equal to a 42 per cent decrease. Other studies (DTI, 1993) indicate that roughly 50 per cent of all Danish enterprises are less the ten years old, and that the mortality rate during the first five years seems unchanged regardless of establishment during a period of recession or prosperity.

Seen over a period of five years, the employment effect is almost stable, although the distribution between employers and employees has changed. The number of employees has increased by almost 62 per cent, which means that the average size of the still existing companies has increased. The number of companies with employees has increased by 20 per cent, while the number of companies without any employees except the owner himself decreased by more than 50 per cent.

Profitability problems in Danish enterprises.

When earnings fall, the enterprise and its jobs are in danger. Financial analyses come up with a very black picture of earnings in many Danish enterprises. Many are threatened by bankruptcy.

Based on the latest releases of balances (1991), in outline, the enterprises' financial situation is characterized by:

* Especially small and medium sized enterprises have difficulties with their earnings. The difference between big and small enterprises is that big enterprises are better at selling - volume - and they avoid losses and minimize their overhead costs. Profits on the single product do not vary much.
* 40 per cent of all enterprises end up with deficits. One third of the manufacturing enterprises come out with deficits.

* Approx. 15 per cent of the enterprises have a negative compulsory equity capital. Another 15 per cent have a compulsory equity capital that does not meet the minimum requirements of the law. During the past year, the number of enterprises with a negative compulsory equity capital has increased from 10 per cent to 15 per cent.
* 22 per cent of all enterprises are heading for bankruptcy. More than 17 000 enterprises are threatened by dissolution or bankruptcy. In total these enterprises employ over 50 000 persons. Of the 17 000 enterprises, 12 000 have less than 50 employees and they employ over 40 000 persons.
* The total of the depressed enterprises' debts amounts to DKK 78 billion. DKK 60 billion from enterprises threatened by bankruptcy.

This somewhat gloomy picture of the profitability of Danish enterprises is of course reflected in the development in the numbers of bankruptcies.

The development in the number of bankruptcies, especially for small enterprises

With regard to economy and employment the dissolution of an enterprise caused by bankruptcy is a negative dynamism. Normally, bankruptcies cause losses far beyond the enterprise itself. Lenders and investors suffer financial losses, employees loose their jobs, etc. The fact that some enterprises close down and others are established, is in itself not a negative dynamism. It is rather positive and only reflects that enterprises which cannot adjust to new market conditions are outdone by new and more competitive enterprises.

Most often, imminent dissolution is reflected in declining earning powers. However, an interplay of many factors has brought the enterprise to this state such as for instance reduced competitiveness, unfavourable development of demand, and many other factors.

Here it is important to focus on the total complex situation of dissolution seen in the light of the possibility that the enterprise and its jobs could have been saved at an earlier stage.

Often attention is drawn to the fact that it is difficult for newly established enterprises to survive during the first year. However, not only new enterprises close down. The development of survival is different for enterprises with different backgrounds.

* For enterprises established in 1981, the amount of enterprises declines year per year, and after 6 years only 70 per cent are still operating.
* Likewise, the amount of new enterprises established in 1981 by means of "budding" will have reduced to approx. 65 per cent after 6 years.
* Newly established enterprises with no previous business relations to other enterprises

(i.e. sole entrepreneurs) have been reduced to approx. 45 per cent six years after their establishment in 1981 and to less than 45 per cent after 6 years.

Barriers to growth in SMEs

The development and processes just described call for corrective governmental action to initiate an Industrial Policy targeted towards enhancing the number of successful entrepreneurs and increasing the survival rate of young enterprises as well as overcoming barriers to growth in SMEs.

The growth in Danish enterprises is limited by strong barriers. A model of phases illustrates the central problems and barriers of the enterprises' development from the phase of starting-up over the phase of effectiveness to the phase of expansion and development. The model of phases also includes the not desired development to the phase of aging. The ideal of any enterprise's development and growth is strategic understanding and management, qualities that characterize the phase of expansion and development.

Expansion and professionalization of SMEs

A special group - and the biggest group - among Danish SMEs is the sole proprietorships (presumably between 90 to 95 per cent of all enterprises in the phase of efficiency). This group comprises limited companies and private companies in which the owner or his family holds major influence. There are several reasons to focus especially on this group:

* First of all, this group counts many enterprises. Therefore, a systematic effort to develop and professionalize these enterprises can have an important impact on political economy with regard to growth, export and employment.
* All aspects of an enterprise's development depend very closely on the owner's attitudes, approaches, abilities, interests, motivations, and last by not least on his fear for or resistance towards growth and changes away from the well-known. This means that the enterprise's perceptiveness of influences as well as relevant response lies with the owner. This is important in terms of getting an enterprise to initiate a development process as part of its economic development.
* "Jumps" in profitability, employment and export, that may be achieved by means of bringing an enterprise from the phase of efficiency into the phase of expansion and development may be very pronounced.

It is a fact that less than 50 per cent of the entrepreneur enterprises survive trough the development to the phase of effectiveness. Secondly, the growth of the majority of all enterprises

Table 4: *An example of a phase model for the company's development and growth: Some management problems and -challenges.*

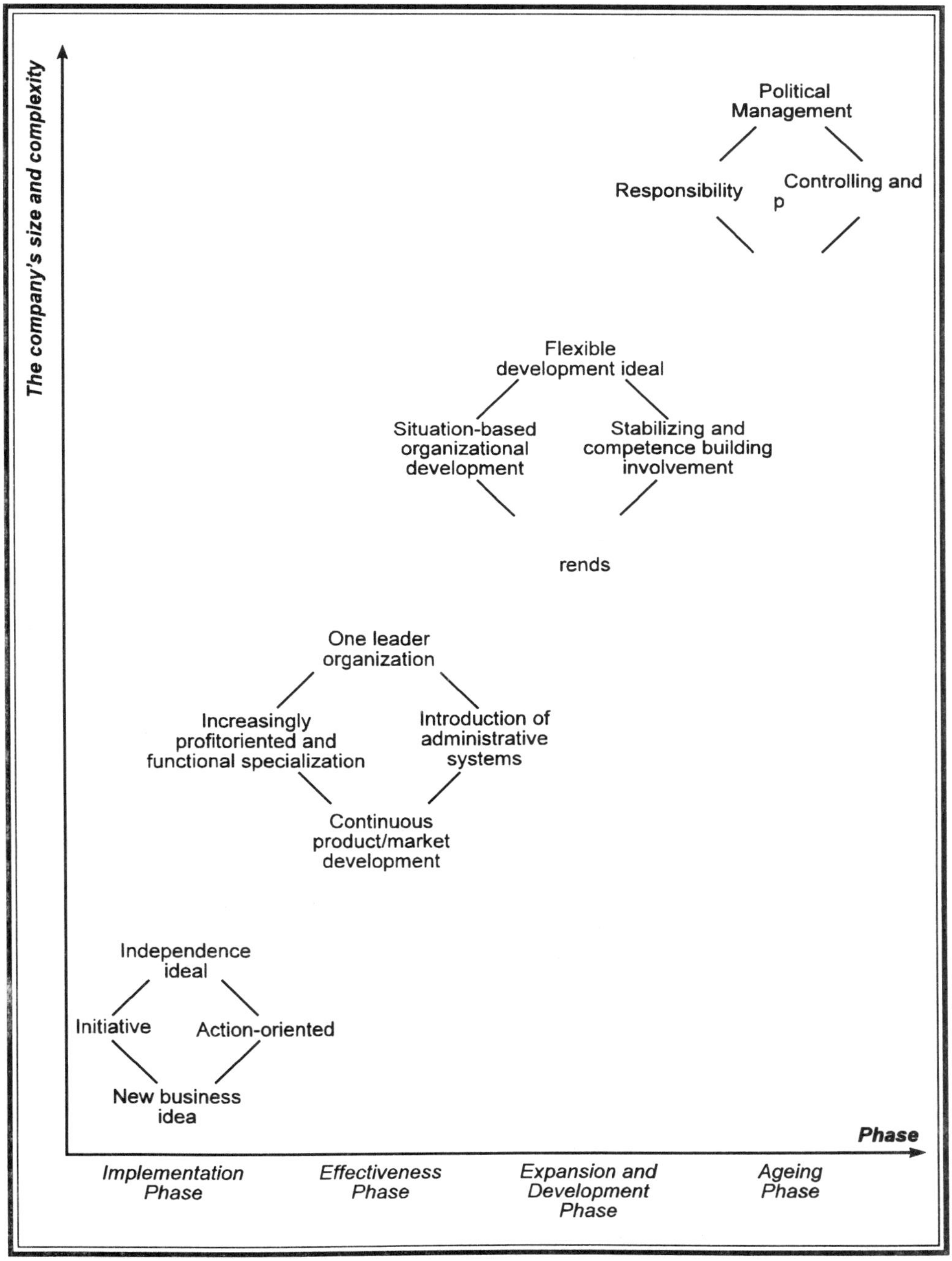

never surpasses 20 employees. The main reason for this being the SMEs' lack professionalism and the difficulties they face during the transition from the phase of effectiveness to the phase of expansion and development.

The most important obstacle to the enterprises' full exploitation of the existing competitive advantages is the lack of competence at all levels; management, middle management (specialists of specific functions) and employees' levels. Far too often Danish enterprises lack organization of strategy, management, innovation and strategic interactions with other enterprises.

Special attention must be paid to the enterprises' strategic development and its consequences for the work force. Flexibility is the key word for both areas.

An analyses of the Danish enterprises' application of flexibility shows that in Denmark the application of the numerical flexibility is quite extensive. The number of dismissals is significantly bigger in Denmark than in the majority of the countries we usually compare with. Likewise, the amount of voluntary changes of jobs is smaller in Denmark than in other countries.

With regard to the extension of the functional flexibility, six out of ten enterprises practice job rotation at a regular basis in order to ensure that part of their employees possess the necessary individual competence. However, it must be said to be a problem that less than 5 per cent of the enterprises apply vertical job rotation to promote growth and flexibility initiatives at enterprise level.

The analysis confirms excessively that in praxis a big part of all Danish enterprises act departing from a notion of 'the flexible organization'. The extension of temporary and part-time employees, though decreasing, is large. Changes in the working hour pattern give proof of a wide extension of flexible organization. In addition, the amount of people with extra jobs is increasing (by now, already 5 per cent of all employees in the Danish labour market have extra jobs). Also, approx. 170 000 employed have an average of 9 extra working hours per week.

The considerable movements in the labour market prove that in general the Danish enterprises do not face problems when it comes to recruiting staff. To a large extent, the enterprises' need of numerical flexibility is being satisfied. It is doubtful, however, whether the functional flexibility meets both enterprises' and wage earners' demands.

Conditions to be met in the future.

One essential condition for Danish manufacturing SMEs to face up to in the future will be their ability to adapt and develop their organization, human resources, technology and marketing to the demands of transnational corporations working in a globalized network using subcontracting and co-operation agreements.

In this context, however, the general impression of the resources, market position, technological level and managerial skills in SMEs point towards increasing problems for Danish SMEs unless they understand the strategic need to participate in building SME networks. Generally, SMEs in networks stand a better chance of meeting new demands than a single SME operating in a still more global market place.

To improve enterprises' future possibilities, it is important to speed up new enterprises' speed of growth. This means that the transition from the entrepreneur phase to the phase of effectiveness or straight to the phase of either expansion or development must be quicker and more professional.

Some of the most important industrial and structural policy recommendations and proposals are among others:

* Strong improvement of management and strategic understanding in SMEs through qualification of management; staff participation
* Budding/Gemmation of new enterprise from already existing enterprises must be promoted. Their survival is far better and their growth rate is quicker than those of traditional entrepreneur enterprises.
* Improved provision of capital to SMEs is essential for a quicker growth. The capital provision can be improved through an interplay between institutionalized investors and banks.
* Development of a goal-oriented policy to promote the use of producer's service, especially in SMEs.
* The work of enterprise boards must be more professional. Its work is vital to quicker and permanent growth.
* Establishment of preventives that prevent or limit the effects of bankruptcies through consultancy and reorganization.
* There is a need for the development of processes and measures that deal more generally with the problem of contraction especially in bigger enterprises. The processes and measures must ensure the active application of competence and that competence is devel-

oped in SMEs.

* Increased stimulation of network co-operations, especially between smaller enterprises.

Industrial Policy in Denmark and the networking scheme

Several analyses from Danish governmental bodies, EC and OECD have proved that Danish industrial policy hardly existed in the late 1980s and the early 1990s. Danish industrial policy is by far the most liberal within the European Community. The general approach is a laissez-faire approach which find it unnecessary to mix public interest with the development of industries. That is generally speaking, of course, but the concepts of Danish industrial policy have undergone tremendous changes during the last five years. From a notion of supporting specific new general tendencies in technology, research and development and also marketing, the policy changed relatively dramatically in 1988.

In 1988, the total budget for industrial schemes in Denmark was approx. DKK 2,1 billion (265 mio. ECUs). This was, according to the budget, to be reduced to DKK 695 million (87 mio ECU) by 1995. That is to say, a total reduction of 67 per cent as being the general cutback in all types of programmes and schemes. Due to the change of government in early 1993, the total yearly budget for the coming years will be approx. DKK 1.2 billion (150 mio. ECU), that is to say, still a drastic reduction compared to the 1988-budget.

Focus on SMEs

Partly due to this reduced budget recent years have seen changes in the focus of the existing industrial schemes. It had become time to make priorities. Increased awareness of the necessity of looking into entrepreneurs and number of start-ups in Denmark and also into forms of co-operation between SMEs materialized in the programme called the Networking Scheme or the Networking Programme. As already shown, the Danish industrial structure is dominated by SMEs or even from an international standard only by small companies. In the manufacturing industries, as well as in the private services the employment level and growth really dependent on the system's capacity to create new businesses activities. As has been discussed throughout Europe and the United States, the dependency on entrepreneurship has also come into the focus of the Danish industrial policy and economic policies.

The networking scheme

The main features of the networking scheme is:

· Network Brokers

- Network Centres
- Small incentives
- Networks focus on marketing and product development

Through co-operation enterprises can achieve advantages with regard to economy, structure, market shares and finally improved competitiveness. This has been proved both in theory and through empirical studies. The studies mentioned, dealt with strategic alliances, amalgamations, industrial districts, production verticals, networks, etc. Experiences from Emilia Romagna in Italy and Baden-Würtemberg in Germany are well-known examples of competitive advantages obtained through network co-operation.

In Spring 1989, the Danish Ministry of Industry introduced a programme for networking co-operation aimed at solving the problems of the SMEs. The original idea of the programme was to encourage networking co-operation among SMEs so that they would be able to counteract the weaknesses of small companies.

The programme's definition of networks was the following:

A network is the co-operation and the mechanisms of co-operation enabling the small company to compete successfully with the best of the large companies. Three features should be mentioned in this definition:

1. It is concerned only with small independent companies. Networks are not mergers or formalized take-overs of one company by another.
2. The definition is not formal, it says nothing about the legal framework, numbers of companies, sizes of companies, what they are co-operating about, or if they are in the same branch of trade or different trades, or any such matters. This is intentionally a part of the programme and in order to keep the bureaucratic restrictions to a minimum.
3. The real objective of the programme is to encourage companies, through their co-operation, to aim at new business opportunities, new markets with a new competitive edge which can only be obtained by networking and not by the individual companies as such.

Characteristics of the Danish networking programme

Six main features of networking are developed in the Danish programme. The six features can be described as follows:

A) Two structural features

1. Essential for the information and the success of the network is the function of the

network brokers, who will try to identify network opportunities, point out new co-operation areas, identify potentially new network participants, new market opportunities and who will also mediate the co-operation through critical phases.

2. A network centre or Hub is the physical area, all the legal locations of the joint and past jointly owned resources and functions. Often the networking centre also serves as a focal point and meeting place for the networking companies.

These two first features can be seen as the structural framework for the networking activities. The remaining four characteristics can be seen as dimensions of co-operation and they are the following:

B) Dimensions of co-operation

1. Joint solutions to common problems. Critical resources which one single small company cannot afford alone can be financed jointly by groups of companies, thus giving them access to information, functions or equipment which would otherwise be the large corporation/co-operations' prerogative. This might be in areas such as monitoring of markets, competitive standards or technology. Advanced equipment, personal development and training as well as research of product development. Marketing and quality assurance are other examples of co-operation of joint solutions for common problems.

2. Development and exploitation of mutual complementarity. Networks are often formed on the basis of complementarity of the participants in terms of products, skills, equipment or markets.

3. Developing the quality of sub-contracting links. This feature is very interesting because the aim of a group of companies is to qualify the (for)? sub-contractors on terms where any of them would fail if they were alone. On the other hand, they may be better positioned as a group, to attract sub-contractors for their product lines.

4. Individual access to end markets. The strength of networks lies in the flexibility and the reactivity of the small company. Some of the participating companies bring some of their products to end markets and to end-users and this gives the total network extra sensitivity to market needs and changes prior to what would have been possible for the individual companies.

The six features and dimensions of networking can be seen in a variety of many different combinations shown already as results of the way in which the networking programme has been implemented until now. It is beyond any doubt that the programme has proven a powerful tool to enable SMEs to experiment with different kinds of networking in order to overcome some of the internal barriers to improve the competitiveness of both the individual companies and the newly established network as such.

How does the programme work?

Next 40 highly experienced and specially trained professional industrial advisors from banks, accountants, lawyers and private consultants as network brokers, the programme has a built-in support and incentive system divided into three phases:

* The first phase, is to support the costs of initiative contracts. For this purpose, each individual network may receive DKK 75 000.
* The second phase, if the decision is made among the involved or some of the involved companies from the first phase to form a joint network, the network can receive 50 per cent of all firm external costs for phase two. In addition, in phase two, the companies involved have to decide on the strategy and how to form the joint networking centre.
* The third phase, is where start-up costs for common functions are partly covered. That is to say, financial support of 50 per cent in year one, and in year two of 30 per cent of the common functional costs. There is a limit of a maximum of DKK 5 million per network.

It must be underlined that measured in economic terms the programme is only a very small programme. All in all, only an amount of DKK 150 million has been allocated for this scheme. In order to monitor the potential effects, several assessment surveys and individual analyses based on data from tenders have been conducted.

Preliminary findings show good results

The first analysis on compositions of tenders showed that the programme did reach its target group with regard to size of the enterprises; approx. three-fourths of all tenders came from companies with less than 49 employees. On the other hand, only 6 per cent of the tenders involved companies with more than 200 employees. So there is no question that the scheme has attracted the right kind of firms when it come to the size of companies.

If the tenders are broken down into economic sectors, the overall majority of tenders have their basis in manufacturing and the especially in metal and iron working, whereas the service and transport sectors account for only 8 per cent of all the tenders.

By September 1990 already, the number of tenders was more than 557, of which the majority was tenders targeted towards phase one, and only 54 tenders went for phase three, financial support. After a careful selection, 117 tenders were not accepted, and by September 1990 approx. 250 networks had been created involving approx. 2 000 firms. For such new and small industrial scheme above figures must be considered a success.

Marketing and product development

By the end of 1991, a second interim assessment involving 500 firms was carried out. It revealed that roughly 100 networks had arrived to phase three and 75 were still in phase two. From the assessments which were conducted as a survey among involved companies from networks in phase two and specifically phase three, it was possible to identify several central focal points for the work of the networks as shown in table 5.

Table 5: Central focal points for the work of the networks, per cent

Purpose	Phase 2 %	Phase 3 %
Marketing	71	50
Product development	40	39
New technologies	7	13
Formalized co-operation	49	88

In phase two, 71 per cent of all networks were targeted at marketing, whereas 40 per cent included product development and only 7 per cent was targeted towards joint development of new technologies.

Approx. one half of all the networks had formalized their co-operation. In phase three, approx. 88 per cent of all firms had formalized their co-operation, which indicates a stronger commitment to the networking activities.

The key goals for the companies in phase three can be summarized as in table 6. It reveals that the prime objective has been the development of new products or new markets, whereas only 15 per cent expected reduced costs. The second interim assessment of the Danish industrial networking scheme also looked into general results of each network. Asked *'do you agreed, do not know or do not agree as to whether the overall results are positive'*, 76 per cent agreed to the statement whereas only 2 per cent did not agree at all.

Table 6: Key goals for the companies in phase 3, per cent

Higher turnover	93 per cent
Reduced costs	15 per cent
New products or new markets	98 per cent
Other	20 per cent

If we turn to the assessment of the economic results, 42 per cent stated that they had reached a point where the turnover had increased by 5 per cent or more, and here it must be remembered that this was the key goal for 93 per cent of all networks. So in this respect, only 50 per cent or little less than 50 per cent of the networks achieved their key goal.

On the other hand, 19 per cent answered yes to the question as to whether or not it had reduced costs by participating in the networks, and 75 per cent of all assessed that they were more competitive inside the network than outside. This overall positive result was also reflected in the fact that 94 per cent of all involved in the networks expect to carry on.

In an attempt to estimate the number of extra employees directly attributed to networking activities in phase three, the interim report came to the conclusion that roughly 640 employees had found a job due to the networking activities. Here it must be kept in mind that it is, of course, very difficult to give any exact estimate of employment results of networking activities. It is hard to say if the people employed under networking would not have been employed anyway.

The second interim assessment also asked about what kind of **difficulties** had occurred through the process of networking. Both companies in phase two and phase three pointed to insufficient resources; time and money being the main difficulties. But also unexpectedly huge time consumption was stated as a major problem, whereas insufficient consultancy assistance was not stated or regarded as a problem. Less than 2 per cent of networks in phase three found this to be a problem. However, other problems occurred; roughly speaking one in five networks experienced problems due to different organizations, different resources, goals and doubts about the results.

To sum up the results of the second interim assessment report, the results seem to be generally positive, but there have also been some difficulties which have to be overcome in the years to come. If the assessment of the number of jobs created until now is valid, it seems to be a very cheap way to increase employment and at the same time strengthening the individual companies involved by making them more competitive and cost conscious.

Illustrative examples of successful networks

Some examples of network activities may serve as an illustration of how diversified the network activities can be :

* Four companies in northern Jutland formed a network with the key goal to increase marketing of old as well as new products in Scandinavia. Together the companies employed a total of 130 employees. No company had any plans for export activities before the co-operation in the network. Today, the companies have developed new products targeted especially towards the Swedish market. One of the companies has increased its turnover by more than 37 per cent in one year. Exports have increased from 10 per cent to 17 per cent of the total turnover.
* The second example is concerned with five companies in construction which got together to form a company in German. The goal was to buy land, develop new projects and sell construction in Germany. The companies have by now invested more than DKK 20 million in a large ambitious project in one of the new Länder and they already have a project, including a hotel of more than 130 rooms and 600 flats. All projects should be finished by 1997.
* As has been shown in the general description of the Danish manufacturing industry, the electronics industry is undergoing severe problems and this was the direct reason why four small electronics components firms joined a network with the goal of increasing their exports. They formed a joint company co-operating on implementing the quality assurance system ISO 9000 which enabled them to participate jointly in exports. The results of this co-operation has been that all of the involved companies have increased growth in their export markets during the last two or three years. An increase which none of them, they insist, would have been able to obtained without the networking scheme.
* One of the bigger and more ambitious networks is found in textile industry, where 11 individual companies, originally engaged in strong competition against each other, formed a network. The aim was to develop a market, new quality products for the German market. Together they invested DKK 4 million in a German sales company, and even if it has been more difficult to co-operate and to penetrate the German market than firstly anticipated, the chairman of one of the companies involved insisted that they had effectively established themselves in the German market although it had not created additional employment.

The response with network relevant enterprises

The enterprises' immediate response is that network co-operation is a business opportunity. Nothing indicates that the co-operation is limited to certain trades or activities. Thus, the majority of the enterprises would be willing to enter network co-operation.

However, it requires quite an amount of resources - investment of time and money - to establish and enter a network co-operation. Also, the establishment of a network co-operation is a social process that is encouraged and promoted by some sort of management. The Network Programme offers financial and consultative support in order to identify, develop and direct the establishment of a network co-operation towards success and avoid pitfalls. The Danish consultancy system's experience with the establishment of network co-operations is considered to be well-developed. This applies for the administration of the economic promotion programmes, too.

To a very large extent the creation of networks and co-operations between enterprises is motivated by the desire for quick profits. This tendency is supported when looking at the business areas quantitatively most represented in network co-operations. Roughly speaking, it may be maintained that the level of the ambitions of an important part of the networks is relatively low. It must be stressed, of course, that many networks do have high levels of ambitions and they focus on development-oriented activities.

Studies of the creation of networks and co-operations between enterprises reveal many parallels to the establishment of an enterprise. In both cases, the process of creation involves identification and development of a solid business area or business concept, establishment of an organisational structure for the co-operation (distribution of risks and liability matters), and the creation of incomes to the network. In most cases, however, possibilities and barriers are far better substantiated when establishing a network cooperation, among other reasons in order to create a joint business basis and consensus among the network partners.

Although the results of the first Networking Scheme were very promising, the programme does not continue in its original form. In 1992 three additional schemes were introduced. At present each of the areas Tourism, Environment and Export have their own specific Networking Scheme. This re-orientation of the programme has nothing to do with disappointment over the outcome of the first programme. It does, however, reflect the weakness of the management of Industrial Policy Programmes in Denmark. The duration accepted for a given programme, regardless of success or failure, has during recent years been only three years. Of course this creates sub-optimal circumstances for the implementation of any given industrial scheme. On the other hand, the re-direction of the basic concept of networking and the continuation of the new programmes in the coming years underline the remarkable results of the limited use of the Networking Scheme.

The Danish approach in other regions

The Danish Networking Scheme has proved to be effective and to build on the same experience as in Italy, Germany and other countries. The special thing, however, about the Danish approach is that it builds this networking co-operation into an industrial programme dependent on broker, networking centre and small incentives. This construction of the programme has caught the attention of several other regions in Europe. Danish Technological Institute (DTI) which has developed and taken active part in the implementation of the Networking Programme has worked with networking activities and especially Network Broker training in several European regions and countries.

In addition to training Danish Network Brokers, DTI has also been engaged in developing the network programme in Valencia, Spain, a similar programme in Portugal, in the furniture sector of Oregon, USA, in the networking programme in the Vesa county in Finland, and is now also taking part in a networking programme in Wales and in Iceland as well as several counties in the United Kingdom. Recently Canada and France have expressed great interest in working together with DTI to set up similar schemes in these countries.

Whether or not this concept and scheme can be a general model for other European and North American regions is still to be seen in praxis, but the international interest in the programme has already been a strong indication of at least some transferability of the principal components of the scheme.

References

Borum, Finn and Peer Hull Kristensen: *Technological Innovation and Organizational Change, Danish Patterns of Knowledge, Networks and Culture, New Social Science Monographs*, Copenhagen, 1989

Boter Håkan og Leif Lindmark: *Kunskapsfortäg, Fremtidans Smäfortag*, Umeå Universitet, FE Publikationer, 1987, nr. 99

Christensen, Poul Rind, 1987: *Industriel fleksibilitet og lokalisering i et netværksperspektiv i Svend Illeriss og Leif Jacobsens (Red. Regional politik i netværksøkonomi en seminarrapport NordREFO,* 1987:4

Christensen, et al: Forms of Network: Concepts spatial impact and policy implications, i Svend Illeriss og Leif Jacobsens (Red). Networks and regional development NordREFO, 1990:1

Kristiansen, Peter Munk: Statslig Erhvervsfremme, struktur, beslutninger, koordination. Erhvervsfremmestyrelsen december 1992.

Clematide, Bruno og Peter Plougmann: The Danish Industry's Contribution to the Future of Industry in Europe, FAST study: Future of Industry in Europe, A regional Network, DTI/Arbejdsliv, 1992.

Danish Department of Trade and Industry: Mid-term evaluation of the Network programme, 1990.

The Danish Industry and Development Council (ITDC): The Business Economics of Resource Area in the Danish Business Sector. Analyses and Perspectives, May 1992.

Dansk Industi: 1993 + 10 år, DI 1992.

Danish Technological Institute: BEK proojektet, Beskæftigelse igennem Erhvervsudvikling og Kvalificering, December 1991 og Hovedrapport August 1992.

Danish Technological Institute/Innovation: Networking between Small and Medium-size Enterprises, The Network Broker, 1992.

Danish Technological Institute/Innovation: Networking between Small and Medium-size Enterprises, an Available Road to Competitiveness, 1992

Danish Technological Institute/Innovation: Networking between Small and Medium-sized Enterprises - Examples of Company Networks, 1992

Danish Technological Institute: References on Networking, 1992. European Network for SME Research. The European Observatory for SMEs. First Annual Report, Excecutive Summary, 1993.

Eurostat: Enterprise Policy - Enterprises in Europea, Bruxelles, 1992

Finne, Håkan, Morten Levin og Thore Nielsen: Teknologispredning og vertikale produktsjonskeder. Slutevaluering af AV Buntprogramemts enkeltprojekter, Cnetef/Efin Universitet i Trondheim, fakultet for økonomi og arbejdslivsvidenskab, institut for organisations og arbejdslivsfag, 1993.

Gelsing, Lars og Knop Peter: Status of the Network Programme - the Results from a Questionnaire Survey, October 1991.

Gelsing, Lars og Knop, Peter: Midtvejsevaluering af Turismenetværksordningen udarbejdet for styregruppen vedrørende Turismenetværksordningen, January 1993.

Industi- og Handelsstyrelsen: Nyt om Netværk, Diverse numre, 1991, 1992 and 1993.

EC Commission: Generaldirektoratet for Regionalpolitik: Europa år 2000, Fremtidsudsigter for udviklingen af fællesskabets område, Bruxelles, Luxembourg, 1992.

Johanneson, B. og Nielsson, A: Community Entrepreneurs Networking for a Local Development in Entrepreneurship and Local Development, Vol. 1, No. 1, 1989.

Marking, Christer (Red.): Kompetens i arbete - en antologi, Publica Stockholm, 1992.

Miljøministeriet, Danmarks byregioner - et atlas over de danske byregioners internationale muligheder, 1992.

Ministeriet for Kommunikation og Turisme/Turismeafdelingen: Retningslinier for Netværksordningen, May 1993.

Nyhan, Barry: Developing Peoples' Ability to Learn, The European Perspective on Self-Learning Competence and Technological Change, Task Force, Human Resources, Education, Training and Youth, Eurotecnet, 1991.

Sabel, Charles, F: Study Trust: Building New Forms of Cooperation in a Volatil Economy, Paper presented on international conference on industrial districts and local ecomonic regeneration, Geneva 18-19 October, 1990.

Sengenberger, Werner and Paike, Frank: Small Firms Industrial districts and Local Economic Regeneration: Research and Policy Issues. Paper prepared for interanional conference on industrial districts and local economic regeneration, organized by the international institute for labour studies, 1990.

Jesper Strandskov: Virksomhedens Vækstmønstre og virksomhedsforløb i Parum, Eva et af, Inspiration til aktivt bestyrelsesarbejde, Børsen Copenhagen, 1992.

Philip Cooke

Innovation networks and regional development:

Learning from European experience

Intoduction: Achieving economic excellence

Economic excellence has always been unevenly distributed. In the past, *islands* of excellence gave rise to the wealth from which modern economies developed. But these islands were nearly always based on natural resource advantages. Take the Welsh tinplate industry, the focus of study for Britain's leading economist of the last century, Alfred Marshall (Marshall, 1927). For him, it was an exemplar of the *industrial district*, along with Sheffield for cutlery and Manchester for cotton. Why? Because, as well as local resources, each place had three basic ingredients, but importantly, they had an extra "booster-ingredient". The three basic ones comprise the *"3Es"*.

* economies of specialization; with all firms complementary to each other in the same industry,
* economies of information; firms interacted and so communicated intensively,
* economies of labour supply; a large pool of local, trained industrial labour.

But, in addition to these essentials, these areas had:

* "industrial atmosphere"; informal ways of generating innovations in skills and technologies.

Over the decades, the special qualities of these industrial districts declined as firms were acquired, some closed, others expanded, and the large corporation, possibly foreign, came to dominance.

Today, however, it is large corporations that face crisis often because they have lost touch with the 3Es and they devoted insufficient attention to hidden extras to be found in "industrial atmosphere". Many of the leading business thinkers of today point to the following imperatives of the successful firm:

* concentrate on core competences and aim to improve performance continuously
* communicate the mission of the firm simply and clearly both inside and outside the firm

* cultivate a learning culture at all levels of the organization
* create an innovation mentality and integrate research with product and process design to enhance efficiency and reduce time-to-market.

These *"4C"* imperatives, distilled from a study of the strengths of German and Japanese firms by Nobel prize-winner Robert Solow and his collaborators (Dertouzos, Lester & Solow, 1990), are remarkably similar to the 3Es plus industrial atmosphere. However, one of the key differences between now and then is that, as Lester Thurow (1992), another leading American economist puts it:

> *"In the 21st century a lack of natural resources may in fact be an advantage. The Japanese ..... can buy wherever quality and price are best".*

The key resource for future success, he continues, will be:

> *"the education and skills of the work force".*

Some places are fortunate to be possessed of firms that are already there. Often they have developed the old 3Es plus industrial atmosphere into the new 4Cs. They are usually in manufacturing regions, away from capital cities and seats of government - a good example of a group of such regions is the Four Motors of Catalonia, Baden-Württemberg, Rhone-Alpes and Lombardy - and their firms have become exemplars to the new high priesthood of business economics (Cooke, 1993a). Michael Porter's (1990) celebrated "diamond" of firm strategy, production factors, demand conditions and support industries was based partly on the study of such regional economies. In the next two sections three successful regional and small-nation economies and five more or less successful learner economies will be anatomized. The aim of this is to distil the success factors, then, in the concluding section, tailor them to developing regions.

The competitively advantaged economies

In looking at achieving excellence for the developing regions, their people and firms, it is wise to focus on what is achievable within practical limits. Thus, regional and small-nation economies are more appropriate than, say, the Japanese economy with its scale and cultural, financial and governmental assets. For reasons of mix, Denmark (small economy, innovative firms, few large indigenous corporations), Emilia-Romagna (weak regional institutions, many SMEs, no large firms), and Baden-Württemberg (strong Land Government, innovative SMEs, large indigenous corporations) have been selected to illustrate excellence in a relevant context at an appropriate scale. Because the task at hand is to examine the role of Technology, R&D and Technology Transfer in the creation of economic excellence, these elements will receive most attention. Table 1 summarises some basic economic relativities.

Table 1: Economic Indicators for Advantaged Economics

	Population % (EUR=100)	Industrial % Employment	GDP per Inhabitant 1986-88 (EUR=100)	Unemployment Rate 1990 (EUR=100)
Baden-Württemberg	2.9	47.0	119.9	35.4
Denmark	1.6	27.1	112.5	79.9
Emilia-Romagna	1.2	36.5	127.6	55.9

Source : European Commission (1991)

Baden-Württemberg

This is one of Germany's strongest regional economies with, at its heart, the Mittlererneckar industrial region centred on Stuttgart, where GDP per capita is 34 % above the EC average of 100. Key employers are Automotive (237,000), Electronic (266,000) and Mechanical (281,000) Engineering. Leading firms include Daimler-Benz, Porsche and Robert Bosch, all headquartered in the region, Audi, Alcatel-SEL, Sony, IBM and Hewlett-Packard. World-leader machine tool firms like Heidelberg, Trumpf and Traub are also based there (see, for example Cooke, 1993b; 1992; Cooke, Morgan and Price, 1993).

The large and small firms (SMEs) of the region interact fruitfully. Many Mercedes, Audi and IBM supplier firms are present in Baden-Württemberg (BW). Helping the SME or *Mittelstand* sector keep innovative and the large firms to acquire basic research findings are a host of universities (9), polytechnics (39), basic and applied research institutes (44) and Steinbeis technology transfer centres (120). These, along with the thirteen Chambers of Industry and Commerce, and the trade and industry promotion and financing activities of the Business Associations and the Ministry of Economic Affairs and Technology, are the basis of BW's regional innovation system. To this should be added BW's much vaunted "dual system" of vocational training.

A good example of the way this network operates concerns the impact of "lean production" upon Mittelstand SMEs (see, Cooke, 1992a; Cooke, Morgan and Price, 1993).

* Japanese competition causes large firms to demand greater innovation from SMEs.
* Business associations know that SMEs cannot afford R&D.
* Ministry of Economics approaches and appoints A.D. Little Inc. to investigate.

* Little report recommends SME co-operation, but they fear loss of know-how.

* BW cabinet recommends Fraunhofer Institute as third party R&D broker.

In exchange for accepting this solution, with an independent intermediary holding the innovation ring and protecting SME know-how, firms will receive up to 90% grants towards costs of instituting R&D functions. By no means all supplier firms - even in machine tools where the pressure is severe - will join the initiative, but many of the non-joiners will become second or third tier suppliers, go under or become a Japanese acquisitions.

Denmark

With a population of 5.1 million, approximately half that of Baden-Württemberg, it is not surprising that Denmark has a relative lack of both large, research based firms and a government technology policy. Research by the European Commission shows that Denmark was slow to introduce microelectronics equipment and that when efforts were made to catch-up in the 1980s there were organizational inadequacies and skills shortages. However, Denmark is the EC's second most prosperous country in terms of GDP per head. Being small, it can generate communication and interaction economies, especially in its system of SMEs (see Rosenfeld, 1990).

Of key importance to this system are the support infrastructures for small business, the most important being:

* Chambers of Commerce and Industry
* Local and regional Technical and Special Technical Schools
* Local and regional banks providing long-term loans for local SMEs
* The Danish Technological Institute and its 15 Technology Centres.

The Danish Technological Institute (DTI) is a privatized ertswhile branch of the Ministry of Industry. It employs 1,200 technologists and others in developing, identifying and transferring generic technologies, largely to SMEs. Some 55% of DTI's contract income is from firms employing less than 50 people.

Recognizing that isolation from information and know-how was a handicap to SMEs, DTI in 1989 established a "Network Programme" which channeled government support to firms willing to co-operate in certain business activities. In one small town in Jutland, the following case-history is instructive:

* seven small furniture makers found local markets shrinking

* took advantage of the Network Programme
* created a trading company
* divided up key tasks, so that, for example, design for all firms is done by two designers
* each firm specialises in a particular production phase
* the company now exports high-quality furniture to the EC and beyond.

By 1992, 175 networks existed, of which 42% had increased turnover per year by 4% or more and one in five by 10% or more since joining. Of key importance to the success of this programme was the appointment by DTI of "Network Brokers". These are local professionals, lawyers, consultants or engineers whose job it is to create networks of firms, colleges, local authorities, enterprise agencies and so on. These networks then bid for grants from technology programmes aimed at product and process innovation, quality improvement, product differentiation, and, very importantly, design, which is seen as a key selling point. The philosophy is that *"The Competitive Advantage of Regions is Achieved through the Competitive Advantage of Firms"*.

Emilia-Romagna

This northern region of Italy, centred on Bologna, is home to numerous examples of "industrial districts". Bologna itself is a major centre of machinery-production, Carpi specialises in clothing, Sassuolo in ceramics and Modena in motorcycles (Ducati) and luxury cars (Ferrari, Maserati, Lamborghini). Apart from these famous names, Emilia-Romagna (ER) has few large firms but an inordinately large number of SMEs (245,000 - 90,000 in manufacturing - employing less than 50 in 1988).

The industrial SMEs tend to cluster in districts which, because of the polycentric urban system of the region, are spread out at the foot of the Apennine mountains. As in other dynamic SME-based economies ER is rich in business support infrastructure. The main institutions and their functions are:

* Artisans Associations - accounting, payroll and income tax returns, training, financial advice, technology and premises.
* Local and Regional Banks - small loans, long-term loans, community-based referral etc.
* Chambers of Commerce - information, exports, trade fairs, technological and financial advice, marketing.
* Regional Government - regional development agency (ERVET) and local Innovation Centres.

ER region, the Chambers, banks and business associations have shares in ERVET (Ente Regionale per la Valorizzazione Economia del Territorio) which in turn runs nine dedicated Innovation Centres. These provide real services (not financial grants or loans) to SMEs in specific industries. Services include; research, promotion, certification, technological consultancy and training. As an example of the innovative capacity of the CITER (Centro Informazione Tessile Emilia Romagna) clothing innovation centre, the following is illustrative:

* Third World firms are increasingly copying Carpi clothing designs, taking market share
* Artisans Association tells ERVET of loss of Carpi firms' competitive design advantage
* ERVET induces Italian research energy institute (ENEA) to work with CITER
* ENEA and CITER develop new CAD-CAM design system
* SMEs access CAD-CAM; time-to-market reduced tenfold
* Market share recovered (see Cooke and Morgan, forthcoming).

The time taken to solve this problem was under one year.

The learning economies

If firms in networks make 4% a year more than those outside them, why doesn't everyone join in? There are three reasons:

* firms are protective of their know-how
* firms are fearful of divulging pricing information
* firms, especially SMEs, cannot reap advantage without the existence of a public support infrastructure, at least in the short term.

The first two objections can never ultimately be overcome because know-how and price are two key areas where market transactions eventually triumph over network relations in a competitive arena. The third point has been recognised as a fact by the European Commission, promoted through programmes such as SPRINT, INTERREG, RETAS and others and implemented in many developing European regions. Some of these will be examined in what follows, starting with three examples of older, declining industry regions (perhaps the most difficult to revitalize because of network degradation) followed by the widely-quoted case of Valencia region in Spain, which has successfully applied innovation practices learnt from Denmark, Emilia-Romagna and Baden-Wrttemberg in its quest for economic excellence (see also, Cooke, 1992b).

Wales

Wales has experienced significant economic restructuring since 1980. The two main traditional industries of coal and steel have reduced manpower by some *60,000* and while the steel industry is now competitive, the coal industry has virtually disappeared. Wales is fortunate, in the UK context, in having both a regional department of government, the *Welsh Office,* and an economic promotion body, the *Welsh Development Agency*, the main tasks of which have been to modernize the Welsh economy. While there remain pockets of severe unemployment in the former coalfield areas, these organizations have been remarkably successful in helping to introduce new businesses, many from overseas, and to develop innovative business practices amongst indigenous firms. A recent policy development has been to stimulate *partnership* between regional and local governments, and *networking* between firms, supported by *innovation* policies and functions from government bodies (See Cooke 1992b).

At present, a number of these initiatives to boost innovation are in place and, though there is not yet a clear Regional Innovation Strategy in place, this will develop with the assistance of the recently-secured *EC RETAS (Regional Technology Strategy) programme*. One key survey that has been conducted concerns the identification of the scale of innovative activity within Wales. This shows the following results :

* Gross Expenditure on R&D as a percentage of GDP (1991) in Wales was *1.1%*. This is mostly (0.8%) industry expenditure. Wales scores better than, for example, Denmark (0.8%) and Spain (0.6%) but less than half the rate for Germany and Japan (2.9%).
* In Wales, most innovation synergies are between firms more than between firms and universities. Small and medium enterprises are more active than the UK average in winning EC and UK innovation projects.
* There is an increasing demand from both large and smaller firms for intermediary *Innovation Centres* that can provide services in technology assessment, information and applications.

In response to this situation numerous initiatives have been taken, especially by the Welsh Development Agency (WDA) to assist innovation:

* a great success has been the WDA and Welsh Office foreign direct investment programme which has attracted up to 15% of all the UK *inward investment* since 1980. The total amount of inward investment and reinvestment in 1992 was over £1 billion. Many of these firms are themselves innovative.

* now, in order to balance this success a *Supplier Development Programme*, which links "clubs" of medium-sized firms vertically to large firms in a supply-chain, has been established.
* to help to improve the skills of workers and management in supplier firms, *Innovative Training* initiatives, aimed at improving the *quality* of products and processes, are in place. These are managed in partnership between WDA, Training and Enterprise Councils, Enterprise Agencies and Higher Education Institutes.
* *Technology and Innovation Centres* where new start-up firms are housed or applied technology services are supplied to firms have been set up in *six locations*. An EC *Relay Centre*, enabling firms to exploit EC science and technology programme results, links to these centres.
* WDA manages *Eurolink*, a programme linking innovative small firms in Wales to firms in partner regions such as Baden-Württemberg, Lombardy, Catalonia, and Rhone-Alpes. These firms exchange technologies and marketing networks.
* A *Regional Technology Strategy* and two *Technopoles* are being part funded by DGXVI and DGXIII respectively. These will supply key elements of the innovation architecture.

The next step, soon to be taken, is to link all of these initiatives together in an *Innovation Network* which enables firms in any location or industry to be put in immediate contact with the precise business support service they require.

Nord-Pas de Calais

This region of northern France, centred upon Lille, close to the Belgian border has suffered very badly from the loss of its coal industry and severe decline in employment in textiles and steel-making. Table 2 gives relativities in economic indicators for this and two other less-favoured European regions, and should be compared with Table 1 above.

To combat, for example, 75,000 job-losses in the 1980s in textiles Nord-Pas de Calais (NPC) definitively adopted a regional technology strategy centred upon the Technopole idea at *Villeneuve d'Ascq Scientific City.* This classically French growth complex is a new town with 60,000 inhabitants, 95,000 students in five universities, eighteen engineering schools and 340 research laboratories employing 4,000 researchers. Major national research institutes, including the Pasteur Institute, CNRS (natural and social science research council) and three others are joined in the region by three CRITTs (Regional Centres of Innovation and Technology Transfer) and numerous incubator centres for high technology start-ups. NPC looks to be almost a science and technology Disneyland.

Table 2: Economic Indicators for Less-Favoured Regions

	Population % (EUR=100)	Industrial % Employment	GDP per Inhabitant 1986-88 (EUR=100)	Unemployment Rate 1990 (EUR=100)
Wales	0.9	33.8	87.8	95.6
Nord-Pas de Calais	1.2	36.0	87.8	138.6
Basque Country	0.7	41.6	89.0	222.6
Valencia Region	1.2	36.3	75.3	174.3

Source : European Commission (1991)

However, the judgement is that the mass has failed to go critical. Two phases of development in the strategy explain this:

* 1983-89 a strong belief in the natural synergies that flow from geographical clustering was undermined because there were too many actors, a few privileged firms got most of the attention, marketing was poor and technology transfer failed.
* 1989-93, a networking strategy was adopted with an animateur agency charged with easing the interactive processes between firms and researchers. The pole in itself recognised as being insufficient to foster innovation.

Firms in the region are more hopeful now but criticise the lack of "people-skills" amongst the engineering community. Marketing has improved but funding criteria are still too rigid and, not surprisingly, many advanced technology start-up SMEs have such specialised technological requirements that the local pole cannot meet them. In essence the strategy was too big, too isolated and inadequately managed. Networking is perceived as the solution to these problems (see Cooke 1993b).

The Basque and Valencia Regions

These two represent an interesting contrast because, although they started out with similar kinds of innovation institution, local divergences have resulted in different policy avenues being pursued. The Basque Country has a better GDP per capita but a worse unemployment index than Valencia because it is an older industrial region (steel and shipbuilding) in decline, while Valencia is an up-and-coming consumer industry economy.

In response to its problems of industrial crisis, the Basque regional government devised a technology strategy which established:

* R&D support funding to firms and to 5 Technology Centres

* SPRI, a regional technology transfer agency
* A Technology Park in a rural, campus setting near Bilbao.

While the Technology Park (£100 million public investment) has begun attracting innovative firms, mostly from the region, it is the R&D support, managed by SPRI (Sociedad Para La Promocion y la Reconversion Industrial), that has yielded the most impressive results. In ten years, Basque R&D expenditure moved from 0.1% of GDP to 1.4%, equivalent to Italy by 1989. Five key *Technological Centres,* employing between one and two hundred scientists and support staff, are responsible for this. They specialise in new materials, factory automation, information technology, machine-tools and energy technologies. Each works with a "club" of associate SMEs to transfer technology on a contract basis. Subsidy to client and supplier is about 30% of the market rate. The centres are well-networked into EC science and technology programmes so that best practice is quickly diffused into local firms. Special attention has been devoted to automotive components firms and machine-tool manufacturers. Some of the latter have grown into major competitors to German companies at the cheaper end of the market and, overall, while there are still problems of receptivity towards innovation by many SMEs, leading firms have been able to survive and some to do well in increasingly difficult and competitive international markets (Cooke, 1993b).

Like the Basque government that of Valencia region has also adopted a *Technology Centres* approach to its innovation strategy and an agency, IMPIVA, (Instituto Mediana Y Pequena Industria Valenciana) to manage them. Moreover a Science and Technology Park has been built. Industries in Valencia receiving special support are ceramics, footwear, textiles and science-based activities. Each of these is located, as in Emilia-Romagna, in industrial districts. Because of this, Valencia formed a partnership with ER to model its strategy on theirs. But more importantly, the Valencians visited Denmark and borrowed the Danish idea of Network Brokerage.

The *Network Brokerage* idea builds on the other elements of the innovation strategy. There are three networks:

* Inner Network: composed of IMPIVA, the Technological Centres, 5 Business Innovation Centres and the Technology Park.
* Outer Network: 4 Regional Universities, Chambers of Commerce, trades unions, design and training agencies.
* Spanish and EC Network.

Network Brokers are drawn from the professions (consultants, engineers etc.) and link networks of firms in particular industries to any or all of these network players (Pyke, 1992). Firms can thus co-operate, as in Denmark, on distribution, sales and promotion, exports, joint purchasing and product and process innovations. Valencian SMEs are, however, over-dependent on support from what is, nevertheless, an expanding public support infrastructure. Even the Emilians are impressed by the excellence of Valencian ceramics but the shoe industry is surviving rather than booming.

Innovating by networking: A strategy for inducing economic excellence in developing regions

From the accounts of innovation systems elsewhere it is unproblematic to distil the keynotes of success in achieving or moving towards economic excellence. There are four key factors:

* *District*-focused business networks, either of interacting SMEs or supplier-customer chains of SMEs and large firms.
* *Dissemination* of ideas, know-how, information and advice through public and private agencies, financial organizations and networks.
* *Dedicated* vocational training and education institutions to ensure appropriate skills in the workforce.
* *Dynamic* technology transfer or innovation centres meeting or inducing demand for continuous improvement.

Thus, whereas the roots of economic excellence identified in the nineteenth century consisted of the "3Es" plus industrial atmosphere, modern distillation of corporate best-practice identifies "4Cs". Lying precisely between Cs and Es are the *"4Ds"* of regional economic excellence to which ambitious regions should aspire.

If the institutions, firms and people of developing regions seek to achieve the "4Ds" what - judging from experience elsewhere - might be their expectations? What, in other words, have the economies studied learnt from engaging in a process of *innovating by networking*? The most obvious achievements are the following:

* improved GDP per capita and reduced unemployment
* significantly enhanced R&D activity in the economy
* increased turnover for firms engaging in networking activities
* better economies of time and information in the regional system
* more responsive public institutions for skills and technological upgrading.

Improving any, let alone all, of these would be a worthwhile contribution to the goal of achieving economic excellence. How, then, can the "4Ds" be achieved?

A process of continuous improvement has to be embarked upon. It is more important that the process starts and develops than that it is designed as a strategy down to the last detail. As we have seen, strategies only work if they are flexible and their institutional vehicles and personnel learn from their mistakes. Most importantly, top-down approaches, such as the technopole idea, should be resolutely eschewed. Nevertheless, if we take the 4Ds as the goals and the five achievements as the benchmarks by which success or failure are audited, the following strategic factors are important.

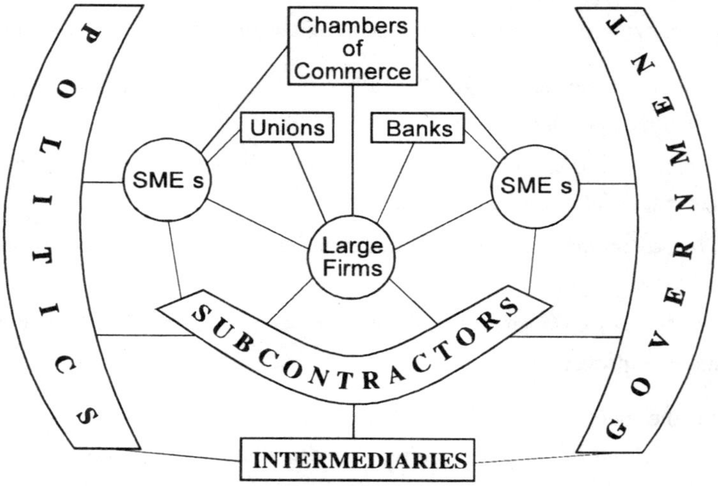

Fig. 1: Advantaged Economy Network

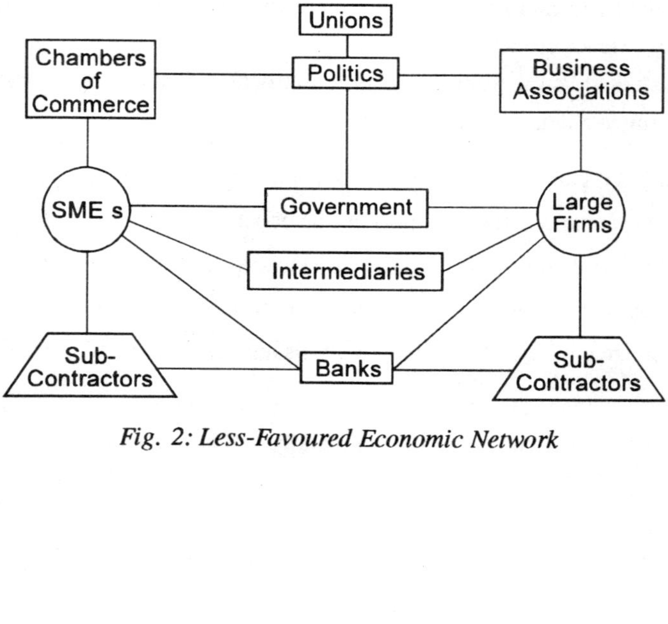

Fig. 2: Less-Favoured Economic Network

* *Moving the Core of the Network*

In Figs 1 and 2 we see stylised representations of the innovation systems of "advantaged" and "less-favoured" economies.

The obvious point is that in weaker economies, innovation activity is orchestrated more by government agencies and their intermediaries than in stronger economies where firms are leaders and government supports innovation at their behest.

* *Getting the Intermediaries Closer to the Centre*

Economies that are learning the sources of success most quickly all have in place a network of innovation intermediaries, themselves often composed of a public-private financial or administrative partnership. Even the advantaged regions have this, especially in support of the SME sector. Thus BW has the Steinbeis network, Denmark has the DTI, ER has CITER and the other Innovation Centres, NPC has its newly networked Technopole and the Spanish regions have their Technological Centres. Wales has the Development Agency, Technology Centres and emergent Regional Technology Strategy.

* *Getting Networks Off the Ground*

To repeat an earlier point, the most successful economies have proactive firms, especially SMEs, who can stand on their own feet in innovation. But to do so they need to follow models which work. Networking is perceived as a worthwhile practice but it goes against the grain in the psychology of the "stand-alone", Gary Cooper style of individualist entrepreneur of Anglo-American mythology. Networking is different, and firms, especially locally-owned SMEs, ought to be more prepared to be collaborative. To stimulate this, SMEs should be further encouraged to take up the networking challenge by emulating the Danish Network Brokerage programme, so ably taken up by the Valencians. Relatively modest sums of public subsidy could, on Danish experience, pay for themselves in revenue from increased turnover.

* *Establish More Centres of Training Excellence*

The education and skills of the workforce will be the key source of competitive advantage in the next century. The advantaged economies of the EC already have high quality training infrastructures in place, nowhere more so than in Baden-Württemberg and Denmark. It is vital that, as in the Basque case, industrial sectors in which there is already some strength are identified and that these act as foci for both innovative technology transfer and innovative training programmes. There is good evidence that a start has already been made in the study regions. Sectors such as clothing, mechanical engineering and machine-tools have attracted higher education institutes and further education colleges to design courses to train people in the necessary skills. But, it should be borne in mind that Denmark started its programme by identifying numerous centres of vocational training excellence. Development regions should promote a programme, especially but not exclusively aimed at the further education colleges, to secure such centres without further delay. Accreditation, auditing and certification procedures would need urgent and immediate attention, and the whole programme should receive the widest publicity. *The key skills of the next century will not be those possessed by the top 20% of most qualified people, but those of the next 40%.*

* *Create Information Richness*

Each hub and spoke, node and channel in the innovation network must have the best and most useful information at its disposal. Government agencies can act as information brokers, but so too, for more specialist activities, can private value-added service providers. Rapid problem-solving of the kind evident in BW and ER, coupled with learning about the need for change, as in Denmark and NPC, are crucial aspects of the "intelligence" of innovative economies. Banks could play a crucial role in this process. For obvious reasons they share the interest of their clients in both of them being well-informed. *This, ultimately is the pay-off from "networking": at a relatively modest cost networks prove the point that "two heads are better than one".*

* *Build an Innovation Network Architecture*

In the context of regional development there is a compelling need to develop an institutional infrastructure for advancing innovative potential and creating competitive advantage. Network forms of infrastructure such as those deployed in Denmark, Valencia and Emilia-Romagna are highly appropriate to creating advantage for SMEs by enabling them to collaborate in order to compete. This enables them to afford design, technological upgrading, product innovation, financing and marketing services they would otherwise be unable to afford. But, in some of these places, industries no longer cluster in industrial districts. In Denmark, where such a situation prevails, this is overcome by adopting a "hub and spoke" outreach system. There, two main innovation centres, at Tastrup near Copenhagen and Aarhus in Jutland, have fifteen outreach centres called TICs (Technological Information Centres). These act to link industry with the appropriate Technology Centre. In other words *the development region needs a robust network system where any kind of technology or innovation inquiry can easily be relayed to the correct point on the network, whether that network is inside - or outside - the region.*

References

Cooke, P. (1992a) *The experiences of German engineering firms in applying Lean Production methods*, Geneva, International Institute for Labour Studies.

Cooke, P. (1992b) Regional Innovation Systems : Competitive Regulation in the New Europe *Geoforum* 23, 365-382.

Cooke, P. (1993a) Globalization of economic organization and the emergency of regional interstate partnerships, in C. Williams (ed.) *The Political Geography of the New World Order*, London, Belhaven.

Cooke, P. (1993b) Regional innovation networks: an evaluation of six European cases, in P. Getimis & G. Kafkalas (eds.) *Urban & Regional Development in the New Europe*, Athens, Topos.

Cooke, P., Morgan, K., Price, A. (1993) *The Future of the Mittelstand : Collaboration Versus Competition*, Regional Industrial Research Report 13, CPLAN, PO Box 906, UWCC, Cardiff.

Cooke, P. and Morgan, K. (forthcoming) Growth regions under duress: renewal strategies in Baden - Württemberg and Emilia-Romagna, in A. Amin & N. Thrift (eds.) *Holding Down the Global: Possibilities for Local Economic Policy.*

Dertouzos, M., Lester, R. & Solow, R. (1990) *Made in America: regaining the productive edge*, New York, Harper.

European Commission (1991) *The Regions in the 1990s*, Brussels, Commission of the European Communities.

Marshall, A. (1927) *Industry & Trade*, London, Macmillan.

Porter, M. (1990) *The Competitive Advantage of Nations*, New York, The Free Press.

Pyke, F. (1992) "The last will be first" : small firms, service centres, networks and cooperation in the Region of Valencia, paper to International Labour Organization seminar, Geneva, March.

Thurow, L. (1992) *Head to Head: the coming battle among Japan, Europe and America*, New York, Morrow.

Rosenfeld, S. (1990) *Technology Innovation and Regional Development : Lessons from Italy and Denmark*, Washington D.C., Aspen Institute.

Volker Belzer/Josef Hilbert

Der steinige Weg zum virtuellen Unternehmen

Empirische Befunde zu überbetrieblichen Kooperationsbeziehungen in Nordrhein-Westfalen

1. Einleitung

Mit Blick auf das nächste Jahrhundert stehen viele Unternehmen in den entwickelten Industrienationen vor veränderten Rahmenbedingungen und neuen Herausforderungen: Die Globalisierung der Märkte schreitet fort, Unternehmen aus Schwellen- oder ehemaligen Ostblockländern werden zu ernstzunehmenden Konkurrenten, der technologische Wandel beschleunigt sich, Anbietermärkte werden zu Nachfragermärkten. Innovationsfähigkeit, Kundenorientierung sowie ein ausgefeiltes Zeit- und Qualitätsmanagement entscheiden über die zukünftige Wettbewerbsfähigkeit.

Traditionelle Managementformen und -strategien stoßen bei solchen Herausforderungen schnell an ihre Grenzen. Vor allem die weltweiten Erfolge japanischer Unternehmen haben zu der Einsicht geführt, daß die in Europa und den USA praktizierten Management- und Organisationsformen nicht mehr zeitgemäß bzw. situationsadäquat sind (Womack/Jones/Roos 1990). Schlagworte wie "Krise des Fordismus" (Piore/Sabel 1989, zusammenfassend: Dankbaar 1993) und "Niedergang des US-Management-Paradigmas" (Steger 1992) machen die Runde. Miles und Snow (1992:53) kommen daher zu der Erkenntnis "that we are in the midst of an organizational revolution."

Unternehmen stehen zukünftig vor zwei widersprüchlichen, aber dennoch gleichzeitig zu erfüllenden Anforderungen: Zum einen müssen sie schlank und flexibel sein, um schnell auf Marktveränderungen reagieren zu können. Zum anderen müssen sie über komplexe Ressourcen verfügen, um z.B. technologisch anspruchsvolle Kundenwünsche erfüllen zu können.

In den achtziger Jahren lag der strategische Fokus einer Reihe von Unternehmen auf der Erhöhung der Komplexität; der dramatische Anstieg der Zahl der Fusionen und Übernahmen zwischen 1985 und 1989 bestätigt dies (Bühner 1991). Die Erfahrungen hiermit zeigen allerdings, daß dieser Strategie oft nur wenig Erfolg beschieden war: Schätzungen besagen, daß bspw. die Hälfte der Firmenübernahmen Mißerfolge waren, erwartete Synergien traten nicht ein (Krystek 1992).

Die anstehenden und teilweise schon ablaufenden "organisatorischen Revolutionen" beziehen sich vor allem auf die Art und Weise, wie einerseits innerhalb und andererseits zwischen Unternehmen kooperiert wird. Neue Formen der Arbeitsorganisation stellen vor allem flache Hierarchien, Gruppenarbeit und die Delegation von Verantwortung und Kontrolle in den Mittelpunkt (u.a. Brödner/Pekruhl 1991, Lehner 1992, Warnecke 1992). Ähnlich sieht es auf der Ebene des gesamten Unternehmens aus: Auf die Überkomplexität von hierarchischen Unternehmensstrukturen (Roever 1991) wird mit einer gezielten Dezentralisierung und einer Aufsplittung in flexible, reaktionsschnelle und weitgehend eigenverantwortlich operierende Organisationseinheiten geantwortet. Ein großer Teil der Kontrolle wird "vor Ort" ausgeübt. Mittelgroße Organisationseinheiten erlangen auf diesem Wege eine hohe Flexibilität, ohne auf die Vorteile großer Organisationen (wie z.B. Skaleneffekte) verzichten zu müssen.

Diese dezentralisierten Einheiten sind aber ebenso wie viele kleine und mittlere (Eigentümer-) Unternehmen oft nicht in der Lage, komplexe und anspruchsvolle Kundenwünsche zu befriedigen. Hierzu ist häufig mehr als nur ein Produkt, eine Technologie oder eine Dienstleistung notwendig. Als eine visionäre Strategie zur Lösung des Dilemmas zwischen Flexibilität und Komplexität werden in jüngster Zeit "virtuelle Unternehmen" (1) genannt (Byrne/Brandt/Port 1993, Davidow/Malone 1993, De Meyer 1992, Klasche 1993).

Virtuelle Unternehmen stehen jenseits der klassischen Unternehmens- oder Branchengrenzen. Es handelt sich hierbei um Netzwerke von Unternehmen oder Teilen von Unternehmen (vgl. Abbildung 1), die schnell und effizient sich bietende Marktchancen nutzen. Technologien, Qualifikationen und Marktzugänge werden ebenso wie die anfallenden Kosten geteilt. Jedes der beteiligten Unternehmen bringt seine Schlüsselkompetenzen in das virtuelle Unternehmen ein, um Spitzenleistungen zu ermöglichen. Die Beziehung zwischen den Unternehmen besteht nicht permanent, sondern bedarfs- und fallweise; dennoch basiert sie auf Vertrauen. Ist ein Projekt oder Auftrag beendet, löst sich das virtuelle Unternehmen auf, um sich eventuell in gleicher oder ähnlicher Konstellation zu einem späteren Zeitpunkt - falls Bedarf besteht - zusammenzufinden. Hilfreich ist dabei die informationstechnische Vernetzung der Beteiligten: Zum einen ermöglicht sie einen schnellen Austausch von Daten und Informationen, zum anderen können z.B. "elektronische Verträge" (Byrne/Brandt/Port 1993) dazu beitragen, die Zeit für Vertragsverhandlungen zu reduzieren und so den Zusammenschluß zu beschleunigen.

---

1. Der Begriff "virtuell" stammt aus den frühen Tagen der Computerindustrie: "Virtuelle Speicher" bezeichnen einen Weg, einen Computer so arbeiten zu lassen, als hätte er mehr Speicherplatz als tatsächlich vorhanden. Ähnliches gilt für "virtuelle Unternehmen": Auch sie vergrößern ihre Potentiale durch eine Vielzahl von Kooperationsbeziehungen (Byrne 1993).

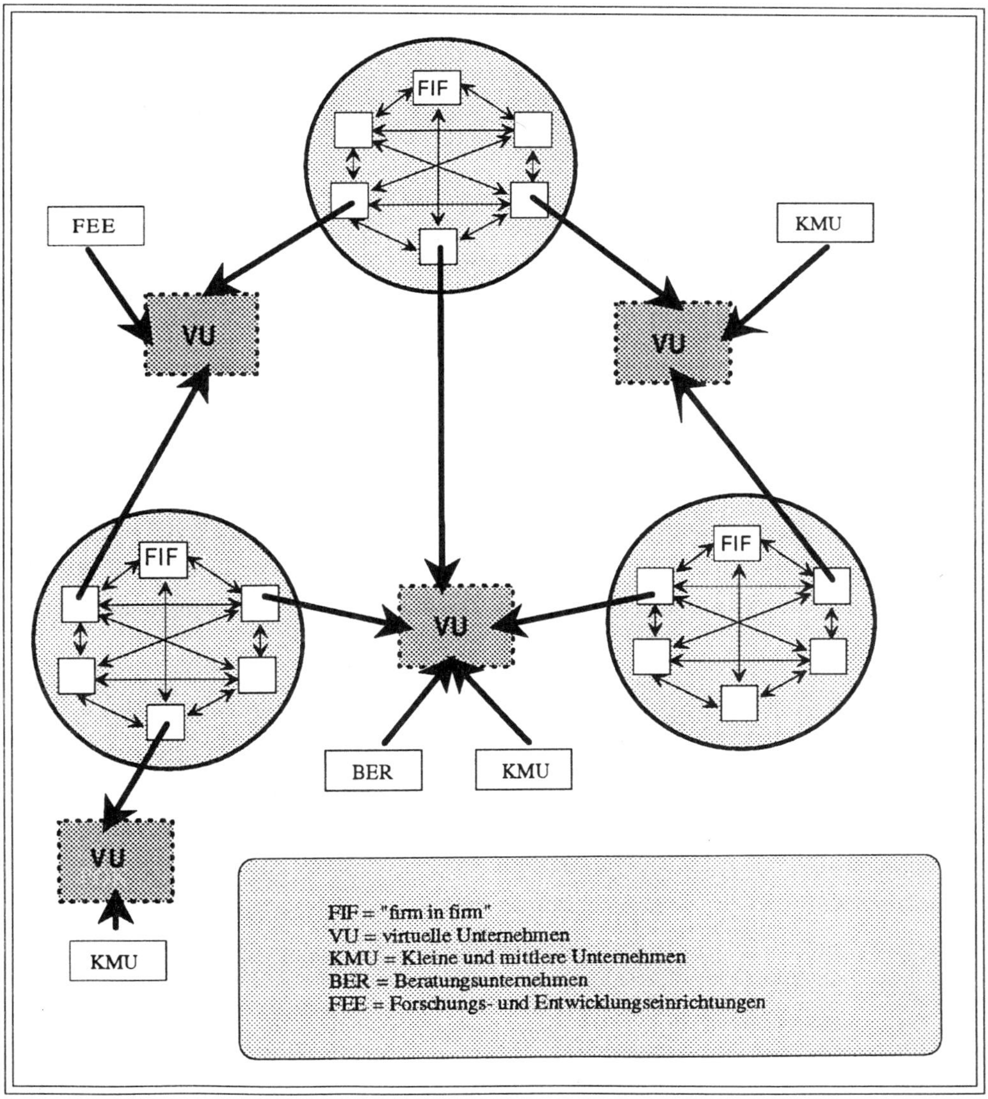

Abb. 1: Virtuelle Unternehmen und Netzwerk-Ökonomie

Virtuelle Unternehmen sind letztlich Kooperationen mit Konkurrenten, Zulieferern oder Kunden. Inwieweit Unternehmen schon erste Gehversuche auf diesem unsicheren Terrain machen und welche Schwierigkeiten dabei auftreten, steht im Mittelpunkt dieses Beitrags, der empirische Befunde zum Kooperationsverhalten nordrhein-westfälischer Unternehmen präsentiert (3. und 4. Abschnitt). Zuvor wird der Versuch unternommen, das Thema "Unternehmenskooperationen" hinsichtlich seiner wissenschaftlichen und theoretischen Grundlagen und Bezüge - soweit es die Kürze dieses Beitrags erlaubt - einzuordnen. Abschnitt 5 faßt die Ergebnisse des vorliegenden Beitrages zusammen und umreißt, daß die Förderung der überbetrieblichen Zusammenarbeit eine wichtige Herausforderung für die zukünftige Industriepolitik sein wird.

2. Kooperationsbeziehungen zwischen Unternehmen - theoretische Aspekte

Joint Ventures, strategische Allianzen, Kooperationen, Netzwerke - diese vier Begriffe markieren nur einen kleinen Ausschnitt dessen, wie die auf dem Austausch von Gütern, Technologien, Dienstleistungen oder Informationen beruhende Interaktion von Unternehmen in der vorliegenden Literatur bezeichnet wird. Wurche (1991) konnte - ohne Anspruch auf Vollständigkeit zu erheben - insgesamt 25 verschiedene Begriffe für den (annähernd) gleichen Sachverhalt ausfindig machen.

Auch hinsichtlich einer Theorie der Kooperation bleiben noch Fragen offen: Zwar gelang es Sydow (1992), den Sachverhalt der Kooperation (2) zwischen Unternehmen aus unterschiedlichen theoretischen Positionen heraus zu beleuchten. Insgesamt kommt er aber zu dem Ergebnis, daß noch nicht von einer geschlossenen Theorie der Kooperation gesprochen werden könne.

Trotz dieses Defizites intensiviert sich die wissenschaftliche Auseinandersetzung mit dem "Phänomen Kooperation". Nicht nur in der Betriebswirtschaftslehre, auch in verwandten Disziplinen wie der Volkswirtschaftslehre oder der Soziologie, aber auch in der Politikwissenschaft nimmt dieses Thema zunehmen breiteren Raum ein.

Kooperationsbeziehungen können hinsichtlich ihres Inhaltes, der zeitlichen Ausdehnung, der räumlichen Relevanz, der Organisationsform, des Formalisierungsgrades, der beteiligten Personen etc. erheblich variieren. Daß aufgrund der Spannbreite zwischen verschiedenen Ausprägungen von Kooperationsbeziehungen Gemeinsamkeiten zwischen ihnen nur aus dem " kleinsten gemeinsamen Nenner" bestehen, mag ein Grund dafür sein, daß bislang weder eine einheitliche Definition noch eine geschlossene Theorie vorliegt.

Dennoch lassen sich - ohne Anspruch auf Vollständigkeit - in der wissenschaftlichen Diskussion unterschiedliche Entwicklungslinien feststellen, die im folgenden kurz dargestellt werden:

---

2. Sydow (1992) spricht in diesem Falle von strategischen Netzwerken.

- Strategische Allianzen bilden sich zwischen (vermeintlichen) Konkurrenten, aber auch zwischen Unternehmen, die sich auf einer vor- oder nachgelagerten Produktionsstufe befinden. Das charakteristische an strategischen Allianzen ist, daß sie projektbezogen initiiert werden, daß die Partner sich ergänzende Stärken einbringen, daß weiche Formen der Kooperation (z.B. Technologieaustausch) dominieren und daß sich die Zusammenarbeit auf einzelne ausgewählte Geschäftsfelder bezieht (Engelhardt/Kleinaltenkamp 1989; Lewis 1991; Perlmutter/Heenan 1986). Insbesondere bei Kooperationsbeziehungen zwischen international operierenden Großunternehmen wird häufig von strategischen Allianzen gesprochen.
- Industrielle Netzwerke werden als funktionale Einheiten definiert, in denen heterogene Ressourcen für industrielle Aktivitäten mit dem Ziel genutzt werden, eine Vielzahl von Bedürfnissen zu befriedigen (Håkansson/Johanson 1988). Ausgangspunkt solcher Aktivitäten ist die Annahme, daß kein Unternehmen isoliert von seiner Umwelt agieren kann (Håkansson/Snehota 1990). Unternehmen bauen daher ein Teil ihrer Geschäftsbeziehungen zu intensiven, langandauernden und von wechselseitigem Austausch von Gütern, Technologien, Informationen und Dienstleistungen geprägten (Kooperations-)Beziehungen aus (Johanson/Mattsson 1987). Dabei kann das Spektrum der konkreten Ausgestaltung erheblich variieren (Belzer 1991b).
- Ein ähnlicher Ansatzpunkt wird von Vertretern des (Investitionsgüter-)Marketings gewählt: Auch hier werden Geschäftsbeziehungen zunehmend als eine Art von Investition verstanden (Plinke 1989). Als Partner für Kooperationsbeziehungen kommen sowohl Zulieferunternehmen zur Herstellung von Systemtechnologien in Frage (Günter 1979, 1992) wie auch Kunden, sogenannte "Lead-User", die bei der Entwicklung und Herstellung von Maschinen und Anlagen u.ä. wichtige Impulse und Kenntnisse einbringen (Hippel 1988).
- Vor allem unter dem Aspekt einer "schlanken Produktion" (Womack/Jones/Roos 1990) nehmen Beziehungen zwischen Abnehmer- und Zulieferunternehmen einen anderen Stellenwert ein. Semlinger (1993) weist bspw. nach, daß Kooperationsbeziehungen zwischen Abnehmer und Zulieferunternehmen neue strategische Potentiale freisetzen können. Vor allem durch eine "gesteuerte Autonomie" der Zulieferunternehmen werden hier stärkere Innovations- und Kreativitätspotentiale freigesetzt, die auch dem Abnehmer zugute kommen. Darüber hinaus hat der Abnehmer die Möglichkeit, einen Teil seiner Risiken abzuwälzen.
- Sengenberger/Loveman/Piore (1990; s.a. Belzer 1991a; O'Doherty 1990, Semlinger/Weimer 1992) heben die besondere Bedeutung von Kooperationsbeziehungen für kleine Unternehmen hervor, um ihre größenbedingten Nachteile (hierzu: Bartel 1990, Hilbert/

Sperling 1990) gegenüber großen Unternehmen auszugleichen. Unterschieden wird dabei zwischen "kingdoms", d.h. Kooperationsbeziehungen zwischen kleinen und einem Großunternehmen, und "republics", d.h. Kooperationsbeziehungen zwischen hochspezialisierten Kleinunternehmen.

- Stärkeren Bezug auf die räumliche Bedeutung von Kooperationsbeziehungen nehmen Ansätze, die sich mit regionalen Netzwerken (oder industriellen Distrikten) beschäftigen. Im Mittelpunkt stehen zum einen, an die Diskussion um die "flexible Spezialisierung" (Piore/Sabel 1989) anknüpfend, regional begrenzte, arbeitsteilige Strukturen zwischen vornehmlich spezialisierten Kleinunternehmen (z.B. Becattini 1990, 1991). Zum anderen werden Formen flexibler, regionaler Netzwerke von Maschinen- und Anlagenbauunternehmen und ihren Zulieferern thematisiert, wie Grabher (1990, 1991) sie bspw. für das Ruhrgebiet beschreibt - einschließlich deren negativer Konsequenzen (Nordhause-Janz 1991).

Die skizzierten theoretischen Ansätze zur überbetrieblichen Zusammenarbeit lassen sich nur schwer unter dem Dach einer gemeinsamen Definition fassen. Gemeinsam ist den unterschiedlichen Ansätzen jedoch, daß sich Unternehmen aus verschiedenen Branchen und Sektoren das Ziel setzen, ihre Leistungsfähigkeit zu verbessern. Dies bezieht sich nicht allein auf die Reduktion von Kosten, sondern vielmehr darauf, die Flexibilität, die Innovationskraft und die Kreativitätspotentiale zu verbessern und auf solchen Märkten präsent zu sein, die ein Unternehmen allein nicht bedienen kann.

3. Kooperationsbeziehungen - Ergebnisse einer quantitativen Befragung

Die in diesem und dem folgenden Abschnitt dargestellten empirischen Ergebnisse basieren im wesentlichen auf zwei Unternehmensbefragungen, die seitens des Instituts Arbeit und Technik im Herbst des Jahres 1990 (quantitative Befragung) und im Herbst 1991 (qualitative Befragung) im Verarbeitenden Gewerbe Nordrhein-Westfalens durchgeführt wurden. Ziel der erstgenannten Untersuchung war, einen Einblick in die für die betroffenen Unternehmen relevanten Strukturveränderungsprozesse sowie in die daraus resultierenden Unternehmensstrategien zu erlangen. In diesem Rahmen wurden insgesamt 2900 Unternehmen befragt, die Rücklaufquote betrug ca. 25 %. [3]

---

3. Diese Befragung hatte vier Schwerpunktthemen: Marktstrategien, Umfeldbeziehungen, Technologieeinsatz und Produktionsorganisation sowie Qualifikation und Einsatz von Arbeitskräften in Unternehmen. Weitere Ergebnisse der Befragung sind in Belzer/Nordhause-Janz (1991), Hennig/Pekruhl (1991), Lehner/Nordhause-Janz (1992) und Widmaier (1991) enthalten.

Anhand der Ergebnisse der Befragung ist unschwer zu erkennen (vgl. Abb. 2), daß Kooperationen bei den Unternehmen im Verarbeitenden Gewerbe in Nordrhein-Westfalen bislang eine untergeordnete Rolle spielen:

- Regelmäßige Kooperationsbeziehungen sind ausgesprochen selten. Lediglich in den Bereichen Vertrieb und Fertigung wird annähernd ein Wert von zehn Prozent erzielt bzw. überschritten. Für die anderen (möglichen) Kooperationsfelder kann festgehalten werden, daß hier Kooperationen zwischen Unternehmen fast ohne Bedeutung sind.

- Etwas besser sieht es aus, wenn man die unregelmäßigen Kooperationsbeziehungen betrachtet. Allerdings liegt auch hier das Schwergewicht in den Bereichen Fertigung und Vertrieb, hinzu kommt der Einkauf. In den anderen Bereichen arbeiten nur zwischen 8,7% (Weiterbildung) und 15,8% (Forschung und Entwicklung) der befragten Unternehmen unregelmäßig zusammen.

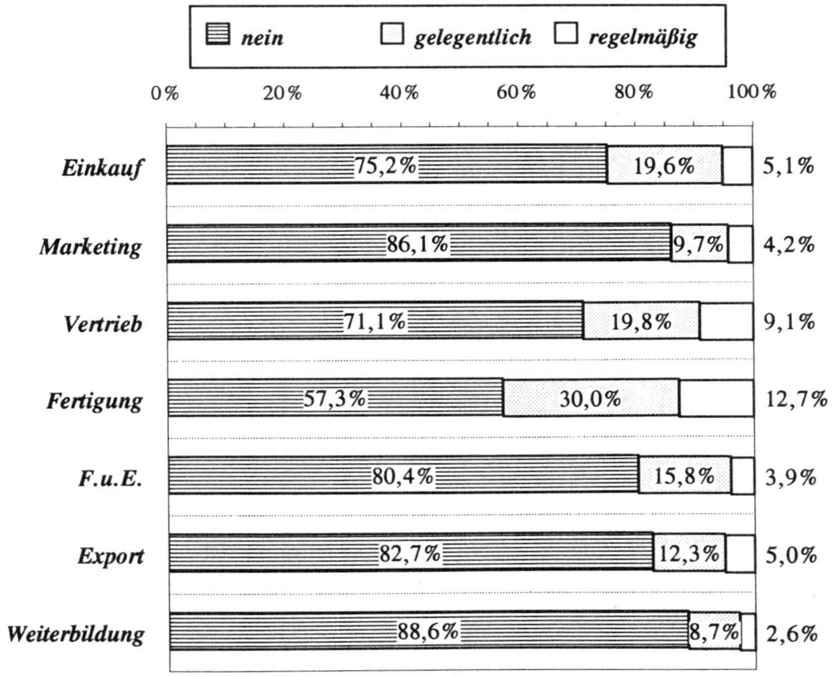

Abb. 2: Kooperationspraxis im Verarbeitenden Gewerbe in Nordrhein-Westfalen nach Bereichen

- Bezogen auf die einzelnen Unternehmensbereiche kann festgehalten werden, daß mehr als Dreiviertel der Unternehmen weder regelmäßig noch unregelmäßig kooperiert. Ausnahmen sind der Bereich der Fertigung, wo nur 57,3% der Unternehmen nicht kooperieren und der Vertrieb mit einem Anteil von 71,1% nicht-kooperierender Unternehmen.

Diese Ergebnisse sind keineswegs überraschend und decken sich mit denen, die im Rahmen anderer Untersuchungen in einzelnen Unternehmensbereichen erzielt wurden: Fröhlich/Pichler (1988) kommen bspw. zu dem Resultat, daß rund zwei Drittel der von ihnen befragten Unternehmen keine Kooperationsbeziehungen im Bereich des Vertriebs aufgebaut hatten. Und der Ifo-Innovationstest von 1987 (Schmalholz/Scholz 1987) hat deutlich gemacht, daß - wenn überhaupt kooperiert wurde - 84% der vertraglich vereinbarten FuE-Kooperationen auf Unternehmen mit einer Größenordnung von über 1000 Beschäftigten entfielen.

Die Ergebnisse weisen auf zwei Sachverhalte hin: Zum einen scheint die Kooperationswilligkeit in den letzten Jahren kaum gestiegen zu sein. Die oben angesprochenen neuen Herausforderungen und die Vorteile von Kooperationen werden anscheinend weder gebührend wahrgenommen noch entsprechend umgesetzt. Zum anderen wird deutlich, daß es ins-

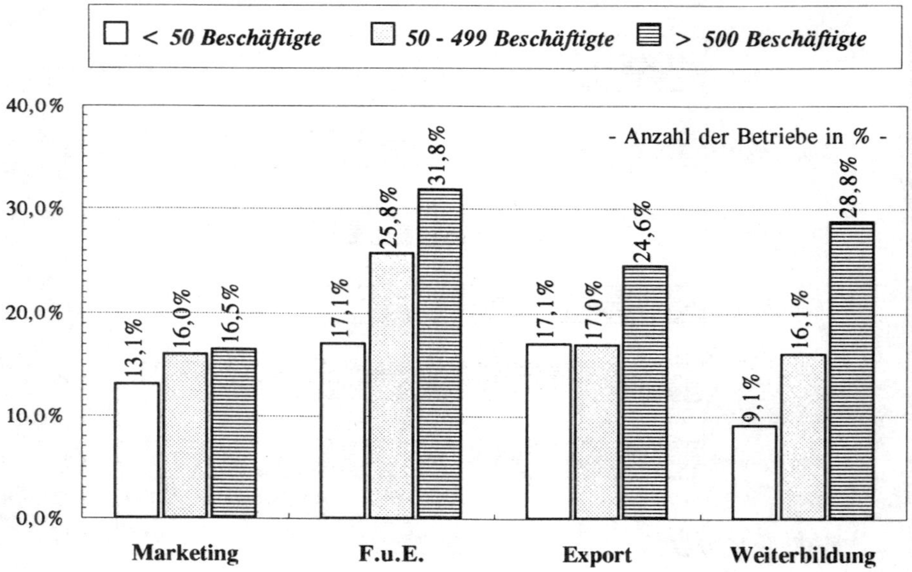

Abb. 3: Kooperationspraxis des Verarbeitenden Gewerbes in Nordrhein-Westfalen nach Größenklassen

besondere kleine und mittlere Unternehmen sind, die sich durch eine ausgeprägte Zurückhaltung bei Kooperationen auszeichnen.

Im Hinblick auf die Befragung von Unternehmen des Verarbeitenden Gewerbes in Nordrhein-Westfalen ergibt die Analyse des Kooperationsverhaltens in den verschiedenen Unternehmensgrößenklassen ein vergleichbares Bild (vgl. Abb. 3): Greift man die für die zukünftige Wettbewerbsfähigkeit wichtigen Bereiche Marketing, Forschung und Entwicklung, Export sowie Weiterbildung heraus, so zeigen auch hier die kleinen Unternehmen (weniger als 50 Beschäftigte) die geringste Kooperationsbereitschaft. Auch die mittelgroßen Unternehmen (50 - 499 Beschäftigte) kooperieren seltener als große Unternehmen (500 Beschäftigte und mehr).

Die überbetriebliche Zusammenarbeit wird mehr und mehr als eine Antwort auf die Anforderungen gesehen, die der Strukturwandel mit sich bringt. Schlagen sich die Bemühungen und Anstrengungen der kooperierenden Unternehmen auch im erwünschten Maße nieder? Die Ergebnisse der im Verarbeitenden Gewerbe in Nordrhein-Westfalen durchgeführten Unter-

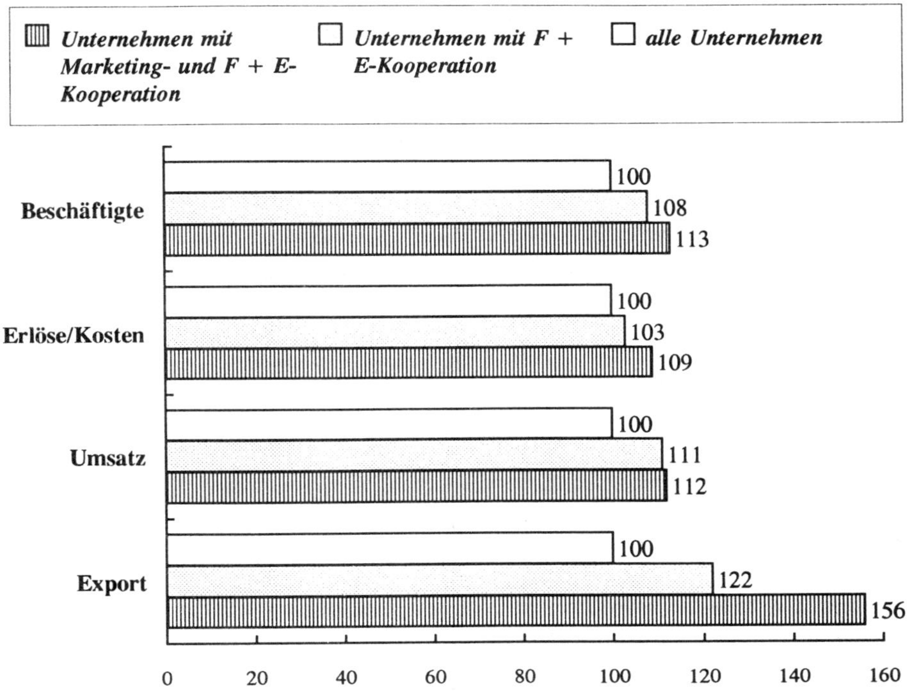

Abb. 4: Leistungsdaten kooperierender und nicht-kooperierender Unternehmen des Verarbeitenden Gewerbes in Nordrhein-Westfalen im Vergleich

suchung bringen einige wichtige Anhaltspunkte zur Beantwortung dieser Frage: Unternehmen, die kooperieren, sind offensichtlich deutlich leistungsfähiger als solche, die sich bei der überbetrieblichen Zusammenarbeit zurückhalten (vgl. Abb. 4). So weisen kooperierende Unternehmen eine bessere Umsatz- und Beschäftigungsentwicklung auf als nicht-kooperierende Unternehmen. Zum anderen können kooperierende Unternehmen mit einem deutlich besseren Innovationsverhalten aufwarten (vgl. Abb. 5) (4): Während nur wenig mehr als die Hälfte der Unternehmen, die nicht kooperieren, Innovationen durchführen, sind es bei den Unternehmen, die im Bereich des Marketing kooperieren, annähernd zwei Drittel. Hingegen innovieren über 80% der Unternehmen mit FuE-Kooperationen und sogar neun von zehn Unternehmen, die im FuE-Bereich *und* im Marketing-Bereich Kooperationsbeziehungen aufgebaut haben.

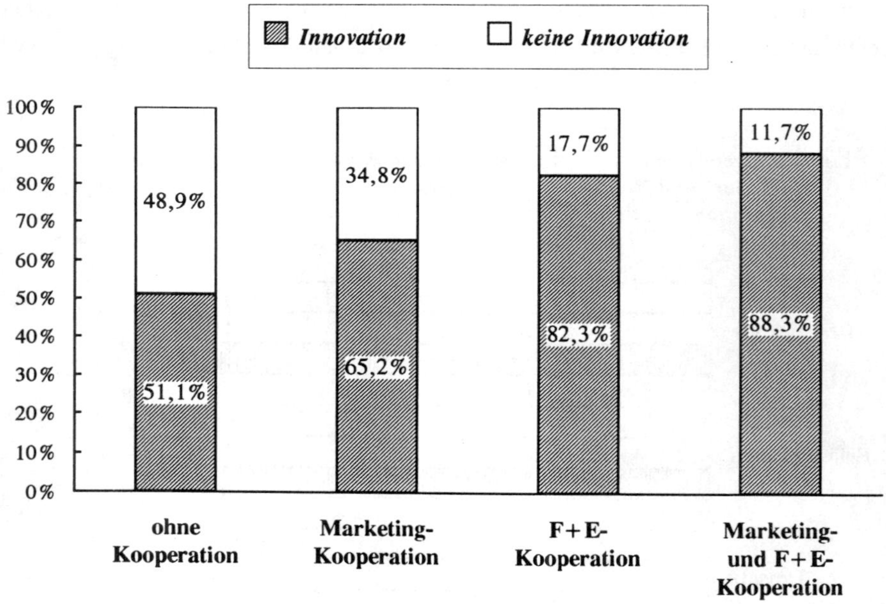

Abb. 5: Innovationsverhalten kooperierender und nicht-kooperierender Unternehmen des Verarbeitenden Gewerbes in Nordrhein-Westfalen

4. Auf der Basis einer Untersuchung von 4564 Betrieben im Bodenseeraum kommt Altenweger (1990:26) zu dem Ergebnis, daß "besonders die Gruppe derjenigen Betriebe, die FuE-Kooperationen unterhalten, einen großen Anteil innovativer Betriebe aufweist. Dies bedeutet nicht, daß andere Kooperationsformen weniger wichtig sind, aber sie zeigen nicht unbedingt einen so großen Einfluß auf die Quote der innovativen Betriebe."

Die Ergebnisse dieses Kapitels lassen drei Schlußfolgerungen zu: Zum einen sind Kooperationsbeziehungen zwischen Unternehmen bislang noch ein Randphänomen, nur wenige Unternehmen kooperieren derzeit regelmäßig und dies, obwohl kooperierende Unternehmen offensichtlich leistungsfähiger sind als nicht-kooperierende. Dabei ist insbesondere in kleinen Unternehmen die Kooperationsbereitschaft schwach ausgeprägt. Aufgrund der vorliegenden Daten kann zudem vermutet werden, daß es Unternehmen gibt, die umfassend innovativ sind, d.h. sowohl auf der Produktseite als auch auf der Organisationsseite nach neuen Wegen und Lösungen suchen.

4. Kooperationsbeziehungen - Ergebnisse einer qualitativen Befragung

Die Ergebnisse, die in diesem Abschnitt präsentiert werden, wurden im Rahmen von Expertengesprächen in 46 Unternehmen des Verarbeitenden Gewerbes in Nordrhein-Westfalen gewonnen. Gesprächspartner in diesen Unternehmen waren in erster Linie die Geschäftsführer oder, in größeren Unternehmen, Mitglieder der Geschäftsführung. In der Mehrzahl der Unternehmen wurden weitere kompetente Personen (FuE-, Marketing- oder Fertigungsleiter) in die Gespräche einbezogen. Die Hälfte der befragten Unternehmen führte zum Zeitpunkt der Interviews Kooperationsprojekte durch, die andere Hälfte kooperierte nicht. Dennoch war bei den letztgenannten teilweise - wenn auch wenig - Kooperationserfahrung vorhanden.

Ziel der Untersuchung war, Erkenntnisse über die Kooperationsbereitschaft von Unternehmen und den Verlauf von Kooperationsbeziehungen zwischen Unternehmen zu gewinnen - ein in der bisherigen Forschung bislang eher vernachlässigtes Thema. Eine detaillierte Darstellung der Ergebnisse erfolgt in Belzer (1993a, 1993b). Zwei Fragen standen bei den Expertengesprächen im Mittelpunkt des Interesses: (1) Welche Bedingungen müssen vorliegen, damit Unternehmen Kooperationsbeziehungen aufbauen, und (2) welchen Verlauf nimmt der Kooperationsprozeß.

4.1. Die Kooperationsbereitschaft von Unternehmen

Ausgehend von der empirisch schon belegten Feststellung (vgl. Abb. 1), daß nur sehr wenige Unternehmen kooperieren, war von Interesse, warum eine derartige Zurückhaltung bei Kooperationen vorlag bzw. unter welchen Bedingungen Kooperationsentscheidungen getroffen wurden.

In den befragten Unternehmen, einschließlich der kooperierenden, stellte sich heraus, daß sich das Instrument der Kooperation nicht gerade besonderer Beliebtheit erfreute. Bspw. wurde in einem mittelgroßen Maschinenbauunternehmen die Aussage getroffen, daß man am liebsten schon alles alleine machen wolle, allerdings ließe das Produkt (Anlagen zur Verarbeitung von textilen Rohstoffen) eine derartige Vorgehensweise nicht zu. In einem (kooperierenden) metallverarbeitenden Unternehmen mit fast 700 Beschäftigten vertrat die Geschäftsleitung die Ansicht, daß zuviel Kooperation gar nicht wünschenswert sei.

Die Gründe, warum Unternehmen nicht kooperierten, sind vielfältig und können daher hier nur kurz angerissen werden: Klar war, daß dann keine Kooperationsaktivitäten gestartet wurden, wenn man - auch vielleicht fälschlicherweise - der Ansicht war, anfallende Aufgaben im Alleingang lösen zu können. In einer Reihe von Fällen wie z.B. dem eines Automobilzulieferers wurde schon ein Kooperationsbedarf gesehen, der vielleicht erst in den kommenden Jahren akut würde, aber es fehlte einfach an dem notwendigen Wissen, wie und mit wem die Kooperationsbeziehung aufgebaut werden sollte. Auch die Unsicherheiten bezüglich der Ziele und Verhaltensweisen des Partners führten zu einer Reserviertheit gegenüber einer intensiven Zusammenarbeit. In einem Unternehmen, das im Bereich der Mikroelektronik tätig war, wurde bspw. in bezug auf ein Kooperationsangebot eines anderen Unternehmens die Aussage getroffen, daß man nicht wisse, ob dies ein ernsthaftes Angebot sei oder ob man bewußt auf eine falsche Fährte gelockt werden solle.

Kein Grund für eine geringe Kooperationsneigung waren schlechte Erfahrungen aus früheren Projekten: Sie dienten vielmehr als ein Beitrag zum Lernprozeß beim Kooperationsmanagement; die Erfahrungen flossen in die Partnerauswahl, die Verhandlungsstrategie und das weitere Verhalten bei Kooperationsprojekten ein.

Welche Gründe mußten nun vorliegen, damit Unternehmen die notwendigen Schritte zum Aufbau von Kooperationsbeziehungen nahmen? Auch wenn Kooperationsbeziehungen keine "Lückenbüßer-Funktion" nachgesagt werden kann (Rath 1990), so dienen sie doch dazu, wie z.B. Tyebjee (1988) betont, Lücken zu schließen. Die Ergebnisse der Expertengespräche weisen darauf hin, daß es Lücken zwischen den im Unternehmen vorhandenen Ressourcen sowie den unter veränderten Markt- und Wettbewerbsbedingungen benötigten Potentialen und Kapazitäten waren, die die befragten Unternehmen zu kooperieren veranlaßten.

Dabei konnten drei unter strategischen Gesichtspunkten bedeutende "Potentiallücken" festgestellt werden:

- *Der Zugang zu neuen Technologien* und dem damit verbundenen Know-how. Beispiel: In einem Maschinenbauunternehmen wurde ein Bedarf an elektronisch geregelten Anhängerkupplungen gesehen. Zwar war das Unternehmen europaweit Marktführer, allerdings im Bereich der mechanischen Kupplungen. Die elektronische Kupplung wurde in Kooperation mit einem Hersteller von Elektronik entwickelt, der anschließend auch die notwendigen elektronischen Bauteile lieferte.

- *Der Zugang zu neuen Märkten.* Beispiel: Ein mittelgroßer Hersteller von Süßwaren sah sich unter den gegenwärtigen Marktbedingungen (große Konkurrenz, hohe economies of scale) dazu gezwungen, auch auf anderen Märkten in der Europäischen Gemeinschaft präsent zu sein. Da sich das Unternehmen bei einer Größe von 100 Beschäftigten aber keinen international operierenden Vertrieb aufbauen konnte, kooperierte es mit Unternehmen, die auf den jeweiligen Märkten über ein ausgebautes Vertriebsnetz verfügten.
- *Die Entwicklung und Herstellung kompletter Systeme.* Beispiel: Ein Hersteller von Badmöbeln stand vor dem Problem, daß Kunden, die ihre Bäder neu gestalteten, verlangten, daß die Badmöbel in bezug auf ihr Design auch zu dem sonstigen Badinventar paßten. Durch eine Kooperation des Badmöbelherstellers mit einem Unternehmen, das Badkeramik produzierte, konnte dieses Problem gelöst werden.

Vor allen Dingen das letztgenannte Beispiel macht deutlich, daß Kooperationsbeziehungen nicht nur bei technologisch anspruchsvollen und komplexen (Produkt)Innovationen sinnvoll sind, sondern daß auch die Zusammenarbeit in technologisch weniger anspruchsvollen Bereichen dazu beitragen kann, neue Marktpotentiale zu erschließen. Die drei genannten "Potentiallücken" waren in den befragten Unternehmen in erster Linie dafür ausschlaggebend, daß mit anderen Unternehmen kooperiert wurde. Andere Motive, wie z.B. die Reduktion von Kosten oder Risiken, wurden hingegen nur selten genannt.

Die Ergebnisse der Expertengespräche weisen zudem darauf hin, daß weitere wichtige Randbedingungen erfüllt sein mußten, damit Unternehmen kooperierten. Es wurde bereits darauf hingewiesen, daß Entscheidungsträger in Unternehmen eine gewisse Kooperationsaversität an den Tag legten. Aus diesem Grunde wurde eine Kooperationsstrategie auch nur dann verfolgt, wenn keine Strategiealternativen möglich waren. In den drei obengenannten Bereichen (Zugang zu neuen Technologien, Zugang zu neuen Märkten, Entwicklung und Herstellung kompletter Systeme) waren allerdings keine Strategiealternativen möglich, so daß sich der Schritt zur überbetrieblichen Zusammenarbeit aufdrängte.

Des weiteren zeigte sich recht deutlich, daß sich die Auswahl des Kooperationspartners nach dessen Attraktivität bemaß. Attraktivität hieß allerdings wechselseitige Attraktivität; auch die eigenen Potentiale mußten für den Kooperationspartner interessant sein. Folglich waren Unternehmen, die selbst über zu wenige interessante Potentiale verfügten, vielleicht kooperationswillig, sie waren aber nicht kooperationsfähig. D.h., nur solche Unternehmen können Kooperationsbeziehungen aufbauen, die eigene Stärken entwickelt haben und diese auch anbieten können. Diese Problematik wurde auch von den betroffenen Entscheidungsträgern gesehen. In einem kleinen Unternehmen z.B., das Produkte der Meß- und Regeltechnik herstellte, wurde betont, daß man (nach dem Umzug des Unternehmens in ein anderes Gebäude) erst einmal sehen müsse, daß die Bilanzen wieder positiv würden, bevor man nach einem Kooperationspartner suchen wolle.

Unter dem Strich ist es mithin ein breites Bündel unterschiedlicher Gründe, die Unternehmen zu einer ausgeprägten Zurückhaltung gegenüber Kooperationen veranlassen. Es wurde aber auch ersichtlich, daß es Anforderungen gibt, die die meisten Unternehmen nur im Rahmen von Kooperationen mit anderen Unternehmen lösen können.

4.2. Der Kooperationsprozeß zwischen Unternehmen

Im voraufgegangenen Abschnitt wurde bereits angesprochen, daß ein Teil der befragten Unternehmen nicht kooperierte, weil man schlicht keine Vorstellung darüber hatte, wie man dies anstellen sollte. Dies läßt sich auch anhand der Informationen untermauern, die wir von den kooperierenden Unternehmen erhielten: Der Kooperationsprozeß läßt sich am besten kennzeichnen als ein filigranes Muster aus unterschiedlichen Such-, Verhandlungs- und Entscheidungssituationen, verbunden mit Rückkoppelungen und Rückschritten. Folglich ist der Aufbau und die Durchführung von Kooperationsbeziehungen mit einem erheblichen Organisations- und Managementbedarf verbunden.

Der Aufbau von Kooperationsbeziehungen stellte für die betroffenen Unternehmen gleich auf mehreren Ebenen eine Neuheit dar, da sie diesbezüglich nur über einen geringen Erfahrungsschatz verfügten:

- Aufgrund der geringen Kooperationserfahrung war schon die Kooperationsentscheidung mit einem hohen Maß an Unsicherheit verbunden.
- Bei den Kooperationsinhalten (Zugang zu neuen Technologien bzw. neuen Märkten, Entwicklung von kompletten Systemen) wurde ebenfalls Neuland beschritten.
- Vielfach fehlte die Erfahrung, wie eine partnerschaftliche Interaktionsatmosphäre aufgebaut werden konnte, da Rückgriffe auf Erfahrungen aus anderen Interaktionssituationen zwischen Unternehmen in der Regel nicht möglich waren.

Der Kooperationsverlauf ist in der Regel keine simple Abfolge aufeinander aufbauender Handlungen, sondern ist mit einer Vielzahl von Problemen und Unsicherheiten verbunden, die sich negativ auf die Kooperationsbereitschaft auswirken können.

Abgesehen von den Problemen, die aus den vorgenannten Gründen bereits bei der Entscheidung zu kooperieren im einzelnen Unternehmen auftreten konnten, enpuppte sich die Partnersuche als problematisch: Die in der Literatur genannten Ansatzpunkte und Kriterien der Partnersuche wie bestehende Geschäftsbeziehungen (Møller/Wilson 1991; Wilson 1990), persönliche Kontakte (Hamfeldt/Lindberg 1987) oder räumliche Nähe (Herden u.a. 1990;

Lorenz 1989) wurden tatsächlich von einem Teil der befragten Unternehmen genutzt.

In einer Reihe von Fällen kamen diese Möglichkeiten jedoch nicht zum Tragen, denn als Kooperationspartner kamen häufig nur Unternehmen in Frage, die ganz bestimmte Technologien, Produkte oder Leistungen bereitstellen konnten. Dabei handelte es sich oftmals um Unternehmen, die in einer anderen Branche tätig waren oder sich nicht unmittelbar in räumlicher Nähe befanden. Um zu solchen Unternehmen Kontakt aufzunehmen, war eine systematische Suche notwendig, denn je spezieller der Bedarf war, desto geringer war auch die Zahl der Unternehmen, die diese Lücke schließen konnten.

In solchen Fällen war der Suchprozeß extrem zeit- und ressourcenaufwendig. Zumal keines der befragten Unternehmen bislang Aktivitäten unternommen hatte, um schon antizipativ nach potentiellen Kooperationspartnern Ausschau zu halten. Besonders schwierig gestaltete sich der Suchprozeß bei Entwicklungskooperationen: Hier konnte a priori gar nicht bestimmt werden, ob das betreffende Unternehmen überhaupt die in es gesetzten Erwartungen und Anforderungen erfüllen konnte, da diese nicht präzisiert werden konnten.

Als ausgesprochen zeitaufwendig erwiesen sich die Kooperationsverhandlungen: Verhandlungszeiträume zwischen einem halben und einem Jahr waren durchaus die Regel, eine Verhandlungsdauer von bis zu zwei Jahren auch keine Ausnahme. Diese Zeiträume spiegeln wieder, daß die befragten Unternehmen den Kooperationsverhandlungen eine sehr große Bedeutung beimaßen. Die Kooperationsverhandlungen waren durch einen Zwang zur Konsensfindung gekennzeichnet. Konkrete Vereinbarungen kamen oft erst am Ende eines langen, komplexen und z.T. auch widersprüchlichen Verhandlungsprozesses zustande, in dem alle Beteiligten von ihren ursprünglichen Positionen und Anforderungen abrückten.

Um die gefundenen Positionen für alle Beteiligten verbindlich festzumachen und um spätere Konflikte zu vermeiden, wurden in fast allen Fällen Verträge über die Geheimhaltung von Know-how oder die Lizenz- und Gebührenregelungen abgeschlossen. In anderweitigen schriftlichen Vereinbarungen wie z.B. Pflichtenheften oder Zeitrastern wurden organisatorische Maßnahmen wie z.B. die Aufgabenverteilung oder der Rahmen der Aufgabenerfüllung festgelegt. Darüber hinaus bestanden allerdings auch informelle Vereinbarungen, es dominierten allerdings die formellen. (5)

---

5. Dieses Ergebnis steht im Gegensatz zu anderen Untersuchungen; so schreibt z.B. Håkansson (1989), daß zwei Drittel der Vereinbarungen zwischen Unternehmen bei technischen Entwicklungsprozessen informeller Art seien; vor allem bei kleinen Unternehmen überwiege diese Vorgehensweise. Anhand der vorliegenden Untersuchung kann dies nicht bestätigt werden; als Ergebnis kann vielmehr festgehalten werden, daß die formellen Regelungen umso umfangreicher waren, je innovativer die betreffende Technologie oder Leistung war.

Daß Regelungsbedarf bestand, zeigte sich spätestens dann, wenn die eigentliche Kooperationstätigkeit begann: Eine sorgfältige Vorbereitung dieser Tätigkeiten in der Verhandlungsphase konnte zu einem friktionslosen Kooperationsanlauf und -ablauf beitragen, zumal Kooperationsprojekte mit innovativem Charakter an sich schon mit einem ausreichenden Maß an Unabwägbarkeiten verbunden waren. In den befragten Unternehmen wurden mehrere Fälle beschrieben, in denen eine mangelhafte Vorbereitung bzw. eine Überschätzung der eigenen Fähigkeiten zu einer bedrohlichen Störquelle für die Kooperationsbeziehung wurde: So schilderte der Eigentümer eines kleinen Chemieunternehmens, daß man ein Produkt für einen Bearbeitungsprozeß bei der Schraubenherstellung entwickelt und auch schon die zur Massenproduktion notwendigen Investitionen getätigt hatte. Allerdings konnten aufgrund technischer Probleme die notwendigen Anlagen seitens des Kooperationspartners, eines Schraubenhersteller, nicht bis zur Einsatztauglichkeit konstruiert werden. Da der Schraubenhersteller die Lizenz an dem Verfahren hielt, waren die Investitionen des Chemieunternehmens blokkiert.

Dieser Fall macht auch deutlich, daß Probleme, die im Rahmen einer Kooperationsbeziehung auftreten, nur schwer von den anderen Tätigkeiten in einem Unternehmen isoliert bleiben können. Im genannten Fall wurden Investitionen in anderen Bereichen des Unternehmens durch die Investitionen in das Kooperationsprojekt verhindert. In einem ähnlichen gelagerten Fall beeinträchtigte eine Verzögerung des Kooperationsanlaufes bspw. die gesamte Planung der Produktions- und Absatzmengen.

Dies zeigt zum einen, daß der Vorbereitung von Kooperationsbeziehungen eine große Bedeutung zugemessen werden muß. Es zeigt aber auch, daß ein gewisses Maß an Vertrauen vorhanden sein muß, wenn Unternehmen erfolgreich miteinander kooperieren wollen. Ein Fakt, auf den in der Literatur immer wieder hingewiesen wird (z.B. Lorenz 1989; Powell 1990; Sabel 1990; Schneider 1992). Beim Aufbau von Vertrauen kommt der personellen Ebene eine besondere Bedeutung zu. Zugespitzt gesagt: Ohne kooperatives Verhalten zwischen den beteiligten Personen kommt auch keine Kooperation zwischen den Unternehmen zustande.

Eindeutig ist, daß zu Beginn der Kooperationsverhandlungen zunächst einmal kein Vertrauen vorliegt. Es sei denn, die Kooperationsabsichten basieren auf persönlichen Bekanntschaften, z.B. sogenannten "Golfplatzbekanntschaften". Anderenfalls aber müssen sich die beteiligten Personen kennen- und verstehen lernen. In allen befragten, kooperierenden Unternehmen wurde herausgestellt, daß bereits während der Kooperationsverhandlungen "die Chemie zwischen den verhandelnden Personen stimmen müsse", anderweitig sei keine Einigung bezüglich der Kooperationsziele und -inhalte möglich. Ähnlich wie bei Homans (1968), einem Klassiker der Soziologie, beschrieben, entwickelte sich bei den an den Kooperationsverhandlungen beteiligten Personen ein gewisses Maß an Sympathie heraus, daß durch zunehmende Interaktion gefestigt wurde. Die anfängliche Sympathie konnte leicht zu Vertrauen ausgebaut werden, wenn die in der Verhandlungsphase und die in der operativen Phase beteiligten Personen identisch waren. Zusammenfassend kann Vertrauen als der "Klebstoff" bezeichnet werden, der die Kooperationsbeziehungen zusammenhielt.

5. Zusammenfassung und Ausblick

Schlank und flexibel zu sein und trotzdem komplexe und sich häufig ändernde Kundenanforderungen zu erfüllen, diesen widersprüchlichen Anforderungen können Unternehmen nur gerecht werden, wenn sie verstärkt auf überbetriebliche Kooperationen setzen - so jedenfalls die Annahme vieler Wissenschaftler und Unternehmensberater. Der Blick in die Praxis zeigt jedoch, daß die Wirtschaft noch meilenweit davon entfernt ist, sich zu einer "Netzwerk-Ökonomie", die permanent virtuelle Unternehmen hervorbringt, zu transformieren. Im Gegenteil, die in den Abschnitten 3 und 4 skizzierten Untersuchungsergebnisse zeigen ein eher ernüchterndes Bild: Das Instrument der Kooperation wird von Unternehmen bislang nur ausgesprochen selten genutzt, und dies, obwohl sich eindeutig nachzeichnen läßt, daß die (wenigen) Unternehmen, die kooperieren, davon in erheblichen Maßen profitieren.

Vor allem kleine Unternehmen, die die überbetriebliche Zusammenarbeit am nötigsten haben, zeigen die größte Zurückhaltung. Dabei sind die Gründe für Vorbehalte gegenüber Kooperationen ausgesprochen vielschichtig; sie reichen von der Unkenntnis darüber, wie Kooperationsbeziehungen aufgebaut werden können, bis hin zu der Befürchtung, vom Kooperationspartner übervorteilt zu werden.

Kurz- und mittelfristig ist nicht mit einem signifikanten Anstieg der überbetrieblichen Zusammenarbeit zu rechnen. Zwar werden Unternehmen immer häufiger mit Anforderungen konfrontiert, die nur durch Kooperation zu bewältigen sind; jedoch ist der Kooperationsattentismus so ausgeprägt, daß es noch einer Vielzahl von Anstößen bedarf, um bei Unternehmen die Einsicht in die Notwendigkeit und Machbarkeit der überbetrieblichen Kooperation zu stärken. Darüber hinaus darf nicht unterschätzt werden, daß der Aufbau von Kooperationsbeziehungen mit einer Vielzahl von Unsicherheiten und Unabwägbarkeiten verbunden ist und daher einen erheblichen Organisations- und Managementbedarf erfordert; dies gilt insbesondere für Projekte mit hohem innovativem Gehalt. Nur selten ist es möglich, Kooperationsbeziehungen in weniger als zwei Jahren aufzubauen bzw. reibungslos arbeiten zu lassen, oft dauert dieser Prozeß sogar erheblich länger. Dies mag neben den vorgenannten Gründen mit ausschlaggebend dafür sein, daß das Instrument der Kooperation in den Führungsetagen der Unternehmen nur sehr eingeschränkt beliebt ist.

Auf der anderen Seite hängt die Wettbewerbsfähigkeit von Unternehmen, von Regionen und auch von Nationen offensichtlich immer stärker davon ab, daß es gelingt, die Potentiale und Ressourcen verschiedener Unternehmen oder Branchen miteinander zu verknüpfen. Falls die Diagnose zutrifft, daß die meisten Unternehmen des verarbeitenden Gewerbes bislang noch davor zurückschrecken, Kooperationen zu nutzen, um solche Verknüpfungen herzustellen, dann hat dies zur Konsequenz, daß die Förderung überbetrieblicher Kooperationen zu einer außerordentlich wichtigen Herausforderung für die Industriepolitik wird.

Wenngleich es in verschiedenen Ländern (vgl. z.B. Plougmann in diesem Band) und in verschiedenen Politikfeldern (z.B. Telekommunikation) bereits erhebliche Anstrengungen und einschlägige Erfahrungen mit der Förderung überbetrieblicher Kooperationen gibt, zeichnet sich bislang dennoch kein durchschlagender Ansatz ab, wie die Dienstleistungslücke "Verknüpfung von Potentialen verschiedener Unternehmen" überzeugend ausgefüllt werden kann. Vermutlich dürfte hier auch kein einmalig gezielt aufgelegtes Förderprogramm weiterhelfen. Gefragt ist vielmehr ein besseres Zusammenspiel verschiedener Anbieter unternehmensnaher Dienstleistungen - seien es nun Unternehmensberater, öffentliche Technologietransferstellen, Beratungseinrichtungen bei Kammern und Verbänden oder auch Entscheidungsträger in Ministerien und Behörden. Möglicherweise könnte auch die Übertragung dieser industriepolitischen Aufgaben auf z.B. Unternehmensberater oder Technologietransferstellen Sinn machen. Pointiert formuliert liefe dies auf die Vermutung hinaus, daß eine Netzwerk-Ökonomie mit einer Vielzahl virtueller Unternehmen nur durch eine virtuelle Politik gefördert werden kann.

Literatur

Altenweger, Alfred, 1990: Innovation erhält wesentliche Impulse durch Zusammenarbeit. Technische Rundschau 82(39):24-27

Bartel, Rainer, 1990: Organisationsgrößenvor- und -nachteile. Jahrbuch für Sozialwissenschaft 41:135-159

Becattini, Giacomo, 1990: Italy. In: Werner Sengenberger/Gary W. Loveman/Michael J. Piore (Hg.): The re-emergence of small enterprises. Genf: International Institute of Labour Studies. 144-172

Becattini, Giacomo, 1991: "Industrielle Distrikte" und ihre Bedeutung in der sozio-ökonomischen Entwicklung Italiens. In: Thomas Manz (Hg.): Klein- und Mittelbetriebe im Prozeß der industriellen Modernisierung. Forschungsergebnisse aus Europa. Bonn: Dietz. 31-50

Belzer, Volker, 1991a: Forschung und Entwicklung in kleinen und mittleren Unternehmen. Institut Arbeit und Technik. Arbeitspapier Z 05. Gelsenkirchen

Belzer, Volker, 1991b: Unternehmensnetzwerke -Versuch einer Analyse und Kategorisierung. In: Josef Hilbert/Michael Kleinaltenkamp/Jürgen Nordhause-Janz/Brigitta Widmaier (Hg.): Neue Kooperationsformen in der Wirtschaft. Können Konkurrenten Partner werden? Opladen: Leske + Budrich. 23-42

Belzer, Volker, 1993a: Unternehmenskooperationen - Erfolgspotentiale und Risiken im industriellen Strukturwandel. München, Mering: Hampp

Belzer, Volker, 1993b: Kooperationspraxis im Verarbeitenden Gewerbe - Erfahrungen aus Nordrhein-Westfalen. Institut Arbeit und Technik. Arbeitspapier. Gelsenkirchen

Belzer, Volker/Nordhause-Janz, Jürgen, 1991: Mittelständische Unternehmen in Nordrhein-Westfalen: Zwischen Einzelkämpfertum und Kooperation. Institut Arbeit und Technik. Jahresbericht 1989/90. Gelsenkirchen

Brödner, Peter/Pekruhl, Ulrich, 1991: Rückkehr der Arbeit in die Fabrik. Institut Arbeit und Technik. Gelsenkirchen

Bühner, Rolf, 1991: Management-Holding: Unternehmensstruktur der Zukunft. Landsberg a.L.: Moderne Industrie

Byrne, John A., 1993: The Futurists who Fathered the Ideas. Business Week (8):41

Byrne, John A./Brandt, Richard/Port, Otis, 1993: The Virtual Corporation. Business Week (8):36-40

Dankbaar, Ben, 1993: Economic Crisis and Institutional Change. Maastricht: UPM

Davidow, William H./Malone, Michael, 1993: The Virtual Corporation. New York

De Meyer, Arnoud, 1992: Creating the Virtual Factory. Fontainebleau: INSEAD

Engelhardt, Werner H./Kleinaltenkamp, Michael, 1989: Strategische Planung. Lehrbrief für das weiterbildende Studium "Technischer Vertrieb" der FU Berlin. Berlin

Fröhlich, Erwin/Pichler, Hanns J., 1988: Werte und Typen mittelständischer Unternehmen. Berlin: Duncker & Humblot

Grabher, Gernot, 1990: The weakness of strong ties. The ambivalent role of interfirm cooperation in the decline and reorganization of the Ruhr. Paper presented at the workshop "Networks - On the Socio-Economics of Inter-Firm Cooperation". Wissenschaftszentrum Berlin. 11. - 13. Juni

Grabher, Gernot, 1991: Netzwerke - Ein Ansatz für den Umbau des Montankomplexes im Ruhrgebiet? In: Josef Hilbert/Michael Kleinaltenkamp/Jürgen Nordhause-Janz/Brigitta Widmaier (Hg.): Neue Kooperationsformen in der Wirtschaft. Können Konkurrenten Partner werden? Opladen: Leske + Budrich. 95-107

Günter, Bernd, 1979: Das Marketing von Großanlagen. Berlin: Duncker & Humblot

Günter, Bernd, 1992: Unternehmenskooperation im Investitionsgüter-Marketing - Überlegungen zu einer unterschätzten Strategie. Zeitschrift für betriebswirtschaftliche Forschung 44:792-808

Håkansson, Håkan, 1989: Corporate Technological Behaviour.London, New York: Routledge

Håkansson, Håkan/Johanson, Jan, 1988: Formal and Informal Cooperation Strategies in International Industrial Networks. In: Farok J. Contractor/Peter Lorange (Hg.): Cooperative Strategies in International Business. Lexington/Toronto: Lexington Books. 369-379

Håkansson, Håkan/Snehota, Ivan, 1990: No business is an island: the network concept of business strategy. Scandinavian Journal of Management 4:187-200

Hamfeldt, Cecilia/Lindberg, Ann-Kristin, 1987: Technological development and the Individual`s Contact Network. In: Håkan Håkansson (Hg.): Industrial Technological Development. London: Croom Helm. 177-209

Hennig, Jörg/Pekruhl, Ulrich, 1991: Widersprüche zwischen Markt- und Produktionsstrategie? Flexible Spezialisierung in der Investitionsgüterindustrie Nordrhein-Westfalens. Institut Arbeit und Technik. Arbeitspapier PT 04. Gelsenkirchen

Herden, Reiner unter Mitarbeit von G. Becher/G. Bräunling/P. Heydebreck/M. Meyer, 1990: Die Bedeutung der zwischen- und überbetrieblichen Zusammenarbeit als Voraussetzung für das Entstehen und die Entwicklung innovativer Produkte und Prozesse. Fraunhofer-Institut für Systemtechnik und Innovationsforschung. Karlsruhe

Hilbert, Josef/Sperling, Hans Joachim, 1990: Die kleine Fabrik. München, Mering: Hampp

Hippel, Eric von, 1988: The Sources of Innovation. Oxford/New York: Oxford University Press

Homans, George C., 1968: Theorie der sozialen Gruppe. Opladen: Westdeutscher Verlag

Johanson, Jan/Mattsson, Lars-Gunnar, 1987: Interorganizational Relations in Industrial Systems: A Network Approach Compared with the Transaction-Cost Approach. International Studies of Management & Organization 17:49-63

Klasche, Günther, 1993: Das virtuelle Unternehmen: Eine neue Qualität globaler Allianzen. Elektronik (9):3

Krystek, Ulrich, 1992: Unternehmungskultur und Akquisition. Zeitschrift für Betriebswirtschaft 62:539-565

Lehner, Franz, 1992: Anthropocentric Production Systems: The European Response to Advanced Manufacturing and Globalization. Office for Official Publications of the European Community. Luxemburg

Lehner, Franz/Nordhause-Janz, Jürgen, 1992: Vom Produktionsverbund zum Innovationsverbund: Strukturwandel und Standortqualität in Nordrhein-Westfalen. In: Paul Klemmer/Klaus Schubert (Hg.): Politische Maßnahmen zur Verbesserung der Standortqualität. Berlin: Duncker & Humblot. 29-48

Lewis, Jordan D., 1991: Strategische Allianzen. Frankfurt/New York: Campus

Lorenz, Edward H., 1989: The Search for Flexibility: Subcontracting Networks in French and British Engineering. In: Paul Hirst/Jonathan Zeitlin (Hg.): Reversing Industrial Decline? Oxford/New York/Hamburg: Berg. 122-132

Miles, Raymond E./Snow, Charles C., 1992: Causes of failure in network organizations. California Management Review 28:62-73

Møller, K.E. Kristian/Wilson, David T., 1990: Interaction of Business Marketing. An Explanatory Contingency Framework. Arbeitspapier des Sonderforschungsbereiches 187 "Neue Informationssysteme und flexible Arbeitssysteme". Ruhr-Universität Bochum

Nordhause-Janz, Jürgen, 1991: Der Bergwerksmaschinenbau im Netz des Steinkohlebergbaus. In: Josef Hilbert/Michael Kleinaltenkamp/Jürgen Nordhause-Janz/Brigitta Widmaier (Hg.): Neue Kooperationsformen in der Wirtschaft. Können Konkurrenten Partner werden? Opladen: Leske + Budrich. 109-126

O'Doherty, Dermot (Hg.), 1990: The cooperation phenomenon. London: Graham & Trotman

Perlmutter, Howard V./Heenan, David A., 1986: Cooperate to compete globally. Harvard Business Review 64:136-152

Plinke, Wulff, 1989: Die Geschäftsbeziehung als Investition. In: Günter Specht/Günter Silberer/Werner H. Engelhardt (Hg.): Marketing-Schnittstellen. Festschrift zum 60. Geburtstag von Hans Raffeé. 305-325

Piore, Michael J./Sabel, Charles F., 1989: Das Ende der Massenproduktion. Frankfurt: Fischer Taschenbuch

Powell, Walter W., 1990: Neither Market nor Hierarchy: Network Forms of Organization. Paper presented at the workshop "Networks - On the Socio-Economics of Inter-Firm Cooperation". Wissenschaftszentrum Berlin. 11.-13. Juni

Rath, Herbert, 1990: Neue Formen der internationalen Unternehmenskooperation. Hamburg: S+W

Roever, Michael, 1991: Überkomplexität (I). ManagerMagazin (10):218-233

Sabel, Charles F., 1990: Studied Trust: Building New Forms of Cooperation in a Volatile Economy. unveröffentl. Manuskript

Schmalholz, Herbert/Scholz, Lothar, 1987: Innovationsdynamik der deutschen Industrie in den achtziger Jahren. ifo-schnelldienst (6):5-10

Schneider, Helmut, 1992: "Vertrauensbildende Maßnahmen" als Komponente der Unternehmenskultur. io Management Zeitschrift 61:27-29

Semlinger, Klaus, 1993: Effizienz und Autonomie in Zulieferungsnetzwerken - Zum strategischen Gehalt von Kooperation. In: Wolfgang H. Staehle/Jörg Sydow (Hg.): Managementforschung 3. Berlin: de Gruyter. 309-354

Semlinger, Klaus/Weimer, Stefanie, 1992: Kleinbetriebliche Kooperation. Teilbericht II zum Projekt "Überbetriebliche Kooperation als Ansatzpunkt von Humanisierungspolitik - zur Stabilisierung und Verbesserung der Arbeitsbedingungen in Kleinbetrieben". ISF München

Sengenberger, Werner/Loveman Gary W./Piore, Michael J. (Hg.): The re-emergence of small enterprises. Genf: International Institute of Labour Studies

Steger, Ulrich (Hg.), 1992: Der Niedergang des US-Management-Paradigmas. Die europäische Antwort. Düsseldorf: Econ

Sydow, Jörg, 1992: Strategische Netzwerke - Evolution und Organisation. Wiesbaden: Gabler

Tyebjee, Tyzoon, 1988: Japan`s Joint Ventures in the United States. In: Farok J. Contractor/Peter Lorange (Hg.): Cooperative Strategies in International Business. Lexington/Toronto: Lexington Books. 457-472

Warnecke, Hans-Jürgen, 1992: Die Fraktale Fabrik. Berlin, Heidelberg: Springer

Widmaier, Brigitta, 1991: Marktstrategien, Produkt- und Verfahrensinnovationen im verarbeitenden Gewerbe Nordrhein-Westfalens. Institut Arbeit und Technik. Arbeitspapier Z 03. Gelsenkirchen

Wilson, David T., 1990: Creating and Managing Buyer-Seller-Relationships. ISBM Report No. 5. The Pennsylvania State University

Womack, James P./Jones, Daniel T./Roos, Daniel, 1990: The machine that changed the world. New York: Rawson

Wurche, S., 1991: Konzeptionelle Vorüberlegungen zu einer Theorie der strategischen Kooperation. Diskussionsbeiträge Heft 62. Betriebswirtschaftliches Institut der Universität Erlangen-Nürnberg

Eberhard von Einem

Regionale Muster der zwischenbetrieblichen Kooperation:

Dynamische Wirtschaftsregionen als Voraussetzung und Folge der flexiblen Spezialisierung?

1. Industrie, produktionsbezogene Dienste und Regionalentwicklung

Bekanntlich verschieben sich im Zuge des wirtschaftlichen Strukturwandels sowohl die Wertschöpfungsanteile als auch die Beschäftigtenzahlen vom abnehmenden verarbeitenden Gewerbe in Richtung Dienstleistungen. Innerhalb der Dienstleistungen, ein heterogener Sammelbegriff, finden allerdings in hohem Maße unterschiedliche Entwicklungen statt, wobei die distributiven Dienste zu den Verlierern und die sozialen Dienste (Gesundheit, Erziehung, Soziales) sowie die produktionsbezogenen Dienste zu den Gewinnern der Beschäftigtenentwicklung zählen (Stigler, 1956; Singelmann, 1978; Gershuny, Miles, 1983; Noyelle, Stanback, 1984, The Economic Transformation of American Cities, Totowa, N. J.; v. Einem, 1986; Bade, 1987; 1990; DIW, 1989; Bröcker, 1989; Peschel, Bröcker, 1990; Reissert, Schmid, Jahn, 1989).

In regionaler Hinsicht haben die einschlägigen Untersuchungen für die 80er Jahre ein stabiles Muster der Dynamik mehrerer, einander überlagernder Regionalentwicklungen freigelegt:

- Die süddeutschen Regionen erreichen höhere Beschäftigtenzuwächse als die nord- und nordwestdeutschen Regionen (Süd-Nord-Gefälle im alten Bundesgebiet);
- Das Umland schneidet besser als die Kernstädte ab (Umland-Stadt-Gefälle);
- Der ländliche Raum (periphere Gebiete) entwickelt sich überdurchschnittlich (Land-Stadt-Gefälle).

Bei der Suche nach den Faktoren, die das inter- und intraregionale Gefälle erklären, gilt die These als widerlegt, daß die Wirtschaftsstruktur einer Region maßgeblichen Einfluß auf die Regionalentwicklung hat (Sinz, Strubelt, 1986; Bade 1987); vielmehr zeigt die Spanne der unterschiedlichen regionalen Entwicklungsverläufe innerhalb der gleichen Branche eine breite Streuung; d. h. die Varianz innerhalb eines Wirtschaftssektors ist höher, als die Varianz zwischen den Sektoren. Zwischen den Regionen variiert die Entwicklung einer Branche so stark, daß die bundesdurchschnittliche Veränderung nur wenig darüber aussagt, wie sich diese Branche in einer bestimmten Region verändert hat (Bade, 1992; Peschel, Bröcker 1990).

Ein anderer Befund führt dagegen weiter: Regionalisierte Analysen auf Basis der Beschäftigtenstatistik haben ergeben, daß die regionale Beschäftigtenentwicklung quer über alle Branchen eine auffällige Parallelität in der Bandbreite aller 89 untersuchten Regionen der Bundesrepublik (alt) aufweist; sprich: In (Teil-) Regionen, in denen das verarbeitende Gewerbe besser/schlechter als der Durchschnitt abschneidet, entwickeln sich auch die Dienstleistungen besser/schlechter als der Durchschnitt. Diese Beobachtung gilt auch bei einer feineren sektoralen Differenzierung (Bade, 1990; 1992). Im Ergebnis erweist sich, daß die regionale Beschäftigung i. d. R. ein gegenüber dem Bundesdurchschnitt parallel positiv oder negativ verschobenes Entwicklungsprofil aufweist.

Dieser Befund belegt die These, daß zwischen Industrie und Dienstleistungen enge Verflechtungen bestehen müssen, wirft aber zugleich neue Fragen auf, die in der Regionalforschung bisher noch nicht ausreichend untersucht wurden.

Zunächst scheint sich der aus der Wachtumspoltheorie bekannte Zusammenhang zu bestätigen, daß die regionale Nachfrage der Industrie das Beschäftigtenwachstum sowohl der konsumbezogenen Haushaltsdienste, vor allem aber der produktionsbezogenen Dienste nach sich zieht. Auf den zweiten Blick jedoch erscheint es fraglich, ob die Wirkung einseitig von der Industrienachfrage bzw. von den industrieinduzierten Einkommen ausgeht, der Dienstleistungssektor also als abhängig zu betrachten ist (Thomson, 1965).

Die Forschung zur Bedeutung des Dienstleistungssektors im wirtschaftlichen Strukturwandel hat immer wieder darauf hingewiesen, daß sich die Dienste nicht autonom in einer Region entwickeln können, sondern daß eine enge wechselseitige Abhängigkeit zwischen Industrie und (produktionsbezogenen) Diensten zu unterstellen ist. (Reissert, Schmid, Jahn, 1989; Bade, 1991). In den neueren Untersuchungen wird deshalb eher die wechselseitige Abhängigkeit von Industrie und Diensten, speziell den produktionsbezogenen Diensten, betont und darauf verwiesen, daß das Zusammenwirken von Industrie und (produktionsbezogenen) Diensten ausschlaggebend zum Verständnis unterschiedlicher Regionalverläufe sein könnte (Cohen, Zysman, 1987; Bade, 1990; Reissert, Schmid, Jahn, 1989).

Daran schließt sich die Frage, ob alle Dienstleistungen von gleicher Bedeutung sind oder ob es innerhalb der (produktionsbezogenen) Dienste eine isolierbare Untergruppe strategisch für die Regionalentwicklung entscheidender Dienste gibt, von der - obwohl selbst quantitativ von geringer Bedeutung - indirekte Beschäftigteneffekte ausgehen, die in anderen Betrieben oder Sektoren zu Beschäftigung führen und somit als "Katalysatoren" angesehen werden könnten. Wenn sich derartige Schlüsselsektoren unter den Diensten nachweisen lassen, so müßten sie als erforderliche Voraussetzung für regionales Wachstum angesehen werden. Bade, (1990,

1992) hebt die wissensintensiven Unternehmensdienste, zu denen er Forschung und Entwicklung, Unternehmensplanung, EDV und Marketing zählt, hervor; v. Einem (1992 a) unterscheidet innerhalb der produktionsbezogenen Dienste die Managementdienste einerseits von den technischen Unternehmensdiensten andererseits und stellt die Frage, ob den Managementdiensten (Rechts-, Unternehmensberatung, Finanzierung, Immobilien, leitende Verwaltung, Marketing, EDV/Software) letztlich die gesuchte Schlüsselfunktion zukommt. Ein Indiz ist in der Beobachtung zu erkennen, daß sich angesichts der zunehmenden Internationalisierung betrieblicher Entscheidungen Konzentrationen hochrangiger internationaler Unternehmensdienste in wenigen Finanzmetropolen Europas mit der Folge abzeichnen, daß in ihrem regionalen Umfeld auch andere Betriebe ihren Standort wählen.

2. Flexible Spezialfertigung, Auslagerung auf Zulieferfirmen und Regionalentwicklung

In der betriebswirtschaftlich orientierten Managementlehre hat sich in den vergangenen Jahren ein Wandel hin zur Betonung dezentraler, flexibler Organisationskonzepte vollzogen, (Peters, Waterman, 1982). Darauf aufbauend wird in jüngster Zeit unter organisationstheoretischen Aspekten diskutiert, wie Unternehmen und Betriebe in (regionalen) Netzwerken eingebunden sind; d. h. die Verflechtungen regionaler Zulieferbeziehungen, Bildung strategischer Allianzen und der Datenaustausch im Kontext regionaler Informationsnetzwerke geraten ins Blickfeld (s. unten).

Zwar hält die Unternehmenskonzentration ungebrochen an, die Binnenorganisation der Konzerne und Unternehmensgruppen berücksichtigt jedoch heute eher als früher dezentrale Autonomiespielräume der abhängigen Zweigbetriebe, Niederlassungen und Filialen, wie auch der lediglich über Kapitalverflechtungen oder Lieferbeziehungen verbundenen - rechtlich autonomen - Unternehmen (profit centers).

Unter den Ursachen für den Umdenkungsprozeß dominieren zum einen die japanischen Erfahrungen im Hinblick auf die Beherrschung der zunehmenden Teilevielfalt durch Verringerung der Fertigungstiefe (lean production); zum anderen tritt eine wachsende Skepsis gegenüber den internen Reibungsverlusten komplexer Großorganisationen hinzu (Drucker, 1990). Die privaten wie öffentlichen Großorganisationen eigene Tendenz zur Schwerfälligkeit und Überspezialisierung aufgrund zu weit fortgeschrittener Arbeitsteilung bringt die Gefahr mit sich, daß die Kosten der Integration der Teilleistungen zu groß werden, weil überblickartiges Gesamtwissen immer seltener anzutreffen ist (Picot, Reichwald, 1980).

Großbetriebe und mit ihnen die von Großbetrieben geprägten altindustriellen Regionen entwickeln - ähnlich öffentlichen Großverwaltungen - zuweilen ein lähmendes Beharrungsvermögen, das notwendigen Wandel behindert und verzögert, so daß sich Innovationen zu langsam durchsetzen. P. Hall prägte hierfür die Methapher "upas tree", der in seinem Schatten die Bildung neuer Strukturen behindert (Hall. 1985, 1992; Grabher, 1988).

Wie Peters und Waterman (1982) dargelegt haben, steigen die internen Kosten der Koordination offensichtlich mit zunehmender Betriebsgröße schneller, als das Qualifikationspotential. In anderen Worten: Trotz höherer formaler Qualifikation innerhalb großer Organisationen, können sie oft schwerer wirksam werden, weil der Koordinationsaufwand gleichzeitig noch schneller zunimmt.

Umgekehrt stellt sich bei kleinen Betrieben eher das Problem, das für technische Innovationen erforderliche Maß an Fach- und Spezialwissen zu aquirieren, sei es intern oder durch externe Beratung. Dies vorausgesetzt, ist die Flexibilität, sich kurzfristig auf veränderte Anforderungen des Marktes oder der Technik einzustellen, aufgrund der relativ einfachen Kommunikations-, Entscheidungs- und Ablaufstrukturen die eigentliche Stärke der Kleinbetriebe (Aiginger, Tichy, 1984).

Die Antwort auf das Größendilemma liegt nicht in der Alternative, sondern in der Vernetzung und Kombination beider (Imrie, Morris, 1988); d. h. planvolle Verbindung des know how Vorsprungs sowie der Finanzkraft des weltweit operierenden Konzerns einerseits mit der Flexibilität und Überschaubarkeit des kleinen und mittleren Betriebes, sei es durch interne oder externe Arbeitsteilung (Johannson, Mattson, 1987, Hellgren, Stjernberg, 1987).

Zu Zeiten unsicherer mittel- und langfristiger wirtschaftlicher Wachstumsaussichten, aber auch beschleunigten technischen Wandels, ist es aus Unternehmenssicht eine rationale Strategie, unüberschaubare Risiken, die mit dem Aufbau möglicherweise un- oder unterausgelasteter Fertigungskapazitäten verbundenen sind, zu vermeiden und diese statt dessen auf Vorlieferanten, verlängerte Werkbänke oder Dienstleistungsbetriebe abzuwälzen.

Das mikroökonomische (betriebswirtschaftliche) Entscheidungsverhalten "buy or make" wird in der Literatur unter dem Aspekt der Transaktionskosten diskutiert (Williamsson, 1975, 1985; Ewers et.al. 1991). Wenn ein Betrieb vor der Frage steht, ob eine Leistung, die zur Erstellung eines Produktes oder einer Dienstleistung erforderlich ist, im eigenen Betrieb erbracht werden soll oder nach außen als Unterauftrag vergeben werden soll, so sind die Transaktionskosten entscheidend (Kosten der Vertragsanbahnung und Vertragsaushandlung, der Steuerung und Kontrolle, der Anpassung und Koordination). Drei Eigenschaften bestimmen die Höhe der Transaktionskosten: Häufigkeit, Komplexität und Unsicherheit der Transaktion (Ewers et al. 1991).

In der zwischenbetrieblichen Kooperation bildet die Gewährleistung der Produktqualität den neuralgischen Punkt. Sobald Vertragssicherheit besteht, d. h. für eine Zulieferung ein genau klassifiziertes Leistungsverzeichnis oder Pflichtenheft erstellt wird, ist die Unsicherheit begrenzbar. Bis zur Vertragssicherheit entstehen jedoch Transaktionskosten, die nur dann eingespart werden können, wenn an sich notwendige Steuerungsleistungen aufgrund von Vertrauen und langjährige Kooperationserfahrungen unterlassen werden können.

Unter dem Aspekt Minimierung der Transaktionskosten leuchtet ein, daß die räumliche Zusammenballung unterschiedlichster Branchen und Firmen hilft, die Suchkosten (Zeit) zu minimieren. Die Transaktionskosten sind dabei insbesondere hoch bei nicht-standardisierten (oder nicht standardisierbaren) Produkten und Diensten. Ziele müssen vorab geklärt, Angebote müssen eingeholt, neue Produkte oder Dienste mit anderen verglichen und abgestimmt, neue Hersteller geprüft werden und dies unter unzureichenden Informationen und bei Risiko. Der Prozeß der Auswahl und Entscheidung kann extrem kostenaufwendig sein, soweit die Produkte und Leistungen weder in qualitativer, technischer noch preislicher Hinsicht standardisiert sind.

Es gibt allerdings in der Praxis Grenzen der Auslagerung, die u. a. dort gesehen werden, wo der strategische know how Kernbereich eines Betriebes berührt wird. Hier sind die Risiken des Verlustes der Marktposition eine der Hemmschwellen für eine Auslagerung. Unter langfristigen Gesichtspunkten der Unternehmensplanung wird in solchen Fällen nicht selten von einer Vergabe nach außen abgesehen, selbst wenn dies kurzfristig die kostengünstigere Lösung sein könnte.

Auf der anderen Seite besitzen Zulieferanten in bestimmten Marktnischen unaufholbare know-how Vorteile; d. h. es lohnt sich für den Betrieb nicht, eigenes know how in Spezialgebieten aufzubauen und vorzuhalten.

Nach Imrie (1986) sind im Hinblick auf die Auslagerung drei unterschiedliche Entscheidungssitutationen zu differenzieren:

- Subcontracting to Specialists: Der zuliefernde Betrieb bringt spezielles know how ein, z. B. eine Dienstleistung (Finanzierung, Ingenieurleistung, Unternehmensberatung oder Rechtsberatung), aber auch als Spezialbetrieb zur Herstellung technisch hochwertiger Komponenten, ggf. mit eigenen Patenten. Hierbei findet Wettbewerb eher über die Qualität des Produktes oder der Dienstleistung, denn über den Preis, statt. Der Zulieferbetrieb übernimmt Verantwortung für Teilbereiche, z. T. einschließlich Gewährleistung. Oft kommt es zu Kooperationen, die als Quasi-Integration zu verstehen sind.
- Capacity Subcontracting: Um Spitzen der Nachfrage, für die keine dauerhafte Auslastung der Kapazitäten im eigenen Betrieb möglich ist, flexibel und innerhalb gesetzter

Fristen erledigen zu können, bedienen sich Hauptbetriebe ausgewählter Zulieferanten. Bei zyklisch instabiler Nachfrage plant der Hauptbetrieb seine eigenen Fertigungskapazitäten nach dem minimum-level Prinzip; d. h. die untere Linie der Nachfrage über alle Zyklen wird als Ausgangswert für die eigene Kapazitätsplanung zugrundegelegt. Die überschießende Nachfrage wird als Unteraufträge weitergegeben. Der Hauptbetrieb erschließt sich damit zusätzliche Fertigungskapazitäten und Zugänge zu knappen qualifizierten Arbeitskräften. Die Ausführung erfolgt nach vorgegebenen Plänen mit Pflichtenheft, wobei der Hauptbetrieb ein Interesse daran hat, im Bedarfsfall kurzfristig auf lebensfähige Klein-und Mittelbetriebe zurückgreifen zu können.

- Cost Subcontracting: Die Auslagerung erfolgt aufgrund eines Stücklohn-Kostenvergleichs. Zulieferbetriebe können sich auf die neueste Fertigungstechnologie spezialisieren und bei Beliefererung mehrerer Abnehmer Kostenvorteile (economics of scale) bieten. Klein- und Mittelbetriebe haben zudem niedrigere Lohn- und Gemeinkosten. (Rot-Gelb-Grün Regel: Jürgens, Dose, Malsch, 1985).

Das Bild des einseitig abhängigen Zulieferbetriebes gilt zweifellos noch für reine Lohnfertigungen aus Kostengründen, der sich im Preiswettbewerb zu behaupten versucht. Im Sektor technisch komplexer nicht standardisierter Teilsysteme und Spezialkomponenten herrscht eher Zusammenarbeit in Form partnerschaftlicher Koproduktion vor, die sich auf langjährig stabilen Auftragsbeziehungen gründet und ggfs. über Rahmenverträge abgesichert ist. Ferner sind Vertrauen und Fairness sowie beidseitiger Spielraum für Rücklagenbildung bezeichnend (Sabel, Kern, Herrigel, 1991; Mendius, Wendig-Schröder, 1991).

Die exogenen Schocks der vergangenen zwei Jahrzehnte dürften den Trend der Ausgliederung (buy statt make) unterstützt haben. In die gleiche Richtung wirken sich auch die Innovationen der Fertigungstechnik (CNC, CAD, CIM etc) aus, indem sie Flexibilität und Kostenvorteile trotz geringerer Losgrößen je Fertigungsauftrag ermöglichen (Sorge 1987; Ewers, Becker, Fritsch, 1989). Im Ergebnis ist die flexible Spezial-und Präzisionsfertigung in weit höhrem Maße von einer zwischenbetrieblichen Arbeitsteilung abhängig.

Nicht erst mit der Strukturberichterstattung der wirtschaftswissenschaftlichen Forschungsinstitute wurde die derzeit laufende weltweite wirtschaftsstrukturelle Neuordnung der internationalen Arbeitsteilung offenbar: die Bundesrepublik verliert - nicht anders als andere hochentwickelte westliche Industrieländer - Anteile bei der Fertigung technologisch einfacher, standardisierter Massenfertigungen. Betroffen sind Fertigungen, die in herkömmlichen Großfabriken des tayloristischen Typs hergestellt werden: einfache Konsumartikeln, Textilien, Kunststoffartikel oder Haushaltsgeräte, aber auch bei zahlreichen Vorprodukten der Investitionsgüterindustrie, Massenstahl oder einfache Teile des Maschinenbaus sowie chemische Grundprodukte. Hier besitzen Länder mit niedrigeren Lohnniveaus klare Kosten- und damit Standortvorteile (Gerstenberger, 1984).

Andererseits gewinnen Hochlohnländer wie die Bundesrepublik Anteile im Segment der qualitativ hochwertigen Spezialmärkte. Unter den Umständen veränderter weltwirtschaftlicher Arbeitsteilung setzen die Industrien der Hochlohnländer verstärkt auf jene (wachsenden) Bereiche flexibler technikintensiver Spezial- und Präzisionsfertigung (Reich, 1983), häufig verbunden mit komplementären Serviceleistungen, für die eine gutausgebildete Facharbeiterschaft sowie wissenschaftlich ausgebildete Spitzenkräfte Voraussetzung sind.

M. Piore und Ch. Sabel (MIT) haben für die neue weltwirtschaftliche Arbeitsteilung den Begriff von der zweiten industriellen Arbeitsteilung eingeführt und populär gemacht (Piore, Sabel, 1984). Nach Piore und Sabel ist der Taylorismus - zumindest in den westlichen Industriestaaten mit hohem Lohnniveau - am Ende seiner Entwicklung angelangt. Massenfertigung mit inflexibler Automation setzt hohe Serien bei geringer Produktvielfalt; d. h. stabile Planungs- und Rahmendaten voraus, die im Laufe der 70er und 80er Jahre in mehrfacher Weise erschüttert wurden.

Der Wandel der wirtschaftlichen Rahmendaten führt bei den Betrieben zur Produktdiversifizierung und zu Überlegungen, die Produktprogramme auf hohe Qualität, neue Techniken und Bedienung von Marktnischen (kleine Serien, Sonderlösungen) umzustellen - mit evidenten Folgen im Hinblick auf die Standortspezialisierung und regionalen Verschiebungen der Wachtumspotentiale: Für Inventionen, Innovationen, Produktentwicklung und Markteinführung sowie flexible Spezialfertigung ist hochqualifiziertes Humankapital in den Großstädten der Hochlohnländer Voraussetzung. Ausgereifte, standardisierbare Produkte können in ländliche Regionen, Massenprodukte mit niedriger oder mittlerer Technologie und geringeren Präzisionsanforderungen können in Niedriglohnländer verlagert werden. Für jede Stufe eignet sich ein anderer regionaler Standort.

Die Verlagerung in Billiglohnländer ist allerdings kein universeller Trend. Die japanische Unterhaltungselektronik wie die japanischen Kraftfahrzeughersteller sind dem Trend zur Verlagerung in Billiglohnländer ohnehin nicht gefolgt. Statt Aufspaltung und Spezialisierung auf mehrere weltweit verstreute Produktionsstandorte bestand ihre erste Standortwahl stets in der Fertigung im eigenen Lande, und zwar in regional enger Verflechtung zwischen Hauptbetrieben und Zulieferindustrien (Thurow, 1985; P. Arnesen, 1989). Fertigung in regionalen Produktionsclustern, Reduzierung der Teilevielfalt bei gleichzeitigem Gewinn an Typenvielfalt durch Standardisierung der Teile und modularen baukastenartigen Aufbau (Grundtyp mit Varianten), strenge Rationalisierung der Logistikkosten durch just-in-time Anlieferung (kanban System) und kontinuierliche Qualitätskontrolle (total quality control) auf jeder Fertigungsstufe. (Hoffmann, Kaplinsky, 1988; Läpple, 1986, 1989).

Auch die europäische, namentlich die deutsche Maschinenbau-, Elektro- und KfZ-Industrie folgten der "worldwide sourcing" Strategie nur mit deutlichem Abstand. Weniger als 7% der KfZ-Komponenten werden außerhalb von Deutschland beschafft, davon wiederum der weitaus überwiegende Teil aus Ländern der EG (Hoffmann, Kaplinsky, 1988, 305). Bei höherem Technikgehalt und größerem Dienstleistungsanteil versagt die Strategie, Komponenten aus Drittweltländern zu beziehen, weil die vorgegeben Qualitätsnormen zu schwierig einzuhalten sind.

Wie das Beispiel Siemens zeigt, war der Versuch, die Produktentwicklung in konzerneigenen Forschungs- und Entwicklungsabteilungen zu zentralisieren und die Fertigung an abhängige reine Fertigungsbetriebe oder Zulieferbetriebe europa- oder weltweit zu deligieren, war nicht erfolgreich. Zunehmend erfordert die Komponentenentwicklung Optimierungen auf der Grundlage ausgelagerter Forschung und Entwicklung. Dies wiederum bedeutet eine stärkere Verknüpfung der Zulieferer mit den Hauptbetrieben zur Integration und Koordination (Bertram, Schamp, 1989; Hoffmann, Kablinsky, 1988, 63) in Form von betrieblichen Produktionsverbundsystemen auf regionaler Ebene.

In anderen Worten: Gerade in den technikintensiven Bereichen erwies sich die "world wide sourcing-Strategie" als nicht haltbar. Die Schwierigkeiten, das seit Taylor und Ford etablierte Fabriksystem zu flexibilisieren und Zulieferteile aus Übersee zu beschaffen, zeigt die Grenzen der Verlagerung technikintensiver Präzisionsprodukte in Billiglohnländer. Die 80er Jahre sind - bezogen auf die KfZ Industrie - von einem starken Trend weg von der Beschaffung der Komponenten aus Übersee geprägt. Zahlreiche Autohersteller haben es aufgegeben, sich weltweit um low cost Anbieter im Sektor Komponentenbeschaffung für technikintensive Produkte zu bemühen. Enttäuschung über die Nichteinhaltung von Qualitätsvorgaben sowie die offensichtlichen praktischen Komplikationen, weltweit verläßliche Qualitätslieferungen (just-in-time) zu garantieren, führte zu einer Rückbesinnung auf die Vorteile regionaler Beschaffungsmärkte in den Hochlohnländern (Hoffmann, Kablinsky, 1988, 293).

Erwähnenswert ist, daß hierbei auch technische Innovationen eine Rolle gespielt haben, da elektronisch gesteuerte Fertigungsstraßen inzwischen auch in Hochlohnländern flexible Massenfertigungen wirtschaftlich machen, d. h. die Trennungslinie verläuft nicht mehr zwischen standardisierter Massenfertigung einerseits und flexibler Spezialfertigung andererseits. Die Fortschritte der Fertigungstechnik erlauben Zwischenformen. Größere Produktdifferenzierung ist noch nicht gleichbedeutend mit dem Verschwinden der Massenmärkte. Das in zahlreichen Varianten baukastenartig hergestellte Massenprodukt Automobil bietet hierfür den klassischen Beleg. (Amin, Robins, 1990, 12, 20). In der Elektronikindustrie, in der Haushaltsgeräteherstellung sowie in der schweizer Uhrenindustrie finden sich Beispiele. Entgegen vielen Erwartungen sind diese Sektoren nicht von der Menükarte des westeuropäischen Produktionsangebots völlig verschwunden.

Soweit der Forschungsstand erkennen läßt, wird der Strukturwandel in Richtung flexible Spezialfertigung sowohl von einer Globalisierung als auch von einer starken Regionalisierung begleitet (v. Einem, Diller, v. Arnim, 1992). Globalisierung und Regionalisierung sind kein Gegensatz, sondern polare, komplementäre Entwicklungstendenzen der Raumstruktur. Innerhalb eines Landes können sowohl entwickelte wachstumsstarke Wirtschaftsregionen wie auch unterentwickelte ländliche Regionen und altindustrielle Krisenregionen nebeneinander bestehen.

3. Regionale Informationsnetzwerke und Industrial Districts

Mit der Verringerung der Fertigungstiefe und der zunehmenden Auslagerung auf Zulieferbetriebe geraten zahlreiche (multinationale) Unternehmen in ein Dilemma. Einerseits bezwecken die Unternehmen mit der Strategie "lean production" eine Bewältigung der zunehmenden Komplexität und Teilevielfalt durch Konzentration auf die betrieblichen Kernfähigkeiten und -qualifikationen (Systemführerschaft), indem nicht Einzelteile, sondern komplette Produktsysteme und vormontierte, qualitätsgeprüfte Komponenten von jeweils darauf spezialiserten Zulieferbetrieben bezogen werden, die wiederum ihrerseits Zulieferbetriebe hinzuziehen (Kaskade der Zulieferer). Andererseits verlangt eben dies die Abstimmung und Integration aller Teile und Teilsysteme in das technische Gesamtkonzept; d. h. eine frühzeitige Offenlegung der eigenen Forschungs- und Entwicklungsziele, -zwischenergebnisse und -vorgaben sowie die Zusammenarbeit in firmenübergreifenden Forschungs- und Entwicklungsgruppen einschließlich der Zuführung von Spezial-know how durch produktionsbezogene Dienste wie Ingenieure, Software-Spezialisten, Banker, Steuerberater, Juristen und Marketingfachleute.

Produktentwicklung als joint venture mit anderen Produktionsbetrieben und/oder dienstleistenden Spezialisten verändert das Verhältnis Hauptbetrieb - Zulieferbetrieb in Richtung auf eine wechselseitige Abhängigkeit und Koproduktion. Dies schließt know-how Austausch ein; Module müssen baukastenartig normiert und angepaßt werden; gemeinsame Qualitätsstandards müssen festgelegt werden; Investitionen, z. B. in eine neue Verfahrenstechnologie, müssen zwischenbetrieblich koordiniert werden; die eingesetzte Software muß abgestimmt werden; gemeinsame Marketingstrategien müssen entwickelt werden; ggf. wird ein Datenverbund installiert.

Die Auswirkungen im Hinblick auf die Regionalentwicklung sind im Entstehen regionaler

Informations- und Produktionsverbundsysteme zu sehen (Tödtling, 1990, Ewers et. al. 1991) Trotz Ausbau der Informations- und Kommunikationstechnologie besteht eine anhaltende Notwendigkeit zu persönlichen Gesprächen, Verhandlungen und Abstimmungen, z. B. zum Austausch nicht standardisierbarer Informationen, Einschätzungen und Trendaussagen, d. h. die Kontakthäufigkeit und Dichte der erforderlichen face-to-face Kontakte sowohl zwischen verschiedenen Abteilungen eines Unternehmens, als auch mit kooperierenden Zulieferfirmen und Dienstleistern bedingen, daß bei der Standortwahl räumliche Nähe gesucht wird, um Fühlungsvorteile im Kontext regionaler Wirtschaftsverbünde zu kapitalisieren.

In der Folge muß die Regionalforschung den Schwerpunkt ihrer Untersuchungsfragen verlagern und sich mit den regionalen Folgewirkungen des Innovationsprozesses, insbesondere im Bereich Produktinnovationen, befassen, der nicht als Ergebnis von F & E eines einzelnen Betriebes betrachtet werden kann, sondern eher als Ergebnis eines kollektiven Prozesses, an dem eine größere Anzahl von Betrieben und Institutionen beteiligt ist (Aydalot, Keeble, 1988; Perrin 1988).

Zwischen dem einzelnen Betrieb einerseits und der Region andererseits besteht - so die Hypothese von Aydalot und Keeble (1988) - ein dialektisches Verhältnis, indem das arbeitsmarkt- und milieubedingte Innovationspotential (historisch) regional ungleich verteilt ist und deshalb - bei Kumulation günstiger Bedingungen - in ausgewählten Agglomerationen früher als in anderen zu Produktinnovationen führt. Gleichzeitig trägt umgekehrt jeder Einzelbetrieb durch seine Mitarbeiterstruktur und seine Innovationsleistungen zum Ansteigen des regionalen Gesamtinnovationspotentials bei (Ewers, Puls, 1990). In dieser Sichtweise resultieren Innovationen aus dem Zusammenwirken, dem Synergieeffekt, komplexer technischer, organisatorischer, institutioneller und sozialer Veränderungen (Stöhr, 1987; Tödtling, 1990). In technikfreundlichen regionalen Mileus findet kollektives Lernen zwischen den -teilweise kooperierenden, teilweise im Wettbewerb zueinander stehenden - Betrieben mit dem Ergebnis statt, daß die Unsicherheit über die Suchkosten und die Rahmenbedingungen der Einführung neuer Produkte/Dienste auf unbekannten Teilmärkten besser beherrschbar erscheinen (signalling effect; Camagni, 1989).

Daraus folgt allerdings kein einfaches Zentren-Peripherie Gefälle, da die regionalen Bedingungen technischer Innovationen nicht selten in neuen, spätindustrialisierten Regionen günstiger sind als in Regionen, die durch altindustrielle Strukturen in ihrem Wandel behindert oder gebremst werden (Grabher, 1990). Storper und Walker sprechen von "leapfrogging" der Entwicklungsdynamik und einem "mosaic of unevenness" (Storper, Walker 1983; 1984); d. h. die räumliche Ausbreitung von Wissen und Innovationen erfolgt nicht kontinuierlich nach dem Zentren-Peripherie Modell, sondern kann über größere Distanzen springen (insbesondere bei

Tochterfirmen großer Mehrbetriebsunternehmen).

Piore und Sabel betonen, daß ihr Augenmerk den Synergieeffekten gilt, die sich aus der betrieblichen Vernetzung innnerhalb und zwischen den Sektoren ergeben und die Ch. Sabel veranlaßten, von einer Neubestimmung der Regionalökonomie zu sprechen (Sabel, 1989). Piore und Sabel verweisen darauf, daß die Industrieregionen nunmehr zu den Gewinnern zählen, die bei der industriellen Entwicklung keine Vorreiterrolle spielten, sondern hinterherhinkten und in denen sich handwerkliche Traditionen länger als in den Industrieregionen erhalten haben. Gerade die Konservierung handwerklicher, ganzheitlicher Arbeitstechniken - und die darauf abgestellte berufliche Ausbildung - gereichen den auf flexible Spezialfertigung ausgerichteten Regionen zum Vorteil.

Den Kronzeugen des regionalen Wandels in Richtung flexible Spezialfertigung fanden Piore und Sabel in Norditalien (Third Italy: Emilia Romana, Veneto, Toscana). Darüber hinaus identifizierten sie ähnliche Strukturen in Baden-Württemberg und in Massachusetts (Sabel, Herrigel, Deeg, Kuzis, 1989).

Die sich rasant entwickelnde Industrieregion des Third Italy wurde in ihrer Entwicklung von S. Brusco (University of Modena), Ch. Sabel (MIT) und G. Beccantini (University of Florence) mehrfach eingehend beschrieben und analysiert (Brusco, 1982; 1990; Sabel 1989; Beccantini, 1990; Goodman, Bamford, 1989; F. Pyke, G. Beccantini, W. Sengenberger, 1990). Im Paradigma der flexiblen Spezialisierung bildet die Industrieorganisation des III. Italien den Prototyp einer von kleinen und mittleren - rechtlich unabhängigen - Industrieunternehmen getragen Wirtschaftsdynamik (oft: traditionelle Produkte mit neuem Design). Bei hoher Exportabhängigkeit zeigen sich die Unternehmen des III. Italy als flexibel und schnell genug, um auf Nachfrageschwankungen des Weltmarktes und Änderungen der technischen Möglichkeiten sowie der Mode zu reagieren.

Tausende kleiner und mittlerer Unternehmen aus den Branchen Bekleidung und Textil, Schuhe, Möbel, Haushaltsgegenstände, Keramik, Metallverarbeitung und Elektroindustrie bilden ein dichtes Netzwerk, wobei es innerhalb des jeweils eigenen Marktes zu Konkurrenz, zwischen den Märkten jedoch zu enger Kooperation kommt (pool of knowledge). Innovationen werden zum einen begünstigt durch die überschaubare Größe und die einfache interne Organisation; d. h. durch das Fehlen hierarchischer Stufen sowie durch enge Vertrauensbeziehungen zwischen Firmeneignern und Arbeitern. Im Kern setzen sie sich aus handwerklichen Familienbetrieben, eingebunden in kommunale Gemeinschaften, zusammen. Eine traditionelle handwerkliche Ausbildung, gutes Formgefühl und technische Flexibilität bilden die Basis einerseits, schlechte Bezahlung und oft Selbstausbeutung andererseits. Netzwerkartige Beziehungen zu anderen Firmen der gleichen Branche oder anderer Branchen und Dienstleistungen sorgen für Innovationstransfer und begünstigen die laufende Marktanpassung. Ferner ist ein Mileu der Solidarität und ein alle verbindendes System sozialer Normen auszumachen, das Vertrauen begründet und einfache Absprachen erlaubt. An den auf Gruppenkonsens beruhenden Verhaltenskodex halten sich die Beteiligten in der Regel; Regelverletzungen werden nicht juristisch, sondern eher gesellschaftlich sanktioniert. Im Ergebnis bedeutet dieses System eine gemeinschaftliche wechselseitige Förderung im Hinblick auf Techniktransfer und Entwicklung neuer Marktnischen (promotion effect) sowie eine Stärkung der Humankapitalbasis (E. Goodman, 1989).

Die auffällige räumliche Konzentration kleiner Unternehmen der gleichen Branche, aber auch vor- und nachgelagerter Bereiche, führte in der Debatte der italienischen Regionalökonomen zu der These, daß es sich hierbei um sog. "new industrial districts" handelt, bei denen die Vorteile der Arbeitsteilung des Großbetriebes (internal economics of scale) ersetzt wird durch eine externe Arbeitsteilung zwischen spezialisierten Betrieben (external economics of scale) (Sforzi, 1989).

In späteren Arbeiten taucht - in Anlehnung A. Marshall (1879, 1896; 1919) - der Begriff "industrial district" auf (Beccantini, 1990; Rehfeld, Kilper, 1991). Der Begriff stützt sich auf Untersuchungen zur Industrieentwicklung in Mittelengland im 19. Jahrhundert, bei der Städte wie Manchester, Liverpool, Bristol, Sheffield oder Leeds Kerne der regionalen Entwicklung bildeten, die jeweils von ein oder zwei Industrien dominiert wurden, weil sie Agglomerationsvorteile für eine Vielzahl rechtlich unabhängiger Firmen der gleichen Branche boten, die auf regionalen Technologien, Erfahrungen und Qualifikationen aufbauen konnten.

Innerhalb von "Industrial Districts" kommt es einerseits zur Konkurrenz, andererseits zu regionalen Kooperationen, sei es vertikal, sei es horizontal oder diagonal. Bei vertikaler Kooperation liefern vorgelagerte Betriebe Vorpodukte, während sich nachgelagerte Betriebe z. B. auf den Handel und die Distribution spezialisieren. Bei horizontaler Kooperation werden Aufträge auf der Ebene gleichartiger Fertigungsstufen ausgelagert. Bei diagonaler Kooperation treten Leistungen anderer Branchen, z. B. Unternehmensdienste, hinzu. Das Ergebnis ist ein dichtes Netz lokaler Zusammenarbeit. A. Marshall widmete sich ausführlich der Frage, ob und wie sich die economics of scale, d. h. die Produktivitätsvorteile aufgrund der Standardisierung und Arbeitsteilung, die üblicherweise innerhalb von Großbetrieben realisiert werden, im zwischenbetrieblichen Verbund auswirken. Seine Antwort bestand im Hinweis auf die externen economics of scale. Die Agglomeration wirkt quasi wie ein Großbetrieb, indem sie Spezialproduktionen eine Auslastung gewährleistet und indem sie aufgrund räumlicher Nähe hilft, die Transaktionskosten zu kontrollieren. Der Grad der externen Arbeitsteilung innerhalb einer Region kann sich umso weiter ausdifferenzieren, je größer das Nachfragevolumen der Gesamtregion ist. Gleichzeitig bildet sich ein gemeinschaftlich zur Verfügung stehender Pool an know how, ein spezialisierter Arbeitsmarkt sowie ein Milieu der wechselseitigen Stimulierung von Produkt- und Prozeßinnovationen.

Zwei Schlußfolgerungen sind erlaubt, eine räumliche und eine wirtschaftsstrukturelle: Zum einen betont A. Marshall, daß räumliche Nähe Voraussetzung für persönliche Kontakte (face-to-face Kontakte) zur Minimierung der Such- und Transaktionskosten ist, sprich Erreichbarkeit ist die erste Voraussetzung und er vergißt nicht zu erwähnen, daß diese von technischen Neuerungen der Verkehrs- und Nachrichtentechnik beeinflußt wird. Zum anderen weist A. Marshall auf die ständig anhaltende Tendenz hin, Produkte und Dienste zu standardisieren, um auf diese Weise Such- und Transaktionskosten zu reduzieren. Bezogen auf die These des Entstehens neuer "industrial districts" gilt: Je höher die Notwendigkeit, untereinander schnell persönlichen Kontakt aufzunehmen und Abstimmungen vorzunehmen, desto größer die Bedeutung von Fühlungsvorteilen und desto stärker das Motiv räumliche Nähe in der Standortwahl.

Ein letzter Punkt: A. Marshall erklärt die Bedeutuung von "industrial districts" mit dem Begriff "industrial atmosphere". Industrieregionen erzeugen ein spezifisches soziales Klima, das u. a. Innovationen begünstigt und das Schwellenrisiko bei Firmenneugründungen senkt. Zudem besteht ein Milieu des gegenseitigen Lernens und der Vermittlung arbeitssoziologischer Grundlagen, mit denen Einstellungen, wie Präzision, Sorgfalt, oder technische Grundkenntnisse breiten Schichten vermittelt werden. Daraus folgen spezifische Muster auf den jeweiligen regionalen Arbeitsmärkten (Marshall, 1896, 25; Lampard, 1953).

Es liegt nahe, ausgehend vom Beispiel des III. Italien, die Frage zu stellen, ob es andernorts ähnliche Beispiele für Vernetzungen und Wachtstumsdynamik und damit neue Muster regionaler Verdichtung gibt. Es ist das Verdienst der "flexible specialisation" Debatte, daß die Verflechtungsstrukturen, die input - output Beziehungen auf regionaler Ebene, ins Blickfeld des Interesses der Regionalwissenschaft gerückt sind (Hall, 1985, Hall, Markusen, 1985; Markusen, Hall, Glasmeier, 1986, Markusen, Campbell, Deitrick, 1990; Sabel, 1989).

Wie bereits ausgeführt, wurde das theoretische Konzept des "industrial districts" mit dem Beleg der Bedeutuung der externen economics of scale ursprünglich am historischen Beispiel Englands formuliert. Dies verweist darauf, daß es sich keineswegs um einen neuen Entwicklungstrend handelt, sondern daß es auch andere Regionen gab und gibt, die auf der arbeitsteiligen Kooperation unabhängiger Unternehmen (unterschiedlicher Größe) basieren.

Ein klassisches Beispiel liefert die Textilindustrie Manhattans einschließlich der Zulieferbetriebe. Hoover und Vernon haben in ihrer Studie über New York (1962; R. Vernon, 1959) ausgeführt, daß die (Überlebens-)Chancen für Kleinunternehmen in New York gerade darin liegen, flexibel jene Lücken als Unterauftragnehmer und Zulieferbetriebe zu füllen, die schnelles Reagieren in Bereichen unstandardisierter Produktion und Dienstleistungen erfordern, womit sie sich komplementär zu den Massenfertigern auf Nischen konzentrieren, für die kein einzelner Großbetrieb eine ausreichende Auslastung gewährleisten könnte. Aus den zusammengefaßten Auftragsvolumina verschiedener Großbetriebe entstehen Marktnischen. Überzeugend haben Hoover und Vernon dargelegt, wie es den Kleinbetrieben gelingt, sich hinsichtlich ihres Produkt- und Dienstleistungsangebotes permanent neuen Anforderungen anzupassen, während sie von dem wichtigsten Standortvorteil Manhattans Gebrauch machen: Flexibler Zugriff sowohl auf qualifizierte wie unqualifizierte Arbeitskräfte, ohne Notwendigkeit, diese in Krisenzeiten durchzufinanzieren. In diesem Sinne - so Hoover und Vernon - stellt Manhattan eine überbetriebliche Fortsetzung des Fabriksystems durch externe Arbeitsteilung und Spezialisierung dar.

Während die Untersuchung von Hoover und Vernon in der Tradition der Agglomerationsstudien steht, bezieht sich das zweite Beispiel auf die südwestdeutsche Industrieregion Baden-Württembergs. Sabel (1989), aber auch Scott und Storper (1989) zitieren Baden-Württemberg - neben Italien - auf Beleg ihrer These des Entstehens "neuer" "industrial districts".

Bezogen auf die "industrial district" These stellen sich die Diskussionsbeiträge, soweit sie über das III. Italien hinausgehen, freilich eher als einseitig dar. Das Problem der "flexible specialisation" Debatte liegt nicht in der Analyse der regionalen Entwicklungsdynamik des III. Italien, sondern in dessen unzulässiger Verallgemeinerung: Erstens wird das Ende der Massenfertigung und die Hinwendung zur flexiblen Spezialfertigung fälschlicherweise als alleiniger und genereller Entwicklungstrend gesehen, ohne die Gegenbeispiele erfolgreicher Reintegration von flexiblen Massenfertigungen (u. a. Autoindustrie) in Hochlohnländern zu sehen. Zweitens werden die italienischen Beobachtungen auf andere Regionen übertragen, ohne zu berücksichtigen, daß in anderen Regionen eher komplementäre Strukturen der Kooperation zwischen Großunternehmen ("lead firms") sowie mittleren und kleinen Produktions- und Dienstleistungsunternehmen als Subauftragnehmer dominieren.

Amin und Robins (1990) kritisieren zu recht, daß das Entwicklungsmodell der "new industrial districts" - Scott und Storper sprechen von "flexible production complexes" -zu absolut gesehen wird. Auf die Koexistenz unterscheidlicher regionaler Entwicklungspfade aufgrund differierender Geschichte, sozialer Voraussetzungen und Verflechtungsgrade machte dagegen A. Glasmeier aufmerksam (1987) und Amin und Robins (1990) insistieren, daß es parallel und gleichzeitig verflochtene Wirtschaftsregionen gibt, in denen zentripedale wie zentrifugale

Kräfte vorherrschen. Es ist folglich deutlich herauszustellen, daß die "industrial districts" Norditaliens nicht das einzige Modell bilden, sondern daß sie sich in wesentlichen Punkten von eng verflochtenen Industrieregionen wie Baden-Wüttemberg, Randstad, Südostengland, New York, Massachusetts, Südkalifornien oder Toyota City unterscheiden. (Zur regionalen Vernetzung der japanischen Automobilwerke in England, vgl. Morris, 1990; zur Standortplanung von BMW und AUDI in Bayern, vgl. Bertram, Schamp 1989; Lempa, 1988; 1990).

Für weitere Untersuchungen ist deshalb davon auszugehen, daß es gleichzeitig mehrere Entwicklungen der regionalen Vernetzung und Kooperation gibt. Im Gegensatz zur einseitigen Verallgemeinerung des Modells der vorwiegend kleinbetrieblichen norditalienischen Verflechtungsstrukturen muß die Regionalforschung in Betracht ziehen, daß es auf regionaler Ebene höchst unterschiedliche Formen der Kooperation zwischen großen und kleinen Betrieben oder zwischen Betrieben gleicher wie unterschiedlicher Sektoren gibt, die nebeneinander existieren. Kein einzelnes Modell kann für sich beanspruchen, die ausschließliche Erklärung für die Heterogenität räumlicher Entwicklungsdynamiken zu liefern.

4. Zwischenbetriebliche Standortbeziehungen in der Praxis, empirische Befunde

Im Rahmen einer mündlichen halbstandardisierten Befragung von 50 Industriebetrieben des Maschinenbaus, der Elektrotechnik und der KfZ Industrie, sowie von Speditionen (Befragungszeitraum 1991) wurden die in den vorherigen Abschnitten entwikelten Hypothesen zu den zwischenbetrieblichen Standortbeziehungen im Hinblick auf ihre Tragfähigkeit getestet. Das dabei erhobene Material wurde zum einen unter dem Gesichtspunkt unternehmensinterner räumlicher Beziehungen zwischen Haupt- und Zweigbetrieben ausgewertet, zum anderen wurde auf die räumliche Zuordnung der Hauptbetriebe und der ihnen zuliefernden Betriebe eingegangen.

4.1 Räumliche Zuordnung von Haupt- und Zweigbetrieben

Industriebetriebe beharren in der Regel so lange als möglich auf dem angestammten Standort (Bindung an den historischen Standort).

So gesehen bildet die heutige geographische Verteilung der Standorte keineswegs das Muster der heute geltenden Standortpräferenzen der Industrie korrekt ab. Dokumentiert man kartographisch die Standorte der Industriebetriebe, so spiegeln sich in ihnen nicht selten Kalküle der Standortwahl wider, die Jahre, wenn nicht Jahrzehnte zurückliegen. Die deutsche Industrielandschaft wird wirtschaftsgeographisch im wesentlichen von vier sich überlappenden Prozessen und Zeitabschnitten geprägt:

- zum einen die Gründungswelle zum Zeitpunkt der ersten Industrialisierung im 19. Jahrhundert und zu Beginn des 20. Jahrhunderts;
- zum zweiten die Standortverlagerungen infolge des verlorenen Zweiten Weltkrieges und des damit einhergehenden Verlustes der ostdeutschen Industrieregionen;
- zum dritten die Welle der Betriebsneugründungen und -erweiterungen im Zuge der süddeutschen Industrialisierung und des allmählichen Strukturwandels in anderen Landesteilen während der 60er und 70er Jahre;
- zum vierten durch die Neugründung oder die Übernahme durch ausländische Unternehmen im Zuge der europäischen Integration während der 80er Jahre.

Hinsichtlich der heute zu kartierenden Standorte handelt es sich also weitgehend um ein überkommenes Standortgefüge, bei dem historische Gesichtspunkte zum Zeitpunkt der Gründung oder Erweiterung des Betriebes stärker zu Buche schlagen als die Gesichtspunkte der Standortoptimierung aus heutiger Bewertung. Im Gegensatz zur stadt- und regionalökonomischen Theorie findet keine laufende Standortneubewertung mit der Folge betrieblicher Investitionen an neuen und Desinvestitionen an alten Standorten statt. Das geographische Verteilungsmuster der Betriebsstandorte folgt keineswegs im unmittelbaren Sinne den Kriterien der Standortoptimierung, sondern "hinkt" der Entwicklung der Standortfaktoren z. T. um Jahre oder Jahrzehnte hinterher. D. h. die Betriebe arbeiten oft an ehemals optimal bewerteten, heute jedoch suboptimalen Standorten.

Nun könnte man schlußfolgern, daß die Standorte der neugegründeten Zweigwerke genauer als die Stammbetriebe die heute geltenden Standortpräferenzen abbilden. Vor allem aber - so könnte man weiter argumentieren - gibt die Standortwahl ausländischer Unternehmen, die sich erstmals in Deutschland niederlassen, Aufschluß über das heutige regionale Standortgefälle. Zukünftige Untersuchungen zur betrieblichen Standortwahl müßten diese Unterscheidungen berücksichtigen. Doch zurück zur Standortbeharrungstendenz der deutschen Industriebetriebe:

Was bei oberflächlicher Betrachtung als "historischer Zufall" oder "persönliche Bindung an den angestammten Ort" erscheint, hat in der Regel auch handfeste ökonomische Gründe. Opportunitätskosten infolge noch nicht abgeschriebener Gebäude und Maschinen (sunk costs) und der am alten Standort vorhandenen Qualifikationen, die den eingearbeiteten Mitarbeiterstamm auszeichnen (verbunden mit der Umzugsunwilligkeit der Stammbelegschaft, auf die der Betrieb angewiesen ist), dürften die beiden wichtigsten Faktoren bilden, die das Bleiben am angestammten Standort auch wirtschaftlich begründen. Ferner sind politische Motive und die eingespielten Kontakte zu Zulieferbetrieben und Abnehmern anzuführen.

Ist das Beharren am historischen Standort aus einem der unten genannten Gründe nicht möglich, so kommt es zum Bau eines neuen Werkes an einem anderen Standort, sei es unter Aufgabe der alten Produktionsstätte, häufiger jedoch unter Beibehaltung des alten Produktionsstandortes und Teilauslagerung bestimmter Fertigungsstufen oder ganzer Produktlinien auf einen zusätzlichen Standort, wobei das neue Werk oft über die modernere Produktionstechnologie verfügt und sich daraus unter Umständen eine allmähliche Verlagerung des Hauptstandortes ergibt.

In den Betriebsinterviews sind - ohne daß bei der geringen Fallzahl eine Gewichtung möglich ist - mehrere, oft gebündelte, Gründe für die Wahl eines neuen Standortes oder einer neuen Produktionsstätte genannt worden. Hierbei sind zwei Gesichtspunkte zu unterscheiden: zum einen die Grundsatzentscheidung, überhaupt einen neuen Produktionsstandort in Betracht zu ziehen, in der Regel ergänzend zum bestehenden alten Standort (Standort-Splitting bei Mehrbetriebsunternehmen); zum anderen die Entscheidung für einen bestimmten neuen Standort, d. h. die Auswahlentscheidung unter den verschiedenen in die engere Wahl gezogenen Alternativen.

Für die Grundsatzentscheidung sind in erster Linie push-Faktoren verantwortlich. Dies wird in Antworten deutlich, wie: Der alte Standort

- erlaubt aus Gründen der Flächenknappheit keine Kapazitätserweiterungen mehr und/oder
- macht die produktionstechnisch optimale Zuordnung der Fertigungsstufen (Materialfluß) aufgrund des Grundstückszuschnitts und der bereits vorhandenen Bebauung unmöglich und/oder
- bietet keine ausreichenden Reserven qualifizierter Arbeitskräfte mehr und/oder
- liegt in zu großer Entfernung zu den wichtigsten Absatzmärkten und/oder
- ist belastet durch Nutzungskonflikte aufgrund von Umweltbelastungen mit der benachbarten Wohnbebauung und/oder
- ist gekennzeichnet durch Engpässe der Verkehrsanbindung, die langfristig existenzbedrohend werden.

Unter den Gründen, die den Ausschlag geben, einen neuen Produktionsstandort zu entwikkeln, stellen die unter dem Oberbegriff Flächenengpässe zusammenzufassenden Antworten das wichtigste Motiv dar. Mithin ist die Schlußfolgerung zu ziehen, daß die Erfordernisse, die Produktionstechnologie immer wieder anzupassen und in Fertigungstechnologie gemäß dem neuesten Stand zu investieren, zwar nicht allein, aber als wesentlicher Grund mit verantwortlich dafür, daß sich kapazitäts- und technikbedingte Engpässe unmittelbar in flächenzehrende Neuerschließungen umsetzen, wenn die oben ausgeführten Restriktionen am angestammten Standort vorherrschen.

Auf der zweiten Ebene, d. h. bei der Auswahl der in die enge Wahl gezogenen Standortalternativen spielen andere Gründe eine Rolle: (Fürst, Zimmermann, 1973; Lüder, Küpper, 1983; Henckel et al. 1986; Braczyk, Niebuhr, 1987; Sälzer, 1985).

- Lage zu wichtigen Abnehmern, d. h. die großräumliche Lage im Verhältnis zum avisierten Marktgebiet;
- Erschließung und Grundstücksreserven für spätere Erweiterungen;
- Verfügbarkeit qualifizierter Arbeitskräfte, ggf. mit niedrigerem Lohnniveau;
- Erreichbarkeit vom alten Standort aus im Hinblick auf Warenlieferungen, zentrale Dienste und Management (zwischenbetriebliche Zusammenarbeit und Kommunikation);
- öffentliche Förderung (Finanzhilfen, Steuervergünstigungen, preissubventionierte Grundstücke).

4.2 Standort-Splitting und Auslagerung auf Zulieferbetriebe

Besonders interessant ist unter dem Gesichtspunkt technikbedingter Standortwirkungen, wie die unterschiedlichen Betriebe und Betriebsteile eines Unternehmens (Standort-Splitting) räumlich zueinander in Beziehung stehen und wie ihre Zusammenarbeit gesteuert wird. Hierauf konzentrieren sich die folgenden Ausführungen (Mikus, 1979).

Wir beobachten eine Tendenz zum betrieblichen Standort-Splitting, das je nach Größe des Unternehmens mehr oder weniger stark ausgeprägt ist. Die Scheidelinie verläuft bei Klein- und Mittelbetrieben in der Regel zwischen Produktgruppen: Ein Produkt wird an einem Standort gefertigt, ein anderes Produkt an einem anderen Standort; d. h., soweit die Fertigung im eigenen Hause vorgenommen wird, werden alle Stufen an einem Standort gebündelt und die zuliefernden Betriebe ihnen jeweils zugeordnet. Bei Großbetrieben werden dagegen oft einzelne Fertigungsstufen (z. B. Gießerei, Teilefertigung, Endmontage) oder komplette vormontierte Komponenten (z. B. Kfz-Hinterachse, Steuerungseinheit, Gehäusebau) auf Zweigwerke ausgelagert.

Bei Großbetrieben ist darüber hinaus ein Standort-Splitting festzustellen, das u. U. die Hauptverwaltung, Einkauf/Verkauf, Forschungs- und Entwicklungsabteilung sowie die Fort- und Lehrlingsausbildung abtrennt und an eigenen Standorten zusammenfaßt. Solche Fälle sind allerdings bisher eher die Ausnahme, da diese Funktionen in der Regel am Stammsitz verbleiben und damit auch einen unmittelbaren räumlichen Bezug zur Hauptbetriebsstätte aufweisen. Kommt es zum Standort-Splitting, dann sind vor allem Aus- und Weiterbildung Kandidaten der Auslagerung, ggf. auch Forschungs- und Entwicklungsabteilung, selten jedoch die Konstruktionsabteilung und die Arbeitsvorbereitung.

Ein anders motiviertes und deutlich stärker ausgeprägtes Standort-Splitting zeigt sich im Hinblick auf die Auslagerung verkaufs- und serviceorientierter Funktionen. Im Bereich Verkauf und Service gelten völlig andere Standortkriterien als in der Produktion. Um erfolgreich die eigenen Produkte am Markt absetzen zu können, kommt es - neben der Produktqualität und dem Preis selbst - entscheidend darauf an, daß der Hersteller dort vertreten ist, wo die Konsumenten ihren Wohnort haben, also "vor Ort" mit Beratungs- und Serviceleistungen präsent ist. Hierfür werden entweder eigene Verkaufs- und Serviceniederlassungen gegründet, um in der gesamten Absatzregion mit netzartig verknüpften Verkaufs- und Servicestützpunkten präsent zu sein oder es werden Vertragshändler bzw. -werkstätten (Franchisebetriebe) vertraglich gebunden, die diese Funktion übernehmen.

Als Alternative zur Strategie, jede Fertigungsstufe im eigenen Betrieb oder im eigenen Unternehmensverbund selbst zu leisten, zeichnet sich ein neues Muster zwischenbetrieblicher Arbeitsteilung und Vernetzung ab, das im Süden der Bundesrepublik schon dichter als im Norden und Westen geknüpft zu sein scheint. Markenhersteller konzentrieren ihre Eigenfertigung auf die know-how-intensiven und gewährleistungsträchtigen Fertigungsstufen, wie Forschung und Entwicklung, Konstruktion, Teilefertigung der Schlüsselkomponenten und Endmontage mit Qualitätskontrolle sowie Marketing und Service, während alle sonstigen Fertigungsstufen, insbesondere übrige Teilefertigung und Vormontage sowie qualifizierte und einfache produktionsorientierte Dienste nach außen, häufig an kleine und mittlere Betriebe, vergeben werden.

Die Verringerung der Fertigungstiefe und damit die Auslagerung auf Zulieferanten wird ganz wesentlich durch eine städtebauliche Rahmenbedingung, nämlich die Flächenknappheit am alten Standort, d. h. die räumlich Enge an den angestammten Fabrikstandorten in nicht unerheblichem Maße beschleunigt, wenn nicht verursacht. Die Beschränkung der Fertigungstiefe wird nicht selten deshalb vorgenommen, um im Betrieb einen einfacheren Materialfluß zu erreichen und auf diese Weise mit modernen Technologien in einem alten Gebäude produzieren zu können.

Bei gegebener Flächenknappheit in den historisch gewachsenen alten Industrie- und Gewerbegebieten bleibt bei neuen Produkten bzw. produktionstechnisch bedingten Innovationen, die in der Regel einen höheren Flächenbedarf mit sich bringen, oft keine andere Wahl, als einen Teil der Fertigung auf einen eigenen Zweigbetrieb oder auf einen fremden Zulieferbetrieb auszulagern.

4.3 Räumliche Beziehungen zu den Zulieferanten

Auch wenn nach Expertenaussagen in Unternehmen der Automobilindustrie durchaus eine Grundtendenz zum europaweiten Einkauf zu verzeichnen ist, so gilt dies zumindest gegenwärtig nicht für die wichtigsten Teile - erst recht ist hier kein global-sourcing zu registrieren: Von den insgesamt genannten 236 wichtigsten Zulieferern der von uns befragten Betriebe waren gerade einmal 22 in anderen europäischen Ländern und nur vier in Übersee angesiedelt, d. h.: fast 90% der wichtigsten Zulieferer befanden sich innerhalb Deutschlands.

Die fünf wichtigsten bundesdeutschen Zulieferer aller von uns befragten Betriebe lagen durchschnittlich 161 km vom Abnehmer entfernt. Überraschend ist, daß die Zulieferer der Automobilindustrie sich nicht am nächsten beim Abnehmer befinden, im Gegenteil: Die fünf wichtigsten Zulieferer eines Betriebs dieser Branche sitzen im Durchschnitt fast 200 km von ihm entfernt. Dabei ist allerdings zu berücksichtigen, daß nicht nur neue, sondern die fünf wichtigsten Zulieferstandorte abgefragt wurden und auch die Just-in-time-Lieferanten hier nicht gesondert ausgewertet wurden.

Ein Beispiel: Während die einzelnen BMW-Werke sich in einem regionalen Produktionsverbund befinden, scheint die räumliche Einbindung der Zulieferer längst nicht so weit fortgeschritten: Von 1200 Zulieferern des Regensburger Werkes befinden sich nur 20 in der Region, d. h. im 40 km-Radius um das Werk. Auch wird sich die Zahl der regionalen Zulieferer in Zukunft aufgrund des knappen regionalen Arbeitskräfteangebotes kaum noch erhöhen (Lempa, 1988).

Diese Zahlen machten deutlich, daß innerhalb Deutschlands die räumliche Nähe als direktes Kriterium bei der Beurteilung und der Auswahl der Zulieferer insgesamt noch eher eine untergeordnete Rolle spielt. Auch wirkt sich räumliche Nähe nicht direkt auf den Preis aus, da innerhalb Deutschlands die Transportkosten nahezu ubiquitär sind. Eher ist eine indirekte Wirkung über die Faktoren Termintreue und Qualität festzustellen: Größere räumliche Nähe erhöht potentiell die Pünktlichkeit der Lieferung und schafft die Möglichkeit, durch intensivere Abstimmung zwischen Zulieferern und Kunden die Qualität der Produkte zu erhöhen.

Wenn sie auch nur selten ein direktes Auswahlkriterium darstellt, so ist die räumliche Nähe zum Zulieferer doch in der Regel erwünscht. Die Tatsache, daß die Entfernung der Zulieferer nicht sehr stark nach den Branchen des befragten Abnehmers variiert, läßt vermuten, daß andere Faktoren die Entfernung zwischen Zulieferer und Abnehmer bestimmen:

Zunächst ist entscheidend, in welchem Umfang, in welcher Seriengröße und Variantenzahl die Produkte hergestellt werden. Bei der Massenfertigung ist die räumliche Nähe der Zulieferer vorwiegend aufgrund der hohen Transportvolumina günstig. Bei einer auftragsbezogenen und Kleinserienfertigung ist dagegen die Nähe zu Zulieferern bzw. Kunden - wenn überhaupt - eher deshalb erforderlich, weil durch die laufenden Änderungen, Anpassungen und Verfeinerungen der Produkte und zur Behebung von Fehlern face-to-face-Kontakte zwischen Beschäftigten (z. B. aus Konstruktion, Arbeitsvorbereitung) nötig sind. Umgekehrt schafft die Standardisierung der Vorprodukte größere Entfernungsunabhängigkeit. Theoretisch ist die räumliche Nähe daher in den Fällen am wichtigsten, in denen beide Faktoren zutreffen; wenn eine große Anzahl von Produkten in großer Variantenzahl flexibel hergestellt wird, wie in der Automobilindustrie. Die unten ermittelten Entfernungen der Zulieferer der befragten Betriebe stützt diese These allerdings nicht.

Eine Reihe von Merkmalen und Eigenschaften der Produkte beeinflußt die Entfernung von Betrieben und ihren Zulieferern, vor allem ihr Wert und ihr Lebenszyklus. Ferner erschweren physikalische Eigenschaften von Produkten den Transport bzw. erfordern kurze Transportwege. Beispielsweise müssen in der Automobilproduktion Gußteile mit einer Temperatur von 700 °C angeliefert und weiterverarbeitet werden. Ebenfalls sehr transportempfindlich sind Teile in der Mikrochipproduktion.

Interessant ist vor allem, wie sich der Wert bzw. der Know-how-Inhalt eines Produktes auf die Entfernungen zwischen seinem Hersteller und dessen Abnehmern auswirkt. Die These, wonach mit dem steigenden Wert und Know-how-Inhalt eines Teiles auch seine Transportdistanzen kürzer werden, da flexible Abstimmungen zwischen den Betrieben erforderlich sind, kann durch Beispiele aus der Elektrotechnik belegt werden. Jedoch findet sich auch eine Reihe von Gegenbeispielen: Ohne Bedeutung ist die Nähe zu den Abnehmern häufig für kundenspezifisch auf einem abgegrenzten Marktsegment hochwertiger Produkte operierende Betriebe aus Elektrotechnik und Maschinenbau, die führende Positionen auf dem Weltmarkt innehaben. Auch interkontinentale Entfernungen zur Abstimmung mit den Auftraggebern stellen hier kein Problem dar.

Daß sich die These "Wertvolles Teil = geringe Entfernung" in ihrer pauschalen Form jedoch nicht halten läßt, zeigt sowohl die Einzelfallbetrachtung - hier finden sich durchaus Betriebe, die aus der Region einfache Drehteile, aus Übersee dagegen komplexe Elektroteile beziehen- als auch die quantitative Auswertung.

Die folgende Tabelle zeigt die durchschnittlichen Entfernungen der wichtigsten Zulieferer innerhalb Deutschlands, aufgegliedert nach der Branche des Abnehmers und nach der Komplexität der Teile.

Tab. 1: Durchschnittliche Entfernung in km der fünf wichtigsten Zulieferer eines Betriebes innerhalb der BRD nach Branchenzugehörigkeit des Kunden und Komplexität der bezogenen Teile.

	A-Teile	B-Teile	C-Teile	Insgesamt Ø
Automobilproduktion	169,4	175,0	285,6	196,9
Elektrotechnik	137,5	109,1	162,9	137,6
Maschinenbau	221,9	125,1	166,3	164,3
Insgesamt Ø	178,4	127,6	179,6	160,7

Quelle: IfS eigene Berechnungen

Neben den obengenannten Ergebnissen sind vor allem folgende nennenswert bzw. überraschend: Insgesamt sind es sind nicht wie erwartet die A-Teile, die in geringer Entfernung vom Abnehmer produziert werden, sondern diese komplexen Teile werden in der gleichen Entfernung vom Abnehmer produziert wie einfache C-Teile - im Maschinenbau sogar deutlich weiter entfernt. Die geringste Entfernung vom Abnehmer haben die Hersteller der B-Teile. Für diese "U-Verteilung" bietet sich folgende Erklärung an:

- Bei den Herstellern von A-Teilen handelt es sich um hochspezialisierte Produzenten, die mehrere Kunden beliefern. Die Abnehmer sind aufgrund des Know-how-Vorsprungs auf diese Zulieferer angewiesen und müssen deshalb auch größere Entfernungen von ihrem Werk tolerieren.
- B-Teile-Zulieferer werden aufgrund von (häufig kurzfristigen) Ausschreibungen ausgewählt. Eine größere Zahl von Zulieferern mit etwa gleichem Know-how steht in permanenter Konkurrenz zueinander. Die relative räumliche Nähe zum (potentiellen) Abnehmer ist hier ein Vorteil vor allem in der Auftragsaquisition und der Feinabstimmung mit dem Auftraggeber.
- Für die einfachen C-Teile sind keine permanenten Abstimmungen zwischen Zulieferer und Abnehmer erforderlich: Der Preis gilt als entscheidendes Kriterium. Angesichts sinkender Bedeutung der Transportkosten ist hier die räumliche Nähe vergleichsweise unwichtig.

Während also die Hersteller technikintensiver Spezialprodukte, aber auch die Hersteller technisch einfacher standardisierbarer Massenprodukte relativ standortunabhängig sind, spielt die räumliche Nähe bei Herstellern, die sich im Rahmen der flexiblen Spezialfertigung im intensiven Preis-, Termin- und Qualitätswettbewerb befinden, eher eine Rolle. Die zunehmenden Anforderungen an die Qualität von Vorprodukten, insbesondere im Rahmen der Kleinserienfertigung nach speziellen Vorgaben des Stammbetriebes, bilden den Hauptgrund der räumlichen Nähe zwischen Zulieferern und Abnehmern, und zwar aufgrund der erforderlichen Kommunikation. Laufende Produktabstimmung zur Verbesserung der Qualität und Liefertermingenauigkeit sind ausschlaggebend, um im Wettbewerb der Konkurrenten zu bestehen und hierbei bietet räumliche Nähe oft entscheidende Vorteile, da der ständige Kontakt mit den Abnehmern für den Zulieferbetrieb nicht nur wichtig ist, um die Anforderungsprofile zu kennen, sondern auch um "das Ohr am Markt" zu haben und von eventuellen Aufträge rechtzeitig zu erfahren.

Diese Interpretation weicht erheblich von der üblichen Argumentation ab, nach der die Transportkosten und -zeiten räumliche Nachbarschaft implizieren. Die Transportkosten geben nach unseren Befunden nicht den Ausschlag. Stattdessen wirkt sich räumliche Nähe vor allem auf Produktinnovationen aus. Räumliche Nähe erleichtert es, das eigene Produkt laufend zu verbessern und sich mit permanenten Produktverbesserungen am Markt zu halten.

5. Dynamische Wirtschaftsregionen

Aus der Zusammenschau der verschiedenen Argumentationslinien ergibt sich eine - vorläufige, durch weitere Studien zu verifizierende - Schlußfolgerung: Im Ansatz scheint sich ein neues regionales Muster der zwischenbetrieblichen Zusammenarbeit innerhalb der Industrie, aber auch zwischen Industrie und Dienstleistungen herauszubilden. Einerseits größer als herkömmliche Regionen, aber kleiner als nationale Wirtschaftsgebiete bilden sich wirtschaftlich verflochtene moderne Industrieregionen, die als sich überlappende Zonen hoher Dynamik und verdichteter wirtschaftlichen Kooperation abbilden.

Für diese verflochtenen dynamischen Wirtschaftsregionen prägte Läpple den Begriff Produktionscluster (Läpple, 1986), ein Begriff, den man synonym für den im anglo-amerikanischen Sprachgebrauch eingeführten Begriff "industrial district" setzen kann. Zwei räumliche Entwicklungen sind zu unterscheiden:

a) Im kontinentalen Maßstab lassen sich drei große Märkte identifizieren: Europa, Nordamerika und Japan; multinationale Großkonzerne (vor allem aus Japan und den USA) sind zunehmend auf allen drei Kontinenten mit eigenen Produktionsstätten, eigener Forschung und Entwicklung, eigenen Absatzstrukturen und einem Netz an Zulieferanten (Vorprodukte, Dienste) vertreten. Europäische multinationale Konzerne sind derzeit noch dabei, ihre Vertretungen in den europäischen Nachbarländern auszubauen.

b) Innerhalb der Kontinente jedoch kommt es in Ansätzen zu neuen dynamischen Produktionsregionen; d. h. Regionen mit zunehmender interner Vernetzung, wobei einerseits neue wachstumsstarke Regionen, andererseits alte wieder gesundete Industrieregionen im Mittelpunkt stehen. Zum einen resultiert aus der zunehmend vertikalen, aber auch diagonalen Verflechtung ein starker Impuls zur regionalen Verflechtung aus der Notwendigkeit zur Kooperation zwischen Haupt- und Zulieferbetrieben bzw. Unternehmensdiensten. Zum anderen unterstützen die neuen Logistikkonzepte und die Just-in-time-Fertigung den Trend zu regionalen Beschaffungsmärkten (für technisch hochwertige Qualitätsvorprodukte). Zum dritten ist die Telematik Voraussetzung und Folge der Vernetzung, wobei die gleichzeitig weiterbestehende Notwendigkeit zu face-to-face-Kontakten es nahelegt, daß sich Kooperation und Vernetzung vorwiegend innerhalb regionaler Grenzen verknoten.

Es gibt mithin erkennbare Indizien dafür, daß sich aus dem wirtschaftlichen Strukturwandel, der in den westeuropäische Hochlohnländer zur flexiblen Spezialisierung führt - verbunden mit modernen Produktions-, Informations- und Kommunikationstechniken eine doppelte Entwicklung ableitet: einerseits Europäisierung (z. T. auch darüber hinausgehend Globalisierung) und andererseits Regionalisierung in Form von weitmaschigen, locker vernetzten Produktionsclustern, wobei die Grenzen der Verflechtungsbereiche weich und "ausgefranst" sind.

Die Ergebnisse unserer Betriebserhebung hinsichtlich der heutigen Zulieferbeziehungen lassen erkennen, daß die wichtigsten Zulieferbetriebe im Durchschnitt 150-200 km entfernt von den Hauptbetrieben liegen. Verflechtungen beschränken sich also nicht mehr auf den 30-50 km-Radius der "klassischen" Regionsabgrenzung, sondern gehen deutlich darüber hinaus - zweifellos auch eine Folge der neuen produktions- und kommunikationstechnischen Möglichkeiten.

Baden-Württemberg gilt als derzeit wohl herausragendstes spätindustrialisiertes Beispiel für eine verflochtene Region mit den Schwerpunkten Maschinenbau, Kfz-Industrie und Elektrotechnik/Elektronik (Maier, 1989). Baden-Württemberg war früher als andere gezwungen, sich auf veredelungsintensive Spezialfertigungen, unter Anwendung jeweils neuester Techniken, zu konzentrieren, namentlich Elektroindustrie, Meß- und Regeltechnik, Apparatebau, Automobilbau, (Sonder-) Maschinenbau, also jene Wirtschaftssektoren, die sich (bis in die 90er Jahre) als relativ immun gegenüber der Konkurrenz der Billiglohnländer, wenn nicht gar als ausgesprochen wachstumsstark erweisen.

Weitere Beispiele sind die Rhein-Ruhrregion (Düsseldorf-Köln-Bonn; Duisburg-Essen-Bochum-Dortmund) mit dem die Kernregion umgebenden Rheinland, mit Westfalen und angrenzenden niederländischen Grenzregionen. Diese Region bietet ein altes Beispiel mit seiner um Kohle und Stahl sowie Chemie und Handel geknüpften regionalen Verflechtung, die sich zunehmend erfolgreich auf Stahlverarbeitung und Großanlagenbau umgestellt hat.

In Süd-Ost-Bayern (München-Augsburg-Ulm-Nürnberg-Regensburg) bilden Kfz-Industrie, Luft- und Raumfahrt sowie Mikroelektronik das Rückgrat einer noch jungen regionalen Verflechtungsstruktur (Bertram, Schamp, 1989, 286). Historisch rückständig wandelte sich die Region vom Agrarland zur High Tech-Zone für Militärtechnik und Mikroelektronik, für die Kfz-Industrie und den Maschinen- und Anlagenbau.

Sachsen, das südliche Sachsen-Anhalt und Thüringen (Eisenach-Erfurt-Gera-Leipzig-Halle-Dresden-Chemnitz-Zwickau) stehen als Beispiel für ein frühindustrialisiertes, aber heruntergewirtschaftetes Modell der regionalen Kooperation von Maschinenbau, Automobilbau, Elektrotechnik, Textil und Handel mit der Möglichkeit, an die wachstumsstarken süddeutschen Wirtschaftsregionen angeschlossen und mit diesen verflochten zu werden.

Der Wirtschaftsraum Frankfurt mit den Städten Wiesbaden/Mainz, Darmstadt, Offenbach/Hanau, sowie Ausweitungen in Richtung Mannheim, Gießen/Wetzlar und Aschaffenburg bietet ein Beispiel für eine polyzentrale Vernetzung von Industrie- und Dienstleistungen um die Finanz-, Beratungs- und Verkehrsdienstleistungen sowie die KfZ-Industrie, Chemie, Elektro- und die Maschinenbauindustrie.

Alle dynamischen Wirtschaftsregionen (Produktionscluster) haben ein internationales Dienstleistungszentrum, gelegentlich ein polyzentrales Netz von Groß- und Mittelstädten, als Kern, in denen alle oberzentralen Funktionen voll ausgebaut und die Angebotspalette produktionsbezogener Dienste vorhanden sein muß: Rechts-, Steuer- und Unternehmensberatung, technische Beratung, EDV und Software, Marketing und Werbung, staatliche Behörden, Hotel- und Kongreßwesen sowie Finanzierung und Versicherung. Komplementär gehören auch Konsumdienste, Gesundheitsdienste, Schulen, attraktive Wohngebiete und kulturelle Angebote im Sinne weicher Standortfaktoren zur vollständigen Angebotspalette eines Produktionsclusters (Diller, 1992).

Um die Angebotspalette dynamischer Wirtschaftsregionen abzurunden, gehören auch ländlich-periphere Standorte mit niedrigen Grundstücks- und Lohnkosten zum Aufbau von Fertigungskapazitäten dazu. Darüber hinaus bietet das Umland Erholungsmöglichkeiten und Wohnstandorte im Grünen. Aus der regionalen Perspektive verhalten sich Großstadt und ländliches Umland nicht dichotom, sondern komplementär zueinander. Innerhalb größerer regionaler Verflechtungen scheint eine neue Balance von großstädtischen und ländlichen Standorten zu bestehen.

Die Standortbedingung face-to-face-Kontakte ist folglich nicht mehr im Sinne der alten Fühlungsvorteile der Agglomerationstheorie zu verstehen. Nicht die fußläufige Nähe, wie sie die City bietet, ist heute gefordert, sondern Erreichbarkeit innerhalb von ein bis zwei Stunden.

Aus diesem Grund sind Standorte an Autobahnkreuzen oder -auffahrten am Stadtrand, d. h. an der Nahtstelle von Stadt und Land immer beliebter, weil von dort sowohl Kunden und Zulieferer mit Standort City, wie auch ländlicher Industriestandorte leicht zu erreichen sind (v. Einem, Tonndorf, 1990). Nicht zuletzt aus diesem Grund gilt die räumliche Nähe zu einem internationalen Flughafen als essentiell, weil damit - wiederum innerhalb von ein bis zwei Stunden - andere europäische Wirtschaftsregionen erreichbar sind.

Literatur

K. Aiginger, G. Tichy, 1984: Die Größe der Kleinen, Wien (Signum)

A. Amin, K. Robins, 1990: Industrial Districts and Regional Development: Limits an Possibilities, in: F. Pyke, G. Beccantini W. Sengenberger, 1990, Industrial Districts and Interfirm Cooperation in Italy, Geneve (ILO).

P. Arnesen, 1989: The Auto Industry Ahead, Who's drivin? Ann Arbor.

Ph. Aydalot, 1988: Technologienl Trajectories an Regional Innovation in Europe, in : Ph. Aydalot, D. Keeble, (eds), 1988, High Technology Industry an Innovative Environments: The European Experience, (Routledge and Kegan Paul) London.

Ph. Aydalot, D. Keeble, (eds), 1988: High Technology Industry and Innovative Environments: The European Experience, (Routledge an Kegan Paul) London.

F. J. Bade, 1979: Funktionale Aspekte der regionalen Wirtschaftsstruktur, in: Raumforschung und Raumordnung, 37 Jg.

F. J. Bade, 1987: Regionale Beschäftigungsentwicklung und produktionsorientierte Dienstleistungen (DIW Sonderheft 143) Berlin.

F. J. Bade, 1990: Der wirtschaftliche Strukturwandel im überregionalen Vergleich, in ILS (Hrsg), Tertiärisierung und Stadtstruktur (ILS Schriften 44) Dortmund.

F. J. Bade, 1992: Sektorale Entwicklungszusammenhänge, in H. J. Ewers et. al. (Hrsg), Beschäftigtendynamik und Regionalentwicklung.

G. Beccantini 1990: The Marshallian Industrial Districts as a Socioeconomic Notion, in: F. Cooperation in Italy, Geneve (ILO).

H. Bertram, E. W. Schamp: Räumliche Wirkungen neuer Produktionskonzepte in der Automobilindustrie, in: Geographische Rundschau Nr. 5/1989.

W. Beuschel, S. Gensior, A. Sorge, 1988: Mikroelektronik, Qualifikation und Produktinnovation, (Sigma), Berlin.

J. Bröcker, 1989: Determinanten des regionalen Wachstums im sekundären und teriären Sektor der Bundesrepublik Deutschland 1970 - 1982, München.

H. J. Braczyk, J. Niebur 1987: Innovationsdefizit und Nord-Süd-Gefälle. Ein Vergleich von Klein- und Mittelbetrieben des Maschinenbaus aus den Regionen Ruhrgebiet und Mittler Neckar. Frankfurt/M.

S. Brusco, 1982: The Emilian Model: Productive Decentalisation and Social Integration, in: Cambridge Journal of Economics, No. 6.

S. Brusco, 1990: The Idea of the Industrial District: Its Genesis, in: F. Pyke, G. Beccantini, W. Sengenberger, 1990, Industrial Districts and Interfirm Cooperation in Italy, Geneve (ILO).

R. Camagni, 1988: Functional Integration an Locational Shifts in New Technology Industry, in: Ph. Aydalot, D. Keeble (eds), 1988 High Technology Industry and Innovative Environments: The European Experience, (Routledge and Kegan Paul) London.

St. Cohen, J. Zysman, 1987: Manufacturing Matters, The Myth of the Post-Industrial Economy, (Basic Books), New York.

Ch. Diller, 1992: "Weiche" Standortfaktoren. Berlin.

DIW, (Hrsg), 1989: Dienstleistungen - Neue Chancen für Wirtschaft und Gesellschaft (Vistas), Berlin.

P. Drucker, 1990: The Emerging Theory of Manufacturing, in: Harvard Business Review, Nr. 3/1990.

K. Ehlers, J. Friedrichs, 1986: Qualifikationsstrukturen - Schlüssel zum regionalwirtschaftlichen Erfolg oder Beginn sozialer Segregation ? in: Informationen zur Raumentwicklung, Nr. 11/12 1986.

E. v. Einem, 1986: Dienstleistungen und Beschäftigtenentwicklung (WZB, Wissenschaftszentrum Berlin für Sozialforschung, discussion paper IIM/LMP 86 - 6), Berlin, 1986.

E. v. Einem, T. Tonndorf, 1990: Büroflächenentwicklung im regionalen Vergleich, (Schriftenreihe des BMBau) Bonn.

E. v. Einem, Ch. Diller, G. v. Arnim, 1992: Standortauswirkungen moderner Produktionstechniken, (Schriftenreihe des BMBau), Bonn.

E. v. Einem, 1992: Dienstleistungen und Bürobeschäftigung im regionalen Vergleich, in: H. J. Ewers, et. al. (Hrsg), Beschäftigungsdynamik und Regionalentwicklung.

H. J. Ewers, R. Wettmann, 1980: Innovationsorientierte Regionalpolitik (Schriftenreihe des BMBau, Nr. 06.042), Bonn.

H. J. Ewers, C. Becker, M. Fritsch, 1989: Wirkungen des Einsatzes computergeschützter Techniken in Industriebetrieben, Berlin.

H. J. Ewers, M. Fritsch, 1989: Die räumliche Verteilung von computergestützten Techniken in der Bundesrepublik Deutschland, in: E. v. Böventer (Hrsg), Regional Beschäftigungs- und Technologieentwicklung (Schriften des Vereins für Socialpolitik) Berlin.

H. J. Ewers, K. Pauls, 1990: Kreativitätsentwicklung als bestimmender Faktor bei der Gestaltung von Metropolen - Konsequenzen für die Wissenschafts- und Technologiepolitik in Berlin, in: ARL (Hrsg), Stadtforschung in Ost und West (Beiträge 116), Hannover.

D. Fürst, K. Zimmermann, 1973: Die Standortwahl der Industriebetriebe.

J. Gershuny, I. Miles, 1983: The New Service Economy, London.

W. Gerstenberger, 1984: Strukturwandel unter verschlechterten Rahmenbedingungen (Ifo-Institut für Wirtschaftsforschung), Berlin/München.

A. Glasmeier, 1987: Factors Governing the Development of High Tech Industry Agglomerations - A Tale of Three Cities, in: Regional Studies, Vol. 22, Nr. 4.

E. Goodman, 1989: Introduction: the Political Economy of the Small Firm in Italy, in: E. Goodman, J. Bamford, 1989; Small Firms and Industrial Districts in Italy, London.

G. Grabher, 1988: De - Industrialisierung oder Neo - Industrialisierung? Innovationsprozesse und Innovationspolitik in traditionellen Industrieregionen, Berlin.

G. Grabher, 1989: Industrielle Innovation ohne institutionelle Innovation? Der Umbau des Montankomplexes im Ruhrgebiet (WZB-discussion papers FS I 898-7) Berlin.

G. Grabher, 1990: Netzwerke statt Stahlwerke, in: WZB Mitteilungen Nr. 47, März 1990.

P. Hall, 1985: The Geography of the Fifth Kondratieff Cycle, in: P. Hall, A. Marcusen, 1985.

P. Hall, 1992: The Restructuring of Urban Economies, Integrating Urban and Sectoral Policies, in: J. Fox-Przeworski, J. Goddard, M. de Jong (eds), Urban Regeneration in a Changing Economy (Clarendon/Oxford University Press) Oxford, 1992.

P. Hall, A. Markusen, (eds), 1985: Silicon Landscapes, (Allen and Unwin), Boston.

D. Henckel. et. al. 1986: Produktionstechnologien und Raumentwicklung, Stuttgart.

L. Hoffmann, J. Kaplinsky, 1988: Driving Force, The Global Restructuring of Technology, Labor, and Investment in Automobile and Conponents Industry, Boulder, Colorado.

E. Hoover, R. Vernon, 1962: The Metropolitan Enigma, New York.

B. Hellgren, T. Stjernberg, 1987: Networks: An Analytical Tool for Understanding Complex Decision Processes, in: International Studies of Management and Organisations, Vol. 17, No.1.

R. Imrie, 1986: Work Decentralisation from Large to Small Firms, a Preliminary Analysis of Subcontracting, in: Environment and Planning, Vol. 18.

U. Jürgens, K. Dose, T. Malsch, 1985: Neue Produktionskonzepte in bundesdeutschen Automobilbetrieben, (WZB) Berlin.

J. Johannson, L. G. Mattson, 1987: Interorganisational Relations in Industrial Systems, A Network Approach Compares with the Transaction - Cost Approach, in: International Studies of Management, Vol 17, No. 1.

D. Keeble, 1989: Deindustrialistion, New Industrialisation, Processes and Regional Restructuring in the European Community, Ms. Cambridge.

E. Läpple, 1989: Neue Technologien in räumlicher Perspektive, in: Informationen zur Raumentwicklung, Nr .4/1989.

E. Lampard, 1953: The History of Cities in Economically Advances Areas, in: Economic Development and Cultural Change, No 1/1953.

S. Lempa, 1988: Räumliche Auswirkungen der "Just-in-Time Steuerung" in: Mitteilungen der IHK Regensburg, Nr. 5/1988.

S. Lempa, 1990: Flächenbedarf und Standortwirkungen innovativer Technologie und Logistik unter besonderer Berücksichtigung des Logistikkonzeptes Just-in- Time in der Automobilindustrie (Münchener Studien zur Sozial- und Wirtschatsgeschichte, Bd. 36) Regensburg.

K. Lüder, W. Küpper, 1983: Unternehmerische Standortplanung und regionale Wirtschafsförderung - Eine empirische Analyse des Standortverhaltens industrieller Großunternehmen, Göttingen.

A. Marensen, P. Hall, A. Glasmeier, 1986: High Tech America, The What, How, Where and Why of the Sunrise Industries (Allen and Unwin), London.

Marensen, Campbell, S. Deitrick, 1990: The Rise of the Sunbelt, The Military Remapping of Industrial America, New York.

A. Marshall, 1879: The Economies of Industry, London.

A. Marshall, 1896: Principles of Economies, London.

A. Marshall, 1919: Industry and Trade, London.

H. Maier, 1989: Industrieentwicklung und Industriepolitik in Baden-Württemberg; Überlegungen zu den institutionellen Voraussetzungen differenzierter Qualitätsproduktion, in: J. Hucke, H. Wollmann (Hrsg), Dezentrale Technologiepolitik, (Stadtforschung aktuell Bd. 20), 1989.

H. G. Medius, U. Wendig-Schröder, (Hrsg), 1991: Zulieferer im Netz, Köln.

W. Mikus, 1979: Industrielle Verbundsysteme. Studien zur räumlichen Organisation der Industrie am Beispiel von Mehrwerksunternehmen in Südwestdeutschland, der Schweiz und Oberitalien. Selbstverlag des Geographischen Institutes der Universität Heidelberg.

J. Morris, 1990: Flexible Specialisation or the Japanese Model: Reconceptualising a new regional Industrial Order, (Ms. ETH Workshop "Flexible Specialisation in Europe") Zürich.

Noyelle, Stanback, 1984: The Economic Transformation of American Cities, Totowa, N. J.

K. Peschel, J. Bröcker, 1990: Die Arbeitsmarktentwicklung in den Raumordungsregionen der Bundesrepublik Deutschland zwischen 1970 und 1982 (Institut für Regionalforschung, Universität Kiel), Kiel.

Th. Peters, R. Watermann, 1982: Search of Excellence, New York.

J. Perrin, 1988: New Technologies, Local Synergies and Regional Policy in Europe, in: Ph. Aydalot, D. Keeble, (eds), 1988, High Technology Industry and Innovative Environments: The European Experience, London.

M. Piore, 1990: Work, Labor and Action: Work Experience in an System of Flexible Specialisation. F. Pyke, G. Beccantini, W. Sengenberger, (eds) 1990, Industrial Districts and Interfirm Cooperation in Italy, Geneve (ILO).

M. Piore, Ch. Sabel, 1984: The Second Industrial Devide, New York (Basic Books). F. Pyke, G. Beccantini, W. Sengenberger, 1990 Industrial Districts and Interfirm Cooperation in Italy, Geneve (ILO).

D. Rehfeldt, H. Kilper, 1991: Vom Konzept der Agglomerationsvorteile zum Industial District, (Institut für Arbeit und Technik) Gelsenkirchen.

B. Reissert, G. Schmid, S. Jahn, 1989: Mehr Arbeiterplätze durch Dienstleistungen? Ein Vergleich der Beschäftigtenentwicklung in Ballungsregionen der Bundesrepublik Deutschland (WZB, discussion paper FS I 89-14) Berlin.

Sabel 1989: The Reemergence of Regional Economie (WZB, discussion papers, FS I, 89-3) Berlin.

Ch. Sabel, H. Kern, G. Herrigel, 1991: Kooperative Produktion, in: H. G. Mendius, U. Wendig-Schröder (Hrsg). Zulieferer im Netz, Köln.

Ch. Sabel, 1989: The Remergence of Regional Economies, WZB discussion papers FS I 89-3, Berlin.

Ch. Sabel, F. Herrigel, G. B. Deeg, R. Kuzis, 1989: Regional Prosperities Compared: Massuchussetts and Baden-Württemberg in the 1980s (WZB discussion paper IIM/LMB 89-10b) Berlin.

B. Sälzer, 1985: Standortdynamik von Industrieunternehmungen. Eine theoretische und empirische Analyse von Standortstrukturänderungen unter besonderer Berücksichtigung der verkehrswirtschaftlichen Konsequenzen, Frankfurt/M.

A. J. Scott, M. Storper, 1989: High Technology Industry and Regional Development: A theoretical Critique and Reconstruction, in: International Social Science Journal, Vol 12.

F. Sforzi, 1989: The Geography of Industrial Districts in Italy, in: E. Goodman, J. Bamford, 1989; Small Firms and Industrial Districts in Italy, London.

J. Singelmann, 1978: From Agriculture to Services , Beverly Hill, Calf.

M. M. Sinz, W. Strubelt, 1986: Zur Diskussion über das wirtschaftliche Süd-Nord-Gefälle unter Berücksichtigung entwicklungsgeschichtlicher Aspekte, in: J. Friedrichs, H. Häussermann, W. Siebel (Hrsg), Süd-Nord Gefälle in der Bundesrepublik? Opladen.

G. Stigler, 1956: Trends in Employment in the Service Industries Princeton, N. J.

A. Sorge, 1987: Strategische Orientierung des Einsatzes neuer Techniken und Arbeitsmarkt, in: F. Butler, K. Gerlach, R. Schmiede (Hrsg), Arbeitsmarkt und Beschäftigung - Neuere Beiträge zur institutionalistischen Arbeitsmarktanalyse, Frankfurt, New York.

M. Storper, R. Walker, 1983: The Theory of Labour and the Theory of Location, in: International Journal of Urban and Regional Research, Vol. 7.

M. Storper, R. Walker, 1984: The Spatial Division of Labor: Labor and the Location of Industries, in: W. Tabb, T. Sawyers (eds) Sunbelt - Frostbelt: The Polical Economy of Urban and Regional Restructuring, New York.

W. Thompson, 1965: A. Preface to Urban Economics, Baltimore.

L. Thurow, 1985: American, Europe and Japan, in: The Economist, 9. Nov. 1985.

F. Tödtling, 1990: Räumliche Differenzierung betrieblicher Innovationen, Berlin.

R. Vernon, 1959:; The Changing Economic Function of the Central City, New York.

R. Vernon, 1966: International Investment and International Trade in the Product Cycle in: Quarterly Journal of Economics, No. 2/1966.

Zu den Autoren

Ash Amin:

Geographiedozent an der Universität Newcastle upon Tyne

Arbeitsschwerpunkte: Regionalforschung, Industrielle Geographie, Internationale Politische Ökonomie

Adresse: Centre for Urban and Regional Development Studies, University of Newcastle
Newcastle upon Tyne
NE1 7RU
Telefon: 091/2227740
Telefax: 091/2329259

Dr. Volker Belzer:

Wissenschaftlicher Mitarbeiter am Institut Arbeit und Technik, Gelsenkirchen

Arbeitsschwerpunkte: Fragen der Unternehmensorganisation und -strategie

Adresse: Florastraße 26-28, 45879 Gelsenkirchen
Telefon: 0209/1707-0, -119
Telefax: 0209/1707-110

Prof. Gabriel Colletis, Prof. Bernard Pecquer:

Assistenzprofessoren an der Universität Grenoble im Fachbereich Sozialwissenschaften

Arbeitsschwerpunkte: Regionalforschung, Innovationstheorie, Industriepolitik

Adresse: BP 47, 38040 Grenoble Cedex 9
Telefon: (33)76825446
Telefax: (33)76825989

Prof. Philip Cooke:

Direktor des "Centre for Advanced Studies in the Social Science" an der Universität Wales,Cardiff

Arbeitsschwerpunkte: Regionale Innovationstheorien, Institutionelle Netzwerke und Management von Technopolen

Adresse: 33 Corbett Road, Cathays Park, Cardiff Cf1 3EB
Telefon: 0222/874945
Telefax: 0222/874944

Mick Dunford:

Geographiedozent an der School of European Studies der Universität Sussex

Arbeitsschwerpunkte: Regionale Ungleichheit und Ökonomische Entwicklung in Europa

Adresse: School of European Studies, University of Sussex, Falmer, Brigthon, BN1 9QN
Telefon: 0273/606755
Telefax: 0273/678466

Dr. Eberhard von Einem:

Mitbegründer des Instituts für Stadtforschung und Strukturpolitik in Berlin

Arbeitsschwerpunkte: Regionale Wirtschaftsstrukturentwicklung, Arbeitsmarkt, Dienstleistung, städtebauliche und regionale Folgewirkungen

Adresse: Inst. f. Stadtforschung und Strukturpolitik, Schillerstr.6, 10625 Berlin
Telefon: 030/3123756

Christian Friese:

Wissenschaftlicher Mitarbeiter am Institut für Regionalforschung e.V., Göttingen

Arbeitsschwerpunkte: Regionalökonomische Entwicklungsprozesse

Adresse: Institut für Regionalforschung e. V., Goßlerstr. 10, 37073 Göttingen
Telefon: 0551/485363
Telefax: 0551/487512

Prof. Dr. Bennett Harrison:

Professor für Political Economy an der Heinz School of Public Policy and Management, Carnegie Mellon University

Arbeitsschwerpunkte: Political Economy, Economic Sociology

Adresse: Carnegie Mellon Universität, 5000 Forbes Avenue, Pittsburgh, PA 15213
Telefon: 412-268-2169
Telefax: 412-268-7036

Friedhelm Hellmer:

Wissenschaftlicher Mitarbeiter am Institut für Regionalforschung e. V., Göttingen

Arbeitsschwerpunkte: Restruktierung regionaler Produktionszusammenhänge

Adresse: Institut für Regionalforschung e. v., Goßlerstr. 10, 37073 Göttingen
Telefon: 0551/485363
Telefax: 0551/487512

Dr. Josef Hilbert:

Abteilungsleiter am Institut Arbeit und Technik, Gelsenkirchen

Arbeitsschwerpunkte: Entwicklung von Dienstleistungssystemen, kleine und mittlere Unternehmen

Adresse: Florastraße 26-28, 45879 Gelsenkirchen
Telefon: 0209/1707-0, -120
Telefax: 0209/ 1707-110

Prof. Horst Kern:

Professor für Soziologie an der Universtität Göttingen

Arbeitsschwerpunkte: Industriesoziologie, empirische Sozialforschung, internationale Komparatistik

Adresse: Soziologisches Institut, Platz der Göttinger Sieben 3, 37073 Göttingen
Telefon: 0551/397204
Telefax: 0551/397692

Heike Kollros:

Wissenschaftliche Mitarbeiterin am Institut für Regionalforschung e. V., Göttingen

Arbeitsschwerpunkte: Regionalisierung, Regionalpolitik, Regionale Netzwerkstrukturen

Adresse: Institut für Regionalforschung e. V., Goßlerstr. 10, 37073 Göttingen
Telefon: 0551/485363
Telefax: 0551/487512

Prof. Wolfgang Krumbein:

Professor für Politikwissenschaft an der Universität Göttingen

Wissenschaftlicher Direktor des Instituts für Regionalforschung e.V., Göttingen

Arbeitsschwerpunkte: Industriepolitik, Politische Ökonomie, Regionalentwicklung

Adresse: Seminar für Politikwissenschaft, Platz der Göttinger Sieben 3, 37073 Göttingen
Telefon: 0551/394879
Telefax: 0551/487512

Peter Plougmann:

Wissenschaftlicher Mitarbeiter am Dansk Teknologisk Institut, Taastrup, Danmark

Arbeitsschwerpunkte: Industriepolitik, Regionale Netzwerke

Adresse: Dansk Teknologisk Institut, Gregersenvej, P.O.Box 141, 2630 Taastrup Denmark
Telefon: 0045/42996611
Telefax: 0045/42995436

Dr. Dieter Rehfeld:

Wissenschaftlicher Mitarbeiter am Institut Arbeit und Technik, Gelsenkirchen; Abteilung Industrieentwicklung

Arbeitsschwerpunkte: Neuordnung regionaler Produktionszusammenhänge

Adresse: Florastraße 26-28, 45879 Gelsenkirchen
Telefon: 0209/1707-250
Telefax: 0209/ 1707-245

Volker Telljohann:

Promotionsstipendiat der Hans-Böckler-Stiftung an der Universität Osnabrück

Arbeitsschwerpunkte: Arbeits- und Industriesoziologie, Das System industrieller Beziehungen in Italien, Regionalforschung

Adresse: Via del Pratello, 97, 40122 Bologna, Italien
Telefon: 0039/51-523584
Telefax: 0039/51-262770

Prof. Nigel Thrift:

Professor für Geographie an der Universität Bristol

Arbeitsschwerpunkte: Kulturelle und Industrielle Geographie, Internationale Politische Ökonomie

Adresse: Geography, University Road, Bristol, BS8
Telefon: 0272/288306
Telefax: 0272/303746